rowohlt
BERLIN

Edgar Reitz

FILMZEIT, LEBENSZEIT

Erinnerungen

Rowohlt · Berlin

Originalausgabe
Veröffentlicht im Rowohlt · Berlin Verlag, Oktober 2022

Innengestaltung Daniel Sauthoff
Satz Abril bei Pinkuin Satz und Datentechnik, Berlin
Lithographie Susanne Kreher
Druck und Bindung CPI books GmbH, Leck, Germany
ISBN 978-3-7371-0159-2

Für Salome

«Der Anblick ist da, das Erlebnis noch nicht.
Man gleicht einem Film, der belichtet wird;
entwickeln wird es die Erinnerung.»

MAX FRISCH

INHALT

ERSTER TEIL

ZWEITER TEIL

DRITTER TEIL
Das Licht der Leinwand 143

VIERTER TEIL
Das Ulmer Gefühl 223

FÜNFTER TEIL
Vom Leugnen und Begründen 285

SECHSTER TEIL
Vom Phönix und der Asche 367

SIEBTER TEIL
Mein Weg nach Schabbach 401

ERSTER TEIL
Vom Ausreißen der Wurzeln

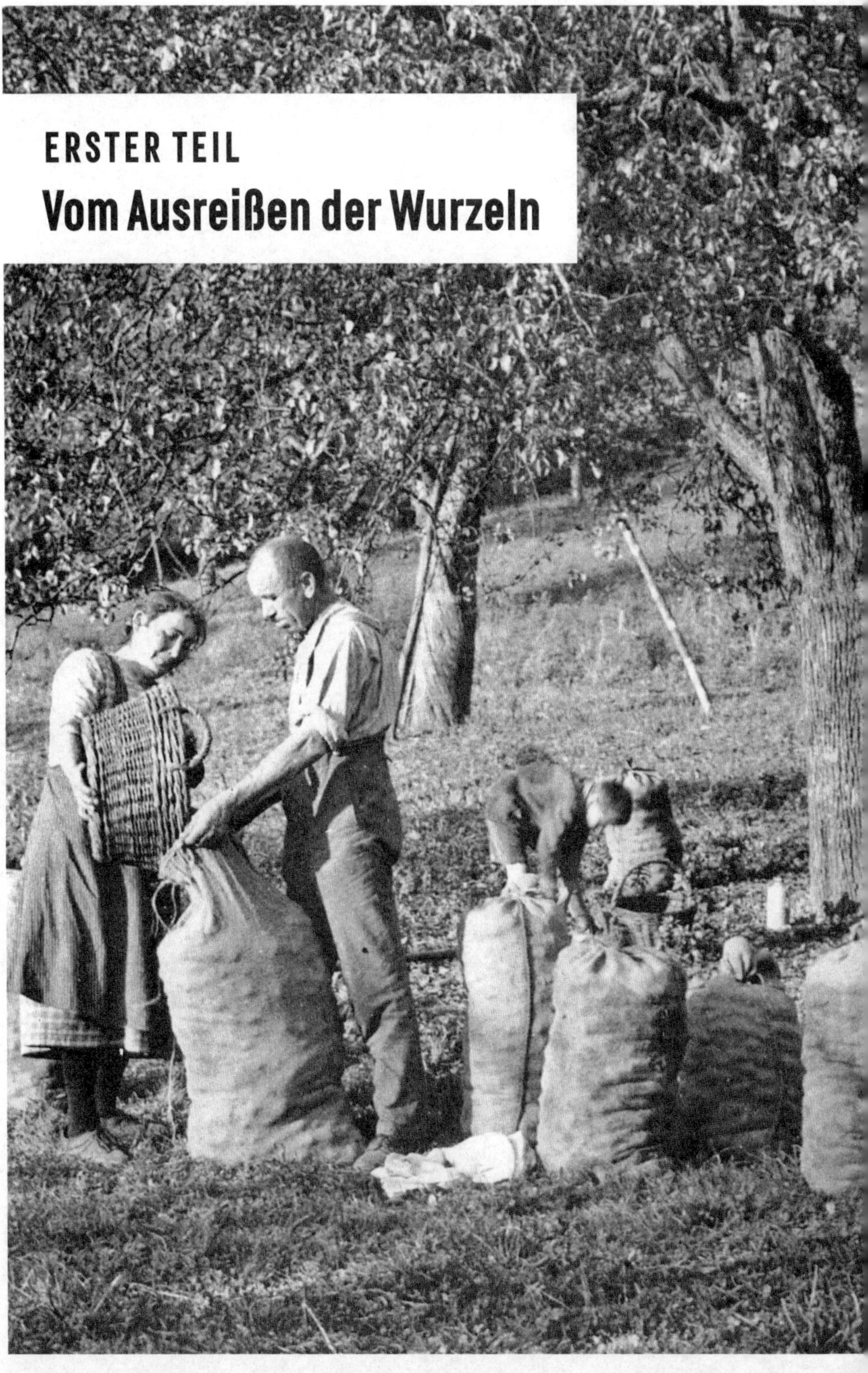

1 Erwachen

Ich habe einmal in mein Tagebuch geschrieben, jeder Tag unseres Lebens könnte den Stoff für einen großen Film abgeben. Man muss nur genau hinschauen und erkennen, wo das Erzählen zur Lust wird. Also fange ich mit dem heutigen Tag an. Ich wache ein paar Stunden früher auf als sonst. Etwas beunruhigt mich. Ein Schmerz in der rechten Hand, der Rest eines Traumes – was hat mich so plötzlich hellwach sein lassen? Ich spüre meine vom Schlaf trockenen Lippen, habe Durst. Die Hand verkrampft sich, der Mittelfinger hebt sich aus der Fingerreihe, widersetzt sich meinem Willen. Ich stehe auf, massiere die Hand, halte sie im Bad unter den Wasserhahn, zuerst warmes Wasser, dann kaltes. Der Krampf löst sich. Es ist still im Haus. Salome schläft noch. Ich gehe mit leisen Schritten die Treppe hinab in die Küche. Während der Wasserkocher brodelt, durchsuche ich die vielen Teebeutel und entscheide mich für Verbenentee, den ich in einer Kanne aufgieße. Bei der Rückkehr ins Schlafzimmer komme ich an der Tür vorbei, hinter der im Halbdunkel Salomes Bett steht. Nur ihr Haarschopf schaut unter der Decke hervor. Ich erreiche mein Bett, setze mich, schlürfe den heißen Verbenenaufguss und denke über unser Leben nach. Mein Leben mit Salome, seit mehr als dreißig Jahren in diesem Haus. Eines Tages wird unsere Zeit zu Ende sein. Ich schmecke den Tee und erschrecke vor der Zeit. Ich bin 87 Jahre alt.

Ich betrachte meine Hände, die sich an der Teetasse wärmen. Es sind die Hände meines Vaters, schmal, sehnig, fähig, kleinste Gegenstände zu fassen. Mein Vater war Uhrmacher. Deutlich sehe ich nun seine Hände vor mir, wie sie nach den Werkzeugen tasten, die rechts von seiner Arbeitsfläche in einer bestimmten Ordnung aufgereiht sind: die Flachzangen, die Rundzangen, die Beißzange, die Schraubenzieher, die Stichel und Punzen, die Gewindeschneider, die Hämmer und die Feilen. Vater arbeitet mit der Uhrmacherlupe vor dem Auge, mit beiden Ellenbogen auf die Werktischkante gestützt, mit beiden Handgelenken auf der Unterlage, voll konzentriert auf das Uhrwerk, das im Lichtkegel der Arbeitsleuchte mit seinen polierten Messingteilen und Lagerrubinen vor ihm aufleuchtet. Nichts wird direkt mit den Fingern berührt, sondern an bestimmten Stellen, mit bestimmtem Griff nur mit der Pinzette, bestenfalls mit der feinen Rundzange. Die eigentliche Arbeitsfläche ist nicht größer als ein Blatt Briefpapier, markiert mit einem Holzrähmchen. Täglich wird ein frisches Löschblatt in das Rähmchen gelegt, das die leuchtend weiße Unterlage bildet. Vaters Hände wissen immer, was zu tun ist. Unfassliche Ruhe geht von seinen Bewegungen aus. Die kleinsten Bauteile einer Damenarmbanduhr finden sofort ihren Platz in dem Uhrwerk, kleinste Schrauben, Zapfen, Ankerstifte oder Lagersteine – ein Stups mit der Pinzettenspitze oder eine Annäherung mit dem winzigen Schraubenzieher, schon sitzen die Teile am richtigen Ort, lassen sich austauschen, fixieren, vernieten, festschrauben. Ich bin vier Jahre alt, kann kaum über die Werktischkante schauen, weiß noch nicht, was der Vater da macht, aber ich bewundere ihn, will lernen, wie er zu sein, zu verstehen, was er da macht. Seine Hände sind riesig groß, wenn sie die Arbeit loslassen und meinen Kopf streicheln.

Meine früheste Erinnerung ist Vaters Hand, die meine kleine Hand hält. Ich gehe an seiner Hand über den Marktplatz. Wir folgen zwei Männern, die den Unterteil eines Küchenschranks tragen. Sie tragen das Möbel zu unserem neuen Haus. Wir ziehen um. Ich sehe diese Szene aus der Perspektive eines Kindes, dessen kleine Hand von der warmen langgliedrigen Uhrmacherhand gehalten wird. Wenn ich nachrechne, erscheint mir diese Erinnerungsszene unglaublich: Ich kann nicht älter als zweieinhalb Jahre gewesen sein, denn der Umzug aus dem angemieteten Geschäft am Unteren Markt des Hunsrückortes Morbach in das neugebaute Haus in der Biergasse fand im späten Sommer 1935 statt. Meine Schwester Heli war noch in der alten Wohnung geboren worden, konnte noch nicht laufen und war deswegen in der

Obhut der Mutter geblieben. Aber ich – schon mit dem Vater auf eigenen Wegen. So fühlt sich die Erinnerung an.

Jetzt, mit der Teetasse auf der Bettkante sitzend, packt mich eine seltsame Angst. Die Gedanken suchen Halt an der Erinnerung an Vaters Hände, Hände, die längst in Erde verwandelt auf dem Dorffriedhof verschwunden sind. Etwas Unausweichliches haben solche Gedanken an sich, sind wie eine Krankheit mit schlechter Prognose. Also, sage ich mir, verweile nicht. Du hast noch viel zu tun, geh es an.

Als ich das Schlafzimmer verlasse, steht Salome vor mir. Wir treffen uns exakt in der Mitte zwischen unseren Zimmern und sehen uns in die Augen. Ein Erschrecken? Hatte sie die gleichen Gedanken wie ich? Ein Begrüßungslächeln von ihr und von mir. Im selben Moment verdrängen wir unsere Nachtgedanken. Wir nehmen uns in die Arme. Das hilft. Seit dreißig Jahren Trost.

Kann so ein Film beginnen? Von was kann er handeln? Wenn es wahr ist, dass jeder Tag den Keim für eine große Geschichte in sich trägt, dann hätte ich bis heute mehr als dreißigtausend Mal vor diesem Feld der keimenden Geschichten gestanden und versagt. Mehr als dreißigtausend nicht erzählte Geschichten oder nicht gedrehte Filme, das wäre ein grauenhafter Scherbenhaufen als Lebensbilanz.

Ich will es nicht übertreiben mit meiner kleinen Theorie. Natürlich kann meine Rechnung nicht stimmen, denn wenn ich wirklich mit den Erlebnissen eines beliebigen Tages begänne, einen Film zu erzählen, wäre bereits der folgende Tag nicht mehr das, was er einmal hätte sein können. Er wäre kein Anfang mehr, sondern eine Fortsetzung. Und gerade *ich* sollte wissen, wie es sich anfühlt, sich auf die Konsequenzen des unendlichen Erzählens einzulassen. Schließlich war ich fast dreißig Jahre lang im Geschichtenkosmos der HEIMAT gefangen. Ich erlebte zehntausend Fortsetzungen: eine wahre Achterbahn von Kämpfen und Zweifeln.

Der heutige Tag wäre vermutlich im Meer der nicht erzählten Geschichten untergegangen, wenn ich nicht begonnen hätte, diese Zeilen zu schreiben. Mit dem Verbenentee auf der Bettkante, dem Blick auf die Hände des toten Vaters und dem Schrecken eines liebenden

Paares vor der unerbittlich vergehenden Zeit – damit beginnt dieses Buch der Erinnerungen. Das Erzählen war in meinem Leben immer das einzig verfügbare Mittel gegen die Angst. Im Erzählen bringen wir die Erinnerungen in Sicherheit. Wir retten sie, indem wir sie neu zusammensetzen und zu Bestandteilen von Geschichten machen, die ihre eigenen Gesetze haben. Erinnerungen sind in unserem Gedächtnis schlecht untergebracht. Sie bleichen aus und verschimmeln, und wenn wir sie nicht in Geschichten verpacken, verschwinden sie auf Nimmerwiedersehen. So wie die Filme verschwinden, wenn wir sie nicht immer wieder anschauen.

Also beginnen wir mit meinem ersten Filmerlebnis und damit, wie das Erinnern angefangen hat.

2 Die Dschungelprinzessin

Nach meiner Berechnung muss es im September 1935 gewesen sein, als meine Eltern in das neu erbaute Haus in der Morbacher Biergasse umzogen. Die adrette Fassade mit den beiden Schaufenstern, die den Ladeneingang einrahmten, und die freundlichen Fensterläden darüber waren vom Marktplatz aus gut zu sehen. Diese Lage im Zentrum des Zweitausendseelendorfes hat das Selbstbewusstsein meiner Eltern gestärkt. Meine Mutter startete ihr neues Leben als Geschäftsfrau mit sichtbarem Elan. Sie schmückte sich mit Goldschmuck und Edelsteinen und trat ihrer Kundschaft mit immer frischer Dauerwellenfrisur und einem verbindlichen Lächeln gegenüber. Ihre Ohrringe glitzerten beim Verkaufsgespräch, und ihre dunkelbraunen Locken umspielten den stolz gereckten Hals. Mit ihrem Mann, meinem Vater, war nicht viel Staat zu machen, er war scheu und krumm gewachsen, ein Motorradunfall in seinen Zwanzigern hatte seine Knochen in Mitleidenschaft gezogen. Aus der Sicht meiner Mutter war er erst in seiner Werkstatt eine wichtige Instanz der Familie, dort, wo er unsichtbar werkelte und dem Hause seine Bedeutung gab als Meister, Inhaber und

Namensgeber. Draußen am Hausgiebel war ein schmiedeeisernes Werbeschild angebracht mit einer emaillierten Uhr, auf der stand ROBERT REITZ UHRMACHER. Die Mutter nannte ihren Mann immer nur «der Chef».

Auf den Fotos, die mit Fotoecken in das Album geklebt wurden, sieht man, wie stolz die Mutter auf ihre beiden Kinder war. Immer wieder ließ sie sich mit mir und meiner Schwester ablichten, und es gibt nur wenige Bilder, auf denen auch der Vater zu sehen ist, den sie offenbar nicht fotogen genug fand. So erkläre ich mir, dass es das offizielle, beim Fotografen hergestellte und eingerahmte Familienporträt, das meine Schwester als dreijähriges Mädchen und mich folglich als Fünfjährigen zeigt, in zwei Versionen gibt: einmal *mit* Vater und einmal *ohne* ihn. Meine Schwester ist mit weit geöffneten ängstlichen Augen zu sehen und mit einer riesigen Seidenschleife auf dem dürftig behaarten Kopf. Sie trägt ein rosa Kleidchen mit Stickereien, die unsere Mutter selbst angefertigt hat, was bei keiner Betrachtung des Bildes unkommentiert blieb. Unsere Mutter hatte das Handwerk einer Modistin gelernt; sie verstand es, Hüte anzufertigen, was sie ausgiebig praktizierte, denn es war eine ihrer Leidenschaften, Freundinnen, Tanten, Cousinen, natürlich sich selbst und uns Kinder schick einzukleiden und mit ihren Phantasiehüten zu krönen. Mit dieser Leidenschaft für Kleidung und Schmuck gab sie dem Uhrengeschäft den besonderen Akzent. Das Angebot an edlem, aber auch modischem Schmuck wurde liebevoll im Schaufenster ausgestellt, und ich erinnere mich genau daran, wie der Vater aus seiner düsteren Werkstatt gerufen wurde und Mutters Schaufensterdekoration ausgiebig bewundern musste.

Auch ich wurde von ihr eingekleidet. Sie schneiderte sogar meine Hosen und Jäckchen selbst und wollte schon bei ihrem fünfjährigen Sohn, dass er eine Krawatte trägt, «wie ein Herr», so nannte sie das. Auf vielen Fotos sieht man das fesch geknotete Schleifchen unter meinem Kinn, für das ich mich zu Tode schämte, wenn ich damit auf die Straße gehen musste. Als Vorzeigekinder bekamen wir auch früh Fahrräder. Das kleine blaue Rad meiner Schwester habe ich zum Lernen benutzt, weil meines schon ein richtiges Herrenrad mit Stange war und deswegen noch zu hoch für meine kurzen Beine. Bald aber machte ich meine ersten Erkundungsfahrten; mittels einer fast akrobatischen Verrenkung streckte ich mein rechtes Bein unter der zu hohen Stange durch und erreichte mit dem Fuß das Pedal der anderen Seite. Beim Losfahren geriet das Rad in Schräglage, und ich musste das Gewicht verlagern. Ich genoss es, außer Sichtweite des Elternhauses zu gelangen und von der Ferne zu träumen, die hinter dem Hügel lag.

Es gab in dieser Zeit, es muss wohl schon 1937 gewesen sein, eine gewaltige Straßenbaustelle, an der Tausende von Arbeitern mit sensationellen Baumaschinen arbeiteten, die einen ungeheuren Lärm erzeugten. Meine Erinnerungen an den Bau der sogenannten Hunsrückhöhenstraße habe ich später als Regisseur ausgiebig in der Trilogie HEIMAT verarbeitet. Allerdings überschreitet ein Film die Erinnerungen eines Fünfjährigen in zahllosen Einzelheiten und Figuren. Natürlich verstand ich noch nicht, dass dieser Straßenbau Bestandteil von Hitlers Kriegsvorbereitungen war. Ich vermute, dass nicht einmal die Eltern verstanden, welche politische Dynamik sich hinter dem Maschinenlärm jenes Jahres verbarg. Aber das Gehirn eines Fünfjährigen vermag erstaunlich genaue Stimmungsbilder aufzubewahren. Ein Detail ist in meiner Erinnerung ganz deutlich geblieben. Das ist eine Maschine, die wir Kinder «Frosch» nannten, denn der schwere Apparat hüpfte auf Knopfdruck mit einem zischenden Knall wie ein Frosch empor und fiel krachend zurück auf den Boden. Man brauchte diese Geräte, um den Unterboden der neuen Straße zu verdichten. Wir Kinder machten ein «Frosch-Spiel» daraus: Einer ergreift die nach hinten gestreckten Hände des anderen und gibt mit Fingerdruck den Sprungbefehl. Sofort muss der «Frosch» seinen stampfenden Sprung vollführen. Das sieht lustig aus, und jeder will einmal der Froschführer sein.

Die Eltern erlebten diese Zeit als Geldregen. Die vielen uniformierten Straßenarbeiter, die im Dorf und den Nachbarorten untergebracht waren, erschienen scharenweise in Mutters Laden; die machte ihnen schöne Augen und animierte sie zum Kauf von Uhren und Schmuck für ihre fernen Familien. Abends wurden, wie es auch in HEIMAT vorkommt, die Tageseinnahmen auf der Bettdecke gezählt. Was sich in meiner Erinnerung festsetzte, das war die leise Stimme des Vaters, der das Geld in Zehnerschritten zählt.

Es war also klar, dass diese stolzen Geschäftsleute ein Auto kaufen mussten. Ein Auto, das war zu dieser Zeit noch ein seltenes Symbol für Wohlstand und Modernität. Die Wahl fiel auf einen kutschenförmigen Opel mit einem auf den Kotflügel aufgeschraubten Reserverad. Wieder gab es Anlässe, die Kinder zu fotografieren, jetzt rund um den schwarzen Opel P4, auf dessen Trittbrett ich positioniert wurde, mal im Sonntagsanzug, mal mit Papierhut, den die Mutter gefaltet hatte. Ganze Fotoserien zeigen das neue Auto beim Familienpicknick in der Landschaft, an der nahen Burgruine Baldenau oder bei den Großeltern im Nachbardorf Hundheim, aus dem beide Eltern stammten. Da war das Haus der Vater-Familie mit Stall, Scheune und gegenüberliegender Schmiede im Unterdorf, und da war das kleine Haus der Mutter-Familie, an der Straße gelegen, die zum Dorf hinausführte, armselig, aber kuschelig. Mit dem Auto wurden die Besuche bei den Großeltern und anderen Verwandten zur geliebten Gewohnheit am Sonntag. Immer mussten meine Schwester und ich fein eingekleidet werden, damit wir auch zum frisch polierten Auto passten. Immer waren die Begrüßungen laut und bei der Ankunft von einem Hupkonzert begleitet.

Es war wohl eine Folge dieser Besuchsausflüge, dass die Eltern eines Tages mit uns eine Reise über eine Distanz von dreihundert Kilometern planten. Ziel war die Stadt Bochum, wo Verwandte unseres Vaters lebten, mit denen die Familie sich seit Jahren eng verbunden fühlte. Vaters Cousin Hans war in seiner Jugend zu Fuß aus dem armen Hunsrückdorf weggegangen, um sein Geld als Bergmann im Ruhrpott zu verdienen. Hans hatte eine Schwester, die ihm einige Jahre später gefolgt war und den Kumpel von Hans, einen gewissen Nalenz, geheiratet hatte. Sie hatte zwei Töchter, die Lotti und die Ursel, die jedes Jahr ihre Sommerferien bei uns im Hunsrück verbrachten. Diese beiden Bochumer Mädchen waren etwas älter als ich. Als Feriengäste waren sie meinen Eltern sehr willkommen, weil sie auf uns Kleinere aufpassten.

Also: Die Reise ging zu Onkel Hans, seiner Frau Mia und zur Familie der Mädchen. Von Hans und Mia wurde gesagt, dass sie in der Bochumer Kohlenstraße eine «Halle» besäßen, was uns allen großen Respekt einflößte. Während der Autofahrt kreisten die Gespräche immer wieder um dieses besondere Gebäude, das Halle hieß. So höre ich noch heute, nach über achtzig Jahren, das Wort «Halle» aus Tante Mias Mund mit dem lustig sprudelnden Doppel-L in der Mitte. «Um fünf Uhr müssen wir die Halle aufmachen» oder «Lissy ist in der Halle geblieben». Lissy, das war die ältliche, strohblonde Tochter von Hans und Mia.

Ich war noch niemals in meinem kleinen Leben weiter als zu Oma und Opa gekommen. Jetzt sollte ich zum ersten Mal eine große Stadt sehen. Was ist eine Großstadt? Als wir in Bochum ankamen, war ich im Auto eingeschlafen. Deswegen fehlen in meiner Erinnerung die ersten Stadtbilder komplett. Es muss wohl auch schon dunkel gewesen sein, ich habe nur noch ein Gefühl der Fremdheit in Erinnerung und den Geruch von dem fremden, feuchten Bett. Von einer «Halle» war nicht die Rede.

Die nächste Erinnerung, die ich an Bochum habe, ist ein Geräusch. Ich hörte im Schlaf das Getrappel von Hunderten von genagelten Schuhen unter dem Schlafzimmerfenster. Davon wachte ich auf. Das Geräusch füllte den ganzen Raum, und ich hatte das Gefühl, dass alles in Erschütterung geriet. Die Wohnung, in der ich schlief, lag im Erdgeschoss. Ich muss wohl in Panik geraten sein und konnte mich nicht orientieren. Ich fand schließlich die Zimmertür und stieß sie, laut nach Mutti rufend, auf. Da kam mir Lissy entgegen. Sie führte mich ans Fenster und ließ mich den Grund meiner Panik sehen. Eine endlose Kolonne stumm dahineilender Männer zog in der Dunkelheit auf dem Trottoir vorüber. Die vielen genagelten Schuhsohlen erzeugten das Geräusch und die Erschütterungen, die mich geweckt hatten.

«Das ist die Frühschicht vom Bochumer Verein», sagte Lissy.

Ich verstand gar nichts. Da fiel mir die «Halle» ein. «Und wo ist eure Halle?»

«Da, siehst du das Licht?»

Das Licht kam aus einer Bretterbude mit einer Fensterluke. Heute würde ich sofort den Kiosk erkennen und wüsste, was das ist. Aber das Kind blieb sprachlos.

So erstaunlich es ist, dass man aus der Kindheit Einzelheiten und Stimmungen in sich bewahrt, deren Wahrnehmung man einem Kind nicht zutraut, bin ich unsicher, was mir von den späteren Ereignissen erzählt worden ist oder was ich mir im Laufe der Jahre zusammengereimt habe. Ich erlebte den Tageslauf der Bergarbeiterfamilie mit dem Tabak- und Getränkeverkauf im Straßenkiosk, den man im Ruhrpott-Dialekt «Halle» nannte, ich sah die Freizeitbeschäftigung von Onkel Hans mit seinem Freund vom Taubenzüchterverein und gewöhnte mich an den Geruch des Zigaretten- und Süßwarenlagers, das sich neben dem Bett, in dem ich schlief, auftürmte. Interessant ist, dass ich meine Eltern in der Erinnerung ausgeblendet habe. Es ist, als wären sie nicht dabei gewesen. Nur meine Schwester sehe ich, den Daumen lutschend, auf Tante Mias Schoß sitzen.

Das größte Ereignis, das möglicherweise Folgen für mein späteres Leben hatte, war mein erster Kinobesuch. Tante Mia hatte uns mitgenommen. Meine Erinnerung erzählt mir, dass wir auf einer Empore sitzen und auf die dunkle Menschenmenge im Parkett hinunterschauen konnten. Die Leinwand, die in meiner Erinnerung riesig groß ist, schwebte über den Menschen. Ich sah das strahlend helle Bild ein wenig unterhalb meiner Blickrichtung. So schwebte auch ich, vom Bild getragen, durch den Raum. Es sind nicht viele Bilder, die sich in meinem Gedächtnis aufbewahrt haben. Die Handlung führte uns in einen Urwald, von wilden Tieren bewohnt, die immer wieder über die Häuser der Menschen herfielen. Es gab eine schreckliche Elefantenherde, die alles zertrampelte. Die Menschen flohen, schrien, niemand konnte ihnen helfen. Aber da war ein kleines Mädchen. Es war vielleicht ein wenig älter als meine Schwester. Es überlebte die Katastrophe, weil eine Tigermutter, die ihr Kind verloren hatte, sich um die Arme kümmerte. Das Mädchen wurde von der Tigerin ernährt und beschützt. So konnte es schon bald zur Prinzessin des Dschungels heranwachsen. Sobald dem Kind Gefahr drohte, rief es mit klagender Stimme nach

«Liiimo!». Limo war der Name der Tigerin, und ich werde niemals diesen Ruf vergessen. «Liiimo!» tönte es durch das riesige Kino, und die Menschen zitterten um das Kind, bis das allmächtige Muttertier es rettete. Ich litt und hoffte mit dem Mädchen und sah in ihrer Tigermutter eine göttliche Macht, die mit ihrem geschmeidigen Raubkatzenkörper und dem weit aufgerissenen Maul mit tödlichem Gebiss zur Stelle ist und jede Gefahr besiegt.

Ich weiß kaum mehr als diese Bruchstücke von meinem ersten Kinoerlebnis. Tante Mia und auch meine Mutter behaupteten später, die Darstellerin des Urwaldmädchens müsse der berühmte Kinderstar Shirley Temple gewesen sein. Die Annahme blieb im Gedächtnis und wertete das Kinoerlebnis auf.

Viele Jahrzehnte später, im Juni 2007, tauchten die Erinnerungen an dieses Erlebnis wieder aus den Tiefen meiner Gehirnsynapsen auf. Ein junger Filmwissenschaftler von der Ruhr-Universität Bochum, Christoph Wahl, fragte an, ob ich mich an einem Buchprojekt beteiligen wolle, in dem Filmregisseure sich an ihre ersten Filme erinnern. Als ich sah, dass der Brief aus Bochum kam, tauchten augenblicklich die Erinnerungen an das Kinoerlebnis in mir auf und ich versprach Herrn Wahl, die Geschichte für sein Buch aufzuschreiben. Leider enthielten meine Erinnerungen keine Fakten, mit denen ein Filmhistoriker etwas anfangen konnte, ich wusste weder den Titel des Films noch den Namen des Bochumer Kinos, noch den Tag, an dem wir die Nachmittagsvorstellung besucht hatten.

Es verging ein Jahr, und ich hatte das Erlebnis fast ein zweites Mal vergessen, als mich im Dezember 2008 ein zweiter Brief von Herrn Wahl überraschte. Der junge Filmwissenschaftler hatte aufgrund meiner spärlichen Angaben nicht nur den Filmtitel herausgefunden, sondern auch den Namen des Bochumer Kinos und das Datum und die Stunde der Vorstellung, die ich mit Tante Mia besucht hatte. Mit Hilfe der Erinnerung, dass es eine Galerie in dem Kino gab, fand er das einzige Kino, auf das meine Beschreibung passte. Es war das METROPOL-KINO. Dort wiederum gab es nur eine Kindervorstellung, die in Frage kam. Meinen ersten Film hatte ich am 13. August 1938 um vier

Uhr nachmittags gesehen, und dieser Film, auf den alle meine Bilderinnerungen passten, hieß DIE DSCHUNGELPRINZESSIN. Ich war fünf Jahre, neun Monate und zwölf Tage alt. Der Brief von Herrn Wahl enthielt aber, was ich kaum glauben konnte, sogar eine Kopie dieses Films auf einer DVD. DIE DSCHUNGELPRINZESSIN, eine Hollywood-Produktion von 1936. Das Werk erzählt eine Art Tarzan-Story mit einem kleinen Mädchen, das im Urwald zur schönen jungen Frau heranwächst und schließlich die Geliebte eines Lümmels von kolonialem Wissenschaftler wird, der im Tropenanzug im Urwald auftaucht. Was mich heute erstaunt, ist, dass hier nicht wie üblich ein Junge, sondern ein Mädchen die Gefahren des Dschungels besteht. Der Regisseur Wilhelm Thiele, mit wahrem Namen Wilhelm Isersohn, war ein Wiener Jude wie so viele geniale Filmleute jener Zeit. Der Kinderstar war aber nicht Shirley Temple, wie meine Mutter behauptet hatte, sondern die weniger berühmte Sally Martin aus Chicago. Wilhelm Thiele kannte man aus der Zeit vor seiner Emigration aus Nazideutschland. Er war als Regisseur des frühen Tonfilms DIE DREI VON DER TANKSTELLE mit Heinz Rühmann und anderen Stars der UFA durchaus bekannt und hatte mit dem erfolgreichen Produzenten Erich Pommer zusammengearbeitet.

Den Film sah ich kurz vor Weihnachten wieder, also siebzig Jahre nach dem ersten Mal. Ich hatte wegen einer Grippe hohes Fieber. Dennoch fiel ich vor meiner Heimkino-Leinwand, in dicke Decken und wohlige Erinnerungen gehüllt, in die süße Kinderwelt zurück. Alles an diesem Film war so durchschaubar wie ein Kindergesicht, und doch lauerten überall Gefahren und große Geheimnisse. Die Liebesgeschichte hatte ich ganz vergessen. Sie hat mich offenbar in ihrer Erotik damals noch nicht erreicht. Dafür gab es rauschhaftes Wiedererkennen bei allen Tierszenen. Der nette Affe Bogo, der Tiger Limo, die Elefantenherde und auch die Affenherde waren in ihrer ganzen Wucht wieder lebendig vor mir. Das Mädchen war übrigens in meiner Erinnerung immer das kleine Mädchen vom Anfang geblieben. Ich hatte als Kind offenbar die Umbesetzung in die zur Lovestory geeignete Zwanzigjährige nicht mitvollzogen. Selbst die Szenen mit ihrem menschlichen Retter hatte ich ganz auf das Kind vom Anfang bezogen. Der stärkste unter den untilgbaren Eindrücken ist aber die Stimme des Mädchens, wenn es mit fordernder und selbstbewusster Kinderstimme nach «Liiimo!» ruft. Wie dieser Ruf durch das riesige Kino wehte, das hatte für mich auch beim Wiedersehen eine mythische Kraft.

Wie kam es dazu, dass die neuesten amerikanischen Filme, deren Autoren deutsche Emigranten waren, völlig normal auf dem Spielplan des Bochumer Kinos standen? Was bedeutete der wohlwollende Tonfall der Kritiken, die Herr Wahl mir mitgeschickt hatte, was die völlige Politikfreiheit der Kinoseite in der Zeitung? Ich studierte die Lebensmittelpreise: «Suppenhühner ½ kg 1,00 Mark», «Weinessig Ltr. 30 Pfennige» etc. Und ganz versteckt fand sich auf der Zeitungsseite vom 13. August 1938 eine Notiz über antisemitische Ausschreitungen in Polen – ein Jahr, bevor man Polen überfiel, und wenige Monate vor der Pogromnacht. Zu diesen historischen Tragödien und der Frage, wie sich das Leben ein Jahr vor Kriegsbeginn in Deutschland angefühlt hat, schweigt meine Erinnerung.

3 Fieber

Meine Mutter nannte es das Weihnachtsfieber. Man dürfe den Jungen nicht zu sehr aufregen, da er dazu neige, sofort fiebrige Augen zu bekommen. Tatsächlich hat es in meiner Kindheit oft Fieberschübe gegeben, wenn sich das magische Fest näherte. Aufregend für mein Kinderherz war das Geheimnis, das die Eltern aus der Erscheinung des Christkinds machten. Die Luft lag voller Andeutungen und Versprechungen. Wunschträume versetzten uns Kinder in Erregung, und ich suchte in allen Winkeln des Hauses Hinweise auf Erfüllung. Bestimmte Schränke waren auf einmal verschlossen, Pakete durften nicht geöffnet werden und standen vielversprechend wochenlang ganz oben auf dem hohen Kleiderschrank. Alles trug zur Steigerung des Weihnachtsgefühls bei: die Besuche des Großvaters mit seinem unter dem Schnurrbart verborgenen Lächeln, die abergläubische Großmutter mit ihren geflüsterten Warnungen. Sie blickte mir tief in die Augen und meinte, «der guckt in die andere Welt. Passt auf, dass er mal nicht früh sterben tut.»

Nichts war im Ablauf des Jahres mit Weihnachten vergleichbar. Die Umsätze im Schmuckladen übertrafen den Jahresdurchschnitt bei Weitem, und ich höre noch immer das Bimmeln der Ladenglocke mitten in der Bescherung am Heiligabend, wenn die Mutter den Gesang der «Stillen Nacht» unterbrach und schnell die Haustreppe hinab eilte, um einen späten Kunden zu bedienen. «Die so spät noch kaufen, sind mir die Liebsten», verkündete sie strahlend, wenn sie zur Kinderbescherung zurückkam. «Die sehen nicht mehr aufs Geld! Ich habe gerade eine teure Glashütter Uhr verkauft.»

Meine Schwester und ich waren längst mit dem Auspacken der Geschenke fertig. Jetzt durfte noch der Vater sein Päckchen öffnen. Es war jedes Jahr eine neue Krawatte darin, die sofort umgebunden werden musste. In der Küche werkelte inzwischen die Tante Käth, die älteste Schwester meiner Mutter. Sie war eine leidenschaftliche Köchin, und da sie selbst keine Kinder hatte, versorgte sie uns an den Festtagen. Die Tante war eine dralle, quirlige Person, die sich jedes Mal lautstark darüber beschwerte, dass die Kinder *vor* dem vitaminreichen Abendessen, eigens zu ihrem Wohl gekocht, noch Süßigkeiten bekamen.

So chaotisch die Heiligen Abende verliefen, so sehr versuchten die Eltern sich an diesem Abend vor Augen zu führen, wie sie sich die Zukunft vorstellten. Wir sind auf dem Wege zu besseren Zeiten, wir sind modern und öffnen uns für Fortschritt und Technik. So sprach der Vater. Dem entsprachen auch die Weihnachtsgeschenke für den Sohn vom dritten Lebensjahr an: Kosmos-Baukasten für Chemie und Elektro-Experimente, Stabil-Metallbaukasten mit Schrauben, Zahnrädern, Motor und Lochblech-Platinen, elektrische Märklin-Eisenbahn mit Weichen und Transformator. Das alles besaß ich schon, als ich mit den meisten Geschenken noch völlig überfordert war. Der

Vater verkroch sich stundenlang mit mir unter dem Wohnzimmertisch, um die Gebrauchsanweisungen zu entziffern und zwischen den Beinen speisender Weihnachtsgäste die blechernen Bauteile zusammenzuschrauben.

Inzwischen spielte meine Schwester mit ihrer neuen Käthe-Kruse-Puppe, die «Mama» sagte, wenn man sie im neuen Puppenhaus schlafen legte. Dieses Puppenhaus interessierte mich zeitweise mehr als der Metallbaukasten. Es gab darin einen kleinen Herd mit Spiritusbrenner und kleine Aluminiumtöpfe, in denen man tatsächlich etwas zum Kochen bringen konnte, was man hinterher den Erwachsenen und den Puppen anbot. Eine Puppe liebte ich besonders. Sie hieß Gretel und hatte blonde Locken aus echtem Haar und Arme und Beine, die sich weich anfühlten wie Menschenhaut. Als die kleine Schwester wieder einmal den Daumen lutschte und einschlief, entführte ich die Gretelpuppe und nahm sie mit in mein Bett, wo ich sie herzte und drückte und vor der ahnungslosen Schwester tagelang versteckte.

Die elektrische Eisenbahn ging schon am ersten Feiertag zu Bruch, als das Margotchen, eine meiner Cousinen, mit ihrer Mutter, der Tante Else, von weit her zu Besuch kam. Das Margotchen litt an einem verwachsenen Fuß, der schon mehrfach operiert worden war und wegen des Gipsverbandes, den sie trug, unempfindlich für die Gegenstände, auf die sie trat. Als sie sich für meine Eisenbahnschienen interessierte, die vom Christbaum zum Esstisch und über Brücken und aus Kissen geformte künstliche Hügel zurück zum Christbaum führten, trat sie mit ihrem Klumpfuß auf die Weichen und erzeugte damit einen Kurzschluss. Die Funken sprangen, der Transformator fing an zu qualmen, stank nach Isoliermaterial, und es war aus mit der Eisenbahn. Das Margotchen weinte, aber weder ich noch mein Vater wollten ihr den Fehltritt verzeihen.

Es gab ein weiteres Geschenk auf dem Gabentisch dieses vor Weihnachtsgefühlen berstenden Jahres 1938. Da stand ein seltsames, für die Zeit ganz ungewöhnliches Geschenk, das der Vater bei einer Fahrt nach Trier aufgetrieben hatte und mit dem er mich vielleicht an mein erstes Kinoerlebnis in Bochum erinnern wollte. Der «Kino-Apparat».

Das neue Spielzeug war ein veritabler Filmprojektor, der mit den beidseitig perforierten professionellen Filmstreifen des großen Kinos funktionierte. Meinen Vater hatte die Technik fasziniert. Er erklärte mir das Malteserkreuzgetriebe, mit dessen Hilfe die Drehungen der Handkurbel in den ruckweisen Transport der Filmbilder umgesetzt wurde. Malteserkreuzgetriebe waren ihm von gewissen Uhrwerken her vertraut, und er kommentierte die Filmtechnik mit dem Satz: «Alles eine Frage der Geschwindigkeit.»

Drei kleine Filme gehörten zu meinem ersten Heimkino, deren Titel ich nie vergessen habe, wahrscheinlich wegen der zahllosen Vorführungen, zu denen es lange keine Alternative gab. «Turnen am Barren» war ein handkolorierter Trickfilm, den man vorwärts und rückwärts vorführen konnte, ohne dass man einen Unterschied sah. Der gezeichnete Turner zappelte am Barren und konnte nicht aufhören. Meine Mutter mochte diesen Film, denn einer ihrer früheren Verehrer, den man zu meinem Taufpaten gemacht hatte, war einmal ein erfolgreicher Barrenturner der Nationalmannschaft gewesen. Paul hieß er. Wir nannten ihn «Paulpatt». Der zweite Film hatte den Titel «Ein Ballon wird zum Aufstieg fertig gemacht». Man sah eine Menschenmenge und viele Halteseile, mit denen uniformierte Männer den Ballon festhielten. Es dauerte eine Weile, bis die riesige Stoffhülle sich aufblähte, aber der Film endete, bevor der Ballon abhob. Der dritte Film war wohl der tiefere Grund für die Herstellung dieser Art von technischem Spielzeug kein Jahr vor Kriegsbeginn: «Der Führer spricht zu seinen Getreuen». Leider konnte man des Führers Rede nicht hören, da mein Kinoapparat keine Tonfilme abspielen konnte. Man sah nur die Mundbewegungen und die Grußhand, die immerzu nach oben gerissen wurde und wieder zur Gürtelschnalle zurückkehrte. Wie ich jedoch bald herausfand, besaß der Filmstreifen gar keine Tonspur, sodass alle Fragen, was denn der Führer zu seinen Getreuen sagt, müßig erschienen.

In diesem Winter, es war das historische Jahr 1939 angebrochen, erkrankte ich an zwei Kinderkrankheiten gleichzeitig. Zur Diphtherie, an der zu dieser Zeit viele Kinder starben, kam Keuchhusten. Ich lag wohl in hohem Fieber und war oft nicht bei Bewusstsein. Die Berichte, die über diese Krankheit in der Familie über Jahre weitergetragen und von der Mutter variiert und dramatisiert wurden, haben meine Erinnerung überlagert. Ich schwebte wohl tatsächlich ein paar Wochen lang zwischen Himmel und Erde. Die Großmutter hatte, wie es hieß, sogar eine Messe für mich lesen lassen, und meine Mutter erzählte immer wieder unter Tränen, dass ich auf dem Höhepunkt der Krankheit gesagt hätte, ich sei nun sechs Jahre alt und müsse schon sterben.

Wenn ich heute das Foto betrachte, das wenige Monate später, im April 1939, aufgenommen wurde und mich mit der Schultüte an meinem ersten Schultag zeigt, muss man doch die unbezwingbare Natur bestaunen, die mich in so kurzer Zeit wieder hat gesund werden lassen. Ich bin, wie das Foto beweist, sogar während der Fieberwochen hoch aufgeschossen und war bald einen Kopf größer als mein Freund Günter, der für ein paar Jahre mein treuer Banknachbar in der Volksschule wurde. Die Lehrerin, deren Unterrichtsmethode für ein von stolzen Eltern umsorgtes Kind wie mich unfassbar war, nannte man die «Bindges-Kath». Sie stammte aus unserem Dorf und hatte mindestens drei Generationen von Schülern unterrichtet. Sie war eine Schulmeisterin alten Stils, die immer mit dem Rohrstock vor der Klasse stand. Bei einigen Eltern genoss diese Frau hohes Ansehen, weil sie Angst verbreitete.

Zum Unterrichtsstoff des ersten Schuljahres gehörte nicht nur das Heil-Hitler-Sagen und das Buchstabenmalen auf der Schiefertafel, sondern auch das Erlernen der Uhrzeit. Wir Schüler bekamen die Hausaufgabe, eine Uhr mit den beiden Zeigern zu basteln. Für mich als Uhrmacherkind ging es dabei nicht mehr um das primitive Erfassen der Zeit, denn das war mir längst geläufig, sondern darum, das Verhältnis zwischen Stunden und Minuten darzustellen. Ich besorgte mir in der Werkstatt des Vaters einen alten Wecker, aus dem ich die beiden Zahnräder ausbaute, mit denen die Minuten-Umdrehungen in die zwölf Stunden umgewandelt werden. Mit Zirkel und Tusche malte ich ein schönes Zifferblatt und montierte den aus Pappe ausgeschnittenen langen Zeiger so auf die Welle des Minuten-Zahnrades, dass der kürzere Stundenzeiger sich selbständig im Stundenmaß drehte. Damit ging ich am folgenden Tag zur Schule und lieferte mein Werk bei der Lehrerin ab. Statt mich zu loben, warf sie meine Uhr zu Boden und erklärte, ich hätte meine Uhr nicht selbst gemacht wie die anderen Schüler, sondern mir von meinem Vater helfen lassen. Als ich widersprach und schließlich rief, nicht ich sei der Lügner, sondern sie, die Lehrerin, wurde ich gepackt, über die vordere Bank gelegt und mit dem Rohrstock geprügelt. Kaum hatte die Lehrerin mich losgelassen, rannte ich aus der Klasse und weinend weiter bis nach Hause. Beide, Vater und Mutter, hörten sich an, was mir widerfahren war. Empört nahm Vater mich an der Hand und lief mit mir zur Schule zurück.

Ganz deutlich sehe ich noch den Flur mit den Klassenzimmertüren vor mir. Ich deutete auf die Türe, durch die ich gerade entflohen war. Entschlossen betrat mein schmächtiger Vater ohne anzuklopfen die Klasse. Er hielt fest meine Hand, als er sich vor die Lehrerin stellte, die ihn um Längen überragte. «Sagen Sie noch einmal, was der Junge gemacht hat!» Seine Worte waren voller Groll und Gerechtigkeitssinn. Das Ergebnis war, dass die Lehrerin sich bei mir vor der ganzen Klasse entschuldigen musste. Ja, so konnte der kleine Uhrmacher sein. Das war Handwerkerstolz, wie ich ihn bis heute in Ehren halte.

Ganz unerwartet starb Tante Else, Margotchens Mutter, an einer Blutvergiftung. Else war die ältere Schwester meiner Mutter. Ihr früher Tod erschütterte die ganze Familie, und ich hätte dem armen Margotchen gern verziehen, aber sie war mit ihrem Vater weggezogen, sodass ich sie nicht mehr zu sehen bekam. Der Tod – man erzählte später, es sei genau in den Tagen des Kriegsbeginns gewesen – schwächte unsere Wahrnehmung für die größeren Gefahren, die das Wort «Krieg» ankündigte.

Ich war in diesem Alter ein Junge, der alles zu ergründen versuchte, was sich nicht selbst erklärte. Ich wollte wissen, warum das Licht angeht, wenn man den Schalter drehte, ich schraubte am Wasserhahn in der Küche, bis das Wasser in hohem Bogen auf den Küchenboden spritzte und das Panikgeschrei von Mutter, Dienstmädchen und Tante auslöste. Mein Wissensdurst gab keine Ruhe. Ich wollte zum Beispiel unbedingt erkunden, warum die Puppe meiner Schwester «Mama» sagte. Woher kam die Stimme? Mit einem Küchenmesser schlitzte ich den Puppenleib auf und operierte mit einer Zange aus Vaters Werkstatt einen runden Gegenstand heraus, aus dem der Jammerton kam. Es gelang mir, einen kleinen Blasebalg zu öffnen, und ich fand tatsächlich die Membran, die durch den Luftzug in Schwingung gebracht wurde. Erst nachdem ich mehrmals überprüft hatte, dass ein eingenähtes Bleigewicht den Blasebalg bewegte und so diese Schwebung hervorrief, die dem zweisilbigen Wort Ma-Ma ähnelte, war ich zufrieden und versuchte, die Puppe wieder zu flicken. Das misslang kläglich. Die Puppe verlor bei jeder Bewegung etwas von ihrem faserigen Füllmaterial. Folge war tagelanges Gezeter, ich wurde als Missetäter gerügt, die Schwester wollte mit der beschädigten Puppe nicht mehr spielen, und es blieb der Mutter nichts anderes übrig, als eine schönere Ersatzpuppe zu besorgen.

Es gab in unserem Haushalt zu jener Zeit immer ein Dienstmädchen. Man nutzte auch ohne Umschweife diesen Begriff, der uns heute diskriminierend erscheint. Die Resi stammte aus Hundheim, wie die Eltern. Sie war eine stämmige Person, die mit dem Putzlappen um sich schlug und offenbar der Meinung war, dass wir Kinder viel zu sehr verwöhnt würden. Man musste sich vor Resi in Acht nehmen, sie verteilte knallende Ohrfeigen und erhob ihre schrille Stimme, dass einem die Ohren klingelten. Die von mir aufgeschlitzte Puppe war ihr ein besonderes Ärgernis, weil das Füllmaterial sich überall verteilte und schlecht wegzuwischen war, es lud sich elektrisch auf und klebte an den Oberflächen. Zu Resis Aufgaben gehörte in den Wintermonaten, den Kessel der Zentralheizung mit Koks zu füttern. Das spielte sich in einem der Kellerräume ab, wo wir Kinder uns im Spiel gern versteckten. Als Resi die zerschlissene Puppe in Helis Arm erkannte, nahm sie diese, öffnete die eiserne Feuerungsklappe des Heizkessels und warf sie in die züngelnden Flammen. Gebannt folgten unsere Blicke diesem Vorgang. Wir hielten uns erschrocken an den Händen und sagten kein Wort. Da tönte aus dem Heizkessel die Mama-Stimme, klagend, als riefe sie um Hilfe. Meine Schwester weinte, ich weinte, und auch Resi wurde ganz still. Ich erzähle diese Geschichte nach achtzig Jahren, nicht ohne mich immer noch mitschuldig zu fühlen am Tod der Mama-Puppe.

In der folgenden Zeit wuchs mein Interesse an Vaters Arbeit. Ich verbrachte ganze Nachmittage in seiner Werkstatt, ließ mir alles erklären und liebte es, selbst mit den Werkzeugen umzugehen. Ich baute kleine Möbel für die Puppenstube meiner Schwester, Regale, Schränkchen mit Türen, alles aus Metall, denn eine Uhrmacherwerkstatt ist auf Metallbearbeitung ausgerichtet. So fertigte ich eines Tages aus Messing einen kleinen Tisch, dessen Platte ich polierte. Ich versuchte, die Metalloberfläche so makellos zu polieren, dass man sich darin spiegeln konnte. Ich benutzte dafür ein Poliertuch, wie es der Vater zum Reinigen von Silberschmuck nahm. Ich hauchte die Messingfläche immer und immer wieder an, um sie zu befeuchten, und rieb mit dem Tuch so heftig nach, dass die Fläche immer glatter wurde. Während ich mich dieser Beschäftigung völlig hingab und dabei Zeit und Raum vergaß, verlor ich auf einmal das Bewusstsein. Dunkelheit brach in mir aus, und ich stürzte auf den Werkstattboden. Mein Vater, der in meiner Nähe seiner Arbeit nachgegangen war, erschrak, rief nach seiner Frau, die alarmiert angerannt kam und half, mich nach draußen an die frische Luft zu bringen. Ich war schnell wieder bei Sinnen und erlebte, dass die Eltern mich eilig in die nahe Arztpraxis brachten.

Hier geschieht es, dass der Krieg doch eine erste Rolle in meinem Leben spielte. Der Arzt, der seine Praxis in einem der gegenüberliegenden Häuser betrieb, hatte selbst zwei Kinder, Gaby und Hans-Walter, die unsere täglichen Spielkameraden waren. Er war für uns nur «Onkel Dörr». Oft bemerkte er unsere Kinderkrankheiten früher als die Eltern und steckte uns in die Betten, noch bevor die Mutter Zeit fand, Wadenwickel oder Tee zu bereiten. Der Weg zu Doktor Dörr war also eine feste Gewohnheit. Der Vorfall, von dem ich hier erzähle, spielte jedoch im ersten Jahr des Krieges, und unser Doktor war zur Wehrmacht einberufen worden. Ein junger, gänzlich unerfahrener Medizinabsolvent hatte die Praxisvertretung übernommen. Der junge Mann war sich sogar seiner Unwissenheit bewusst, denn als er meine aufgebrachten Eltern sah, wie sie mit dem gerade aus einer Ohnmacht erwachten Kind vor ihm standen, wollte er seine Sache besonders gut machen. Er bot sich an, mich zum fünfundzwanzig Kilometer entfernten Kinderkrankenhaus in Idar-Oberstein zu bringen. Was dort allerdings mit mir geschah, ist eine absurde Farce dilettantischer Medizin, die wohl auch der Unerfahrenheit des Ersatzpersonals im Krieg zuzuschreiben ist. Nachdem man mich geröntgt hatte, teilte man meinen Eltern mit, ich sei an schwerer Tuberkulose erkrankt und müsse mehrere Monate absolut ruhig liegen, müsse außerdem mit viel Schlagsahne möglichst fett ernährt werden, weil sich nur so die Krankheitsherde schließen könnten.

Ich wurde nach Hause gebracht und sollte still im Bett liegen. Schon am dritten Tag konnte ich keine Schlagsahne mehr sehen, und mein Bewegungstrieb wurde täglich heftiger. Als ich schließlich in meinem Bett umherhüpfte und laut protestierte, beschloss der bemühte Ersatzdoktor, mich in Gips legen zu lassen. Ich wurde ins Krankenhaus gebracht und vom Nacken bis zur Hüfte eingegipst. Nur noch Arme und Beine konnte ich bewegen. Auf diese Weise stillgelegt und täglich mit Sahne gepäppelt, wurde ich immer kränker. Ich bekam Atemnot-Anfälle und schrie nachts um Hilfe. Ich war acht Jahre alt und das Sorgenkind der ganzen Familie für mehrere Wochen oder Monate. Man nannte mich wegen des Rückenpanzers «die Schildkröte». Ich versuchte, mich mit Lesen am Leben zu halten, und ertrug die Scherze der Dienstmädchen, die mich auf den Topf setzen mussten.

Als der vertraute Hausarzt Heimaturlaub hatte, erfuhr er von meinem Elend. Er kam sofort an mein Bett, sah den Gipspanzer und ließ sich von Vater die große Blechschere bringen, mit der er mich aus dem Gips herausschnitt. Ich war wund vom Liegen und konnte nicht mehr allein auf den Beinen stehen, weil die Muskeln erschlafft waren. Doktor Dörr setzte sich noch am selben Tag mit einem Lungenfacharzt in Wittlich in Verbindung. Schon bald wurde ich in Vaters Opel P4 verfrachtet und zu diesem Facharzt gefahren. Auf dem Hinweg bekam ich noch mehrere Erstickungsanfälle, auf dem Rückweg, einige Stunden später, war ich gesund.

Die Diagnose des Facharztes hatte ergeben, dass die Schatten, die der Kinderarzt auf dem Röntgenbild gesehen hatte, nichts weiter als die Spuren des Keuchhustens waren, den ich ein Jahr zuvor durchgemacht hatte. Die Empfehlung hieß: viel Bewegung, frische Luft und einen Eimer Wasser über den Kopf, falls ich wieder Erstickungsanfälle bekäme.

So erlebte ich an einem Tag, wie man aus tiefer Nacht gesund erwachen kann. Diese Erfahrung hat allerdings mein Vertrauen zu den Ärzten für mein ganzes Leben erschüttert. Wer einmal erlebt hat, dass es ein Arzt war, der einen krank gemacht hat, wird einem Mediziner nie mehr voll vertrauen können.

4 Die Hundheimer

Ich kann mir nicht vorstellen, wie sich die Menschen früher erinnerten, als es die Fotografie noch nicht gab. Die Fotoindustrie hatte in den Jahren meiner Kindheit eine sprunghafte Entwicklung genommen, sodass jeder einen Fotoapparat besaß. In meinem Dorf gab es zwei oder sogar drei Fotogeschäfte. Manche Familienväter besaßen schon eine Leica, zumindest aber einen 6 × 9-Rollfilmapparat. Das Fotoalbum wurde liebevoll beschriftet, und wir benutzten die Bilder als Beweisstücke für alles, was uns wichtig war: Selbstverständlich dokumentierte man Weihnachten den Gabentisch, umgeben von allen Verwandten und Freunden, die uns besucht hatten. Es gab viele Fotos von den Sonntagsausflügen mit den Kindern und seit Kriegsbeginn auch von den Männern aus der Verwandtschaft, die jetzt bei der Wehrmacht waren und Uniformen trugen. Fast immer mussten sich die Akteure vor der Haustüre versammeln, schön gestaffelt standen sie auf der Haustreppe und lächelten auf Wunsch «recht freundlich», bis das Klicken des Verschlusses zu hören war und man sich entspannen durfte. Es gibt ein Bild, das mich als siebenjährigen Knirps zeigt, der stolz das schwere Gewehr von Onkel Paul schultert und sich als Soldat fühlen darf.

Vater hatte schon in den 1920er Jahren leidenschaftlich fotografiert, damals noch mit einer Plattenkamera im Postkartenformat. Seine Bilder zeigten seine Jugendfreunde, deren Bräute und Motorräder. Man konnte den Bildern die Stationen seines Lebensweges ablesen. Nach seiner dreijährigen Uhrmacherlehre bei einem Meister in Bernkastel an der Mosel fand er vorübergehend eine Stelle als Geselle in Bad Neuenahr in der Eifel, dann in Boppard am Rhein und schließlich in der Kreisstadt Simmern, wo er sein erstes Uhrengeschäft in angemieteten Räumen der Oberstraße führte. Den Entschluss, in die unmittelbare Nähe seines Geburtsortes im Hunsrück zurückzukehren, traf er wohl, als sein Vater versprach, für ihn ein Baugrundstück in Morbach zu kaufen. Übergangsweise wurde ein Laden am Unteren Markt angemietet, wo Vater das neue Uhrengeschäft einrichtete. Er war noch keine dreißig Jahre alt und wollte erst einmal ausprobieren, ob der Ort Morbach ihm Glück bringt.

Ich kann die Stationen von Vaters Entwicklung beschreiben, weil ich zu jeder von ihnen ein verblasstes Postkartenbild vor mir sehe, das vom Vater oft kommentiert und um die Namen der abgebildeten Personen ergänzt wurde. Es gab das Bild seines Lehrmeisters, der vor dem Uhrengeschäft Kronser am Bernkasteler Marktplatz posiert, es gab ein Bild von Vater als zwanzigjährigem Uhrmacher im weißen Kittel am Werktisch des Uhrmachers in Bad Neuenahr, es gab ein Bild von einer Hochwasserkatastrophe in Boppard am Rhein, bei der das Uhrengeschäft, in dem er arbeitete, evakuiert werden musste. Auffallend aber sind die zahlreichen Bilder, die Vaters größte Leidenschaft dieser Jahre belegen: seine Beschäftigung mit dem Radio. Er war ein «Radiot», wie die verständnislosen Freunde ihn auf einer Grußkarte titulierten. Tatsächlich steckte er sein ganzes Geld in den Erwerb von Radiobauteilen wie Röhren, Spulen, Drehkondensatoren, Widerständen, Anodenbatterien und Lautsprechern in Trichterform. Er musste immer das Neueste haben, bezog Fachliteratur aus aller Welt und war bald ein hervorragender Selfmade-Radioingenieur, dem keiner etwas vormachen konnte. Er lieferte unter dem Namen ROBERT REITZ RADIOANLAGEN Geräte an Freunde und Familienmitglieder und ging mehr und mehr dazu über, Radios auch in seinem Uhrenladen anzubieten. Begeistert kletterte er auf Hausdächer und Bäume, um in schwindelnder Höhe Antennendrähte zu spannen, damit der Empfang verbessert wurde. Seine Faszination konzentrierte sich vollkommen auf die Technik, die es ihm möglich machte, über Tausende von Kilometer Entfernung das Leben fremder Menschen zu belauschen. Noch Jahre später erzählte die Großmutter gern von den Radioerlebnissen ihres Sohnes. Nach einer mit den Kopfhörern auf den Ohren durchwachten Nacht hat ihr Robert am Morgen mit bleichem Gesicht berichtet, er habe heute Nacht einen Mann in London (!) husten hören. Ein Erlebnis wie dieses war für den jungen Robert eine völlig neue Wahrnehmung der Gegenwart. Er fühlte sich als Teil einer neuen Zeit.

Während des traditionellen Karnevalballs des Jahres 1932 in Morbach lernte der radiobegeisterte Uhrmacher Robert Reitz die zweiundzwanzigjährige Maria Becker kennen. Das hübsche, etwas vorlaute Mariechen war gelernte Modistin. Sie hatte eine Stelle als Hutmachergesellin in einem Hutgeschäft in der Bahnhofstraße. Nach ausgiebigem Flirt und einigen Gläsern Wein war es Robert gelungen, die unternehmungslustige Marie in seine Geschäftsräume am Marktplatz zu locken, wo er ihr mitten in der Nacht seine neuen selbstgebauten Radios zeigen wollte. So ähnlich stelle ich mir diese Karnevalsnacht vor, in der ich gezeugt worden bin. Natürlich haben die Eltern über diese Dinge nie gesprochen, aber wenn ich von meinem Geburtstag, dem 1. November, neun Monate zurückrechne und feststelle, dass die beiden am 30. April, also im dritten Schwangerschaftsmonat, eiligst geheiratet haben, wenn ich weiter die Konventionen und das Familiengeschwätz in Betracht ziehe, sagt der erfahrene Geschichtenerzähler in mir: Es muss das Radio gewesen sein.

Aus Sicht der Mutterfamilie war diese Verbindung auch eine gute Partie, denn Marias Eltern waren arme Leute. Sie wohnten in einem winzigen Häuschen mit einer Stube im Erdgeschoss, einer Treppe, die zu zwei kleinen Zimmern führte, in denen sechs Kinder aufgewachsen waren. Maria war die Jüngste und die Einzige, die noch nicht unter der Haube war. Der Vater, Matthias Becker, war bei der Eisenbahn als

Streckengeher angestellt. Jeden Morgen um fünf ging er, ausgestattet mit Dienstmütze und Eisenbahner-Mantel, durch sein Vorgärtchen mit den beiden Rosenbäumchen, überquerte die Straße, die aus Hundheim hinausführte, ging dann querfeldein dreieinhalb Kilometer bergab, bis das Gelände beim Ort Bischofsdhron wieder anstieg und das Bahngleis der Hunsrückbahn sichtbar wurde. Hier gab es eine Wellblechbude, wo der Großvater seine Dienstwerkzeuge aufbewahrte, den langstieligen Hammer, das Signalhorn und den Schraubenschlüssel, der auf alle Schrauben an Gleisen und Weichen passte. Sein Dienst bestand darin, dass er auf dem Gleis etwa fünf Kilometer weit gehen und jede Schwelle und jede Schraube kontrollieren und, wenn nötig, korrigieren musste. Am Mittag kam er im Ort Sohren an, wo er sein mitgebrachtes Mittagessen aufwärmen konnte, um dann zu Fuß den Rückweg anzutreten. Das war Großvaters Beruf weit über vierzig Jahre lang. Eine fürwahr einsame Tätigkeit.

Ich kann mir gut vorstellen, wie zufrieden der Becker-Matz, wie man ihn im Dorf nannte, war, dass seine jüngste Tochter den Uhrmacher mit eigenem Geschäft heiraten konnte. Seine Frau, meine Oma, hieß Anna und war eine geborene Endres. Diese Oma war ein Putzteufel. Sie kannte kaum ein anderes Ziel, als ihr Häuschen picobello sauber zu halten. Wenn wir Kinder sie besuchten, empfing sie uns mit dem Putzlappen in der Hand und ließ uns nicht eher ins Haus, bis wir uns von oben bis unten gesäubert hatten. Im Streckengeherhäuschen lebten die Kinder und die Erwachsenen auf engstem Raum. Zusammen mit dem Großelternpaar bildeten sie eine Familiengemeinschaft, alle klebten wie Kletten aneinander.

Das war sicher auch der Grund dafür, dass die Schwestern meiner Mutter und deren Ehemänner und Kinder fast täglich in unserem Morbacher Haus ein- und ausgingen. Die älteste war die schon erwähnte Tante Käth mit ihrem Mann, dem stillen Willi. Dann folgte Peter, der Arbeiter in einem Sägewerk war. Ihm war, wie die Mutter uns oft erzählte, noch ein Mädchen mit dem Namen Pauline gefolgt, das aber schon als Baby gestorben war. Dann kam wieder eine Tochter, Else. Das nächste Kind hat das Großelternpaar wieder Pauline genannt und mit diesem Namen das Schicksal ein zweites Mal herausgefordert. Tante Pauline war oft in unserem Haus, half an Waschtagen und brachte ihren Mann mit, Onkel Michel, wenn es Holz zu hacken gab oder wenn Koks für die Heizung geliefert wurde, der in den Keller geschafft werden musste. Else, die mit Karl, einem Waldarbeiter, verheiratet war, besuchte uns selten. Sie hatte mit ihrem behinderten Margotchen und dem Sohn Karlheinz genug eigene Sorgen. Da nun auch das Mariechen, die jüngste Tochter von Matthias und Anna, verheiratet war, wurde es den Großeltern etwas langweilig in ihrem blitzblanken Häuschen und sie adoptierten das Pittchen, ein Waisenkind aus ihrer Verwandtschaft. Jetzt hatten sie wieder ein Kind, dem sie ihre Liebe schenken konnten. Pittchen war musikalisch und spielte in einem Fanfarenzug der Hitlerjugend den Anführer mit der Trompete, ohne zu ahnen, dass diese Leidenschaft ihn schnurstracks in den Krieg führte.

Die Eltern meines Vaters, die von uns ebenso oft besucht wurden wie die Mutter-Großeltern, fühlten sich als eine bessere Klasse. Auch sie lebten im Dorf Hundheim. Sie besaßen einen Bauernhof und die Dorfschmiede. Der Großvater Johann Reitz war ein drahtiger kleiner Mann, der es immer eilig hatte. Auch er war meist zu Fuß unterwegs oder mit einem Fahrrad, an dem viele Teile, etwa der Transportkasten und der Ständer, von ihm selbst angefertigt waren. Der Reitz-Opa handelte nebenher mit Landmaschinen und hatte die Vertretung für Nähmaschinen der Firma Singer, eine kleine Ausstellung fand sich in einer Ecke der Wohnstube.

Im Haushalt der Reitz-Großeltern waren alle Metallgegenstände selbstgefertigt: Messer und Gabeln, Hämmer und Äxte, Mistgabeln, Rechen, Hacken, aber auch Beschläge an Türen und Fenstern, Schlösser, Schlüssel, jeder Nagel war, wie immer betont wurde, vom Schmied mit eigenen Händen gefertigt. Das hieß natürlich auch, dass mehrere Generationen von Vorgänger-Schmieden sich an dieser Herstellung des Reitz'schen Hausrates beteiligt haben mussten. «Wir sind nachweisbar Schmiede seit 1580», betonte der Großvater, der meinem Vater sein Leben lang übelnahm, dass er diese Tradition gebrochen hatte.

Aber der ehrgeizige Schmied Johann Reitz hatte kein Glück mit seinen Söhnen. Der Älteste, Eduard, fiel als Elfjähriger vom Zwetschgenbaum und verblutete innerlich. Das war vor dem Ersten Weltkrieg. Der andere Bruder meines Vaters hieß Niklaus. Er starb kurz nach dem Krieg an einer Gehirnhautentzündung. Da blieb nur noch das Robertchen, mein Vater. Er war 1901 geboren, kränklich und im Krieg unterernährt. Er war einfach zu schwach und musste die Schmiedelehre bei seinem Vater schon im zweiten Lehrjahr aufgeben. Dass er dann Uhrmacher wurde, war sein eigener Entschluss, an dem er seinen tyrannischen Vater nicht beteiligte. Er hatte die Lehrstelle an der Mosel ganz allein gefunden. Drei Jahre lang kam Robert nur an Wochenenden vom siebzehn Kilometer entfernten Bernkastel nach Hause, um dann, ausgestattet mit Brot- und Speckvorräten, die ihm seine Mutter für die hungernde Familie des Lehrherrn einpackte, wieder den Berg hinab an die Mosel zu laufen. Roberts Lehrzeit begann, wie Meister Kronser auf dem Gesellenbrief in Schönschrift vermerkte, im Jahre 1918 und endete 1921. Zum Glück fand Maria, die Schwester meines Vaters, später einen gelernten Schmied als Ehemann. Paul hieß der brave Mann, der bereit war, die Traditionsschmiede zu übernehmen.

Die liebste und warmherzigste Seele, deren weiche Wangen und deren süßen Geruch ich niemals vergessen werde, war die Oma Reitz. Ihr Geburtsname war Katharina Stürmer, und sie war im Nachbarhaus 1868 zur Welt gekommen. Katharina war die Großmutter, die das wunderbarste Roggenbrot buk, das ich je gegessen habe, die für ihre Enkel mitten im Sommer bunte Ostereier färbte, die uns erlaubte, in Sonntagskleidern auf dem Heuboden zu toben, bis wir erschöpft in die Betten fielen, während die Oma die Heuflusen und Schmutzfussel aus unseren Kleidern zupfte, damit die Eltern nicht schimpften. Katharina war die Hingabe und Liebe in Person, der ich später die Figur der «Kath» in den HEIMAT-Chroniken widmete.

Ich erinnere mich besonders an das Gefühl, von ihr begrüßt zu werden. Immer war ihre erste Frage, ob man hungrig sei oder durstig, immer hatte sie eine «Kässchmier» zur Hand, das war eine Scheibe vom selbstgebackenen Brotlaib, die sie mit dem handgeschmiedeten

Messer schnitt. Dabei wurde das Brot fest an den Leib gepresst, sodass sich das Messer in Richtung ihrer Schürze bewegen musste, um keinen zu gefährden. Auf die Brotscheibe kam eine dicke Ladung Quark, der in einem Steinguttopf auf der Fensterbank stand, mit einem Tuch vor den Fliegen geschützt. Die Großmutter war keine, die viel lachte oder Komplimente machte. Sie buhlte nicht um Sympathie, sondern war einfach ernst. Sie zeigte niemals ihre Grenzen. Keiner ahnte, dass sie an Magenkrebs litt. Auf dem Foto zu ihrem siebzigsten Geburtstag sah sie aus wie eine Hundertjährige. Wie man weiß, habe ich der Kath im Film einen zarten gnädigen Tod geschenkt. Die Film-Großmutter sollte nicht leiden, wie es das ungerechte Schicksal der wirklichen Katharina bescherte. Oma Katharina starb 1944, als der Krieg unser aller Leben verändert hatte und das Sterben an der Tagesordnung war.

Alles, was ich über die Großeltern und über die Jugend meiner Eltern berichten kann, ist mir gegenwärtiger, als es den Umständen nach sein kann. Das liegt vielleicht auch daran, dass diese Geschichten sich auf das Dorf Hundheim konzentrierten und oft erzählt worden sind. Dennoch haben sie ihr innerstes Geheimnis gewahrt. Ich kann in Worten nicht wiedergeben, wie die Häuser, die Betten, die Gewänder oder die Möbel und Werkzeuge rochen, wie sie sich für die forschenden Hände des Kindes, das ich war, angefühlt haben. Alles scheint sich in der Höhe meiner Kindernase, etwa achtzig Zentimeter über dem Boden, abgespielt zu haben. Man könnte heute noch versuchen, mir seltsame Fragen zu stellen. Zum Beispiel: Wie riecht die Tischkante, die Türklinke, der Steinguttopf mit der Dickmilch? Für die Nase und die Fingerspitzen haben die Dinge und die Personen in der Kindheit noch keine Namen. Das ändert sich, wenn wir erwachsen werden. Aber ich bin sicher, dass es diese namenlosen Eindrücke sind, die später in meine Filme hineingeleuchtet haben.

Unser Gedächtnis ist trügerisch. Das weiß jeder, der versucht, seine Erinnerungen aufzuschreiben. Man findet immer nur Bruchstücke und Reste von Ereignissen, Gesichtern oder Ortsansichten in seinem Innern, und man bemerkt, wie schnell das Vergessen geht und wie man trotz größter Anstrengung nicht in der Lage ist, den Scherbenhaufen seines Lebens zu einem übersichtlichen Gebilde zu ordnen. Wenn wir ehrlich sind, erfinden wir das meiste, von dem wir behaupten, es sei die Wahrheit. Das Erinnern ist ein kreativer Akt. Demnach kann man sagen, dass unsere Biographien erfundene Geschichten sind.

5 Das Großvaterprinzip

Das Geschichtenerzählen hat mir vermutlich der Becker-Matz, der Vater meiner Mutter, bei meinen frühen selbständigen Besuchen in die Seele gepflanzt. Mit meinem Fahrrad konnte ich schon im zweiten Schuljahr die Strecke vom Elternhaus zu den Großeltern allein zurücklegen. Immer öfter besuchte ich deswegen die Großeltern ohne die Begleitung von Vater oder Mutter. Die Besuche bei Opa Becker ergaben sich meist auf dem Rückweg von der Reitz-Oma, weil sein Eisenbahnerhäuschen am Ortsausgang von Hundheim stand, am Anfang der abschüssigen Straße, die ich den halben Weg im Schuss fahren konnte, um dann in einer Viertelstunde zu Hause zu sein.

Der Opa liebte es, vor dem Haus auf einer Gartenbank zu sitzen und auf die Rosenbüsche in seinem Vorgärtchen zu blicken. Er nahm mich neben sich, legte seinen Arm um meine Schulter und fing an zu erzählen. Was er mir zu sagen hatte, das ergab sich immer aus der Frage: «Willst du hören, was ich heute auf meinem Weg durch den Wald erlebt habe?» Schon die Frage weckte meine Neugier. Seine Geschichten begannen mit der Beschreibung von überprüfbaren Tatsachen, zum Beispiel: «Du kennst doch die kleine Steinbrücke unten im Tal, die über den Dhronbach führt? Links daneben steht ja ein hoher Baum. Das ist eine Linde, die mindestens zweihundert Jahre alt ist. Also an dieser Linde muss ich jeden Tag vorbeigehen, auf dem Weg zu meiner Arbeit. Als ich heute so gegen halb sechs an die Linde komme, sehe ich einen Mann, der an den Stamm gelehnt in meine Richtung schaut. Ich denke noch, den Mann kennst du doch, aber dann kamen Zweifel, denn er sah genau so aus wie der Dicke Hännes, der Wirt aus der Wirtschaft in Gonzerath. Du hast doch sicher von deinen Eltern gehört, dass man Hännes vor zwei Wochen in seiner Wirtschaft tot aufgefunden hat und dass bis jetzt keiner weiß, ob er umgebracht oder einfach nur vom Schlag getroffen wurde. Also ausgerechnet dieser Hännes steht da unter der Linde. Ich denke noch, das muss eine Verwechslung sein, oder es handelt sich um seinen Zwillingsbruder. Da schaut mich der Kerl aus einem kreidebleichen Gesicht an, seine Augen sind rot unterlaufen, und er begrüßt mich mit Grabesstimme. Guten Morgen Matz, sagt er. Ich erschrecke bis ins Blut. Ich fange an zu rennen, denn ich will doch nicht zu spät zur Arbeit kommen. Ich denke, dreh dich nicht um, sonst kommt er hinter dir her!»

Schon hat die Geschichte eine Wendung genommen, in der nichts mehr mit normalen Ursachen erklärt werden kann. Mich schaudert's, und ich ziehe die Beine an, denn vom Gartenboden her scheint sich das Grauen zu verbreiten. Der Großvater genießt die Spannung seiner Erzählung, dann lockert er die Handlung durch eine unerwartete Wendung. Zum Beispiel erweist sich, dass der Protagonist Hännes tatsächlich einen Zwillingsbruder hat, der sonst in Saarbrücken lebt. Das wiederum entspricht den Tatsachen, sodass die Geschichte schon zu Ende zu sein scheint. Aber jetzt nimmt sie erneut Fahrt auf: Der Großvater findet auf seinem Kontrollgang zwischen den Gleisen eine abgetrennte menschliche Hand, die er wohlweislich nicht anrührt und brav der Bahnpolizei meldet ...

Ich könnte Dutzende solcher Großvatergeschichten erzählen. Sie alle folgen einem Erzählprinzip, das ich das *Großvaterprinzip* nenne. Demnach kommt es darauf an, dass der Anfang immer überprüfbar ist und mit dem Wissen der Zuhörer übereinstimmt. Die Personen müssen wiedererkennbar sein und auch die Schauplätze. Wenn nun die Phantasie hinzukommt, will sie mit einem besonderen Erzählgrund aufwarten können. Dazu reichen die Tatsachen allein nie aus. Es muss etwas so verwandelt oder gesteigert werden, dass man aufmerkt. «Das kann doch nicht wahr sein!» Die Geschichte geht in ihrer Behauptung weiter, ist im Grunde eine Lüge, die aber immer der Wahrheit so ähnlich bleiben muss, dass der Hörer nicht abspringt.

Das Erzähltalent des Großvaters war so elementar, dass alles, was er sagte, als Geschichte verstanden wurde. Wenn Matthias die Dorfwirtschaft betrat, wurde es still in der Gaststube, und bald fragte ihn jemand, was er denn heute Neues erlebt habe. «Ach, ihr glaubt mir doch sowieso nicht», war seine Antwort. «Aber was ich heute erlebt habe, das ist hundertprozentig die Wahrheit. Darauf kann ich sieben heilige Eide schwören.» Der Becker-Matz legte nämlich allergrößten Wert darauf, dass man seine Geschichten glaubte. Er wollte nicht als Lügner dastehen, und gerade deswegen reicherte er seine Fabeln mit möglichst vielen Tatsachen an.

Ich war vielleicht vier oder fünf Jahre alt, als der Opa begann, eigens Geschichten für mich zu erfinden. Besonders an Sommerabenden, wenn sich ein Gewitter über dem Dorf entwickelt hatte, durfte ich seinen Geistergeschichten zuhören. Zum nahenden Grollen des Donners und Aufflammen schrecklicher Blitze erzählte er, wie ganze Häuser mit Scheunen und Vieh abbrennen, wie Kinder von der Heiligen Jungfrau im letzten Moment gerettet werden. Er erzählte von Teufeln und Engeln, die sich in den Wolken bekriegen. Ein ganzes Universum von Unholden, Wiedergängern, Hexen und Heiligen hatte der Großvater im Angebot, wobei er immer berichten konnte, wie man sein Leben rettet oder wie man die Geister bannen kann. Während ich dies aufschreibe, frage ich mich, welche Worte der Großvater wählte für seine Beschreibungen und beschwörenden Dialoge. Sprach er Dialekt? Konnte er überhaupt Hochdeutsch sprechen, wie unsere Eltern es mir und meiner Schwester beizubringen versuchten und wie es in der Schule verlangt wurde? Ich weiß keine Antwort, aber es ist nicht wahrscheinlich, dass der Becker-Matz je eine andere Sprache beherrschte als das moselfränkische Hunsrückisch, das seltsame Wörter verwendet, die aus verschiedenen Sprachen wie Jiddisch, Rotwelsch oder Französisch entlehnt sind.

Im Hunsrück hat das Geschichtenerzählen eine eigene Tradition. Man nennt das «Stickelscher verziehle». Immer wieder zeigte sich in den Dörfern das Erzähltalent mancher Männer oder Frauen. Diese genossen ein besonderes Ansehen im Volk. Man lud sie zu Veranstaltungen, zu Hochzeiten oder Dorffesten ein und ließ sich von ihnen unterhalten. Die besonders talentierten Erzähler waren allerdings Leute, die sich nicht in die Öffentlichkeit drängten. Zu ihnen gehörte mein Großvater. Er sprach beim Erzählen leise, so als sei es wichtig, dass nicht gleich jeder zuhört. Er hasste die Besserwisser, die sofort alles widerlegen und in Zweifel ziehen. Nein, ihm ging es, so widersinnig das klingt, immer um die Wahrheit. «Wenn ich alles nur so erzähle, wie es wirklich war, dann versteht ihr mich nicht.» Das war seine Erkenntnis.

Als ich sieben Jahre alt war, hatte ich herausgefunden, dass man den Zeigern einer Uhr nicht bei ihrer Drehung zuschauen kann. Wenn man hinschaut, scheinen sie still zu stehen; sobald wir wegsehen, springen die Zeiger. Die Zeit vergeht ohne uns. Sie mag nicht, dass wir sie beobachten. Das erschien mir seltsam, und ich überprüfte die Beobachtung immer wieder bei den Uhren in Vaters Laden. Der Vater erklärte mir, das sei nur eine Frage der Zeigerlänge. Wenn man eine Uhr von mehreren Kilometern Durchmesser bauen könnte, könnte man von den rasenden Zeigerenden erschlagen werden.

Als ich eines Tages mit dem Opa am Kirchturm des Nachbarortes vorbeikam und stehenblieb, um die Zeigerbewegung der Kirchturmuhr im Sinne des Vaters zu überprüfen, fasste der Großvater mich an der Schulter und fragte: «Kannst du lesen, was da unter der Uhr geschrieben steht?» Ich buchstabierte: «EINE VON DIESEN – WIRD DEINE SEIN.» Der Großvater fragte, ob ich das verstünde. Ich wiederholte den Text. Er war rätselhaft. «Die Stunde, in der wir sterben, ist gemeint», sagte er. Ich glaubte zu verstehen. «Aber da stimmt doch etwas nicht», antwortete ich. «Die Uhr kann das doch gar nicht wissen, wann einer stirbt.» Mit sieben Jahren sind Kinder oft Philosophen. Ich glaubte, das Geheimnis des Großvaters, die Verbindung von Zeit und Tod, erfasst zu haben. «Du wirst schon sehen ...» murmelte der Großvater.

Der Becker-Matz erlebte noch das Kriegsende und starb im Jahre 1946, ein halbes Jahr nachdem die verspätete Nachricht vom Tod des geliebten Pflegesohns eingetroffen war. Pittchen, wie er genannt wurde, war kurz vor Kriegsende im Kurland-Kessel gestorben. Die Oma war sicher, die klagende Stimme des verwundeten Pflegesohns in seiner Todesnacht gehört zu haben. Matthias, der Geschichtenerzähler, verstummte seitdem. Zwei Tage vor Weihnachten, um drei Uhr nachmittags, legte er sich zum Mittagsschlaf in sein Bett und wachte, wie die Kath in HEIMAT, nie mehr auf. Er ist fünfundsiebzig Jahre alt geworden.

6 Der unsichtbare Krieg

Das Gewimmel von Personen, Gesichtern und Namen wird in den Bildern meiner ersten Schuljahre immer größer und dichter. Da tauchen Männer in Uniform auf, die in unserem Haus einquartiert werden, Offiziere der in den Dörfern stationierten Wehrmachtseinheiten. Der Hunsrück gehört zum Grenzland gegenüber Frankreich. Auf der neuen Straße, die nah an unserem Dorf vorbeiführt, rollen die Militärtransporte. Eine Feldküche ist auf dem Marktplatz aufgebaut worden, wo die Soldaten ihre Erbsensuppe mit Speck abholen. Ich darf von der Soldatensuppe essen, dafür bekommt der Soldat von meiner Mutter ihre duftenden Kartoffelpuffer. Die Onkel, die Schwäger und Cousins der Familie tragen nun auch die Soldatenuniform, kommen zu Besuch, bringen ihre Freunde und Bräute mit, die Bochumer Mädchen sind noch öfter da als früher, es wird immer lauter im Haus. Die Stimmen der Tanten und Freundinnen der Mutter füllen die Räume, Zurufe von Stockwerk zu Stockwerk. Nur in der Nacht, wenn alle schlafen und ich aus meinen Angstträumen erwache, höre ich das Grundgeräusch des Hauses: das Ticken und Schlagen Hunderter von Uhren, aus allen Richtungen, aus dem Laden natürlich und aus Vaters Werkstatt, aber auch aus allen Zimmern. Ich höre die Wecker auf den Nachttischen, das gemächliche Tacken der Wanduhren und der großen Standuhr im Wohnzimmer, die mit ihrem Westminster-Schlagwerk die Stunden einteilt.

Seit der falschen Lungenkrankheit, die sich durch den Bannspruch eines Facharztes in Nichts aufgelöst hatte, litt ich unter Schlafängsten. Der Schlaf erschien mir als ein Schwebezustand zwischen Leben und Tod, in dem ich die Kontrolle über meinen Atem verlor. Ich wachte auf, rang nach Luft und hörte meine inneren Geräusche und beobachtete das Herz. Ich hörte das Schnarchen der Einquartierten in den Schlafzimmern über mir und den Atem der Schwester, des Dienstmädchens oder der Mutter. Mein Ich legte den Körper ab, verließ das tickende Haus, suchte körperlos die Weite der Wälder und Hügel. Traum und Wirklichkeit vermischten sich. Ich war nicht mehr derselbe Junge wie vor der Krankheit.

Der westliche Teil des Hunsrücks gehörte früher einmal zum Herrschaftsbereich der Erzbischöfe von Trier. Folglich war man in dieser Gegend katholisch. Meine Eltern gingen selten in die Kirche, aber es wurde vor dem Mittagessen gebetet, und die Mutter sprach immer ein Nachtgebet, wenn sie uns schlafen legte. Der Text war immer gleich: mittags «Komm, Herr Jesus, sei unser Gast» und abends das Gebet von den vierzehn Englein, die unseren Schlaf bewachen sollen. Ein buntes Engelsbild hing sogar über dem Elternbett, und es gab ein Weihwasserkesselchen neben dem Lichtschalter. Das war neben den Weihnachtsritualen mit Bescherung und Christmette um Mitternacht die ganze Religiosität unserer Familie. Natürlich waren alle getauft, und wir mussten, wie alle katholischen Kinder mit zehn Jahren, zur Erstkommunion gehen.

Meine Mutter entfaltete eine aufgeregte Aktivität, denn das Kommunionfest ihres Sohnes sollte trotz Krieg unvergesslich werden. Der Weiße Sonntag von 1942 fiel, wie ich inzwischen recherchiert habe, auf den 12. April. Meine Mutter hatte es sich nicht nehmen lassen, meinen Kommunionanzug aus feinster Friedensware – englischem Tuch – selbst zu nähen. Damit stellte sie sich einer Herausforderung, der sie kaum gewachsen war, Herrenschneiderei war doch etwas ganz anderes als das Hüte-Nähen, das sie gelernt hatte. Schon Wochen vor dem Festtag verbreitete sich im Dorf das Gerücht, ich bekäme einen veritablen Frack mit sogenannten «Schwalbenschwänzen», also mit Rockschößen wie ein Staatsmann oder Dirigent. Und eine «Fliege» sollte ich tragen, wie ein Ober. Ich wurde von Nachbarinnen auf der Straße angesprochen, die wissen wollten, ob denn meine Mutter schon mit dem Anzug fertig sei, ob mir denn auch der Schwalbenschwanz gefiele. Ich schämte mich und versuchte, mich der Mutter zu widersetzen. «Lieber leg ich mich auf die Straße und lass mich vom Auto überfahren, und dann komm ich in die Hölle – ohne Kommunion, du wirst schon sehen!» Aber meine Mutter ließ sich von meiner theologischen Argumentation nicht beeinflussen. Sie wollte doch nur mein Allerbestes.

Inzwischen besuchte ich mit den anderen Kindern den Kommunionunterricht, den der neue Ortspfarrer in der Kirche abhielt. Ich erfuhr, dass es sich hier um ein Sakrament handelt, das mich unmittelbar mit Gott in Berührung bringt. Eine sehr ernste Angelegenheit, wie uns erklärt wurde. Das Bild von der magischen Vereinigung mit Gott erinnerte mich an die Todesängste, die ich während vieler Fiebernächte ausgestanden hatte. Ich setzte alle meine Hoffnung darauf, durch die heilige Kommunion für alle Zeiten beschützt zu werden.

Inzwischen erreichte die Mutter alles, was sie sich vorgenommen hatte: Der Anzug wurde fertig, hatte keine langen Rockschöße, sondern lediglich ein elegantes Oberteil, dazu kamen ein Smokinghemd mit weißer Seidenschleife und schwarze Lackschuhe. Alles war mit Ach und Krach gelungen und brachte Mutter Lob für ihre Talente ein. Zu meiner Ausstattung gehörte sogar noch ein spezielles Seidentüchlein mit Spitzen, mit dem ich die lange Kommunionkerze halten sollte, damit das Wachs nicht in meinen heißen Händen schmilzt. Auch meine Schwester, die erst in zwei Jahren als Kommunionkind vorgesehen war, sollte an dem Tag entsprechend leuchten. Sie bekam ein weißes Seidenkleidchen und eine Schleife für die frisch gelockten Haare.

Von der eigentlichen Zeremonie in der Kirche ist mir nur wenig in Erinnerung geblieben. Ich muss sehr aufgeregt gewesen sein, denn ich kämpfte gegen Schwindelanfälle. Beim Verlassen der Kirche wollten mehrere Leute wissen, ob mir schlecht sei, ich sähe so blass aus. Die Mutter war sehr besorgt, wollte mich stützen, was ich aber ablehnte. Es ist überliefert, ich hätte gesagt, ich sei heute heilig, niemand könne mir helfen. Es gibt ein Foto von mir. Da stehe ich im schwarzen Anzug bleich und aufrecht mit meiner Kerze auf der Haustreppe. Mein Blick geht in weite Fernen.

Der eigentliche Höhepunkt und eine organisatorische Glanzleistung der Mutter war das folgende Fest. Es saßen mindestens dreißig geladene Gäste an dem langen Ausziehtisch im Wohnzimmer: alle Großeltern, die Tanten, die Onkel in Uniform, einige Offiziere von der Einquartierung, eine evangelische Freundin der Mutter mit Ehemann, denen man die katholischen Bräuche erklärte, und die Nachbarin, die als fromm galt und für alle das Tischgebet sprechen musste. Die ganze Runde wurde mit dem Festbraten gespeist, den die Tante Käth, unterstützt von der lauten Tante Pauline, tagelang vorbereitet und mit vielen Beilagen serviert hatte. Vater, der wie immer scheu lächelnd in der Gästereihe saß, hatte an der Mosel ein Fässchen Wein mit dem guten Bernkasteler Doktorwein von 1937 aufgetrieben, dem sich vor allem die uniformierten Männer widmeten. Und dann kamen die ungeheuren Torten. Ich erinnere mich, wie die vielen verzierten Schwarzwälder Torten, Frankfurter Kränze, Marzipan- und Nusstorten mit viel Sahne und Kaffee serviert wurden. Es ist kaum vorstellbar, wie diese fetten Kuchen in den vollen Mägen der Gäste verdaut werden konnten. Ich war als Hauptperson in diesen Stunden eigentlich vergessen. Ich war einfach still – und heilig.

Das war auch noch an mehreren Tagen danach nicht anders. Die übrig gebliebenen Torten wurden verschenkt oder wurden jeden Tag erneut auf den Kaffeetisch gestellt. Und das alles ereignete sich im dritten Kriegsjahr. Im Hunsrück. Der Kommunionanzug hing übrigens noch viele Jahre in Mutters Kleiderschrank. Ich habe ihn nicht noch einmal im Leben tragen müssen.

Unser Vater war schon vor dem Krieg ausgemustert worden. Das heißt, dass er mit seiner Körperbehinderung als völlig untauglich für den Kriegsdienst galt. Dennoch musste er zu Beginn der Besetzung Frankreichs für ein paar Monate einrücken und eine Art Funkverbindungsdienst im nahen Lothringen verrichten. Er hatte mit Feldtelefonie und Morsefunk zu tun, was sich mit seinen Radiointeressen deckte. Nach seiner Rückkehr wurden innerhalb des Hauses einige Neuaufteilungen der Zimmer vorgenommen. Die Uhrmacherwerkstatt kam ins Dachgeschoss und wurde um einen Bereich für Radiobau und Reparatur erweitert. Das Radio spielte während des Krieges eine immer wichtigere Rolle. Hier erfuhr man stündlich die neuesten Meldungen über die Fronten, über die Erfolge der Wehrmacht, deren Höhepunkte in Form von Sondermeldungen aus den Lautsprechern tönten. Diese Extra-Nachrichten wurden mit einer dramatischen Fanfare von Franz Liszt angekündigt. Das Radio war die eigentliche Stimmungsmaschine der Zeit. Ich sehe noch die Pinnwand, die ich im Wohnzimmer angebracht hatte. Sie bestand aus einer Europakarte, auf der ich mit Stecknadeln die Frontverläufe markierte. Dabei orientierte ich mich an einer täglichen Sendung, die hieß «Nachrichten in langsamer Sprache zum Mitschreiben». Keiner in der Familie durchblickte, dass diese Sendung dazu diente, einheitliche Sprachregelungen und Bewertungen der Lage durchzusetzen.

Vaters Werkstatt blühte. Er baute Empfangsgeräte aller Preislagen, und er verkündete, dass seine Geräte im Gegensatz zum einfachen Volksempfänger die ganze Welt empfangen könnten. Sein Radio-Enthusiasmus war neu erwacht. Er machte sich daran, Zusatzgeräte für den Volksempfänger zu bauen, mit denen man sogar den Sprechfunk von Militärsendern empfangen konnte oder Sendungen der BBC aus London. Er vertiefte sich in diese Arbeiten ausschließlich aus technischem Interesse und ging in seinem naiven Erfinderstolz so weit, seine Konstruktion im Schaufenster auszustellen, mit einem Schild versehen, das seiner Kundschaft imponieren wollte: «Mit diesem kleinen Zusatzgerät – eigene Konstruktion – können Sie jeden Radioempfänger für den Empfang aller Sender der Welt aufrüsten. Preis auf Nachfrage.» Es verging kaum ein Tag, bis der Vater in seinem Laden verhaftet wurde. Keiner in der Familie konnte sich vorstellen, dass Vaters Technikbegeisterung als etwas Subversives angesehen werden konnte. Es dauerte einige Tage, bis er wieder zu Hause erschien. Seine Radiowerkstatt war zum Teil konfisziert worden, aber im Übrigen hatte man ihn wohl für harmlos eingestuft. Meine Mutter, die leicht in Panik geriet, bedrängte ihren Mann, möglichst bald in die Partei einzutreten. Sie haben dich im Visier, warnte sie mit vorgehaltener Hand. Aber der Vater zögerte. «Einen wie mich können die doch gar nicht brauchen.»

Auch im vierten Kriegsjahr blühte das Uhrengeschäft, und Vater beschäftigte zwei bis drei Lehrlinge, vierzehn- bis fünfzehnjährige Jungen aus Nachbardörfern, die es noch vor dem Militärdienst schaffen wollten, der sie mit achtzehn erwartete, einen für Friedenszeiten geeigneten Beruf zu erlernen. Da waren der Heinz aus Hinzerath und der Richard aus Rapperath, mit denen ich mich ein wenig anfreunden konnte. Ich richtete mir neben den Lehrlingen ein kleines Arbeitsfeld ein und genoss es, wenn der Vater mich bei der Arbeit beobachtete und sagte, du hast Uhrmacherhände, du überholst die anderen in kürzester Zeit.

Über meine langgliedrigen Hände wurden weitere Spekulationen angestellt. Eine Freundin der Mutter, die Toni genannt wurde, betonte immer wieder, mit diesen Händen müsse ich Klavier spielen lernen. Sie trällerte dazu das Lied «Man müsste Klavier spielen können ...». Diese Toni bot an, ein fabelhaftes Klavier zu beschaffen. Meine Mutter war begeistert. Niemand fragte, woher Toni, die mit einem ortsbekannten Parteifunktionär verheiratet war, mitten im Krieg ein Klavier besorgen konnte. Das Instrument wurde geliefert und in unser Haus getragen. Ich schätze, dass mein Vater bei dem gesamten Klaviergeschäft übergangen worden war. Sicher hat er die Rechnung bezahlt. Nun stand das schwarze Instrument im Wohnzimmer, wo eigentlich kein Platz dafür war. Selbstverständlich sollte ich jetzt auch Klavierstunden bekommen. Mutter schaffte es, eine Klavierlehrerin zu finden. Fräulein Burkhard. Sie lebte in der Villa eines anderen Dorfnazis und soll einmal Opernsängerin gewesen sein. Sie kam mit Notenheften, mit Bisping-Roses Klavierschule mit Fingerübungen und Tonleitern. Ich lernte den Quintenzirkel mit Eselsbrücken wie «Geh du alter Esel heute fischen». Oder «Es geht hurtig durch Fleiß» für die Notenlinien und «Frisch ans Clavier, Emil» für die Zwischenräume. Es ist eigentlich unfassbar, dass man so was noch nach achtzig Jahren in seinen Hirnwindungen aufbewahrt.

Der Klavierunterricht wurde eine Leidensgeschichte. Fräulein Burkhard trällerte mir mit ihrer Kopfstimme die Tonfolgen ins Ohr, und ich musste immerzu Tonleitern üben. Dur und Moll, aufwärts und abwärts. Immer ging es um den Fingersatz und das richtige aufrechte Sitzen auf dem runden Hocker. Niemals durfte ich ein Liedchen spielen, dazu sei ich noch nicht reif. Alfred, der Sohn aus der benachbarten Metzgerei, spielte Akkordeon und war nach einem halben Jahr so weit, dass er bewundert wurde für seine Lieder, die man mitsingen konnte.

Man konnte sich vor den Klavierstunden und anderen lästigen Pflichten drücken, indem man sich zur Teilnahme an den verschiedenen Sammelaktionen meldete. Zum Beispiel Heilkräuter sammeln für die kranken Soldaten. Ich trocknete auf Tüchern, die ich auf dem Dachboden auslegte, Kamille, Spitzwegerich, Schachtelhalm oder Arnika. Auch Kartoffelkäfer mussten gesammelt werden, um die Ernte zu sichern. «Lumpen, Eisen, Knochen und Papier, ja, das sammeln wir.» So klang der Spruch, den wir im Chor anstimmten. Beim Sortieren der Papierarten in der ehemaligen Baracke des Straßenbaus fanden wir Kinder auch Bücher, die uns interessierten. So kam ich in den Besitz mehrerer Karl-May-Bände, die ich heimlich mit nach Hause trug und auf der Kellertreppe sitzend las. Mit dem Akkordeon-Alfred, der ebenso wie ich Winnetou und Old Shatterhand verfallen war, stellte ich sogar eine Telefonverbindung von Bett zu Bett her. Ich hatte in Vaters Werkstatt zwei Feldtelefone gefunden, für die ich mit Klingeldraht eine Verbindung von unserem Haus zur Metzgerei schuf. Die Apparate wurden unter unseren Betten versteckt. Nachts zogen Alfred und ich sie hervor, drehten an den Kurbeln und stellten die Verbindung her, um uns unter der Bettdecke bei Taschenlampenlicht gegenseitig die Karl-May-Bücher vorzulesen.

Ein Großereignis versetzte im Sommer 1943 das Dorf Morbach in den Ausnahmezustand. Es gibt Hunderte von Fotos, die das Ereignis belegen. Ich meine den Empfang des ersten Kriegshelden, der mit dem sogenannten Ritterkreuz ausgezeichnet worden war. Der strahlende

Flieger hieß Rudi Schuster. Er war der Sohn eines Sattlermeisters, der im Ort ein Lederwarengeschäft betrieb. Von Rudi wurden Starfotos verbreitet, auf denen der Held in der feschen Uniform der Luftwaffe abgebildet war. Er war ein Nachtjäger-Pilot, der wagemutig in die feindlichen Bombergeschwader eingedrungen war und mit seiner Bordkanone viele von den Fliegenden Festungen der Engländer zum Absturz gebracht hatte. Seit man den Namen des Fliegerhelden in den Sondermeldungen gehört hatte, war man stolz, ein Einwohner seines Heimatortes zu sein. Ich erinnere mich an Nächte, in denen uns das Dröhnen der Bombergeschwader geweckt hat. Ich lief mit den Eltern auf die Straße, wo die Stimmen der Nachbarn von Luftkämpfen berichteten, die man mit Ferngläsern beobachtet hatte. Als man ein Feuer am Himmel ausmachte, das unweit des Dorfes niederging, entstand Jubel. «Unser Rudi hat wieder einen Bomber abgeschossen!»

Am nächsten Tag war das ganze Dorf auf den Beinen. Jeder wollte die Trümmer des abgeschossenen Bombers besichtigen, die auf den Feldern lagen. Ich erinnere mich, dass mein Vater versuchte, ein britisches Funkgerät aus dem Wrack auszubauen, weil er technische Teile darin ausgemacht hatte, die ihm noch unbekannt waren. Es existiert ein Foto von dieser Szene. Am Revers meines Vaters erkennt man das Parteiabzeichen. Also hatte er sich so spät doch noch entschieden, in die NSDAP einzutreten. Die Angst hatte zugenommen.

Ich sah an diesem Tag den ersten Toten meines Lebens. Eines der Besatzungsmitglieder des abgeschossenen Flugzeugs lag auf dem Feld, von seinem Fallschirm bedeckt. Als die Polizei mit einem Leichentransporter ankam, um den Toten abzuholen, stand ich in der Nähe und schaute zu, wie der Fallschirm eingerollt wurde und wie man den toten Engländer in einen Sarg legte. Der fremde Soldat sah völlig unverletzt aus. Nur auf seiner Stirn gab es ein unscheinbares rundes Loch.

Als der Held Rudi Schuster am Bahnhof abgeholt wurde, fehlte keiner der Dorfbewohner. Das Bahnhofsgebäude war mit Fahnen und einem Transparent geschmückt: «Wir begrüßen unseren Ritterkreuzträger». Hunderte von Menschen in Sonntagskleidung säumten die Wege. Für die Jugend bestand Uniformpflicht. Als «Pimpf» trug ich schwarze Shorts, ein braunes Hemd mit Koppel und Schulterriemen und die schwarze Schirmmütze mit dem HJ-Abzeichen. Ich weiß noch genau, wie sich das Lederzeug anfühlte, das über die Schulter gelegt wurde.

Rudi, der Held, wurde mit Blasmusik durch das Dorf geleitet und zum Haus seiner vor Rührung weinenden Eltern geführt. Am Marktplatz wurden viele Reden gehalten, Tausende von Fotos aufgenommen, der Ort feierte bis in die Nacht hinein. Auch im Familienalbum meiner Mutter landeten die Hochglanzfotos von diesem Tag.

Wenige Monate später war Rudi, der leuchtende Morbacher Junge, tot. Bei einer seiner nächsten Heldentaten hatte es ihn getroffen, und er war mit seinem Messerschmitt-Flugzeug tief in einen Acker der Heimat gefahren.

7 Dorfkino

Eine Figur wie Rudi Schuster hatte seine Vorbilder im Kino. Die Fliegerfilme der UFA erzählen von Draufgängertum und Spaßorgien über den Wolken. Kultfilme waren STUKAS, DIE GROSSE LIEBE oder QUAX, DER BRUCHPILOT. Die Produktion von Spielfilmen und der Kriegswochenschau hatte auch die Landbevölkerung erreicht. In unserem Dorf gab es regelmäßige Kinovorstellungen im ehemaligen Tanzsaal des Gasthauses Kimmling. Man zeigte die neuesten UFA-Filme, die sich von den Produktionen der Vorkriegsjahre durch die noch perfektere Ausstattung abhoben, und die ersten großen Farbfilme. Meine Mutter und ihre Freundin versäumten keinen dieser Filme. Titel wie DIE GOLDENE STADT, DAS BAD AUF DER TENNE, IMMENSEE, MÜNCHHAUSEN klingen auch heute noch in meinen Ohren, als seien sie Eroberungen der Wehrmacht.

Der Kinosaal war mit einfachen Holzstühlen möbliert, und die Leinwand füllte die Bühne, auf der früher einmal die Tanzkapelle gespielt hatte. Mein Vater half dem Betreiber beim Aufbau der Tonanlage. Besonders beeindruckte mich der riesige Kinolautsprecher, der hinter der Leinwand stand und eine eigene Stromleitung brauchte. Ich durfte mehrmals dabei sein, wenn es technische Probleme zu lösen gab, und lernte so auch den Vorführer kennen, der in der Projektionskabine mit den Filmrollen hantierte. Wegen eines Lungenleidens war er nicht zum Militär eingezogen worden und konnte sich auf diese Weise nützlich machen. Ich war ja auch schon ein wenig «Fachmann», denn mein Spielzeugprojektor von Weihnachten 1938 funktionierte mit der gleichen Art von Filmstreifen. Ich half beim Umspulen der Rollen und durfte zuschauen, wie der Film in das Räderwerk der Projektoren eingefädelt wurde und der Lichtbogen mit einem lauten Zischen im Lampenhaus aufleuchtete. Oft saß ich neben dem Vorführer und konnte durch einen engen Sehschlitz in der Kabinenwand das Leinwandbild verfolgen. Den Ton hörte ich nur verzerrt im Dröhnen der Maschinen.

Meine Mutter kannte alle Lieder, die in den Filmen von Stars wie Zarah Leander, Marika Rökk oder Johannes Heesters gesungen wurden, auswendig. Sie sang die Lieder mit den Dienstmädchen, den Freundinnen und brachte sie meiner Schwester bei. Ich blieb vom Gesang ausgenommen, denn als Junge sang man wohl nicht mit den Frauen. Sie schwärmte von Willy Birgel und Rudolf Prack, schönen, unerschrockenen Männern, die so ganz anders waren als der Mann, den sie geheiratet hatte. Nach ihren Kinobesuchen machte sie sich sofort daran, die Hüte und die Kleider der Stars nachzuschneidern, was ihr mit ihrem Geschick auch gut gelang. Wir lebten zwar in einem recht unbedeutenden Ort mit kaum mehr als zweitausend Einwohnern, von denen mindestens ein Drittel, nämlich die Männer im wehrpflichtigen Alter, fehlte, aber die Mutter ging niemals auf die Straße, ohne sich schick anzuziehen und damit zu zeigen, dass sie sich zu den besseren Leuten im Dorf zählte. Das Kino gab ihr den Schwung der Hüften und den optimistischen Blick. Die Propagandamaschine der Nazis hatte ihr Ziel erreicht.

Beim laufenden Kinobetrieb kam es manchmal vor, dass der Film riss oder die Antriebsrollen der Projektoren die Perforation beschädigten. In solchen Fällen musste der Vorführer den Film reparieren, indem er die beschädigten Stücke herausschnitt und den Film wieder zusammenklebte. Diese Reststücke durfte ich sammeln und mit nach Hause nehmen. Ich konnte den Vorführer davon überzeugen, dass seine Reparatur weniger störend wirkte, wenn er längere Stücke heraustrennte, um die Klebestelle da anzubringen, wo es im Film ohnehin Schnitte oder Szenenwechsel gab. So gelangten auch längere Ausschnitte in meine Sammlung. Sie stammten nicht nur aus den Spielfilmen, sondern auch aus der Wochenschau. Zu Hause setzte ich meine Schnipselsammlung neu zusammen. Diese konnte ich dann mit meinem Weihnachtsprojektor vorführen.

Unsere Autogarage stand leer, weil das Auto, auf das die Eltern 1938 so stolz waren, mitten im Krieg für die Armee beschlagnahmt worden war. Das gab mir die Gelegenheit, in der Garage Kinderkino zu veranstalten. Mit Holzklötzen, die als Brennholz in unserem Keller lagen, improvisierte ich die Kinobestuhlung. Als Leinwand diente eines von Mutters Betttüchern, das über eine Wäscheleine gespannt wurde. So konnten die Spielkameraden und Freunde aus der Nachbarschaft oder aus der Schulklasse zu meinen Vorstellungen kommen. Aus den Filmschnipseln des professionellen Dorfkinos konnte ich natürlich keine Dramen montieren. Deswegen versuchte ich fast immer, mein Publikum zum Lachen zu bringen. Je verworrener und unlogischer meine Collagen waren, umso besser gelang mir das. Ich schnitt zum Beispiel schießende Kanonen so, dass im Schnitt danach ein Schauspieler umfiel, oder ich ließ bei einem Kuss alle Lachgesichter folgen. Meine Garagenkino-Vorführungen waren eine Zeitlang sehr beliebt, vor allem auch, als ich von meinem Gönner, dem Vorführer, immer längere Stücke erhielt. Da es mit dem kleinen Gerät keine Tonwiedergabe gab, habe ich meinen Freund Alfred gebeten, den Film mit dem Akkordeon zu begleiten. Diese Idee misslang allerdings kläglich.

Unter den Dorfkindern, die meine Garagenkino-Vorführungen besuchten, war eine Krankheit ausgebrochen, die sich in diesem Jahr verbreitete. Der Scharlach. Es fing mit Halsweh an und war mit hohem Fieber verbunden. Die Krankheit erzeugte einen wochenlang anhaltenden Hautausschlag. Meine Schwester war als Erste erkrankt, dann bekam auch ich es, wie alle anderen. Ich erlebte, wie sich bei uns beiden ganze Hautfetzen von den Händen und Füßen ablösten. Unsere Mutter erzählte noch Jahre später, dass ich nach mehreren Tagen im Fieberdelirium aufwachte und nach meiner Lieblingsspeise verlangte. Ich wünschte mir eine Linsensuppe mit den Linsen von Omas Feld, mit Würfeln von Kartoffeln und Möhrchen. Laut Mutters Bericht hätte ich dann die unglaubliche Menge von sieben Tellern Linsensuppe in mich hineingeschaufelt und sei am selben Tag wieder gesund geworden. Ich war überzeugt, dass mein Wille eine für die Genesung entscheidende Kraft ist, denn ich hatte diese Art, mich aufzubäumen, bei vielen Krankheiten in Kindertagen geübt.

Meine Tage änderten sich, als im Herbst 1943 eine weiterführende Schule eröffnet wurde. Diese völlig neue Schule wurde Hauptschule genannt und sollte später («nach dem Endsieg», wie man sagte) in ein Gymnasium mit Abitur umgewandelt werden. Mein Vater war sofort dafür, dass ich zu dieser Schule wechsle, ich sollte den Weg, den er betreten hatte, eines Tages bis zum Ziel gehen können und Ingenieur werden. Ich bestand die Aufnahmeprüfung wohl mit Leichtigkeit, denn ich habe keinerlei Erinnerung daran. Mit dem neuen Schuljahr hatte ich ganz neue Klassenkameraden, von denen einige täglich aus weiter entfernten Orten kamen. Auch die Lehrer waren neu. Keiner von ihnen hatte ein Gesicht oder Eigenschaften, an die ich mich erinnere. Während sich die Wahrnehmung des Krieges völlig gewandelt hat, scheint das Vergessen besonders aktiv gewirkt zu haben. Der Grund mag wohl gewesen sein, dass die schönen Illusionen Stück für Stück zerbrachen. Auf meiner Pinnwand mit der Europakarte wanderten die Stecknadeln seit Monaten in die umgekehrte Richtung, Richtung Heimat. Nach dem Drama von Stalingrad und der Landung der Alliierten in der Normandie häuften sich die Todesnachrichten. Väter und Angehörige der Klassenkameraden waren gefallen, aus den Bombennächten flohen die Menschen zu uns aufs Land. In vielen Häusern lebten jetzt «Evakuierte». Auch die Bochumer Verwandten hatten ihr Zuhause verloren, Onkel Hans war in Russland gefallen, und die Töchter wohnten bei uns. Als einer der im Ort stationierten Wehrmachtsoffiziere im Gespräch mit meinem Vater meinte, Hitlers Krieg sei verloren, rief ich: «Das ist Gräuelpropaganda!» Woher ich denn dieses Wort habe, wollte der Vater wissen. Ich bin bis heute eine Antwort schuldig. Es ist Gottseidank nichts weiter passiert, denn oft genug haben Kinder, von der Hitlerjugend indoktriniert, ihre eigenen Eltern ans Messer geliefert. Ich blieb stumm. Wir alle blieben verschont.

Die Hauptschule, deren erster Jahrgang im Sommer 1944 zu Ende ging, war noch provisorisch in einem Gebäude am Ortsausgang untergebracht. Von hier aus blickte man direkt auf die von Militär überrollte neue Hunsrückhöhenstraße. Eines Tages, es war während des Unterrichts, tauchten die ersten Tiefflieger der Alliierten über der Straße auf und beschossen einen der Militärtransporte – direkt vor dem Fenster des Klassenzimmers. Großes Entsetzen bei den Lehrern. Wir Schüler wurden schleunigst in den Keller verfrachtet, wo wir bleich mit den ratlosen Lehrern warteten, bis Entwarnung kam.

Der Krieg hatte uns eingeholt.

8 Ein Mann von zwölf Jahren

Ich war im November zwölf Jahre alt geworden. Seitdem fühlte ich mich nicht mehr als Kind.

Unser Haus war voller Menschen, denen jetzt täglich Gefahr drohte. Ich war in meinem mutigen Bubenherzen fest entschlossen, Mutter und Schwester und alle anderen zu beschützen. Ich wollte, dass wir überleben. Die Nächte waren erfüllt vom Dröhnen der Bombergeschwader, die über uns hinweg zu den Städten flogen, in denen sie Nacht für Nacht Tausende von Frauen und Kindern in Feuerstürmen verbrannten. In unserem Haus lebten drei von den Bochumer Mädchen und Eberhard, ein junger Mann aus Köln, dessen Familie seit dem Luftangriff vom Oktober 1944 unter den Trümmern ihres Hauses verschollen war. Unser Vater war nun in der Fliegerwache eingesetzt worden und deswegen selten zu Hause. Die Schulen waren geschlossen. Das Leben stand still. Als sich das Weihnachtsfest näherte, wusste meine Mutter nicht, wie sie uns ernähren sollte, denn man bekam nichts in den Geschäften. Sie machte sich gemeinsam mit Tante Käth immer wieder auf den Weg in die benachbarten Dörfer und bot den Bauern Goldschmuck oder wertvolle Uhren im Tausch gegen Kartoffeln, Speck oder Hülsenfrüchte an. Manchmal brachte sie ein paar Eier mit und drohte den herzlosen Bauern mit dem hilflosen Satz: «Es kommen auch wieder andere Zeiten, da werden Sie *uns* brauchen!»

Eines Tages war ihr ein Tauschgeschäft mit einem Mühlenbesitzer gelungen. Ein Sack mit Weizenmehl konnte in der Mühle, die versteckt in einem Seitental der Mosel lag, abgeholt werden. Ich übernahm diese Aufgabe im Schutz der Nacht mit meinem Fahrrad. Lotti, die Bochumer Verwandte, begleitete mich. Der Hinweg war einfach, denn es ging bergab, und wir fürchteten keine Kontrollen. Auf dem Rückweg verhielt es sich anders, da solche Lebensmittel-Geschäfte streng verboten waren und als Kapitalverbrechen verfolgt wurden. Der Mehlsack war auf meinem Gepäckträger verschnürt, und wir schoben die Räder auf Abkürzungswegen den Berg hinauf. Bald aber war das Gelände so steil, dass wir es vorzogen, auf die Landstraße zu wechseln, um in den Serpentinenkurven leichter voranzukommen. Es herrschte völlige Dunkelheit. Nur das Brummen der Bombergeschwader lag in der Luft, sonst schien alles ruhig zu sein. Nach einem längeren Stück Weg bemerkte Lotti ein Fahrzeug, das sich näherte. Es fuhr langsam, ohne Scheinwerfer. Das war nicht ungewöhnlich, denn wegen der Gefahr, aus der Luft beobachtet zu werden, gab es während des ganzen Krieges Verdunkelungsvorschriften. Ich ließ den Lenker los und stieß das Rad samt Mehlsack die Böschung hinab. Dann ging ich neben Lotti weiter am Straßenrand entlang, bis das Auto näherkam und neben uns anhielt. Zwei uniformierte Männer saßen darin. Ich grüßte brav mit Heil Hitler. Ich denke, es waren Männer von der berüchtigten Geheimen Feldpolizei, die man Kettenhunde nannte. Sie stellten uns allerlei Fragen, bevor sie schließlich weiterfuhren. Schwer zu sagen, ob sie Verdacht geschöpft hatten. Deswegen trauten wir uns nicht mehr, den

Mehlsack mitzunehmen. Lotti und ich versteckten das wertvolle Gut unterhalb der Böschung im Gestrüpp, bevor wir eilig die kurze Strecke nach Hause radelten. In meiner Erinnerung ist nicht überliefert, wie wir das Problem mit dem Mehl später lösten. Wir kamen jedenfalls heil bei der Mutter an. Zu Weihnachten muss das Weizenmehl aber irgendwie doch noch sein Ziel erreicht haben. Ich nehme an, dass die Frauen es bei Nacht und Nebel aus dem Gebüsch geholt haben.

In den letzten Wochen des Krieges war eine Art von Anarchie ausgebrochen. Die deutschen Truppen hatten sich angeblich auf die andere Rheinseite zurückgezogen, und es hieß, die Alliierten seien schon bis in die Eifel vorgedrungen und es müsse in wenigen Tagen mit Artilleriebeschuss zu rechnen sein. Die Alten und die für den Kriegsdienst untauglichen Männer, wie mein Vater, wurden zum Volkssturm eingezogen. Mit den anderen Männern musste er mit seinen Uhrmacherhänden Panzersperren an der Hunsrückhöhenstraße bauen. Mit Pferden herbeigeschleppte Baumstämme wurden quer über die Straße gestapelt und mit Pfosten, die man in die Erde rammte, gesichert. Diese Arbeiten mussten immer wieder unterbrochen werden, weil die tieffliegenden Jagdbomber der Amerikaner wie aus dem Nichts hinter den Hügeln auftauchten und die Männer beschossen. Ich habe einen solchen Angriff am westlichen Dorfeingang aus der Nähe erlebt, als ich mit anderen Jungen den Männern das Mittagessen bringen sollte. Wir konnten uns gerade noch in die Gräben retten, aber die Pferde starben im Geschosshagel mit schrecklichen Zuckungen, eingespannt und hilflos im Geschirr. Einer der schwer beladenen Wagen stürzte um, und die Baumstämme rollten über die Straße.

Ich hatte aus meiner Deckung heraus beobachtet, wie sich ein tonnenförmiger Gegenstand von einem der Flugzeuge löste. Jeder Junge in meinem Alter wusste, dass diese Flugzeuge ihre leeren Benzintanks abwerfen müssen, ehe sie zu ihren Standorten zurückfliegen. Also rannte ich los, gefolgt von anderen Jungen, um den Tank zu bergen. Es gab einen einfachen Grund, denn diese Tanks enthielten oft noch mehrere Liter Benzin, das wir in Kanister abfüllen und verstecken konnten.

Man hatte gelernt, aus jeder Situation noch Überlebensvorteile herauszuholen.

Der angekündigte Artilleriebeschuss ließ wochenlang auf sich warten. Offenbar waren die Fronten in der Eifel zum Stillstand gekommen. Ich hatte, unterstützt von Eberhard, unseren Keller abgestützt. Das war uns geraten worden, damit die Familien, die sich dort schützen sollten, nicht von herabstürzenden Deckenteilen erschlagen werden konnten. Die erforderlichen Balken waren vom Volkssturm auf den Marktplatz gebracht worden. Tagelang haben wir gesägt und gehämmert, bis unser Keller einem Bergwerk glich. Mit Brettern und langen Nägeln wurden die Balken untereinander verstrebt. Es entstanden gemütliche Nischen, die ich mit Matratzen und Bänken möblierte. Eine Ecke wurde als geheimes Lebensmittellager eingerichtet, und ein alter Kleiderschrank musste alle Wertgegenstände wie Dokumente, Schmuck oder den restlichen Warenbestand aus dem Geschäft aufnehmen. Zum Schluss installierte ich eine Notbeleuchtung, die mit einer Autobatterie betrieben wurde.

Am Tage hörte man das Grollen der Kanonen von der Front, nachts dröhnten die Flugzeugmotoren über uns hinweg. Wir schliefen jetzt nicht mehr in unseren Schlafzimmern, sondern im Keller. In der düsteren Enge hörte man noch lange den Gesprächen zu. Einen Dialog zwischen meiner Mutter und der Cousine Lissy werde ich nie vergessen. Mutter nahm Bezug auf die Gerüchte, dass sich die hohen Tiere der Partei auf die andere Seite des Rheins verzogen hätten. Die andere Rheinseite, das war in den Vorstellungen mancher Hunsrücker, möglicherweise seit der Römerzeit vor zweitausend Jahren, noch das Barbarenland. Lissy fragte: «Sollten wir das nicht auch machen und nach rechtsrheinisch gehen?» Mutter antwortete: «Ich denke, wir bleiben linksrheinisch und lassen uns überrollen.» «Überrollen», so nannte sie das, was uns bevorstand. Immer schon war der Hunsrück überrollt worden, von den Römern, den Germanen, den Schweden im Dreißigjährigen Krieg, den Spaniern in den Erbfolgekriegen oder den Franzosen unter Napoleon.

Es war Anfang März. Es muss noch kalt gewesen sein. Trotzdem streunte ich mit den anderen Jungen in den Wäldern umher. Hier gab es unglaubliche Entdeckungen zu machen. Außer Munition und Sprengstoffen fanden wir Wehrmachtsfahrzeuge, die wegen Spritmangel auf dem Rückzug liegengeblieben waren. Was uns besonders faszinierte, waren Motorräder, die wir mit unseren heimlich gesammelten Benzinvorräten aus den abgeworfenen Tanks der Flugzeuge wieder in Gang brachten. Mit donnernden Motoren fuhren wir als zwölfjährige Buben ins Dorf und drehten Runden auf dem Marktplatz. Ich steuerte eine schwere BMW mit Beiwagen. Es gab in diesen Tagen keine Polizei mehr, die uns Einhalt gebieten konnte. Auch die meisten Väter waren abwesend. So kam es, dass wir mit unseren zwölf bis vierzehn Jahren die Straßen beherrschten.

Schließlich kam der Tag, an dem ein weißes Betttuch am Kirchturm wehte. Die Nachricht verbreitete sich in den abgestützten Kellern, bei den Müttern, den Kindern: Die Amerikaner stehen vor dem Dorf. Vorsichtig wagen wir Schritte auf die Straße. Da entsteht auch schon ein Gerenne. Nachbarn laufen mit weißen Tüchern zur Kirche. Wir sehen ihr Winken. Von weitem sieht die Szene aus wie der Empfang des Ritterkreuzträgers vor zwei Jahren. Auch ich bin dabei, ich höre das Geschrei der Menge, ich höre Motorenlärm, der sich nähert. Dann sehe ich den ersten amerikanischen Panzer, der sich vom Feuerwehrhaus her nähert. Dahinter folgen mehrere Lkws mit Soldaten in Kampfuniformen und fremdartig geformten Helmen. Die Amerikaner! Jubel bricht aus der Menge heraus. Ganz Morbach begrüßt die Eroberer, alle winken mit weißen Tüchern. Auch meine Mutter, auch die Bochumer Mädchen und der ausgebombte Eberhard aus Köln.

In meiner Erinnerung bin ich «außer mir». Also, ich sehe mich aus der Vogelperspektive am Straßenrand stehen, mit meinen kurzen Hosen, der Jungvolk-Mütze, mit einem Taschentuch den amerikanischen Soldaten zuwinkend. Meine Erinnerung ist ein nach innen gewanderter Film geworden. Ich höre von weitem, dass ich etwas rufe, ohne mich zu erinnern, was. Ich sehe, wie ich meine Mütze vom Kopf reiße und den Siegern zuwinke. Plötzlich sehe ich mein von Schrecken bleiches Gesicht. Ich erkenne, dass an meiner Mütze immer noch das rautenförmige Abzeichen der Hitlerjugend steckt. Ich renne los, geduckt hinter der Menschenmenge, und erreiche das Elternhaus durch den Kellereingang. Ich finde die Axt, die zum Holzhacken im Hackklotz steckt, ich lege das HJ-Abzeichen hastig auf den Klotz und zerhacke es. Bald ist kaum mehr erkennbar, was es einmal war, aber meine Angst ist noch immer nicht gewichen. Ich verscharre das Hitlerding in einem Berg aus Koks und Asche, die aus dem Heizungskessel stammt. Dann hacke ich die Schnalle von meiner Mütze ab, damit auch sie nicht mehr als Uniformmütze kenntlich ist.

Als ich aus dem Keller komme, stehen die Eltern dort und blicken zum Marktplatz hinüber. Da ist jetzt ein riesiger Sherman-Panzer zu sehen, aus dem ein langer Antennenstab emporragt. Ein Amerikaner schaut aus der Panzerkanzel heraus und telefoniert. Man kann das breite Englisch bis zu unserem Haus herüber hören. Es war der 14. März 1945.

Kurze Zeit später finde ich die Eltern und meine Schwester im Wohnzimmer wieder. Sie haben die Vorhänge zugezogen, als wollten sie sagen: Wir sind gar nicht da. Ich sehe durch einen Vorhangspalt zum Marktplatz hinüber. Da sind jetzt mehrere Fahrzeuge mit Soldaten eingetroffen. Niemand weiß, auf was er sich einzustellen hat. Ist das das Ende des Krieges? Sieht es so aus, wenn man sich überrollen lässt, wie die Mutter es genannt hat? Wir stehen eng aneinandergeschmiegt und spüren unsere Gegenwart wie schon lange nicht mehr.

Ich bin wieder ein Kind.

9 Die Stunde Null

Schon wenige Minuten später löst sich das Familienbild auf. Es klopft und poltert jemand an der Haustür. Die Eltern erschrecken, sehen nach, wer da ist. Zwei Amerikaner. Der Vordere ist ein Beamtentyp in Offiziersuniform, der andere ein junger Soldat mit MP im Anschlag und kaltem Grinsen im Gesicht. Der Ältere spricht ein paar Worte Deutsch. Er eröffnet den Eltern, dass wir innerhalb von zehn Minuten das Haus zu verlassen hätten. Wer sich widersetze oder Waffen besitze, werde erschossen. Mutter versucht zu verhandeln. So schnell könne man doch seine notwendigsten Dinge nicht zusammenpacken. Wie sie denn das in zehn Minuten schaffen solle? Vater rennt los, um die Ausweise und Familienpapiere zusammenzutragen. Er ist so aufgeregt, dass er auf halber Treppe wieder umkehrt, um schnell noch eine alte Lederjacke zu holen, die er seit Jahren nicht getragen hat. Ich suche Decken und Kissen, weil ich mir vorstelle, dass wir irgendwo im Freien schlafen müssen. Es war schließlich immer noch Krieg.

Auf der Straße liefen die Nachbarn zusammen. Wir erfuhren, dass auch andere Häuser beschlagnahmt worden waren. Die Nachbarn gaben Ratschläge. Währenddessen kamen immer mehr Militärfahrzeuge an. Ein riesiger Panzer nahm direkt vor unserem Haus Aufstellung. Die ersten Soldaten stürmten in unser Haus. Einen Moment lang sah man Dorfbewohner und Soldaten ziellos durcheinandergewürfelt. Dann kam ein Jeep mit Militärpolizei der Amerikaner und versuchte, die Gruppen zu trennen. Wieder ein amerikanischer Offizier, der Deutsch sprach.

Es war eine der Nachbarinnen, die eine Unterkunft für meine Eltern und uns auftrieb. Es gab eine leerstehende Dachwohnung im Haus gegenüber. Dort fanden wir für die nächste Zeit Zuflucht. Außer den Decken, die ich mitgeschleppt hatte, besaßen wir nichts. Die erste Nacht lagen wir auf dem nackten Fußboden. Ich habe aus dieser Zeit viele Bruchstücke von Bildern und Situationen in Erinnerung. Sie wiederholen immer wieder dasselbe Motiv: Ich sehe die zutiefst niedergeschlagenen Eltern, die vom Fenster der Notwohnung aus beobachten, wie die Amerikaner unser Haus verwüsten. Als Erstes hatten sie die Zimmer leergeräumt, das heißt Möbel, Betten, Stühle und Ladeneinrichtung wurden auf den Hof geworfen. Dann folgten Kisten und Koffer, die wir seit Wochen für den Ernstfall im Keller verstaut hatten. In einem Anfall von Verzweiflung wagte es der Vater, auf die Straße zu gehen, um den Soldaten Einhalt zu gebieten. Glücklicherweise zügelte er seinen Zorn und verwandelte seine Anweisungen in die Form von guten Ratschlägen. Mit den Händen gestikulierend und Worten, die er für Englisch hielt, zeigte er den Soldaten, wie sie mit unserem Hausrat umzugehen hätten. Wir standen oben am Fenster und rechneten mit dem Schlimmsten, zum Beispiel, dass sie Vater schlagen oder dass einer der Amerikaner die Nerven verliert und schießt. Es ging aber gut. Ich nehme an, dass ihm seine Körperbehinderung an diesem Tag zugutekam. Die Soldaten respektierten ihn irgendwie. Vater erreichte, dass die Möbel in der Garage gestapelt wurden und dass er sogar einen kleinen Koffer mit Familiendokumenten und Fotos an sich nehmen durfte. So rettete er ein wichtiges Stück unserer gemeinsamen Erinnerung.

Bald näherten sich Sanitätstrupps. Wir sahen, wie das Haus als Notlazarett eingerichtet wurde. Krankenwagen hielten vor der Türe, Feldbetten und medizinisches Gerät wurden ins Haus getragen. Vater, der nun öfter versuchte, mit den Soldaten in Kontakt zu kommen, hatte in Erfahrung gebracht, dass in seiner Werkstatt ein OP-Raum eingerichtet wurde, wo man den Verwundeten Beine oder Arme amputieren konnte. Es verging kein Tag, an dem nicht der eine oder der andere aus der Familie das Haus im Blick hatte und sich merkte, was die Soldaten alles wegschleppten. Nach und nach trat Ruhe ein. Die Nachbarn hatten uns notdürftig mit Lebensmitteln versorgt, und es erwies sich als Rettung, dass sie eine Metzgerei besaßen, aus der gelegentlich ein Stückchen Speck oder Fleisch den Weg zu uns fand.

Vater hatte auch ein Radio beschaffen können, sodass wir in der Notunterkunft Nachrichten hören konnten, denn der Krieg war noch immer im Gange. Die Kämpfe um Berlin, die weiteren Luftangriffe auf die Städte und Kampfhandlungen am Rhein wurden in den Nachrichten des Großdeutschen Rundfunks gemeldet, und der gewohnte Sprecher sprach immer noch vom «Endsieg». Unsere Beobachtungen des Hauses hatten ergeben, dass kaum Verwundete versorgt werden mussten. Die Militärärzte und Soldaten der Sanitätstruppe standen gelangweilt auf der Straße herum, kauten Kaugummi, rauchten und waren durchaus ansprechbar, wenn wir Kinder oder Jugendlichen uns ihnen näherten. Besonders die Schwarzen unter den Soldaten hatten ein Herz für uns Kinder. Das erzählte man gern weiter, denn in den ersten Tagen fürchteten wir uns vor den dunkelhäutigen Männern. Sie verschenkten Kaugummis oder Schokolade. Mit der Zeit hatte man unter den GIs seine besonderen Freunde gefunden und konnte sogar ein ganzes Paket mit Notrationen der Army erhaschen. Diese Versorgungspakete waren die wahren Wunderpäckchen, gefüllt mit nie gekannten Köstlichkeiten, die wir erkundeten wie kleine Tiere, die erst einmal herausfinden müssen, was essbar ist und was nicht. Da gab es Pudermilch, Corned Beef, Cornflakes, Kondensmilch, Weißbrot, das so weiß war, dass man es nicht zu essen wagte. Ich liebte besonders die dickflüssige, sehr süße Kondensmilch in Tuben, die man wie Bonbons im Mund zergehen lassen konnte. In den Paketen fanden sich auch Dinge, auf die wir uns noch keinen Reim machen konnten. Zum Beispiel waren da in Stanniolfolien eingepackte Präservative. Ich spürte mit meinem Instinkt des zwölfeinhalbjährigen Buben, dass es sich um etwas Unsägliches für Erwachsene handelte. Gleichzeitig erinnerten die Gummihütchen an Luftballons, die ich sehr gern zum Spielen aufgeblasen und der Mutter gezeigt hätte. Da ich mir aber des Erfolgs nicht sicher war, schickte ich meine Schwester mit zwei voll aufgeblasenen Präservativen zu unserer Mutter, mit dem Erfolg, dass die Schwester weinend zurückkam und die Schimpfworte der Mutter an mich weitergab. Seitdem hießen die Gummihütchen, die sich in jedem Versorgungspaket fanden, nur noch «Schweinerei».

Ich glaube, dass es jenseits aller Argumente die neuen Gerüche der Eroberer waren, die uns so überwältigten und sie so bewundern ließen. Selbst die Auspuffgase aus ihren Fahrzeugen rochen wie ein neues Parfum. Das Benzin, das sie in Strömen verschütteten, war rot und sah aus wie Himbeersaft. Die Soldaten trugen täglich frisch gebügelte Hemden mit zwei Bügelfalten auf der Brust und rochen wie Frühlingswiesen. Gegen diesen Luxus, das erkannten jetzt alle, hätte Hitler den Krieg niemals gewinnen können. So sahen es auch die vom Leben enttäuschten Eltern.

Einmal entstand Aufregung. Die Soldaten sprangen wie elektrisiert in die Häuser oder suchten Deckung hinter ihren Fahrzeugen. Da sahen wir tatsächlich zwei deutsche Flugzeuge dicht über die Dorfdächer jagen. Es fiel kein Schuss. Mit den Flugzeugtypen und dem Klang ihrer Motoren kannte ich mich aus. Ich wusste sofort, «das sind zwei ME 109-Jäger», und höre mich noch ausrufen: «Wir siegen doch noch!» Der Satz kam aus mir einfach so heraus und verstummte sofort. Das geschah am 1. Mai. Das weiß ich noch genau, denn an diesem Tag erfuhren wir aus dem Radio, dass «unser geliebter Führer im heldenhaften Kampf um die Reichshauptstadt gefallen» sei. Hitlers Tod beendete alle unsere Vorstellungen von Zukunft. Jetzt ging es ums Überleben. Um sonst nichts.

Wir lebten mehrere Monate in der Notunterkunft, bis die Amerikaner eines Tages ohne Vorankündigung das Haus wieder räumten. Sie fuhren eines Morgens mit ihren medizinischen Ausrüstungen und Krankenbetten einfach weg. Die Haustür stand noch offen, sodass zuerst die Nachbarn, dann die Eltern sich trauten, im Innern nachzusehen, was die Soldaten in den Monaten angerichtet hatten. Was die Eltern vorfanden, bezeichneten sie fortan als «die Katastrophe unseres Lebens». Alle Räume sahen verwüstet aus. Kaum ein Gegenstand aus dem stolzen Uhrmacherhaushalt war unversehrt. Das meiste, was man seinen Besitz genannt hatte, war verschwunden. In den Nebenräumen und dem immer noch mit Balken abgestützten Keller türmte sich der Müll des Sanitätsbetriebes, Moder und Gestank zogen durch das Haus.

Die Aufräumarbeiten dauerten Monate. Alle mussten wir mithelfen. Auch die Bochumer Mädchen tauchten wieder auf und halfen. Sie hatten den Einmarsch der Amerikaner und die Kapitulation vom 8. Mai bei den Großeltern erlebt. Lotti hatte inzwischen mit einem amerikanischen Captain angebandelt. Der hieß Jimmy. Er brachte die Mädchen in seinem Jeep zu uns und verteilte Zigaretten. Jimmy wusste sehr wohl, dass es der Truppe streng verboten war, zu fraternisieren. Auch Lotti wusste das. Aber mit Jimmy konnte sie uns allen helfen. Sie brachte ihn mit ins Haus, machte ihn mit unseren Eltern bekannt und besorgte für unsere Ernährung alle möglichen Köstlichkeiten aus Armeebeständen.

Es war inzwischen immer schwieriger geworden, sich über die Lage außerhalb des Dorfes zu informieren. Das Radio sendete nun nur noch englischsprachige Sendungen, und die «Stimme Amerikas», der einzige Sender in deutscher Sprache, versuchte uns mit Jazz und Hollywoodmelodien zu unterhalten. Das gesamte Weltbild setzte sich aus Gerüchten zusammen. Es hieß, dass der Hunsrück insgesamt unter die Verwaltung französischer Truppen käme. Diese Perspektive beunruhigte uns. «Die Franzosen haben doch selber nichts, die haben den Krieg genauso verloren wie wir», verkündete die Nachbarin. «Die nehmen uns die Reste weg, die wir noch zum Leben haben.»

Immerhin wohnten wir wieder in unserem eigenen Haus, und dem Vater war es gelungen, seine Werkstatt notdürftig wieder einzurichten, sodass er die eine oder andere Uhr reparieren und damit ein paar Kartoffeln oder ein Brot verdienen konnte. Geld spielte keine Rolle mehr, denn ohne Banken, Staat und Handel erweist sich das Geld als reine Illusion. Wir waren in eine archaische Tauschgesellschaft zurückgefallen, in der die einzigen, äußerst knappen Werte die täglichen Lebensmittel waren. Über diesen Zusammenbruch der deutschen Gesellschaft, über ihre Schuld und ihre Verdrängungen ist unendlich viel geschrieben und historisch aufgearbeitet worden. Der Hitlerstaat hat zwölf Jahre gedauert, und ich war an seinem Ende zwölf Jahre alt. Was hatte ich damit zu tun? Ich möchte versuchen, mich auf die Bilder zu konzentrieren, die sich in meinen Synapsen erhalten haben und die mir die Gewissheit vermitteln, dass es mich tatsächlich zu dieser Zeit an diesem Ort gegeben hat. Mit dem Erinnern vergewissere ich mich, eine eigene Geschichte in mir zu tragen, eine Geschichte, die nicht nur die als Zeitgenosse ist, sondern eine Geschichte, ohne die ich nicht wüsste, was ich heute *mein Leben* nennen sollte.

10 Zauber der Anfänge

Die Schulen waren im Herbst 1945 nach und nach wieder geöffnet worden, doch es stellte sich heraus, dass die Morbacher Hauptschule keine Fortsetzung fand. Die Eltern einiger Alterskameraden trafen sich zu Beratungen. Die nächsten Orte mit höheren Schulen waren Bernkastel an der Mosel und Simmern im Hunsrück. Bernkastel war näher, aber es gab keine Bahnverbindung. Nach Simmern fuhr täglich die eingleisige Hunsrückbahn, jedoch entsetzlich früh. Ich wurde dennoch in Simmern angemeldet. Man verzichtete bei den ehemaligen Hauptschülern auf eine Aufnahmeprüfung, rechnete sogar das ausgefallene Schuljahr bei der Klassenfestlegung mit. Ich kam ab Januar 1946 in die «Quinta». Das war die zweite Gymnasialklasse. Während zu Hause der Kampf ums Überleben weiterging, stand ich jeden Morgen kurz nach vier Uhr auf, bekam von der Mutter ein paar Bratkartoffeln oder eine Scheibe krümelndes Maisbrot und trat den Fußweg zum Bahnhof an. Außer meiner Schultasche trug ich meinen «Henkelmann» mit mir. Das war ein Aluminium-Kochgeschirr der ehemaligen Wehrmacht, in dem sich mein Mittagessen befand. Es bestand meist aus Mehlsuppe und etwas Gemüse mit Kartoffeln. Selten noch ein Stück Brot dazu. Manchmal ein Zipfel Wurst. Aufstriche wie Butter oder Marmelade waren unbekannt. Auf meinem Weg zum Bahnhof war immer Nacht. Bei klarem Himmel sah ich das Sternbild des Orion über der Bahnhofstraße. Oft habe ich beim Anblick des Sternenhimmels gebetet: «Lieber Gott, gib mir einmal einen Beruf, bei dem ich nicht so früh aufstehen muss.»

Ich brauchte siebzehn Minuten vom Elternhaus zum Zug. Oft hörte ich unterwegs die näherkommende Dampflok und beschleunigte meine Schritte. Nicht selten verspätete sich aber der Zug, der eigentlich nur ein Güterzug war, den die französischen Besatzungsbehörden für den Transport von Nutzholz eingesetzt hatten. Es gab deswegen im Zug auch keinen normalen Waggon zum Personentransport, sondern nur Viehtransportwagen mit Schiebetüren, und wir Schüler saßen auf Strohballen. Für die vierzig Kilometer lange Fahrt nach Simmern brauchte der Zug gute zwei Stunden, oft mehr, denn an vielen Stationen wurde rangiert, wurden Langholzwagen angehängt oder abgekoppelt. Das dauerte und rumpelte und schüttelte uns in dem düsteren Viehwaggon durcheinander. In Morbach waren wir meist vier oder fünf Schüler verschiedener Jahrgänge. An jedem der elf Kleinbahnhöfe stiegen Schüler zu, sodass wir als Gruppe von etwa zwanzig Schülern jeden Morgen um halb acht ankamen. Auch in Simmern erwartete uns wieder ein Fußweg vom Bahnhof zum Gymnasium, das auf einem Hügel stand, den man Füllkasten nannte. Es war ein anstrengendes Gerenne, wenn wir die Schule pünktlich vor Ertönen der Glocke erreichen wollten. Es gab Lehrer, die für uns «Fahrschüler» nicht das geringste Verständnis aufbrachten. Sie regierten die Klassen nach dem traditionellen preußischen Drill, den sie beim Militär noch vor einem Jahr im Exzess betreiben konnten.

Ein Lehrer, der mein erster Deutschlehrer war, ein gewisser Doktor von Asten, wie er sich ausdrücklich ansprechen ließ, demütigte mich einmal, weil ich zu spät vom Bahnhof kam. Er äffte meine Entschuldigung nach und versuchte, mich wegen meines Hunsrücker Akzents vor den Mitschülern lächerlich zu machen. Er sei deswegen hier nach einem Dreivierteljahrhundert noch als besonderes Beispiel für pädagogische Arroganz verewigt. Diese Arroganz begegnete mir in dem neuen Bildungsmilieu noch öfter. In der Kreisstadt gab es unter den Klassenkameraden nun auch Akademikerkinder und die Kinder von Familien, die sich für die Oberschicht hielten. Man erkannte sie an der Aussprache. Mir wurde jetzt erst bewusst, dass die Bemühungen meiner Mutter, «fein» zu sprechen, längst nicht das akzentfreie Hochdeutsch trafen, auf das die Simmerner Lehrer achteten. Die Kinder der Apotheker, Ärzte, Rechtsanwälte und Beamten erkannten sich auch untereinander an ihrer Aussprache. Und das merkten auch die Lehrer, die sich selber diesem Bürgertum zurechnen wollten. «Herr Studienrat», «Frau Oberstudienrätin», «Herr Direktor», so wollten die Herrschaften angesprochen werden.

Nach Schulschluss musste ich jemanden finden, bei dem ich meinen «Henkelmann» mit dem Mittagessen aufwärmen konnte. In der

Schule selbst gab es dazu keine Möglichkeit. An den meisten Tagen nahm mich mein Klassenkamerad Hansgert Schulte mit zu sich nach Hause. Sein Vater war Lehrer an der Grundschule. Ich durfte mein Töpfchen in der Küche der Schultes auf den Herd stellen und auch mit Hilfe meines zusammenklappbaren Bestecks in der Küche essen. Der Grund, dass die Familie währenddessen in ihrem Esszimmer aß, war vermutlich, dass sie befürchtete, etwas von ihrem bescheidenen Mahl abgeben zu müssen. Da ich seit dem Kartoffelfrühstück um halb fünf nichts gegessen hatte, bekam ich nach meinem Schulessen jedes Mal heftige Magenschmerzen, mit denen ich mich dann auf den Weg zum Bahnhof machte, um mit dem Nachmittagszug nach Hause zu fahren. So verlief jeder meiner Schultage, zwei Jahre lang. Nichts hat sich in dieser Zeit verbessert. Auf dem Rückweg wurde gelernt, zu Hause machte man seine schriftlichen Hausaufgaben, auf dem Schulweg am Morgen rekapitulierte man den Lernstoff.

Das Jahr 1946 ist uns als das Jahr des Hungers in Erinnerung. Meine Schwester war in diesen Monaten immer dünner geworden. Sie sah krank aus, und die Mutter war verzweifelt, denn das Kind vertrug die einseitige Nahrung nicht. Es gab jeden Tag Kohlgemüse und Kartoffeln, kein Fett, nichts Frisches, kein Obst, keine Vitamine. Mitten in dieser Düsternis riefen die Eltern uns eines Tages zusammen und verkündeten unter Tränen, dass unsere Mutter schwanger sei und ein Kind erwarte. Ich versuchte, erwachsen zu sein und zu helfen. Ich war besorgt um die Mutter, scherzte mit ihr über das Kind in ihrem Bauch, obwohl mir gar nicht zum Scherzen zumute war. Ich versicherte ihr, dass ich mich mit ihr auf das Baby freue. Schließlich seien wir alle noch am Leben, sagte ich. So vernünftig war ich mit meinen dreizehn Jahren.

Dass unsere Mutter im Alter von sechsunddreißig Jahren noch einmal schwanger wurde, beunruhigte auch die Verwandtschaft und Freunde der Familie. Von allen Seiten kamen besorgte Hilfsangebote, nur eines konnte keiner verbessern – die Ernährung der Familie. Diese hatte sich weiter verschlechtert, als Lottis Schwester Ursel noch dazukam. Immer wieder zogen wir auf der Suche nach Essbarem durch das

Land. Man sammelte Beeren, Pilze, Löwenzahnblätter, Fallobst, Bucheckern oder herabgefallene Ähren auf den abgeernteten Kornfeldern. Gelegentlich konnte Lotti von ihrem Jimmy, der nach Kaiserslautern versetzt worden war, Zigaretten besorgen, mit denen man wiederum Nahrung bezahlte. Zigaretten waren der Ersatz für verbindliche Zahlungsmittel. Eine der Tanten kannte den Schwarzmarkt in Trier und Luxemburg, wo sie Kleidungsstücke oder Schmuck aus Vorkriegszeiten gegen Lebensmittel tauschen konnte. So brachte man die Spätgebärende, unsere Mutter, durch die Monate.

Das Hungerkind, das Mitte September zur Welt kam, war ein Junge. Er erhielt den Namen Guido. Bei der Namensvergabe zeigten die Eltern immer noch ihr Streben, dem traditionellen Milieu zu entkommen. Der Name Guido klang in den Ohren der Nachbarn und Verwandtschaft exotisch. «Wie schreibt man das?» Meine Mutter liebte alles, was italienisch klang, und buchstabierte gern den Namen ihres Kindes. Dieses Kind wurde das neue Spielzeug für alle. Die Schwester, die Bochumer Mädchen, auch ich waren vernarrt in das Baby. Natürlich bekam der Kleine auch die Modeambitionen der Mutter zu spüren. Trotz aller Nöte häkelte, strickte, nähte sie für den Kleinen die Jäckchen, Höschen und sogar Hüte. Mutters Leidenschaft aus Friedenszeiten durfte wieder aufleben. Was hätte sie denn sonst in der armen Zeit bieten können? So wuchs der kleine Guido heran, lernte laufen, wurde von meiner Schwester betreut, während die Mutter wieder täglich im Laden stand und der Vater versuchte, den Lebensunterhalt mit Radios zu verdienen. Als sie bemerkte, dass ich mich in eine Mitschülerin verliebte, die jeden Morgen mit mir den Schulweg teilte, hielt meine Mutter die Zeit für gekommen, mich sexuell aufzuklären. Es gibt Belehrungen im Leben, die sich im Gedächtnis beharrlich festsetzen, weil sie uns im absolut falschen Moment und zu Unrecht widerfahren. Die Mutter drückte es so unglücklich aus, dass ich bis heute in Gedanken mit ihr hadere: «Du wirst jetzt ein Mann», sagte sie, «und als Mann willst du von den Frauen nur das eine. Aber merke dir, es gibt zwei Sorten von Frauen. Die ersten machen, was du willst. Das sind die Huren. Die anderen tun es nur aus Liebe. Die musst du heiraten.»

So einfach klang ihre Aufklärung, aber sie wies mir für alle Zeiten die Rolle des Sünders zu. Ich war völlig verwirrt, denn mein Herz schweifte ziellos umher, auf der Suche und zugleich ängstlich auf der Flucht.

Mein Schwarm hatte blonde Locken und hieß Gertrud. Sie stieg schon an der ersten Station auf dem Schulweg zu uns in den Waggon. Ich ging ihr oft entgegen, half, die schwere Schiebetüre zu öffnen, und nahm ihr beim Einsteigen die Schultasche ab. Es gab in dem Waggon kein Licht. Deswegen führte ich Gertrud zu einem freien Platz im Stroh. Gern hätte ich mich neben sie gesetzt, aber das traute ich mich nicht. Einmal geriet ich durch eine Erschütterung des Waggons beim Rangieren so nah zu ihr, dass meine Nase tief in ihren Locken versank. Ich war völlig betört von ihrem Duft. «Macht doch gar nichts», sagte sie, als ich mich entschuldigte. Das klang in meinen Ohren wie ein Liebesgeständnis. Als sich mein fünfzehnter Geburtstag näherte, lud ich Gertrud und auch andere Kameraden aus dem Zug zu einem Fest ein, das ich bei uns zu Hause ausrichten wollte. Es sollte die erste Party meines Lebens sein. Sonst waren die Geburtstage bei uns nicht gefeiert worden. Ich besorgte eine Flasche Wein und ein paar Süßigkeiten. So bebte ich dem Tag entgegen, es war der 1. November 1947. Am Nachmittag begann das typische Novemberwetter, mit dem ich doch hätte rechnen müssen. Es schneite und regnete zum Gotterbarmen. Ich wartete auf meine Gäste. Die sagten der Reihe nach ab, indem sie unsere Telefonnummer erkundeten und anriefen. Nur Gertrud, der zuliebe ich doch das Fest geplant hatte, meldete sich nicht. Ich freute mich schon insgeheim, denn es wäre die reine Glückseligkeit, wenn sie mich als einziger Gast besuchen würde.

Ich wartete und wartete. Es kam keine Absage. Aber der Schneeregen hörte auch nicht auf. Da machte ich mich auf die Beine und ging ihr entgegen. Der Weg zu ihrem Haus war gute drei Kilometer weit. Ich ging und spürte nicht, dass ich durchnässt und halb erfroren vor mich hin trabte. Vor Gertruds Haus sah ich die Lichter brennen und rief leise ihren Namen. Niemand hörte mich. Da kehrte ich um und ging durch das Sauwetter nach Hause. In der Nacht wachte ich auf und glaubte zu sterben. Ich hatte Schüttelfrost und glühte am ganzen Körper. Mein Herz raste und schien immer wieder stillstehen zu wollen. Ich geriet in Panik. Ich weckte die Eltern, die alarmiert waren und den Arzt anriefen. Der kam morgens in aller Frühe, untersuchte mich und sprach von einer septischen Angina, die lebensbedrohlich sei. Ich müsse sofort ins Krankenhaus.

Was dann folgte, habe ich vergessen. Ich wurde nach Idar-Oberstein in eine Klinik gebracht, wo man mich in der Intensivabteilung behandelte. Ich erfahre, was Todesangst ist. Ich lerne, mich zu wehren. Ich lerne zu denken, dass ich leben will. Ich nehme den Kampf auf, will stärker sein als die Angst – und der Tod. Ich rette mich. Ich frage mich, ob ich es bin, der sich rettet, oder ob ich nur verschont bleibe, wenn ich gesund werde. Das Ich in meinem Inneren hat den Kampf aufgenommen und will sich aufrichten und sagen können: Ich habe es geschafft. Ich werde stolz auf mich sein. Ich will beachtet werden. Ich will anerkannt werden, für das, was das Ich gelernt hat. In der Schule vielleicht? Beim Lesen von Büchern, von Personen, denen ich begegnet bin und die es wissen sollten? Ich vergleiche mich heimlich mit den Geschwistern, den Verwandten, den Nachbarn, den Lehrern. Ich nehme keine Rücksicht mehr darauf, dass die anderen älter sind oder erfahrener. Ich stelle sie auf meine Stufe. Ich verurteile sie, wie ich mich selbst verurteile, wenn sie meinen Ansprüchen nicht genügen. Ich übe mich in Allmacht.

Drei Monate lang blieb ich im Krankenhaus. Man sprach von dem Wundermittel Penicillin, das aber nicht zu beschaffen war. Dennoch hat man mich irgendwie gerettet.

Die Eltern konnten mich in dieser Zeit nur wenige Male besuchen, da es keine Verkehrsverbindung zwischen den Orten gab und Vater auch kein eigenes Fahrzeug mehr besaß. Als der Infekt kuriert war, wurde ich in die HNO-Abteilung verlegt, wo man mir die Mandeln herausschnitt. Danach wurde das angegriffene Herz wochenlang mit Injektionen behandelt. Das Zimmer teilte ich mit einem aus den USA zurückgekehrten Emigranten, dessen schwaches Herz mit Kaffee, Likör, Schokolade und anderen Köstlichkeiten stimuliert werden sollte. Herr

Schirmer wusste sich alle diese Raritäten in ausreichender Menge zu besorgen. Von dieser merkwürdigen Therapie profitierte auch ich, ebenso wie die Schwestern und Ärzte, die den Patienten bevorzugt behandelten. Herr Schirmer war ein etwa fünfzigjähriger weitgereister Mann, der ohne Scheu von seinen Erlebnissen in fernen Ländern und auch von seinen Amouren erzählte. Als er sah, wie unerfahren und ängstlich ich bei allen Fragen der Erotik war, fing er an, mich nach und nach sexuell aufzuklären. Es wurde bei unseren Gesprächen oft gelacht, und er schäkerte mit der Nachtschwester. Sehr ernst wurde er aber beim Thema der Verhütung ungewollter Schwangerschaft, indem er mir strikte Verhaltensregeln einschärfte, die anzuwenden für mich noch in weitester Ferne lagen. Was meine Eltern nicht vermochten, hat mir dieser welterfahrene Mitpatient mit auf den Lebensweg gegeben.

Am Tage der Entlassung stand ich mit meinem Köfferchen vor dem Krankenhaus und fühlte mich als Fremdling. Ich war allein. Niemand holte mich ab, niemand half mir, nach Hause zu kommen. Ich vermute, dass es schließlich ein Angestellter der Klinik war, der sich erbarmte und mich die zwanzig Kilometer zum Elternhaus fuhr.

11 Heimliches Glück

Der Schulweg war natürlich immer noch drei Stunden lang, und der Zug fuhr immer noch um kurz nach fünf. Eine kleine Verbesserung war ein Personenwaggon mit richtigen Abteilen und Sitzbänken. Da hatte jeder von uns Schülern seinen angestammten Platz. Mein Platz war unterhalb eines Kleiderhakens, an dem ich meinen Mantel so aufhängen konnte, dass er einen Schutzwall um meinen Kopf und die Schultern bildete. Bald bekam ich Übung darin, eingewickelt in das Mantelende den versäumten Schlaf nachzuholen. Ich konnte an den Geräuschen und den Stimmen der zusteigenden Schüler mit geschlossenen Augen erkennen, welche Station der Zug gerade passierte. Während der ersten Fahrten hatte ich inständig, aber vergeblich gehofft, die blonde Gertrud wiederzusehen. Sie war verschwunden. Irgendwann erfuhr ich, dass ihre Eltern sie von der Simmerner Schule genommen und zur Ausbildung als Krankenschwester nach Frankfurt geschickt hatten. Erst Jahre später sah ich sie einmal auf einem Karnevalsfest wieder. Es war so viel Zeit vergangen, dass ich ihr lachend gestehen konnte, wie verliebt ich einmal in sie war. Sie war gar nicht überrascht und kommentierte meine Worte mit der Bemerkung, ihr sei es nicht anders ergangen. Auch sie hätte mich heimlich geliebt.

In den Monaten der Krankheit hatte sich auch meine Schulklasse verändert. Zwei Parallelklassen waren zusammengelegt worden, und es gab eine Reihe neuer Gesichter und neue Lehrer. Ich hatte allerdings so viel an Lernstoff in allen Fächern versäumt, dass es fast unmöglich erschien, alles ohne Hilfe nachzuholen. Wie aber sollte ich neben den vielen Stunden, die ich täglich im Zug verbrachte, und bei dem wenigen Schlaf, der mir blieb, den Stoff nacharbeiten? Einen Nachhilfelehrer zu finden, erschien damals aussichtslos.

Ich war nach dem langen Klinikaufenthalt ein scheuer, nach innen gewandter Junge geworden, der heimlich Gedichte schrieb oder sich mit dem Zeichenblock in der Landschaft umhertrieb und Aquarelle malte. Ich bevorzugte stimmungsvolle Dorfansichten, und bei einem nächtlichen Gewitter versuchte ich sogar, die im Licht der Blitze magisch aufleuchtenden Dächer meines Dorfes darzustellen. Gern porträtierte ich den kleinen Bruder mit seinen neugierigen Augen. In meinen Gedichten sprach ich mit Gott und bedrängte ihn in immer neuen Versen, mich endlich wissen zu lassen, was er mit mir vorhat. Ich spürte die Zukunft als einen verschlingenden Abgrund, vor dem ich zurückschreckte. Ich wollte zu etwas berufen sein, wollte Sinn und Richtung in mein Leben bringen, ohne zu wissen, wie. Mein poetischer Dialog mit Gott war im Grunde ein permanentes Selbstgespräch, denn Gott befand sich in meinem Innersten.

Die Eltern beschäftigten jetzt auch wieder ein Hausmädchen, wie früher. Klärchen, eine junge Frau aus dem Nachbarort, die ihren Freund im Krieg verloren hatte und ihre Einsamkeit vergessen wollte. Sie hatte sich mit unserer Bochumer Cousine Lotti befreundet und sich von dieser überreden lassen, mit ihr die Zeit in unserer Familie zu überbrücken. Es gab in diesen Wochen Gerüchte von großen Veränderungen, die von den Besatzungsmächten für die Deutschen vorbereitet würden. Eine neue Währung in Gestalt von Dollars sollte vom Himmel fallen wie im Märchen von den Sterntalern. Es entstand eine vor Erwartung vibrierende Stimmung, die sich auch den jungen Frauen mitteilte. Lotti und Klärchen tuschelten und kicherten den lieben langen Tag miteinander, als läge mit dem neuen Geld auch ein erotischer Frühling in der Luft. Auch meine Eltern bereiteten sich in ihrem Laden insgeheim auf einen Tag X vor. Man hortete bestimmte Waren von Wert, aus Gold und echten Edelsteinen unter der Ladentheke. Es sollte bald wieder aufwärts gehen, schließlich war man noch jung genug dazu. Und da gab es das süße Knäblein, das Nachkriegskind Guido, das von allen geherzt, bestaunt und geliebt werden konnte.

Die Mädchen teilten sich eine Kammer im Dachgeschoss unseres Hauses. Das Nachbarzimmer, das ich mit meiner Schwester teilte, war während des Krieges Vaters Werkstatt gewesen. Als Relikt dieser Nutzung gab es noch ein internes Fensterchen, das in der Trennwand zur Nachbarkammer angebracht worden war. Durch dieses Fensterchen konnte ich mir heimliche Einblicke in das Leben von Lotti und Klärchen verschaffen. Wenn meine Schwester schlief, während die Stimmen der Mädchen noch zu hören waren, kletterte ich auf eine Kommode, um das Fensterchen zu erreichen. Ich stellte mich bei meinen voyeuristischen Versuchen so ungeschickt an, dass die beiden Frauen mich entdeckten und das Fenster öffneten, um mich zur Rede zu stellen. Ich versuchte, mich herauszureden. Ich sei durch das Gekichere bei der Lektüre eines Buches gestört worden, über das morgen eine Klassenarbeit geschrieben würde. Da luden die beiden mich ein, zu ihnen zu kommen und ihnen aus dem Buch vorzulesen. Auf meinem Nachttisch lagen zu dieser Zeit einige Bücher von Hermann Hesse, die ich von einem der neuen Freunde aus der Parallelklasse ausgeliehen hatte. Mit einem dieser Bücher kletterte ich unter Ermahnungen der Mädchen, vorsichtig zu sein und keine Geräusche zu erzeugen, durch das Fenster und landete direkt im Bett der beiden. Ich wurde zwischen den Mädchen unter die Bettdecke platziert und begann, mit leiser Stimme von Peter Camenzinds aussichtsloser Liebe zu einer Frau vorzulesen. Die beiden hörten mir ergriffen zu und schickten mich, als ich mich allzu wohlig zwischen ihnen ausstreckte, in mein Bett zurück.

Die nächtlichen Kletterbesuche bei Lotti und Klärchen wurden zu einer geheimen Gewohnheit. Bald brauchten wir den Vorwand der literarischen Pflichterfüllung für die Schule nicht mehr. Es gab genug eigene Geschichten, die wir uns flüsternd unter der Bettdecke erzählten, bis die Gespräche verstummten und sich unsere sechs Hände, einander erforschend, suchend fanden.

Lotti, die ich ja seit Kindertagen kannte, zog sich bald aus dem Fensterchen-Spiel zurück. Mein Interesse hatte sich auch ganz auf die rätselhafte Fremdheit Klärchens konzentriert. Sie war elf Jahre älter als ich, was unser Spiel aber nicht beeinträchtigte, denn mein Sinn für Poesie, meine Begeisterung für alle diese neuen Aufregungen, Berührungen, Erkundungen, waren für Klärchen etwas, das ihr in dieser Unbedingtheit noch nie begegnet war. Sie überschüttete mich mit ihrer Bewunderung, und es war für mich unfassbar, von einer erwachsenen Frau, die schon manche Begegnung mit Männern vorzuweisen hatte, als Mann angesehen zu werden. Umgekehrt war sie die Verkörperung aller Weiblichkeit, die keine Vorbehalte vor mir hatte. Sie war die Negation aller Verbote, die die Mutter ausgesprochen hatte, sie war die Widerlegung aller Sündhaftigkeiten, die mich die Kirche gelehrt hatte. Wir waren ein gemeinsames gegenseitiges Geheimnis.

Ich fand immer neue Gelegenheiten, Klärchen zu treffen. Wir fanden unter dem Dach des Hauses ein Versteck, in dem uns niemand überraschen konnte. Wir trafen uns im Schutz der Dunkelheit an einer geheimen Stelle im Wald. Klärchen übernahm es auch, für mich in aller Frühe aufzustehen, um vor meiner Bahnfahrt zur Schule das Frühstück zu machen. Die Mutter, die von meiner geheimen Liebe nichts ahnte, freute sich über diese Entlastung.

Mit der Schule bahnte sich allerdings eine Katastrophe an. Es war mir nicht gelungen, einigermaßen den Anschluss an den Wissensstand der Klasse zu finden, und es kam so weit, dass ich aus Erschöpfung im Unterricht einschlief und einmal sogar wegen einer Bewusstseinsstörung umfiel. Der besorgte Lehrer führte mich hinaus und wartete, bis ich mich an der frischen Luft erholt hatte. Die Eltern nahmen an meinen Nöten durchaus teil und versuchten, eine Lösung für mich zu finden. Sie fragten bei anderen Eltern nach Rat und erfuhren, dass die Familie meines Lateinlehrers auswärtige Schüler gegen Bezahlung in Pension nahm. Also wurde ich dort angemeldet. Familie Oertel gehörte zur Stadtprominenz von Simmern, das heißt, dass es außerdem als Auszeichnung empfunden wurde, dort als «Pensionär» wohnen zu dürfen. Die Oertels lebten in einem Haus am Ende der Gartenstraße, das geräumig genug war, neben den beiden eigenen Söhnen und einer Tochter auch noch eine Haushälterin und drei bis vier Schüler des Gymnasiums aufzunehmen. Ich wurde einer dieser Jung-Pensionäre und teilte das Zimmer mit Eugen, einem Jungen aus Morbach. Dann war da noch in einem Einzelzimmer Renate, die Tochter des Arztes von Stackelberg, ebenfalls aus unserem Dorf.

Ich zog am 20. Juni 1948 ein. Das war, wie man den Geschichtsbüchern entnehmen kann, der Tag der historischen Währungsreform, auf den die Eltern schon seit Monaten gewartet und auf den viele Geschäftsleute spekuliert hatten. Es war ein Sonntag, der den Deutschen noch Jahrzehnte lang in Erinnerung bleiben sollte. Ich bekam von diesen Veränderungen nichts mit. Der Abschied von Klärchen war mit tausend Versprechen verbunden. Wir wollten uns täglich schreiben und an den Wochenenden treffen. Ich war fünfzehn Jahre und sieben Monate alt.

In der ersten Stunde wurde ich mit der strengen Hausordnung des Hauses Oertel bekanntgemacht: Alles war auf die Minute genau geregelt. Nach dem Aufstehen mussten wir Jungen bei jedem Wetter in Turnhosen in den Garten hinaus, um eine bestimmte Anzahl von Liegestützen und Klimmzügen am Reck auszuführen. Dann mussten wir kalt duschen und am Frühstückstisch korrekt gekleidet erscheinen. Frau Oertel und ihre Haushaltshilfe hatten den Tisch gedeckt, doch niemand durfte Platz nehmen, ehe der Herr Studienrat erschienen war und mühsam sein Holzbein unter den Tisch gestreckt und ächzend «Guten Morgen» gesagt hatte. Der alte Oertel war an der Schule eine Legende von konservativem Gymnasialprofessor, über den die ehemaligen Schüler aus Vorkriegszeiten viele Anekdoten zu erzählen hatten. Sein linkes Bein hatte er schon im Ersten Weltkrieg verloren, die seltsame Narbe aber, die seine Unterlippe und das Kinn durchzog, war ein sogenannter «Schmiss», den er sich als Korpsstudent bei einer dieser angeberischen «Mensuren» hatte beibringen lassen. Zu diesen Heldentaten in seiner Jugend hatte Herr Oertel inzwischen eine ironische Distanz entwickelt, wie er bei seinen Tischmonologen grinsend vermerkte. Zu den Mahlzeiten wurde mit einem Haus-Gong gerufen, der Hausherr sprach das Tischgebet, danach reichte man sich die Hände, sagte im Chor «Gesegnete Mahlzeit!» und wartete, bis der Herr sich an den Speisen bedient hatte, ehe auch die Hausfrau und die anderen essen durften. Abends hatte man um neun Uhr zu Hause zu sein, bevor die Haustüre von innen abgeschlossen wurde. Keiner von uns Schülern bekam einen Schlüssel. Wenn man zu spät kam, musste man läuten. Dann erschien der Alte mit Krücke und ohne Beinprothese. Keine Entschuldigung fand seine Billigung.

Oertels Art zu unterrichten war nicht anders als sein Verhalten in der Familie. Seine Fächer waren Latein, Altgriechisch und Sport, sein Wahlspruch deswegen «Mens sana in corpore sano», «ein gesunder Geist in einem gesunden Körper». Seitdem hasse ich jegliche Art von Sport und kaltes Duschen. Herr Oertel hat es fertiggebracht, dass ich mich den im Stundenplan vorgesehenen Sportstunden auch bei anderen Lehrern verweigerte. Ich traf mich stattdessen mit meinen neuen Freunden am Rande des Sportplatzes zum Philosophieren. Das Zauberwort kam aus Frankreich und hieß «Existentialismus». Der Freiheitsakt war ein aufregendes Diskussionsthema geworden, wobei ich heute bezweifle, ob wir die Philosophie von Sartre oder Camus, die wir im Munde führten, wirklich verstanden hatten. Unsere philosophisch unterfütterte Verweigerung der Leibesübungen führte zu heftigen Kontroversen, nicht nur mit den Lehrern, sondern auch mit den Mitschülern. Die meisten von ihnen fanden Befriedigung im Mitmachen und im Wettkampf. Ich dachte an mein Klärchen und fand alle Männlichkeitsposen und Angebereien der Kameraden lächerlich. Diese wiederum, die nichts von mir und meinem Erfahrungsvorsprung wissen konnten, hielten mich für arrogant.

Auch der Lateinunterricht bestand aus Drill und Wettkampf, die an die verordnete Körperertüchtigung an der Reckstange in Oertels Garten erinnerten. Jede Lateinstunde begann mit dem Rekapitulieren und Abhören der unregelmäßigen Verben und ihrer Stammformen. Oertel gebrauchte seinen Stock, den er wegen der Beinprothese immer bei sich trug, um damit den Takt zu trommeln oder den Schülern mit dem Gummipuffer, der sich am Stockende befand, auf den Kopf zu schlagen. Er hat mit dieser Idiotenmethode immerhin erreicht, dass ich noch heute die Stammformen aufsagen oder Verse von Ovid im Hexameter-Rhythmus rezitieren kann. Oertels Erziehungsmethode war auf die Knaben und jungen Männer ausgerichtet, die Mädchen in der Klasse, die ohnehin in der Minderheit waren, ließ er links liegen. «Hast du geraucht?», fragte er immer wieder den einen oder anderen Schüler, denn mit seiner unduldsamen Nase roch er es noch nach Tagen an den Schulheften, ob einer es gewagt hatte, sich über das strenge Rauchverbot hinwegzusetzen. Seine Welt war die Welt der Ordnung, und er wollte uns das Alte Rom als heile Welt hinterlassen. «Aurea prima sata est aetas», «im Anfang war das Goldene Zeitalter», so hieß es bei Ovid.

Ich wohnte insgesamt ein Jahr lang im Hause Oertel. Irgendwie hatte ich den durch Krankheit versäumten Unterrichtsstoff bald nachgeholt und den Anschluss an meine Altersgruppe gefunden. Ich führte nun ein Doppelleben. Ich pflegte meine Freundschaften und sah Klärchen an den Wochenenden, wir schrieben uns Briefe, die wir vor aller Welt versteckten. Ich widmete ihr meine Gedichte und fieberte den Treffen entgegen, von denen kein Mensch etwas ahnen durfte.

Es gab zu dieser Zeit einen Ausnahmelehrer, der sich in seinem Unterricht über viele traditionelle Regeln hinwegsetzte und neben dem offiziellen Stoff auch Literatur der Gegenwart vermittelte und uns im Französischunterricht mit den Nachkriegsautoren Frankreichs bekanntmachte. Karl Windhäuser hieß er, und wegen seiner wilden schwarzen Locken und seiner Rauchgewohnheiten erhielt er den liebevollen Spitznamen «Schlot». Windhäuser suchte Schüler, die Lust hatten, mit ihm eine Theatergruppe zu gründen. Ich meldete mich mit dem Vorbehalt, nicht als Schauspieler auf die Bühne zu wollen, denn dafür sei ich zu gehemmt und wohl auch unbegabt. Aber ich könne Texte schreiben oder die Beleuchtung einrichten. Tatsächlich erinnerte ich mich in diesem Moment an meine Elektrokenntnisse, die der Vater mir beigebracht und die ich so erfolgreich als Zwölfjähriger bei der Einrichtung des Luftschutzkellers demonstriert hatte. Windhäuser war sofort einverstanden. Als Erstes sollte DAS APOSTELSPIEL von Max Mell einstudiert werden. Er verehrte dieses Stück, das einmal in den 1920er Jahren großen Erfolg gehabt hatte. Ich baute in der Aula der Schule ein Bühnenbild und installierte eine Bühnenbeleuchtung, für die es kein Vorbild gab. Für mein schriftstellerisches Interesse gab es bei dem Stück keinen Bedarf, dafür nahm ich aber an den Diskussionen über die Figuren intensiv teil. Es war ein Ensemble entstanden, in dem ich schließlich doch zur Übernahme einer der Rollen gedrängt wurde.

Das Stück erzählt, wie zwei vagabundierende Revoluzzer und gesuchte Anarchisten sich in einem Einödhof einnisten. Vor dem naiven Mädchen und einem Großvater, die auf dem Hof leben, spielen sich die Eindringlinge als heilige Männer auf, die inkognito durch die Welt reisen. Dieses Mädchen hält die Lüge so gläubig und unschuldig für die Wahrheit, dass es die Anarchistenherzen damit zum Guten wandelt. Meine Klassenkameradin Ursel Ritzkopf spielte das Mädchen, mein Freund Arno Vetter den Großvater und Hanswerner Petri und ich spielten die beiden Bösewichte. Als schließlich Premiere war, hatte sich ein verschworener Freundeskreis gebildet. Es kamen noch Walter Klötzer und Gerhard Petri dazu, und wir wurden über Jahre unzertrennliche Freunde. Besonders Arno hatte als Darsteller des Großvaters großen Erfolg. Man bewunderte sehr, wie er mit seinen siebzehn Jahren den senilen Opa gab.

In den Ferien gingen wir mit dem Apostelspiel auf Tournee. Wir spielten in den kleinen Städten des Landkreises in Turnhallen, auf Plätzen vor der Kirche oder in Tanzsälen. Alles machten wir selbst, wir transportierten unsere Kostüme, das Bühnenbild, die Lampen und spielten die Rollen. Herr Windhäuser übernachtete mit uns in Jugendherbergen oder auf Dachböden. Man rezitierte vor dem Einschlafen Gedichte und schwärmte von Hermann Hesses STEPPENWOLF. Alle Fasern meiner Seele wollten aus den vorgezeichneten Bahnen ausbrechen. Ich las in jeder freien Minute die Bücher, die man im Freundeskreis weiterreichte. An den Wochenenden trafen wir uns oft bei Arno, dessen Vater eine Apotheke besaß. Hier gab es einen Plattenspieler und eine beachtliche Plattensammlung mit Klassik und Jazz. Nach einiger Zeit wagten wir es, auch Mädchen aus unserer Klasse zu diesen Musikabenden einzuladen. Arno besorgte dazu den Himbeerlikör, den sein Vater im Labor der Apotheke selber herstellte. Ursel und Anneliese waren unsere Erwählten, von denen ich bald unzählige Fotos anfertigte. Ursel in der Klasse, Ursels neues Kleid mit weißem Spitzenkragen, Annelieses Winken aus dem abfahrenden Zug, der Ausflug mit Walter, der schon einen Ausnahmeführerschein besaß, mit dem neuen Auto seines Vaters, der Zahnarzt war. Keiner dieser Freunde konnte ahnen, dass ich ein verborgenes Liebesleben führte. Klärchen lebte noch immer im Haus meiner Eltern und hatte ebenso wie ich ein völlig getrenntes Leben mit Freunden, Verehrern, Aufenthalten bei ihren Eltern und einer Schwester, die uns einmal überrascht hatte und schwieg. Meine Schwärmerei für Ursel und die gemeinsamen Musikvorlieben wurden durch die Klärchen-Geschichte nicht berührt. Wenn ich mit Ursel das Violinkonzert von Max Bruch hörte, war ich wie sie zu jungfräulichen Tränen gerührt und wagte es nicht, die Klassenkameradin zu küssen.

Zu den Angeboten der Kreisstadt gehörten die jährlichen Tanzkurse der Gesellschaftstanzschule Mayer. Ich schloss mich meinen Freunden an, sodass wir uns gemeinsam anmeldeten. Das Tanzlehrerpaar sah seine Aufgabe nicht nur darin, uns den Foxtrott, den English Waltz, den Tango und den Wiener Walzer beizubringen, sondern auch darin, einen auf die Hunsrücker Jugend ausgerichteten Anstandsunterricht zu erteilen. Wir übten das Begrüßen, den Händedruck, das Eröffnen einer Konversation, das Einschenken, Anstandsregeln beim Essen und die Aufforderung zum Tanz, verbunden mit einer Verbeugung vor der Dame. Damit gelangten wir jungen Herren in den Genuss von Berührungen, die wir sonst nie gewagt hätten. Meine bevorzugte Tanzpartnerin hieß Ruth. Wir waren füreinander ausgewählt worden, weil wir von der Größe her zueinander passten. Zum ersten Mal wurde darüber gesprochen, wie nah man sich bei den verschiedenen Tanzarten kommen darf, oder was man tut, wenn vor Aufregung die Hände schwitzen. Was solch praktische Erfahrungen anlangt, waren die Philosophen unter uns ebenso unbeholfen wie die Sportler.

Der Tanzkursus endete mit einem traditionellen Abschlussball in der Kaiserhalle. Der umschwärmte Senkrechtstarter in der Klasse war an diesem Abend Hansgert Schulte, der später ein bekannter Germanistikprofessor an der Pariser Sorbonne werden sollte. Offenbar zeigte sich seine Fähigkeit zur eleganten Karriere schon im Tanzkurs. Ich hielt mich beim Vortanzen mit Ruth vor den anwesenden Eltern und Lehrern im Mittelfeld. Der Ball endete mit einem Gruppenfoto, das vom örtlichen Fotografen mit einer Plattenkamera aufgenommen wurde. Dieses Bild habe ich beim Beschreiben meiner Erinnerung vor mir liegen. Beim Betrachten fallen mir wieder die längst vergessenen Namen ein, Gert Wallauer, Degenhard Schwarz, Helmut Schneider ... Als ich wankend und viel zu spät ins Haus Oertel zurückkehrte, war zu meinem Erstaunen die Türe nicht verschlossen. Frau Oertel hörte mich, als ich die Treppe hinauf zu meinem Zimmer schlich. Sie trat aus ihrer Schlafzimmertüre und bat mich um Ruhe, da ihr Mann schwer erkrankt sei. Am folgenden Tag wurde den Hauspensionären beim Frühstück mitgeteilt, dass die Vereinbarungen mit den Eltern aufgekündigt werden müssten. Der alte Oertel, der es wohl für sittenwidrig gehalten hätte, über Schmerzen zu klagen, musste ins Krankenhaus eingeliefert werden. Er war an Magenkrebs erkrankt. Ich packte meine Sachen und fuhr nach Hause.

Ich musste wieder zu den alten Qualen der täglichen Bahnfahrten im Morgengrauen zurückkehren. Ende August des Jahres 1949 wurde in der Schule bekanntgemacht, dass Studienrat Oertel gestorben sei. Das ganze Gymnasium mit allen Schülern und Lehrern sollte zur Beerdigung erscheinen. Man vergisst die konventionellen Reden und Zeremonien einer solchen Beisetzung. Aber ganz deutlich erinnere ich mich des Momentes, als der Sarg in die Grube versenkt wurde. Ein plötzlicher Schmerz der Trauer ergriff mich, sodass ich unbeherrschbar schluchzte und viele Tränen vergoss. Die Freunde, die in meiner Nähe standen, versuchten mich zu beruhigen, denn auf dem Weg zum Friedhof waren wir uns noch einig gewesen, dass der alte Oertel ein Fossil vergangener Zeiten gewesen sei, dem wir nicht hinterherzutrauern hätten. Jetzt packte mich ein ganz unerwarteter Schmerz. Ich konnte es nicht fassen, dass der Tod das große Wissen, das dieser Mann besessen hatte, einfach ausgelöscht hatte.

Im Elternhaus ging es aufwärts, das deutsche Wirtschaftswunder hatte seinen Anfang genommen. In den Läden, auch im Laden der Eltern, gab es wieder alles zu kaufen, was sich die Kundschaft wünschen mochte. Das fröhliche Konsumieren euphorisierte bekanntlich Millionen von Menschen, die fest entschlossen waren, den Krieg und alle Entbehrungen der Nachkriegszeit sofort und endgültig zu vergessen. Klärchen hatte sich um eine Arbeitsstelle bei einer Industriellenfamilie in Königswinter beworben und hatte Erfolg. Während ich den Tanzkursus beendete, war sie ins Rheinland gezogen. Sie hatte mich gebeten, nicht hinter ihr her zu reisen. Sie liebe mich zwar für immer und alle Zeiten, aber sie sei zu dem Schluss gekommen, dass sie mich in meiner Entfaltung hemme. Das wisse sie besser als ich. Ich schloss mich mit dem Brief ein und war tagelang untröstlich. Ich schrieb in mein Tagebuch:

Die wahre Liebe ist die heimliche Liebe.
Sie ist außerhalb der Zeit, denn sie hat keinen Anfang
und keinen Stundenplan.
Liebe ist das Gegenteil zur Welt.

12 Aufbrüche

Als mein Vater mich eines Tages fragte, was ich denn nach dem Abitur werden wolle, antwortete ich ohne zu zögern: «Dichter!» Ich hatte unter der Anleitung von Herrn Windhäuser Hölderlin gelesen und verstand die Aufgabe der Dichtung als Versöhnung der Götter mit den Menschen. Ich konnte viele Gedichte von Hölderlin, Hesse, Rilke und den Expressionisten auswendig und rezitierte Verse von Verlaine oder Rimbaud auf Französisch. Ich schrieb gerade an einem ersten Theaterstück, das unsere Theatergruppe uraufführen sollte. Es hieß DIE VENUS VON SIENA und handelte von der Prüderie und sexuellen Verlogenheit eines Kleinstadtbürgertums. Seine Anspielungen auf meine eigenen Ängste hielt das Stück sehr verborgen. Ich las und schrieb an allen Orten in jeder freien Stunde.

Natürlich konnte mein Vater nichts mit meinem literarischen Pathos anfangen. Er war traurig darüber, dass ich die naturwissenschaftlichen Fächer vernachlässigte, denn damit hatte er seine letzten Möglichkeiten verloren, mir im gemeinsamen Lernen nahe zu sein. Er fragte besorgt, ob ich denn glaube, vom Dichten einmal leben zu können. Diese Frage empfand ich aber fast als ein Sakrileg. Ich glaube, dass ich darauf schwieg. Da bot der Vater mir an, mich als Uhrmacherlehrling bei der Handwerkskammer anzumelden. Ich könne dann die Gesellenprüfung ablegen und hätte für die Zukunft etwas Solides. Das Handwerk hätte immer einen goldenen Boden und ich eben Uhrmacherhände.

Nicht nur die Wirtschaft erlebte in dieser Zeit eine Blüte, sondern auch die Künste. Wir, und damit meine ich nicht nur meine Freunde aus der Schule, sondern auch alle anderen wachen jungen Geister, sahen uns von einer unerträglichen geistigen Enge eingekesselt. Die Väter schwiegen über ihre Kriegserlebnisse oder sahen, wie meine Eltern, in den zwölf Jahren des Hitlerreiches schuldlos verlorene Jahre, die man annullieren, aus dem Kalender einfach streichen musste. Was sollten die Eltern, die sich vor dem Krieg mutig aus dem traditionellen Bauernleben herausgearbeitet und den Sprung in den sogenannten

Mittelstand geschafft hatten, mit einem Sohn anfangen, der durch das Gymnasium und seine Freunde ein sehnsüchtiger Jungintellektueller geworden war? Herr Windhäuser, der für den Freundeskreis Vorbild und Impulsgeber war, war auf seine Weise ebenso ein Milieuspringer wie ich. Er erzählte mir, dass er den Beruf des Gymnasiallehrers nicht freiwillig gewählt habe. Eigentlich habe er Schauspieler und Theaterregisseur werden wollen, aber die Armut seiner Mutter und der Krieg hätten ihn gezwungen, seine Pläne zu ändern. In mir sah er einen möglichen Vollender seiner Träume. Einmal sagte er mir während einer Fahrt zum Theater in Wiesbaden, das Schönste, was einem Pädagogen zuteilwerden könne, sei ein genialer Schüler. Er boxte mich nach diesen Worten in die Seite, dass ich fast vom Sitz des Reisebusses fiel, und fügte hinzu: «Wehe, du enttäuschst mich!»

Das Jahr 1950 erlebte ich als eine Welt im Aufbruch. Aus Italien, Frankreich und natürlich Amerika fluteten jeden Tag neue Bücher, Filme, Theaterstücke oder Bilder in unser Blickfeld, die einen illusionsfreien Realismus zeigten, der uns begeisterte. Wir fuhren zu Theateraufführungen, zu Ausstellungen, zu Jazz- und Klassikkonzerten nach Frankfurt, Mainz, Wiesbaden, Koblenz oder bis nach Bonn, wo ich zum ersten Mal im Leben ein großes Orchester live hörte. Die französische Pianistin Monique de la Bruchollerie spielte Beethovens Es-Dur-Konzert. Ich war so aufgewühlt, dass ich hinter der Pianistin herreiste, um sie in Frankfurt und Mannheim noch einmal zu hören. Sobald die schöne Musikerin sich an den Flügel setzte, schlug mein Herz, als wollte es mich zerreißen.

Ich hatte nun begonnen, meine eigenen Wege zu gehen, obwohl ich immer noch bei den Eltern wohnte und jeden Morgen mit dem Fünfuhrzug zur Schule fuhr. In dieser Zeit ereignete sich ein Drama, das meine Familienbande endgültig zerriss. Mein heimlicher Briefwechsel mit Klärchen, der seit der Trennung fortbestanden hatte, blieb lange unentdeckt, weil sie alle ihre Briefe mit dem Vermerk «postlagernd», ohne weitere Angabe der Adresse und des Absenders, an das örtliche Postamt schickte. Auf dem Rückweg von der Schule kam ich am Postamt vorbei und konnte Klärchens sehnlich erwartete Briefe abholen. Wir trugen uns seit längerem mit Wiedersehensplänen, vor allem auch, weil ich mich zur Führerscheinprüfung angemeldet hatte und die Aussicht bestand, den neuen Ford des Vaters nutzen zu können. Als ich aber dieses Mal am Postschalter fragte, sagte man mir, meine Post sei bereits zugestellt worden. Ich wollte es nicht glauben, aber der Dorfbriefträger, der sich aus dem Hintergrund meldete, begründete die Zustellung mit: «Ei, wat soll dat mit postlagernd, mir kenne deisch doch.»

Als ich das Elternhaus betrat, empfing mich dicke Luft. Mutter hatte angeblich meinetwegen eine Gallenkolik erlitten, und Vater brütete verbissen über einem Brief, den er auf seiner Schreibmaschine tippte. Klärchens Brief lag geöffnet neben ihm. Ich griff danach, wollte den Brief an mich bringen, was aber misslang, weil er aufsprang und mir drohte, wie ich es niemals zuvor bei ihm erlebt hatte. Eine Szene, die ihr Spiegelbild in meinem Epos HEIMAT hinterlassen hat. Anstelle des Vaters übernimmt dort Hermanns Bruder Anton die Rolle des empörten Familienoberhauptes. Aber das Bild der leidenden Mutter und die unheilbare Demütigung des jungen Liebeshelden kommen meinen wirklichen Erfahrungen sehr nah. Die Drohung des Vaters, «das Saumensch», das den minderjährigen Sohn verführt habe, «zur Strecke zu bringen», habe ich wirklich zu hören bekommen. Wenn ich mich heute frage, warum die Eltern sich so in Erregung gestürzt haben, sehe ich den eigentlichen Grund nicht in der Moral, mit der man Klärchen verurteilte, sondern darin, dass sie ein Arme-Leute-Kind war, dem man grundsätzlich den Zutritt in die Intimsphäre einer Aufsteigerfamilie, als die man sich fühlte, verweigern musste. Klärchen wurde als Hure gebrandmarkt. Hatte die Mutter mich nicht vor den Huren unter den Frauen gewarnt?

Ich rannte davon, ich verweigerte den Eltern jegliche Auskunft über meine Liebe und kündigte an, das Elternhaus für immer zu verlassen. Ich war genau in der Stimmung, aus der Hermann Simon im Film seinen Eid ablegt, die Heimat für immer zu verlassen, sobald er das Abitur in der Tasche habe. Der Mensch, so sagt es mein Protagonist, werde zweimal geboren: einmal aus seiner Mutter, und ein zweites Mal aus seinem eigenen Kopf. Mein Kopf war ein monströses Organ geworden, bereit, mich neu zu gebären. Mit diesem Phantasma gelang mir der Bruch mit dem Elternhaus vollends.

Das Treffen mit Klärchen, das ich schon lange geplant hatte, konnte zum Jahresende schließlich doch noch stattfinden. Mit dem Führerschein in der Tasche und unter dem Vorwand, mit der Familie von Arno Silvester zu feiern, konnte ich das Auto des Vaters für diesen Tag ausleihen. Ich hatte mich mit Klärchen am Rhein verabredet. Dort suchten wir stundenlang verzweifelt einen geschützten Ort. Während überall getanzt und das neue Jahr 1951 begrüßt wurde, versuchten wir ein Hotelzimmer zu mieten. Aber kein Portier wollte uns als Gäste aufnehmen. Man kann sich heute kaum noch vorstellen, dass man in Deutschland damals erst mit einundzwanzig Jahren vor dem Gesetz mündig war. Ich war im November achtzehn geworden und nach geltender Rechtsprechung noch nicht geschäftsfähig. So blieb uns nichts anderes, als die Nacht mit einer Flasche Sekt und Weihnachtskeksen im kalten Auto zu verbringen. Es war wie im Film. Klärchen las mir zum Abschied den Drohbrief vor, den mein Vater ihr geschrieben hatte und den sie erst beim Weggehen aus der Tasche zog. Es ist der Brief, den Hermann im Film unter Tränen liest. Er ist ein wörtliches Zitat aus meinem Leben. Unsere Liebe war unwiederbringlich zerstört worden.

13 Reifeprüfung

Über die Brüder Petri, die den Schulweg in der Bahn mit mir teilten, erfuhr ich, dass es eine Möglichkeit gab, im letzten Jahr vor der Abiturprüfung in Simmern zu wohnen und damit von den täglichen Bahnfahrten befreit zu werden. Zugleich konnte ich mich mit diesem Umzug der Nähe der Eltern entziehen. Zwei alte Damen, die in Simmern ein stattliches Haus von ihrem verstorbenen Bruder, einem bekannten Augenarzt, geerbt hatten, vermieteten Zimmer mit Vollpension an Abiturienten. Es gelang mir, eines dieser begehrten Zimmer zu ergattern. Ich genoss Freiheiten, die es zwei Jahre zuvor im Hause Oertel nicht gegeben hatte. Die Damen waren lustig. Sie verkündeten uns, dass sie ihre eigenen Methoden hätten, ihre Schützlinge erfolgreich durch die Abiturprüfungen zu bringen. Diese Methode bestand aus einem Abiturtränklein, das sich seit Generationen bewährt habe: eine sonderbare Mixtur aus viel Kakao, Traubenzucker und Ei.

Unter der französischen Verwaltung war das gesamte Schulwesen nach französischen Vorbildern zentral geregelt worden. Die Abiturprüfung sollte nicht mehr vor den eigenen Lehrern, sondern vor einer anonymen Kommission aus Mainz abgelegt werden. Unsere Lehrer hatten für die Schlussbewertung ihrer Schüler nur noch ein Instrument in der Hand: Sie mussten zum Ende eine Vorzensur abgeben, die in die Gesamtbewertung eingehen sollte. Neben den klassischen Fächern war auch Religion zum Hauptfach erklärt worden. Das hatte Folgen für mich. Da ich überzeugt davon war, dass Religion in einer Demokratie nichts zu suchen habe, geriet ich mit dem Religionslehrer in heftigen Streit. Er kündigte an, dass er mich durchfallen ließe, wenn ich nicht mitarbeite. Ich aber erklärte, dass ich mich zwar auf Religions*wissenschaft* einlassen könne, aber den Glauben ablehne. Ich sei Marxist. Das hätte ich nicht sagen sollen, denn das Wort machte mich in den Augen des Religionslehrers, der übrigens das Amt eines Dechanten der katholischen Gemeinde bekleidete, zum Teufel in Person. Mit meiner Wunde von der Klärchen-Geschichte in der Seele hatte ich keine Kirche mehr betreten. Der Glaube und die Priester waren für mich zu Räubern und Feinden der natürlichen Liebe geworden. Es kam zu feindseligen Disputen in jeder Religionsstunde, und ich bereitete mich auf den Streit mit dem Pfarrer vor, indem ich tatsächlich das Kommunistische Manifest las und versuchte, die Analysen des Marxismus zu verstehen. Sobald die Polemiken losgingen, waren die Klassenkameraden abgemeldet und konnten ihren Gedanken nachgehen. Ich frage mich, warum dieser Lehrer mich nicht einfach aufgegeben hat. Was hatte er davon, mich im letzten Schuljahr noch bekehren zu wollen? Was er erreichte, war, dass ich mich als Agnostiker bezeichnete und ihm vorwarf, dass alle Religionen nur Unfrieden stiften.

Ich musste und wollte das Abitur bestehen, und zwar mit einer guten Note. Danach würde ich in der Lage sein, die Provinz zu verlassen, mich aus der Enge und Umklammerung schnell zu befreien. Meine Freunde und ich verbrachten nun auch die Wochenenden oft miteinander, gingen in Wiesbadener Jazzkneipen oder sahen in einem Mainzer Kino Filme aus Frankreich. Als Ausdruck meiner frankophilen Haltung trug ich jetzt eine Baskenmütze. Ich war auf der Suche nach Vorbildern außerhalb meines Horizontes.

Meine Klasse hatte sich während des letzten Schuljahres noch sehr verändert. Die beiden Freundinnen Anneliese und Ursel waren mit ihren Eltern in andere Städte gezogen, und einige Schüler waren hinzugekommen. Darunter auch Gertraud, ein sogenanntes Flüchtlingskind aus dem Gebiet Danzig-Westpreußen, das nach der Besetzung durch Russland nun an Polen übergegangen war. Es lebten viele der als Ostflüchtlinge bezeichneten Menschen in unserer Gegend. So auch Gertrauds Familie, die sich noch sehr fremd im Hunsrück fühlte. Gertraud hatte das Glück, vom evangelischen Pfarrer auf einem Bauernhof entdeckt und gefördert zu werden. So war sie in unsere Klasse gekommen. Sie war ein scheues Mädchen mit Lachgrübchen, das als gute Sportlerin erste Erfolge hatte, aber in den anderen Schulfächern Hilfe brauchte, wenn sie das Abitur bestehen wollte. Ich bot ihr an, bei den Hausaufgaben in Mathematik zu helfen, denn in diesem Fach ging es ihr besonders schlecht, und ich wollte sie vor den Zynismen des arroganten Mathelehrers bewahren.

Wir trafen uns abends im Arbeitszimmer des Superintendenten Gillmann, der das Flüchtlingsmädchen in seinem Hause aufgenommen hatte. Während ich mit ihr die Formeln rekapitulierte und ihr zu erklären versuchte, wurde sie immer nervöser neben mir. Als ich sie darauf ansprach und ihr in die Augen blickte, griff sie nach dem Lichtschalter und knipste die Stehlampe aus. Wir saßen im Dunkeln. Ich tastete nach ihr und spürte, dass sie sich näherte. Wir küssten uns. Das war der Anfang einer langen Geschichte.

Im Frühjahr 1952 erwartete mich endlich die Reifeprüfung. Ausgestattet mit dem Kakao-Tränklein der Damen Reich schaffte ich alle gestellten Aufgaben, kam aber trotz der sehr guten schriftlichen Ergebnisse in die mündliche Prüfung. Wegen einer besonders schlechten Vorzensur, die mir in Religion erteilt worden war, schrieb das Reglement vor, mich in diesem Fach mündlich zu prüfen. Herr Windhäuser sprach mich auf dem Flur an. Er sah, wie nervös ich vor der Prüfung war, und versuchte, meinen Kampfgeist zu wecken. Er war empört über den Versuch des Dechanten, mir mit der Zusatzprüfung eine Falle zu stellen. Ich solle kein Verhängnis darin sehen, sondern eine Chance. Windhäuser war sich sicher, dass ich die ganze Prüfungskommission, in der es keinen einzigen Theologen gab, für mich gewinnen würde. Ich erhielt einen Text, den ich interpretieren und aus theologischer Sicht analysieren sollte. Diesen Text habe ich in den vielen Jahren, die seitdem vergangen sind, nie vergessen.

> Freiheit ist der Zweck des Zwanges,
> wie man eine Rebe bindet,
> dass sie, statt im Staub zu kriechen,
> froh sich in die Lüfte windet.

Der Text gab mir Gelegenheit, mein bescheidenes, doch in diesem Fall eindrucksvoll angewendetes philosophisches Wissen auszupacken. Als ich durch den Gang zum Prüfungszimmer ging, stand dort ein Klassenkamerad, der mir im Vorbeigehen den Titel und den Autor meines Prüfungstextes zuflüsterte. Es handelte sich um ein Versepos aus dem 19. Jahrhundert, DREIZEHNLINDEN von Friedrich Wilhelm Weber. Ich sprach über den Freiheitsbegriff bei Kant, über Schillers ästhetische Erziehung und über die gesellschaftliche Bedeutung der Erziehung bei Marx und den Reformpädagogen. Schließlich zitierte ich die Leibniz'sche Theodizee und hinterließ eine sprachlose Kommission. So kam ich zu einer hervorragenden Note in Religion. Ich berichte dies nicht ohne späte Dankbarkeit für die Hilfe des Klassenkameraden, der uns als gebildeter Katholik bekannt war.

Es war wie an vielen anderen Schulen Tradition, die Abiturklasse mit einer Abschlussfeier in der Aula zu verabschieden. In Gegenwart aller Schüler der nachfolgenden Oberstufe und des Lehrkörpers wurden die Abiturzeugnisse vom Direktor persönlich überreicht und die Absolventin oder der Absolvent mit einem Händedruck ins Leben entlassen. Dazu spielte das Schulorchester, und der Schulchor sang unter der Leitung unseres Musiklehrers Drath, der für diesen Tag monatelang geprobt hatte, eine Kantate. Unsere Deutschlehrerin Fräulein Doktor Lerch hatte mich dazu bestimmt, die Abiturrede zu halten. (Die unverheirateten Damen des Lehrkörpers wurden damals tatsächlich noch «Fräulein» genannt.) Sie schätzte meine Aufsätze und unterstützte meine literarischen Versuche; das schmeichelte mir natürlich, und ich schrieb manchen Text Fräulein Doktor Lerch zuliebe. Es war offenbar ein letzter Akt der Ermutigung, dass sie mich dazu aufforderte, vor die Lehrer, Schüler und Eltern zu treten und in der Aula eine Rede zu halten. Ich war an diesem Morgen in einem merkwürdigen Trancezustand. Ich trug den schwarzen Anzug, der dafür angeschafft worden war, das weiße Hemd und die Krawatte. Alles fühlt sich in meiner Erinnerung weich an: meine Beine, mein Kopf, der Boden unter mir. Ich blickte in die erwartungsvollen Gesichter und fühlte mich allein, denn unter all den Anwesenden fehlten meine Eltern. Heute weiß ich, dass sie sich einfach nicht getraut hatten zu kommen. Als kleine Handwerker hätten sie sich geschämt, unter den Akademikern und Bildungsbürgern der Kreisstadt zu sitzen.

Ich las meine Rede vom Blatt. Ich wählte das Bild einer Brücke zum Thema. Ich beschrieb unsere Situation als das kurze Innehalten, bevor wir über eine schmale Brücke gehen, um das andere Ufer eines Flusses zu erreichen. Um die Symbolik des Bildes zu steigern, verglich ich den Fluss mit dem Styx, über den in der antiken Sage Orpheus seine Eurydike führt mit der Auflage, sich nicht umzudrehen. Mein Vergleich war allerdings nicht ohne Konfliktpotential, denn in meiner Darstellung wird ein Weg zitiert, der aus dem Reich der Toten hinausführt. War die Schule für mich das Reich des Todes? Das hatte ich beim Verfassen der Rede nicht zu Ende gedacht. Ich beschrieb also die Schule, die wir verließen, indirekt, aber dennoch eindeutig, als Totenreich, ein Totenreich, nach dem man sich nicht einmal umdrehen darf, wenn man ans andere Ufer, ins Leben, gelangen will. Ich bemerkte die kritische Reaktion nicht sofort. Aber nach der Feier gab es manche Lehrer, die mir das Bild übelnahmen. Auch Fräulein Lerch kam mit Falten auf der Stirn auf mich zu, als sie sich verabschiedete. Andere aber gratulierten mir. Vor allem Herr Windhäuser, dessen schwarze Augen leuchteten, als er mir Ratschläge für meinen weiteren Weg gab und mir beim Abschied hinterherrief: «Dreh dich nicht um!»

ZWEITER TEIL

Eine Parallelwelt

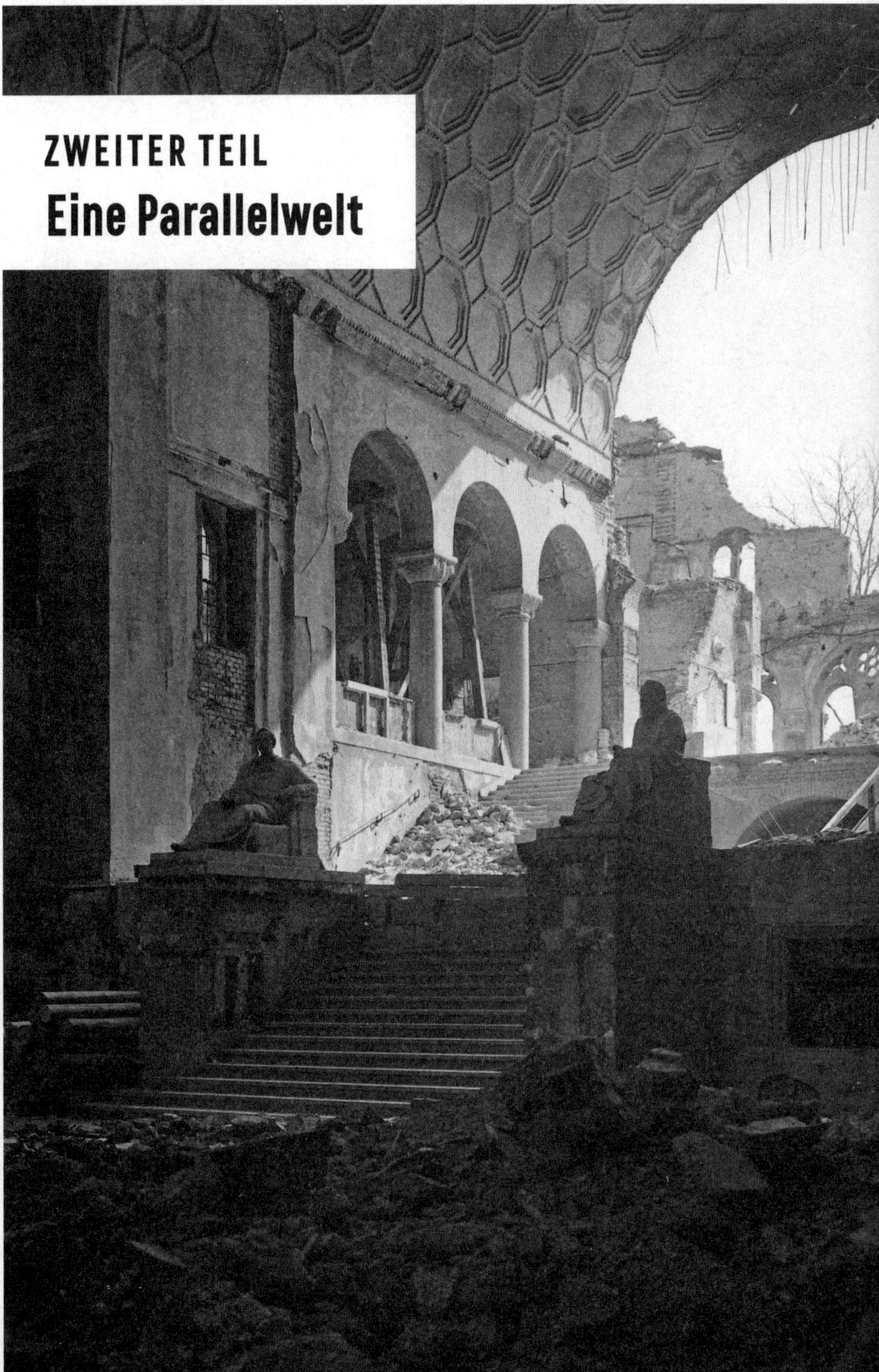

14 Wie das Ich entsteht

Das Schreiben dieser Erinnerungen führt mich nicht nur zu den Anfängen, deren ich mir bewusst bin, sondern auch in Bereiche, die man nicht einmal als Anfang bezeichnen kann, weil es da keine Markierung gibt, nichts, das ein «Vorher» oder ein «Nachher» zu sagen erlaubt. Offenbar eine Ursprungserfahrung, die ein völliges Eins-Sein mit der Welt ist, ein unbewusstes, aber nicht ein dunkles, sondern ein helles Dasein, in dem es schon alles gibt, die Mutter, die anderen Menschen, die Häuser, die Sonne, die Landschaft, die Berührungen, das Essen, das behagliche Unbehagen in einem Nest. Ich *werde* bewegt, ich *bin*, ohne zu agieren. Alles ist Erinnerung, zugleich ist alles Gegenwart.

Dann erst kommt das Sehen. Ich erkenne die Personen, die Familie, die Straße, den Himmel, die Stimmen der bunten Tanten, den Lärm des Betriebes um mich herum. Ich sehe, was fremd ist, was schon vertraut ist, ehe ich es gesehen habe, die Hand des Vaters, der mich führt, die kalten Steinplatten unter meinen Füßen. Wenn ich aufwache, weiß ich, dass ich wach bin und dass Wachsein anders ist als Schlafen. Ich weiß, dass ich dabei bin, bei den Anderen. Ich suche ihre Nähe, wenn sie sich entfernen. Ich spüre mich auf einmal allein, ich fürchte mich, verlassen zu werden, ich schreie. Ich rufe nach Hilfe, die nicht gleich kommt. Ich sehe, wo ich bin, sehe die vertrauten Räume, die auf einmal fremd werden.

Ich spüre das Ich in mir.

Ich bin.

Ich bin den Anderen *gegenüber.*

Ich bin allein.

Ich sehe, was ich schon immer gesehen habe, aber es ist ein Riss entstanden zwischen mir und der Welt.

Ich gerate in Panik.

Ich flüchte in die Arme der Eltern, aber ich kann nicht mehr ganz getröstet werden wie früher.

Wie alt war ich da? Achtzehn oder zwanzig Monate?

Es gab noch keine Zeit.

Eines Tages entdecke ich, dass ich über meine Angst sprechen kann, wenn die Mutter fragt. Ich habe die Worte. Ich weiß nicht, seit wann ich die Worte habe, aber ich kann mit ihnen unvermittelt sagen, was gewesen ist. Die Namen von Dingen sagen, sagen, was sein könnte. Ich kann mein Ich beim Namen nennen. Es ist ein neuer Riss entstanden, der Riss zwischen mir und dem Ich. Die Welt wird zusehends ein brodelnder Kessel von Kommen und Gehen, von Einbrüchen in meinen Frieden. Fremde Wesen treten auf, sie sind die Erwachsenen und wissen alles. Sie sprechen davon, was sie beschlossen haben, was zu geschehen habe, sie geraten in Streit miteinander.

Ich suche Halt in den Worten. Es gibt Halteworte. Es sind die Namen, vor denen ich mich nicht fürchten muss, süße Namen, an die ich mich klammern will, es sind auch Ortsnamen, Namen für Kälte, Nässe, Luftbewegungen, Namen für meine Spielzeuge, die ich besitzen darf. Aber die Welt des zitternden Ichs wird immer unsicherer. Ich löse mich immer mehr von der Welt. Ich sehe, wie die Zeit vergeht. Ich weiß auf einmal, was Zeit ist. Ich sehe, dass es Anfänge und Enden gibt. Die Zeit des Spielens wird jäh beendet, der Abend bricht jeden Tag, die Stunden der Lust vergehen im Flug, immer ist schon zu Ende, worauf man sich lange gefreut hat, Weihnachten, der erste Schnee, der Besuch bei den Freunden, das Essen, das Baden, die Stunden bei den Großeltern, das Herumtoben im Heu, wenn Erntezeit ist. Die Zeit ist immer zu kurz. Ich bemerke sie immer, wenn etwas vorbei ist.

Die Zeit ist ein Hindernis für die Sehnsucht. Die Freude muss sich immer durch die Vorhölle des Wartens hindurchquälen. Sie befindet sich jenseits der Zeit, muss mühsam erwartet werden. Das Schlimme kommt immer unerwartet und immer zu früh.

Die Zeit gehört mir nicht.

Ich kann sie mir nicht erobern.

Ich will deswegen nicht *in* der Zeit leben, sondern *außerhalb*, dort, wo das Glück wartet. Die Krankheiten kommen aus der Zeit. Plötzlich sind sie da. Sie gehören nicht zu mir, sie gehören zu der Zeit, die sie bringt.

Aber immer wieder taucht aus der Erinnerung die Welt auf, aus der ich komme, die Welt des unklaren Eins-Seins. Das wird möglich, weil das Ich immer wieder in eine Art Dämmerschlaf verfallen kann. Ich habe keine Macht über die Dunkelheit in mir. Wenn ich wieder erwache, bin ich in einer Welt der Kämpfe, der Sieger, der Mächtigen, zu denen ich nicht gehöre. Ich sehe nur noch die Anderen, die sich meiner bemächtigen, die Lehrer, die Polizei, den Staat, die Gesetze, die Ordnung. Ich bin geregelt von Stundenplänen, Fahrplänen, Tagesabläufen. Ich quäle mich mit Pflichterfüllung, mit Lernen, mit Schulwegen, Studienordnungen, Gehorsam. Ich bin eingespannt in die Welt. Sie lässt mich nicht gehen. Das Ich wird gedemütigt, gemaßregelt. Das Ich wird trotzig, das Ich verzagt und wird zum Verlierer gestempelt.

Es kommen neue Krankheiten. Da kennt das Ich sich aus. Es wehrt sich in vertrauter Weise. Mit den Krankheiten kommt auch die Liebe. Die Blicke der Krankenschwester bringen sie ins Zimmer. Später auf dem Schulweg ist es das Lächeln von Gertrud, die Sanftheit von Gisela, die Durchtriebenheit der Ursel. Das Ich beginnt in mir zu tanzen. Das Ich schmückt sich, es pflückt die Blumen der schönen Erinnerungen. Das Ich erinnert sich der Macht der Worte. Es benutzt diese Macht und gibt den Gefühlen neue Namen. Ich schreibe diese Namen auf, ich gebe Liebesbotschaften weiter, ich finde mich wieder in den neuen Geheimnissen, die ich nicht mit der großen Welt da draußen teilen muss.

Ich spiele mit der Liebe. Meine Freiheit erwacht.

Ich liebe immer wieder, ich lerne zu wählen, wen ich liebe. Ich wende mich von der Welt nicht ganz ab, das gehört zum Spiel der Freiheit. Aber ich lasse sie im Chaos zurück. Auch in mir wächst das Chaos. Es entsteht ein Chaos von immer neuen Anfängen. Alles wird vermischt: die Landschaft, das Warten, die Gesichter, die Berührungen. Ich werde zu einem herumwirbelnden Feuer, das überall kleine Feuer entzündet. Ich stürze in einen Nachthimmel, der mich mitsamt meinem Liebestaumel verschlingt. Ich löse mich auf in der Weite der Nacht, und ich bemerke nicht, dass der Himmel nicht reagiert.

Immer neue Risse haben mich zerteilt. Ich werde nie mehr zusammenheilen, und nie mehr werde ich eins sein mit der Welt.

Ich lasse mich von den Stundenplänen einsammeln, sehe, dass es Künstler gibt, die es fertigbringen, die verlorene Welt des Eins-Seins mit sich selbst in Bildern zu beschreiben.

In Gedichten, Gemälden oder Symphonien erkenne ich die neue Ordnung, die mit dem Chaos fertigwird.

Oft sind es nur winzige Ausschnitte der Welt, deren Scherben neu zusammengefügt in Bildern auftauchen – oder eine Melodie fügt das ganze Chaos der Liebe wieder zusammen. Immer erblicke ich in den Kunstwerken das Ich der Künstler. Ich sehe, wie es kämpft, wie es leidet, wie es sich erinnert.

Ich sehe, dass hinter jedem Werk eine Person steht. Beim Herstellen des Werkes kann sich das wankende Ich aufrichten und verhindern, dass es im Chaos der Welt untergeht.

Ich stelle fest, dass die Kunst eine Zauberformel ist.

Bisher konnte ich den Dingen Namen geben und von ihnen sprechen, aber die Kunst kann weiter gehen. Sie kann das Ich sprechen lassen, ohne dass es seinen Körper verlässt, ohne sich vom atmenden, fühlenden Körper zu distanzieren, um zu sprechen. Der ganze Körper wird zum Ich. Mehr noch: die Gegenstände um uns herum, die anderen Menschen, die Natur, alles wird Teil des Ichs, in das Ich herüberverwandelt. Es ist das Ich, das in der Kunst die Sprache der Dinge sprechen lernt. Das ist ein gewaltiger Schritt in die Freiheit des Körpers. Es ist nicht mehr die Welt, die uns bewegt, sondern der Künstler. Er schafft mit jedem Werk eine Welt, in der keine Regel der Welt gelten muss. Einzig und allein die eigenen inneren Regeln und Notwendigkeiten des Bildes haben noch Gültigkeit. Das Ich hat sich in einen Schöpfer verwandelt, der seinem Werk nicht mehr gegenübertritt, sondern vollkommen in ihm aufgehen kann. Es ist, als ob das Werk sich selbst gemacht hätte. Es trägt das unverwechselbare Ich des Autors zwar in sich, muss es aber nicht mehr an den Künstler zurückgeben.

Das Kunstwerk hat sich selbst zum Ich. Beinah beginnt es damit zu leben. Fast kommt das einem Eigenleben gleich, das da vor unseren Augen auftritt. Aber dennoch bleibt das Kunstwerk ein Ding, gehört zu einem merkwürdigen Zwischenbereich zwischen belebter und unbelebter Natur. Es lebt und lebt nicht. Es kann sich nicht mehr verändern, es kann sich nicht vermehren, es hat die Beseeltheit des Lebens und die Beständigkeit des Todes. Kunst versetzt das chaotische Ich des Künstlers in eine Welt zwischen Tod und Leben, zwischen Sein und Nichtsein. Deswegen ist es so schwer, ein Kunstwerk zu erkennen, denn es lebt nicht für jeden. Es braucht das verwandte Ich des Betrachters, um sich in der Wirklichkeit zu spiegeln. Erst in dieser Resonanz mit dem Ich des Zuschauers oder Zuhörers wacht das Werk aus seinen Latenzzuständen auf. Es ist nicht das Ich des fernen Künstlers, das in dieser Resonanz aufblüht, sondern das eigenständig gewordene Ich des Werkes.

Mit siebzehn, achtzehn Jahren fühlte ich, dass auch ich die Rettung meines Ichs in der Kunst suchen sollte. So dramatisch, wie es in mir aussah, konnte es anders kein gutes Ende geben. Ich versuchte, zu schreiben. Ich schrieb jeden Tag Gedichte, kleine Erzählungen, magische Textexperimente. Ich malte auch. Ich freute mich, wenn etwas dem Gefühl nahekam, das mich umtrieb. Ich imitierte die großen Vorbilder. Meist verzweifelte ich, weil ich mich als Stümper fühlte und dauernd meiner Ungeschicklichkeit ausgeliefert war. Manchmal aber fand ich mich genial, wenn etwas aus mir herauskam, ohne dass ich wusste, wie ich es gemacht hatte. Worte reihten sich zu magisch wirkenden Sätzen und Zeilen. Ich staunte über meine Texte. Ich suchte die Nähe zu anderen jungen Leuten, die ebenso heimlich und selbstverliebt schrieben, oder malten, oder komponierten. Wir zeigten uns gegenseitig unsere Werke. Das war ein sehr erregendes Tun. Wir spürten, dass es sich um Einblicke in intimste Innenwelten handelte. Ich begann zu ahnen, dass es in mir, ganz tief im Innern, eine Kraft gibt, die es schon immer gegeben hatte, vielleicht von Anfang an, sehr früh jedenfalls in den Zeiten der unbewussten Verschmelzung mit der ganzen Welt, damals, kurz nach der Geburt, als ich noch Teil der Mutter war. Ich stellte einfach nur fest, dass ich schon immer auf dem Weg gewesen bin; mein Ich, das sich so groß in mir anfühlte, dass es mich zum Wanken bringen konnte, das Ich, das dennoch so schwach war, dass es nicht allein stehen konnte, hatte auf einmal die Fähigkeit zu überleben. Eine Parallelwelt trat vor meine Augen, in der es alles noch einmal gab, die Mutter, die erste Straße, die vom Haus zum Horizont führt, die Angst, das Chaos und die tausend Varianten der Liebe, stabilisiert durch die Schönheit, haltbar gemacht durch Form, dem Tode entrückt.

15 Zwischenzeit

Zwischen Abiturprüfung und Beginn des Studiums verging ein halbes Jahr, in dem man kein Schüler mehr war, aber auch noch kein Student. In dieser Zeitspanne bezeichnete man sich in Anwendung des gymnasialen Vulgärlateins als «Mulus», als Maultier. Man war ein Mischwesen aus Esel und Pferd, also ein «Weder-Noch»-Tier. Von Mai bis zum Semesterbeginn im Oktober lebte ich wieder bei den Eltern und nahm an ihrer Plackerei mit dem Geschäft und der Zukunft ihrer Kinder teil. Meine Schwester war vorzeitig vom Gymnasium genommen worden, um eine Höhere Handelsschule zu besuchen, was man wohl als angemessener für eine junge Frau empfand als ein akademisches Studium. Der kleine Bruder war erst fünf und ging noch nicht zur Schule, aber er konnte schon lesen und zeigte ein seltsames Talent, seine Kinderbücher, ein Pflanzenbestimmungsbuch und ein Buch über berühmte Sportler komplett auswendig zu lernen. Stolz wurde diese Fähigkeit des Kleinen immer wieder den Besuchern des Hauses vorgeführt.

Ich verbrachte meine Tage ohne Struktur, schlief bis in die Mittagszeit und begann, an allem zu zweifeln. Sollte ich mich nicht doch für ein Ingenieurstudium entscheiden, wie es der Vater sich gewünscht hatte, oder sollte ich nach Amerika auswandern, wo mit völlig anderem Maß gemessen wurde als in dieser jungen Bundesrepublik, die im Begriff war, sich zu remilitarisieren? Es hatte lange Diskussionen im Kreis meiner Freunde über dieses Thema gegeben. Wir waren kompromisslose Pazifisten und entschlossen, das Land im Falle einer Wiederbewaffnung zu verlassen. Alles war unentschieden. Mein Traum von einem Literaturstudium mit anschließender Schriftstellerkarriere erschien mir zusehends unrealistisch. Zugleich war das Leben im Elternhaus laut und von einer nervösen Unruhe erfüllt.

Erst kürzlich hatte es einen Zwischenfall gegeben, der die Gemüter erschütterte. Meine Großmutter, ich meine den Putzteufel, die Mutter meiner Mutter, die seit dem Tod ihres Mannes von ihrer Tochter Pauline versorgt wurde, sollte das Häuschen, in dem sie seit fünfzig Jahren wohnte, auf ihre Kinder überschreiben lassen. Als sich ihre Nachkommen deswegen bei ihr einfanden, trat die Oma vor ihre älteste Tochter, die von uns allen geliebte Tante Käth, und erklärte: «Du erbst nichts, du bist nicht mein Kind.» Die arme Tante konnte nicht fassen, was ihr da gesagt wurde. Aber die Großmutter gab ein Familiengeheimnis preis, das über fünfzig Jahre lang gehütet worden war: Unser Großvater, der Geschichtenerzähler und Bahnstreckengeher, hatte tatsächlich ein außerehelich mit einer anderen Frau gezeugtes Kind mit in die Ehe gebracht. Das war die kleine Katharina, die beim Standesamt als eheliches Kind der beiden Großeltern eingetragen worden war. Als Älteste in der Geschwisterreihe ist sie im Bewusstsein aufgewachsen, dass Oma ihre Mutter sei. Solange der Opa lebte, hatte die Oma das Geheimnis gewahrt. Jetzt, wo es um einen lächerlichen Vermögensanteil ging, brach die Altershabgier der Alten aus. Die Familienkatastrophe war komplett. Tante Käth brach sofort jeglichen Kontakt ab zu der Mutter, die nicht mehr ihre Mutter sein wollte, aber auch zu ihren Geschwistern und deren Nachkommen. Sie war tödlich gekränkt. Ich hatte gerade diese Tante, die selbst kinderlos geblieben war, sehr geliebt. Als ich sie Wochen später mit einem Blumenstrauß besuchen wollte, jagte sie mich mit Geschrei davon. Sie zog bald mit ihrem Mann in einen anderen Ort und ließ Fremdheit zwischen uns entstehen.

Unsere Mutter litt immer öfter unter Gallenkoliken, die bei der

Aufdeckung meiner Klärchen-Geschichte ihren Anfang genommen hatten. Die Anfälle kamen auch während der schrecklichen Zerwürfnisse mit der Tante. Die Mutter schrie vor Schmerzen, erbrach sich und musste vom eilig herbeigerufenen Arzt mit Morphiumspritzen beruhigt werden. Ich fühlte mich dabei schuldig, ohne zu wissen, was ich hätte anders machen können. Ich fand niemand, mit dem ich über meine Zukunft hätte sprechen können.

Der Freundeskreis hatte sich in alle Winde zerstreut. Gertraud, die ich in den letzten Schultagen immer näher kennengelernt hatte, wohnte noch als Pflegetochter im Pfarrhaus des Superintendenten Gillmann. Sooft ich Vaters Auto benutzen durfte, besuchte ich sie. Bei gemeinsamen Ausflügen und langen Waldspaziergängen versuchte ich, sie für meine künstlerischen Zweifel zu interessieren, wollte, dass sie etwas zu meinen Gedichten sagt oder mich vielleicht zum Theaterstudium ermutigt. Aber ich spürte bald, dass sie viel konkreter mit ihrer Zukunft umging als ich. Sie wollte mit mir tanzen, ausgehen, Liebe erleben, sie wollte nicht allein bleiben. Sie plante mit mir Besuche bei ihren Eltern, die in einer Flüchtlingswohnung nahe eines einsamen Gutsbetriebes lebten. Ich lernte die vielen Geschwister kennen, von denen einige schon als Soldaten im Krieg gewesen waren und als Spätheimkehrer ihre Angehörigen nach einer Odyssee durch die Besatzungszonen in Westdeutschland wiedergefunden hatten. Die Familie war aus Danzig über die Ostsee nach Dänemark geflohen, hatte dort Jahre in einem Flüchtlingslager zugebracht, bevor sie in den Hunsrück verfrachtet wurde. Gertrauds Vater war ein raubeiniger preußischer Bauer, evangelisch mit unbeugsamen Ansichten zu Moral und Religion. Es wurde, vor allem wenn die Söhne anwesend waren, gern und viel Schnaps getrunken und sehr laut gesungen. Ich passte eigentlich nicht in diese Familie, aber Gertraud zog mich in dieses Leben hinein. Sie hielt zu mir, verteidigte mich vor dem Vater und den Brüdern und brachte es fertig, dass ich nachts an ihrer Seite schlafen durfte. Eigentlich war ich damit in ihre Familie aufgenommen, hatte mich aber von meiner Familie nicht getrennt, kehrte zurück, war weder hier noch da zu Hause.

Mein Vater war immer stiller geworden. Man lebte zwar mitten im Aufschwung, aber er fühlte sich am wohlsten in seiner Werkstatt. Über dem Werktisch hing sein Lieblingsspruch an der Wand: «Qualität setzt sich durch.» Diese Handwerkerweisheit traf nicht mehr zu. Die großen Versandhändler hatten das ländliche Publikum bereits fest im Griff. Die Leute verglichen jeden Laden mit dem Angebot in den Katalogen, ließen sich in den Läden beraten und kauften auf Raten beim Versandhandel. Vater war überzeugt, dass dieses System zusammenbrechen würde und die Leute Qualitätsbewusstsein entwickeln. Dann würden sie wieder zu den von Meistern ihres Faches geführten Geschäften zurückkehren. Die alte Leidenschaft aus Vorkriegszeiten hatte ihn gepackt. Die Radiotechnik war auf dem Weg in neue Dimensionen. Der Laden war in zwei Hälften geteilt worden, in das Geschäft für Uhren und Schmuck, das immer mehr in die Hände der Mutter übergegangen war, und in das Radiogeschäft, das der Vater auszubauen gedachte.

Er blühte auf, wenn ich mit ihm über die Dörfer zog, um Radios zu verkaufen. Es waren auch die ersten Fernsehgeräte auf den Markt gekommen. Auf den Rücksitz seines Ford packte er mehrere Modelle von Radiogeräten mit UKW-Empfang und ein Fernsehgerät, mit denen wir die umliegenden Dörfer besuchten. Wir richteten es so ein, dass wir in einem Gasthaus oder in der guten Stube eines Bauernhauses unsere Geräte aufbauen und vorführen konnten. Immer hatte der Vater schon die vorbereiteten Ratenzahlungsverträge auf dem Tisch ausgelegt, die Leute mussten nur noch unterschreiben, und schon konnte ich das jeweilige Haus aufsuchen, um dort die erforderliche Antenne zu bauen. Ich war bald ein gewandter Antennenspezialist, der auf jedes Dach kletterte, um nach Befestigungsmöglichkeiten für den Dipol und die Zuleitung zu suchen. An manchen Tagen baute ich ein halbes Dutzend UKW-Antennen, hin und wieder auch erste Fernsehantennen. Auf dem abgerundeten Bildschirm erschien tagsüber nur ein verrauschtes Testbild. Sendungen gab es erst abends. Auf regelmäßige Programme mussten die Käufer noch ein gutes Jahr warten. Vater wusste, dass es manchen Leuten nicht um das Programm ging, sondern darum, zu den Ersten zu gehören, die ein Gerät besaßen. Das ermutigte ihn, auf diesen Geschäftszweig zu setzen. Seine Verkaufserfolge mussten oft mit einigen Gläsern Wein begossen werden, und es war nicht selten meine Aufgabe, den angetrunkenen Vater nach Hause zu fahren. Ich lag dann noch lange wach und hatte das Gefühl, aus zwei unversöhnlichen Hälften zu bestehen.

Meine großen Konflikte besprach ich weder mit der Mutter noch mit dem Vater. Ich spürte unsere bevorstehende Trennung und empfand Mitleid mit den Eltern, die tapfer versuchten, sich die enttäuschte Hoffnung nicht anmerken zu lassen. Gelegentlich, wenn der Vater mich für mein Geschick beim Antennenbau lobte, schwang seine Trauer darüber mit, dass der Sohn für die Nachfolge im Geschäft nicht bereit war. Dennoch hat er mir nicht ein einziges Mal Vorhaltungen gemacht. Immerhin waren er und die Mutter es gewesen, die mich auf das Gymnasium geschickt und mir damit meinen Weg in eine Welt geschenkt hatten, die eine andere war als die ihre.

An einem Sommertag packte ich meine Zeltplane, das Wander-Kochgeschirr, Regenkleidung und einen Schlafsack auf mein Fahrrad und fuhr ins Blaue. Ich fuhr allein auf den Landstraßen, auf denen ich gelegentlich von einem Auto überholt wurde, immer der Nase nach. Ich wollte allein sein, herausfinden, wer ich bin.

Wenn es dunkel wurde, suchte ich eine Jugendherberge oder ich fand eine Stelle, an der ich mein Zelt aufbauen konnte. Manchmal traf ich unterwegs einen anderen einsamen Radfahrer, dem ich mich anschloss und mit dem ich die Dosennahrung auf dem Spirituskocher aufwärmte. Zuerst wollte ich die großen Städte kennenlernen. Ich merkte aber, dass ich mich vor ihrer Fremdheit und den Kriegsruinen, die es immer noch in großer Zahl gab, fürchtete. So kam ich auf meiner Reise, die lange rheinaufwärts geführt hatte, bis zum Bodensee. Ich hatte ein wenig Geld bei mir, das ich mir mit dem Antennenbau bei Vater verdient hatte. So konnte ich eine Schifffahrt auf dem Bodensee mitmachen und lernte junge Leute kennen, die von München schwärmten. Mit ihnen gelangte ich bis nach Bayern, wo man sich seltsam mit «Grüß Gott» begrüßte oder «Habe die Ehre» zu mir sagte, als ich am Wegrand einen platten Reifen reparierte. Auf dem Rückweg sah ich die Donau, den Main und das Würzburger Schloss. Es war eine Reise der Einsamkeit. Sie dauerte drei Wochen. Ich schrieb ein Tagebuch, hielt Naturbeobachtungen und Selbstgespräche fest. Es waren Versuche, mit dem Bild meiner Abiturrede eine Antwort zu finden.

Ich stehe auf einer imaginären Brücke. Auf welcher Seite beginnt das eigene Leben? Wann wurde ich «ich selbst»? Muss man das überhaupt feststellen? Man sagt, dein Leben ist alles, wofür du verantwortlich bist. Aber damit kann ich nichts anfangen. Es gibt mir das Gefühl, dass man sein Ich spalten soll. In ein lebendiges Ich, das einfach nur leben will, und ein zweites Beobachtungs-Ich, das die Verantwortung trägt. Aber mein Ich, so schrieb ich in mein Heft, ist ein großes pochendes Wesen, das sich nicht zwischen Körper, Seele, Geist aufspalten lässt.

Gertraud hatte sich in der Zeit meiner Abwesenheit bei der Post beworben. Sie wollte nach einer Schulung, die schon bald in einem Ort in der Nähe von Frankfurt stattfand, die Inspektorenlaufbahn beginnen. Sie hatte Aussicht, eines Tages verbeamtet zu werden und damit ihren Lebensunterhalt für alle Ewigkeiten zu sichern. Zu diesem Weg hatte ihr der Pfarrer geraten. Was ich dem entgegenzusetzen hatte, kam fast einer Trennung gleich. Ich hatte mich während meiner Radtour entschlossen, zum Studium nach München zu gehen. Nicht nur Herr Windhäuser, auch die Studentengruppe, die ich unterwegs kennengelernt und befragt hatte, hatte mir zu München geraten, der Stadt der Künste, der Schwabinger Cafés und der wilden Literaten. Jemand hatte mir von einem wundersamen Theaterprofessor berichtet, dessen Schüler in den Theatern der Welt das Sagen hätten. Ich hatte den Namen Artur Kutscher aufgeschnappt und wollte sein Schüler werden. Ich schrieb einen Bewerbungsbrief an das Rektorat der Münchener Universität und erhielt bald eine Antwort mit den Immatrikulationsbedingungen. Das Schreiben war vom Rektor Mariano San Nicolò persönlich unterzeichnet. Das Semester begann am 27. Oktober 1952, vier Tage vor meinem zwanzigsten Geburtstag.

16 Film oder Leben

Mein eigener Film steht mir im Wege. Ich versuche, mich in die Zeit des Studienbeginns in München zu versetzen, und sehe, dass die fiktiven Bilder der ZWEITEN HEIMAT deutlicher vor meinen Augen erscheinen als die Wahrheit. Aber die Filmbilder zeigen die falschen Orte und die falsche Zeit. Der Film erzählt von Hermanns Musikstudium an der Münchener Musikhochschule zehn Jahre später. Der Protagonist Hermann hat nicht einmal das Alter mit mir gemeinsam. Ich bin nicht Hermann Simon! Ich habe mich beim Drehbuchschreiben hemmungslos aus meinem eigenen Leben bedient, Situationen, Liebschaften oder Ängste eines Jungen vom Lande aus der persönlichen Erinnerung entlehnt und in die Fiktion des Films verpflanzt, mit der Folge, dass ich nun beim Schreiben meiner wahren Lebensgeschichte in der Defensive bin.

Das erzählerische Großvaterprinzip besteht darin, einen gemeinsamen Erfahrungsraum mit dem Publikum zu erzeugen, um sich dann, in einem zweiten Schritt, in Phantasiewelten zu begeben. Dieser zweite Schritt des Erzählens muss allerdings bestimmte Grundsätze beachten, weil die Zuschauer selbst bei noch so faszinierender Fabulierkunst immer auf dem Absprung sind. Sobald die Fiktion haltlos wird, verlieren wir das Interesse des Publikums. Ich kenne folgende Regeln, die der Großvater unbewusst beim Erzählen angewendet hat:

Erstens: Menschen können nicht einfach verschwinden. Personen, die einmal aufgetreten sind, werden immer wiederkehren und sich selber gleich bleiben müssen. Woran erkennen wir eine Person? Die Antwort ist uns oft rätselhaft, weil sie sich äußerlich verwandeln kann. Im Innersten bleibt eine Person aber immer gleich. Das gilt bei fiktional erzählerischen Figuren umso mehr.

Zweitens: Jede Figur gehört zu bestimmten Orten und in eine bestimmte Zeit. Das ist so, weil es auch im Leben nicht anders sein kann. Jeder Mensch lebt in einer bestimmten Zeit und an bestimmten Orten. Deswegen muss eine Erzählung in diesem Punkt konsequent bleiben. Der Erzähler tut gut daran, sich im Leben umzusehen, um

Glaubwürdigkeit durch Beobachtung zu erzielen. Ich habe mich gern im eigenen Leben umgesehen, um auch die inneren Verbindungen zu Ort und Zeit zu erfassen.

Wenn wir, drittens, einen Gegenstand in der Erzählung hervorheben, zum Beispiel ein Messer, eine Türklinke, ein Fahrrad oder eine Blume, muss dieser Gegenstand wiederkehren, denn er löst in der Phantasie der Zuschauer Erwartungen aus, deren Auflösung Teil des Begreifens einer Geschichte ist. Der Zuschauer will sich beteiligen, will Recht behalten oder etwas neu erfassen. Wenn der Erzähler ein Ding in die Hand nimmt, wird er es nie mehr los. Auch das ist wie im Leben.

Wenn wir, viertens, Elemente des realen Lebens oder der persönlichen Erinnerung benutzen, tun wir gut daran, sie behutsam zu verändern. Wir verwandeln sie in Bauteile der Handlung und bearbeiten sie so, dass sie passen. Auch diese Verwandlung darf nicht von der Erfahrung wegführen, sondern eher zu ihrem tieferen Verständnis hin.

Fünftens: Die Erzählung bewegt sich ausgehend vom Bekannten ins Unbekannte. Diese Bewegung kennen wir auch vom Leben selbst. Die Lebensreise ist folglich auch vom Abschiednehmen begleitet. Menschen, die wir geliebt haben, verabschieden sich, weil ihr Weg und der eigene Weg auseinanderlaufen. Mit zunehmendem Alter bedeutet Abschied auch Tod. Jede gute Geschichte begegnet dem Abschiednehmen. Auch in diesen Fällen sollte der Erzähler sein eigenes Leben befragen. Das Vertrauen des Zuschauers darf er dabei allerdings nicht verlieren. Das nenne ich das Großvaterprinzip, weil es ohne Theorie funktioniert.

Ich bin nun in einem doppelten Dilemma. Einerseits habe ich bei allen meinen Filmen, vor allem natürlich bei dem fast sechzigstündigen HEIMAT-Epos, nach dem Großvaterprinzip in unzähligen Details aus meiner eigenen Erinnerung an vergleichbare Situationen des Lebens geschöpft. Ich habe die Regel angewendet, die Erinnerung zu verändern, bis sie in den Film passt. Wenn ich von diesem Ergebnis aus zurückblicke, scheint mir der Film um ein Vielfaches logischer und auch realistischer zu sein als mein Leben.

Andererseits ist auch eine Autobiographie Fiktion. Und natürlich wende ich hier das Großvaterprinzip an. Warum? Weil es gar nicht anders geht. Unser Gedächtnis funktioniert nicht wie ein Videorekorder, der unser Leben chronologisch aufzeichnet. Wenn wir uns erinnern, selbst wenn wir das mit aller gebotenen Ehrlichkeit versuchen, setzen wir unsere Geschichte aus den Trümmern der Vergangenheit neu zusammen. Das, was wir *unser Leben* nennen, ist auch Erfindung. Dieser Sachverhalt ist oft beschrieben worden. – Was mich allerdings in Erstaunen versetzt, das sind die völlig unerwarteten Erinnerungen, auf die wir manchmal stoßen. Ausgelöst werden sie, weil wir uns beim Erzählen der Logik der Sprache anvertrauen. Da kann es passieren, dass uns diese Sprachlogik Erlebnisse ins Bewusstsein befördert, die seit Jahrzehnten verschollen waren.

Immer wieder habe ich in meinen Fotosammlungen und aufbewahrten Schriftstücken gestöbert. Ich wollte mir auf diese Weise die Chronologie verschiedener Stationen meiner Studien- und Lehrjahre in München beschaffen. Dabei sind mir Sternstunden in Erinnerung gekommen, die in keinen meiner Filme hinübergestrahlt haben. Ort und Zeit, die wichtigsten Parameter unseres Lebens, spielen dabei die Hauptrolle. Der Ort ist nun München, die Zeit beginnt 1952 und endet 1962, der Protagonist bin ich.

17 Die Legende von München

Mein Traum vom leuchtenden München musste sich an der Realität abarbeiten. München war ein Trümmerfeld. Es gab kaum eine Straße, in der nicht die Hälfte aller Häuser Ruinen waren, viele davon mit bizarr in den Himmel ragenden Mauerresten oder Giebeln, von denen noch verrußte Dachbalken oder Eisenträger herabhingen. In den Baulücken türmten sich Schuttberge, oft waren nur noch die Kellergeschosse erhalten geblieben, in denen die Ärmsten auch sieben Jahre nach Kriegsende noch ihr Ersatzleben führten. An jeder Ecke gab es Bratwurstbuden unter Barackendächern, kleine Läden, in denen man die Milch in mitgebrachte Kannen abfüllte, Bäckereien, die Brezen und Kissinger Hörnchen anboten oder Obststände, wenn die Erntezeiten gekommen waren. Viele Ruinengrundstücke waren aber mit Brettern abgesperrt, weil Einsturzgefahr bestand. Auch die Universitätsgebäude an der Ludwigstraße lagen teilweise noch in Trümmern. Aus Mangel an Baumaterial verwendete man die alten Ziegel und behauenen Steine für den Wiederaufbau; ganze Kolonnen von Studenten waren dazu verpflichtet worden, ihren Beitrag durch «Steineklopfen» zu leisten. Diese Arbeit bestand darin, mit einem Maurerhammer den alten Mörtel von den Ziegelsteinen herunterzuklopfen. Die so gesäuberten Ziegel wurden auf der Baustelle aufgeschichtet. Je nach Anzahl erhielt der Student die zur Immatrikulation erforderlichen «Wiederaufbaupunkte».

Der Wiederaufbau war im Stadtbild Münchens überall präsent. Das Dächerpanorama wimmelte von Baukränen. Der Wohnungsbau war das vordringlichste Thema, das alle Gespräche bestimmte. Glücklich war, wer eine Neubauwohnung beziehen konnte, in der die neuen Standards geboten waren: Einbauküche, Zentralheizung, Bad und Toilette, möglichst auch ein Balkon. Diese Segnungen waren in Vorkriegszeiten, an die sich jeder erinnern konnte, nicht selbstverständlich. So primitiv die Wiederaufbau-Architektur im Jahre 1952 noch war, sie wurde als Ausdruck der Moderne empfunden. Das Bild Münchens war das einer Welt im Aufbruch. Die Bürger achteten darauf, ein gepflegtes Bild abzugeben. Man ging nicht ohne Hut und Krawatte, die Frauen waren frisch frisiert, trugen Röcke und zur Jahreszeit passende Mäntel. Die ersten bunten Chiffontücher waren zu sehen, und in der Straßenbahn standen die jungen Passagiere auf und gaben ihren Sitzplatz an ältere oder gebrechliche Mitfahrer ab. Das Wort «Anstand» wurde einem allerorten entgegengehalten: vor allem von der Vermieterin, wenn man eine Kommilitonin mit auf seine Studentenbude bringen wollte. Das nannte man «Damenbesuch» und war verwerflich. Es war eine Gesellschaft, die Wohlverhalten demonstrierte und die alle ihre Untaten der vergangenen Jahre verschwieg und leugnete. Zehn Jahre lang versuchte fast niemand, an dieser Fassade zu rütteln.

Gemeinsam mit meinem Simmerner Klassenkameraden Gerhard Petri hatte ich ein Zimmer gefunden, das auch für uns arme Hunsrücker Teufel erschwinglich war. Es kostete sechzig D-Mark im Monat, dreißig für jeden, und war ein Schlauch, in dem gerade die beiden Betten hintereinander Platz fanden und ein kleiner Schreibtisch am Fenster, den wir uns abwechselnd teilen mussten. In der Ecke gab es noch ein Waschbecken und einen Verschlag, der als Kleiderschrank diente. Die Toilette lag, wie das früher üblich war, im Treppenhaus. Wir wohnten in einem sogenannten Rückgebäude, ein Begriff, der mir völlig neu war und bei Angabe der Adresse als «Rgb.» bezeichnet wurde. Das Vorder- oder Hauptgebäude existierte nicht mehr. Es gab nur noch den Keller, in dem ein verlotterter Kerl wohnte, den die Vermieterin Josef nannte. Josef war Hausmeister, Faktotum, für alles zuständig. Er besorgte für die Vermieterin die Einkäufe, kassierte von uns Studenten die Miete und reparierte die Wasserhähne. Die Vermieterin betonte in jedem Gespräch, dass wir an einer der feinsten Adressen Münchens lebten. Bis zum großen Bombenangriff von 1944 habe sich im Vorderhaus die Anwaltskanzlei ihres in den letzten Kriegstagen getöteten Mannes befunden. Er sei einer der bekanntesten Anwälte der Stadt gewesen. Unsere Adresse war Steinsdorfstraße 7. Von unserem Hinterhoffenster aus konnte man die Isar sehen.

Das Zusammenleben mit Gerhard war nicht immer leicht. Er studierte Architektur, brauchte also Platz für sein Zeichenbrett, und zudem spielte er Geige, was er besonders dann tat, wenn ich zu Hause war und den Schreibtisch benutzte. Wenn er in meinem Rücken mit den Schwierigkeiten des Notentextes kämpfte, sprang seine Verzweiflung auf mich über, während er sich mit den gelungenen Tönen tröstete. Unsere Freundschaft, die bis heute andauert, bewährte sich darin, sich erfolgreich aus dem Weg zu gehen.

Die Gefühle der Fremdheit eines Jungen vom Lande in der großen Stadt, die ich in meinem Film DIE ZWEITE HEIMAT beschrieben habe, entsprechen meinen Erfahrungen. Auch ich entdeckte den Zusammenhang von *Innen* und *Außen.* Ich war draußen. Ich ging durch die

Straßen und betrachtete die Fassaden der Häuser, die erleuchteten Fenster, die verschlossenen Eingänge und hatte keine Ahnung, was sich dahinter abspielt. Das eigentliche Leben der Stadt ist nicht das, was wir auf der Straße sehen. Die vielen umhereilenden Menschen, die Fahrer der Autos, sie alle kommen aus den ungezählten verschlossenen Innenbereichen der Stadt. Fremdheit in diesem Sinne hatte ich noch nicht erfahren. Ich kam aus einer Welt, die man durchblickt, die bekannt ist. Hier in der Stadt verschloss sich alles. Aber in diesem innersten Innern, das man nie betreten kann, fallen alle Entscheidungen. Da werden Karrieren geschmiedet, Urteile gefällt, die Weichen gestellt. Auch für mich, für mein Leben. Ich war angetreten, weil ich gebraucht werden wollte. Ich hatte eine Kraft in mir entdeckt, auf die man bauen sollte. Ich war ein Versprechen. Für mich und die Welt. So hatte ich mich gefühlt, ehe ich mich auf den Weg in die Stadt gemacht hatte. Aber jetzt fragte ich: Wer ist die Welt? Ich sah sie nicht mehr, sie war innen, und ich war draußen.

Ich hatte mich immatrikuliert und bei den Seminaren von Professor Kutscher angemeldet. Ich saß in den Hörsälen, öffnete meine neue Kollegmappe, notierte brav die wichtigsten Stichworte zum Vortrag der Professoren in mein Ringbuch, ging in die Mensa, trank einen Kakao, sah mich um und wagte es nicht, jemanden anzusprechen. Ein Student, eine Studentin im Jahre 1952 war ein ernstes Wesen, trug Krawatte, Bluse, eine Kollegtasche und sagte Sie zu dir. Ja, wir siezten uns untereinander. So fing es jedenfalls an.

Professor Kutscher wurde von den Studierenden beim Betreten des Hörsaales mit einer Begeisterung begrüßt, als wäre er gerade von den Toten auferstanden. Das Gejohle und Gescharre hatte schon etwas Ironisches, was ich darauf zurückführte, dass sein Vortrag so anspruchslos wirkte. Er bestand vorwiegend aus Anspielungen auf seine Begegnungen mit Größen der Theater- und Literaturgeschichte. Seine Formulierungen waren ungeschickt, seine Stimme eine Mischung aus Schreien und Krächzen, seine Glatze und die gewaltige Hakennase schon fast eine Karikatur aus der Marionettenkiste. Kaum eine der von ihm zitierten Jahreszahlen und Fakten stimmte, sein

Gedächtnis hatte im Alter gelitten, und er musste sich immer wieder von seinen älteren Studenten korrigieren lassen. Dennoch liebten ihn alle. Er galt als Institution außerhalb der Uni. Für den Beifall der Studenten bedankte er sich mit dem Satz: «Alter schützt vor Jugend nicht.» Diese Niveausenkung im Universitätsbetrieb war der Entstehung von Freundschaften ungeheuer förderlich. Man lachte in den Kollegs und Seminaren Kutschers und kam dann leicht ins Gespräch mit seinen Banknachbarn.

Dennoch hatte Kutscher große Verdienste als Kunstvermittler. Als einer der wenigen Hochschullehrer besaß er wirklichen Kunstverstand, und seine Stilkunde, die er regelmäßig als Vorlesung anbot, ist eine bis heute gültige Abrechnung mit einer akademischen Kunstbetrachtung, die seit dem 18. Jahrhundert von einer abstrakten oder ideologischen Ästhetik-Lehre bestimmt ist; Kutscher wollte uns, seine Schüler, gründlich davon befreien. Kunst ist nicht Ausdruck unserer Ideale und einer Ethik, wie Kant sie definierte, sondern ein elementarer Schöpfungsakt, der dem Menschen eigen ist. Kunst gehört grundsätzlich zum Menschsein und ist nicht das Ergebnis von Bildung und kein Privileg von Klassen. «Schon Platon hatte keine Ahnung von Kunst, und Schöngeister wie Kant und Hegel erst recht nicht!» rief er uns zu, und ich finde bis heute, dass Artur Kutscher recht hatte. Als ich Ende Dezember zu den ersten Weihnachtsferien meiner Studienzeit nach Hause in den Hunsrück fuhr, hatte ich unter den Kutscher-Schülern meine ersten Freunde gefunden. Freunde, die dann noch lange eine Rolle in meinem Leben spielen sollten.

Ich hatte geglaubt, die Nabelschnur zu meiner Hunsrücker Herkunft sei mit dem Studienbeginn gekappt. Aber schon das nahende Weihnachtsfest, die Schließung der Universität und die Gerüche in den Geschäften hatten die kindliche Weihnachtssehnsucht in mir geweckt. Ich musste nach Hause. Da war ja auch noch Gertraud. Es waren dann gleich zwei Familien, ihre und meine, die mich weihnachtlich verschlangen. Das Fremdheitsgefühl war vorerst gebannt.

18 Verwandte Seelen

Zur Fortsetzung des Studiums nahm ich im Januar mein Fahrrad mit nach München. Mein Vater konnte mir zwar etwas Geld mit auf die Reise geben, zur Finanzierung meines kompletten Studiums sah er sich aber nicht in der Lage. Er war nicht einmal sicher, ob er die Studiengebühren, die jedes Semester anfielen, begleichen könnte. Ich kehrte also nach München zurück, um möglichst schnell noch etwas Geld zu verdienen. Es gab den Studentenschnelldienst, bei dem ich schon in den Monaten zuvor den einen oder anderen Job ergattern konnte. Meist ging es um Umzugshilfe, Ausräumen von Abbruchgebäuden, Einkäufe für alte Leute, Teppichklopfen, Hunde ausführen oder Krankenpflege. Das Leben hatte mich im Griff. Im Februar kam ein heftiger Wintereinbruch. Es hatte Tage und Nächte andauernde Schneefälle gegeben, die den gesamten Stadtverkehr zum Stillstand brachten. Ich meldete mich gemeinsam mit Gerhard zum Schneeschaufeln. Hunderte von Studenten und anderen armen Teufeln hatten sich gemeldet. Wir wurden in Gruppen den professionellen Straßenkehrern unterstellt und nach Stadtvierteln aufgeteilt. Die Arbeit begann um sechs Uhr früh und endete schon um zehn Uhr mit der Auszahlung des jämmerlichen Lohnes von 1,45 D-Mark am Hochhaus in der Blumenstraße. Es erscheint mir heute seltsam logisch, dass ich in diesem ersten Münchener Winter wieder Gedichte schrieb. Nicht, weil ich mich wegen sozialer Ungerechtigkeiten poetisch aufgeregt hätte. Das sozialkritische Gedicht à la Brecht oder Tucholsky war nicht die Art, in der ein Jungliterat 1953 reagierte. Meine Gedichte trugen mich in das selige Gefühl von Einsamkeit und Der-Welt-verlorensein.

Die erste verwandte Seele, der ich begegnete, war Helga. Wir fanden uns, weil auch sie Gedichte schrieb. Sie hatte im Kutscher-Seminar neben mir gesessen und gefragt, ob ich mit ihr einen Tee bei Palma Kunkel trinken wolle. Ich kannte diesen Namen nur von Christian Morgensterns Galgenliedern. Aber was war mit dem Tee gemeint? Helga führte mich durch den Hinterausgang der Uni zu einem schäbigen Laden in der Amalienstraße. Ein Schaufenster und eine Tür, an der ein Schild mit dem Wort «Antiquitäten» baumelte. Ich hätte es nie gewagt, diesen obskuren Laden zu betreten, weil er wie eine Falle wirkte. Helga ging vor. Ein paar Kisten mit Sperrmüll und ein Vorhang. Helga schlug den Vorhang zur Seite. Da standen zwei Tische mit Wiener Kaffeehausstühlen. Helga grüßte zu einer korpulenten Dame hinüber, die auf einer Plüsch-Ottomane saß und mit großer Marlene-Dietrich-Geste rauchte. «Das ist Ed.» So stellte Helga mich vor. Sie nannte mich von jetzt an immer nur «Ed». Die Dame raschelte mit ihren vielen Halsketten und servierte uns Tee, der so schwarz war, dass man allein schon vom Anblick Herzrasen bekam. Palma Falck hieß die Patronin eigentlich, aber für eine junge Dichterin wie Helga war sie Morgensterns Palma Kunkel. Wir tranken den Tee und unterhielten uns flüsternd. Helga war fasziniert von der verruchten Stimmung und verbrachte hier oft die Pausen zwischen den Vorlesungen, um ein Gedicht zu schreiben. Es gibt viele Geheimnisse und ungelöste Rätsel um Palma, erklärte mir Helga beim Verlassen des Ladens. Niemand wisse, wie Palma ihre Miete bezahle. Das Schild «Antiquitäten» sei nur Tarnung, sie besäße natürlich keine Lizenz, ein Café zu betreiben. Es würde unter Kennern auch von seltenen Halluzinogenen gemunkelt, die sie aus exotischen Ländern beschaffen könne. So nah bei der Uni war diese kleine Vorhölle und zugleich so weit entrückt! Ich spürte nun wieder meine Fremdheit in der Großstadt.

Helgas Gedichte gefielen mir. Sie erinnerten an Rilke oder auch an Else Lasker-Schüler, die sie besonders verehrte. Zugleich waren Helgas Texte viel eleganter und wortreicher als meine. Sie klangen wie ihre helle Stimme, waren so lockig und blond wie sie und schauten einen ebenso warmherzig an. Das gegenseitige Gedichtezeigen war ein intimer Vorgang. Sag ruhig, wenn du es scheiße findest, sagte sie. Wir wollten absolut ehrlich miteinander sein. Also keine Schonung bitte. Wir wollten Freunde sein, die aneinander wachsen, keine Jasager. Das war der gegenseitige Schwur. Ich war sehr geeignet für dieses Spiel.

Mit Helga besuchte ich auch den Kutscher-Fasching im Saal des Osterwaldgartens. In den Nächten bis Aschermittwoch wurde das alte

Schwabing von 1905 oder von 1925 wieder lebendig; längst waren die Gründungsjahre vergessen, aber im Fasching lebten die Vorkriegsmythen und Atelierfeste wieder auf. Es wurde emsig dekoriert, genäht, gemalt. So auch für das Fest der Kutscher-Schüler, das vor allem eine Herausforderung für die Kommilitoninnen war. Sie durften endlich den Herrn Professor beim Wiener Walzer linksherum betören. Später zog man noch durch die Ateliers. Ich erinnere mich an Namen wie Eike-Meyer, Sedelmayer, Seerose oder Traumstadt.

Ich war ein Mitläufer, ein Zauberlehrling, wie Sascha mich nannte. Sascha studierte Slawistik, war russischer Abstammung, in Moskau geboren und gehörte zu einer Gruppe russischer Menschen, die in der Stalin-Ära in den Westen geflüchtet waren. Wieder stand ich damit vor einer der für mich verschlossenen Türen: Diese Russisch sprechenden Leute, die zum Teil kaum in Russland gelebt hatten, zeigten ein Maß an Zusammengehörigkeit, das jeden ausstieß, der nicht ihrer Geistesgeschichte angehörte; längst wäre sie untergegangen, wenn nicht Leute wie Sascha und seine Freunde sie hier in Schwabing gepflegt hätten. Sascha studierte bei Professor Fedor Stepun, dessen Vorlesungen zur regelmäßigen Versammlung der russischen Gemeinde wurden.

Sascha war in dieser Umgebung nicht der Einzige, der in der Gewissheit lebte, Zeuge von Ereignissen historischer Dimension zu sein. Geschichte, das war für die Russen-Community ihre eigene Geschichte, dokumentiert in ihrem gemeinsamen Auftreten; ihre Kommentare zur Lage, ja ihre bloße Anwesenheit empfanden sie schon als «historisch». Auch unsere Clique, die sich zunächst nur spontan zu Diskussionen und Geselligkeit in Räumen der Universität oder in Kneipen traf, wurde erst durch Saschas Definitionslust zu einem Freundeskreis mit «historischem Potential» stilisiert. Den Freundeskreis, der in den folgenden Jahren für mich ein bisschen Geborgenheit in der anonymen Stadtwelt wurde, gab es überhaupt erst durch Saschas Definitionsgewalt. Er war es, der den Dingen und Personen die Namen gab. Das war seine Leidenschaft. Die ziemlich zusammengewürfelte Runde erhielt durch ihn den seltsam kindisch anmutenden Namen «Buben-Kreis». Man hatte sich bei Lesungen, in Seminaren oder beim Schlangestehen vor den Theaterkassen kennengelernt. Das Wort «Buben» hatte Sascha aus dem Badischen mitgebracht, wo er aufgewachsen war. Buben, das konnten auch Mädchen sein. Sie hießen logischerweise «Bübinnen». Helga war eine mit diesem Wort aus Saschas Mund geadelte «Bübin». Nachdem ich von ihr eingeführt worden war, hieß ich «Der Zauberlehrling». Das Wort kränkte mich ein bisschen. Immerhin hatte ich mich einmal von meinem Vater verabschiedet, um Dichter zu werden. Hatte dieser Vorsatz wirklich solches Übergewicht, dass man mich in der Clique zurückstufen wollte? Zugleich war ich froh, von der Clique aufgenommen worden zu sein. Meine Selbstzweifel blieben mein Geheimnis.

19 Taschengeld

Zu Beginn meines zweiten Semesters fand ich einen Job, der mich fast zwei Jahre lang über die Runden brachte. Der Bayerische Rundfunk unterhielt einen hauseigenen Botendienst. Bedingung war der Motorradführerschein für schwere Maschinen – den besaß ich aufgrund einer alten Regelung für den Führerschein der Klasse 3 – und Ortskenntnis der Stadt München. Gute Kenntnisse der Münchener Straßen zu besitzen, behauptete ich einfach und wurde ohne Überprüfung angestellt. Der Job bestand darin, im Diensthäuschen des Fahrdienstes zu warten, bis ein Auftrag hereinkam. Das konnte Stunden dauern und gab Gelegenheit, die in den Kollegs besprochenen Bücher zu lesen oder Notizen für die Seminare zu machen. In meiner Lektüreliste dieser Zeit finden sich Namen, die längst vergessen sind. Binding, Brahm, Carossa, Dauthendey, Flex, Hein, Klabund, Lersch. Daneben Namen und Buchtitel der Großen wie Brecht, Joyce, Kafka, Thomas Mann oder Benn. Auch daran sehe ich, wie der Horizont sich erst nach und nach weiten musste. Beim Botendienst des Bayerischen Rundfunks bestanden die Aufträge fast immer darin, Umschläge oder Pakete zu Regisseuren oder Schauspielern zu bringen, unterzeichnete

Verträge zuzustellen oder Tonbänder zu den Studios zu bringen. Morgens musste ich zum Zeitungskiosk im Hauptbahnhof fahren, um alle verfügbaren Zeitungen der Welt für die tägliche Presseschau zu kaufen. Mein Motorrad war eine 500er BMW mit Beiwagen, eine Maschine, die aussah, als stammte sie aus ehemaligen Heeresbeständen, mit dem Logo des BR bemalt und immer frisch gewaschen und aufgetankt. Wenn ich die auf den Sendungen verzeichneten Straßen nicht kannte, brauste ich los, bis ich außer Sichtweite war, und studierte erst dann den Stadtplan. Auf diese Weise lernte ich die Straßen und die Topographie Münchens in kurzer Zeit so gut kennen, dass ich auch als Taxifahrer hätte bestehen können.

Meine Fahrten brachten mich zu Persönlichkeiten des Musik- und Theaterlebens der Stadt, deren Namen ich nur aus der Presse kannte: Dirigenten, Schauspieler des Residenztheaters oder der Münchener Kammerspiele. Wenn ich an den Haustüren geklingelt hatte, versuchte ich, die Umschläge oder Pakete nach Möglichkeit den berühmten Empfängern persönlich zu übergeben. Dafür gab es oft einen Händedruck zum Dank. Unvergesslich ist mir Therese Giehse, die mir einen Kaffee anbot, oder Liesl Karlstadt, die mir ein Stück selbstgebackenen Kuchen gab. Insgeheim malte ich mir aus, dass ich diesen Größen des Theaterlebens eines Tages als fertiger Regisseur entgegentreten und sie dann an diesen Moment der Dokumentübergabe durch den armen kleinen Motorradboten erinnern würde. Schließlich gab ich den Job für einen Kommilitonen frei. Niemand aus dem Freundeskreis hatte meine Kämpfe um den Lebensunterhalt bemerkt. Irgendwie waren alle von ihren Elternhäusern recht und schlecht versorgt.

Man musste auch Glück haben, wie ich, als ich in der Ludwigstraße für 50 Pfennige ein Los der «Theater-Tombola» kaufte. Dies war eine Bürgeraktion für den Wiederaufbau der im Krieg zerstörten Theater der Stadt, der Kauf eines Loses für einen Theaterwissenschaftstudenten also eine gute Tat. Ich zog einen Hauptgewinn: ein fabrikneues Fahrrad mit Gangschaltung. Da ich aber schon ein Rad besaß, heftete ich eine Nachricht ans Schwarze Brett der Universität: «Nagelneues Fahrrad (Tombola-Gewinn) gegen Bestgebot abzugeben.» Ich erzielte

150 D-Mark. Ein Vermögen! Endlich konnte ich mir leisten, Gerhard zu einem Abendessen mit anschließendem Umtrunk einzuladen. Wir feierten das Ende unseres Zusammenwohnens. Die Vermieterin wollte das Rückgebäude abreißen lassen, um einen Neubau auf dem Grundstück zu errichten. Gerhard hatte schon ein neues Zimmer gefunden, wo er sogar Geige spielen durfte. Wir feierten den Tombola-Gewinn bis in die Morgenstunden. Ich war das erste Mal in meinem Leben richtig betrunken.

Eine interessante Erfahrung ist, dass man beim Wechsel des Wohnortes, des Studienortes oder beim Beginn eines neuen Lebensabschnittes alle wichtigen Bekanntschaften gleich in den ersten Wochen macht. Offenbar sendet man in dieser Zeit völlig unbewusst eine mentale Suchnachricht aus. «Ich bin neu hier und will angesprochen werden.» Ich habe mich oft gefragt, warum dieser Mechanismus in bestimmten Lebensphasen so perfekt funktioniert.

In meinem zweiten Münchener Semester waren schon alle Leute in meinen Horizont getreten, die in den kommenden Jahren wichtig wurden: Da war Bernhard Dörries, der von Sascha den Spitznamen «Das ungemachte Bett» erhielt, weil er, immer unfertig, immer unzufrieden, immer aus dem Hintergrund schimpfend, sein Studium im zwölften Semester noch nicht zu Ende gebracht hatte, obwohl er hochbegabt und voller Ideen war. Da war Marianne Kesting, «kalifornische Spitzmaus» genannt, Brecht-Spezialistin, wunderbare Lyrikerin, deren Gedichte von Jazz und italienischen Liebesnächten träumten, die wir anderen nie erlebt hatten; da war Erwin Veil, der «Krawattenhändler», der Einzige unter uns, der früh aufstand und seinen Tag effektiv gestaltete und völlig amusisch war; oder Stefan Meuschel, der «Windhund», Jurist, Diplomatensohn, Steuermann aller Gedankenschiffe. Da waren Oda von Negelein, das «Jesu-Freuden-Mädchen», die schöne Lieder in Moll singen konnte, und Sascha Kaempfe, der sich selbst den Titel «Sexualpapst» verpasste, obwohl oder weil er keine Freundin fand und deswegen allen anderen Ratschläge in Sexualfragen geben wollte. Was alle diese Menschen verband – und es kamen immer neue hinzu –, war, dass man nie wusste, wo man sich treffen, wo man Zeit miteinander genießen konnte, um sich zu verlieben, um sich seine Träume zu erzählen, um sich klarzumachen, warum das Studium einem egal ist, denn wir waren wie unser Professor Kutscher überzeugt, dass wir «nicht lernen, um zu wissen, sondern um zu wirken». Das war eine von Kutschers Botschaften für unser Leben.

Wir hatten in dieser großen Stadt einfach keinen Ort für unsere Freundschaften. Unsere Buden waren zu klein, und die Vermieter duldeten keinen Besuch. Die Gaststätten, die wir liebten, wie «Gisela» in der Occamstraße oder das Jazzlokal «Domizil» in der Siegesstraße oder «Meine Schwester und ich» in der Türkenstraße, kosteten Geld. Wenigstens ein Bier musste man konsumieren. Das war oft schon zu viel. Die öffentlichen Räume der Uni stießen uns ab. Wohin sollten wir gehen? Diese Frage beschäftigte uns bis in die Gedichte, die in dieser Zeit vom Unbehaustsein und vom Fremdsein in der Welt handelten.

Der Kutscher-Kreis veranstaltete in regelmäßigen Abständen Lesungen in einem Nebenzimmer der «Schwabinger Brauerei». Das Lokal, prominent an der Münchner Freiheit gelegen, war im Krieg nicht ganz zerstört worden und konnte deswegen in meinen Studienjahren noch als Markierungspunkt Schwabings gelten. Später entstand dort das Kaufhaus Hertie. Helga, Marianne, Bernhard und ich eröffneten die Saison 1953/54 mit einer Lesung. Kutscher, der die Texte murmelnd mitlas, besprach unsere Geschichten hinterher in seiner unbeholfenen Art. Die Prosatexte nannten wir in Hemingway-Manier stets «stories» (kleingeschrieben, das wirkte modern!). Diese Lesungen waren immer gut besucht. Es kamen alle aktuellen und ehemaligen Kutscher-Schüler. Viele brachten Gäste mit. Auch die Presse schickte ihre Leute wie Effi Horn vom «Merkur» oder Karl Ude (Vater des späteren Münchner Oberbürgermeisters Christian Ude) von der «Süddeutschen Zeitung», der sich zum Kutscher-Kreis hingezogen fühlte und uns dennoch erbarmungslos verriss. Niemand bemerkte, dass wir versuchten, über die Kaffeehauslyrik Münchens hinaus zu gelangen. Das erzeugte einen gewissen Groll, aus dem heraus wir beschlossen, unsere eigene literarische Zeitschrift zu gründen. Wir gaben ihr den Titel «spuren» (ebenfalls kleingeschrieben).

Wie gründete man 1954 eine literarische Zeitschrift? Wir, das waren Bernhard und ich, besaßen nichts außer unseren Ideen und immer im Schwinden begriffenes Taschengeld. Entschlossen, die Literaturbranche zu erobern, gaben wir in einem Schreibwarengeschäft einen Stempel in Auftrag. Text: «spuren, zeitschrift für junge literatur». Meine Adresse, die jetzt die Anschrift des spuren-Verlages werden sollte, war ein Zimmer in der Schwabinger Hörwarthstraße, wo ich neuerdings zur Untermiete wohnte. Wir schrieben großen Verlagen wie Suhrkamp, Rowohlt, Piper und existierenden literarischen Zeitschriften, kündigten unsere Neugründung an und baten zugleich darum, uns die Manuskripte abgelehnter Autoren zu schicken. Mit offener Selbstverständlichkeit gingen wir davon aus, dass die großen kommerziellen Verlage alles von den jungen, hochbegabten Autoren ablehnen würden – weil sie die Sprache der jungen Generation, die wir zu verkörpern versprachen, einfach nicht verstanden. Diese Korrespondenzen erstreckten sich über Monate. Erhielten wir keine Antwort, bestätigte uns dies in unserer Selbsteinschätzung als unverstandene Genies. Immer wieder fügte ich den Anfragen meine Gedichte bei und bat um deren Veröffentlichung. Durch Beharrlichkeit entstand ein Netzwerk von Kontakten, und der Stempel mit unserem fiktiven Zeitschriftenlogo begann Wunder zu wirken. Wir erhielten Antworten, wurden als potentielle Geschäftspartner angesprochen und hatten bald genug junge Autoren und Texte gesammelt, dass wir den Druck der ersten zwei Ausgaben hätten planen können. Dazu kam es aber nicht, da wir in administrativen Dingen völlig unbegabt waren. Es fehlte ein entscheidendes Detail: die Startfinanzierung. Keine Druckerei war bereit, sich auf unseren naiven Plan einzulassen und unseren Auftrag ohne Anzahlung zu übernehmen. Die Zeitschrift «spuren» war gegründet, geisterte noch lange als Phantom durch unser Leben und blieb unvollendet für alle Zeiten.

20 Fuchsbau und Träume

Immerhin hatten wir aber eine Bleibe gefunden. Das war der legendäre Fuchsbau, den ich in DIE ZWEITE HEIMAT zu einem Schauplatz von Schicksalen, Träumen und unerfüllbaren Hoffnungen gemacht habe. Natürlich ist die Villa, die der Film zeigt, Fiktion. Selbst wenn ich versucht hätte, mit diesem Schauplatz eine durchaus wichtige Station meines Lebens zu beschreiben, wäre das nach über dreißig Jahren nicht mehr möglich gewesen, weil es die Villa nicht mehr gab.

Es war unser Freund Stefan, der «Fräulein Pustet», die Besitzerin einer Schwabinger Villa, über familiäre Kontakte kennengelernt hatte. Das Haus war eine der bürgerlichen Jugendstil-Villen, wie es in München um die Jahrhundertwende viele gab. Es stand an der Ecke Fuchsstraße/Ungererstraße, umgeben von einem verwilderten Garten und einem teilweise vermoderten Holzzaun. Die Besitzerin war eine ältere Dame; sie wurde von einer Haushälterin versorgt, die sie offenbar schon in Vorkriegszeiten von ihren Eltern übernommen hatte. Stefan durfte das im Erdgeschoss liegende Terrassenzimmer beziehen, das ehemalige Repräsentationszimmer eines bürgerlichen Haushaltes, dessen große Zeit vorüber war. Das Bett für Stefan war aus einem der Schlafzimmer geholt und in einem Erker aufgestellt worden, sodass es den Wohnzimmercharakter nur wenig störte. Zu Stefans Mietvertrag gehörte die Mitbenutzung der Küche im Keller und des Badezimmers im Obergeschoss.

Die Nachricht von Stefans neuer Behausung machte schnell die Runde im Freundeskreis. Eine vergleichbare Luxusbude konnte kein anderer Student dieser Zeit vorweisen. Jeder von uns beeilte sich, Stefan zu besuchen, um die erstaunliche Unterkunft zu begutachten. Und beim Besuchen blieb es nicht. Schnell hatten die Freunde herausgefunden, dass man das Zimmer statt durch die Haustüre, wo man klingeln musste, auch ohne Klingel durch den Garten über die Terrasse erreichen konnte. Man klopfte an der Glasscheibe, bis Stefan die Terrassentür öffnete und uns hereinließ. So wurde das Zimmer zum täglichen und vor allem nächtlichen Treffpunkt der Clique. Stefan versuchte, sich zur Wehr zu setzen, aber der Verbalakrobat Sascha entzog ihm die moralische Legitimation. Das Terrassenzimmer in der Fuchsstraße war zum Gemeingut erklärt worden, der aktuelle Hauptmieter unterlag dem eigens für diesen Zweck erfundenen «Bubenkodex». Bald musste Stefan sich zum Schlafen Nacht für Nacht eine ruhige Bleibe suchen. Wenn die Hausherrin auf Reisen war, konnte er mit seiner Bettdecke in die düstere Hausbibliothek flüchten, die zur Villa gehörte.

Die Figur der Villenbesitzerin wurde in DIE ZWEITE HEIMAT durch die Darstellung von Hannelore Hoger eine unvergessliche Figur, die in ihrer leicht verschrobenen Widersprüchlichkeit alle meine Erinnerungen an die reale Villenbesitzerin verdrängt hat. Auch die Topographie des Zimmers, des Gartens und die Möblierung sind durch die Filmausstattung regelrecht ausgelöscht worden.

Bei der Arbeit an der «spuren»-Zeitschrift hatte ich den Hörspielautor und Lyriker Günter Eich kennengelernt. Sein aus fünf Teilen bestehendes Hörspiel TRÄUME war bei einer Sendung des NWDR ein Skandalstück geworden. Ich war von dem Text und seiner krassen Symbolik so begeistert, dass ich es als Schauspiel auf die Bühne bringen wollte. Alle meine bis dahin in Unbestimmtheit verharrenden Leidenschaften für das Theater waren aufgewacht. Ich warb unter den Kommilitonen um Mitstreiter. Eine offizielle Studiobühne, an die ich mich hätte wenden können, existierte an der Universität nicht. Auf der Suche nach Darstellern kam ich in Verbindung zu einer privaten Schauspielschule in Gauting. Dort stellte ich das Projekt der Leiterin Ruth von Zerboni vor, die mir spontan anbot, unter ihren Schülern die geeigneten Darsteller zu finden.

Die ersten Proben fanden bei Stefan in der Fuchsstraße statt. Dieter Roos, der einen Kurs im Schreiben von Theaterkritiken besuchte, wurde mein Regieassistent. Er übernahm außerdem eine der Nebenrollen. Sascha, der das Unternehmen wieder in seiner «historischen Bedeutung» feierte und darauf bestand, eine Aufgabe darin zu übernehmen, gestaltete das verbal definierte und real nicht existente Bühnenbild. Helga war meine Souffleuse. Sie paukte die Texte mit den

Darstellern. Ich führte nicht nur Regie, sondern spielte auch eine der kleineren Rollen. Es war mir gelungen, stolze zehn Hauptrollen mit Schülern der Zerboni-Schule zu besetzen. Das heißt, dass die ganze Schauspielschule in das TRÄUME-Projekt eingebunden war. Ein richtiges großes Ensemble hatte sich gebildet. Nach mehreren Wochen waren die TRÄUME so weit gediehen, dass wir aus dem Fuchsbau hinausstrebten und eine Bühne suchten. Damit standen wir vor einer völlig neuen Aufgabe. Da das ursprünglich als Hörspiel geschriebene Stück eine besondere Intimität der Spielsituation brauchte, kamen die Säle, die es zu mieten gab, nicht in Betracht.

Ich hatte während eines Kutscher-Seminars die Räume des Münchener Theatermuseums kennengelernt. Da gab es das Treppenhaus. Wenn man das Publikum auf den Treppen Platz nehmen ließ, bildete der geräumige Treppenabsatz eine wunderbare Spielfläche, und die von dort abgehenden Türen zu den Museumsräumen konnten für Auftritte und Abgänge bespielt werden. Bei entsprechender Beleuchtung entstand ein Raum außerhalb der realen Welt, wie ihn Günter Eich sich vorgestellt haben mag. Die Leitung des Museums war von meiner Idee, das Treppenhaus zum kleinen Theater zu machen, begeistert. So konnten wir bald unsere Premiere ankündigen. Ich nannte unser kleines Theater «Studentisches Zimmertheater München». Es sollte nach dem «spuren»-Desaster mehr werden als nur ein Phantom. Die Aufführungen waren ein voller Erfolg. Wochenlang stand abends am Eingang in der Galeriestraße mein Fahrrad mit einem Schild, auf dem das stolze Wort «Ausverkauft» prangte. Es gab auch Presseberichte, die uns Talent bescheinigten.

Da erreichte mich ein Schreiben des Frankfurter Suhrkamp-Verlages. Man wies mich darauf hin, dass der Verlag alle Rechte an den Werken von Günter Eich verträte. Die TRÄUME seien Hörspiele und folglich für eine Aufführung auf einer Theaterbühne nicht geeignet. Ein Versuch, wie ich ihn mit dieser Aufführung realisiert hätte, könne keinen Erfolg haben und müsse dem Ansehen des Autors schaden. Aus diesen Gründen sprach der Verlag ein Aufführungsverbot aus und verlangte, dass alle weiteren Vorstellungen sofort abgesagt werden müssten.

Das war ein Schock für uns alle, und Stefan, der Jurist unter uns, bestätigte, dass der Verlag zu diesem Verbot berechtigt sei. Kurzentschlossen besorgte ich mir ein Motorrad und fuhr in Begleitung von Dieter Roos nach Breitbrunn am Chiemsee, wo Günter Eich mit seiner Frau, der Dichterin Ilse Aichinger, lebte. Wir wurden von den beiden äußerst freundlich empfangen. In meiner Erinnerung zeigte das Dichterpaar seine innige Verbundenheit in vielen Gesten, Berührungen, Höflichkeiten; uns jungen Idealisten begegneten die beiden mit einer warmherzigen Fürsorglichkeit. Günter Eich, ein schlanker Brillenträger mit Glatze, erinnerte mich an einige meiner Simmerner Lehrer. Das Paar war im Alter unserer Eltern, was uns ein wenig einschüchterte. Wir wurden mit Tee und Gebäck bewirtet und sollten über unsere Zukunftspläne berichten. Es war vor allem Dieter Roos, der unser Problem vortrug. Wir fanden volles Verständnis, und beide meinten, uns helfen zu können. Bei Gesprächen über die aktuelle Literatur las Ilse Aichinger uns einige ihrer Gedichte vor.

Günter Eich wollte uns nicht ziehen lassen, ohne uns die Schönheit der Seelandschaft zu zeigen, und lud uns zu einem Ruderbootausflug ein. Unweit des Hauses lag das eigene Boot der Eichs am Steg. Dieter und ich mussten auf der Passagierbank Platz nehmen, während der Dichter hinter uns die Ruder schlug und trotz der Anstrengung nicht aufhörte, uns die Geographie und die Geschichte des Chiemsees zu erklären. Er brachte uns zu seinem Lieblingsplatz auf der Krautinsel. Energisch stapfte Eich voran durch das schilfüberwucherte Ufergelände und sprach weiter über die Schönheit dieses unbesiedelten Eilands. Wir blieben bis zum Abend. Danach gab es noch einen Imbiss zur Stärkung. Als wir uns verabschiedeten, hatten wir das Gefühl, Freunde geworden zu sein. Wir waren sicher, dass Günter Eich das Problem mit dem Verlag in Güte regeln würde. Unsere Hoffnung fand Nahrung darin, dass der Verlag sich in den kommenden Wochen auch nicht mehr meldete.

Es kam in dieser Zeit noch ein anderer Brief an, an den ich mich deutlich erinnere, denn er wurde mir in der Uni vor dem Beginn der Sommerferien überreicht. Er enthielt die Einladung der «Internationalen Theaterwochen der Studentenbühnen in Erlangen», unsere Inszenierung im Wettbewerb auf der Bühne des Markgrafentheaters zu zeigen. Dieses Festival war berühmt unter uns Theaterwissenschaftsstudenten. Wir bestaunten die Bilder des ehrwürdigen Erlanger Barocktheaters mit den drei Rängen und der angeblich großartigen Akustik. Das war endlich das große Theater, von dem unsere jungen Schauspieler träumten. Und das Festival versprach, in die internationale Familie der jungen Theatermacher aufgenommen zu werden. Dieses Familiengefühl zu vermitteln, das war auch eins der Ziele der Veranstalter. Sie erwarteten folglich, dass wir die ganze Woche in Erlangen verbringen und die Stücke, Spielweisen und Konzepte der anderen Gruppen diskutieren würden. Aber wie sollten wir mit dem Ensemble, bestehend aus zwölf Personen, dem Bühnenbild und den Kostümen nach Erlangen reisen? Wie die Übernachtungen und die Verpflegung bezahlen? Wie das Informationsmaterial, Plakate und Programmhefte, finanzieren? An der Universität hatten wir keinen anerkannten Status und konnten keine Unterstützung erwarten. Wir hatten zwar einige Einnahmen erzielt, aber ich musste trotzdem befürchten, dass wir Ähnliches erleben würden wie mit der misslungenen Herausgabe der Zeitschrift «spuren».

Da entdeckte einer unserer Schauspieler in der Nähe seiner Wohnung ein Auto, das offenbar seit Jahren unbenutzt auf einem Parkplatz stand. Es war ein Opel-Kleintransporter aus der Vorkriegszeit, ein umgebauter R4-Kastenwagen, der mich an das erste Auto meines Vaters erinnerte. Unsere Nachforschungen ergaben, dass der Eigentümer bereit war, das schäbige Vehikel zu verschenken. Nach einigen Versuchen brachten wir das Fahrzeug wieder zum Laufen. Es gelang uns tatsächlich, das ganze TRÄUME-Theater in diesem Auto zu verstauen und in Etappen – der Kühler war undicht, unterwegs musste immer wieder Wasser nachgefüllt werden – von München nach Erlangen zu bringen. In dem Stück spielten auch zwei Kinder mit. Natürlich hätten uns die Eltern bei diesem Abenteuer leicht einen Strich durch die Rechnung machen können. Glücklicherweise waren die beiden Mädchen aber die Töchter der erwähnten Palma Falck, der Teestubenwirtin «Palma Kunkel» in der Amalienstraße. Helga hatte sie entdeckt und für unser Träume-Theater angeheuert.

Es war die Zeit der großen Sommerferien. Deswegen konnte Erlangen uns in der Turnhalle einer Schule unterbringen. Hier schliefen vielleicht hundertfünfzig Akteure der Theatergruppen aus aller Welt. Ein babylonisches Sprachengewirr umgab uns. Auch in anderen Hallen und Notquartieren waren muntere Gäste untergebracht. Es gab viel Komödiantisches bei den Internationalen Theaterwochen, vor allem aus den skandinavischen Ländern, und sehr aufwendige Inszenierungen, die uns mit ihren Kostümen und Kulissen regelrecht einschüchterten. Zu bestimmten Terminen wurde uns die große Bühne des Markgrafentheaters für Proben zur Verfügung gestellt. Jetzt bemerkten wir erst, dass wir den Unterschied zu unserem Treppenhaustheater völlig unterschätzt hatten. Die Wege waren auf einmal doppelt so lang, alle Auftritte und Spielbewegungen brauchten entsprechend die doppelte Zeit, sodass unser Stück dazu verurteilt war, unterzugehen. Unsere Aufführung habe ich als schwarze Höhle in Erinnerung. Wir suchten uns auf der riesigen Bühne und sprachen in eine schwarze Leere. Ich weiß nicht einmal, ob es überhaupt Publikum gab. An Applaus kann ich mich auch nicht erinnern. Es war, als wären wir am Ende des Stückes die einzigen Menschen auf Erden gewesen.

Als wir nach einer traurigen Rückfahrt in unserer Sardinendose wieder in München waren, geschah nichts weiter. Es waren Ferien. Ich vermute, dass wir alle in unsere Käffer flohen, wo wir uns von unseren Müttern, die wir glaubten für immer verlassen zu haben, verwöhnen ließen. Aber das Erlangen-Abenteuer hatte dann doch noch ein Nachspiel. Der Suhrkamp-Verlag hatte eine Kritik der Erlanger Aufführung erhalten. Man drohte mir mit einer Schadensersatzforderung, die so astronomisch war, dass ich glaubte, das Land verlassen zu müssen. Günter Eich hatte den Verleger offenbar nicht umstimmen können. Nach schlaflosen Nächten sah ich nur noch eine Chance, den Häschern zu entkommen: Ich meldete mich auf dem Rückweg aus den Ferien zu einem Besuch in Frankfurt an. Ich wurde zu meinem Erstaunen von Peter Suhrkamp persönlich empfangen, der mir erklärte, er hätte die

Macht, dafür zu sorgen, dass ich nie mehr ein Theater leiten dürfe. Er war tatsächlich eine respekteinflößende Persönlichkeit, vor der ich mich wie eine Ameise fühlte. Das Gespräch mit Herrn Suhrkamp fand im Stehen statt. Er war von seiner Sekretärin gerufen worden und erschien in der Bürotür, wo ich mir seine Strafpredigt anhören musste. Herr Suhrkamp war das, was ich mir unter einem mächtigen Herrn vorstellte, grauhaarig mit grimmig betontem Kinn über der Krawatte. Instinktiv habe ich aber wohl etwas getan, das mich rettete: Ich gab ihm mitten in seiner Rede ein paar Blätter mit meinen Gedichten und erklärte, dass ich mich eigentlich bei ihm als Autor bewerben wolle. Peter Suhrkamp gab die Blätter seinem Lektor und ließ mich ziehen. Von der Regressdrohung wegen der verbotenen Aufführung in Erlangen hörte ich nichts mehr.

21 Mein doppeltes Leben

Mein Leben fand schon lange nicht mehr nur an dem Ort statt, an dem ich mich gerade befand. Wenn ich zum Beispiel in den Ferien Gertraud besuchte, die zu dieser Zeit in Koblenz lebte, wo man ihr eine Dienststelle zugewiesen hatte, dann hatte Sascha schon begonnen, ein russisches Theaterstück für mich zu übersetzen, oder Helga arbeitete an einer Erzählung, die sie mir versprochen hatte. Gertraud war bis zu diesem Zeitpunkt nicht im Münchener Freundeskreis aufgetreten; sie war ein Teil meines Lebens, der sich kontinuierlich fortsetzte, ohne dass wir den Ort miteinander teilten. Ich kam zu ihr zurück und sah, dass ich gar nicht fort gewesen war. In ihrer Wahrnehmung war ich immer bei ihr. Wenn ich nach Wochen wieder im Fuchsbau auftauchte, war es auch dort wie immer. An dem einen Ort war man ein Nestflüchter, am anderen ein Nestbauer. Gertraud, ein Familienmensch, lebte geradewegs auf die Familiengründung hin. Ich, ein Nestflüchter, fühlte mich ungebunden und hielt ihr gleichzeitig die Treue. Ich ging weg und kam wieder. Mein Leben war zweigeteilt, aber von Hunderten von

Briefen zusammengehalten und zugleich von Hunderten von Gedichtzeilen und Geschichtenanfängen auseinandergerissen. Auf völlig instabilem Grund gelang es, mein Leben im Gleichgewicht zu halten.

Gertraud war in der permanenten Angst aufgewachsen, von ihrer Familie vergessen zu werden, sobald sie sich allein auf den Weg ins Leben macht. Mein Wiedersehen mit ihr war immer eine warmherzige und unschuldig wirkende Umarmung, aber auch eine Umklammerung, denn sie hatte nicht nur zu ihrer eigenen Familie, sondern auch zu meinen Eltern und Geschwistern den Kontakt gepflegt. Sie war meine Nabelschnur, die ich nicht zu durchtrennen vermochte.

Am Silvesterabend 1954 verkündeten wir im Kreis der Geschwister und der aufrecht lutherisch-preußischen Eltern unsere Verlobung. Es wurde mit viel Alkohol und Gesang gefeiert, und ich musste Gertrauds Brüdern, die mich in ihre Schraubstöcke von Muskelpaketen pressten, versprechen, dass die Hochzeit im folgenden Jahr stattfindet. Was allen einleuchtete, war, dass Gertraud bald an den Wohnort ihres Verlobten ziehen würde. Für eine Versetzung nach München musste sie aber ihrer Dienstbehörde den Nachweis der Eheschließung vorlegen und den Umzug mit den Kosten der doppelten Haushaltsführung begründen. So war das, wenn man den Lebensweg einer Beamtin eingeschlagen hatte.

Am nächsten Tag kam es zum Besuch meiner Eltern bei Gertrauds Eltern. Es wurden Fotos von Begrüßung und Abschied gemacht, Fotos, die bis heute erhalten sind und den Anfang der Familiendurchmischung dokumentieren. Während ich diese Bilder betrachte, wird mir bewusst, wie schmerzhaft und schwer es ist, seine Wurzeln auszureißen. Ein paar Wochen vorher war ich überzeugt, mich von allen Bindungskräften der Herkunft befreit zu haben. Jetzt kehrte ich nach München zurück und schleppte die bleiernen Gewichte der Heimat an meinen Füßen.

22 Wie die Studiobühne entsteht

In München hatte sich mein Leben in den Aktivitäten der Freunde fortgesetzt. Sascha übersetzte für mich DIE QUADRATUR DES KREISES aus dem Russischen, eine Komödie von Valentin Katajew. Katajew gehörte zu den frühsowjetischen Autoren, die dem System noch kritisch gegenüberstanden und deswegen für uns interessant waren. Wir wussten, dass sein Stück aus dem Jahr 1925 eine Satire auf das sowjetische Studentenleben und den Kommunismus war und auf besonders pointierte Weise zum Vergleich mit unserer eigenen Situation herausforderte. Es gab zwei neue Gesichter im Fuchsbau-Kreis, die sich dafür einsetzten, dass wir das Katajew-Stück als nächste Inszenierung nach den TRÄUMEN in Angriff nahmen.

Einem der beiden neuen Freunde möchte ich mich hier besonders widmen, weil er zu den Frühverstorbenen gehört und weil er für mich Beweis dafür ist, dass ein Engelsgesicht sich schon früh offenbart. Ein Freund, der früh stirbt, ist immer schon ein Freund, der früh stirbt. Darf man einen solchen Satz aussprechen? Und wer darf es wagen, so etwas vorher zu sagen? Ansgar war ein Engel. Das erkannte man daran, dass sich der Raum änderte, wenn er ihn betrat. Nicht, dass er sich als hysterischer Selbstdarsteller aufführte, der Aufmerksamkeit braucht, nein! Er spielte sich nicht auf, war kein eitler Egozentriker, sondern einfach ein Engel. Man musste ihn nicht ansehen, um seine Gegenwart zu spüren. Das ist alles. Nach den Weihnachtsferien war er einfach da. Ansgar studierte Medizin. Er war in Heidelberg aufgewachsen. Er sprach nicht über seine Familie, die er einen Zufall nannte, er sprach nicht über die toten Menschen, deren Körper er in den Anatomiekursen zerlegen und beschreiben musste, er fürchtete sich vor Berührungen, besonders durch die «Bübinnen». Er hatte alle Literatur gelesen, von der die Rede war, behauptete aber, nur am Theater interessiert zu sein. Deswegen hatte er sich nach der TRÄUME-Aufführung bei uns gemeldet. Ansgar kam immer unerwartet, oft spät in der Nacht in den Fuchsbau. Dann blieben die Gespräche stehen, und wir sahen seinen fragenden Blick. In DIE ZWEITE HEIMAT ist Ansgar eine der liebenswertesten Figuren. Seine tödliche Liebe zu Evelyne, die der Film beschreibt, ist Fiktion. Sein Zynismus im Umgang mit seinen Eltern könnte der Wahrheit entsprechen. Sein Tod durch ein Trambahnunglück ereignete sich wirklich, in Heidelberg, nicht in unserer Nähe, wie es der Film erzählt. Auf diese Weise holt der Film den Abschied nach, der uns in der Ferne verwehrt blieb. Ansgar war ein Freund, den jeder in Erinnerung behielt, den aber keiner von uns wirklich gekannt hat.

Das zweite neue Gesicht war Julio Shanuklikoff. Er war aus Chile nach Deutschland gekommen, um seine Deutschkenntnisse zu perfektionieren. Niemand von uns konnte sich vorstellen, wie jemand, der so viele Sprachen beherrschte wie Julio, die Welt wahrnimmt. Vom ersten Tag an faszinierte mich dieser Mensch. Ich machte stundenlange Spaziergänge mit ihm und genoss seinen originellen Blick auf unsere Gewohnheiten. Unsere Umgangsformen, unser Speiseplan, unsere politischen Ansichten, unser Geschichtsbild – alles sah aus seiner Perspektive fremd und seltsam aus. Julio sprach natürlich Russisch mit Sascha und kannte die historischen Hintergründe des Katajew-Stückes. Er wusste, wie man es unter Stanislawskij 1928 in Moskau gespielt hatte, er konnte bei der Übersetzung helfen und Ideen für unsere Studentenbühne aus dem Text heraus entwickeln. Julio war einfach eine Sensation an universellem Wissen. Dabei blieb vieles, das seine Herkunft betraf, für uns unfassbar. Zum Beispiel seine indigenen Wurzeln und sein Verhältnis zum alten zaristischen Russland, dem die Familie seines Vaters entstammte. Auch manche Erinnerung an Julio habe ich im Film verarbeitet. Die Figur des Juan trägt einige seiner Züge. Aber hier ist keine Porträt-Ähnlichkeit entstanden, weil Daniel Smith selbst ein großes Sprachentalent ist und sich im Film weitgehend selbst darstellen konnte.

Als Gertraud mich in diesem Frühjahr zum ersten Mal in München besuchte, steckte ich mitten in der Inszenierungsarbeit des Katajew-Stückes. Ansgar und Julio spielten darin größere Rollen, auch Oda und Peter Schamoni, den ich an der Trambahnhaltestelle vor der Universität angesprochen hatte. Peter war aus Münster nach München gekommen. Völlig neu in dieser Stadt stand er unsicher, mit einem verzweifelten Blick auf die brausende Ludwigstraße da und wusste nicht, in welche Richtung er gehen sollte. Mein Instinkt sagte mir, dass er ein möglicher Kandidat für die Rolle des genialischen Jemeljan, einer grotesken Künstlerfigur in Katajews Stück sei. So kam es, dass Peter Schamoni ein Mitglied meiner Theatergruppe wurde, übrigens mit weitreichenden Folgen für seinen weiteren Lebensweg als Filmregisseur und Filmproduzent. Ich konnte ihn mit der Leiterin der Gautinger Schauspielschule, Ruth von Zerboni, bekannt machen, wo er dann die folgenden Jahre einer der von der Chefin besonders bevorzugten Schüler wurde.

Meine Proben fanden natürlich im Fuchsbau-Zimmer statt, immer im Gespräch mit den übrigen Freunden, immer begleitet von Saschas absurden Kommentaren. Dieter Roos war mein Dramaturg, Ulla Fischer, die so schön zur Gitarre singen konnte, spielte Tonja, die weibliche Hauptrolle. Immer gingen die Proben bis spät in der Nacht und verloren sich übergangslos in unser von wilden Philosophien, Verliebtheiten, Gesang und Streitgesprächen geprägtes Nachtleben. Julio hatte zudem noch begonnen, spiritistische Séancen abzuhalten, ließ das dreibeinige Tischlein der Hausherrin tanzen und durch Oda, die sich als Medium eignete, Geister erscheinen.

Es bedarf schon fast keiner Beschreibung, um sich ein Bild davon zu machen, wie dieses Leben auf Gertraud gewirkt haben muss. Alle wussten, dass sie meine künftige Braut war, und versuchten, als sie uns besuchte, sie in den Kreis aufzunehmen. Das konnte natürlich nicht so leicht gelingen, obwohl sie durchaus akzeptiert wurde und Sascha ihr sofort mehrere Spitznamen verpasste und sie zur «Ehrenbübin» ernannte. Meine Erinnerungen an diesen oder auch weitere Besuche von Gertraud in München sind fragmentarisch. Das meiste muss ich mir anhand der Situation und der Personen rekonstruieren. Die Idee, das im Verlöbnis vom letzten Silvesterabend enthaltene Eheversprechen hier im Fuchsbau in Gestalt einer «Bubenhochzeit» einzulösen, stammte von Sascha. Da eine traditionelle Heirat im Hunsrücker Familienkreis für mich nicht in Frage kam, war diese Idee wohl die beste Antwort auf die Verlegenheit des Brautpaares. Die Hochzeit von Gertraud und mir sollte endlich das große Fest des Freundeskreises werden, für das bisher Anlass und auch Geld gefehlt hatten.

Es mutet mich heute seltsam und gar nicht wie Zufall an, dass die Arbeit an dem Katajew-Stück und die Planung der Studentenhochzeit so ineinander übergingen. In DIE QUADRATUR DES KREISES ging es um zwei frisch vermählte Ehepaare, die sich ein Zimmer teilen müssen. Bei unserer Hochzeitsplanung ging es darum, dass ein frisch vermähltes Ehepaar als Gastgeber für einen studentischen Freundeskreis herhalten sollte. Beides war als Komödienstoff geeignet. Beide Projekte wurden gleichzeitig vorangetrieben, ohne sich zu stören. Beide Projekte, dessen wurde ich mir auch immer mehr bewusst, führten aus den spielerischen studentischen Räumen hinaus.

Das für die TRÄUME gegründete «Zimmertheater» existierte zwar immer noch, schien mir aber für das Katajew-Stück nicht der geeignete Rahmen zu sein. Wir brauchten eine größere Bühne und vor allem die offizielle Unterstützung der Universität. Es gab zu dieser Zeit andere Theatergruppen, die sich wie wir ohne finanzielle Hilfe allein aus den Initiativen spielfreudiger Freundeskreise heraus entwickelt hatten. Neben mir waren Max Peter Kammeyer, Wolf Euba, später Schauspieler, Sprecher und Regisseur, der ehrgeizige Eberhard Übe, der Kabarettist Dieter Hildebrandt und der spätere Theatermann Dieter Giesing am Werk. Sie alle hatten unter verschiedenen Gruppen-Namen wie «Bunter Kreis», «Die Seminarren» und einem weiteren «Zimmertheater» schon Stücke inszeniert und waren genau wie wir auf der Suche nach einem geeigneten Raum. Da entdeckte ich beim Durchstreifen der Uni eines Tages die Kellerräume im Seminargebäude «Haus des Rechts» an der Ludwigstraße. Aus dieser Entdeckung kam der entscheidende Impuls: Wenn wir schon in der Universität spielen, hieß unsere Devise, dann sind wir auch von nun an «Die Studiobühne der Universität München». Ich meldete diesen Anspruch mit Briefen an den Rektor, an den Dekan, den AStA und bei Professor Kutscher an und begann mit den Proben in den neuen Räumen, die unsere Inszenierung zum Blühen brachten. Es gab aber ein ästhetisches Ärgernis, mit dem sich noch Generationen von Studierenden der Münchener Universität beim Theaterspiel herumzuschlagen hatten, das war eine hässliche Betonsäule, die mitten im Raum stand und mit keinem Mittel der Welt zu beseitigen war. Man konnte diese Säule eigentlich nur als das inszenieren, was sie immer blieb: ein Ärgernis.

23 Die Bubenhochzeit

Die Hochzeit mit Gertraud ist als «Bubenhochzeit» überliefert worden, eine Wortprägung von Sascha, der damit seinem als «Buben und Bübinnen» bezeichneten Freundeskreis einen theatralischen Auftritt verschaffen wollte. Sascha war nun einmal der Zeremonienmeister, und man konnte sich seinem Inszenierungswahn nicht entziehen. Unter den wenigen aus jenen Tagen erhalten gebliebenen Dokumenten befindet sich ein Zettel von Sascha, der sich wie eine Szenenanweisung für unsere Hochzeitsfeier liest:

Datum 7. September 1955,
Schauplatz Fuchsstraße 1, alle Räume im Erdgeschoss der Villa Pustet, sowie Standesamt in der Mandlstraße, Schwabing.
Personen:
Das Brautpaar Gertraud Heldt (Postinspektoranwärterin)
und Edgar Reitz (Stud. Phil. 5. Semester)
Trauzeugen: Sascha Kaempfe, Hans-Dieter Roos (Beweis: Hochzeitsfoto)
Gäste: Alle Darsteller und Mitwirkenden der Katajew-Inszenierung, (Ansgar Pertsch, Julio Shanuklikoff, Oda von Negelein, Ulla Fischer, Peter Schamoni, Nikos Dimou, Heidi Lange)
Weitere «Buben», darunter Marianne Kesting, Toni Regenberg, Erwin Veil, Bernhard Dörries, Stefan Meuschel
Gastgeber: Fräulein Pustet, Hausbesitzerin, Köchin Frau Ries

Nachdem Stefan das Fuchsbauzimmer unter Protest verlassen hatte, war ich der Hauptmieter. Bei der Hochzeitsfeier waren weder die Elternpaare noch Geschwister oder sonstige Anverwandte anwesend. Glückwunschtelegramme und Blumengrüße erhielten wir von: meiner Deutschlehrerin Dr. Lerch, meinem Lehrer Herr Windhäuser, meinen Eltern, meiner Schwester, Gertrauds Familie und Geschwistern sowie ihrer Pflegefamilie Gillmann. Auf der Hochzeitsanzeige, die als Karte verschickt wurde, war Gertrauds Name falsch geschrieben. Das Menü, von Frau Ries nach tagelanger Vorbereitung gekocht, bestand aus zehn Gängen und dauerte fünf Stunden. Sascha hielt mehrere Spontanreden, die keiner hören wollte.

Statt dieser Aufreihung von Namen und Stichworten wäre hier eigentlich eine Nacherzählung des Festes fällig. Ich habe allerdings die größten Zweifel, ob die Erinnerung an meine eigene Studentenhochzeit noch zutrifft, nachdem ich sie in DIE ZWEITE HEIMAT zum Gegenstand eines zweistündigen Spielfilms gemacht habe. Auch im Film wird ein studentischer Freundeskreis geschildert, der mit allerlei Intrigen und unerfüllbaren Träumen die Hochzeitstafel bevölkert. Ich habe für diese Filmerzählung die Erinnerung an meine Hochzeit mit Gertraud regelrecht ausgeplündert. Die Räume, die Gesten, das Essen, die Sprüche, die Eifersucht, die Geldsorgen, die Angst vor der Familie, die Flucht in die eigene Generation, alle diese Fakten tauchen wieder auf, nehmen aber im Film unverwechselbare Konturen an, sprechen mit der Sprache der fiktiven Figuren und haben ihre eigenen Bilder. Die Filmbilder haben meine ursprüngliche Erinnerung vollkommen ersetzt. Wieder stehe ich bei dem Versuch, die Erinnerung an die realen Ereignisse wachzurufen, vor der Gewalt der selbstgeschaffenen Filmbilder. Ich wäre fähig, einen Eid abzulegen, *so, und genau so* wie im Film habe sich meine Hochzeit mit Gertraud abgespielt. Nichts davon wäre jedoch wahr, und ich habe den Verdacht, dass ich mit dem Film sogar Gertrauds Erinnerung überschrieben habe, sodass auch sie nicht mehr zu einer Nacherzählung, wie sie hier fällig wäre, beitragen könnte.

Eine gewisse Trauer ergreift mich bei diesem Abschied von der direkten Erinnerung. Filmbilder haben die Macht, das Gesicht der Wirklichkeit auszulöschen. Ich weiß nur noch, dass es Stefan war, der uns am nächsten Tag für die Hochzeitsreise ein billiges Hotel im Salzachtal empfohlen hat. Wir sind tatsächlich seinem Rat gefolgt und fuhren mit der Bahn nach Österreich und wohnten in der Nähe einer Schlucht mit dem exotisch klingenden Namen «Lammeröfen». Ein folgenreiches Erlebnis wurde unser Ausflug nach Salzburg, wo wir das Marionettentheater besuchten. Man spielte die ZAUBERFLÖTE. Mozarts Musik und die schwerelosen Marionetten haben uns so bezaubert, dass wir über Nacht in Salzburg blieben. Neun Monate später sollte unser erstes Kind, Susanne, das Licht der Welt erblicken.

24 Das Leben greift nach uns

Im Februar 1956 erhielt ich einen Brief von Gertraud, die nun in Cochem an der Mosel wohnte, wo ihr eine Postdienststelle zugeteilt worden war. Seit unserer Studentenhochzeit und der kleinen Reise ins Salzburger Land lebten wir wieder getrennt und konnten unsere Gedanken zu dem Kind, das nun unterwegs war, nur in Briefen teilen. Sie schrieb mir in großer Panik, denn sie fühlte sich krank. Schlaflos kämpfte sie gegen Herzrasen und Angstanfälle. Ich hatte in diesen Wochen die Katajew-Inszenierung erfolgreich zur Aufführung gebracht und die Kämpfe um die offizielle Anerkennung der Studiobühne beenden können. Über das Goethe-Institut und das Auswärtige Amt in Bonn hatten wir sogar eine Einladung erhalten, DIE QUADRATUR DES KREISES auf dem internationalen Theaterfestival in Lille zu präsentieren. Ich entschloss mich, die Vorbereitung dieses Gastspiels Freunden zu übertragen und mich um Gertraud zu kümmern. Das Geld für die Bahnfahrt musste ich mir leihen. Die Winterwochen, die ich im Fuchsbau mit Theaterproben und Studium verbracht hatte, waren besonders hart gewesen, weil mehrere Kältewellen zu überbrücken waren. Ich war seit Monaten mit den Mietzahlungen im Verzug und konnte mir auch das Brennholz für den Zimmerofen nicht leisten. In meiner Not hatte ich immer wieder Teile des morschen Gartenzauns verheizt. Auch dieser untragbaren Situation entfloh ich, als ich Gertrauds Notruf folgte.

Ich erinnere mich deutlich der ersten Nacht, die ich mit ihr in meinem Morbacher Elternhaus verbrachte. Gertraud wachte mit hohem Fieber und schrecklichen Schmerzen beim Atmen auf. Am folgenden Tag wurde sie vom guten alten Dorfdoktor, den ich gerufen hatte, ins Krankenhaus vor Ort eingeliefert. Die Diagnose hieß Pleuritis, also eine Entzündung von Lunge und Rippenfell. Ich blieb bei ihr und versorgte sie, so gut es ging, wobei uns immer klarer wurde, dass sie kompetentere Behandlung benötigte. Als ihr Zustand immer bedrohlicher wurde und wir befürchten mussten, dass sie das Kind verlieren würde, gelang es mir, sie mit Hilfe der Familie Gillmann, ihrer Pflegefamilie aus dem Pfarrhaus, ins Simmerner Krankenhaus zu schaffen.

Die Münchener Freunde meldeten sich mit weiteren Katastrophennachrichten. Eine Darstellerin, Ulla Fischer, war im Skiurlaub schwer verunglückt; ihre Eltern gaben mir zu verstehen, dass ihre Tochter unter keinen Umständen an dem Gastspiel in Lille teilnehmen könne. Ich organisierte von Simmern aus eine Ersatzbesetzung und beauftragte Peter Schamoni mit den Umbesetzungsproben. Gleichzeitig warteten wir auf die Bewilligung des Antrages bei der Post um Gertrauds Versetzung nach München. Von allen Seiten stürzten die Probleme auf uns ein: Es gab Streitigkeiten mit den anderen Gruppierungen der Studiobühne, die ebenfalls nach Lille eingeladen werden wollten, und mit Peter, der bei seiner Probenarbeit Änderungen an meiner Inszenierung vornahm, was wiederum Dieter Roos bemerkt hatte, der selbst Regieambitionen hatte. Während Gertraud langsam wieder auf die Beine kam, traf die Verfügung ihrer Versetzung nach München mit dem Datum ihres Dienstantritts ein. Das wiederum bedeutete, dass ich nun dringend eine Wohnung für uns finden musste. Zum Glück kam aus Lille eine Absage. Man war nicht in der Lage, unsere Reisekosten zu bezahlen. Ich kehrte also nach München zurück. Ein Mitarbeiter der Studentenzeitung «profil» hatte mich auf den Vermieter eines Hauses in der Schraudolphstraße hingewiesen, so gelang es, dort eine liebenswerte Zweizimmerwohnung im Dachgeschoss zu mieten. Unvergesslich und vielleicht bemerkenswert für die neuerwachte Bürgerlichkeit Mitte der fünfziger Jahre war, dass der Vermieter Wert auf einen «seriösen Dauermieter» legte und von mir verlangte, dass ich den Mietvertrag für fünfundzwanzig Jahre abschloss. Keiner von uns konnte ahnen, dass wir diese Wohnung so lange und sogar noch viele Jahre darüber hinaus behalten würden.

Gertraud war schon im achten Monat der Schwangerschaft, als ich sie endlich mit dem Auto meines Vaters abholen und nach München bringen konnte. Die Vermieterin der Fuchsstraßen-Residenz hatte mir wegen des Mietrückstandes gekündigt. Während ich mit Gertraud und einigen lieben Helfern aus dem Freundeskreis die neue Wohnung putzte und mit geschenktem Sperrmüll möblierte, verfolgte mich Fräulein Pustet mit Regressforderungen wegen des in meiner Not verfeuerten Gartenzauns. Ich konnte immerhin noch einen Teil der Kosten abarbeiten, indem ich jeden Tag für ein paar Stunden in die Fuchsstraße ging und den Zaun mit Holzlatten aus der Holzhandlung eigenhändig reparierte.

Die Miete für die neue Wohnung war moderat, aber selbst die 114 D-Mark monatlich waren zu hoch, sodass wir das vordere Zimmer untervermieten mussten. So war die Lage, als Gertraud, kaum genesen, am 9. Juli 1956 Susanne zur Welt brachte. Ich war dreiundzwanzig Jahre alt, Student im sechsten Semester und ab sofort Vater einer Tochter.

DRITTER TEIL
Das Licht der Leinwand

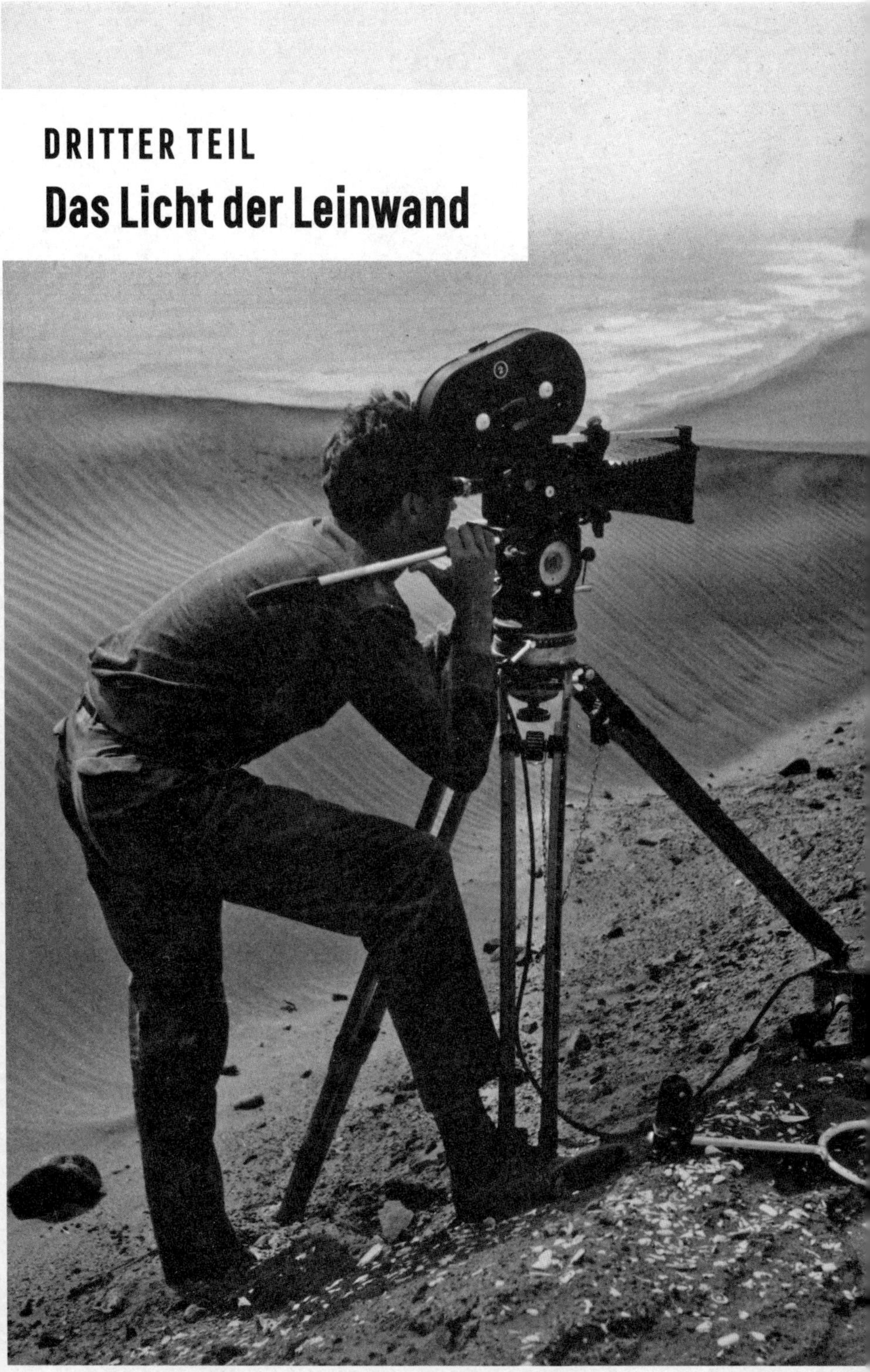

25 Der römische Brunnen

Aufsteigt der Strahl und fallend gießt
Er voll der Marmorschale Rund …

Wenn ich auf meinem Weg zum Kutscher-Seminar an einem der beiden Universitätsbrunnen an der Ludwigstraße vorüberkam, fielen mir diese Gedichtzeilen von Conrad Ferdinand Meyer ein. Das innere Bild eines römischen Brunnens trug ich seit der Simmerner Schulzeit in mir, verbunden mit der Erinnerung an die Stimme von Herrn Windhäuser, die oft einen feierlichen Hymnenton annahm, wenn er diese Verse vortrug. Ein Dichter, wie auch ich einer hatte werden wollen, verstand sich eben im Sinne von Hölderlin oder Schiller als ein Sänger, der mit der moralischen Last beladen war, das Bleibende zu stiften. Mit diesem Anspruch im Herzen war der Weg zu den Vorlesungen in den ersten Semestern noch von dem Gefühl begleitet, ein geheimnisvolles Reich des Wissens und der Wahrheiten zu betreten. Der aufsteigende und herabflutende Wasserstrahl der Brunnen verkörperte für mich das Geistige Wasser Hölderlins. Ich war ein wahrer Spätromantiker, so sehr ich mich auch im Freundeskreis als Realist im Sinne der französischen Absurdisten dargestellt hatte. Die Frage aber, ob das Leben einem Sinn verpflichtet ist oder ob die Erfahrung der völligen Sinnlosigkeit das Problem des modernen Menschen sei, war in Anbetracht meiner neuen Situation selber absurd geworden. Statt über ein neues Gedicht nachzudenken, musste ich mich nun um das Baby kümmern, das mir anvertraut war. Der Rand des römischen Brunnens war gerade breit genug, um darauf das schreiende kleine Paket auszupacken und die volle Windel zu wechseln. Dabei musste ich aufpassen, dass das herabströmende «geistige Wasser» nicht beim Wechsel der Windrichtung das kleine Mädchen und die umherliegenden Baby-Utensilien durchnässte.

Der Brunnenrand war der einzige unbestrittene Platz, an dem ein Student mit Säugling damals seiner Fürsorgepflicht nachkommen konnte. Mein Fall war einfach nicht vorgesehen. Eine junge Frau mit Baby studierte eben nicht, und ein junger Mann hatte, wenn er studierte, nichts mit Kinderpflege zu tun. So war das in den Köpfen der Hochschulverwaltungen noch aufgeteilt. Ich war im Jahre 1956 einer der ersten männlichen Studenten, der ein Baby mit in die Uni nahm. Was hätte ich auch sonst tun können, denn Gertraud musste, sobald sie die vorgeschriebenen Wochen der Schonung hinter sich hatte, ihre neue Dienststelle im Postscheckamt an der Sonnenstraße antreten.

Das Zusammensein mit dem kleinen Geschöpf hatte eine gänzlich neue Erfahrung von Innigkeit in unser Leben gebracht. Ich bastelte für unsere kleine Familie Regale, Tische und Betten aus billig erstandenen Brettern und Stoffen und genoss mit Gertraud das Nestbauen. Der Kauf eines Hängeschranks für die Küche war zum Beispiel ein Festtag. Auch der Rhythmus von Tag und Nacht war neu bestimmt, was vor allem die Freunde verstehen lernen mussten. Anfangs führte sie ihr Geselligkeitsbedürfnis zu später Nachtzeit noch regelmäßig zu uns. Wir wurden immer wieder von der Wohnungsklingel geweckt, oft genug beschwerten sich die Nachbarn wegen der nächtlichen Versammlungen und vielen Stimmen in unserer Wohnung, gemischt mit den Schreien des aufgeweckten Babys. Es dauerte Monate, den unbehausten Freunden diese spontanen Besuche, die im Fuchsbau selbstverständlich gewesen waren, abzugewöhnen. Unser Untermieter zog schon bald Konsequenzen und suchte sich eine andere Wohnung. Wir hatten nun zwar die sechzig Quadratmeter für uns allein, aber damit auch die vollen Mietzahlungen zu leisten. Unsere Tage waren alles andere als das freie Leben junger Künstler, das ich bis dahin im Kopf mit mir herumgetragen hatte.

Gertraud war auch ein Jahr nach der Geburt noch nicht ganz gesund. Ihre Lunge wurde weiterbehandelt, und sie litt immer wieder unter nervösen Magenbeschwerden. Eine Erleichterung war, dass wir in der Nähe eine sogenannte Kinderkrippe fanden, in der wir die kleine Susanne während der Arbeitszeiten für ein paar Stunden abgeben konnten. Es war jedes Mal ein schmerzlicher Abschied, wenn ich das kleine Wesen in die Obhut der fremden Ordensschwestern geben musste. Welchen Sinn machte da noch das Studium der Stilfragen des 19. Jahrhunderts, der Baukunst der Frühgotik oder der Sozialgeschichte des Frühbürgertums? Ich zweifelte vor allem am Theater, das immer mein Lebenselixier gewesen war. Meine Spielfreude war verschwunden, die großen Dramen erschienen mir als bloße Konstruktion. Ich brauchte etwas, das näher an meinem eigenen Leben war, etwas, das ein Bild meiner eigenen Situation zeichnen konnte.

Wenn ich an manchen Tagen mit Susanne im Tragekörbchen den von den Geistern der Zeitgeschichte erfüllten Lichthof der Universität durchschritt und ins Freie trat, erschien mir der sonnenbeschienene römische Brunnen als ein Ort der Sammlung. Hier begegneten sich die Anfänge und die Gegenwart. Das Rauschen des Wasserstrahls, die Stimmen der Studenten, die sich hier trafen, weil es keinen besseren Ort für Verabredungen gab, das Kind, das im Wiegen meiner Schritte schlief, und das vorbeiflutende Leben auf der Ludwigstraße gaben mir zu verstehen, dass mein Leben einen neuen Weg eingeschlagen hatte.

26 Hier müsste man einen Film drehen

Eines Tages brachte Stefan die Nachricht, dass der französische Filmemacher und Universalkünstler Jean Cocteau in München erwartet würde. Schon seit Jahren gab es unter den Freunden leidenschaftliche Verehrer der Filmkunst. Das von Fritz Falter in der Schwabinger Occamstraße betriebene Kino war ein Ort, an dem wir zahllose Stunden verbracht hatten, bevorzugt mit den französischen Filmen der Nachkriegszeit; wir verehrten sie wegen ihrer Bildsprache, und ihre Titel leuchteten von den Postern herab in unsere Untermietzimmer. Ich erinnere mich an die Sartre-Verfilmungen LES JEUX SONT FAITS und LES MAINS SALES oder Titel wie LES ENFANTS DU PARADIS, HOTEL DU NORD oder QUAI DES BRUMES. Die magischen Augen der Schauspielerin Michèle Morgan trafen mich bis auf den Grund der Seele. Ich fand die Filme aus Frankreich sehr literarisch. Man verstand sie besser, wenn man beim Blick auf die Leinwand innerlich mitsprach. Es war, als ob nicht die Bilder selbst sprachen, sondern der mit den Augen lesende Zuschauer. Man kennt den Satz, der Film entstehe erst im Kopf des Zuschauers. Genau das schien diese neue Kinoerfahrung zu meinen.

Auch Filme aus Italien waren oft Gesprächsthema unserer Nächte im Fuchsbau gewesen. Hier ging es aber um eine andere Auffassung von Filmkunst, die sich mit der Gegenwart befasst, mit den Realitäten und Widersprüchen des täglichen Lebens. Darin Poesie und Schönheit zu entdecken, das begeisterte uns an den italienischen Filmen. Wir nannten dieses Filmwunder «poetischen Realismus». Filme wie FAHRRADDIEBE oder DAS WUNDER VON MAILAND von De Sica waren poetische Realismus-Wunder. In Falters Occam-Studio wurden diese Filme immer wieder gezeigt, ebenso die Werke von Rosselini, Visconti oder Fellini. Wir kannten alle Filme dieser Autoren. Aber Cocteau war einer, den wir besonders verehrten, weil er ein Universalpoet war und in seinen Filmen eine eigene magische Welt erschaffen hatte. ORPHEUS war der rätselhafte Lieblingsfilm, der zu immer neuen Deutungen seiner Bilder herausforderte. Untilgbar blieben in der Erinnerung die schwarzgekleideten Motorradfahrer als Boten des Todes.

Als bekannt wurde, dass Jean Cocteau von einigen Journalisten der «Süddeutschen Zeitung» eine Führung durch das Zentrum der Stadt erhielt, schlossen wir uns der Besichtigungsgruppe an. Viele Gebäude des alten München lagen noch immer in Trümmern. Als man dem Meister aus Frankreich die Ruine des Nationaltheaters zeigte, sagte er zu den umstehenden Journalisten: «Hier müsste man einen Film drehen.» Mit diesen Worten, die hinterher in der Zeitung standen, öffnete der alte Filmemacher uns Jungen die Augen. Wie sehr hatten wir uns in unserem studentischen Alltag an den Anblick der vielen Kriegsruinen gewöhnt. Wie sehr hatte unsere Generation vor diesen Metaphern für Krieg und Größenwahn der Väter die Augen verschlossen. Und die Ruinen des Opernhauses waren, das sahen wir plötzlich mit neuem Blick, tatsächlich von besonderer Dramatik. Es war, als lebten die verstummten Tragödien noch immer in diesen Wänden, als hätte das Mauerwerk über Jahrzehnte die Musik und die Stimmen der Sänger in sich aufgesogen und sei damit geradezu elektrisch aufgeladen. Schon sah man, wie sich die Natur in dem Gebäude ausbreitete, im ehemaligen Orchestergraben hatte sich ein See gebildet, auf den Rängen wuchs unverschämtes Buschwerk, und mitten auf der mit Schutt gefüllten Bühne stand eine wilde Birke. Wir waren fasziniert.

Bald schon verbrachten Bernhard, Stefan und ich viele Tage in der Ruinenlandschaft, zu der vor allem auch die Gesamtanlage der benachbarten königlich-bayerischen Residenz gehörte. Auch hier: Trümmer, soweit man sehen konnte. Es war eine für unsere Augen unfassliche feudale Pracht, deren Reste überall noch zu spüren waren, an abgeblätterten Wandfresken, an von Gras überwachsenen Mosaikböden, an zerborstenen Gewölben und Stukkaturen. Die Gebäude waren kaum abgesichert und nicht verschlossen. Wir kannten alle geheimen Zugänge und drangen ins Innere der Ruinenstadt vor bis zu den einstigen Rückzugsorten der Prinzen und ihres Hofstaates. Wir entwickelten immer konkretere Ideen für einen Film. Es sollte eine Hommage an Cocteau werden. Ohne dass wir ihn je persönlich kennenlernten, ohne dass er sich je an uns gewandt hätte, war er es, der unsere Augen zu Kameraaugen machte.

Denn uns erzog die Schönheit der Ruinen – diese Verszeile von Boris Pasternak hatte Sascha einmal ins Deutsche übersetzt und uns Freunden immer wieder vorgetragen. Sascha sah in der Gedichtzeile die absolut gültige poetische Generationsperspektive auf unsere Nachkriegswelt. Wir kannten die Worte, doch jetzt erst war uns der Sinn dieses Gedichtes klar geworden. Es wurde zum unausgesprochenen Motto unserer ersten Filmarbeit.

«Wir machen einen Film.» Wie leicht ist ein solcher Satz auszusprechen, aber wie groß ist die reale Verlegenheit von drei Studenten, von denen keiner weiß, wie man eine Kamera in Gang setzt oder einen Schnitt ausführt. Niemand von uns hatte je eine professionelle Filmkamera aus der Nähe gesehen, geschweige denn in Händen gehalten. Es gab im ganzen Land keine Filmschule, und an keiner Universität wurde Film gelehrt. Es existierte zwar eine deutsche Filmindustrie, die in dieser Zeit schon die Boulevardblätter beschäftigte. Sie war seit dem Kriegsende aus Restbeständen und dem Personal der UFA entstanden und produzierte an mehreren Orten des Landes wieder Filme. Der deutsche Nachkriegsfilm hatte sogar Erfolge vorzuweisen, die Kinos, soweit sie den Krieg überstanden oder wiederaufgebaut worden waren, florierten, und einige Produzenten, Regisseure und vor allem Schauspieler verdienten viel Geld mit der Herstellung von Heimatschnulzen, Trümmerdramen oder Revuen. Wir jungen Künstler verachteten die deutschen Filme jener Zeit abgrundtief. Ich wäre mit keinem Argument zum Besuch eines dieser deutschen Kinofilme zu bewegen gewesen. Wer etwas auf sich hielt, weigerte sich, diese Unterhaltungsprodukte, die nichts anderes waren als die UFA-Ideologie, nur ohne Goebbels, überhaupt zur Kenntnis zu nehmen. Niemand wäre auf die Idee gekommen, sich bei einem der Filmhersteller um einen Job zu bewerben. Folglich war der Weg zum eigenen Film auf doppelte Weise verschlossen.

Ich habe oft die kleine Geschichte erzählt, wie es mir in dieser unmöglichen Lage gelungen ist, eine Kamera zu beschaffen und erfolgreich in Gang zu setzen. Jeder Studierende der Münchener Universität war schon einmal an der auffälligen Pforte der berühmten Kamerafabrik ARRI in der Türkenstraße vorbeigekommen. Als filminteressierter Student wusste ich auch, dass hinter diesem Fabrikeingang und in den bescheidenen Gebäuden, die man im Hinterhof sehen konnte, die weltbekannte Arriflex-Kamera gefertigt wurde und viele filmtechnische Geräte, wie man sie überall, sogar in Hollywood, nutzte. Als ich an einem dieser Tage mit meinem Fahrrad am Fabriktor von ARRI vorbeikam, ging ich kurzentschlossen zum Pförtner und fragte, ob Herr

Arri zu sprechen sei. Es war ein mutiger Versuch für einen bettelarmen Studenten der Theaterwissenschaft, der schon Vater eines Kleinkindes war und dem das Wasser bis zum Halse stand, den Chef einer Weltfirma einfach ansprechen zu wollen, als wäre er sein reicher Onkel, den man mal anpumpen kann. Der alte August Arnold, der gerade in seinem weißen Arbeitskittel im Fabrikhof auftauchte, kam auf mich zu und wollte wissen, was mein Problem sei. Ich stellte mich als Theaterstudent bei Kutscher vor und versuchte, unser Filmprojekt zu erklären. Ich weiß nicht, ob der Name Kutscher den Ausschlag gab, oder ob Herr Arnold, als er sah, wie ich mit meinem Fahrrad dastand und zitterte, mir einfach eine Chance eröffnen wollte – er gab mir jedenfalls ein Zeichen, das Rad abzustellen, und führte mich in die oberen Räume, in denen man die legendäre Arriflex zusammenschraubte. «Wenn du die Kamera zerlegen und Schraube für Schraube wieder zusammensetzen kannst, dann kriegst eine.» So sind mir die Worte von Herrn Arnold in Erinnerung.

Wollte der Firmenboss, dachte ich, mit diesen Worten eine Hürde setzen, die ich nie überwinden würde? Oder sollte es eine Prüfung sein, ohne die man nicht die moralische Berechtigung erwirbt, edles Filmmaterial zu belichten? Er konnte nicht wissen, dass ich der Sohn eines Uhrmachers bin und mein Vater mich in die Lehre genommen hatte. Ich war begeistert von der Aufgabenstellung und erhielt tatsächlich die Erlaubnis, mich in der Kamerafertigung umzusehen. An zwei Tagen erklärten mir die Techniker den Aufbau der Kamera, und ich lernte in der Kamerafabrik, wie man die Filmkamera aus Dutzenden von Einzelteilen zusammensetzt, wie das Bildfenster justiert wird, wie die Objektive kalibriert und getestet werden. Als Herr Arnold auf seinem Rundgang bei mir vorbeikam und sah, wie meine Uhrmacherhände mit den Kamerateilen umgingen, brachte er mich persönlich zu meinem Fahrrad und gab mir Ratschläge, wie ich den Kamerakoffer unversehrt nach Hause bringen konnte. Zum Schluss fiel ihm noch auf, dass ich kein Stativ für die Kamera hatte. Da wurde ich zum Geräteverleih geführt, wo man mir ein zentnerschweres Kurbelstativ übergab. Herr Arnold belehrte mich, ein Stativ könne nicht schwer genug sein, denn nur das Gewicht sei die Garantie für saubere Schwenks. Ich kann mich nicht erinnern, ob ich irgendein Papier unterschreiben, meine Personalien angeben und einen bestimmten Termin zur Rückgabe der Geräte garantieren musste. Diese Formalitäten hat mein Gedächtnis gelöscht.

Als ich nach Hause kam, hatte ich nicht nur eine echte Filmkamera in Händen, sondern auch einen eindrücklichen Schnellkurs in ihrer Bedienung erhalten. So kam es, dass ich in der Dreiergruppe von Jungfilmern, die sich über dem Ruinen-Projekt zusammengefunden hatte, der Kameramann wurde. Das gesamte Unternehmen wäre allerdings Illusion geblieben, wenn nicht unser Freund Stefan sein Talent als Organisator und Produzent entwickelt hätte. Er war es, der das Filmmaterial beschaffte und der in seiner Familie das Geld auslieh, um die anfallenden Kopierwerksarbeiten zu bezahlen. Es war ein großer Augenblick, als wir eines Tages zu den Bavaria-Studios in Geiselgasteig hinausfuhren, um auf der Kopierwerksleinwand unsere ersten Muster zu sehen. Meine Bilder waren echtes Kino. Ich staunte und konnte nicht fassen, dass die Leinwandbilder größer und ausdrucksstärker waren als die Wirklichkeit, die wir abgebildet hatten.

Stefan war es sogar gelungen, einen Schneidetisch aufzutun. Es war ein Vorkriegsmodell, das den Ton nur mit dem Lichttonsystem abspielen konnte. Das bedeutete, dass wir vorerst nur einen Stummfilmschnitt versuchen konnten. Die Musik spielten wir mit Hilfe eines alten Grammophons von Schallplatten ab. Der Schneidetisch stand auf dem Dachboden des ehemaligen Führerbaus an der Arcisstraße, jenem Gebäude, in dem später die Musikhochschule untergebracht wurde. 1956 befand sich aber in diesem Bau noch das «Amerikahaus», dessen Kulturprogramm unter den jungen Künstlern der Stadt bekannt war. Es gewährte einen Blick in das moderne Amerika der Träume. Der Schneidetisch gehörte nicht zum offiziellen Inventar des Hauses und konnte nur außerhalb der Öffnungszeiten mit Duldung des Hausmeisters genutzt werden. Das geschah, indem wir uns am späten Abend einfinden mussten, um uns im Haus einsperren zu lassen. Man durfte die ganze Nacht am Filmschnitt arbeiten, um dann in der Frühe wieder freigelassen zu werden. Die Abende und Nächte waren aber meiner kleinen Familie vorbehalten. So war es vor allem Bernhard, der sich diese Arbeitszeiten im Nirwana leisten konnte. Er wurde mehr und mehr unser Editor. Sein Umgang mit dem Material erschien schon bald als die reine Magie. Man müsse das Filmmaterial nur unzählige Male ansehen, verkündete er eines Tages, dann verwandelten sich die Bilder unmerklich. Der Blick kehre sich um, und schließlich seien die Bilder fähig, zurückzublicken und uns anzusehen. Wir trafen uns immer wieder, um diese Verwandlung unseres Films auf dem Schneidetisch mitzuerleben. Das Ergebnis war aber voller Mängel. Es gab vielleicht gerade deshalb unsere Verfassung sehr gut wieder. Der Film wuchs nur sehr langsam, manchmal sah es aus, als wollte er niemals fertig werden.

In meiner Erinnerung an diese Zeit sieht es so aus, als hätte das gesamte übrige Leben stillgestanden. Was war mit der Familie? Was mit dem Studium? Was war aus dem Theaterspiel geworden und was aus den literarischen Ambitionen? Das Jahr hat in der Jugend mehr Tage und der Tag mehr Stunden als im späteren Leben. Ein undurchdringliches Gewebe von parallelen und einander widersprechenden Aktivitäten war entstanden. Man traf sich zum Beispiel immer noch an bestimmten Wochentagen in der Wohnung einer Dame, die bei Tee und klassischer Musik Dichterlesungen veranstaltete. Es gab neue Gesichter, die vom Schwabinger Tukan-Kreis zu uns gestoßen waren. Man las Gedichte, Erzählungen und schwelgte in seinen Inspirationen. Ich kämpfte, wie ich in meinen Aufzeichnungen von damals sehe, noch zwei weitere Jahre um Förderung der Studiobühne durch die Universität. Ich gründete mit Roland Beyer, Peter Schamoni, Nikos Dimou (der in München Philosophie studierte, bevor er als Journalist und Schriftsteller nach Griechenland zurückging), Dieter Roos und anderen Freunden einen studentischen Filmclub, der Regisseure und Filmhistoriker aus Frankreich einlud. Und schließlich legte ich mit Professor Kutscher mein Dissertationsthema fest. Ich musste doch endlich den Abschluss des Studiums einleiten. Mein Thema führte zurück in die erste Theaterarbeit, die Erfahrung mit dem Stück von Günter Eich: «Das Hörspiel als neue Gattung der lyrischen Dichtung», so sollte der Arbeitstitel lauten. Ich machte mich daran, eine Gliederung aufzustellen und Literatur zusammenzutragen. Kutscher drängte mich zur Eile, denn er litt bereits sehr unter seinem Alter.

Es hatte sich ein seltsamer Wandel vollzogen. Lag es an mir oder an einer Zeitströmung, dass sich auf einmal alles um das Filmemachen drehte? Eine Gruppe von filmbegeisterten Studenten, darunter bald auch einige meiner Freunde aus Saschas «Buben-Kreis», hatten ein privates Synchronstudio ausfindig gemacht, das sich in einem ehemaligen Kino in der Aventinstraße befand. Der festangestellte Vorführer war bereit, gegen ein Entgelt, das wir unter den Teilnehmern einsammeln mussten, nach Feierabend von uns mitgebrachte Filme vorzuführen. Wir besorgten uns die Kopien bei ausländischen Kinematheken oder privaten Sammlern. Organisator dieser Gruppe, die sich bald «Filmseminar» nannte, war der aus Wiesbaden zugezogene Eberhard Hauff, der später als Regisseur, Drehbuchautor und Produzent wirken und sich nicht nur um die Filmkultur in München verdient machen sollte. Hier erlebte man seine Anfänge. In Dutzenden solcher Screenings lernte ich die Klassiker der Filmgeschichte kennen, Filme aus der Frühzeit, die großen Werke des expressionistischen Stummfilms, die berühmtesten Filme der Vorkriegszeit aus Europa und den USA. Das Besondere an diesen Abenden des Filmseminars war, dass wir die Filme mehrmals hintereinander anschauten. Oft nahmen wir dann noch einzelne Akte mit in den benachbarten Schneideraum, um bestimmte Sequenzen zu studieren. Wir versuchten, das Licht zu analysieren, das Zusammenspiel der Schauspieler mit der Kamera, oder wir maßen die Schnittlängen, um Gesetzmäßigkeiten im Rhythmus festzustellen. Manche Filme habe ich auswendig gelernt, so wie man als Lyrikfreund Gedichte lernt. Es war nicht mehr zu übersehen: Der Film hatte sich meiner Phantasie bemächtigt, und ich fühlte mich als Teil seiner neu aufstrebenden Geschichte.

27 Zielke

Als ich Anfang 1957 den Kinderwagen mit der kleinen Susanne durch die Adalbertstraße in Richtung Englischen Garten schob, fiel mir ein Firmenschild auf, das neben einer der Haustüren angebracht war: «Gesellschaft für bildende Filme». Ich hielt inne. Sollte ich dort einmal nachfragen, ob es für einen jungen Filmadepten wie mich vielleicht einen Job gäbe? Da lächelte mir eine Sekretärin durch die Fensterscheibe freundlich zu. Ich nahm das Kind aus dem Wagen und drückte den Klingelknopf mit den Buchstaben GBF. Ich trat ein. Während ich mit der Sekretärin sprach und ihr erklärte, dass ich mich mit der Kamera auskenne, auch sonst mit allen Bereichen des Films vertraut sei und wegen des Kindes dringend eine Arbeit finden müsse, ging im Hintergrund ein seriös dreinschauender Herr mit Anzug und Krawatte auf und ab. Er beobachtete, wie ich meine Adresse angab und weitere Fragen beantwortete, aber er sprach mich nicht an.

Es dauerte nicht lange, und ich fand in meinem Briefkasten einen Zettel mit der Aufforderung, mich bei dieser Filmfirma zu melden. Die GBF befand sich nur wenige Minuten Fußweg von unserer Wohnung entfernt. Der Herr im Anzug bat mich in sein Büro. Nachdem er mich nach meinem Werdegang ausgefragt hatte, erklärte er mir, dass er auf der Suche nach einem Assistenten für einen ganz besonderen Regisseur und Kameramann sei. Sein Name sei Willy Zielke, und er sei gewiss einer der größten Künstler des deutschen Films. Naturgemäß sei er äußerst anspruchsvoll und ein schwieriger Charakter. Ob ich mir die Aufgabe eines Allround-Assistenten an der Seite dieses genialen Menschen zutraue. Das waren angsteinflößende Vorgaben, aber ich zeigte mich mutig, sodass der Firmenchef mir die Hand reichte und sich mit dem Namen Karl G'schrey vorstellte. Er gab mir seine Visitenkarte und bot mir ein gutes Gehalt an, das ich nach bestandener Probezeit jede Woche erhalten sollte.

Als Gertraud an diesem Abend vom Dienst zurückkehrte, mussten wir lange beraten, wie wir es schaffen konnten, Kind und Haushalt zu versorgen und gleichzeitig beide berufstätig zu sein. Es gab andere

Familien im Haus, mit denen man sich zusammentun, vielleicht sogar gemeinsam eine Hilfskraft für die Kinder engagieren konnte. Immerhin war das von Herrn G'schrey angebotene Gehalt so hoch, dass sich unsere Lage sehr verbesserte und ein Kindermädchen erschwinglich wurde.

Wenige Tage später lernte ich Willy Zielke kennen. Er war ein Künstlertyp, wie ich ihn aufgrund der Schilderung von Herrn G'schrey erwartet hatte: Mitte fünfzig, mit grauer Mähne und auffallend hoher Stimme. Er «säuselte», wenn er sprach, was mir ein wenig peinlich war. Gleichzeitig wirkte er kränklich, zerbrechlich, sodass man den Impuls in sich spürte, ihm zu helfen. Er konnte aber auch außer sich geraten, sobald sich ihm etwas entgegenstellte. Dann überschlug sich seine Stimme und er beschuldigte jeden, ihn in seiner Entfaltung zu behindern. Was mir auffiel, war, dass er einen mit seinen blauen Augen ganz unerwartet durchdringend anschaute. Mir gegenüber nahm er sofort einen strengen Erzieherton an und verkündete sein Motto: «Bei mir gibt es niemals Routine. Alles, was wir tun, ist das erste Mal.» Wenn ich diese Sätze heute, nach über sechzig Jahren, aufschreibe, muss ich Herrn Zielke ohne Vorbehalt zustimmen. Sie enthalten zwei wichtige Erkenntnisse: Erstens, dass die Filmkunst im Vergleich zu den klassischen Künsten eine sehr junge Kunst ist und wir Filmemacher deswegen immer noch im Pionierstadium arbeiten und mit jedem Film Neuland betreten. Zweitens bedeutet die künstlerische Arbeit immer, dass wir uns aus den sicheren Gefilden hinauswagen müssen, um das Leben dort zu erkunden, wo es noch unbekannt ist.

Der erste Arbeitstag mit Herrn Zielke bestand darin, das Einlegen von Filmmaterial in die Kassetten der Kamera zu üben. Er arbeitete mit einer Askania-Z-Kamera, ein Präzisionsgerät, mit dem schon Filme wie DER BLAUE ENGEL oder Teile von Leni Riefenstahls OLYMPIA gedreht worden waren. Diese Kamera ist völlig anders im Aufbau als die Arriflex, die ich bisher kennengelernt hatte. Zielke verachtete die Arri-Kamera, die für ihn ein Kriegsgerät war, geschaffen, um in der Wochenschau das Töten von Menschen an den Fronten zu filmen. Er hütete seine Askania wie seinen Augapfel. Jedes Einzelteil hatte sein eigenes Samtetui, für jedes Objektiv gab es eigene Transportköfferchen mit den handgeschriebenen Skalen für den Focus-Assistenten.

Ich musste vor jeder Berührung der Kamera meine Hände waschen, dann weiße Glacéhandschuhe überstreifen, die zur Ausrüstung gehörten. Wichtig war auch eine spezielle Pudelmütze aus feinem Baumwollstoff, die ich, so Zielke, bei der Arbeit an der Kamera grundsätzlich zu tragen hätte; bei meinem kräftigen Haarwuchs müsse immer damit gerechnet werden, dass Schuppen oder Staubkörnchen auf das Filmmaterial oder die Objektive fallen. Um das unbelichtete Negativmaterial in die Kassetten der Askania einzulegen, bedurfte es einer peinlich gereinigten Tischplatte und völliger Dunkelheit und einer Reihe präzise eingeübter Handgriffe. Würde ein Fingerabdruck auf das Filmmaterial gelangen oder ein noch so geringer Lichtstrahl den Film treffen, führe das, so Zielke weiter, zu fatalen Beschädigungen der Bildästhetik. Also war an jedem Drehort ein Zimmer zu finden, das zu keinem anderen Zweck als zum Bestücken der Kassetten betreten wurde. Fenster und Türen wurden mit mehreren Schichten von Verdunkelungsstoffen oder schwarzem Papier abgedichtet. Bevor ich die Blechdose mit dem Filmmaterial öffnen durfte, musste ich mit Herrn Zielke eine halbe Stunde im Dunkeln sitzen, damit sich die Augen anpassten. Erst nach dreißig bis vierzig Minuten, sagte er, könne man das schädliche Restlicht wahrnehmen, das durch alle Stoffe dringe. Ich erinnere mich an einen Wutanfall Zielkes während unserer Drehzeit, als er feststellte, dass in dem Hotel, in dem wir wohnten, die Lichtschalter mit fluoreszierenden Leuchttasten versehen waren. Ich musste in dem zum Kassettenwechsel angemieteten Hotelzimmer die Lichtschalter ausbauen, weil er radioaktive Strahlung befürchtete, die unser Filmmaterial schwärzen könnte.

Jeder Kameramann, der in seinen frühen Jahren noch die Askania- oder die baugleiche französische Debrie-Kamera kennengelernt hat, weiß, wie kompliziert bei diesen Geräten die Schleifenführung des Filmmaterials ist. Ich übte unter Zielkes Anleitung tagelang das Wechseln der Kassetten in der Kamera, das Bedienen der Schärfen und der Sektorenblende. Alle Handbewegungen mussten blind geübt werden, damit man auch bei Dunkelheit sicher war. Ich kann heute sagen, dass ich einer Disziplin unterzogen wurde, die alles danach übertraf. Der Gipfel des Könnens, das einem Kameraassistenten zugemutet werden kann, waren die von Zielke geplanten Überblendungsreihen. Sein ästhetischer Perfektionismus erlaubte nicht, den üblichen Prozess über Duplikate anzuwenden. Er wollte, dass Blenden, Überblendungen und Mehrfachbelichtungen in der Kamera ausgeführt werden. Dazu musste nach jeder Aufnahme, die natürlich absolut fehlerfrei vonstattengehen musste, der Film bis zu einer ganz bestimmten Stelle im Dunkeln zurückgespult werden, um dann am Set mit einer von Hand zu steuernden Auf- und Abblende über die bereits gedrehte Szene belichtet zu werden. Es gab Blendenserien von zehn oder mehr aufeinanderfolgenden Szenen. Am Ende eines solchen Programms, das zwei Tage und eine schlaflose Nacht in Anspruch nehmen konnte, war man einem Herzinfarkt nahe, denn der kleinste Fehler hätte alles zunichtegemacht.

In Zielkes Auftrag musste ich in einer Druckerei spezielle Klebeetiketten drucken lassen, auf denen in Rot ein großer Hinweis für die Techniker des Kopierwerkes zu lesen war: ACHTUNG, DIESES FILMMATERIAL IST VON WILLY ZIELKE UND ERFORDERT BESONDERE SORGFALT! NICHT MIT ANDEREM MATERIAL ZUSAMMEN BEARBEITEN! Auf jeder Büchse mit belichtetem Material musste dieser Zettel kleben. Ich durfte das Material nicht einfach in der Auftragsannahme des Kopierwerkes abgeben, sondern musste es dem Chef persönlich aushändigen und Grüße von Herrn Zielke ausrichten. Einmal erlebte ich, dass der Kopierwerkchef mir gegenüber seine Hochachtung für Herrn Zielke aussprach. Er wusste mir einiges über seinen Lebensweg zu berichten, über den Zielke selbst schwieg.

Willy Zielke war eine tragische Gestalt unter den deutschen Filmemachern. Geboren war er 1902 im damals russisch kontrollierten Łódź. Das erklärte auch den an das Baltendeutsche erinnernden Akzent, mit dem er sprach. In den zwanziger Jahren hatte er sich als Fotograf einen gewissen Ruf erworben. Das erwähnte er sogar mir gegenüber einmal und schenkte mir ein Büchlein mit dem Titel «n akt», das ich bis heute besitze. Es enthält einige Dutzend Aktfotografien aus Zielkes Zeit als Lehrer an einer Münchener Fotoschule. Zu Berühmtheit war ein Film gelangt, den er 1934 zum hundertsten Jubiläum der Eisenbahn gedreht hatte. DAS STAHLTIER war ein Experimentalfilm, mit dem Zielke weit über das Verständnis seiner Zeit hinausging. So kam es, dass die Reichsbahn als Auftraggeber den Film verbieten ließ. Zu den Bewunderern des STAHLTIERS gehörte Leni Riefenstahl, die ihm 1936 eine Zusammenarbeit bei der Produktion des OLYMPIA-Films anbot. Aber auch diese Arbeit entwickelte sich zu einem Drama, das bis in die Zeit hineinwirkte, in der ich sein Assistent wurde. Mehrmals hatte ich Zielke in Panikanfällen erlebt, bei denen ihn die Schreckensvision heimsuchte, dass Leni Riefenstahl ihn auch noch nach zwanzig Jahren von ihren Nazi-Schergen beschatten ließ. Sie sei der Teufel auf Erden, der seine Seele rauben wolle, sagte er einmal, als ich mit ihm durch die Münchener Tengstraße fuhr, wo Leni Riefenstahl zu dieser Zeit wohnte.

Erst später erfuhr ich die Hintergrundgeschichte. Willy Zielke wurde 1937 zwangsweise in eine geschlossene Psychiatrie gesperrt, wo er fünf Jahre lang wegen einer behaupteten Schizophrenie für medizinische Experimente missbraucht und zwangssterilisiert wurde. Auslöser war ein Streit mit Riefenstahl, die ihm die Autorschaft am Prolog des OLYMPIA-Films streitig gemacht hatte. Als Zielke um sein Recht kämpfte, soll Riefenstahl ihn als Geisteskranken denunziert und sich mit Hilfe ihrer Nazi-Verbindungen des Konkurrenten entledigt haben. Von dem Trauma der Zwangseinweisung hatte sich Zielke nie ganz erholt, und sicher war einiges an seinem ungewöhnlichen Verhalten damit zu erklären. Karl G'schrey, mit dem ich später über Zielke sprach, berichtete, dass man die Schuld der Riefenstahl in der Filmbranche schon seit Jahren erkannt habe und dass er ihm auch deswegen den Auftrag übertragen habe, den Dokumentarfilm über das Metall ALUMINIUM zu drehen.

Aus meiner Position als «Lehrbub» von Zielke konnte ich die Zusammenhänge nur langsam ergründen. Nach einigen Wochen der

Vorbereitung, zu denen auch Kamera- und Filmmaterial-Tests gehörten, ging ich mit Zielke auf eine Reise, die uns zu Firmen und Betrieben führte, in denen das Metall Aluminium gewonnen und verarbeitet wurde. Ich hatte von der Produktionsfirma einen Kleinbus erhalten, in dem alle Geräte, Lampen, Dolly, Stative und unsere persönlichen Reiseutensilien untergebracht waren. Wir waren bei den Firmen, in deren Räumen gedreht werden sollte, vom Münchener Büro angemeldet worden. Wir besuchten Aluminium-Gießereien, Walzwerke, Firmen, die Fensterrahmen und Architekturelemente fertigten, Firmen, die komplizierte Profile herstellten, sogar Flugzeugteile, aber auch Zahnpastatuben oder Verpackungsfolien. Es war eine Reise in eine gänzlich unbekannte Welt der Industrie.

Zielkes Lust am Experiment war grenzenlos. Er beauftragte mich, farbige Filterfolien zu beschaffen, mit denen das Licht in den Fertigungshallen eingefärbt werden konnte; er ließ große Milchglasscheiben besorgen, die zwischen Vordergrund und Hintergrund gestellt wurden, um die Raumtiefe zu verstärken; er füllte Büros und Designertische mit künstlichem Nebel, der ebenfalls farblich abgestuft beleuchtet wurde. Es wurden Zeitlupen- und Zeitraffer-Aufnahmen gemacht und komplizierte Kamerafahrten mit höchst virtuosen Schärfenbewegungen. Ich war mit Zielke fast immer allein unterwegs, denn viele Aufnahmen konnten mit unserem Equipment ohne weiteres Team realisiert werden. Lediglich wenn große Räume und Fabriken ausgeleuchtet werden mussten, schickte uns das Münchener Büro die nötigen Hilfskräfte. Es gab eine Beleuchtungsfirma, die uns mit ihrem Licht-Lkw und den Schienen für die Kamerafahrten versorgte. Die Arbeit war jeden Tag aufs Neue ein Durchbrechen der professionellen Denkgewohnheiten, die ich nur ex negativo kennenlernte. Da viele dieser Versuche spontan zustande kamen, musste ich immer wieder den Produzenten G'schrey anrufen und um zusätzliches Geld für «Unvorhersehbares» bitten. Zielke benutzte mich als Puffer gegen den Zorn des Produzenten, der händeringend, aber vergeblich versuchte, das Budget einzuhalten. Täglich musste ich auch mit dem Leiter des Kopierwerks telefonieren und mir berichten lassen, wie unsere Negative aussahen, und ob die gewünschten Effekte auch verstanden würden.

Immer wieder kehrten wir auch nach München zurück, um das bisher gedrehte Material auf der Leinwand zu sichten. Ich war begeistert von den Wirkungen und legte mir ein Büchlein an, in dem ich jeden Einfall und jede Verrücktheit Zielkes notierte. Ich wollte mir dieses unendliche Repertoire von Möglichkeiten tief einprägen. Mit der Zeit wuchs auch Zielkes Vertrauen zu mir. Er plauderte während der Autofahrten und wollte mir Russisch beibringen, damit ich den von ihm verehrten Filmkünstler Eisenstein studieren könne.

Zielkes Phantasie war sprunghaft und vehement. Als wir zum Beispiel in der Gegend von Bad Oeynhausen drehten, fand ich morgens auf dem Frühstückstisch einen Zettel, auf dem er mitteilte, ich müsse die heutigen Aufnahmen ohne ihn machen, denn er sei zur «Porta Westfalica» gefahren. Er wolle «das Ding» endlich mal sehen. Ich vermute, dass Zielke mit «das Ding» das Kaiser-Wilhelm-Denkmal gemeint hat. So war ich völlig frei, die vorgesehene Szene im Stil Zielkes zu drehen.

Später erlebte ich eine andere dieser Verrücktheiten. Es war in Düsseldorf, wo wir eine Panoramaszene an der bekannten Königsallee aufnehmen sollten. Der vorgesehene Kamerastandpunkt lag vor einem edlen Herrenbekleidungsgeschäft. Zielke ließ mich allein und verschwand in dem Laden. Nach einer halben Stunde kam er heraus, völlig neu eingekleidet, komplett in Schwarz. Er trug schwarze Schuhe, einen schwarzen Anzug, schwarzes Hemd mit schwarzer Krawatte, einen schwarzen Hut auf dem Kopf. Der Anblick war irreal. Zwei Düsseldorfer Jungen, die vorbeigingen, grüßten mit «Gelobt sei Jesus Christus», sie hielten ihn für einen Geistlichen. Zielke näherte sich ganz beiläufig der Kamera, warf einen kurzen Blick durch den Sucher und flüsterte mir zu: «Dreh du die Szene allein. Ich kann in diesem Aufzug nicht an einer Kamera arbeiten. Das würde falsch verstanden.» Er entfernte sich und beobachtete von weitem, wie ich den Schwenk ausführte. Ich verstand sein Verhalten als eine Art von Humor.

Es war einige Tage nach dem Einkaufs-Exzess, als Zielke klagte, sein Geld reiche nicht mehr für die teuren Mahlzeiten in den Gaststätten. Wir müssten nun selber kochen, so wie man es früher bei den Pfadfindern gemacht hätte. Er ging mit mir in ein Sportartikelgeschäft und kaufte für uns eine komplette Campingausrüstung mit Spirituskocher, Töpfen und Essgeschirr. Dazu brachte er in Supermarkttüten Berge von Konserven und Obst mit. Statt ein Restaurant zu suchen, musste ich den Bus in stille Landschaftswinkel fahren und unter enormem Zeitaufwand geeignete Lagerstätten finden. Das Essen schmeckte öde, und der ganze Drehtag war verloren. «Wir sind um eine Erfahrung reicher geworden», war Zielkes Kommentar, als wir zur gewohnten Mittagspause zurückkehrten.

Ein Höhepunkt waren die Dreharbeiten bei einem Hersteller von Aluprofilen in Württemberg. Auf dieser Reise wurden wir von Frau Zielke begleitet. Irgendwie hatte ich während der langen Reise nie den Eindruck gewonnen, dass er mit einer Ehefrau lebt. Frau Zielke war eine etwa vierzigjährige Blondine mit Mannequin-Figur. Sie wurde von ihm nur «Haselchen» genannt. Unterwegs turtelten «Haselchen» und er ununterbrochen und hielten unablässig Händchen, sodass ich anfing zu zweifeln, ob die beiden tatsächlich ein Ehepaar waren. Als wir bei der Firma in Gundelfingen ankamen, stellte sich bald heraus, warum «Haselchen» mitgekommen war. Sie sollte in Lebensgröße als Aktfigur in Aluminium gegossen werden. Dazu waren Spezialisten angereist, die den Gipsabdruck der nackten Frau Zielke herstellten. Es ging laut Drehbuch darum, eine Aufnahme vom Vorgang des Eloxierens der Metalloberfläche herzustellen. Die metallene Figur von «Haselchen» wurde mittels Kran vor laufender Kamera aus dem Eloxalbad gezogen und erglänzte in einem purpurfarbenen Goldton. Etwas Ähnliches dürfte die Aluminiumindustrie bis heute nicht wieder erlebt haben.

Meine Zeit mit Willy Zielke endete in einem bedauerlichen Missklang. Wir hatten zum Abschluss noch eine in der Kamera zu vollziehende Überblendungsreihe zu drehen. Dafür war eine Halle auf dem Bavaria-Filmgelände gemietet worden. Ein bestimmter, mit elektronischen Geräten erzeugter Klang sollte das Bild von einem schwingenden Metallstab begleiten und damit die Elastizität des Materials ausdrücken. Zielke kam auf die Idee, den Stab von einem Mädchen anstoßen und in Schwingung bringen zu lassen. Er erteilte mir den Auftrag, dieses Kind zu finden. Es sollte höchstens zwölf Jahre alt sein, im frühen Pubertätsalter, gerade im Begriff, der Kindheit zu entwachsen. Ich machte mich auf die Suche und fand ein geeignetes Kind in meinem Bekanntenkreis. Als Zielke verlangte, dass das Mädchen in der Szene nackt zu sein hätte, weigerte ich mich, die Mutter um Erlaubnis zu fragen. Ich sah nicht ein, dass dieses Kind in unserem Film nackt zur Schau gestellt werden sollte. Als Zielke sah, dass ich ihm nicht gehorchte, fing er an zu toben, ließ sich am Telefon mit Herrn G'schrey verbinden und forderte meine sofortige Entlassung. Andernfalls werde er die Regie niederlegen. Herrn G'schrey blieb bei so viel Erregung keine Wahl. Etwas war geschehen, das weit über die gegenwärtige Ursache hinausging. Ich fühlte mich missverstanden und fing an, mit Zielke zu streiten. Ich nannte seinen Wunsch, das Kind nackt zu zeigen, schlüpfrig oder zweideutig, was ihn zusätzlich kränkte.

Alles war auf einmal verfahren. Der Film wurde ohne mich fertiggestellt, ich wurde nicht im Abspann genannt und durfte auch nicht zur Premiere kommen. ALUMINIUM war Willy Zielkes letzter Film. Er lebte noch über dreißig Jahre, ohne dass die Filmwelt Notiz von ihm nahm. Er starb 1989 in Bad Pyrmont und wurde auf einem dortigen Friedhof bestattet. Zielke war mein eigentlicher Lehrmeister. Seinen Einfluss konnte man noch viele Jahre in meinen Filmen erkennen.

28 Parallelen

Während ich meine Begegnung mit Willy Zielke beschreibe, fällt mir auf, dass die Geschichte auf dem Papier eine Richtung einschlägt, die das diffuse Erinnern, das doch den eigentlichen Anlass und auch die Bilder vorgibt, gar nicht hatte. Die Sprache unterwirft die erinnerten Szenen ihren eigenen Regeln. Immer will sie aus dem überschwemmten Gelände und seinen vielen Gerinnseln einen anschwellenden Fluss machen und sucht sich eine Mündung. So erlebe ich, dass manche Kapitel ein Ende finden, das ich nicht vorgesehen hatte. Diese Enden fühlen sich an, als ginge das Leben an dieser Stelle nicht mehr weiter. «Was habe ich nach der Episode mit Zielke gemacht?» Diese Frage drängt sich plötzlich ins Bewusstsein und blockiert mein Gedächtnis. In Wahrheit gab es keine Zäsur an dieser Stelle. Viele parallele Aktivitäten gingen unberührt weiter. Auch die GBF beschäftigte mich einfach weiter. Man freute sich, dass ich so lange an Zielkes Seite durchgehalten hatte.

Bald lernte ich eine weitere Gestalt des deutschen Films kennen, die mich in ihre Schule nahm. Es war die Schnittmeisterin, die 1957 bei der Produktionsfirma beschäftigt war und die Aufgabe übernommen hatte, aus Zielkes majestätischen Bildern eine zusammenhängende Filmerzählung zu machen. Die Meisterin hieß Irmgard Henrici und war die einzige Cutterin der Welt mit Doktortitel. In ihrem Schneideraum haben Generationen von Cutterinnen ihr Handwerk gelernt, und ich hatte nun das Glück, die Fertigstellung des ALUMINIUM-Films zu beobachten und anschließend bei mehreren Projekten der Firma im Schneideraum zu assistieren. Dabei wurde deutlich, dass sich eine neue Filmgattung etablierte, an der die jungen Filmemacher Münchens ihr Talent versuchten: der Industriefilm. Auch Zielkes «Porträt eines Metalls» war einer dieser Industriefilme, mit denen die im deutschen Wirtschaftswunder erstarkten Unternehmen in die Öffentlichkeit drängten, um nach amerikanischem Vorbild ihr «Image» zu schaffen. Alle diese Filme wurden mit viel Geld ausgestattet und sollten «Modernität» und «Weltoffenheit» zeigen, Eigenschaften, die man lange Zeit nicht mit Deutschland in Verbindung gebracht hatte. Die Filmemacher durften ausgiebig experimentieren und waren ungewöhnlich frei beim Realisieren ihrer Gestaltungsideen. Besonders beliebt war die Verwendung von elektronischer Musik, die in besonderem Maße modern wirkte und zur Maschinenwelt passte. Aus ähnlichen Gründen liebte man schnelle Schnitte, extreme Weitwinkelobjektive und rasante Fahrten. Irmgard Henrici verstand es, das expressive Filmmaterial in einen schönen Fluss zu bringen, der den belehrenden Inhalt und die diskrete Werbung für den Auftraggeber hervorhob. Damit half die Schnitt-Doktorin der Firma, immer neue Aufträge ins Haus zu holen.

Meine Freunde Stefan und Bernhard hatten an dem Ruinenfilm über die Münchner Residenz ohne mich weitergearbeitet. Nach monatelangen Kämpfen um die Finanzierung des Filmschnittes und der Tonmischung waren zwei Filme entstanden: GESICHT EINER RESIDENZ und AUF OFFENER BÜHNE. Beide Filme wurden nur wenigen Freunden bekannt und fanden nie den Weg zu einer professionellen Verwertung. Das war wohl auch der Grund dafür, dass ein Münchener Produzent, der ebenfalls von Industriefilmaufträgen lebte, sich für unser Material über die Oper interessierte. Walter Leckebusch war ein Liebhaber der klassischen Musik. Er sah in den Bildern des ausgebrannten Opernhauses ein Zeugnis schändlicher Zerstörung von Hochkultur und engagierte sich für den Wiederaufbau des Opernhauses. Vermutlich witterte er ein zukünftiges Geschäft, als er uns beauftragte, einen neuen Film über das Nationaltheater zu drehen. Beim Sichten des Materials, das unmittelbar nach dem Cocteau-Besuch entstanden war, fanden sich viele bisher nie verwendete Szenen, die als unersetzliches Grundmaterial geeignet waren. Ich unterzeichnete gemeinsam mit Bernhard einen Vertrag, mit dem Leckebusch die Produktionskosten übernahm und uns die Regie und alle weiteren Kompetenzen übertrug. Er verpflichtete sich, unsere völlige Gestaltungsfreiheit zu respektieren.

Bei den Nachaufnahmen in der Opernruine, die wir in den folgenden Wochen durchführten, bewegte ich mich in Zielkes Fußstapfen. Ich verwendete eine Askania-Kamera, wie der Meister. Auch an der Wahl der Bildausschnitte kann ich heute deutlich den Zielke-Einfluss erkennen. Leckebusch besaß ein kleines Studio, in dem wir den Schnitt und auch die Tonaufnahmen ausführen konnten. So entstand der erste Film, in dessen Credits mein Name steht: SCHICKSAL EINER OPER. Am 15. Juli 1958 kam es zur Erstaufführung unseres Films in den Rathaus-Lichtspielen. Die Einführung sprach der Filmkritiker Enno Patalas, der noch viele Jahre eine wichtige Rolle im Münchener Kulturleben spielen sollte.

Immer häufiger wurden mir in dieser Zeit Aushilfsjobs als Kameraassistent angeboten. Die virtuosen Kamerablenden, die in Zielkes Film zu sehen waren, wurden unter den Kopierwerkstechnikern zur Legende. Sie galten auch als Beweis einer brillanten Leistung des Kameraassistenten. Ich war auf diese Weise wohl ein Geheimtipp unter den Kameraassistenten geworden. Wenn es besonders schwierige Aufgaben gab, riefen mich Chefkameraleute an, deren Namen ich nicht einmal kannte, und boten mir kurzfristige Jobs an. Da ich bei der GBF nicht festangestellt war, ließen sich solche Engagements problemlos einplanen, und ich konnte mit den Tagesgagen, die für Kameraassistenzen gezahlt wurden, zeitweise gut dazuverdienen. Einmal wurde ich sogar für eine Spielfilmproduktion gerufen. Unter der Regie von Kurt Hoffmann drehte der angesehene Kameramann Richard Angst den Film WIR WUNDERKINDER. Er gab mir die Aufgabe, mit der Handkamera einen Hund zu filmen, der in der Szene das Bein zum Urinieren hebt. Angst und seine Assistenten waren an dieser Aufgabe verzweifelt. Entweder tat der Hund nicht, was von ihm erwartet wurde, oder die Kamera war nicht im richtigen Moment an der richtigen Stelle, oder sie wurde zu früh oder zu spät eingeschaltet. Auch ich hatte erst nach mehreren Tagen den gewünschten Erfolg.

Die Freundschaft mit Bernhard Dörries war durch die Arbeit am Opernfilm in Schwung geraten. Wir verbrachten viele Stunden mit der Frage, wie wir noch besser von der Industriefilmwelle profitieren könnten. Warum sollten immer die alten Herren wie G'schrey oder Leckebusch die Profite kassieren, während wir jungen Filmemacher die Ideen lieferten? Wir beschlossen, unsere eigene Produktionsfirma zu gründen, und fanden den Namen «sdf – studio für dokumentarfilm». Wieder wurde alles mit Kleinbuchstaben geschrieben. Nicht nur in diesem Punkt hatte unsere Gründung durchaus Ähnlichkeit mit der gescheiterten Gründung der literarischen Zeitschrift «spuren» einige Jahre zuvor. Der Akzent unserer Arbeit sollte selbstverständlich auf den künstlerischen Qualitäten liegen. Während ich mich an diese Zeit erinnere und beginne, in meinen Kisten und Ordnern aus jenen Tagen zu forschen, fällt mir der Wahlspruch meines Vaters ein, der über seinem Uhrmacherwerktisch hing: QUALITÄT SETZT SICH DURCH. Es war offensichtlich das Erbe einer jahrhundertelangen Handwerkertradition, dass ich so sehr nach Selbständigkeit strebte. «Freiheit heißt, sein eigener Herr zu sein.» Diesen Satz hätte mein Vater jederzeit unterschrieben. Seltsam, dass ich diesen Zusammenhang jetzt erkenne; zu jener Zeit stand ich mit meinen Eltern kaum in Verbindung. Ich hatte sie seit zwei Jahren nicht ein einziges Mal gesehen. Die Armen wurden lediglich hin und wieder mit Fotos von ihrem Enkelkind versorgt.

Die Firma sdf brauchte Aufträge. Zu diesem Zweck entfalteten wir eine wilde Ideenproduktion. Wir entwickelten Dutzende von Stoffen und filmischen Visionen, mit denen wir an die bekannten Wirtschaftsunternehmen des Landes herantraten. Im Gegensatz zu den üblichen Industriefilm-Aufträgen wollten wir die Themen vorgeben.

In meinen alten Ordnern finden sich erstaunliche Entwürfe und ausgeschriebene Drehbücher, mit denen wir umherreisten, um potentielle Auftraggeber zu gewinnen. Hier einige Beispiele: SCHWARZWEISS, so hieß ein Filmprojekt über die Entstehung eines Buches, die Beziehung von Buchdruckerkunst und Literatur. Unter dem Titel WÄNDE AUS LICHT schlugen wir einen Film über gläserne Architektur vor, das Drehbuch war schon während meiner Dreharbeiten mit Zielke entstanden. TAGESLICHT hieß ein anderes, mit großer Leidenschaft geschriebenes Buch für einen Film über die Photochemie und die Ästhetik des Farbfilms. JAZZ IM KREML war ein Projekt, das ich gemeinsam mit Peter Schamoni verfolgte, als wir beide zur Teilnahme an den Weltfestspielen der Jugend im Juli 1957 nach Moskau eingeladen wurden. Mit großer Beharrlichkeit, aber auch mit Verzweiflung schickten wir Dutzende von Briefen, Exposés, Kalkulationen an Direktoren und Manager, ohne nur ein einziges Mal zu einem Auftrag zu gelangen. Es war wohl ein undurchdringlicher Konsens unter den neudeutschen Wirtschaftsunternehmern, dass man nur den älteren und mit den Wassern der großdeutschen Vergangenheit gewaschenen Partnern sein Geld anvertraute. Auch im Alter von fünfundzwanzig Jahren sah ich in den Männern und Frauen, um deren Gunst wir kämpften, noch «die Erwachsenen». Obwohl selbst schon Vater, blieb ich ein Zauberlehrling.

Ich tröstete mich damit, Drehbücher und Entwürfe für die GBF zu schreiben. Damit konnte ich überleben. Ich schrieb zum Beispiel ein Drehbuch mit dem Titel DER ENDLOSE FADEN, ein Film über Chemiefasern. Zuvor hatte man mich zur Firma Phrix geschickt, ein von den Nazis zur Kriegsvorbereitung gegründetes Unternehmen, um die Produktion zu studieren. Beim Versuch, die Vorgeschichte im Film aufzugreifen, löste ich Widerstände aus. Man entzog mir den Auftrag. Auch ein Drehbuch über die Stadt, in der wir lebten, sollte im Auftrag der GBF entstehen. Ich schrieb das Buch MÜNCHEN IM FENSTER. Aber das Porträt des modernen München, das mir vorschwebte, stand im Gegensatz zur Realität. Mein Drehbuch SIEMENS SOZIAL wurde tatsächlich verfilmt. Es ging um das soziale Engagement des Konzerns für kranke und in Not geratene Betriebsangehörige. Die GBF hatte einen angesehenen Regisseur gefunden, zu dessen Betreuung man mich als Aufnahmeleiter und Regieassistent in den Harz schickte, wo die Firma Siemens ein Erholungsheim unterhielt.

29 Verkehrserziehung

Eigentlich hätte ich mich um den Abschluss meines Studiums kümmern müssen. Von Professor Kutscher erhielt ich mehrere Postkarten, mit denen er anfragte, wie weit meine Dissertation gediehen sei. Ich hatte ein schlechtes Gewissen, denn das Thema Hörspiel hatte seine Aktualität verloren, je mehr ich mich mit Film beschäftigte. Ich schrieb auch keine Gedichte mehr – warum sollte ich meine Bilderphantasie in Worte fassen, wenn es den Weg zum Filmbild gab? Auch meine Prosaversuche lasen sich neuerdings wie Drehbuchentwürfe. In meinem Innern hatte sich ein weißes Rechteck aufgerichtet, auf das jedes Licht der Erkenntnis fiel, das mich traf. Dieses weiße Rechteck, Symbol der Kinoleinwand, war zu einer Pforte in ein neues Leben geworden. Poesie entstand für mich in einer neuen Sprache, der des Kinos als ein Ort für alle Geheimnisse und Schönheiten.

Auch München war nicht mehr die Stadt, in die es mich zum Studium gezogen hatte. Meine neue Wahrnehmung war auch hier: Film überall! In den Cafés gab es kein anderes Thema. Unter den Freunden kursierten immer neue Gerüchte und Legenden von Firmengründungen, Gruppenbildungen und Filmprojekten, an denen ehemalige Kutscher-Schüler beteiligt waren. Eine erwartungsvolle Stimmung lag in der Luft. Bei den Filmabenden des Studentischen Filmclubs, bei den Kursen des Filmseminars von Eberhard Hauff, in Falters Studio für Filmkunst und schließlich auch in den Vorlesungen von Professor Stepun und in Saschas «Buben-Kreis» ging es nur noch um Film. Die ersten Nachrichten vom Aufbruch junger Filmemacher in Frankreich waren noch vage, aber wir beschafften uns den vielbeachteten Aufsatz von Truffaut, «Une certaine tendance du cinéma français», mit dem die Filmkunst sich gegenüber der Literatur abgrenzte.

Eines Tages, im Jahr 1958, wurde ich während eines Aufenthaltes auf dem Bavaria-Filmgelände von einem Produktionsleiter angesprochen. Er fragte, ob ich bereit sei, als Kameramann bei einer Serie von Fünfminutenfilmen zum Thema Verkehrserziehung mitzumachen. Ich sagte zu, und es entwickelte sich aus dem Kamerajob ein umfassender Auftrag. Ich schrieb alle zwei Wochen ein kleines Drehbuch, übernahm im Laufe der Zeit auch die Regie und führte die Kamera. Der Auftraggeber der Serie war eine Kraftfahrzeugversicherung, die alle zwei Wochen ein Thema vorgab, das in den Filmen behandelt werden musste. Ich hatte jeweils bis zum nächsten Montag Zeit, die Filmidee zu entwickeln und bis zum Freitag derselben Woche einen fertigen kleinen Film abzuliefern. Die Filme wurden im Fernsehen gezeigt und auch in den Werbeprogrammen der Kinos. Die eindrucksvolle Verbreitung der Minifilme war schon bald ein Ansporn zum Experimentieren. Ich wollte durch unkonventionelle Machart die Aufmerksamkeit nicht nur auf die Verkehrserziehungsdidaktik lenken, sondern auch auf mein Engagement für die Filmkunst. Den Arbeitsvertrag, mit dem man mich für diese Aufgabe verpflichtete, habe ich als skurriles Dokument bis heute aufbewahrt. Ich erhielt für Buch, Regie und Kamera pro Spot ein lohnsteuerpflichtiges Honorar von insgesamt fünfhundert D-Mark.

Vielleicht sollte ich den gerechten Lohn, den man mir vorenthielt, als Lehrgeld betrachten, denn ich konnte bei über zwanzig Verkehrserziehungsspots, die ich drehte, viele neue Arbeitsbereiche der Filmherstellung kennenlernen. Zum ersten Mal arbeitete ich mit O-Ton, zum ersten Mal mit Schauspielern, mit Stunt-Spezialisten, mit Komparsen und großräumigen Absperrungen. Als das Thema «Übermüdung am Steuer» zu behandeln war, drehte ich zum ersten Mal Nacht- und Dämmerungsszenen. Die Beschreibung der psychischen Zustände des Protagonisten, der in einer Nacht von Hamburg nach München fährt und durch den starren Blick auf das endlose Band der Autobahn in einen Trancezustand gerät, wurde zum cineastischen Glanzstück der Serie. Der vom Auftraggeber vorgesehene Text, der immer vom selben Schauspieler eingesprochen wurde, störte in diesem Fall die suggestive Wirkung der Bilder. Bald schien mir das geeignetere Mittel der akustischen Untermalung elektronische Musik zu sein. In der Bavaria kannte man den in Berlin lebenden Komponisten Oskar Sala, der mit einem Instrument arbeitete, das Trautonium genannt wurde. Aber ich suchte nach etwas, das man noch nie gehört hatte, einem gänzlich neuen Klang, der nicht an den Musikbetrieb erinnern sollte. In München lebte der jüngere Hans Posegga, der schon die Musik zu Zielkes Film und anderen Produktionen der GBF mit elektronischen Instrumenten geliefert hatte. Aber vielleicht war gerade das für mich ein Hindernis. Ich wollte bei der Musik meinen eigenen Weg finden.

Ich hatte von einem Kölner Studio des WDR gehört, in dem sich die Avantgarde der modernen Musikwelt versammelte. Aber gab es etwas Vergleichbares auch in meiner Nähe? Bei meinen Recherchen kam ich auf die nicht sehr originelle Idee, den Bayerischen Tonkünstlerverband anzurufen. Die freundliche Mitarbeiterin meinte, es gäbe da so einen verrückten Komponisten, der sich mit elektronischer Musik befasse. Sie nannte mir den Namen Josef Anton Riedl. So entstand meine Verbindung zu Riedl, der nicht nur in den folgenden Jahren die

Musik für alle meine Filme komponierte, sondern auch mein gesamtes Musikverständnis prägte. Der Freundschaft mit Riedl verdanke ich entscheidende Erkenntnisse über die Situation der Künste nach zwei Weltkriegen und den Aufbau einer demokratischen Gesellschaft. Wir philosophierten über den Begriff der Polyphonie in einer Welt ohne Hierarchien, die auch eine Musik ohne Hierarchien der Töne fordere. Wir verglichen die Probleme der Filmkunst mit der Musik und suchten die Parallelen und Verwandtschaften zwischen den beiden Künsten. Die Zusammenarbeit mit Riedl bei der Vertonung des kleinen Verkehrserziehungsfilms wurde zum Anfang einer fruchtbaren, jederzeit inspirierenden Zusammenarbeit.

Unsere erste Begegnung fand in den Kellerräumen des Siemens-Gebäudes am Oskar-von-Miller-Ring statt. Riedl kroch durch ein chaotisches Gewirr von Kabeln und Schaltkästen über den Fußboden und versuchte, ein Tonbandgerät in Gang zu setzen, das ohne Gehäuse mit allen seinen offenliegenden Innereien neben seinen Knien stand. Da er sehr kurzsichtig war, steckte er mit seinem Kopf so tief in dem Kabel- und Steckersalat, dass er mich lange nicht bemerkte. Erst als er sich erhob, weil ein unerträglicher Pfeifton aus dem Lautsprecher den Raum erfüllte, sah er mich. Riedl war ein spröder Mensch, der ohne jegliche Formalität zur Sache kam. Er ließ sich meine Aufgabe erklären und führte mir Klangbeispiele vor. Was ich hörte, war anders als alles, was ich bis dahin als Musik bezeichnet hätte.

Es gab zwei Ingenieure, die das Haus Siemens Riedl zur Seite gestellt hatte; mit deren Hilfe sollte ein neues Studio für elektronische Klangerzeugung entstehen. Riedl schwärmte von dem Projekt, das er dem Konzern mit seinen Überredungskünsten abgetrotzt hatte. Es sei das modernste und technisch avancierteste Studio der Welt, das hier entstehe, dagegen sei das Kölner Studio ein alter Hut. So war Riedl, unendlich begeisterungsfähig und ein kompromissloser Anhänger der Musikavantgarde.

30 Der Mann von Bayer

Ausgerechnet an einem der beiden römischen Brunnen vor der Universität wurde ich von einem ehemaligen Kommilitonen angesprochen. Ich hatte ihn zu Beginn des Studiums bei Kutscher kennengelernt, aber er war bald wieder verschwunden. Seinen Namen hatte ich vergessen. Er stellte sich als Gerhard Scharnhorst vor und überreichte mir eine Visitenkarte, auf dem die Adresse eines Büros und das Logo des Chemiekonzerns Bayer zu sehen war. Ich erfuhr, dass er sein Studium in Wien fortgesetzt und kürzlich mit Promotion abgeschlossen hatte. Hier in München sei alles viel zu ambitioniert und langwierig gewesen, denn er habe immer schon auf eine bestimmte berufliche Perspektive hingearbeitet. Er habe sich sozusagen in ein «gemachtes Bett» gesetzt, fügte er ein wenig verlegen hinzu. Mit seinem perfekt sitzenden Anzug und seiner Eton-Krawatte kam er mir reichlich exotisch vor. Er sei auf der Suche nach einem aufstrebenden Filmadepten, sagte er, der an Aufträgen aus der Industrie interessiert sei. Er fragte auch, ob ich ihm einen Tipp geben könne. War es möglich, dass er mich zufällig erkannt und angesprochen hatte? Gab es jemand, der ihn auf eine Spur gesetzt hatte?

Ich fing an, ihn auszufragen, weil ich wissen wollte, ob man sein Angebot ernst nehmen konnte. Scharnhorst war, wie ich erfuhr, der Sohn eines hohen Managementdirektors des Chemiegiganten Bayer. Der Vater hatte ihn zum Leiter einer neu gegründeten Filmstelle in Leverkusen gemacht und ihn mit einem üppigen Budget ausgestattet, damit er Filme über die Produktbereiche des Konzerns herstellen lassen konnte. Wie er mir freimütig berichtete, habe er alles, was notwendig sei, Technik, Mitarbeiter, Geld, sogar Ideen, aber es fehle ihm das Entscheidende: seriöse Kenntnisse, wie man überhaupt Filme herstellt. Sowohl technisch als auch auf den Gebieten der Gestaltung mangele es ihm an Know-how. Ob ich ihm bei der Suche helfen könne, fragte der junge Doktor der Wiener Theaterwissenschaften.

Natürlich bot ich Herrn Scharnhorst meine Mitarbeit an. Es wurde ein Vorstellungstermin in Leverkusen verabredet, dann ging er – nach Geschäftsleute-Art – zu Privatgesprächen über. Er kam eben aus einem «guten Stall». Seine Frau, die ich am selben Tag noch kennenlernte, stammte aus dem Villenviertel Grünwald, also auch aus einer Welt, in der man nicht erfolglos Kleinfirmen gründete wie ich. Man lud mich ins teure Café Luitpold ein, das ich an diesem Nachmittag zum ersten Mal betrat. Alles war wie im Traum, oder vielmehr wie im echten Leben, denn *ich* war bisher wohl der Träumer gewesen. Einige Tage später brachte mir die Post die Einladung zum Vorstellungsgespräch, verbunden mit einem Schlafwagenticket erster Klasse nach Köln mit Weiterfahrt zur Bayer-Stadt Leverkusen.

Es war kurz vor dem Jahreswechsel 1958/1959, als eine Zusammenarbeit begann, die für einige Jahre meinen Werdegang prägen sollte. In meinen Aufzeichnungen aus diesen Tagen habe ich die Punkte festgehalten, die mir auf dem Rückweg nach München durch den Sinn gingen. Da stand an erster Stelle meine Freude über die Selbständigkeit und umfassende Verantwortung bei der Gestaltung der Filme, die man mit mir herstellen wollte. Zugleich aber war ich enttäuscht über das Honorarangebot von insgesamt 1500 D-Mark als Pauschale für drei Monate Arbeit als Drehbuchautor, Regisseur, Kameramann und Schnittmeister eines kompletten Films. Mein Schaffensdrang war aber so offensichtlich, dass mir gegenüber den großen Herren von Bayer die Argumente fehlten, weiterzuverhandeln. Wenigstens die Wahl meines persönlichen Assistenten konnte ich durchsetzen.

Das erste Filmthema, das ich bearbeiten sollte, war die medizinische Grundlagenforschung, die der weltbekannte Nobelpreisträger Gerhard Domagk leitete. Ihm war es gelungen, einen wichtigen Beitrag zur Krebsforschung zu leisten, auf den der Bayer-Konzern mit Stolz hinweisen wollte. Der Film sollte die Forschungsarbeit der Firma allgemein beschreiben und dann auf die neuesten Ergebnisse eingehen. Ich wurde in ein edles Hotel einquartiert und sollte einige Tage lang die innersten Bereiche der Forschungslabore besichtigen, um das Drehbuch verfassen zu können. Tagsüber führten mich die Bereichsleiter, alles promovierte Chemiker und Mediziner, durch die Labors und Produktionsanlagen, abends wurde ich in den Casinoräumen zum Essen und zur Konversation eingeladen. Als ich mit Themen und Eindrücken versorgt war, verabschiedete man mich «mit vielen Grüßen an die Frau Gemahlin» zum Kölner Hauptbahnhof.

Auf der Suche nach einem Assistenten hatte ich einen jungen Mann kennengelernt, der gerade seine Ausbildung zum Fotografen machte. Er hieß Thomas Mauch und kam aus demselben schwäbischen Städtchen wie meine Freunde Dieter Roos, Oda von Negelein oder Erwin Veil. Offenbar war Heidenheim an der Brenz ein Nest für diese besondere Art bunter Vögel. Mit Thomas Mauch, der später zu einem der bedeutendsten Kameramänner des deutschen Films werden sollte, zog ich zu Beginn des Jahres nach Leverkusen und zu den anderen Standorten der Bayer-Forschung. Wir drehten ein Interview mit Professor Domagk und arbeiteten dann wochenlang unter sterilen Laborbedingungen mit und neben den Wissenschaftlern. Ich notierte die Erklärungen, die man mir gab, und versuchte, sie in visuelle Sequenzen zu übersetzen. Dabei entstanden Bilder von kleinen und kleinsten Vorgängen. Wir drehten mit einer 35-mm-Kamera und Spezialobjektiven, die ich eigens für unseren Film anschaffen ließ. Ich beleuchtete die Reagenzgläser, Pipetten und Objektträger mit farbigem Licht à la Zielke und drehte mit Mauch komplizierte Kamerafahrten durch das Innere von Versuchsanordnungen. Mit unseren Makro-Objektiven konnten wir quasi in die verborgenen biologischen Prozesse hineinschauen und Aufnahmen zustande bringen, wie es sie bis dahin nicht gegeben hatte. Menschen erschienen in dem Filmmaterial nur mit ihren Fingerspitzen, in Spiegelungen oder als Schemen hinter den Forschungsgeräten. Wir filmten auch Tierversuche, Details aus der Pathologie oder Szenen der klinischen Studien in Krankenhäusern. Es entstand umfangreiches Material, ausreichend für zwei Filme, das nach meiner Rückkehr mit Hilfe einer freien Cutterin in einem Schneideraum der Bavaria-Film bearbeitet wurde. Bei dieser Gelegenheit lernte ich Beate Mainka kennen, die noch als Aushilfe im Schneideraum assistierte. Beate Mainka sollte später eine der wichtigsten Schnittmeisterinnen des Neuen Deutschen Films werden.

Wir hatten unsere medizinische Dokumentation auf Agfacolor-Material gedreht, das im Bayer-Konzern eigens für unseren Bedarf mit besonderen Eigenschaften ausgestattet wurde. Der Film sollte nebenbei auch für die Farbfilmtechnik der Agfa werben. Wir schnitten ihn aus dem großen Materialvorrat, er war zweiundzwanzig Minuten lang und bekam den Titel EXPERIMENTELLE KREBSFORSCHUNG; er enthielt die schönsten Farbeinstellungen, die uns gelungen waren, und entsprach so der Gattung des künstlerisch ambitionierten Industriefilms, wie ich ihn bei der GBF kennengelernt hatte. Seine Aufgabe war die Image-Werbung für den Konzern. Ende März 1959 kam es in einem Kölner Kino zur Uraufführung in Gegenwart der Auftraggeber. Wenig später erhielt unser Werk auf der «Rassegna del film scientifico» in Rom einen Preis als bester wissenschaftlicher Film des Jahres. Als Einstand war das natürlich vorteilhaft und führte dazu, dass man mir sofort eine neue Aufgabe stellte.

Eine Münchener Werbeagentur sollte ein Produkt der Leverkusener mittels Fernsehwerbung durchsetzen. Jedoch wusste niemand, wie man das macht. Vor allem fehlte es an filmischen Ideen. Es ging um ein Schmerzmittel mit dem Namen «Sinpro», das rezeptfrei verkauft wurde. Die Werbespots, die es zu produzieren galt, sollten den Spruch «Die perlende Wohltat» illustrieren und zum Massenkonsum des Mittels anregen. Heute kann man sich darüber wundern, mit welcher Lust am Geschäftemachen man sich in jener Zeit über alle medizinischen Bedenken hinwegsetzte. Ich hatte die Idee, in den Werbespots die Frontscheibe der TV-Bildröhren direkt anzuspielen. Bekannte Schauspieler wurden als «Ratgeber» inszeniert, die von der Innenseite des Fernsehgerätes gegen die Frontscheibe klopften und die Zuschauer in ihren Wohnzimmern direkt ansprachen. Es machte Spaß, sich auf diese Weise mit dem Medium Fernsehen und der damaligen Röhrentechnik auseinanderzusetzen. Die Bildröhre wurde mein eigentliches Thema, nicht das Schmerzmittel. Ende April konnte ich die Spots abliefern und war damit im Dienst der zuständigen Werbeagentur etabliert.

«Baumwolle» hieß das Zauberwort, mit dem man mich jetzt konfrontierte. Der Münchener Filmproduzent Linnebach hatte schon vor längerer Zeit einen Produktionsauftrag von Bayer erhalten, der ihm die Herstellung eines Films über den weltweiten Baumwollanbau sicherte. Ich wurde aufgefordert, mit dem Linnebach-Studio zusammenzuarbeiten, obwohl Scharnhorst und ich überzeugt waren, die Produktion auch alleine zustande bringen zu können. Der Vorteil der neuen Konstellation war aber, dass ich auf bessere Bezahlung drängen konnte. Nach mehreren Besuchen in Leverkusen und dem Studium der Literatur zum Thema Baumwolle schrieb ich ein Drehbuch, das den Mangel aufwies, ohne direkte Anschauung seines Sujets entstanden zu sein: Ich war noch nie in exotischen Ländern gewesen, und noch nie hatte ich einen persönlichen Blick in die Welt der landwirtschaftlichen Großindustrie geworfen, von der unser Film handeln sollte. Also war man sich bald einig, dass ich auf einer Informationsreise durch Mexiko die Einblicke bekommen sollte, die für den Film erforderlich waren. Natürlich sahen die Bayer-Vertreter darin auch die Gelegenheit, mich von den Notwendigkeiten des Geschäftes mit chemischen Pflanzenschutzmitteln zu überzeugen.

In diesen Tagen erhielt ich wieder eine Postkarte von Professor Kutscher, bei dem ich mich lange nicht mehr hatte blicken lassen. Er schrieb mir, ich solle ihn dringend aufsuchen. Da ich die Arbeit an meiner Dissertation sehr vernachlässigt hatte, musste ich mit ernsthaften Vorhaltungen rechnen. Mich bedrückte, dass mich das Thema Hörspiel nicht mehr annähernd so stark interessierte wie der Film, für den mein Herz schlug. Am liebsten hätte ich das Dissertationsthema gewechselt. Ich machte mir sogar einige Notizen dazu. Es ging um die Musikalität im Film, ein schönes Thema, das mich bis heute beschäftigt. Es war mir jedoch bewusst, dass Professor Kutscher darauf nicht eingehen würde.

Zu meinem Besuch in seiner Schwabinger Wohnung nahm ich das offizielle Einladungsschreiben der Firma Bayer mit, in dem der Termin und die Route einer Motivsuche in Mexiko festgehalten waren. Kutscher empfing mich freundlich, aber ich sah, wenn ich an diese Begegnung zurückdenke, auch eine Melancholie in seinem Blick, die man bei ihm nicht erwartet hatte. Er war inzwischen achtzig Jahre alt, und sein Wahlspruch «Alter schützt vor Jugend nicht», mit dem er Semester für Semester die Vorlesungen eröffnet hatte, schien ihn nicht mehr zu überzeugen. Er blätterte nervös in seinem Notizbüchlein, als suche er nach einem Eintrag, mit dem er mich an etwas erinnern wollte, das er vergessen hatte. Er wusste, dass meine Leidenschaft nun der Film war, und erwähnte auch frühere Schüler, die beim Film gelandet seien. In seinem Notizheft fand er schließlich den Namen Helmut Käutner, der als Regisseur in den Jahren zuvor große Erfolge mit den Zuckmayer-Verfilmungen wie DES TEUFELS GENERAL oder DER HAUPTMANN VON KÖPENICK gefeiert hatte. Der habe seine Doktorarbeit auch verschlampt, sagte er. Natürlich habe er Verständnis für meine Lage, eine Reise nach Mexiko sei eine Chance, die vielleicht nicht wiederkäme. Ich solle aber nicht vergessen, dass er «irgendwann nicht mehr verfügbar» sei. So umschrieb mein verehrter Doktorvater das nahende Ende, das er wohl ahnte. Ich aber hielt ihn für unsterblich, wie mich.

Gertraud war schwanger. Diese Nachricht passte genau in die Aufbruchseuphorie. Den Beruf einer Inspektorin im Postscheckdienst hatte sie immer nur als sichere Erwerbsmöglichkeit gesehen, die ihr Unabhängigkeit von Elternhaus und Partner bot. Sobald es die Versorgung der eigenen Familie nicht mehr erforderte, wollte sie das Arbeitsverhältnis beenden. Es traf sich gut, dass sie zur gleichen Zeit von ihrer Postbehörde zur Beamtin auf Lebenszeit ernannt worden war. Von nun an konnte sie den Anspruch auf eine durchaus beträchtliche Abfindungssumme geltend machen, wenn sie das Dienstverhältnis kündigte. Ein zweites Kind, eine Abfindung, ein Filmauftrag. Das hieß: endlich einmal Urlaub, endlich richtige Möbel für die Wohnung, vielleicht sogar schöne Kleider. Wir lebten bisher doch so bescheiden! Es war wie ein Sonnenaufgang. Susanne war drei Jahre alt, gerade noch nicht zu groß, um ein Geschwisterkind zu akzeptieren.

31 Mexiko

Was nun folgte, war eine vollkommen neue Erfahrung für mich. Der Hunsrücker Junge, der noch nie andere Länder gesehen hatte, sollte die ersten Schritte in die Welt wagen. Noch nie war ich in einem der europäischen Nachbarländer gewesen, noch nie mit einem Flugzeug gereist. Da fiel mir unser Freund Julio ein. Er war der einzige Mensch, der mich beraten, der mir etwas über die Fremde, die mich erwartete, erzählen konnte. Er erzählte mir Geschichten von den indigenen Völkern, von den spanischen Eroberungen und heutigen Menschen der lateinamerikanischen Welt, aus der er zu uns gekommen war. Julio gab mir Spanischunterricht. Dabei gelang es ihm, mir in kurzer Zeit ein Grundgefühl für die Sprache zu vermitteln, sodass ich anfing, mit ihm spanische Sätze zu improvisieren, die ich aus meinen Lateinkenntnissen zusammenbaute.

Meine Reise nach Mexiko begann mit dem ersten Flug meines Lebens am 7. Juni 1959 von München nach Paris-Orly mit einer Maschine der Air France. Da mein Reisegepäck schon zum Weiterflug nach Mexiko in München abgefertigt worden war, stand ich in Paris ratlos im Flughafengebäude. Ich hatte viele Stunden Zeit bis zu dem verabredeten Treffen mit einem Abteilungschef der Bayer-Werke, der auf dem weiteren Flug dabei sein sollte. Im Landeanflug hatte ich den Eiffelturm gesehen und fuhr deswegen mit einem Taxi in die Stadt, um das Wahrzeichen aus der Nähe anzuschauen. Ich bestieg den Turm, wie es wohl jeder Tourist einmal macht, und betrachtete die gewaltige Stadt von oben: kaum Grünes, eine hellgraue Steinwüste, unübersehbar keine Ruinen wie in unseren deutschen Städten. Ich sah eine Großstadt, wie ich sie nie erblickt hatte. Der Eindruck ist mir viel stärker in Erinnerung geblieben als das Fliegen, das sich wohl schon damals sehr ähnlich anfühlte wie heute.

Es war schon Abend geworden, als ich nach Orly zurückkam und den Direktor von Bayer traf. Er war ein älterer Herr, der sich kaum für mich interessierte. Auf dem Weiterflug nach New York saß er nicht neben mir, sondern reiste in der Ersten Klasse und hatte ein «Sleeper»-

Abteil gebucht, wo er bis zur Zwischenlandung in New York hinter Vorhängen verschwand. Das Flugzeug war eine viermotorige Propellermaschine, eine sogenannte Lockheed Super Constellation, deren Motorengeräusch ein tiefes Dröhnen war, das mir nach dem endlosen Flug noch tagelang im Kopf rumorte. In New York ging es nach kurzem Aufenthalt weiter. Nach mehr als vierundzwanzig schlaflosen Stunden sah ich den Flughafen von Mexiko-City wie in Trance. Beim Aussteigen schwankte die Erde unter mir. Es war kein Erdbeben, wie ich wohl meinte, sondern nur meine Unsicherheit auf einem Boden, der zweitausend Meter über dem Meeresspiegel liegt. Das konnte ich nicht in mein Empfindungsrepertoire einordnen.

Auf dieser ersten Reise führte ich ein Tagebuch, das die Hilflosigkeit dokumentiert, mit der ich vor meiner Aufgabe in der fremden Welt stand. Ich sollte die großen Anbaugebiete und Verarbeitungsbetriebe der Baumwolle kennenlernen, und besonders ging es den Auftraggebern darum, dass ich die Insekten und anderen Tiere studierte, die jedes Jahr die Ernten auf den gewaltigen Monokulturen gefährdeten. Zu den Besprechungen, die im Büro der Bayer-Vertretung stattfanden, waren Fachleute aus verschiedenen lateinamerikanischen Ländern angereist. Jeder von ihnen lieferte seinen Beitrag zum Film ab und machte Vorschläge für geeignete Drehtermine. Ich nahm Drehbuchergänzungen vor, dann hatte ich freie Zeit.

Ich habe mein Tagebuch von damals tatsächlich bis heute aufbewahrt. Als Eintrag vom 11. Juni ist zu lesen: «Ich werde am Morgen abgeholt und fahre mit den Herren von BAYER und Herrn Linnebach, der inzwischen auch eingetroffen ist, in zwei Wagen nach Süden. Herrliche Straßen durch einen großartigen Morgen. Fremdartige Vegetation, hohe Berge, am Wegrand hin und wieder eine Hütte, ein Esel, ein Pferd mit Fohlen, ein unendlich großer Himmel. Wieder diese noch nie gesehenen Farben des Himmels! Man spürt an jeder Stelle die unendliche Größe dieses Landes. Das Gebirge ist über 4000 Meter hoch. Es ist nicht vorstellbar, wie Hernando Cortez 1519 mit seinen wenigen Leuten damals den Weg durch dieses Land wagen konnte. Wie war es möglich, dass die weißen Götter, als die Cortez und seine

Kumpanen angesehen wurden, ein ganzes Volk mitsamt seiner Kultur zerstören konnten? Ich werde traurig. Sind wir Europäer nicht immer noch die Eroberer? Ich sehe die Gesichter der Indios am Wegrand und schäme mich, in einem fetten Cadillac an ihnen vorbeizubrausen und die hingehaltenen Blumen, Zeitungen und Lose nicht zu kaufen. Die Menschen sehen einen an wie die ausgemergelten Maultiere oder der Esel, der auf der Autostraße stand, vor dem wir plötzlich bremsen mussten; der uns aus zugekniffenen Augen vorwurfsvoll ansah, bevor er weiterging. Wir sind die Weißen Götter von BAYER. Beim Mittagessen in Cuernavaca werden wir von zwei Indiomädchen bedient, deren undurchdringliche Gesichter mich beschäftigen. Später besuchten die Herren einen Night Club, in dem mexikanische Volkstänze mit Marimba-Musik aufgeführt wurden. Man schäkerte mit den Animierdamen, trank exotische Cocktails und Whisky; ich vertrug ihn nicht und musste betrunken ins Hotel gebracht werden.»

In meinem Tagebuch ist auch immer wieder die Rede von der Scham, ein Deutscher zu sein. Es war nicht die Reaktion auf Vorurteile und Anfeindungen, wie ich sie später bei vielen Reisen erfuhr, besonders in europäischen Ländern, die unter dem Krieg der Nazis hatten leiden müssen. Hier in Mexiko sah ich die Traurigkeit in den Gesichtern der Indios und die kolonialen Gesten meiner deutschen Gastgeber. Ich begann, mich für die untergegangene Kultur der Ureinwohner zu interessieren. Bei der nächsten Gelegenheit schloss ich mich einem Ausflug nach Teotihuacán an, zu den berühmten Stufenpyramiden der Azteken. Ich erinnere mich, dass beim Besteigen der Sonnenpyramide auf halber Höhe eine amerikanische Touristin direkt neben mir ohnmächtig wurde. Plötzlich hielt ich die fremde Frau in den Armen, die mich kreidebleich anstarrte. Auch ich litt in der Höhenlage unter dem niedrigen Luftdruck. Das seien die alten Götter der Azteken, die sich an den Gringos rächen, wurde mir gesagt. Ich blieb den ganzen Tag auf dem Ausgrabungsgelände. Ich hatte mir Literatur über die als rätselhaft geltende indianische Kultur besorgt und machte mir erste Notizen zu einem Film, den ich über die ferne Geschichte dieses Landes drehen wollte. Vor seiner Abreise nach Deutschland trug ich

Linnebach die Idee vor, neben den Dreharbeiten für den Baumwoll-Film einen archäologischen Film zu drehen. Wenn schon der teuerste Teil, die Reise und die Technik, bezahlt seien, könne man diese Chance nicht vergehen lassen, argumentierte ich. Aber Linnebach wollte erst einmal prüfen, wie sein Kunde Bayer auf die Idee reagiert. Er war nicht für Ideen zu begeistern, die keinen Profit abwarfen.

Da man sich inzwischen über das Drehbuch zum Baumwoll-Film und seine Themen einig war, sollte ich zum Schluss direkten Einblick in den Baumwollanbau und seine industrielle Struktur bekommen. Die wichtigsten Plantagen, auf denen später Filmaufnahmen gemacht werden sollten, lagen im Norden, im Grenzgebiet zu den USA. Ein Besuch in der Stadt Matamoros sollte den Abschluss meiner Reise bilden. Die Umgebung der Stadt werde gerade von Schmetterlingsraupen angegriffen, und es seien gewaltige Invasionen der Schädlinge in den Feldern zu sehen. Darüber ist ein Stimmungsbericht in meinem Reisetagebuch erhalten geblieben, den ich hier wiedergeben möchte, weil er nicht nur meine Gefühle beschreibt, sondern auch ein Bild der damaligen Verhältnisse in dem erschreckend gewaltigen Land Mexiko zeichnet:

«Schon am Flughafen von Mexiko-City betrachtete ich mit Misstrauen die uralten, ausrangierten Flugzeuge der mexikanischen Fluggesellschaften. Als wir schließlich durch das Gate gelassen wurden, führte ein blasser Mexikaner die ganze Gesellschaft wie eine zum Schlachten bestimmte Hammelherde zu dem ältesten und verwahrlosesten der alten Kähne. Mit schlechten Empfindungen stieg ich ein und gab der unterbezahlt aussehenden Stewardess mein Billett. Ich hatte einen Fensterplatz auf der rechten Seite mit Ausblick auf Tragfläche und Motoren. Eine alte Maschine vom Typ DC 4. Als die Motoren angelassen wurden, wollte der rechts außen nicht. Das Bodenpersonal, bestehend aus einem dunkelhäutigen Mexikaner mit einer Pressluftmaschine, gab sich verzweifelte Mühe. Der Kerl rannte im Luftzug der anderen Motoren wild gestikulierend umher, bis der Motor schließlich knallend und spuckend anlief und Feuer ausstieß. Schon rollte der Klapperkasten auf die Piste. Hier das übliche Manöver, Gas geben, die Motoren knallten, der ganze Kasten zitterte. Ausfahren der Start-Landeklappen mit einem kreischenden Geräusch. Als die Kiste sich schließlich in Bewegung setzte, hatte ich das unbehagliche Gefühl, dass sie nicht schnell genug beschleunigte. Schließlich aber hob sie ab, um gleich darauf wieder auf die Piste zu fallen. Dann startete sie zum zweiten Mal.

Mühsam rumpelte der alte Vogel nach oben, obwohl nur halb besetzt. Ein Aufatmen ging durch die Reihen der Passagiere. (Fast nur Mexikaner in Hemdsärmeln, eine amerikanische Familie, ein europäisch aussehender Sportstyp vor mir, ein Mann mit Gipsbein.) Ich schaute auf die Uhr. Die Zeit ging verdächtig langsam. Der Motor rechts von mir lief, wenn auch die Bleche zitterten. Mein Magen knurrte. Ich hatte bei der frühen Abfahrt im Hotel nicht mehr frühstücken können. Die Stewardess ließ sich nicht blicken. Luftlöcher und Böen. Ich rauchte. Endlich, nach einer Stunde fast, wurde es ruhiger. Das Signal ‹Fasten seat belt› erlosch. Der Steward brachte verschiedene Frühstückstabletts nach vorne in die Pilotenkabine. Schließlich bekam auch ich etwas. Lauwarmes Fleisch in undefinierbarer Soße. Dazu lauwarmes Kompott, Brot, abgefressenes Besteck. Ich fragte nach Kaffee. Das Signal ‹Fasten seat belt› leuchtete wieder auf. Der Steward warf einen Blick nach vorn und sagte: ‹No coffee now.› Das war alles. Ich hatte Durst. Die Maschine kam in eine finstere Waschküche, in der wir ein Spielball der Winde wurden. Das war ein unbeschreibliches Auf und Ab. Viel schlimmer als auf der Achterbahn. Ich hatte das Gefühl, dass die Maschine kaum noch zu steuern war. Ein Schlingern seitwärts und ein Stürzen und Sich-wieder-Fangen, das kein Ende nahm. Ich schaute starr hinaus auf die Tragfläche, über die die Nebelfetzen zischten und die Schwingen abzureißen drohten. Alte Nieten, aufgerissene Blechteile, der Motor rechts außen vibrierte stark. Ab und zu ein Ausblick auf ein verkarstetes Wüstenbergland.

Da, mitten in den Böen, ein paar Explosionen im bewussten rechten Motor. Er spuckte Feuer und Qualm und blieb schließlich stehen. Die Passagiere starrten entsetzt nach außen, der Flugkapitän rannte durch die polternde Maschine nach hinten. Ein Mechaniker folgte.

Die Stewardess versuchte zum ersten Mal mühsam zu lächeln. Dann setzte sie sich auf einen freien Platz und schnallte sich an. Wir gingen tiefer. Wüstes Land unter uns kam näher, Versuche, den Motor zu starten, nichts. Böen. Unter uns Wasser. Das Fahrgestell war ausgefahren, ich spürte, wie meine Handflächen schwitzten. Die Amerikaner hatten mit ihrem Geplapper aufgehört. Der Sportstyp vor mir schaute unverwandt nach draußen. Unter uns Sträucher, Wassergräben, Sumpf, urweltlich anzusehen, ein paar Hirten, ein paar Schafe, manchmal eine Hütte, ein Esel, und wieder sumpfige Teiche in verkarsteter Gegend. Wir gingen immer tiefer. Bald hatte ich das Gefühl, dass wir hier notwassern sollten. Die Manöver der Maschine ließen darauf schließen.

Wir fliegen langsam über eine Wiese, dann ein Baumwollfeld, dann ein Wassergraben. Die Landeklappen sind ausgefahren. Ich schnalle meinen Gurt fester und halte den Atem an. Das ist eine Wüste. Tausend Gedanken auf einmal. Es wird drückend heiß. Schließlich ein rumpelndes Aufsetzen der Räder. Ich erkenne unter mir eine Asphaltpiste. Das hätte ich nicht für möglich gehalten. Wir rollen. Die drei Motoren brausen auf. Im Hintergrund ein paar primitive Gebäude. Wir rollen in eine Ausfahrt. Dann bremsen, Gas, Explosionen, Qualm, die Motoren stehen, die Passagiere erheben sich, die Tür wird geöffnet, eine Treppe rollt heran, wir flüchten, als wir aussteigen. Ein paar Leute kommen uns rufend entgegen, und dann die größte Überraschung für mich: ein Leuchtschild ‹Bienvenidos a Matamoros›. Ich fühle, wie meine Beine weich werden. Ich gehe über einen Teppich, den man vor mir ausrollt, zum Ausgang des Gebäudes.

Dann bleibe ich stehen. All die Gedanken über meine Mission hier kommen zurück. Die Luft ist stickig und heiß. Ich krame aus meiner Tasche den Brief an Ingenieur Zambano, den ich als Erkennungszeichen hochhalten soll. Ich tue es. Die Mexikaner, die hier stehen, starren mich alle an. Hemdsärmel, dunkle Gesichter. Dann winkt mir einer zu. ‹Signor Reitz!›, ruft er. Ich gehe auf ihn zu. Er schüttelt mir die Hand und stellt mir seinen Begleiter vor, ein schwarzbärtiger Kerl, der mir sofort meine Tasche abnimmt und mir auf den Rücken klopft. Er spricht ein paar Worte, die ich nicht verstehe.

Als wir die Camionetta bestiegen haben, versuche ich laut zu lachen. Die beiden Mexikaner lachen mit. Der Kleine schaltet das Radio ein. Musik aus Texas. Dazwischen Propagandameldungen. Der heiße Fahrtwind schlägt mir ins Gesicht. Der Tachometer zeigt 120. Nichts von der Stadt zu sehen. Ich merke, dass ich eine Art irrer Leutseligkeit entwickle. Ich umarme den Ingeniero neben mir und erkläre ihm schreiend, dass das Flugzeug einen Motorschaden hatte, dass der Flug schrecklich war und ich froh bin, in dieser Camionetta zu sitzen. Da schaut mich der Ingeniero Zabano mit leuchtenden Augen an und berichtet, dass wir in dieser Nacht um drei Uhr einen Hurrikan haben werden. Ich sehe die ersten Häuser der Stadt. Stadt ist zu viel gesagt. Das ist ein Haufen von Hütten, die alle aussehen, als ob der Hurrikan schon da gewesen wäre. ‹Matamoros ist the Mexican Paris!›, sagt der Kleine. ‹Muchachas bonitas!› Er küsst seine Fingerspitzen und schnalzt mit der Zunge. Ich sehe viele dunkle Typen und halbnackte Männer, Frauen mit Kindern auf den Armen, barfüßige Kinder, die durch den Schlamm der Straße rennen. In dieser Stadt ein einziges großes anständiges Gebäude. Wir halten an. ‹Hotel Ritz›. Die beiden Ingenieros machen mich auf Millionen von Nachtfaltern aufmerksam, die im Abendlicht an den Hausfassaden kleben. Man erklärt mir, dass die Falter zurzeit aus den Kokons schlüpfen und Milliarden von Eiern auf den Baumwollfeldern ablegen. Selbst auf der Straße, die wir überqueren, wimmelt es von Faltern, die teilweise von den Autoreifen zermatscht werden. Der Anblick ist apokalyptisch. Ein Summen empfängt mich, als wir das Hotel betreten. Es kommt aber nicht von den Faltern, sondern von den vielen Ventilatoren an der Decke. Ich betrete mein Zimmer. Da stehe ich mir jäh in einem großen Spiegel gegenüber: Ich bin unrasiert und blass.»

Am nächsten Morgen brachten mich meine Ingenieros zu einem von den Schmetterlingsraupen abgefressenen Baumwollfeld. Bis zum Horizont dürre Pflanzengerippe, an denen kein einziges grünes Blatt mehr lebte. Es sah apokalyptisch aus. Ich begriff, was das für ein Milliardengeschäft sein musste, hier Insektizide zu verkaufen.

Der Hurrikan war ausgefallen. Er sei an der Küste hängengeblieben, sagte man. Dafür könnten wir die berühmten Spritzpiloten aus Texas kennenlernen, die auf das Ende des Sturms gewartet hätten. Diese Abenteuerpiloten, die auf ihrem improvisierten Flugplatz auf den Einsatz warteten, waren wilde Kerle, die mit ihren fliegenden Kisten die giftigen Chemikalien auf den von Raupen befallenen Feldern versprühten. Sie hatten den Ruf von Goldgräbern. Sie verdienten sehr viel Geld, aber lebten nicht lange, denn früher oder später fuhren sie, wie es hieß, alle mit ihren Flugzeugen metertief in den Acker. Wir warteten an einem Feldrand auf das Auftauchen der Maschinen, aber sie kamen nicht. Offenbar hatte es sich der Hurrikan an der Küste wieder anders überlegt. Als ich irgendwann allein in den öden schlammigen Feldern stand und auf den Jeep wartete, mit dem ich zur Stadt zurückgebracht werden sollte, war es so still, dass ich mir vorstellte, dass alle Tiere, Schädlinge oder Nützlinge, die Vögel und auch das Wild längst ausgestorben waren. Nur das ferne Dröhnen der Flugzeugmotoren, das glaubte ich in der Schwüle zu hören.

Am nächsten Tag trat ich die Heimreise an. Ich flog über Houston und New York wieder zurück nach Europa. Meine Aufzeichnungen enden mit einem Gedanken aus den Tagebüchern von Max Frisch, der feststellte, dass jedes Erlebnis erst in der Dimension der Erinnerung fassbar wird: «Der Anblick ist da, das Erlebnis noch nicht. Man gleicht einem Film, der belichtet wird; entwickeln wird es die Erinnerung.»

32 Ägypten

Es sah fast so aus, als sollte ich zum Experten in Luftreisen werden, denn für die Reise nach Ägypten, wo die Dreharbeiten im Juli ihren Anfang nahmen, hatte man den Jungfernflug der Caravelle für uns ausgesucht. Die Caravelle galt als erstes Düsenflugzeug der zivilen Luftfahrt und wurde als Revolution der Fliegerei gepriesen. Mein Produzent, Herr Linnebach, dessen Wissen über Film und dessen generelles Interesse an den Künsten äußerst begrenzt war, hatte eine umso ausgeprägtere Leidenschaft für öffentliche Auftritte. Ausgestattet mit dem Titel eines Konsuls konnte er sich zu allerlei Prominenz Zutritt verschaffen. So kam es, dass wir von München nach Kairo mit einer Delegation von Diplomaten beider Länder und einem Haufen von Journalisten und Fotografen flogen. Unterwegs gab es Champagner, Begrüßungsansprachen, und ich erinnere mich, dass alle Passagiere Bleistifte bekamen, die man auf den Klapptischen aufstellen sollte, um die völlige Vibrationsfreiheit der Maschine zu testen. Herr Konsul hielt sich an den Champagner, sodass er bei der Ankunft nur noch sprachlos vor sich hin lächeln konnte.

Am Flughafen wurden wir von einem Botschaftsvertreter erwartet, der ebenfalls mit Presseleuten und Fotografen angerückt war. Ich stand unvorbereitet im Rampenlicht und gab das erste Interview meines Lebens. Man sprach Französisch. Ich gab mir Mühe und mobilisierte die verschütteten Vokabeln des Simmerner Gymnasiums. Am nächsten Tag konnte man das Ergebnis im «Progrès Egyptien» lesen. Da stand unter einem Foto, dass der bekannte Regisseur Reitz in Begleitung des Irischen Konsuls sowie des Botschafters der Republik Deutschland in Ägypten eingetroffen sei und begonnen habe, einen großen Film über die Baumwollkultur im Nildelta zu drehen. Auch die Beteiligung des Bayer-Konzerns war in dem Artikel erwähnt, der unsere Mission schamlos übertrieb. In Wirklichkeit wurde zunächst überhaupt nicht gedreht. Ich wurde tagelang zu Empfängen, Kamelritten und Bars mit Bauchtänzen geschleppt, bis Herr Konsul endlich die Heimreise antrat, was wiederum in der Zeitung stand. Da erst begann für mich die Arbeit. Ich war allein, hatte lediglich die Kameraausrüstung dabei, die im Nil-Hilton auf den ersten Einsatz wartete, und musste mir ein Team vor Ort suchen. Es gab tatsächlich einen älteren Kameraassistenten, der auch einen Film-Geräteverleih betrieb. Er war Österreicher, sprach gut Arabisch und konnte mich im Umgang mit den Arbeitern unterstützen. So wurde er mir die wichtigste Hilfe.

Die Bayer-Vertretung hatte die Kontakte vorbereitet. Dazu gehörten Aufnahmen in einem Labor des Landwirtschaftsministeriums.

Wir filmten offizielle Vorzeige-Spritzanlagen der Regierung und das ungeschützte Ausbringen von hochgiftigen Insektiziden durch Kolonnen von Arbeitern auf den Baumwollfeldern. Wir machten Makroaufnahmen von roten Spinnen und von Pflanzen, die von Pilzen befallen waren. Aber das Land war voller Eindrücke, an denen ich mich nicht sattfilmen konnte. In meinem Drehbericht fanden sich täglich bunte Motivmischungen: Kamel von rechts, Rohrleitungen, Verteilsystem, junge Orangenkultur, Beduinen unterhalten sich am Wüstenrand, Wasserschöpfen am Kanal, Arbeiter gehen über eine Brücke, Schöpfrad mit Kuh.

Nach einer Woche erkrankte ich an Durchfall und Fieber und lag bei vierzig Grad Lufttemperatur im Hotelzimmer. Ein Büroangestellter brachte mich mit dem Taxi in ein Hospital, wo man mir eine Infusion setzte. Am nächsten Tag lag ich wieder in meinem Hotelbett. Es dauerte eine Woche, dann konnten die Dreharbeiten weitergehen. Baumwollbörse in Alexandria, Verladearbeiten von Baumwollballen im Hafen, Beduinenzelt mit vorbeiziehender Schafherde, Tänze der Fellachen in Kostümen aus Baumwolle, Baumwollfeld mit den Pyramiden im Hintergrund. Es war mehr ein Sammeln von Eindrücken als das konsequente Verfolgen einer Filmidee.

Zum Abschluss war dann wieder die Presse da. Bestellt von der Botschaft. Abschiedsparty. Ich musste mit den Ägyptern einen Besuch in den Misr-Filmstudios absolvieren. Das Studiogelände lag unweit der Pyramiden von Gizeh. Man hatte für den Herrn Regisseur aus Deutschland diesen offiziellen Besuch vorbereitet. Wir kamen in eine Aufnahmehalle, wo gerade eine folkloristische Szene gedreht wurde. Ich wurde genötigt, als Gast einmal die Kamera zu führen. Man setzte mich auf den Studiokran, zeigte mir den Auslöseknopf und ließ die vorbereitete und geprobte Szene ablaufen. Nach den üblichen Kommandos drückte ich auf den Startknopf, ich sah ein Beduinenzelt, zwei bärtige Männer und eine sehr schöne Frau, unverschleiert. Der Kran bewegte sich, der Assistent neben mir zog die Schärfe, ich schwenkte auf die schöne Frau, die am Ende in Großaufnahme im Sucher erschien. Lächeln. Dann war die Szene fertig. Applaus vom Studiopersonal, «Drehschluss».

Ich wurde zu einer Party in die Wohnung der Darstellerin eingeladen. Die Herren von den Ministerien und Vertreter des deutschen Konzerns schlossen sich an. Es gab westliche Musik. Ich tanzte mit der Schauspielerin, bis alle Gäste gegangen waren. Sie sang in mein Ohr den Song «You Are My Destiny». Ich lernte ihren Namen auszusprechen, «Berlenti Abdul Hamid». Sie galt als großer Star. Ich war an diesem Abend ihr Gast. Am Morgen bestand Berlenti darauf, mich mit ihrem amerikanischen Cabriolet zum Hilton zu bringen. Ein Chauffeur wartete schon in der Einfahrt. Wir wurden durch den dichten Verkehr der Stadt gefahren. Immer wieder wurde der Star neben mir erkannt. Man hupte und winkte uns zu. Berlenti erhob sich vom Sitz, winkte zurück, warf den Menschen Kusshändchen zu. Auf einer der belebtesten Kreuzungen Kairos blieben wir stehen. Ein Hupkonzert umgab uns. Wir hatten einen Stau erzeugt, der aber niemanden störte. Schließlich fuhren wir weiter. Am Hotel wartete schon der Bayer-Vertreter, ein Herr von Adel, der mich zum Flughafen bringen wollte. Eine letzte Umarmung. Ende. Ich habe nie ergründet, was diese Frau, die wirklich ein Kinostar war und später den ägyptischen Vizepräsidenten Abd al-Hakim Amer heiratete, dazu bewegt hatte, mir diese Abschiedsnacht zu bescheren.

Als ich wieder in München war, hatte ich ein orientalisches Märchen in meiner Seele, ein Geheimnis, das ich mit niemandem teilen konnte.

33 Baumwolle

Die eigentliche Reise begann im August und sollte fast fünf Monate dauern. Bei den Vorbereitungen konnte mir die Produktionsfirma kaum helfen, denn weder der Inhaber noch seine Mitarbeiter hatten nennenswerte Erfahrungen mit Film. In Thomas Mauch hatte ich einen begeisterungsfähigen und lernbegierigen Assistenten gefunden, der mir half, das Equipment zusammenzustellen und Informationen zu den Ländern zu beschaffen, die wir bereisen sollten. Noch einmal nahm ich Sprachkurse bei Julio, noch einmal überarbeitete ich das Drehbuch. Auch meine kleine Familie war begeistert bei der Sache, und Susanne, die drei Jahre und zwei Monate alt war, erzählte allen Freunden und Bekannten: «Mein Papa fährt nach Mexiko, und die Mami hat ein Baby im Bauch.»

Das erste Reiseziel war Mexiko-City, ein Koloss von Stadt, die sich auch beim zweiten Besuch nicht erfassen ließ. Und es begann mit einer Schwierigkeit: Trotz aller vorher beschafften Genehmigungen, zu denen auch Empfehlungsschreiben beider diplomatischen Vertretungen gehörten, weigerten sich die Beamten vom Flughafen-Zoll, unsere Kameraausrüstung freizugeben. Immer wieder fuhren wir in Begleitung von Bayer-Angestellten zum Flughafen, und immer wieder erfuhren wir nach stundenlangem Palaver, dass etwas angeblich nicht stimmte. Nie wurde klar, was eigentlich moniert wurde. Nach einer Woche, in der wir nichts anderes hatten tun können, als uns mit Sightseeingtouren nach Touristen-Art die Zeit zu vertreiben, wurde ein gewisser Don Gustavo aufgetan, ein mysteriöser Drahtzieher, der das korrupte Beamtensystem des Landes bestens kannte. Ich war anwesend, als dieser Don Gustavo unser Problem löste. Dies geschah in Form von zahlreichen Umarmungen und Händedrücken mit seinem «amigo de todos amigos», dem dicken Chef der Zollabteilung. Wie ich später erfuhr, wird bei jeder dieser Umarmungen unmerklich ein großer Geldschein in die Rocktasche des Beamten gezaubert, und bei jedem Händedruck geraten die kleineren Scheine dazu in die Handfläche des anderen. Die Anzahl der notwendigen Umarmungen und Händedrücke spürt der Bestechungsexperte intuitiv. Jedenfalls konnte ich nach einem halben Dutzend solcher Umarmungen in die Abfertigungshalle gehen und mit Thomas unsere Ausrüstung übernehmen, die auf zwei Gepäckwagen bereitstand. Im Laufschritt brachten wir sie zum Taxi. Wir mussten uns beeilen, das hatte Don Gustavo uns eingeschärft; es war immer möglich, dass ein anderer Beamter, der sich übergangen fühlte, sich uns in den Weg stellte.

Dieses Erlebnis hatte uns mit einem System in Berührung gebracht, das uns noch durch mehrere Länder begleiten sollte. Das Erstaunlichste war, dass sich die deutschen Firmen, die in Lateinamerika aktiv waren, an den Bestechungsritualen beteiligten. Dafür existierten auch schwarze Kassen, aus denen die erforderlichen Summen bezahlt wurden. Wie die Bayer-Vertretung das mit Don Gustavo regelte, haben wir nie erfahren. Besonders beliebt waren auch Werbegeschenke wie Feuerzeuge, Braun-Rasierer, Taschenlampen oder Transistorradios. Unsere Begleiter hatten oft ganze Koffer voll mit solchen Geschenkartikeln bei sich, mit denen man im Hintergrund dafür sorgte, dass unsere Dreharbeiten reibungslos vonstattengehen konnten.

Mehrmals erlebten wir aus dem Dunkeln auftauchende Polizisten, die nachts Straßenkontrollen durchführten. Auf dem Rückweg von einem Betrieb etwa, der aus Baumwollsamen Margarine herstellte, wollte eine Polizeistreife uns das belichtete Filmmaterial wegnehmen. Aber die große Taschenlampe, die unser Betreuer dem Polizisten in die Hand drückte, interessierte den Mann mehr als alles andere. Wie ein Kind lief er mit der Stablampe umher, ließ den Lichtstrahl in der Nachtluft kreisen und über Bäume und Hausfassaden huschen. Auf ein Zeichen unseres Begleiters stiegen wir rasch ins Auto und fuhren einfach davon. Der Polizist war mit seiner Taschenlampe so glücklich, dass er sich nicht mehr nach uns umdrehte.

Begleitet von solchen Erlebnissen, absolvierten wir einige Wochen lang unser Drehpensum. Der größte Teil unserer Aufnahmen in Mexiko entstand überraschenderweise in Hotelzimmern, sodass man hätte fragen können, warum die weite Reise überhaupt erforderlich war. Der Film sollte ja besonders ausführlich auf die Gefahren durch Schadinsekten eingehen, von denen es je nach Region verschiedene Arten und Populationen gab. Wegen der internationalen Quarantänebestimmungen durfte man diese Lebewesen jedoch nicht aus der Region ihrer Verbreitung hinausbringen. Selbst dann nicht, als in Mexiko-City ein Filmstudio gefunden wurde, in dem wir die schwierigen Makroaufnahmen mit Spezialgeräten hätten drehen können. Mit hohen Strafandrohungen war es verboten, lebende Insekten überhaupt zu transportieren. Also baute ich mit Thomas Mauch unsere

Geräte an den jeweiligen Orten in unseren Hotelzimmern auf. Wir hatten bald Routine darin, aus Tischen, Stühlen, Stativen und farbigem Papier Miniaturszenerien zu erschaffen, die uns erlaubten, komplizierte Makroaufnahmen in den Zimmern so zu drehen, dass es aussah, als seien sie in der freien Natur entstanden. Mit Hilfe der Landwirtschaftsingenieure sammelten wir Insektenlarven, Schmetterlingspuppen, Raupen oder von bestimmten Käfern befallene Baumwollkapseln auf den Feldern und brachten sie in die Zimmer, wo wir versuchten, die Tiere in ihren Lebenszyklen zu beobachten und in interessanten Momenten zu filmen.

Es gab dabei Aufgaben, deren Lösung sich als sehr schwierig herausstellte. Wir konstruierten Wasserfilter, mit denen wir versuchten, das Scheinwerferlicht zu kühlen. Das Problem bei Makroaufnahmen ist, dass man wegen der erforderlichen Tiefenschärfe die Objektive bis Blende 22 abblenden muss. Die Folge ist, dass wir das Scheinwerferlicht durch Brenngläser auf kleinste Flächen fokussieren mussten. Das wiederum hatte zur Folge, dass die Tierchen im Nu überhitzt wurden. Dennoch gelangen uns sensationelle Aufnahmen von Käfern bei der Eiablage oder Schlupfwespen, die Raupen parasitieren. Ein Triumph war, dass es uns sogar gelang, einen Alabama-Falter beim Schlüpfen aus dem Kokon zu filmen. Oft haben wir die verpuppten Insekten tagelang beobachten müssen, bevor der richtige Moment zur Aufnahme kam. Thomas und ich wechselten uns mit der Nachtwache ab, bis uns das kleine Tier den Gefallen tat, bei laufender Kamera unter dem Brennglas zu schlüpfen.

Auch in Matamoros waren wir, diesmal aber erst nach einem Umweg über Houston in Texas. Meine einzige Erinnerung an den kurzen Abstecher in die USA hat nichts mit unserem Filmauftrag zu tun. Es zeigt sich wieder, wie ungerecht unser Gedächtnis manchmal mit den Erlebnissen umgeht und Nebensachen bewahrt, während es Hauptsachen vergisst. Ich erlebte in Houston meinen allerersten Besuch in einem «Drive-in», einem Autokino. Es waren die jungen Büroangestellten aus der Bayer-Niederlassung, die uns diesen Vorschlag für die Abendgestaltung gemacht hatten. Wir wurden von einer Gruppe junger Leute mit zwei Straßenkreuzern am Hotel abgeholt. Alles war schon arrangiert. Thomas und ich bekamen je ein Mädchen aus dem Bayer-Büro als Sitznachbarin zugewiesen. Die Mädchen waren bester Laune, plauderten ohne Unterlass und ließen sich mit ihren Spitznamen ansprechen. Sobald wir, ausgestattet mit Getränken, Snacks und Chips, neben den Lautsprechersäulen geparkt hatten, machten es sich die Mädels neben uns gemütlich und zogen ihre Schuhe aus. Das Petting begann übergangslos, sobald der Film auf der Leinwand erschien. Ich kann mich beim besten Willen nicht erinnern, welcher Film gespielt wurde. Mein Amerika-Bild war für Jahre durch dieses Kinoritual geprägt, das man ohne Übertreibung «oversexed» nennen kann.

Als wir nach einer Woche wieder in die mexikanische Hauptstadt zurückgekehrt waren, wurden wir von einem deutschstämmigen Industriellen, auf dessen Hazienda wir gefilmt hatten, zum Abendessen in sein Stadthaus eingeladen. Dabei lernten wir das Ambiente einer wirklich reichen lateinamerikanischen Familie kennen, das nicht mit Reichtum in Europa zu vergleichen ist. Diese Leute lebten noch immer im feudalen Kolonialstil. Obwohl die Sklaverei längst abgeschafft war, war man von dunkelhäutigem Dienstpersonal umgeben, das wie ein Sklavenheer gehalten und herumkommandiert wurde. Es gab sogar eine Art Privatpolizei, die das Anwesen, das in einem Privatpark stand, und seine Eigentümer bewachte. Ich denke, dass die Amtssitze der Gouverneure zu Kolonialzeiten nicht anders aussahen als das Stadtschloss dieser Familie, die einen deutschen Namen trug.

Ich war in Begleitung eines Bayer-Mitarbeiters gekommen und natürlich mit Thomas, der es sich nicht verkneifen konnte, historische Parallelen zu ziehen und Anspielungen auf die spanischen Konquistadoren zu machen, was aber alle nur amüsierte. Der Hausherr erwies sich als begeisterter Hobby-Archäologe. Er sprach den ganzen Abend von seinen Exkursen zu den verlassenen Maya-Städten in Yucatán. Er zeigte uns Fotos, ließ uns Tonaufnahmen von indianischen Gesängen hören und meinte beiläufig, das sei ein großartiges Filmthema. Ich

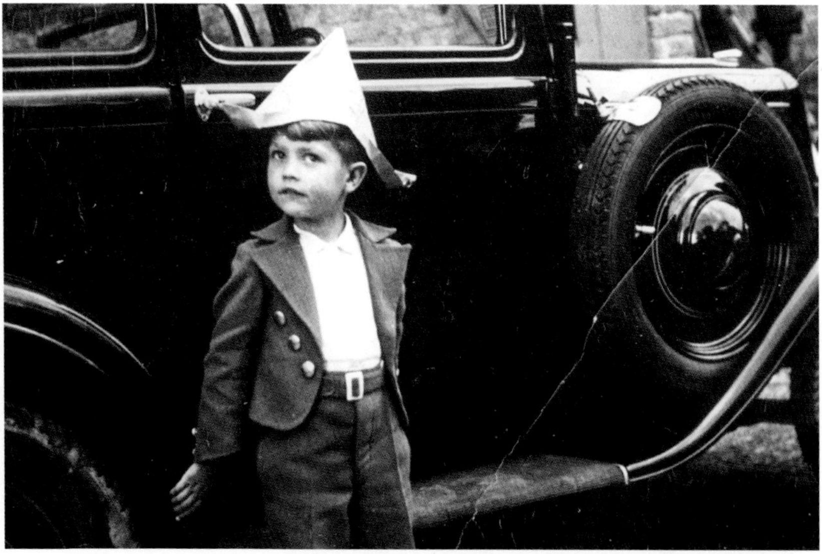

Den Anzug mit goldenen Zierknöpfen, Frack-Revers und weißer Gürtelschnalle hat meine Mutter 1937 für den ersten Familienausflug mit dem neuen Opel P4 genäht, und weil sie gelernte Modistin war, wollte sie mich auf dem Foto nicht ohne passenden Hut sehen.

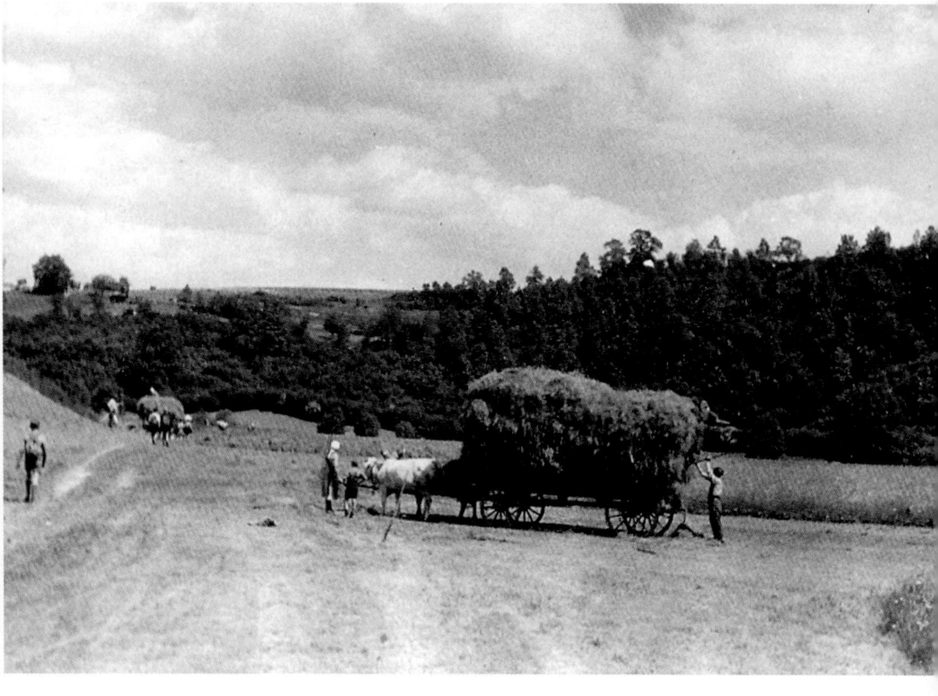

Heuernte bei Hundheim im Hunsrück. Der Leiterwagen wurde von den beiden Kühen gemächlich nach Hause gezogen, und wir Kinder durften nach den Mühen der Ernte hoch oben auf dem gewaltigen Heupolster mitfahren. Das Foto hat mein Vater gemacht.

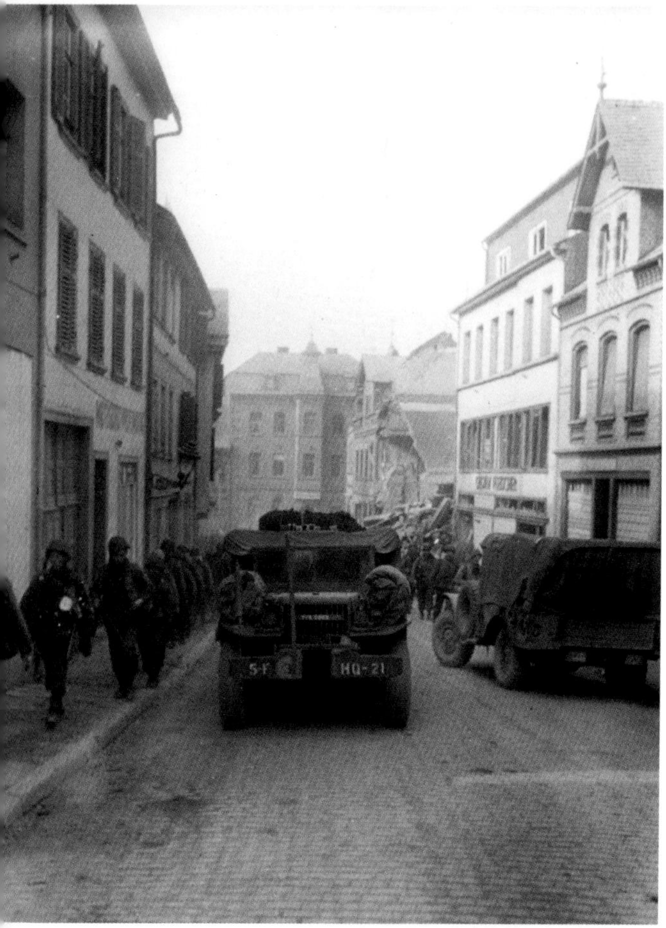

März 1945. Einmarsch der amerikanischen Truppen im Kreisstädtchen Simmern. Das neue Zeitalter beginnt mit dem völlig ungewohnten Duft des amerikanischen Benzins, dessen Farbe uns Kinder an Himbeersaft erinnerte.

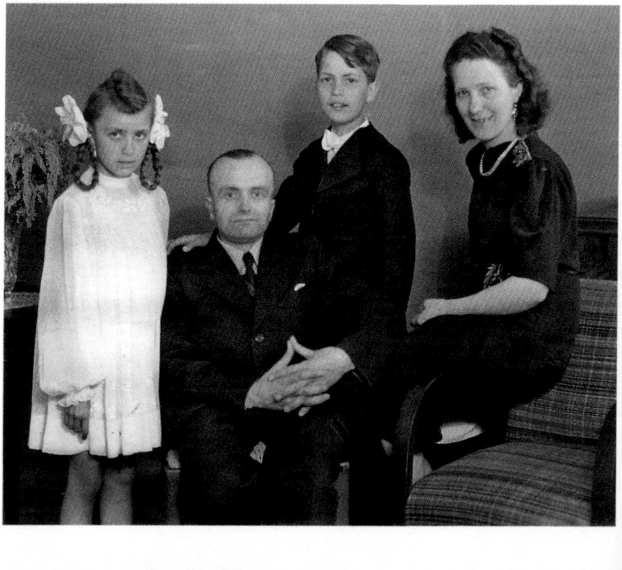

1942. Auch mitten im Krieg musste das obligate Familienbild im Atelier des Berufsfotografen in Trier hergestellt werden. Schwester, Vater, Mutter mit angehaltenem Atem lächelnd, alle im Sonntagsgewand.

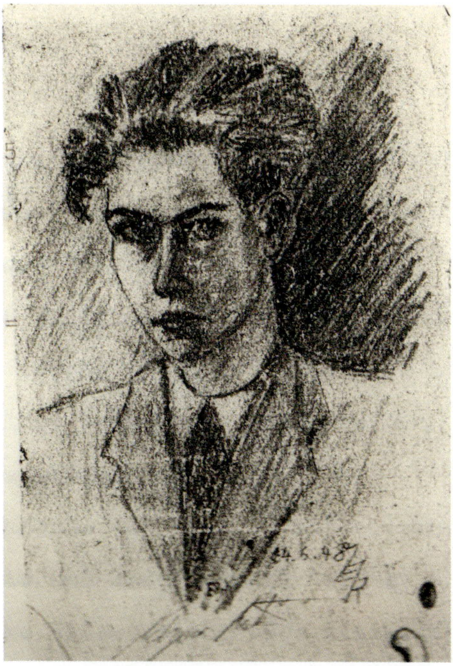

Das mit Bleistift gezeichnete Selbstporträt trägt das Datum 24.6.48 und befand sich im Besitz meines Schulkameraden Arno, der mir das Bild vierzig Jahre später mit dem Vermerk «altes vollendetes Bildnis vom jungen unvollendeten Edgar» zurückgab.

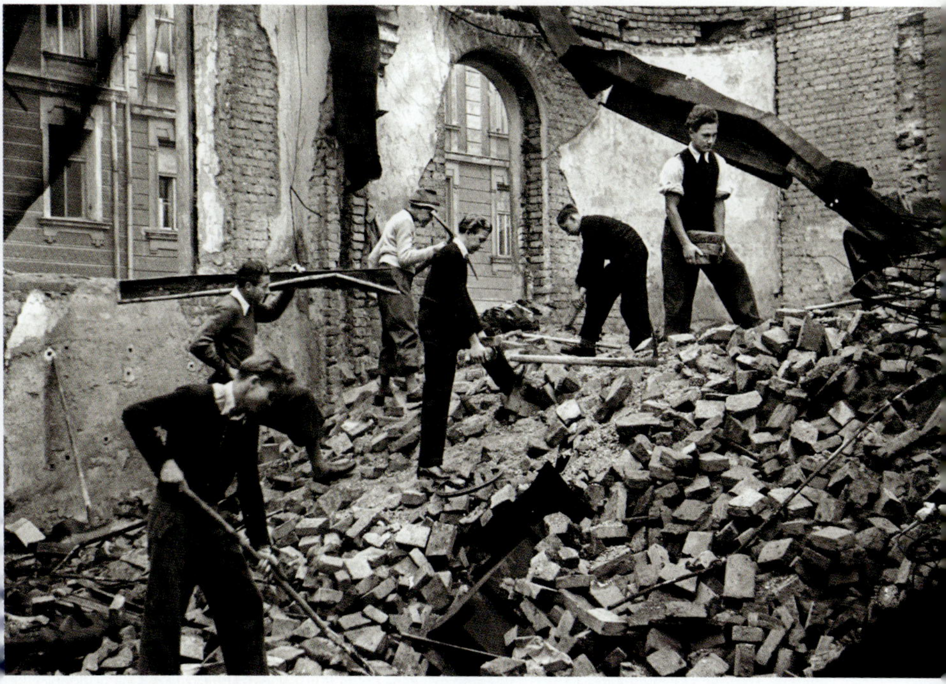

Bevor man sich in der Nachkriegszeit in München immatrikulieren durfte, musste man seinen Anteil am Wiederaufbau der Universität leisten. Ich glaube, in dem oberen der abgebildeten jungen Männer mich selbst zu erkennen.

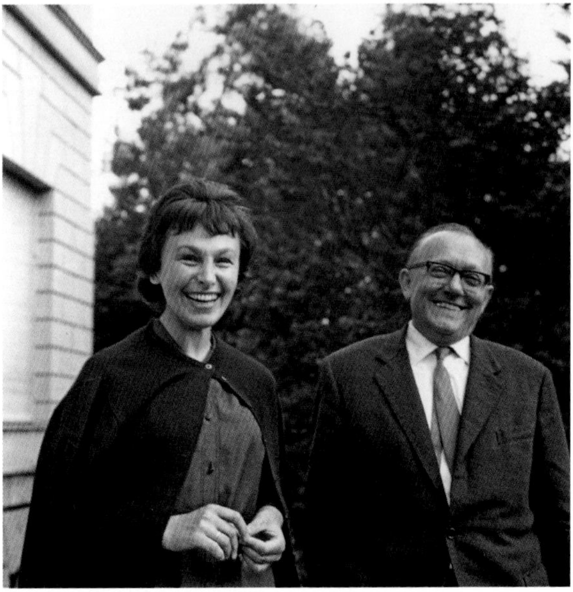

Das Lächeln des Dichterpaares Ilse Aichinger und Günter Eich erinnert mich an die herzliche Gastfreundschaft, die ich bei den beiden Mitte der 1950er Jahre erfuhr.

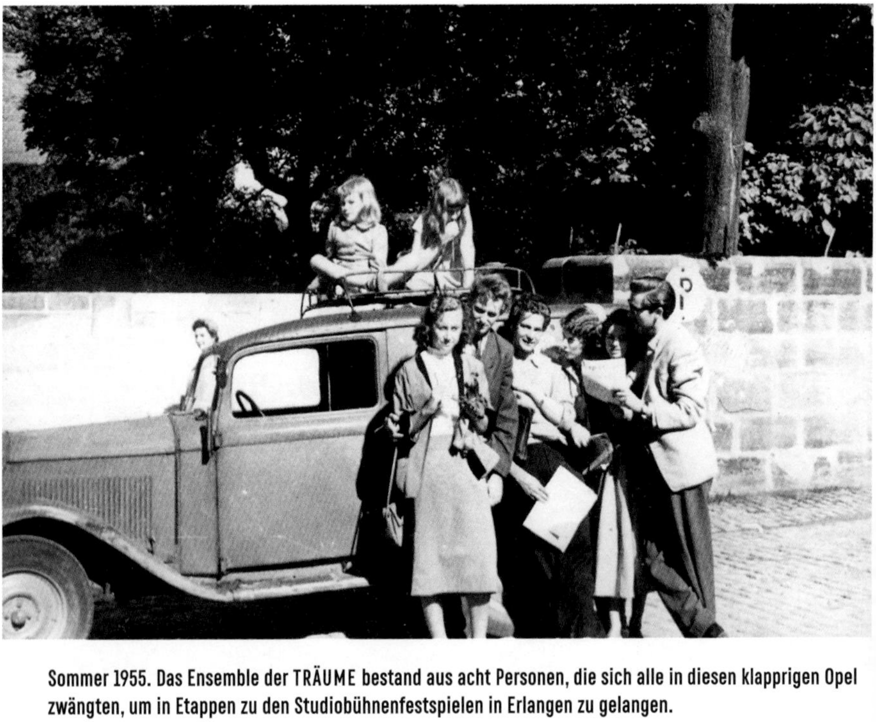

Sommer 1955. Das Ensemble der TRÄUME bestand aus acht Personen, die sich alle in diesen klapprigen Opel zwängten, um in Etappen zu den Studiobühnenfestspielen in Erlangen zu gelangen.

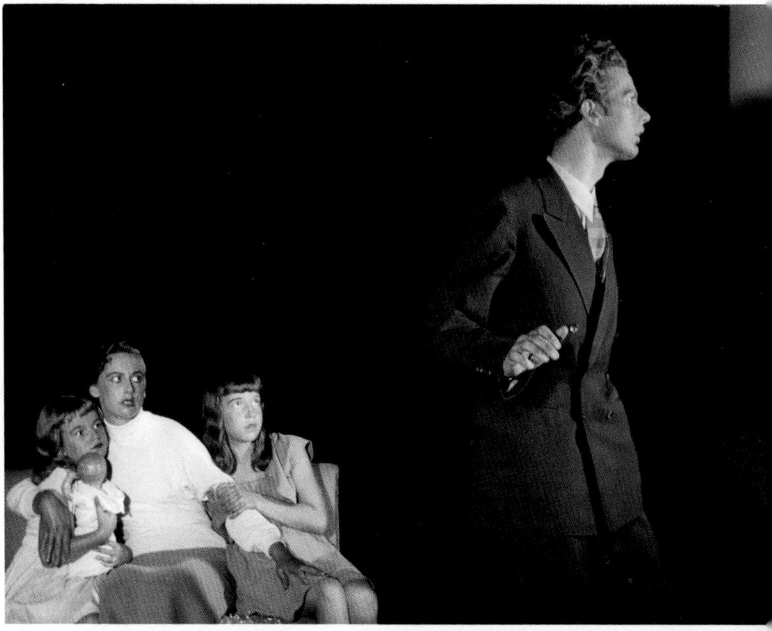

Das Studentische Zimmertheater der Universität München mit meiner Inszenierung der TRÄUME von Günter Eich. Ich in der Rolle des Vaters, Marga Wiedner als Mutter und die Schwestern Daniela und Nora Falck.

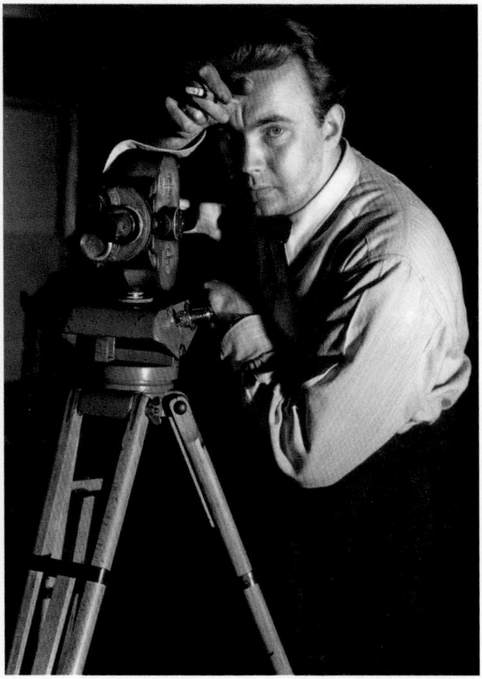

Willy Zielke in den 1930er Jahren. Gestelltes Porträt mit einer der ersten Handkameras mit Federwerkantrieb. Von Zielke, Kameramann, Regisseur, Fotograf, lernte ich in den 50er Jahren das Handwerk.

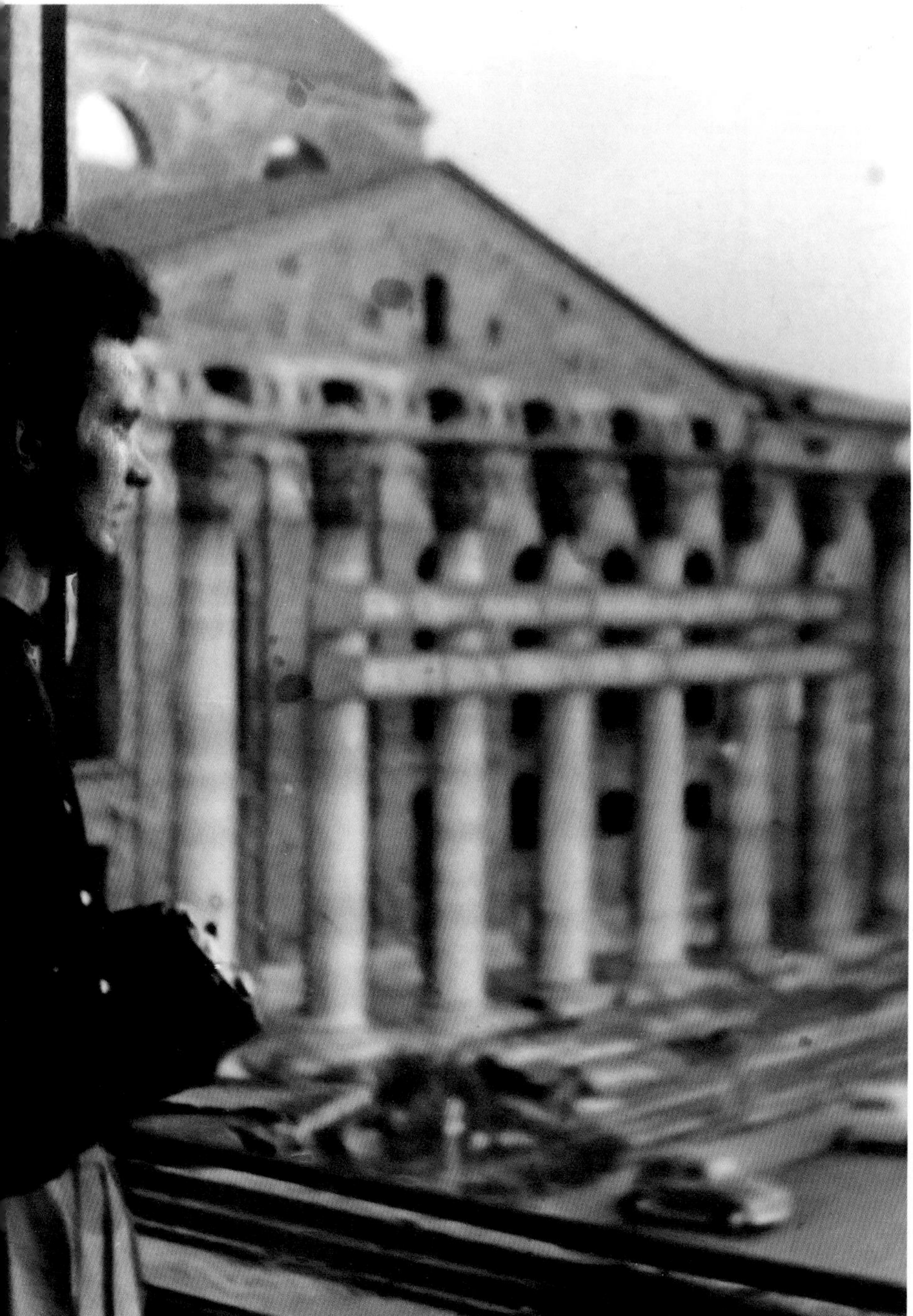

Kriegsruinen gehörten in meinen Studienjahren noch zum Bild der Stadt. Hier meine Motivsuche vor der ausgebrannten Münchener Oper, Ende der 50er Jahre.

Den Umgang mit der professionellen Askania-Kamera hatte ich bei Willy Zielke gelernt. Im Hintergrund Bernhard Dörries, mit dem ich den Kurz-Dokumentarfilm SCHICKSAL EINER OPER (1958) drehte.

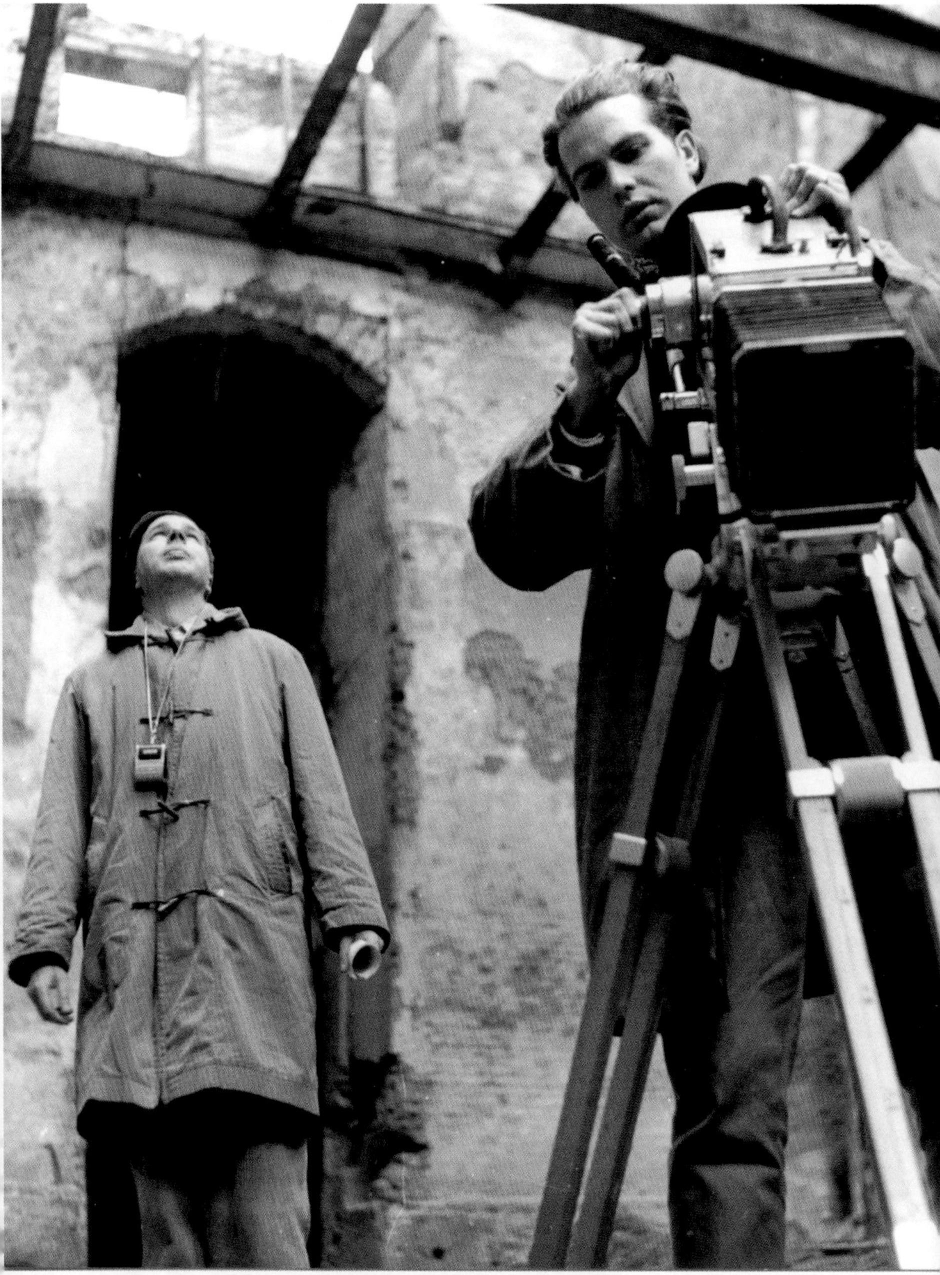

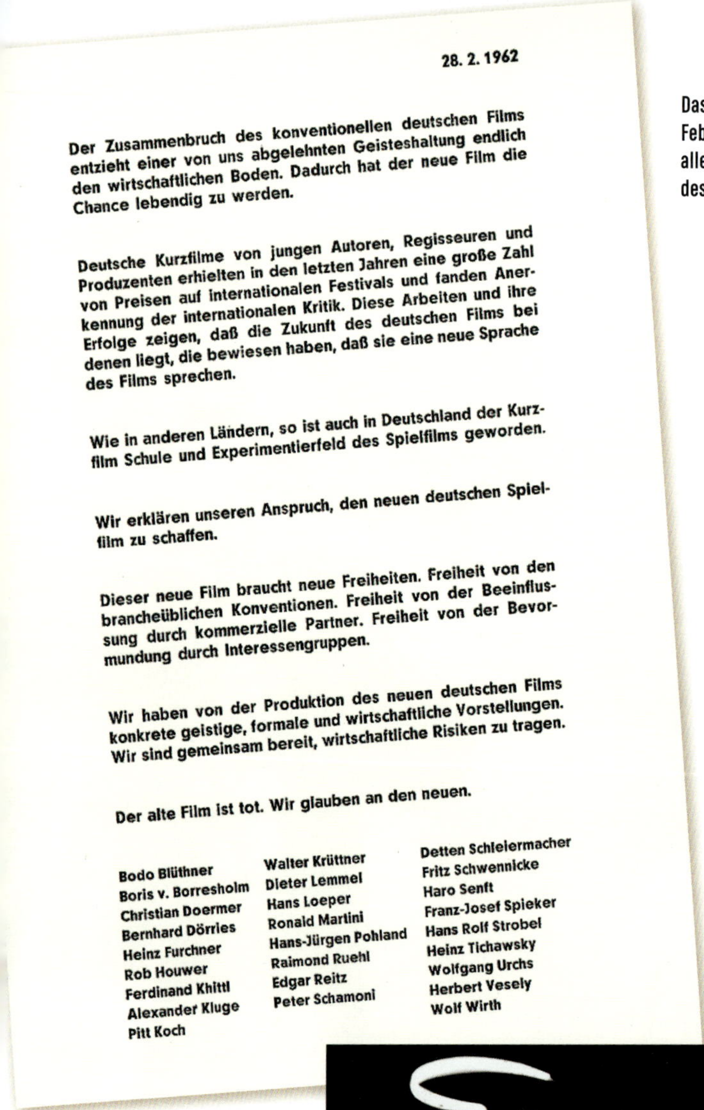

28. 2. 1962

Der Zusammenbruch des konventionellen deutschen Films entzieht einer von uns abgelehnten Geisteshaltung endlich den wirtschaftlichen Boden. Dadurch hat der neue Film die Chance lebendig zu werden.

Deutsche Kurzfilme von jungen Autoren, Regisseuren und Produzenten erhielten in den letzten Jahren eine große Zahl von Preisen auf internationalen Festivals und fanden Anerkennung der internationalen Kritik. Diese Arbeiten und ihre Erfolge zeigen, daß die Zukunft des deutschen Films bei denen liegt, die bewiesen haben, daß sie eine neue Sprache des Films sprechen.

Wie in anderen Ländern, so ist auch in Deutschland der Kurzfilm Schule und Experimentierfeld des Spielfilms geworden.

Wir erklären unseren Anspruch, den neuen deutschen Spielfilm zu schaffen.

Dieser neue Film braucht neue Freiheiten. Freiheit von den brancheüblichen Konventionen. Freiheit von der Beeinflussung durch kommerzielle Partner. Freiheit von der Bevormundung durch Interessengruppen.

Wir haben von der Produktion des neuen deutschen Films konkrete geistige, formale und wirtschaftliche Vorstellungen. Wir sind gemeinsam bereit, wirtschaftliche Risiken zu tragen.

Der alte Film ist tot. Wir glauben an den neuen.

Bodo Blüthner
Boris v. Borresholm
Christian Doermer
Bernhard Dörries
Heinz Furchner
Rob Houwer
Ferdinand Khittl
Alexander Kluge
Pitt Koch
Walter Krüttner
Dieter Lemmel
Hans Loeper
Ronald Martini
Hans-Jürgen Pohland
Raimond Ruehl
Edgar Reitz
Peter Schamoni
Detten Schleiermacher
Fritz Schwennicke
Haro Senft
Franz-Josef Spieker
Hans Rolf Strobel
Heinz Tichawsky
Wolfgang Urchs
Herbert Vesely
Wolf Wirth

Das Oberhausener Manifest vom Februar 1962 wendete sich vor allem gegen den Provinzialismus des deutschen Nachkriegsfilms.

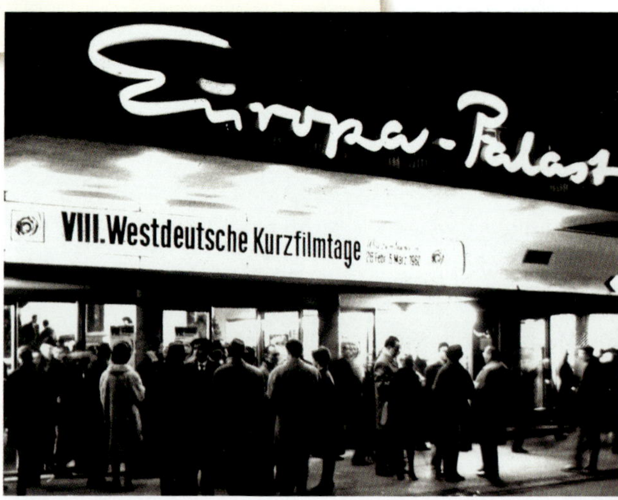

Verkündet wurde das Manifest während der 8. Westdeutschen Kurzfilmtage. Junge Autorenfilmer formulierten selbstbewusst: «Wir erklären unseren Anspruch, den neuen deutschen Spielfilm zu schaffen.»

erwähnte, dass ich bereits erste Versuche unternommen hätte, unseren Münchener Produzenten für einen Film über die untergegangenen Indio-Kulturen zu gewinnen. Der Hausherr ermutigte mich: Ich solle mich auf die Mayas konzentrieren, die am interessantesten und immer noch unerforscht seien. Er habe ein Privatflugzeug, mit dem er uns in die archäologischen Gebiete auf der Halbinsel Yucatán fliegen lassen könne. Seine Tochter, die zurzeit in Mérida lebe, könnte alles für uns vorbereiten.

Das war die Gelegenheit, aus dem engen Rahmen des Auftragsfilms auszubrechen und ein Stückchen künstlerische Freiheit zu genießen. Eine Anfrage der Bayer-Vertretung eröffnete mir die Möglichkeit für einen kleinen Tauschhandel: In der Nähe der Stadt Tampico litten die Rinderherden unter einer schrecklichen Zeckenplage. Man wollte mit den Viehzüchtern der Region ins Geschäft kommen und hatte die Behandlung von Tausenden von Kühen mit einem Mittel der Bayer-Werke organisiert. Diese Aktion sollte gefilmt werden. Beim Studium der Landkarte und der Flugverbindungen bot sich an, nach den Dreharbeiten von Tampico aus über den mexikanischen Golf nach Mérida, der Hauptstadt von Yucatán, zu fliegen. Ich begeisterte mich immer mehr für das neue Filmprojekt und besorgte mir Literatur und Bildmaterial über die Maya-Kultur.

Der Auftrag in Tampico war schnell erledigt. Wir drehten einen Vormittag lang auf einer Hazienda das Baden der Kühe in Bayers Giftbrühe, dann wurden wir zur Besichtigung von Vanille-Ernten in ein Urwaldgebiet gebracht. Auch das sollte gefilmt werden, und man verkündete stolz, dass dieses Edelgewürz aus den nahen Urwäldern in die Welt gelangt sei. Abends trank man in lustiger Gesellschaft und sang mit den Deutschen einen Schlager von Freddy Quinn mit dem Titel «Einmal in Tampico», den alle kannten. In dieser Nacht verlor Thomas seine Jungfräulichkeit und kugelte sich dabei den Arm aus dem Schultergelenk. Seitdem denke ich bei Zecken an Tampico und beim gleichnamigen Schlager an ein ausgerenktes Schultergelenk.

Am 10. Oktober 1959 kamen wir in Mérida an. Wir hatten fast zwei Monate Dreharbeiten der Baumwoll-Dokumentation hinter uns, und es war wohltuend, Schadinsekten und Insektizide einmal vergessen zu können. Das Klima von Yucatán empfing uns allerdings mit seiner ganzen Wucht. Bei vierzig Grad im Schatten war die Luft so mit Wasser gesättigt, dass man nach dem Duschen nicht mehr wusste, wie man trocken werden sollte. Von Linnebach fand ich an der Hotelrezeption einen Brief, in dem er mir die Erlaubnis gab, den Maya-Film zu drehen, vorausgesetzt, es sei alles mit den Behörden wegen der Drehgenehmigungen geregelt. Bei meinem ersten Versuch, mit Hilfe der Industriellentochter eine offizielle Genehmigung für die Maya-Stadt Uxmal zu bekommen, gerieten wir allerdings an einen korrupten Zwischenhändler, ebenfalls Deutscher, der sich nach einer Pleite als Filmkaufmann hierher zurückgezogen hatte. Es wurden Summen genannt, die absolut ruinös für uns gewesen wären. Um der Gier des Vermittlers zu entkommen, riet uns die hilfreiche Dame, ohne Verzögerung und ganz ohne Erlaubnispapiere mit dem Privatflugzeug ihres Vaters zu starten.

Wir folgten den Ratschlägen unseres Gönners und flogen zuerst ins Ausgrabungsgebiet von Uxmal. Dem Piloten gelang eine waghalsige Landung in der Nähe einer kleinen Siedlung, wo es einen Jeep gab, den wir gegen wenig Geld für ein paar Tage benutzen durften. Wir heuerten zwei Arbeiter von einem der Gehöfte an, sie begleiteten uns und halfen beim Tragen der Geräte. Es begann ein Abenteuer wie in den Reiseberichten zu Humboldts Zeiten. Unsere Helfer bahnten uns den Weg durch den Busch mit der Machete. Kurz vor dem Ziel blieben die freundlichen Indio-Männer aber zurück. Sie waren überzeugt, dass es böse Geister in den verlassenen Tempelanlagen gibt. So schleppten Thomas und ich die Kamera und ihr Zubehör den letzten Teil des Weges allein. Wir waren nicht sicher, ob die Männer nicht doch recht hatten. Die gewaltige Ansammlung von Gebäuden mit ihren barock anmutenden, von Verzierungen, Symbolen und geometrischen Mustern überzogenen Steinfassaden wirkten in ihrer Einsamkeit mitten im Urwald wirklich wie die Wohnstätte unversöhnbarer Geister aus fernen Jahrhunderten. Dieses Gefühl, ein illegitimer Eindringling in geheiligten Zonen zu sein, ist auch den Bildern abzulesen, die wir aufnahmen.

Wir blieben drei Tage. Nachts kehrten wir zum Jeep zurück, wo ein Zelt aufgebaut war. Frühmorgens kämpften wir uns erneut durch Schwärme von Stechmücken zu den Maya-Ruinen. Als wir fertig waren, brachten uns die Fahrer nach Chichén Itzá, einer der größten Maya-Städte, mit einer Pyramide, die mich an die Bilder von Ägypten erinnerte, einer Welt, die so unbegreiflich fern und doch so nah zu sein schien. Die dritte Station unserer Zeitreise war nur mit dem Flugzeug zu erreichen. Der Pilot holte uns auf einem plattgewalzten Acker ab und flog uns nach Palenque. Diese Stadt der Maya liegt im Bundesstaat Chiapas; die bis dahin nur wenigen Europäern bekannten Gebäude wie der «Tempel der Inschriften», der Palast und der «Sonnentempel» übertrafen alle unsere inneren Bilder. Uns schien, als sei die menschliche Zivilisation schon einmal größer gewesen und weiter entwickelt als unser modernes Abendland. Ich hörte mit den Dreharbeiten erst auf, als das ganze Negativmaterial belichtet war und der Pilot, der uns nach Mérida zurückbringen sollte, ungeduldig wurde.

Ich hatte alle verfügbaren Schriften und Forschungsergebnisse gelesen, die es über die Maya gab. Die Frage, warum diese blühenden Städte noch vor Ankunft der spanischen Eroberer verlassen worden waren, wurde nirgends beantwortet. Für mich ist dies eine der seltsamsten Handlungsweisen von Menschen: sich kollektiv von allen Errungenschaften, Bequemlichkeiten und selbstgeschaffenen Schönheiten so radikal zu trennen. Die Maya haben das offenbar getan und ihr gesamtes Lebenskonzept ausgelöscht, eine Art «Reset» durchgeführt. Kann es das geben, oder fehlen uns bisher nur die einleuchtenden Erklärungsmodelle?

Von allen Früchten dieser Reisen blieben mir die Bilder aus Yucatán am wichtigsten. Nach meiner Heimkehr zeigte ich sie einigen Freunden und weckte ihre Begeisterung. Josef Anton Riedl begann sofort, eine geheimnisvoll klingende elektronische Musik dazu zu komponieren. Ein bekannter Schauspieler der Münchner Kammerspiele, Peter Lühr, sprach den Kommentar, und bei den Mitstreitern von Oberhausen wurde Yucatán mein Debüt, mit dem ich in die Reihen der Jungfilmer aufgenommen wurde. Aber davon später. Leider habe ich unseren Mäzen, den deutschstämmigen Hobby-Archäologen, nie mehr wiedergesehen. Ich hätte ihm gern gesagt, wie dankbar ich ihm bin, dass er mich auf diesen Weg gebracht hat.

34 Reisen ohne anzukommen

Während meiner Studienjahre war der italienische Philosoph Ernesto Grassi, der in München wirkte, immer wieder ein vielgelesener und bei den Freunden sehr kontrovers diskutierter Geist. Ich war von seiner Betrachtung der Reiseerfahrungen, festgehalten in seinem 1955 erschienenen Buch «Reisen ohne anzukommen. Südamerikanische Meditationen», beeindruckt. Auch ich erlebte, dass wir in eine Welt gelangten, die komplett anders war als die unsere, und dass wir in dieser Fremde nur noch uns selbst begegnen. Die fremde Landschaft bleibt unbegreiflich, solange wir sie nicht bewohnen. Mein Zustand als Reisender war umso unsicherer geworden, je weniger ich in die täglichen Überlebenskämpfe der Menschen verwickelt war. Der Tourist ist die hoffnungsloseste Erscheinung im Bild der Fremde. Die Faszination der Fremde scheint also nichts anderes zu sein als die Sehnsucht nach Heimkehr, in eine Heimat, die uns verloren ging und die wir jetzt in der Fremde suchen. Ein merkwürdiges Paradox, das mich auf der Weiterreise begleitete.

Die nächste Station der Südamerikareise war El Salvador. Ausgerechnet in diesem kleinen Land, an dessen Grenzen man sofort gelangt, wenn man sich in ein Flugzeug setzt, lernte ich eine regelrechte Fliegerei-Euphorie kennen. Die von Europäern abstammende Familie, auf deren Hazienda wir eine Woche lang wohnten, erledigte selbst die alltäglichen Einkäufe mit der Cessna. Es gab drei kleine Flugzeuge hinter dem Gutshaus, und jedes der drei Kinder besaß einen Flugschein. Kurz vor dem Abendessen flog der Sohn noch zur fünfzig Kilometer entfernten Hauptstadt, um ein paar Flaschen Wein zu holen. Man speiste mit Blick auf den Pazifik, und einmal ließ es sich der Hausherr nicht nehmen, in der Dämmerung mit uns zu einer Haifischbucht zu fliegen und die Tiere im Wasser aufzuscheuchen. Das gelang durch Sturzflüge und steiles Wiederhochziehen der Maschine. Meine Angst vor dem Fliegen verschwand im Laufe dieser Reise völlig, und ich wurde zum Philobaten, voller Sehnsucht nach «friedlichen Weiten», wie ihn der Psychoanalytiker Michael Balint beschrieben hat.

Ich lernte Bruce Nixon kennen. Er war Amerikaner und betrieb in El Salvador ein florierendes Spezialunternehmen für die Applikation von Insektiziden in der Landwirtschaft. Bruce war selber einer der besten Piloten. Er kommandierte eine Flotte von zwanzig Flugzeugen, die für die verschiedensten Einsatzarten ausgerüstet waren. Fast alle Piloten, die Bruce beschäftigte, waren Amerikaner und hatten wie er die Fliegerei beim Militär gelernt. Von Bruce wurde berichtet, er sei ein legendärer Kampfflieger im Koreakrieg gewesen. Mit mir wollte er aber über dieses Kapitel nicht sprechen. Er verstand meinen Auftrag so, dass ich sensationelle Luftbilder brauchte, um meinen Film attraktiver zu machen. Also bot er mir fliegerische Sensationen an. Ich wurde zwischen den Tragflächen einer Piper-Doppeldecker-Maschine angeseilt, bekam meine Arriflex-Kamera um die Brust geschnallt, und Bruce startete nun mit mir zu Tiefflügen über hügelige Baumwollplantagen, ließ die Maschine über Hochspannungsmasten springen oder wendete mit Loopings an der Abbruchkante der Steilküste. Ich filmte nach Herzenslust im Rausch des vogelgleichen Flugs. Ich sah unter mir das endlose Grün der Felder und filmte den Giftnebel aus Deutschland, der sich auf alles verbreitete, was da kreucht und fleucht. Später konnte ich mich bei diesen Bildern des Gefühls nicht erwehren, dass ein jämmerlicher Aufschrei der Millionen sterbender Insekten aus den Feldern stieg. Beim Planen der Musik, die Josef Anton Riedl später für den Film komponierte, haben wir versucht, diesen Gedanken in Klänge umzusetzen. Meine Flugbegeisterung hat mich noch viele Jahre verfolgt. Ohne sie hätte ich vermutlich Filme wie DER SCHNEIDER VON ULM oder die Geschichte von Ernst Simon in HEIMAT nicht gedreht.

Auf dem Weg zur nächsten Station meiner Reise musste ich allerdings so viele Stunden im Flugzeug verbringen, dass vom Enthusiasmus erst einmal nichts übrigblieb. Mit den damals noch üblichen Propellermaschinen dauerte der Flug von San Salvador nach Rio de Janeiro mehr als vierzig Stunden. Ich erinnere mich an eine Äquatortaufe an Bord, mit Champagner und Händedruck des Kapitäns. Der Blick nach draußen zeigte seit vielen Stunden nichts als das grüne Meer der Amazonas-Wälder. Kein Zeichen von menschlicher Besiedlung. Ein Gefühl wie auf einem fremden Planeten. Die Erde unter mir unwirklich. Auch die Landung in Rio war kein Ankommen. Die Welt erschien mir irgendwie verdreht, die Begrüßungsdelegation von Bayer, das Hotelzimmer, der Copacabana-Strand verfremdet. Sind diese Eindrücke Wirklichkeit oder ein Spiel der Phantasie? Wie kann man eigentlich Traum und Wirklichkeit unterscheiden, wenn die Eindrücke der Augen im Wachsein dieselben sind wie im Traum? Ich will nicht behaupten, dass ich diese Sätze genau so gedacht habe, aber indem ich sie hier niederschreibe, kommen sie mir so bekannt vor, dass mir ganze Kaskaden von Bildern einfallen, zum Beispiel Bilder von Macumba-Ritualen, bei denen kleine Stoffpuppen verbrannt wurden. Sogar der lange Schatten von Thomas bei Sonnenuntergang wirkte unheimlich neben mir im Sand der Copacabana.

Auch in Rio erlebten wir Scherereien mit dem Zoll. Wieder konnte die Kameraausrüstung nur mit Bestechung freigekauft werden. Wieder tauchten vom ersten Tag an zwielichtige Kerle auf, die uns «Hilfe» anboten; sie wollten, dass wir Juwelen kaufen, Bordelle besuchen, Geldgeschäfte machen und Teile unserer Ausrüstung verkaufen. In keiner Stadt habe ich mich so unsicher gefühlt wie in Rio, der Stadt mit dem heiter-mondänen Strand, der an Cannes oder Nizza erinnert.

Endlich konnten wir mit dem Auto nach São Paulo weiterfahren und von dort ins Landesinnere. Begreiflicher wurde die Welt, die wir dort antrafen, nicht. Wir filmten tapfer die vorbereiteten Motive ab und gelangten schließlich in ein Gebiet, in dem viele Menschen deutscher Abstammung lebten. Als wir eines Tages nach einer im Urwald verborgenen Kolonie deutscher Siedler suchten und ratlos an einer staubigen Weggabelung anhielten, entdeckte ich zwei schwarze Männer in einem Erdbeerfeld. Ich ging zu ihnen, um nach dem Weg zu fragen. Da ich kein Portugiesisch konnte, versuchte ich es mit Spanisch, was die Männer aber nicht verstanden. Zu meiner Überraschung antworteten sie in perfektem Hunsrücker Platt. Ich traute meinen Ohren nicht. Ich antwortete in der Sprache meiner Großeltern und fragte nach dem Weg. Es erwies sich, dass wir umkehren mussten. Aber mich interessierten diese schwarzen Hunsrücker. «Wat micht deer dann loo?» fragte ich, um ins Gespräch zu kommen. Die Antwort der afrikanisch aussehenden Männer lautete: «Ei, mir mache Erbere aus – for se verkaafe.» Ich kaufte ihnen ein Körbchen Erdbeeren ab, die ich unseren Reisebegleitern brachte. Diese Begegnung war der Höhepunkt der Unbegreiflichkeiten auf dieser Reise: Ich war plötzlich in meiner Kindheit angekommen, wo aber alles verdreht erschien. Die Hautfarbe meiner angeblichen Landsleute, der unfassbar weite Himmel darüber und meine Unwissenheit über die Geschichte dieser Menschen, alles war irreal. Erst mehr als fünfzig Jahre später war ich fähig, dieses Erlebnis in einem Film aufleuchten zu lassen.

Peru, die letzte Station unserer Reise, erreichten wir Mitte November. In Lima trafen wir den belgischen Landwirtschaftsingenieur André Wybou, der in Peru für Bayer arbeitete und unser Filmprojekt von Anfang an kannte. Mit seiner Hilfe konnten wir die traditionellen Bewässerungsmethoden der Inkas filmen und besuchten mehrere Kultstätten dieser brutal zerstörten indigenen Kultur. Wir flogen nach Cuzco, der ehemaligen Inka-Hauptstadt, die in den peruanischen Anden auf knapp 3500 Metern Höhe liegt. Wybou wollte uns Machu Picchu zeigen, die sagenhafte Ruinenstadt, die uns heute noch die Lebensräume betreten lässt, in denen die Menschen im Inka-Reich gewohnt haben. Ich weiß, dass diese Sehenswürdigkeit trotz der Höhenlage von fast dreitausend Metern heute jedes Jahr von endlosen Scharen lärmender Touristen besucht wird, aber im Jahr 1959 waren es nur wenige Abenteurer, die diesen Ort kannten. Eine andächtige Stille umgab uns bei jedem Schritt.

Thomas Mauch ist kurz nach unserer Ankunft in der Höhenluft von Cuzco ohnmächtig geworden. Er brauchte mehrere Stunden, bis er sich in der dünnen Luft bewegen konnte. Wybou kannte sich sehr gut in den archäologischen Fundgebieten Perus aus und brachte uns auch an Orte, die versteckt in Gebirgstälern lagen, in denen die Menschen noch lebten wie vor fünfhundert Jahren. Sie sprachen Quechua und lebten mit ihren Lamas in großer Armut. In unserem Baumwollfilm sieht man, wie die Leute in der Erntezeit zur Küste herabkommen, an den Rändern der Panamericana sitzen und auf Arbeit warten. Die Aufseher der Farmer tauchen dann mit Lastwagen auf und suchen sich die Kräftigsten als Erntehelfer aus. Wer auf einen Lastwagen gelangt, hat Arbeit für ein paar Wochen. Wenn der Laster voll ist, werden die nachdrängenden Menschen, Männer, Frauen, Kinder, mit Stiefeltritten zurückgestoßen. Später sahen wir, wie die Erntesklaven, die einen kärglichen Lohn erhalten, auf den Feldern schlafen müssen, weil man ihnen ein Dach über dem Kopf verweigert.

Wybou zeigte uns die Ausgrabungsstätten in der Wüste, die sich an der Pazifikküste entlangzieht. Wir filmten die Gewänder aus feinstem Baumwollgewebe aus der Nazca-Kultur, die noch vor dem Inka-Reich hier zu Hause war. Wir bewunderten die Keramikarbeiten und Malereien. Inzwischen hatte Wybou die Nachricht erhalten, dass kurz vor unserer Abreise ein deutsches Frachtschiff in der Hafenstadt Pisco ankommen würde, um Baumwolle für den deutschen Markt zu laden. Dieses Motiv wollten wir uns nicht entgehen lassen, da es einen schönen filmischen Übergang zu dem geplanten Schluss in Deutschland bot. Wir fuhren in die südlich von Lima gelegene Stadt und quartierten uns in einem Hotel ein, das einem europäischen Ehepaar gehörte. Er war Deutscher, sie Italienerin. Fernanda war, wie sich herausstellte, eine an der ganzen langen Küste bekannte Dame. Das Gastgeber-Ehepaar verwöhnte uns zwei Tage lang, mit Cocktails, Musik und Kulinarischem, bis wir das deutsche Schiff am Horizont sahen. Die letzten Bilder, die wir in Peru drehten, zeigen die Baumwollballen mit der Aufschrift «Hamburg», wie sie in dem großen weißen Schiffsbauch verschwinden.

35 Schnitte und Einschnitte

Beladen mit Bergen von belichtetem Filmmaterial und Erzählstoff für Jahre kam ich mit Thomas Mauch am 14. Dezember am Münchener Flughafen an. Ich hatte immer öfter an meine Lieben zu Hause und an das ungeborene Kind gedacht. Während der langen Reise hatte ich zwar viele Luftpostbriefe an Gertraud geschickt, aber von ihr nur wenige Briefe empfangen können, da ich dafür nie lange genug an einem Ort war. Endlich konnte ich sie und Susanne in die Arme nehmen. Die Kleine zeigte mir stolz den geschwollenen Bauch ihrer Mutter.

Im Haus des Produzenten in der Bogenhausener Keplerstraße gab es einen Schneideraum. Hier konnte ich mit Beate Mainka unseren Arbeitsplatz für die kommenden Monate einrichten. In Hunderten von Blechbüchsen warteten die frischen, nach den Chemikalien des Kopierwerks duftenden Filmrollen. Beate, die weder die Reise miterlebt hatte noch die Erlebnisse kannte, von denen mein Herz noch voll war, ging in jugendlicher Unbefangenheit und nüchterner Entschlossenheit vor. Sie näherte sich dem Material, indem sie zuerst einmal alles zertrennte. Insofern war sie eine begeisterte Cutterin, die es liebte, etwas zu zerschneiden und zu entwirren. Für mich bedeutete dieser Vorgang ein ununterbrochenes Abschiednehmen. «Der Film ist das eine, deine Erinnerungen sind das andere», war ihre Meinung. Es sei ein Irrtum anzunehmen, die erlebten Geschichten seien im Material zu erkennen. Ein Baumwollkäfer ist ein Baumwollkäfer, ein Mann mit einer Hacke ist ein Mann mit einer Hacke. Nicht einmal der Name der Personen steht in den Bildern. Der Zuschauer sieht nur, was auf der belichteten Schicht des Films festgehalten ist. Vergessen war angesagt. Das Geschichtenerzählen über die Dreharbeiten gehörte nicht in den Schneideraum. Beates Schere trennte alle Fäden meiner Erinnerung von den Bildern, alle Schwärmereien von den dargestellten Arbeitsvorgängen.

Kaum war ich zurück, forderte die Bayer-Filmstelle einen gänzlich unerwarteten Einsatz in Berlin. Ich sollte einen Weltärztekongress filmen, den ersten seiner Art seit dem Kriegsende, wie es hieß. Er fand noch vor dem Jahreswechsel statt. Der Film über dieses Ereignis, auf das besonders die Politiker stolz waren, ist tatsächlich in wenigen Tagen entstanden. Ich drehte mit Thomas Mauch die wirtschaftswunderlichen Fressorgien der Mediziner auf den Empfängen, die überbordenden Feinkostbüfetts und die dekadent schwelgenden Gäste. Ich dachte an das Elend der peruanischen Erntearbeiter, die ich nicht vergessen konnte, und filmte die Party mit den Gefühlen eines Anklägers. Auch die Vorträge und Diskussionen waren nichts anderes als Selbstdarstellungen eitler Klinikdirektoren. Ich habe das Material abgeliefert. Leute, die ich nicht kannte, haben es geschnitten. Ich staunte, dass hinterher tatsächlich ein Film dabei herausgekommen ist, den man in Kreisen der Pharmaindustrie mit Stolz vorführte. Wie man sieht, ging schon wieder ein Riss durch das Erinnern: Das Filmmaterial wurde völlig anders gedeutet, als ich es gemeint hatte. Auch hier wirkte die Schere, die Gedankenschere. Sie zertrennte die Nabelschnur zwischen Autor und Werk.

Am 11. Januar 1960, eine Woche nach ihrem eigenen Geburtstag, brachte Gertraud unseren Sohn Christian zur Welt. Ich hatte sie nachts, als die Wehen losgingen, im Taxi ins Rotkreuz-Krankenhaus gebracht und dann mit Susanne zu Hause bis in die Morgenstunden auf eine Nachricht gewartet. Erst die Schwestern der Frühschicht riefen mich an, um mitzuteilen, dass alles gutgegangen sei. Gegen Mittag durfte ich mit Susanne das Brüderchen durch eine Glasscheibe betrachten. Auch dieses Ereignis sehe ich heute als einen Schnitt. Eine neue Ära des Familienlebens hatte begonnen, ein neuer Rhythmus. Zeiten der Nachtruhe, die Mahlzeiten, die Einkäufe und die wenigen Zeiten für Gespräche. Ich musste lernen, dass meine Reiseerlebnisse, meine Gedanken darüber und die Fragen, wer ich bin und wohin mich mein künstlerischer Weg führen wird, zweitrangig wurden. Die Relationen hatten sich verschoben.

Die Schnittarbeiten für den Film waren in die zweite Phase getreten: in die Phase des Zusammensetzens. Das Komponieren am Schneidetisch, für diese Arbeit ist das Wort «Schnitt» eigentlich nicht mehr zutreffend. Beate Mainka, die zum ersten Mal als Filmeditorin tätig war, verstand instinktiv, was zusammengehörte, was zusammen auch wirkt. Es war vor allem ihr Empfinden für Bewegung, das den Filmschnitt antrieb. Bald holten wir auch Josef Anton Riedl dazu, da Beate immer nach Musik verlangte. Musik bringt den Film zum Laufen. Das war ihre Überzeugung. Die Premiere von BAUMWOLLE fand am 13. Mai 1960 in Köln statt.

Das Jahr verging mit immer neuen Aufgaben für das Leverkusener Chemiewerk. Im April entstand eine weitere Dokumentation für die Pharma-Abteilung, mit dem sehr speziellen Thema aus der medizinischen Forschung: NACHWEIS VON TUMORZELLEN IM STRÖMENDEN BLUT. Ich drehte wieder mit Mauch als Assistent. Das Material wurde von Beate Mainka geschnitten, noch während wir die Dreharbeiten zu einem Industriefilm über den Schaumstoff MOLTOPREN begannen. Es wurden am Ende vier Einzelfilme zu diesem Thema. Ich zeigte immer wieder meinen nicht ermüdenden Enthusiasmus für das filmische Experiment. Ich lernte unzählige kleine und große Betriebe von der Polsterei bis zum Flugzeugbau kennen, filmte in Chemielaboratorien, großtechnischen Anlagen, in der Autoindustrie und bei ihren Zulieferern. Ich fuhr in einem Seenotkreuzer mit, testete Krankenbetten in Kliniken und verbrachte Tage in der Spielzeugindustrie. So lernte ich das Innere der Arbeitswelt hinter den Fabriktoren kennen, eine Welt, die eine unglaubliche Vielfalt an Erscheinungsformen zeigt, doch für die meisten Künstler eine verschlossene Gegenwelt bleibt. Ich erinnerte mich auch der Einstellung von Willy Zielke, der sich nie darauf einließ, Banales in banalen Bildern darzustellen. Ich suchte immer wieder die ungewöhnliche Perspektive.

Der Yucatán-Film konnte erst spät vollendet werden, weil es mir immer wieder an Zeit mangelte, mich in die Bilder zu vertiefen. Musik und Filmschnitt entstanden gemeinsam. Zum ersten Mal versuchte ich, eine Partitur für Film zu entwickeln. Dabei wurden die einzelnen musikalischen Sequenzen in eine Zeitlinie eingetragen, wie es die Komponisten in ihren Partituren machen. Ich verwendete Millimeterpapier, um die Proportionen des Rhythmus graphisch sichtbar darzustellen. Die Tonmischung von YUCATAN wurde im hauseigenen Tonstudio des Produzenten zur technischen Sensation. Sie war die eigentliche Uraufführung mit sechs Tonkanälen, wie der Film später nie mehr gezeigt werden konnte, da es in der Kinotechnik damals nur den Lichttonstreifen mit monauralem Ton gab. Premiere hatte YUCATAN schließlich auf den Internationalen Kurzfilmtagen in Oberhausen.

36 Das Hong Kong

Das Kurzfilmfestival von Oberhausen war allen bekannt, die Ende der fünfziger Jahre den Ruf in sich spürten, den Film als die neue Kunstgattung des 20. Jahrhunderts zu entdecken. Obwohl die meisten Nachwuchsfilmer bisher nur im Auftrag großer Wirtschaftsunternehmen Werbefilme oder, wie ich, Industriefilme gedreht hatten, war ihr Kampf um Anerkennung des Films als Kunst von einem großen Pathos getragen. Wenn es einem von uns sogar gelungen war, einen Kurzfilm herzustellen, der seine künstlerischen Absichten zeigen durfte und sich nicht hinter Produkt- und Imagewerbung der Auftraggeber verstecken musste, war man stolz auf sein Werk und bewarb sich damit für den Wettbewerb in Oberhausen. So erging es auch mir, als ich YUCATAN zur Auswahl nach Oberhausen geschickt hatte und bald darauf die Einladung erhielt, den Film persönlich vorzustellen und als Gast am Festival teilzunehmen. Bei den Vorbereitungen erfuhr ich von einer Gruppierung von Kurzfilmregisseuren, die sich unter dem Namen «DOC 59» jeden Donnerstag im China-Restaurant Hong Kong in der Tengstraße traf. Einige dieser Akteure kannte ich schon länger, denn sie waren, wie ich, bei der Gesellschaft für bildende Filme beschäftigt. Raimond Ruehl, Ferdinand Khittl, Bodo Blüthner, Peter Schamoni und die Kameramänner Fritz Schwennicke, Ronald Martini und Wolf Wirth. Bei einem Besuch im Büro der GBF traf ich Blüthner, der mich zum nächsten Jour fixe im Hong Kong einlud.

Die Treffen im Hong Kong wurden innerhalb kurzer Zeit zu einem wichtigen Sammelpunkt gleichgesinnter Filmemacher; in diesen Monaten entfaltete sich die Dynamik, eine historische Erneuerung des deutschen Filmschaffens zu fordern. Ich lernte vor allem Haro Senft kennen, Regisseur und Produzent, der sich als der eigentliche Initiator und Gesprächsleiter zeigte. Haro war ein freundlicher Guru mit sanfter Stimme, der seine Prognosen und Vorschläge in einem verlockenden Verkündungston vortrug. Er wirkte immer ein wenig feierlich. Diese Eigenschaft, verbunden mit seinem stattlichen Wuchs, machte ihn zum Anführer der Gruppe; 1962 sollte seine Dokumentation KAHL als erster deutscher Kurzfilm für den Oscar nominiert werden. Die Treffen verliefen ganz ungezwungen, die Gespräche drehten sich um die konkreten Erfahrungen bei der Herstellung der Filme, vor allem aber um kleine Erfolge, die einige der Kollegen bereits vorzuweisen hatten. Dazu zählten vor allem Preise auf Festivals und Würdigungen in der Presse. Mich überraschte das Interesse, das die Kollegen an meiner Arbeit zeigten. Ich wurde ausgefragt und auch bestaunt, wenn mir ein kleiner Schritt zur Filmkunst gelungen war.

Als YUCATAN in Oberhausen gezeigt wurde, sah ich die Münchener Kollegen aus dem Hong Kong alle wieder. So traf ich auch Peter Schamoni, der einen Film über die Ruinen des Reichsparteitagsgeländes in Nürnberg gedreht hatte. Der Film hieß BRUTALITÄT IN STEIN. Auch hier sah man seltsame Prachtarchitektur, die in Trümmern lag. In Schamonis Begleitung war ein junger Jurist mit Doktortitel aufgetaucht, der für Peters Film den Kommentartext geschrieben hatte und als Mitautor zeichnete. In einer öffentlichen Diskussion, die das Festival über die Wettbewerbsfilme veranstaltete, ergriff der junge Jurist das Wort und verglich unsere beiden Filme mit verblüffenden Argumenten. Was haben die Nazis und die Maya gemeinsam? Welche filmästhetische Sprache ist für die Darstellung des Brutalen geeignet? Wie befreien wir uns durch Filme vom Nazi-Erbe? So lernte ich den eloquenten, von allen nur mit «Doktor» titulierten Alexander Kluge kennen.

In Oberhausen waren die Nächte lang. Beim Abendessen in den Räumen der Volkshochschule und in den Kneipen rund um das Europa-

Palast-Kino saß man viele Stunden im Gespräch mit den Gästen aus anderen Ländern. Ich lernte den Festivalleiter Hilmar Hoffmann kennen, ich befreundete mich mit dem Filmkritiker und Filmemacher Gideon Bachmann, der als Einziger die Maya-Kultur kannte und schon in Yucatán gewesen war, ich lernte den deutsch-britischen Kameramann Walter Lassally kennen, der von seinen Erfahrungen mit dem «Free Cinema» berichtete, das die Regisseure Karel Reisz und Tony Richardson in England gegründet hatten. Lassally war ein Pionier der beweglichen Kamera. Das Drehen außerhalb der Studios ohne teures Kunstlicht war neu und verlieh den Filmen eine Direktheit, die man bis dahin nur im italienischen Kino kannte. Mit seinen Regisseuren suchte Lassally einen direkten sozialen Realismus, der aber immer das gut komponierte künstlerische Bild präsentierte. Wenn ich mich an die nächtlichen Diskussionen erinnere, dann waren sie vor allem von der permanenten Euphorie des Entdeckens geprägt, in der sich eine ganze Generation befand. Mit Lassally verstand ich mich besonders gut, und ich hätte mir gewünscht, mit ihm eines Tages einen langen Film zu machen.

Das Restaurant Hong Kong in München-Schwabing war die Fortsetzung dieser Stimmung. Der Kameramann Wolf Wirth, der mit Schamoni und Kluge den Reichsparteitagsfilm gedreht hatte, verfügte als einziger Teilnehmer der Treffen über Spielfilmerfahrungen. Ich kannte ihn aus meinen Anfängen als Kameraassistent. Er berichtete mir von einem Produktionsleiter der Bavaria-Studios namens Volkmar Kahlert, der sich vielleicht für meine Arbeit interessieren würde. Ich ließ mich von Wolf Wirth vorstellen. Kahlert war ein Journalist alter Schule, geprägt vom britischen Presseverständnis. Wenn ich mich recht erinnere, hatte er lange für angelsächsische Zeitungen gearbeitet. Er nannte sich selbst einen Talentschnüffler und meinte, in mir sei etwas verborgen, das er wecken könne. Die Produktionsabteilung, die er leitete, hatte einen Großauftrag der Deutschen Bundespost erhalten. Er sollte die neuen technischen Entwicklungen der Post in einem Film darstellen. POST UND TECHNIK sollte der Film heißen, zu dem Kahlert selbst das Drehbuch geschrieben hatte. Er sei auf der Suche nach dem «künstlerischen Blick», den ein solches Thema brauche. Damals war ja das Telefon ebenso Sache der Post wie der klassische Briefdienst. Ich sollte im Film zeigen, wie die Moderne in Form neuester technischer Entwicklungen die gesamten Kommunikationsbereiche durchdringe. Viele der Techniken, die für uns heute zum Alltag gehören, lagen jedoch noch weit außerhalb des Vorstellungsvermögens. Der Erzjournalist Kahlert kam also mit der Idee auf mich zu, ich solle mit meiner künstlerischen Intuition einen Blick in die Zukunft der totalen Kommunikation werfen.

Kahlert lebte in der Vorstellung, dass ein Künstler ein edles Reitpferd sei, dem man die Sporen geben müsse. Sein Auftrag war schmeichelhaft, was mich darüber hinwegsehen ließ, dass er mich für die Arbeit extrem schlecht bezahlte. Ich fing Feuer und machte mich mit Thomas Mauch auf den Weg zu den vielen Motiven in allen Teilen Deutschlands. Es war das Jahr 1961, das Jahr also, in dem die Berliner Mauer gebaut wurde. Selbstverständlich zog es uns auch nach Berlin, denn wenn es ein Bild gab, das dem Gedanken der freien Kommunikation der modernen Menschheit im Wege stand, war es diese Mauer, die wir von allen Seiten filmten. Von der Reise kehrten wir mit reicher Ernte an schönen Bildern zurück.

Die Hong-Kong-Gruppe war in den Monaten meiner Abwesenheit nicht untätig gewesen. Das zeigte sich sogar im Stadtbild – wo immer man hinkam, in den Toiletten der Gaststätten, an den Alleebäumen, an den Schaukästen der Kinos oder in der Universität, leuchteten einem kleine grüne Aufkleber entgegen mit dem Slogan: PAPAS KINO IST TOT. Haro Senft hatte mir Hunderte solcher Klebezettel nach Hause geschickt mit der Aufforderung, sie neben der Briefmarke auf alle meine Korrespondenzen zu kleben. Der Slogan kam aus der Bewunderung für die Aufbruchsbewegung in Frankreich. Die Regisseure der Nouvelle Vague hatten den Spruch aufgebracht: LE CINEMA DE PAPA EST MORT.

Als ich die Verbindung mit der Hong-Kong-Gruppe wieder aufnahm, traf ich dort einige neue Gesichter: Enno Patalas, den ich schon als Filmhistoriker kannte, hatte inzwischen die erste Zeitschrift des neuen Films gegründet, die «Filmkritik». Mit ihm arbeiteten Günter Rohrbach, der später einer der bedeutenden deutschen Kinofilm- und Fernsehproduzenten werden sollte, und Wilfried Berghahn, der nur wenige Jahre darauf, 1964, jung verstarb und doch schon eine Leitfigur der fortschrittlichen Filmpublizistik geworden war, als engagierte Kritikenschreiber. Der Komponist Hans Posegga (den mein Arbeitsfreund Riedl komplett ablehnte) schloss sich an, und Detten Schleiermacher, der an der Ulmer Hochschule für Gestaltung studiert hatte und darüber begeistert berichtete.

In den Diskussionen hatte sich eine heftige Rivalität zwischen Alexander Kluge und Haro Senft entwickelt. Kluge, der den Guru-Auftritt von Senft bekämpfte, suchte Verstärkung für seine Positionen und knüpfte Allianzen mit Leuten, die ihm fasziniert zuhörten, sodass er selber mehr und mehr zum Wortführer der Gruppe wurde. Hans Rolf Strobel war einer der profiliertesten Kämpfer. Das Filmemacher-Gespann Strobel und Tichawsky war das einzige Team, das sich dem klassischen Dokumentarfilm-Genre widmete und schon weit beachtete Werke geschaffen hatte; 1963 sollten sie das Filmband in Gold als «Beste Nachwuchsregisseure» erhalten. Kluge faszinierte mich. Er rückte die Themen der Gruppe in neue Zusammenhänge. Zum Beispiel erklärte er, dass Strobel und Tichawsky die einzigen Mitglieder der Gruppe seien, mit denen man sich außerhalb der Filmwelt sehen lassen könne. Die assoziativen Gedankenketten Kluges und der helle Verstand, den er verkörperte, wirkten inspirierend. Es bildete sich bald eine vorsichtige Freundschaft zwischen uns.

Wie man sieht, war das Hong Kong die Brutstätte der Oberhausener Bewegung geworden, in der es brodelte und sich viele Gegensätze auftaten. Aber gerade deshalb trieb die Gruppe alle an, über sich hinauszuwachsen.

37 Vita eines Brummers

Die Arbeit an dem Kurzfilm KOMMUNIKATION wurde neben den vielen neuen Wirklichkeitsbereichen, die ich kennenlernte, vor allem eine musikalische Erfahrung für mich. Meine Zusammenarbeit mit Riedl hatte eine neue Dimension erreicht. Um diese zu erklären, muss ich einen Zeitsprung machen, der in die Simmerner Schulzeit zurückführt.

Wie die meisten Gymnasien hatte auch unser Simmerner Pennal einen Schulchor; geleitet wurde er von Musiklehrer Drath. Wegen meiner Stimmlage war ich dem Bass zugeordnet worden. Während einer der wöchentlichen Chorproben ging der Lehrer, den Takt weiter schlagend, durch die Reihen und hielt hin und wieder seine Hand hinter das Ohr, um noch besser zu hören. Wer brummt hier? Wir sangen tapfer weiter, bis Herr Drath vor mir stehenblieb und den Gesang abbrach. «Da haben wir ja den Brummer!», rief er und ließ mich aus der Reihe treten. «Gegen Brummer ist man machtlos», sagte er, «denn das kommt vom Fehlen jeglicher Musikalität.» Ich wusste nicht sofort, was diese Lehrermaßnahme bedeuten sollte, und wartete ab. «Du bist unmusikalisch und von der Teilnahme am Schulchor befreit.» Mit diesem Rausschmiss war mein Schicksal besiegelt. Im Zeugnis stand ein versöhnlicher Vierer in Musik. So blieb es bis zum Abitur.

Natürlich bin ich aufgrund dieser Erfahrung in meinem ganzen Leben nicht mehr auf die Idee gekommen, ein Lied anzustimmen. Ein Brummer ist eben ein Brummer. Das beeinflusste mein ganzes übriges Musikverständnis. Ich besaß keine Plattensammlung wie die Freunde und hielt mich bei Gesprächen über Musik zurück, besonders wenn es um die Kunst der Sänger ging. Gertraud hatte sich mit meiner musikalischen Abstinenz abgefunden. Sie kam aus einer sangesfreudigen Familie und kannte viele Lieder mit zahllosen Strophen, die sie gern im Bekanntenkreis vortrug. Dabei blieb ich der stille Gast im Hintergrund. Eine kleine musikalische Horizonterweiterung erfuhr ich, als die Freunde aus dem Kutscher-Kreis sich für Jazz begeisterten und mich ins «Domizil», ein bekanntes Münchener Jazzlokal, schleppten. Das war in etwa der Stand meiner Entwicklung, als ich Josef Anton Riedl kennenlernte. Seit dem kleinen Verkehrserziehungsfilm im Jahr 1957 hatte ich alle meine frühen Filme mit ihm vertont. Das funktionierte, weil die Klänge und Rhythmen, die er für mich produzierte, von mir nicht als «Musik» im Sinne meines Simmerner Musiklehrers wahrgenommen wurden. Ich verstand Riedls Arbeit als eine akustische Form des Filmemachens. Alles, was er beim Komponieren tat, war mir deswegen völlig vertraut, und ich freute mich über einen neuen Klang oder eine neue Tonfolge, als wäre es ein mit der Kamera entdecktes Bild oder eine gelungene Kamerafahrt. Auch in der Zusammenarbeit gab es von Anfang an keine Verständigungsprobleme. Während ich meine Bildsequenzen montierte, montierte Riedl mit den gleichen Werkzeugen Tonbänder, Sinusgeneratoren oder Ringmodulatoren. Wir verwendeten gleiche Begriffe und verständigten uns als Fachleute in dem jeweils anderen Gewerk.

So kam es, dass ich mit Riedl gern Konzerte Neuer Musik besuchte oder auch Tonträger mit experimenteller Musik sammelte. Er erklärte mir mit den richtigen Worten, was ich nicht verstand. Wenn ich meine Aufnahmen von Musique concrète oder elektronische Musik zu Hause abspielte, konnte ich damit die Gäste verscheuchen, aber ich war dennoch begeistert, denn die Musik, die ich durch die vielen praktischen Begegnungen mit Riedl kennengelernt hatte, erschien mir viel näher an meiner Erfahrungswelt als die tonale Klassik und Unterhaltungsmusik. Meine Singschwäche hinderte mich nicht, die Musik von Berio zu lieben oder die Kompositionen von Kagel oder Ligeti. Der arrogante Stockhausen, den ich in Riedls Studio kennengelernt hatte, erzeugte bei mir heftige Abwehrreaktionen. Er war mir zu religiös, und ich verabscheute sein Guru-Gehabe.

Riedl fühlte sich als Missionar der Neuen Musik. Er nahm mich regelrecht in die Pflicht. Ich durfte kein einschlägiges Konzert versäumen, denn in seinen Augen war ich hochgradig musikalisch. Riedl war der Meinung, dass sich bei mir jede Mühe um späte Musikerziehung lohne. Der Bann war gebrochen. Ich wollte nun erfahren, woher die modernen Komponisten ihre Regeln und ihr Handwerk nahmen, worauf sie sich bezogen. Riedl machte mich mit der Zweiten Wiener Schule vertraut. Ich entdeckte Schönberg, Berg und Webern, und mit der Vertiefung in ihre Werke kam mein Verständnis für Mahler und Wagner. So arbeitete ich mich im Laufe mehrerer Jahre in der Musikgeschichte rückwärts nach vorne. Ich lernte Schumann zu lieben und Beethoven. Zu Bach und der Barockmusik von Vivaldi, Telemann und anderen, die alle liebten, besonders zu Weihnachten, kam ich zuallerletzt. Die Musik wurde für mich die wichtigste Inspirationsquelle. Aus dem Brummer war ein leidenschaftlicher Musikfreund geworden. Der Film ist, wie die Musik, eine Zeitkunst. Beides gestaltet die Zeit, akzentuiert, formt und speichert Zeit. Hier entdeckte ich ganz unerwartet meinen Vater, den Uhrmacher wieder. Das Elternhaus war immer mit der Musik der vielen in unterschiedlichen Zeitmaßen tickenden und schlagenden Uhrwerke erfüllt. Wenn ich an das Elternhaus denke, erklingt sofort diese Musik in meinem Ohr, mit der ich aufgewachsen bin und die meine Kindheit rhythmisiert hat.

Bei der Arbeit an KOMMUNIKATION hatte ich mit Riedl eine Notation entwickelt, mit der wir die Gemeinsamkeiten von Film und Filmmusik aufzeichnen konnten. Bei der Montage des Films für Volkmar Kahlert erklärte mir Riedl die Parameter der Musik, wie er sie in seinen Aufzeichnungen im Elektronischen Studio definierte. Er notierte zum Beispiel die Dauer, die Tonhöhe, den Klang und die Lautstärke mit physikalischen Werten. Parallel dazu entwickelte ich eine Parameterlehre des Films. Da tauchten Begriffe wie Länge, Helligkeit, Kontrast, Farbe oder Kamerabewegung auf. Wir setzten diese Parameter zueinander in Bezug und suchten nach einem übergeordneten Konzept der Musikdramaturgie. Der Film KOMMUNIKATION ist vollkommen aus dieser Zusammenarbeit entstanden. Es gab nun keine erläuternde Kommentarsprache mehr, sondern nur noch Bild-Musik oder Musik-Bild. Das wurde unser neues Ideal.

Mit KOMMUNIKATION betrat ich zum zweiten Mal die Bühne der aufbrechenden Generation in Oberhausen, im selben Moment, in dem die Münchener Hong-Kong-Fraktion auf die Bühne der Filmgeschichte trat.

38 Das Manifest

Das Oberhausener Manifest vom 28. Februar 1962 ist ein Ereignis, das in jeder Filmgeschichte erwähnt und ausführlich beschrieben wird. Viel zu vieles ist durch die zahllosen Berichte aus einer Distanz von sechzig Jahren zur Fiktion geworden. Es wird von einem Aufbruch berichtet, aus dem der deutsche Autorenfilm und der Neue Deutsche Spielfilm hervorgegangen seien. In Wirklichkeit waren es gar nicht die «Oberhausener», die schließlich die Lage beherrschten, sondern Jüngere, die das Feld einige Jahre später betraten. Ich denke an Namen wie Schlöndorff, Fassbinder, Herzog, Wenders, von Trotta, die alle keine «Oberhausener» waren, aber der Aufbruchsbewegung des Neuen Deutschen Films zugerechnet werden.

Bei den letzten Treffen der Münchener Hong-Kong-Gruppe hatte sich vor allem Hans Rolf Strobel hervorgetan, der sich für eine öffentliche Protestkundgebung vor der Presse einsetzte. Sein Vorschlag war, der im Filmgeschäft herrschenden Vätergeneration, die insgesamt im Verdacht stand, ihre Nazivergangenheit zu verschleiern, die Legitimation abzusprechen. Der Slogan «Papas Kino ist tot!» hatte sich in alle Richtungen verbreitet und auch in der Filmbranche eine gereizte Stimmung erzeugt. Immer noch fühlten sich die UFA-Erben berechtigt, im Namen des gesamten deutschen Films aufzutreten. Wir Jungen waren uns einig, dass nur wir den Anspruch anmelden durften, den neuen deutschen Film zu schaffen. Schließlich waren wir die erste demokratisch erzogene Generation dieses Landes!

Unter Strobels Leitung hatte sich während eines unserer Meetings im Hong Kong eine Arbeitsgruppe gebildet, die bis zum Beginn der Oberhausener Kurzfilmtage den Text ausarbeitete, der an die Presse gegeben werden sollte. Alexander Kluge war dabei und Haro Senft, wenn ich mich recht erinnere. So entstand die «Oberhausener Erklärung», in der drei fundamentale Freiheiten für den deutschen Film gefordert werden: «Freiheit von den branchenüblichen Konventionen, Freiheit von der Beeinflussung durch kommerzielle Partner, Freiheit von der Bevormundung durch Interessengruppen». Mit diesen Freiheiten war nichts anderes gemeint als das, was wir heute unter Autorenfilm verstehen. Der Begriff «cinéma des auteurs» war in diesen Jahren von den Regisseuren der Nouvelle Vague erfunden worden, um deutlich zu machen, dass der Film erst dann zum Kunstwerk werden kann, wenn ein einzelner Urheber die Kontrolle über Form und Inhalt des Werkes hat, vergleichbar dem Autor eines literarischen Werkes. Das Oberhausener Manifest ist in diesem Punkt aber noch in der Defensive, kennt den Begriff Autorenfilm noch nicht und endet mit einem Versprechen, das eine gemeinsame Unsicherheit vermuten lässt: «Wir haben von der Produktion des neuen deutschen Films konkrete geistige, formale und wirtschaftliche Vorstellungen. Wir sind gemeinsam bereit, wirtschaftliche Risiken zu tragen.»

Ich sehe, dass ich beim Erzählen immer noch das Oberhausener «Wir» verwende. Gab es dieses «Wir» tatsächlich? Dachten und argumentierten wir kollektiv? Waren wir wirklich in der Lage, wirtschaftliche Risiken gemeinsam zu tragen? Was mich betrifft, ist die Antwort: nein. Als Beobachter der Diskussionen im Hong Kong erlebte ich die Konkurrenzkämpfe, die sehr verschiedenen Auffassungen von Filmkunst, und war von den großen Ansprüchen eher eingeschüchtert. Ich fühlte mich wieder als «Zauberlehrling», wie zu Beginn des Studiums bei den Freunden aus dem Kutscher-Seminar, und empfand einen Höllenrespekt vor Leuten, die bereits erste Spielfilme gedreht hatten, wie Herbert Vesely, der die Böll-Erzählung DAS BROT DER FRÜHEN JAHRE auf die Leinwand holte, oder der hünenhafte Ferdinand Khittl, der wie ein Seemann daherkam und mit DIE PARALLELSTRASSE einen ungewöhnlichen Experimentalfilm schuf. Respekt empfand ich auch für den Chefkameramann Wolf Wirth, der in den großen professionellen Studios zu Hause war und sich mit dem Gefühl der Überlegenheit zurücklehnte, wenn vom Spielfilm die Rede war. Auch Senft in seiner Guru-Pose erschien mir als Autorität, und Kluge, der es liebte, Autoritäten anzugreifen. Er war wiederum ein Freund des allergrößten Gurus Adorno und in Dialektik geschult. Es kam hinzu, dass es unter den Unterzeichnern des Manifests Leute gab, die alles andere als «jung» waren. Der Älteste, Borresholm, hätte mein Vater sein können, zehn weitere hatten noch Wehrmacht und Kriegsgefangenschaft erlebt, und alle Übrigen hatten das Nachwuchsalter längst hinter sich. Am Ende blieb das Gefühl, dass wir tapferen Unterzeichner uns etwas vorgenommen hatten, von dem wir fürchten mussten, es nicht wirklich ausfüllen zu können.

Wenige Tage nachdem der Text während einer aufgeregten Sondersitzung im Hong Kong verabschiedet worden war, organisierten Senft und Wirth eine Fotosession auf dem Bavaria-Gelände in Geiselgasteig. Ein Gruppenfoto sollte an dem Ort entstehen, der für uns Münchener als Symbol der großen Filmindustrie galt. Gerade war in den Hallen und auf dem Studiogelände der Billy-Wilder-Film «EINS, ZWEI, DREI» gedreht worden, und im Februar 1962 stand noch immer das perspektivisch ins Freie gebaute Modell des Brandenburger Tors nebst Siegesengel und Allee. Billy Wilders Produktion war im Jahr zuvor wegen des Berliner Mauerbaus unterbrochen und nach München in die Bavaria-Studios verlegt worden. Ich erinnere mich, dass wir versuchten, auch dieses Motiv in Verbindung mit unserem Gruppenfoto zu benutzen. Leider sind diese Bilder seit Jahren nicht mehr aufgetaucht. Sie enthielten sogar eine versteckte politische Anspielung auf unseren Anspruch, als die legitimen Chronisten der deutschen Geschichte aufzutreten. Das einzige Foto, auf dem alle Unterzeichner des Manifests versammelt sind, stammt von diesem Tag. Es zeigt uns auf einem hölzernen Gerüst, das einmal als Standpunkt für die großen Scheinwerfer gedient hatte.

Als die Oberhausener Kurzfilmtage des Jahres 1962 begannen, war mein wichtigstes Anliegen nicht das Manifest, sondern meinen neuen Film KOMMUNIKATION zu präsentieren. Ich hatte ein ganzes Jahr an dem kleinen Film von elf Minuten Länge gearbeitet und ein Übermaß an Gedanken und Formen in die knappe Filmzeit gepresst. Ich hatte Grund, heftige Kritik zu erwarten, denn mein Opus konnte als formale Spielerei missverstanden werden. Dass es diese Gefahr gab, hatte ich schmerzlich erfahren, als die Filmbewertungsstelle in Wiesbaden dem Film mit diesem Argument das Prädikat verweigerte. Auch eine Vorführung vor dem damaligen Postminister Richard Stücklen, aus dessen Werbebudget wir den Film produziert hatten, endete mit einem Skandal. Herr Stücklen, bekannt für sein Banausentum in kulturellen Fragen, sprang vor das Auditorium und schmetterte heraus, solange er Postminister sei, dürfe der Film nicht gezeigt werden. Er hatte damit seine Befugnisse natürlich völlig falsch eingeschätzt und musste hinnehmen, dass keiner von seinem Verdikt Notiz nahm. Ich erfuhr von diesem Vorfall aus einer Pressenotiz, die ich später in der Werbung für den Film benutzte.

Etwa zur gleichen Zeit erschien in der FAZ eine lange Würdigung des Films unter dem Titel «Kommunikation, eine moderne Mythe», geschrieben von Karl Korn, damals Herausgeber der Zeitung. Herr Korn war auch der Vorsitzende jener Kommission in Wiesbaden, die das Prädikat «besonders wertvoll» vergeben konnte. Nachdem diese Kommission meinen Film in erster Instanz einige Wochen zuvor abgelehnt hatte, wartete ich auf die Entscheidung über meinen Einspruch. Stattdessen dieser Artikel in der FAZ. Ich freute mich natürlich über die außergewöhnliche Würdigung des Films, war zugleich aber entsetzt darüber, dass ich als Urheber des Werkes in Korns Besprechung nirgends erwähnt wurde. Ich schrieb ihm deswegen einen empörten Brief. Ich versuchte, ihm zu erklären, was ich unter Filmkunst und unter dem Begriff «Autorenfilm» verstehe. Ob Korn je verstanden hat, was ich meinte, habe ich nie erfahren. Aber immerhin wurde meinem Film beim zweiten Anlauf das begehrte Prädikat zuerkannt.

Ich sollte hier vielleicht erklären, was es mit diesen albernen Prädikaten damals auf sich hatte. Es gab eine gesetzliche Regelung, die den Kinobetreibern eine beachtliche Steuerersparnis brachte, wenn sie im Vorprogramm der Spielfilme Kurzfilme zeigten, die ein solches Prädikat vorweisen konnten. Mit Hilfe dieser Regelung war ein künstlicher Markt für Kurzfilme entstanden, allerdings in großer Abhängigkeit von den Kommissionen, die das Prädikat vergaben. Man sieht, dass unsere gesamte Existenz als aufbrechende Filmemacher-Generation von politischen Kräften abhing. Hilmar Hoffmann und Manfred Delling, die Organisatoren des Oberhausener Festivals, wussten das und beruhigten mich, indem sie liebenswerte Einladungsbriefe schrieben.

KOMMUNIKATION wurde am Freitag, den 2. März, also zwei Tage nach der Verlesung des Manifests, uraufgeführt und fand Anerkennung und Lob.

Als 2012 der fünfzigste Jahrestag unserer Aktion mit verschiedenen Festakten begangen wurde, konnte man sehen, was die Zeit und die öffentlichen Bewertungen mit unseren Erinnerungen anstellen. Es gab mehrere falsche Berichte aus dem Munde der Beteiligten. Tatsache ist, dass Ferdinand Khittl – und nicht Kluge, wie oft gesagt wurde – das Manifest vorlas. Ich glaube mich zu erinnern, dass die Pressekonferenz in einem Raum der Oberhausener Volkshochschule stattfand, die Hilmar Hoffmann, der Initiator der Kurzfilmtage, in dieser Zeit noch leitete. Wir, die Unterzeichner, saßen vollzählig neben und hinter dem Rednerpult. Der Text war auf leichtem Karton gedruckt und wurde im Saal verteilt. Der Blick aus meiner Perspektive in den Saal ist in der Erinnerung völlig unscharf. Eine gesichtslose Aggression schien sich in diesem Raum aufzubauen. Noch bevor die Lesung von Khittl beendet war, konnten wir die Ablehnung aller unserer Forderungen spüren wie dicke Luft. Ich denke, dass erst bei diesem Gegenwind das eigentliche Gruppengefühl entstand, von dem später die Rede war. Bei so viel Missgunst, die sich übrigens in den Medien noch monatelang äußerte, suchten wir Halt aneinander. Die Pressekonferenz begann mit Fragen aus dem Publikum. Sie waren hämisch oder aggressiv. Ich vermute, dass es sich bei den Fragern um alte Hasen von den Feuilletons der Tageszeitungen handelte, die uns gegenüber selbstherrlich und herablassend auftraten. Auch Branchenvertreter und Kulturpolitiker waren im Saal, denn der immer wieder vorgebrachte Einwand gegen unsere Unerfahrenheit im Spielfilmbereich konnte nur von ihnen kommen. Wie können Sie behaupten, hieß es, den neuen deutschen Spielfilm schaffen zu wollen, wenn keiner von Ihnen Erfahrung mit dem langen Kinofilm vorweisen kann? Kluge stand jetzt am Pult. Er argumentierte mit den allgemeinen Entwicklungen in den Kulturbereichen, die weit über das Kino hinausgingen, er setzte neue Begriffe in die Welt und sprach vom «Schnulzenkartell» der Altproduzenten und vom «Generationswechsel», der in anderen Ländern längst vollzogen sei. Als die Pressekonferenz vorbei war, gingen die Gespräche noch stundenlang weiter, wobei Kluge sich heldenhaft auf die Gegner warf und sie in Grund und Boden diskutierte. Dass der 28. Februar 1962 einmal ein historisches Datum der deutschen Filmgeschichte werden würde, konnte niemand ahnen.

Zwei Seltsamkeiten kommen mir bei diesem Bericht in den Sinn: Die erste ist, dass wir uns untereinander mit «Sie» ansprachen. Das «Du» war in den Umgangsformen immer noch den echten Freundschaften und bestimmten Verwandtschaftsbeziehungen vorbehalten. Erst wenn man mit einem Freund oder einer Freundin «auf Bruderschaft» getrunken hatte, war man «per Du». Auch mit Thomas Mauch oder mit Kluge blieb das respektvolle «Sie» noch viele Jahre erhalten.

Die zweite Seltsamkeit ist, dass es in der Oberhausener Gruppe und ihren Ausweitungen keine einzige Frau gab. So sehr wir die Mentalität der Vätergeneration ablehnten, so sehr trugen wir doch noch viele Denkgewohnheiten von ihr in uns. Ein Regisseur war ein Mann, ebenso wie ein Komponist, ein Dirigent, ein Bundeskanzler oder ein Pilot. Bei allem Respekt und auch praktizierter Gleichberechtigung blieben viele Berufe mit dem Geschlecht verbunden. Frauenberufe im Film waren Cutterinnen, Lichtbestimmerinnen im Kopierwerk, natürlich Masken- und Kostümbildnerinnen und Schauspielerinnen. Die Ausnahme Leni Riefenstahl war wegen ihrer Affinität zu den Nazis derart belastet, dass niemand sie zum Vorbild hätte nehmen wollen. Der bizarre Zustand der Geschlechterbeziehungen wurde erst später erkannt. Die Oberhausener waren in diesem Punkt noch blind.

39 Schwimmen lernen

Für unsere Kinder spielte es eine große Rolle, dass es im Haus zwei Familien gab, deren Kinder im gleichen Alter waren. Besonders intensiv war die Freundschaft mit Familie Usener, einem Mediziner-

Ehepaar, das zwei Stockwerke unter uns wohnte. Die ältere Tochter Elisabeth war in Susannes Alter, die Jüngste, Johanna, war so alt wie Christian. Wir profitierten sehr von den Berufen der Eltern, denn alle Kinderkrankheiten und auch jedes Leiden der Erwachsenen wurde von ihrem medizinischen Rat begleitet und entschlossen behandelt. Vor allem haben wir miteinander gekocht und Rezepte ausgetauscht. Die Anregungen, die man von Reisen mitbrachte, wurden weitergegeben, und wir saßen viele Abende miteinander bei Wein und Gedankenaustausch. Im Jahr des Oberhausener Manifests wurde die kleine Susanne eingeschult. Der tägliche Schulweg, den sie mit der Freundin bald ohne Begleitung der Eltern wagte, war nicht weit.

Gertraud hatte fünf Geschwister, mit denen sie sich eng verbunden fühlte. Alle Hochzeiten, Kindstaufen und Familientreffen mussten deswegen mitgefeiert werden. Zu jedem dieser Anlässe reisten wir mit unseren Kindern in den Hunsrück. Ich erinnere mich, dass ich Dutzende alkoholisierte Gäste der Hochzeitsfeiern mit dem Auto nach Hause bringen musste, weil sie den weiten Weg von dem einsamen Gehöft, auf dem Gertrauds Eltern lebten, nicht mehr schafften. Besonders eng war die Verbindung zu Gertrauds ältestem Bruder Kurt und seiner Frau Maria. Ich hatte die beiden mit einer Bürgschaft unterstützt, als sie einen Bauernhof im Hunsrück kauften. Bald wurde Wolfgang geboren, das erste von sieben Kindern der beiden. Ich wurde sein Taufpate.

Meine Eltern besuchten wir bei solchen Gelegenheiten natürlich auch. Seit drei Jahren war ihr Geschäft immer mehr in Schieflage geraten. Der Vater klagte über die erdrückende Konkurrenz durch Billighändler und Versandhäuser, aber der Niedergang war auch auf sein kaum vorhandenes kaufmännisches Talent zurückzuführen. Er war eben ein exzellenter Handwerker. Er tröstete sich immer öfter mit Alkohol. Auch meine Mutter hatte ein Alkoholproblem entwickelt. Es ist schwer zu sagen, wer von beiden als Erster aus der Bahn geraten war. Es war jedes Mal ein Schock für mich, die Eltern in solch einem Zustand anzutreffen. Meine Schwester hatte die Flucht ergriffen. Sie lebte jetzt in Frankfurt, hatte einen Job als Verkäuferin in einem Elektrogeschäft gefunden. Mein kleiner Bruder Guido war auf das Gymnasium geschickt worden. Er pendelte, wie ich vierzehn Jahre vor ihm, täglich mit der Bahn zwischen Morbach und Simmern. Als ich im Frühjahr 1962 die Eltern besuchte, hatte die finanzielle Katastrophe sie vollends eingeholt. Alles, was sie besaßen – Haus, Möbel, Warenbestände, Werkstatt –, war verpfändet. Die Zwangsversteigerung des Hauses war angekündigt. Guido ging nicht mehr zur Schule. Tränen und Ratlosigkeit empfingen mich.

Die einzige Lösung bestand darin, dass ich die Schulden der Eltern übernahm. Ich hatte zwar auch keine Ersparnisse, auf die ich zugreifen konnte, aber ich hatte mir als Industriefilm-Regisseur einen guten Namen gemacht, sodass ich damit rechnen konnte, von dieser Arbeit weiterhin leben zu können. Ich entschloss mich also, den Banken, bei denen mein Vater sich verschuldet hatte, das Haus und alle Pfandgegenstände abzukaufen. Im Grundbuch ließ ich ein lebenslanges Wohnrecht für die Eltern in ihrem Haus eintragen. Wichtig war mir auch, dass Guido wieder das Gymnasium besuchte. Damit waren die Eltern gerettet. Sie waren fassungslos vor Glück.

Mein Vater konnte sich kein Bild davon machen, wie ich lebte. Der Beruf eines Filmregisseurs war von seiner Lebenserfahrung derart weit entfernt, dass er mich eines Tages fragte: «Wie sieht dein Tageslauf aus?» Ich versuchte, ihm zu erzählen, wie ein Film zustande kommt, wofür man bezahlt wird und welche Arbeiten, die immer unbezahlt bleiben, man in seinem eigenen Kopf leistet, indem man nach Ideen, Bildern oder Geschichten sucht. Ich sehe seinen blauäugigen Blick noch vor mir, als er nachfragt: «Und um wie viel Uhr stehst du dafür morgens auf?»

Als der Sommer kam, brachten wir Susanne und Christian in den Hunsrück, sie sollten ihre Großeltern erfreuen. Zugleich wollte ich mit Gertraud auch einmal Ferien genießen. Wir hatten zusammen mit dem befreundeten Ehepaar Usener beschlossen, nach Neapel und von dort auf die Insel Procida zu fahren. Der Schriftsteller und Hörspielregisseur Heinz von Cramer besaß dort ein großes Haus, in dem wir wohnen konnten. Es wurde eine glückliche Pause in unserem atemlosen Existenzkampf. Ich erinnere mich an Bootsfahrten um die Insel und daran, dass ich auf dieser Insel das Schwimmen lernte. Ich war fast dreißig Jahre alt und konnte tatsächlich nicht schwimmen. Es hatte in meinen Jugendzeiten im Hunsrück kein Gewässer gegeben, in dem man hätte schwimmen können. In den Studienzeiten hätte ich in München eigens Schwimmkurse in Badeanstalten buchen müssen, und während meiner großen Reisen konnte ich froh sein, dass ich nicht in Seenot geriet. Dieser erste Urlaub meines Lebens brachte das Dilemma an den Tag. Die Freunde waren sofort entschlossen, mir Schwimmunterricht zu geben. Man suchte eine entlegene Bucht, fernab vom Badebetrieb, und lehrte mich, den «toten Mann» zu machen. Ich lag auf dem Rücken und sollte Vertrauen zum Wasser fassen. Dann brachte man mir bei, mit dem Kopf unterzutauchen. Nach drei Tagen schaffte ich ein paar Schwimmstöße. Ich erlebte das euphorische Spiel mit dem Wasser. Nach einer Woche schwamm ich begeistert mit Gertraud um die Wette. Wenig später aber kam das Erlebnis, durch das ich das ganze Vertrauen zum Wasser wieder verlor.

Wir waren mit dem Ehepaar Cramer in dessen Motorboot zu einer besonders schönen Felsenbucht gefahren. Wegen der vielen Riffe konnte das Boot nicht nah ans Ufer heran. Man beschloss, mit Sicherheitsabstand zu ankern und zu den Felsen hinüberzuschwimmen. Erst zögerte ich, weil die Strecke für mich Neuschwimmer doch etwas weit war. Aber dann traute ich mich und schaffte es, wofür ich Applaus erhielt. Frau Cramer war im Boot geblieben. Sie nutzte unsere Abwesenheit, um ihr Sonnenbad im Boot nackt zu genießen. Mit den Freunden kletterten wir den ganzen Nachmittag in den Felsen herum, entdeckten Pflanzen, Tiere und Fernsichten auf den Vesuv. Als die Sonne untergehen wollte, beeilten wir uns, ans Wasser zurückzukehren. Ich sah schon beim Abstieg, dass Frau Cramer während unserer Abwesenheit mit dem Boot weiter hinausgefahren war. Sie ankerte in einer Entfernung, in der sie unsere Rufe, näherzukommen, nicht hören konnte. Also beschlossen die Freunde, die größere Strecke zu schwimmen. Ich meldete Bedenken an, denn mir schien es zu weit.

Die Freunde aber beschwichtigten mich. Wir schwimmen neben dir und passen auf. Schließlich stimmte ich zu, und wir schwammen los. Das Boot kam und kam nicht näher. Ich bekämpfte erfolgreich meine Ängste. Die Freunde schwammen munter voraus. Als ich schließlich am Boot ankam, waren sie schon an Bord. Mir fehlte aber die Kraft, mich an der Bordkante hochzuziehen. Ich rutschte mit den Beinen unter den Bootskörper, und meine Finger ließen los. Ich war unter dem Boot, stieß beim Auftauchen gegen den Kiel. Jetzt war die Panik ausgebrochen. Todesangst überfiel mich. Als ich schließlich neben dem Boot wieder hochkam, konnten die Freunde mich packen. Ich wurde ins Boot gehoben. Dann war ich still. Ich konnte stundenlang nichts sagen. Das Vertrauen zum Element Wasser, das ich auf der italienischen Insel eine einzige Woche meines Lebens besessen und genossen hatte, ist nie mehr zurückgekehrt.

VIERTER TEIL

Das Ulmer Gefühl

40 Erste Schritte ins Rampenlicht

Die Oberhausener Erklärung enthielt das Versprechen, den neuen deutschen Spielfilm zu schaffen. Damit hatten wir uns unter Zugzwang gesetzt. Wer würde das Versprechen als Erster einlösen? Es gab bereits die von Vesely mit dem Berliner Jungproduzenten Pohland produzierte Literaturverfilmung DAS BROT DER FRÜHEN JAHRE. Die Premiere dieses Films im Mai 1962 in Cannes war für einige von uns Manifest-Unterzeichnern ein Grund, zu den Filmfestspielen zu fahren. Ich fuhr mit Strobel und Kluge. Zum ersten Mal erlebte ich die Atmosphäre aufgeregter Selbstdarstellung der Filmbranche, das mondäne Umherpromenieren derer, die sich für prominent hielten. Wir hatten uns vorgenommen, mit den Akteuren der Nouvelle Vague ins Gespräch zu kommen. Aber wir jungen Deutschen bekamen die Distanz zu spüren, die man zur deutschen Kultur hielt. Nazis und Deutsche waren Synonyme. Da halfen keine Erklärungen. Unsere Annäherungsversuche scheiterten. Es gab auch keine Unterstützung durch die anwesenden deutschen Journalisten. Ausnahmen waren vielleicht die Gründer der Zeitschrift FILMKRITIK, Enno Patalas, Günter Rohrbach oder Wilfried Berghahn, die sich schon länger um Anerkennung durch die französischen Intellektuellen bemühten.

Die Aufführung des Vesely-Films im Wettbewerb des Festivals war enttäuschend. Die französische Kritik lobte die Kameraarbeit von Wolf Wirth, der offensichtlich die Bildsprache der Nouvelle Vague imitierte, aber der Film selbst wurde verrissen. Ich erinnere mich an einen peinlichen Moment, der durch einen Schnittfehler entstanden war. Der Hauptdarsteller Christian Doermer hält mit seinem Auto auf dem Berliner Kurfürstendamm, um sich eine Bratwurst zu kaufen. Als er auf dem Trottoir die Frau erkennt, die er liebt, legt er den

Pappteller mit Bratwurst und Senf auf dem Beifahrersitz ab und eilt zu der Geliebten. Es kommt zu freudigen Umarmungen und dem Entschluss, zusammen wegzufahren. Der Protagonist lässt die Freundin auf dem Beifahrersitz Platz nehmen. Der Requisiteur hatte wohl vergessen, dass ja die Bratwurst auf dem Sitz liegen muss. Ein Aufschrei ging durch das Premierenkino, weil jeder das Gefühl hatte, sich mit der Darstellerin zusammen auf die mit Senf bestrichene Wurst gesetzt zu haben. Lächerliche Fehler dieser Güte können der Tod eines Films sein. Der Erfolg in den deutschen Kinos war dann sehr mäßig, was den Oberhausen-Gegnern in der Presse wieder recht zu geben schien.

Mehr Glück hatte Ferdinand Khittl mit seiner PARALLELSTRASSE, die auf einigen internationalen Festivals gelaufen war und wegen ihrer absurdistischen Geschichte zu interessanten Analysen und Vergleichen herangezogen wurde. Wenn man um die Herkunft von Khittl und seines Drehbuchautors Blüthner aus dem Industriefilm weiß, versteht man den Film als den Versuch, diesem Einfluss mit allen Mitteln zu entkommen. Ich hatte den intellektuellen Kerker der Auftragsproduzenten wie der GBF am eigenen Leibe erfahren und mich oft wie der Sisyphos bei Camus gefühlt. Das Ergebnis von Khittl und Blüthner zeigte mir aber auch, dass es kein Entrinnen gibt. Der Film dreht sich auf eine so quälende Art im Kreis, dass er als experimentelle Ausnahme verstanden wurde. Niemand hat in der PARALLELSTRASSE eine Antwort auf das Oberhausener Versprechen gesehen, vor allem nicht die Oberhausener selbst.

Der Anspruch, als kritische Intellektuelle und Künstler anerkannt zu werden, war unverkennbar und wurde von den Kollegen in zahllosen Diskussionen reklamiert. Nicht die Filmbranche sollte unser Vorbild sein, sondern die Musik oder die Kunst der Moderne, die einige von uns faszinierte, oder die Literatur, die uns annehmbare Maßstäbe setzte. Alexander Kluge, der ein paar Jahre zuvor durch Vermittlung von Adorno ein Volontariat bei Fritz Lang absolviert hatte, konnte seine Erzählungen, die er in dieser Zeit geschrieben hatte, 1962 als Buch veröffentlichen. Die als LEBENSLÄUFE charakterisierten Geschichten hatten das Interesse von Hans Werner Richter, dem Gründer der Literaten-Gruppe 47 geweckt. Nicht nur in der Welt der deutschen Nachkriegsliteratur genoss die Gruppe 47 höchstes gesellschaftliches Ansehen, sie war auch eine intellektuelle Instanz, das Gewissen der Nation. Kluge kam auf die Idee, die beiden Gruppen, die filmische von Oberhausen und die literarische, zusammenzuführen.

Das Treffen fand im Herbst 1962 in einer Villa am Ufer des Wannsees statt. Die bekanntesten Schriftsteller der Gruppe 47 waren der Einladung gefolgt. Ich erinnere mich an Martin Walser, Günter Grass, Ingeborg Bachmann, Walter Höllerer, Joachim Kaiser, Marcel Reich-Ranicki, Walter Jens, Heinrich Böll, Heinz von Cramer, Hans Werner Richter und andere berühmte Gesichter. Die Oberhausener waren aber nur mit einer kleinen Delegation erschienen: Strobel, Senft, Dörries, Schamoni, Pohland, natürlich Kluge und ich. Es gab Diskussionen in großer Runde und Spaziergänge in kleineren Gruppen am Wannseeufer. Dabei stellte sich schon bald heraus, dass die Schriftsteller keineswegs an der Filmkunst als solcher interessiert waren, sondern vor allem daran, ihre literarischen Werke verfilmt zu sehen. Film galt ihnen als eine Art Zweitverwertung der Urheberrechte. Das heißt, ihr Interesse war unverhohlen kommerziell. Unter den Filmemachern gab es einige, die sofort auf diese Linie einschwenkten und ihrerseits hofften, die Verfilmungsrechte der erfolgreichen Romane von Gruppenmitgliedern zu Sonderkonditionen zu ergattern. Heinz von Cramer, der als einer der wenigen Schriftsteller etwas von Film verstand, berichtete mir von solchen Verhandlungen, die er belauscht hatte.

Insgesamt war die Begegnung unerträglich, weil sich keine der beiden Seiten zum Gespräch über gemeinsame künstlerische Fragen bereitfand. Die Schriftsteller saßen zudem auf einem besonders hohen Ross, weil sie nicht um gesellschaftliche Anerkennung als Intellektuelle und Künstler kämpfen mussten wie wir. Film galt ihnen als Jahrmarktsunterhaltung, bei der man manchmal Popularität und viel Geld erwerben kann. Sonst nichts. Ich war empört. Ebenso Strobel und Senft, mit denen ich beriet, ob wir abreisen sollten. Kluge lavierte herum. Er wollte mit allen Mitteln den Frieden zwischen uns retten.

Meinen Vortrag hatte man immer wieder verschoben. Schließlich wurde ich gebeten, eine Kurzversion vorzutragen. Ich konzentrierte mich auf mein Hauptanliegen: den Autorenfilm. Ohne lange auf die Herkunft des Begriffes aus Frankreich einzugehen, trug ich die Forderung vor, den Regisseur als den eigentlichen Urheber eines Films anzuerkennen, da er nichts anderes tut als ein Maler, der sein Bild malt, oder ein Komponist, der seine Partitur entwickelt, oder eben ein Schriftsteller, der seinen Roman schreibt. Filmkunst könne nur entstehen, wenn *eine* Person für das Werk zuständig sei und es in allen Bereichen kontrollieren und verantworten könne. Kunst sei auch im Film das Werk eines einzelnen Urhebers, also eines Filmautors. Deswegen sei auch das Drehbuch im Regelfall vom Regisseur zu verfassen. Dann ging ich zum Thema Literaturverfilmung über. Ich hielt diesen Fall für möglich, aber nur in Ausnahmen, wenn es bei der Verfilmung zu einer kongenialen Leistung käme. Beim Verfassen der Drehbücher könnten die Schriftsteller mit den Regisseuren zusammenarbeiten, die Beteiligung des jeweiligen Romanautors als eine Art Geburtshelfer des Filmwerkes sei denkbar.

Mein Vortrag kam nicht zum Ende, denn einige der Schriftsteller unterbrachen mich mit lauten Zwischenrufen. Besonders Günter Grass und Ingeborg Bachmann empörten sich gegen mich. Sie wurden geradezu beleidigend, indem sie fragten, wer ich überhaupt sei, einen derart überheblichen Unfug zu verlangen. Niemals seien sie bereit, sich von einem Filmtypen in ihre Werke hereinreden zu lassen. Ich war sehr erregt, konnte mich deswegen kaum verteidigen. Ich spürte auch, dass ich von meinen Kollegen keine Rückendeckung erwarten konnte. Kluge versuchte, die Wogen zu glätten, indem er anfing, meine Äußerungen zu interpretieren. Das sei alles nicht so gemeint, der Autorenfilm sei bisher nur eine Ausnahmeform im experimentellen Film. Natürlich sei ein guter Film auch auf der Basis guter Literatur möglich. Die junge Filmgeschichte habe die Tiefe der literarischen Kunst noch lange nicht erreicht und müsse noch viel von der Literatur lernen. Ich erinnere mich heute, nach sechzig Jahren, natürlich nicht mehr an den genauen Wortlaut, aber ich weiß, wie unsere Argumente waren. Die

Begegnung der beiden Gruppen war jedenfalls gründlich gescheitert. Ich fuhr mit dem Vorsatz nach Hause, niemals im Leben ein Werk der Literatur zu verfilmen. Ich denke, dass ich mich daran gehalten habe – ohne dass ich dies je als Folge der Begegnung am Wannsee verstand.

41 Nebensachen

Historische Daten haben etwas Willkürliches. Sie suggerieren uns, dass es eine Hierarchie der Ereignisse gibt, durch die festgelegt wird, was wichtig ist, was unausweichliche Konsequenzen hat. Ich habe diese Sicht, die das Leben in Haupt- und Nebenlinien aufteilt, nie wirklich verstanden. Beim Erzählen von Geschichten ist meine Lust an den Nebensachen sogar immer stärker geworden, bis ich glaubte, in ihnen das Geheimnis gefunden zu haben, das eine Geschichte zum Leben erweckt. In den Hauptsachen erstarren die Geschichten, in den Nebensachen blühen sie auf. Auch beim Erzählen des eigenen Lebens gibt es diese Erfahrung. Was ist die Hauptlinie? Ist die Entwicklung in der beruflichen Sphäre die Hauptsache? Oder ist es die Familie? Sind es bestimmte Freundschaften, oder bestimmt das Zeitgeschehen im Hintergrund unser Leben? Beim Durchlesen meines Berichts fallen mir oft Nebensachen ein, von denen ich erstaunt bin, dass sie nach so vielen Jahren immer noch in den Synapsen hängen. Ich sehe ein Kind, das am Wannseeufer einen abgestürzten Papierdrachen aus dem Wasser zieht. Oder ich erinnere mich an eine Striptease-Bar in Oberhausen, in die ich einen neugierigen Blick werfe, während mein Film KOMMUNIKATION im Wettbewerb läuft. Oder ich schlage mich mit dem Namen des Kindermädchens herum, das in München auf die Kleinen aufpasste, während ich nach Berlin fuhr. Hieß sie nicht Christel? Ist das nicht unwichtig?

Beim Schreiben tauchen immerfort Bilder auf, die man nicht in die Chronologie einordnen kann. Gleichzeitig ist die Wahrnehmung der Gegenwart beteiligt. Ich versuche, die Zeitwahrnehmung von 1962 in meine Erzählung zurückzuholen, und stöbere in meinen Archivkartons, die nach mehreren Umzügen keinerlei Systematik mehr erkennen lassen; heute habe ich eine Sammlung von Filmstoffen gefunden, die mir in den Monaten nach Oberhausen dazu dienten, mein Interesse am Spielfilm anzumelden. Ich wollte auf keinen Fall von meinen avantgardistischen Positionen, die ich durch meine Begegnung mit der Neuen Musik kennengelernt und eingeübt hatte, abweichen. Aber was sind das für Geschichten, die nicht mehr linear erzählbar sind, sondern mit einer neuen diskontinuierlichen Form? Ich dachte an assoziative Szenenfolgen, die erst in der Phantasie der Zuschauer zur Geschichte werden.

Ein Projekt hieß DAS GESPRÄCH. Ich hatte Haro Senft und Alexander Kluge zu diesem Experiment eingeladen. Ich gab den beiden Freunden, von denen ich wusste, dass sie immer wieder einander entgegengesetzte Positionen einnahmen, die Aufgabe, sich an einem Ort, den ich genauer beschrieben hatte, ein Paradies auszudenken. Sie sollten möglichst konkrete Vorschläge machen, wie sie sich an diesem Ort, es handelte sich um ein Stück Land an einer Küste, einrichten würden. Das dann folgende Gespräch der beiden habe ich mit zwei Mikrofonen auf zwei parallel laufende Tonbänder aufgenommen und hinterher analysiert. Daraus entstand eine Art Zweikampf um die Besiedlung des Landstückes. Ich schrieb zwei Drehbücher mit zwei völlig voneinander getrennten Handlungen, die aber im formalen und zeitlichen Ablauf perfekt synchronisiert sind. Es sollten zwei Filme entstehen, die gleichzeitig mit zwei getrennten Projektoren vorgeführt werden. Die beiden Leinwände sind aber so nebeneinander angeordnet, dass manchmal, an bestimmten Stellen der Handlung, ein durchgehendes Breitwandbild entsteht. Das passiert, wenn die beiden Geschichten sich zu einer Geschichte vereinigen. Sie trennen sich dann wieder und bringen den Zuschauer in eine Entscheidungssituation. Je nach Sympathie des Zuschauers bildet entweder die Geschichte von Kluge oder die Version von Senft die Hauptlinie. Also auch hier ein Wechselspiel von Haupt- und Nebensache. Dieses Projekt gefiel mir so sehr, dass ich noch mehrere Jahre nach Oberhausen versuchte, es zu realisieren. Das Argument, dass es sich den technischen und kommerziellen Gepflogenheiten der Kinobranche widersetze, war jedoch immer unüberwindbar.

Es gab andere Projekte, die ich in meinen unruhigen Nächten skizzierte, Projekte, die sich auch nach sechzig Jahren immer noch in Ordnern finden mit der Aufschrift: «Schöne Filmideen». Sie tragen Titel wie NACHTEXPRESS, TAGESLICHT, FUNKSTILLE, WÄNDE AUS GLAS, DIE BOMBE, WIND, SCHATTEN, MANN IM SCHNEE oder PREISSTURZ. Zu all diesen Titeln gibt es Treatments für abendfüllende Filme, zu manchen ausgeschriebene Drehbücher. Es sieht aus, als hätte ich alle Zeit der Welt gehabt, und ich bin erstaunt, wie angstlos ich in diesen Jahren in die Zukunft blickte.

42 Herr Handwerk

Dass ich mich mit meinen Projekten nicht als Außenseiter fühlte, kann man daran erkennen, dass ich nicht zögerte, einen neuen Produzenten zu suchen, der an die Stelle der GBF oder der Bavaria trat, wo die Oberhausener Kollegen inzwischen die Positionen besetzten. Ich war entschlossen, mir mit den Kenntnissen, die ich im Industriefilmbereich erworben hatte, ein festes Einkommen zu verschaffen. Schließlich hatte ich eine Familie zu ernähren. Ich hatte von der Insel-Film gehört, einer auf Werbung und Auftragsfilme spezialisierten Firma mit eigenen Studios und einem repräsentativen Büro im Zentrum Münchens. Ich schrieb dem Inhaber und Gründer, Norbert Handwerk, einen Bewerbungsbrief, in dem ich freimütig mein Interesse an Experiment und modernster Technik bekundete. Herr Handwerk antwortete unverzüglich und lud mich zu einem Gespräch ein. Ich hatte gerade eine neue Kurzfilmidee skizziert und in der Form einer Filmpartitur aufgeschrieben. Diesen Entwurf und die Beschreibung des Projekts DAS GESPRÄCH nahm ich zum Treffen mit.

Das Stadtbüro der Insel-Film lag in den oberen Stockwerken

eines Gebäudes in der Sonnenstraße. Im Foyer erwartete mich eine Empfangsdame, die mich zum Chef führte, in ein Büro mit edlen Holzvertäfelungen und Fenstern, hinter denen das ganze Innenstadtpanorama Münchens leuchtete. Herr Handwerk war ein gedrungener Mann in Maßanzug mit Weste, dessen listige Äuglein mich über einer gewichtigen Knollennase anstrahlten. Er führte mich zu einer gewaltigen Ledercouch und setzte sich mir gegenüber. Sofort wollte er sehen, was ich mitgebracht hatte. Ich zog meine Partitur für GESCHWINDIGKEIT hervor. «Eine neue Art, Film zu beschreiben», sagte ich. «Das werden Sie nur lesen können, wenn ich es Ihnen erkläre.» Er wollte alles erklärt bekommen. Auch die Spielfilmidee mit den zwei Projektoren. Im Nu hatte er mich so weit, dass ich mit meinen Theorien und Entwürfen loslegte. Es überwältigte mich, wie er alles ganz genau verstehen wollte. Er fragte nach den Gründen, warum ich diesen Weg gewählt hätte, und dann nach meinem Privatleben. «Ach, Sie sind verheiratet, haben zwei Kinder? Wie alt sind die lieben Kleinen? Was macht Ihre Frau Gemahlin beruflich?» Herr Handwerk kam aus der Werbebranche. Dort gehörte er zu den erfolgreichsten Unternehmern des Landes. Das merkte man, er konnte einen derart verlocken und zu Geschäften verführen, wie ich das noch bei keinem Menschen erlebt hatte. Ich berichtete nun, dass ich mit Kluge und anderen Oberhausenern begonnen hätte, an der Designhochschule in Ulm eine Filmabteilung aufzubauen, da es bisher in Deutschland keine Schule für den Filmnachwuchs gäbe. Hier sei ein bildungspolitischer Mangel auszugleichen. Herr Handwerk begeisterte sich auch für diese Idee. Ich konnte berichten, was immer ich mochte, er fand es großartig.

Schließlich erhob sich Herr Handwerk. «Ich sage Ihnen ehrlich, ich vertraue Ihnen, weil Sie bei allen Ihren kreativen Verrücktheiten ein ganz normales Familienleben führen. Wie alt sind Sie?» Ich sollte im Herbst dreißig werden. «Dreißig, da kommen Sie ja ins Christusalter»! Der Vergleich war heftig, so habe ich ihn mir gemerkt. Er bot mir eine Festanstellung als Leiter einer Abteilung an, die er eigens für mich gründen wolle. «Gruppe Entwicklung und Experiment, Leitung

Edgar Reitz. Wie finden Sie das?» Wir kannten uns seit einer halben Stunde, und jetzt das! Ich konnte es kaum fassen. Statt laut Danke schön zu rufen, erbat ich mir tatsächlich Bedenkzeit. «Das ehrt Sie», sagte Herr Handwerk und setzte hinzu: «Und nennen Sie uns bitte Ihre Gehaltsvorstellungen.»

Ich wurde verabschiedet.

Als ich nach Hause kam, versuchte ich Gertraud zu erklären, was ich gerade erlebt hatte. Ich richtete ihr auch die Grüße «unbekannterweise» von Herrn Handwerk aus, und wir fragten uns, wo der Haken an der Sache war. Vielleicht sollte ich sicherheitshalber noch in den Arbeitsvertrag schreiben lassen, dass ich Zeit für das Ulm-Projekt behalten müsse. Ich formulierte meine Wünsche für den Arbeitsvertrag, wie ich es noch nie gewagt hatte. Neben dem guten Gehalt wollte ich völlige künstlerische Freiheit genießen, die Erstattung aller Auslagen und freie Entscheidung, was meine Mitarbeiter anging. Nach ein paar Tagen wurde ich zum zweiten Mal eingeladen.

Herr Handwerk stimmte in allen Punkten zu und ließ die Chefsekretärin sofort und in meiner Gegenwart den Arbeitsvertrag aufsetzen. Ich unterschrieb an Ort und Stelle. Dann führte er mich in das Eingangssekretariat und stellte mir dort eine strahlende blonde junge Frau vor. «Fräulein Heffner ist ab sofort Ihre Sekretärin und direkte Mitarbeiterin.» So lernte ich Erika kennen. Sie wurde meine treue Mitarbeiterin für die folgenden Jahre.

Der Weg zu meinem neuen Büro führte ein Stockwerk weiter nach unten. Hier gab es ein hauseigenes kleines Kino, holzvertäfelt wie das Chefbüro mit geschwungenen Zierlinien aus Messing im Stil der 1950er Jahre, es gab ein kleines Tonstudio und eine Haustechnik mit Personal und zwei leerstehende Büroräume für mich und Erika. «Das ist nun Ihr Reich», sagte der Chef und ließ mich allein.

Meine erste Aktion bestand darin, die beiden Räume einzurichten. Als neue Abteilung für Entwicklung und Experiment konnte ich natürlich den biederen Stil des Hauses nicht übernehmen. In den ultramodernen Designerläden der Stadt kaufte ich Büromöbel, Lampen, Einbauschränke und Vorhänge. Ich ließ den zweiten Raum als meinen persönlichen Schneideraum einrichten mit einem nagelneuen Steenbeck-Schneidetisch für CinemaScope. Zu den benachbarten Technikräumen stellte ich Verbindungswege her, ich konnte nun alle Tonzuspielungen in mein Büro leiten. Zum Schluss ließ ich von einem Graphiker der Ulmer Hochschule für Gestaltung ein neues Firmenlogo entwickeln, sodass auch meine Korrespondenz ein neues Erscheinungsbild der Insel-Film etablierte. Herr Handwerk zahlte, ohne zu murren. Ich glaube, er war zu jener Zeit einer der wohlhabendsten Geschäftsleute Münchens und konnte sich das alles leisten. Er gehörte zu den glücklichen Unternehmern, die fähig sind, ihren Intuitionen und Überzeugungen zu folgen.

43 Ulm

Die ersten Schritte nach Ulm hatte ich schon vor meiner Bewerbung bei Herrn Handwerk getan. Mehrmals hatte ich mit Alexander Kluge den Hochschulcampus auf dem Ulmer Kuhberg besucht und die Möglichkeiten der Zusammenarbeit mit den Design-Dozenten besprochen, die sich als geistige Erben des berühmten Dessauer Bauhauses verstanden. In den Gesprächen ging es immer wieder um die Frage, wie sich unser Kunstanspruch mit dem Design-Gedanken vertrug. Die Protagonisten der Hochschule für Gestaltung, kurz hfg, wie Otl Aicher und Tomás Maldonado, waren ehemalige Künstler, die aber jetzt einer Design-Theorie anhingen, die sich ausdrücklich von der Kunst absetzen wollte. In uns Filmemachern sahen die Gründer der Schule eine Gefahr; sie befürchteten, dass wieder ein Künstlertum in die Schule einziehen könnte, das man gerade überwunden zu haben glaubte. Schlagworte der Ulmer Dozenten waren «Funktionalität» oder «Ergonomie», es ging ihnen um eine rationale, objektivierbare Lehre von der Gestaltung von Gebrauchsgegenständen. Selbst Begriffe wie «Stil» wurden bekämpft und erst recht der Gedanke der «individuellen Selbstverwirklichung in zweckfreien Werken», zu denen der

Film zu rechnen sei. Ich erinnere mich an Auseinandersetzungen, die Tage und Nächte dauerten.

Vieles an dem Gedankengut war mir nicht neu, denn auch im Industriefilm galten ähnliche Regeln. Aber ich hatte immer Freude daran, etwas zu finden, das über den Zweck des Produktionsauftrags hinausweist. Ich sah meinen persönlichen Anteil am Film gern in der unbestellten (im Grunde sogar unbezahlbaren) Zusatzleistung, in der schöpferischen Phantasie, die sich nicht unterordnete. Was einen Film sehenswert macht, war in meinen Augen das Unerwartete, das Geheimnisvolle. Aber diesen Gedanken konnte man bei den Ulmer Design-Ideologen nicht aussprechen. Es war eine bewundernswerte Leistung von Kluge, zwischen den unvereinbaren Positionen zu vermitteln. Mir gegenüber argumentierte er, dass es auf das Rechthaben in den Diskussionen überhaupt nicht ankomme, sondern darauf, sich einen Handlungsspielraum zu erobern. Es gab auch aus dem Geist des Oberhausener Manifests heraus genug Positionen, mit denen man die Ulmer überzeugen konnte. Vor allem eins war wichtig: In Deutschland fand sich keine Stätte der Nachwuchsausbildung für den Film, und Ulm sollte die erste sein. Was wir aber auf keinen Fall sein wollten, das war eine Filmfachschule im technischen Sinn, in der nur die einzelnen Gewerke wie Kamera, Schnitt, Produktion oder Regie als Studienfächer angeboten werden. Das hätte nach unserer Meinung nur dazu geführt, dass sich die konventionelle Filmbranche aus den Schulen einen willfährigen Nachschub an Mitarbeitern beschafft.

Das Konzept vom Autorenfilm blieb auch in Ulm unser Bekenntnis, und die neue Filmabteilung sollte folglich eine Autorenschule werden. Aber was ist das, eine Autorenschule? Die herrschende Meinung war, dass ein Autor nichts anderes ist als ein besonders talentierter Mensch, der aus sich selbst heraus schöpferisch wird. Es gab warnende Stimmen, die sagten, man könne durch Ausbildung sogar Talente zerstören oder bestenfalls mittelmäßige Autoren hervorbringen. Kluge und ich sahen das anders, denn jeden Tag blieben Talente für den Filmnachwuchs unerkannt oder gingen im Konkurrenzkampf der Unterhaltungsindustrie verloren. Dem könne eine Hochschule des Autorenfilms, argumentierten wir, entgegenwirken, indem sie die unerschöpflichen Reserven an Phantasie, die es in Wirklichkeit gäbe, in den Schülern wecke und fördere.

Neben den Abteilungen für Produktgestaltung und Bauen gab es an der hfg den Bereich «Visuelle Kommunikation». Dieser beschäftigte sich mit Graphik, Typographie und Photographie. Es gab auch entsprechende Werkstätten. Der für Photographie zuständige Dozent, Herr Staub, hatte mit seinen Schülern sogar einen Dokumentarfilm hergestellt, der die Photographie selbst zum Thema hatte. Die Studenten, die sich an diesem Projekt beteiligten, zeigten großes Interesse an einer weiteren Ausbildung im Film. Sie hatten mit dem Drehbuchautor und Filmemacher Detten Schleiermacher, der schon als Gastdozent an der Schule war, zusammengearbeitet und meldeten sich danach für die geplante Übernahme in die Filmklasse.

Kluge verstand von Anfang an, dass unsere besondere Konzeption auch einer besonderen Finanzierung bedurfte. Nur wenn wir vom großen Jahresbudget der hfg unabhängig wären, würden wir die schwelenden Konflikte mit den Design-Ideologen überstehen. Also wurden Kontakte zu Politikern und möglichen Sponsoren geknüpft. Unser Plan war, eine offizielle Gründungsveranstaltung der Filmabteilung in den Räumen der Hochschule zu inszenieren, bei der die Förderer der Filmklasse persönlich in Erscheinung treten. Es sollte deutlich werden, dass wir unseren eigenen Auftrag hatten, dem wir verpflichtet waren. Die große Geste von Oberhausen sollte auch in Ulm gelten. Ich erinnere mich an ein Gespräch mit Kluge, in dem er feststellte, dass es tausendmal leichter sei, Geld für die Fortsetzung und Erweiterung eines Unternehmens zu bekommen als für eine Neugründung, die bei null anfängt. Wenn wir also die Politiker und Sponsoren zur Förderung der Filmgruppe nach Ulm einlüden, müssten wir das fertige Institut mitten in der Arbeit vorführen. Aus meiner Hunsrücker Kindheit kannte ich den Spruch: «Der Deiwel scheißt net auf de kläne Haufe!» Oder wie ein Bibelspruch sagt: «Wer hat, dem wird gegeben.»

Wie aber würden wir der Förderer-Kommission ein Institut vorführen können, das es noch gar nicht gab? Wir mussten es inszenieren! So, wie man es für einen Film inszenieren würde. Also machten wir uns daran, das Drehbuch zu schreiben: Der Rundgang mit den Besuchern sollte mit einem Blick über den Campus beginnen. Der war vorhanden, gehörte uns zwar nicht, aber er wirkte als geliehener Blick genauso gut. Dann würden wir die Mensa und die große Aula betreten. Hier konnten wir wahrheitsgemäß sagen, dass wir diese Einrichtungen der Hochschule mitbenutzten. Und es wäre die Begrüßung des Rektors der hfg fällig und eine kleine Empfangsrede, in der zum Ausdruck kommen sollte, dass auch der Film zu den wichtigen Aufgaben der hfg gehört. Dann würden die Unterrichtsräume, die Bibliothek und der Studioraum mit Kameras und Beleuchtungsgeräten vorgeführt. Hier wären Studentengruppen beim Unterricht mit bekannten Fachleuten aus der Filmbranche zu sehen. Schließlich würden wir die Schneideräume zeigen, in denen Studenten gerade ihre Übungsfilme schnitten.

Um dieses gesamte Programm darzustellen, mussten wir bei den Münchener Verleihfirmen Kameras, Scheinwerfer, Schneidetische und all das Zubehör ausleihen, damit sich auch ein kundiger Besucher überzeugen ließ. Es wurden Filmklappen gemalt, Filmrollen beschafft und Mitarbeiter für diesen einen Tag angeheuert. Sie waren allesamt Freunde und Techniker, die wir kannten und entsprechend instruieren konnten. Dann ging es los mit dem Drucken von Türschildern wie SEKRETARIAT, FILMARCHIV, SCHNEIDERAUM 1 bis 3, ÜBUNGSRAUM KAMERA, UNTERRICHTSRAUM REGIE, REQUISITEN, SPEZIALEFFEKTE 1 bis 3, TONSTUDIO oder STOFFENTWICKLUNG. Es dauerte eine Woche, bis wir eine fertige Filmschule im vollen Betrieb zeigen konnten.

Es war ein glänzender Erfolg. Kluge hatte mehrere Staatsbeamte und Politiker aus Bonn eingeladen, private Sponsoren aus Baden-Württemberg und sogar die «Filmbeauftragten» der evangelischen und der katholischen Kirche. Da Kluge sich bei dieser Gelegenheit als preußisch geprägter Protestant vorstellte, musste ich den trierischen Katholiken geben. Die Kommission erlebte ein perfektes Potemkinsches Dorf. Es kam zu einem spontanen Konsens, dass man diese «Erste deutsche Autorenschule» in Ulm fördern müsse. Wir verteilten

Prospekte und Entwürfe für den zukünftigen Ausbau mit beigefügter Kalkulation.

An den folgenden Tagen schafften wir alle ausgeliehenen Geräte nach München zurück und montierten die Türschilder ab. Aber der altrömische Satz «Semper aliquid haeret» scheint nicht nur bei übler Nachrede zu gelten, sondern auch bei einem maliziösen Schwindel wie unserer Institutsfälschung. Etwas blieb hängen und hatte Bestand. Von nun an hatte die Filmabteilung ihren Unterrichtsraum und ein eigenes Sekretariat. Das war der Anfang.

44 Geschwindigkeit

Herr Handwerk bewunderte meine Filmpartitur zu GESCHWINDIGKEIT, die ich ihm schon bei unserer ersten Begegnung genau erklären durfte. Er hatte die Finanzexperten in seiner Firma die Herstellung des Films kalkulieren lassen. GESCHWINDIGKEIT sollte das erste Produkt sein, das ich in der neugegründeten Abteilung realisierte. Es wurde ein Kostenrahmen festgelegt, innerhalb dessen ich frei entscheiden konnte, wofür die Mittel verwendet wurden. Herr Handwerk war überzeugt, dass er mit der Produktion eines derart ungewöhnlichen Experimentalfilms viel Aufmerksamkeit erregen konnte. Er war eben ein Mann des Werbebusiness und deswegen bereit, mit mir ein Wagnis einzugehen.

Die Vorbereitung der Produktion bestand zunächst in filmtechnischen Tests. Es war mir bewusst, dass ein Film über das Phänomen Geschwindigkeit eigentlich ein Film über Film werden muss. Schließlich beruht die Darstellung bewegter Bilder auf der Geschwindigkeit des Bildwechsels und der damit verbundenen Täuschung der Augen. Mit Hilfe eines Konstrukteurs der Firma ARRI und der Metallwerkstatt der Ulmer Hochschule konstruierten wir ein Zusatzgetriebe, mit dem die Kamera extreme Zeitraffer und Zeitlupensequenzen aufnehmen konnte. Meine Hypothese war, dass eine Bewegung, die mit sehr großer

Bildfrequenz, also «Zeitlupe», aufgenommen wird, im Extremfall zum Stillstand gelangt – und andererseits bei extremer «Zeitraffung» ebenfalls eine Form von Stillstand erreicht wird. Ich wollte herausfinden, wie diese stillstehenden Bilder aussehen, welche neue Sicht auf die Welt durch sie erreicht werden kann. Ich fühlte mich wie ein Forscher, der sich vor die Aufgabe gestellt sieht, das Zeitproblem des Kinos mit neuen Bilderfahrungen zu definieren. Nie mehr in meinem Leben habe ich mit Hilfe der Kamera in vergleichbarer Weise experimentiert und Theorie betrieben. Aber im Jahr nach Oberhausen erschien der Horizont noch sehr offen.

Mein Team war klein. Thomas Mauch begleitete mich als Assistent, und ein Aufnahmeleiter der Insel-Film reiste als Organisator mit. Während der folgenden Monate drehten wir in den Städten der damaligen Bundesrepublik, auf Fernstraßen, Flugplätzen, Parks und Industrieanlagen, immer auf der Suche nach Motiven, die sich als Versuchsobjekte eigneten. Es ging mir nicht darum, Gebäude, Straßen oder Landschaften abzubilden und zum Thema zu machen – ich wollte das jeweilige Motiv mit der Filmkamera verändern, indem ich es aus der Perspektive der Geschwindigkeit betrachtete. Meine Frage hieß zum Beispiel: Wie würde ein Baum aus der Sicht eines extraterrestrischen Besuchers aussehen, der ein uns bekanntes Stück Natur mit zweitausend Stundenkilometern durchfliegt? Wird etwas hinter den Dingen sichtbar, das wir bisher nicht kannten? Ich versuchte, die Kamera als eine physikalische Meßsonde zu benutzen, die in das Raum-Zeit-Gefüge eindringen kann.

Die Montage des Films übernahm ich in Eigenverantwortung, da die Übertragung meiner Filmpartitur auf den Schnitt nicht ohne weiteres gelang. Ich musste die Komposition doch öfter, als ich erwartet hatte, den Bildern anpassen. Josef Anton Riedl besuchte mich immer wieder im Schneideraum, und wir diskutierten die Möglichkeiten der Vertonung. Er wollte sich auf keinen Fall darauf einlassen, seine Musik synchron zu den Schnitten und den Filmbewegungen zu schreiben. Er beanspruchte für die Musik die gleiche Freiheit, die ich bei der Bildgestaltung genoss. Wir einigten uns darauf, diesmal keine elektronischen Klänge zu benutzen, sondern Schlagwerk. Riedl wollte mit der Musik die GESCHWINDIGKEIT körperlich erfahrbar machen, dazu erschien ihm eine Schlagzeug-Komposition besonders geeignet. Die Aufnahme erfolgte in einem Münchener Musikstudio mit gleichzeitiger Einspielung des Films. Der Perkussionist Horst Huber war ein bekannter Musiker, der über die besonderen Schlaginstrumente verfügte, die Riedl in seine Partitur geschrieben hatte. Allein der Aufbau dieses Arsenals an Instrumenten war ein so ungewöhnlicher Anblick, dass die Augen von Norbert Handwerk, der uns im Studio besuchte, über die Maßen strahlten. Er ging sofort zu Werke und meldete den Film bei allen wichtigen Instanzen zur Begutachtung an.

GESCHWINDIGKEIT erhielt nicht nur das begehrte Prädikat «besonders wertvoll», sondern auch den Bundesfilmpreis und eine Einladung als offizieller deutscher Kurzfilmbeitrag auf dem großen Festival von Cannes. Auch für meine Freunde in Ulm wurde diese Einladung zum Ereignis, die ganze Filmabteilung fieberte mit. In aller Eile wurde für Cannes eine Broschüre entworfen, in der die wichtigsten Informationen im Stil des Ulmer Grafikdesigns dargestellt wurden. Norbert Handwerk bekannte sich in einem Statement zur Erneuerungsbewegung des deutschen Films. Da 1963 kein deutscher Spielfilm zum Wettbewerb eingeladen war, musste unser Kurzfilm die ganze Last der Branchenerwartungen und der deutschen Presse tragen. Ich war in Begleitung der Ulmer Freunde nach Cannes gereist, fleißig brachten wir unsere Broschüre unter die Leute. Der Film lief im Vorprogramm zu einer 18-Uhr-Vorstellung. Ich war im Saal, als sich der Vorhang öffnete und der Film begann. Der Vorführer hatte trotz meiner Instruktion den Anamorphoten, eine Speziallinse, die zur Wiedergabe von Breitwandfilmen nötig ist, nicht eingesetzt. Der Film lief also im falschen Format. Ich sprang von meinem Sitz auf und rannte durch das Kino, um die Kabine des Vorführers zu finden. Das Gebäude erwies sich als Labyrinth. Hinter keiner der Türen, die ich öffnete, ging es zu den Technikräumen. Die Zeit lief gegen mich, denn der Film ist nur elf Minuten lang. Er würde längst zu Ende sein, bevor ich die Projektionskabine gefunden hätte. Ich kehrte zurück in den Saal. Zum Glück hatte der Vorführer seinen Fehler noch bemerkt und die richtige Optik eingeschwenkt. Aber da war der Film schon fast zu Ende. Applaus kam auf, gemischt mit Pfiffen, die offenbar dem Vorführer galten. Aber in den deutschen Zeitungen verbreitete sich am folgenden Tag eine dpa-Meldung, der deutsche Kurzfilmbeitrag sei in Cannes «ausgepfiffen» worden. Da war sie wieder, die Häme, die uns «Jungfilmer» seit Oberhausen verfolgte.

Ein Trost war der Bericht des Literatur- und Filmkritikers Erwin Goelz im Südwestfunk, der «die Energie und Stilsicherheit» von GESCHWINDIGKEIT lobte und die Reaktion der Presse als Ausdruck des deutschen Provinzialismus bezeichnete. Wir organisierten in Cannes noch zwei weitere Vorführungen unseres Films in den Kinos der Stadt. Das brachte die eine oder andere schöne Besprechung in der internationalen Presse. Insgesamt habe ich aber erleben müssen, dass GESCHWINDIGKEIT nicht verstanden wurde. Jedes Mal, wenn wieder ein Kritiker den Film als technische Spielerei abtat, litt ich tagelang unter der Ungerechtigkeit solch gedankenloser Urteile.

Es sind fast sechzig Jahre seit diesen Erlebnissen vergangen. GESCHWINDIGKEIT ist inzwischen ein Klassiker der experimentellen Filmkunst geworden, der immer noch in vielen Ländern gespielt wird und große Beachtung in der Welt der Neuen Musik gefunden hat. Es gibt neben der Originalfassung mit der Musik von Josef Anton Riedl weitere Vertonungen. Eine davon hat die Berliner Komponistin Juliane Klein 2009 für Streichquartett geschrieben, eine andere, sehr wirkungsvolle Neuvertonung stammt von dem niederländischen Komponisten Richard Rijnvos aus dem Jahr 2018. Rijnvos setzt für seine Komposition, die sich sehr genau an die Filmpartitur hält, sogar eine Big Band ein. Das Engagement von Norbert Handwerk, dem ich diesen Film verdanke und der mir in den folgenden Jahren noch viele große Aufgaben anvertraute, bleibt einmalig in meiner Lebensgeschichte.

45 Kuhberg – Venusberg

Eigentlich sollte man meinen, es könnte das «Wir-Gefühl» nicht im Plural geben. Aber ich erlebte nach dem Protest von Oberhausen, dass ein zweites «Wir» entstand, das «Ulmer Wir». Es hatte sich vom Gruppengefühl der Oberhausener abgespalten und bezog neben Kluge und mir unsere Mitarbeiter ein, die wir nach und nach an die hfg in Ulm gelockt hatten. Und dann gab es noch ein drittes «Wir», das «Wir» der dortigen Dozenten, ihrer Familien und Freunde, die den Designer-Campus erfunden hatten. Sie lebten in einer seit zehn Jahren andauernden Heilserwartung. Manchmal schien es, als hätten sie uns Oberhausener auf dem Kuhberg schon immer erwartet, ohne dass ich genauer sagen könnte, welche Sehnsucht wir in ihren Augen verkörperten, als wir mit dem «Neuen Deutschen Film» im Gepäck nach Ulm kamen.

Die Entwicklung des Instituts für Filmgestaltung, die Arbeit mit den Studenten und die Ulmer Projekte der 1960er Jahre werden in vielen filmhistorischen Darstellungen beschrieben. Es gibt Denkschriften, Erinnerungen und Bestandsaufnahmen, in denen man nachlesen kann, was wir in diesen Jahren versucht und zustande gebracht haben. Mir geht es hier mehr um das tägliche Leben, das in allen Darstellungen der hfg fehlt.

Man erreichte den Kuhberg über eine schmale Zufahrt, einen ehemaligen Feldweg, der beim Bau der Schulgebäude befestigt worden sein musste. Das Hauptgebäude sah man erst, wenn man schon davorstand, denn die Betonwände und die Holzfenster erhoben sich kaum über das Gebüsch. Wenn man das Schulgebäude betrat, befand man sich in übersichtlichen hellen Gängen und bescheidenen Räumen. Überall das gleiche liebenswert-freundliche Klima, nichts war größer als nötig, nichts drängte sich auf. Der Sichtbeton wirkte neutral, das Holz der Auf- und Einbauten war naturbelassen. Eine vernünftige Welt mit angenehmen Proportionen empfing einen. Nie hatte man das Gefühl, dass es Privilegien oder Hierarchien geben würde. Bald kannte jeder jeden, und man begegnete sich mit erhobenem Blick. Jeder Tag begann um halb neun mit dem Frühstück in der Mensa. Mit seinem Frühstückstablett in Händen suchte man sich einen freien Platz an einem der Tische und saß auf einem der berühmten Ulmer Hocker, den Max Bill, Architekt und Mitbegründer der Hochschule, entworfen hatte. Ich saß meist zusammen mit Studenten oder neben Kluge, der lebhaft mit den anderen Dozenten diskutierte oder auf die Studenten einredete. Der Unterricht begann um neun. So gingen die Frühstücksgespräche nicht selten nahtlos in den Unterricht über.

Auch die Studenten und Gastdozenten lebten auf dem Campus. Hinter dem Schulgebäude schlossen sich die Gastateliers an und der Wohnturm mit Studentenzimmern. Es gab überdachte Verbindungswege zwischen den Gebäuden, und die Mensa war der zentrale Treffpunkt. Nach dem Abendessen übernahmen die Studenten die Bar in Selbstverwaltung bis in die frühen Morgenstunden. Mehrmals in der Woche wurden in der benachbarten Aula Filme gezeigt, ausgewählt und eingeführt von Studenten der Filmabteilung. An diesen Abenden traf man auch viele der Dozenten der anderen Abteilungen und ihre Angehörigen.

Zum Campus gehörten auch die Dozentenhäuser. Sie reihten sich in zwei parallelen Straßen oberhalb der Schule und bestanden aus verschieden großen Haustypen, die für Familien oder Einzelpersonen konzipiert waren. Kluge und ich hatten je eines der kleineren Häuser in der unteren Straße bezogen. Meine Wohnung bestand aus drei Zimmern, von denen eines mit Schneidetisch und Schreibtisch als kleines Atelier eingerichtet wurde. Von allen Fenstern aus konnte ich einen freien Blick über Felder ins weite Donautal genießen. Die Wohnung ist in der Erinnerung ein warmer und heller Ort. Die nächtliche Stille war fast ein wenig beängstigend, es sei denn, es drangen die Geräusche von Festen und Grillabenden aus den Nachbarhäusern herüber. Dann brauchte ich nur der Musik oder dem Gelächter zu folgen, und schon war ich Gast einer Fete. Es wurde oft und viel gefeiert auf dem Kuhberg. Das hatte zu Gerüchten in der Stadt geführt, wo man sich über die angebliche Sittenlosigkeit der Kuhberg-Gemeinschaft ereiferte.

Die Verbindung zwischen der Hochschule und der Stadt Ulm ist nie besonders gut gewesen. Schon der Stil der Hochschulgebäude, aber auch alles, was hier gelehrt wurde, blieb den meisten Ulmern unbegreiflich. Hinzu kam, dass die Studenten nicht in der Stadt lebten. Das machte auch sie fremd. Die Lokale in Ulm schlossen früh und waren auf ein Bürgertum eingestellt, das zu Hause aß. Jeder spontane Entschluss, den Kuhberg einmal zu verlassen, um in der Stadt einzukehren, endete mit Enttäuschungen, und oft bekamen wir schwäbische Sätze zu hören wie: «Heut hent ma scho geschlosse, kommet Se morge wieder!»

Wenn ich mir das Zusammenleben auf dem Kuhberg in Erinnerung rufe, habe ich das Bild einer geschlossenen Gemeinschaft vor Augen. Während der Aufenthalte musste man sich mit Vorräten versorgen, um von der Stadt unabhängig zu sein. Dazu gehörten Getränke und Utensilien für die gemeinsamen Feiern bei anderen oder in der eigenen Wohnung. Es gab ein ungeschriebenes Gesetz: Man war auf jedem Fest willkommen, aber das verpflichtete dazu, auch selbst als Gastgeber in Erscheinung zu treten.

Eine Besonderheit der hfg-Didaktik war der Wechsel von theoretischen und praktischen Wochen. Diesen Turnus hatte man aus der Bauhaus-Tradition übernommen und auch in unserer Filmausbildung eingeführt. Je nachdem, in welchem der beiden Bereiche man als Dozent eingeteilt war, konnte man den Campus in der jeweils anderen Woche verlassen. In den ersten Jahren gab ich praktische Kurse in Drehbuch, Kamera oder Montage. In den theoretischen Wochen übernahm dann Kluge die Leitung, und ich konnte wieder in München bei meiner Familie sein und zugleich der Arbeit in meiner Abteilung bei Herrn Handwerk nachgehen. Mein Münchener Familienleben entwickelte sich nach seinen eigenen Gesetzen: das Heranwachsen der Kinder, die Freundschaften mit den Nachbarn, die Kinderkrankheiten, die Suche nach Kindermädchen, die Verbindung zu den Großeltern, Gertrauds neues Leben nach dem Ausscheiden aus dem Postdienst. Die Ulmer Wochen hingegen fühlten sich wie Aufenthalte in einem Raumschiff an. Es kam deshalb auch nicht von ungefähr, dass Kluge und ich uns für Science-Fiction-Themen interessierten und Stoffe entwickelten, die von fernen Sternenwelten handelten. Die Ulmer Hochschule betonte zwar in ihren Dossiers, mit ihrer Lehre Beiträge zur Lösung von gesellschaftspolitischen Problemen zu bieten, in Wirklichkeit aber hatte man auf dem Campus einen elitären Zirkel gegründet, der sich von jeder bürgerlichen Realität abhob. Man war informiert, pflegte ausgiebige Kontakte zu geisteswissenschaftlichen Autoritäten wie Adorno oder Max Bense, stand den Vertretern der konkreten Lyrik wie Gomringer oder Heißenbüttel nahe und las Klassiker der Moderne wie Walter Benjamin, Norbert Wiener und Ludwig Wittgenstein.

Die hfg war keine reine Männergesellschaft, wie das zu dieser Zeit in wissenschaftlichen Instituten und in der Industrie noch üblich war. Die Frauen spielten sogar eine Hauptrolle auf dem Kuhberg. Sie waren Studentinnen, Dozentinnen, Partnerinnen der Dozenten, die oft im Lehrbetrieb mitwirkten. Eine überragende Frauengestalt war die Mitbegründerin der Schule, Inge Aicher-Scholl. Sie war die Autorin des Buches DIE WEISSE ROSE, das sie ihren von den Nationalsozialisten ermordeten Geschwistern Hans und Sophie Scholl gewidmet hatte. Der Geschwister-Scholl-Mythos wurde auf dem Kuhberg als Vermächtnis verstanden und fand in den Projekten und im Selbstverständnis der Schule vielfältigen Ausdruck.

Die hfg war ein Ort, an dem man Zukunft gestaltete. Das war wohl auch der Grund für die hoffnungsvolle Fröhlichkeit, die auf dem Kuhberg herrschte. Ein permanentes erotisches Flirren umgab uns, und an den Abenden ergaben sich nicht selten Gelegenheiten zu Berührungen und fiebrigen Verabredungen. In der ersten Zeit war ich durch die aufgeheizte Atmosphäre beunruhigt, denn man ließ sich auch durch die Anwesenheit von Ehepartnern oder Freunden auf den Festen nicht an Flirts hindern. Ich konnte den Liebeshandel der offenen Beziehungen anfangs nicht durchblicken und fürchtete mich vor Eifersuchtsdramen oder Skandalen, die mein Münchener Familienleben hätten bedrohen können.

Doch mit der Zeit wurde die erotische Stimmung Teil des Ulmer Gefühls, das aus heutiger Sicht eine frühe Vorahnung auf das Lebensgefühl von 1968 vermittelte. Bei einem der Grillfeste hatte sich eine geheime Affäre mit R. entwickelt, der Ehefrau des Fotografiedozenten. Ich mochte ihren Mann und wusste, dass er einer der Verlierer bei der Einrichtung der Filmklasse war. Er hatte davon geträumt, selbst eine Filmklasse an der hfg aufzubauen, was durch unsere Aktivitäten durchkreuzt wurde. Die Romanze dauerte ein halbes Jahr. Eines Tages erfuhr ich, dass R.s Mann eine Professur in Indien angenommen habe. Am Morgen ihrer Abreise fand ich ein mit Lippenstift gemaltes Herz auf der Windschutzscheibe meines Autos. Beim ersten Regen hat dann der Scheibenwischer diese letzte Erinnerung an den kurzen Traum aus meiner Seele gewischt.

In dieser Zeit war eine besonders undurchschaubare Schönheit in unserem Kreis aufgetaucht, die im Laufe der Jahre noch eine große erotische Karriere erleben sollte. Sie hieß Arlette Pielmann und war eine gesellschaftlich äußerst aktive Dame, eine Bohemienne, die sich nicht entscheiden wollte, ob sie Schauspielerin, Malerin oder eher Schriftstellerin sei. Einmal hatte sie mich in ihre Münchener Wohnung eingeladen, wo auch andere Oberhausener ein und aus gingen. Aber München, das war für mich die andere, die reale Welt. Ich verweigerte mich aus Beklommenheit. Es dauerte nicht lange, bis Arlette in Ulm wieder auftauchte. Ihr Auftritt auf dem Kuhberg war gleichzeitig ein Abschreiten ihrer Eroberungen; es gibt manchen Hinweis darauf, dass Arlette einen bedeutenden Teil der Oberhausener Jungregisseure in Bedrängnis brachte. Bekanntlich wurde sie später die Geliebte von Theodor W. Adorno, der an ihr fast zerbrach. Arlette besaß die Gabe, sich intuitiv auf die Gedankenwelt eines Adorno oder eines gefeierten Dirigenten wie Karl Richter einzustellen und als ihre Muse Macht über sie zu erlangen. Am Ende der Affären gab es aber nur Verlierer. Die Mischung von Femme fatale und dem Ideal von Freiheit und künstlerischer Entfaltung war explosiv und in ihrer Widersprüchlichkeit auch ein Zeitzeugnis von 1968.

Arlette Pielmann fand 1978 den Tod, als sie mit ihrem Auto ausgerechnet in Ulm verunglückte.

46 Entwicklung und Experiment

Herr Handwerk ließ sich gern feiern, ob an seinem Geburtstag im Hotel Vier Jahreszeiten oder bei einer Betriebsfeier, bei der Lobreden und gereimte Hymnen auf ihn vorgetragen wurden. Er vergab Privilegien bei der Tischordnung, lud Gäste aus Wirtschaft und Politik ein und begrüßte die Damen mit feudalen Handküssen nach Wiener Art. Immer war sein Geschäftssinn im Spiel, immer bedeutete ein Lob auch die Anbahnung eines Vertragsabschlusses. Ich wurde zu den großen und kleinen Anlässen mitgenommen und musste meine «Frau Gemahlin» mitbringen. So lernten wir seine Bogenhausener Villa ebenso kennen wie seine Bankette für Wirtschaftskapitäne und hohe Staatsbeamte. Immer wieder wurde ich als Hoffnung für künftige Unternehmensentwicklungen präsentiert und genötigt, bei den Tischgesprächen meine Projekte zu beschreiben oder über die neuartige Form von Filmpartituren zu sprechen. Ich wehrte mich dagegen, als Handwerks Zirkuspferd vorgeführt zu werden. Aber das half wenig, denn Widerstand und Scheu gehörten zu dem Künstlerbild, das er von mir entwarf.

Der Erfolg gab Herrn Handwerk aber recht. Bald hatte er eine ganze Reihe von lukrativen Aufträgen großer Firmen an Land gezogen. Ich sollte ein Serienmodell für Reinigungsmittel-Werbespots entwickeln, die Zeitraffertechnik von GESCHWINDIGKEIT für Autoreifen-Werbung einsetzen und in Modellfilmen für Serien anwenden, ich sollte das Erscheinungsbild einer westfälischen Biermarke neu gestalten und Ideen für die Fernsehwerbung der Bahn erarbeiten. Meine kleine Abteilung war bald derart überlastet, dass ich mir Hilfe besorgen musste. Da bot es sich an, die Ulmer Kollegen zu engagieren. Die Grafikdesigner der hfg waren mit vielen der Aufgaben vertraut. Sie entwickelten mit mir die Modellpartituren und beauftragten ihre Studierenden mit der Ausführung.

Auch mit Josef Anton Riedl konnte ich die Zusammenarbeit ausbauen. Es war ihm gelungen, aus dem Studio für elektronische Musik im Hause Siemens das modernste Studio zur Klangerzeugung zu machen. Bekannte zeitgenössische Komponisten gingen bei Riedl ein und aus. Sein Studio war ein weltweit bekanntes Zentrum der modernen Musik. Zur Herstellung der Klänge wurden Geräte benutzt, die in der Nachrichtentechnik und im Maschinenbau entwickelt worden waren und nun für künstlerische Experimente zur Verfügung standen. Riedl war der neugierigste Mensch, der mir je begegnet ist. Keine Aufgabe schreckte ihn ab. Er hielt sogar die Werbung für einen kreativen Bereich, der Neues hervorbringt. Die Fähigkeit, ein Produkt mit einem unverwechselbaren Klang zu verbinden, erschien ihm als hohe Kunst.

Erika Heffner, die mir Herr Handwerk als Mitarbeiterin an die Seite gegeben hatte, entwickelte sich schnell zur Seele der Experimental-Gruppe. Bald kannte sie die Ulmer Akteure ebenso gut wie die Belegschaft der Insel-Film oder die Mitarbeiter von Riedls Studio. Sie hatte ein untrügliches Gespür für die Gruppendynamik, erkannte Sympathien oder heimliche Rivalitäten und reagierte mit entwaffnendem Charme. Es gelang ihr, anfängliche Gegnerschaften, die sich in der Firma gegen mich gebildet hatten, aufzulösen und die Techniker des Hauses für meine Vorhaben zu begeistern. Alle wurden von Erikas Fröhlichkeit angesteckt. Bald beherrschten wir mit unseren Projekten den Studiobetrieb, der in einem Vorort von München lag. Im zweiwöchentlichen Turnus, der sich aus dem Ulmer Lehrbetrieb ergab, konnte ich in den Studios über freie Termine verfügen.

So entstanden innerhalb der ersten beiden Jahre Dutzende von Werbefilmen, die nicht immer so experimentell waren, wie es der Firmenchef seinen Kunden in Aussicht gestellt hatte. Bei der Werbung für «Wicküler Bier» lag mir zum Beispiel mehr daran, kleine Spielhandlungen mit Schauspielern auszuprobieren, denn ich hatte nicht vergessen, dass das große Versprechen von Oberhausen, der neue Spielfilm, immer noch nicht eingelöst war. Endlich wollte ich auch an meine Studiobühnen-Jahre anknüpfen und bei praktischen Versuchen davon profitieren, dass ich einmal Theaterwissenschaften studiert hatte. Ich filmte Werbeserien für einen bekannten Magenbitter und erfand kleine Szenen, für die Erika mit großem Geschick die Schauspieler verpflichtete. Auf Sitzungen und Konferenzen lernte ich an der Seite von Herrn Handwerk die mächtigen Werbeagenturen kennen, in deren Büros eine ganz besondere Art von smarten Strategen agierte. Sie jonglierten mit Millionenbudgets und berühmten Namen, dass einem ganz schwindlig wurde.

Wenn ich von solchen Reisen zurückkehrte und mit Gertraud und den Kindern wieder zum natürlichen Blick auf die Welt zurückfand, wuchs mein Zweifel an meinem Job. Ich war zwar in der Lage, ohne finanzielle Sorgen die Schuldenlast abzutragen, die ich für meine Eltern übernommen hatte, und ich konnte mit Gertraud darüber nachdenken, ob wir uns eine größere Wohnung leisten sollten, aber die Werbebranche erschien mir unheimlich, gerade auch, weil meine Phantasie bei Herrn Handwerk und seinen Geschäftspartnern so gut ankam.

Seit einiger Zeit drehte ich Werbespots für die Deutsche Bundesbahn. Aus dieser Aufgabe ging ein Projekt hervor, das meine Arbeit für Herrn Handwerk krönen sollte. Für das Jahr 1965 war die Internationale Verkehrsausstellung auf der Münchener Theresienhöhe angekündigt. Die Bahn sollte als eines der wichtigsten Verkehrs- und Transportunternehmen eine besondere Rolle spielen. Herr Handwerk, der sich frühzeitig informiert hatte, lud die Vertreter der Bahndirektionen zur Beratung nach München ein. Für dieses Treffen sollte ich einen Entwurf ausarbeiten. Ich erinnerte mich an das nie realisierte Projekt DAS GESPRÄCH, das zwei Projektoren erforderte und mit simultanen Informationen spielte. Ich fragte mich, ob der moderne Verkehr nicht der Inbegriff der Simultanwahrnehmung ist. Müssen wir nicht bei einer alltäglichen Fahrt durch eine Großstadt Hunderte von Eindrücken gleichzeitig verarbeiten? Wäre diese neue Erfahrung nicht ein großartiges Thema für die künstlerische Darstellung?

Mein Entwurf steigerte den Gedanken ins Gewaltige: Ich schlug ein System von sechzehn miteinander synchronisierten Kinoprojektoren vor – ein Spektakel, das alles bis dahin Versuchte in den Schatten stellen sollte. Ich nannte das Ereignis «VariaVision». Unter diesem Namen wurde ein Projekt geboren, das mich zwei Jahre lang beschäftigte. Ich hatte es mit Hilfe der Ulmer Designer in ein graphisches Treatment verwandelt, das ich den Chefs der Bahn vorlegen konnte. Mein Vortrag war wohl überzeugend, denn Herr Handwerk strahlte vor Begeisterung. Er konnte bald darauf einen Großauftrag abschließen, der seine Firma für mehrere Jahre auslastete.

In diesem Zusammenhang fällt mir eine Episode ein, die ein Licht darauf wirft, wie man damals Werbegeschäfte machte. Die Werbespots, die ich vorher für die Bahn gedreht hatte, handelten vom Güterverkehr. In einer neuen Folge sollte es um das Thema Wetter gehen. Bei einer Planungssitzung wurde in der Gesprächsrunde nach einem passenden Slogan gesucht, mit dem man ausdrücken wollte, dass die Dienste der Bahn vom Wetter unabhängig funktionierten. Ich improvisierte und sagte: «Alle reden vom Wetter. Wir nicht. Die Bahn.» Der zuständige Bahndirektor sprang auf und gratulierte mir. Das sei genau das Richtige, knapp und direkt, der Text gefalle ihm. Mit diesen Worten nestelte er seine Geldbörse aus dem Jackett, überreichte mir eine Zehn-Pfennig-Münze und fügte den üblichen Spruch hinzu: «Dafür geb' ich Ihnen einen Groschen.» So wurde ich, ohne je einen Urheberanspruch erhoben zu haben, der Erfinder des bekannten Bahnslogans, der jahrelang im Umlauf war. Dass der Groschen dem Wert meines Werbeslogans bei weitem nicht entsprach, ist später selbst dem Bahndirektor aufgefallen, und er schickte mir «in Anerkennung», wie er sich ausdrückte, jedes Jahr eine Netzfahrkarte erster Klasse. Diese Gunst endete erst, als der kunstsinnige Bahndirektor 1969 in Pension ging. Möglicherweise hat diese Form der Entlohnung mir mehr Vorteile gebracht als ein Honorar, denn oft, wenn ich das Bedürfnis hatte, einmal allein und ungestört nachzudenken, oder Notizen für ein Drehbuch machen wollte, stieg ich einfach in irgendeinen der komfortablen Fernzüge und fuhr im Land umher. Meist kehrte ich am selben Tag zurück, manchmal aber suchte ich mir an einer Endstation im Norden ein Hotel und blieb über Nacht. Die Netzfahrkarte war also auch Nahrung für mein Fernweh und eine Zuflucht in schwierigen Zeiten. Alle redeten vom Wetter, ich nicht.

Die Geschichte von VariaVision habe ich in der elften Episode der ZWEITEN HEIMAT aufgegriffen und zu einem der prägenden Erlebnisse Hermanns und seiner Filmemacherfreunde gemacht. Selbstverständlich musste ich meine Geschichte der Filmerzählung anpassen und in die Zeit der 68er-Revolte verlegen, weil Hermann seine Erfahrungen eben in dieser Zeit, also einige Jahre nach mir macht. Die notwendige Fiktionalisierung sollte allerdings das Experiment der simultanen Darstellung auf sechzehn Leinwänden nicht verändern. Es war mir sogar besonders wichtig, die Entstehung und die technischen Probleme von VariaVision einmal im Film so zu rekonstruieren, dass ein richtiges Bild davon überliefert wird. So sieht man in der ZWEITEN HEIMAT den Aufbau von vier miteinander synchronisierten Filmkameras auf einem Eisenbahnwaggon, der durch die verschneite Landschaft Oberbayerns fährt. Diese Situation hat es wirklich gegeben. Auf der Verkehrsausstellung sollten Reihen von Leinwänden so angeordnet werden, dass extrem breite Panoramabilder entstehen, durch die das Reiseerlebnis auch zur technischen Sensation wird. Um die Wirkungen solcher Bilder zu testen, habe ich Teile der Projektion im Studio der Insel-Film aufbauen lassen. Die Situationen, wie sie in der ZWEITEN HEIMAT geschildert werden, entsprechen der Wahrheit. Selbst das Filmmaterial, das wir im Film zeigen, stammte aus dem Originalmaterial von 1965.

Ich arbeitete wieder mit Thomas Mauch, der ein Jahr vor der Verkehrsausstellung mit mir auf Reisen ging, um die Bilder zu den Themen von VariaVision zu sammeln. Manche Bilder erinnerten an GESCHWINDIGKEIT, andere an KOMMUNIKATION, alles aber drehte sich diesmal um die Bahn und suchte neue filmästhetische Wege. Die Bahn, dieses Verkehrssystem, das in mehr als einem Jahrhundert zu einem weltumspannenden Transportnetz geworden war, sollte auf der Ausstellung die Uridee von Mobilität verkörpern. Mit Begeisterung und immer neuen Versuchsanordnungen produzierten wir große Mengen von Filmszenen, die sich mit Fernweh, Sehnsucht, Träumen und Naturerscheinungen auf Reisen beschäftigten. Als es daran ging, das Material zu ordnen und zu montieren, stellte sich heraus, dass dazu die üblichen Schneidetische nicht geeignet waren. Also ließ ich mehrere Steenbeck-Schneidetische miteinander verkoppeln, damit ich kontrollieren konnte, ob die simultan erzählten Sequenzen zueinander passten und zu Wahrnehmungseinheiten verschmolzen. Bei den sechzehn Leinwänden bestand die Gefahr, dass insgesamt ein chaotischer Eindruck entsteht. Unser Schneideraum, in dem das Werk auf mehreren Bildschirmen gleichzeitig geschnitten wurde, war deshalb selbst schon eine experimentelle Sensation. Herr Handwerk besuchte mich oft und brachte hin und wieder Gäste mit, denen er erzählte, wir seien damit beschäftigt, «die vierte Dimension» in den Film einzuführen. Ich habe es mir in der ZWEITEN HEIMAT natürlich nicht entgehen lassen, den Firmenchef mit diesem gänzlich unpassenden Wort schwadronieren zu lassen.

Die musikalische Begleitung der Veranstaltung war für Riedl eine der umfassendsten Aufgaben geworden, die er seit Bestehen seines Studios übernommen hatte. Wegen der vielen Verflechtungen der Bildeindrücke habe ich mit ihm einen Plan der visuellen Synchronmomente angefertigt, die musikalisch akzentuiert werden mussten, um die Aufmerksamkeit der Zuschauer zu steuern. Es entstand eine sechskanalige elektronische Komposition, deren Effekte und Akzente genau zu den Filmabläufen passten. Das Ganze war ja nicht für eine bestimmte Laufzeit konzipiert, sondern für den pausenlosen Betrieb von zehn Stunden täglich. Die Besucher sollten nicht durch eine bestimmte Vorführdauer zum Verweilen gezwungen werden, sondern völlig frei entscheiden können, wann sie eintreten und wie lange sie sich in der Halle aufhalten. Alle Projektoren liefen permanent und mit den sechzehn Filmen im Schleifenbetrieb, als «Loop», wie man heute sagen würde. Zum ersten Mal sollte das Medium Film sich an Menschen richten, die in Bewegung sind. Dem Thema Mobilität entsprach das Prinzip des mobilen Publikums.

Riedls Musik lief ebenfalls als Loop, wobei der Zeitpunkt der Wiederholung nicht wahrnehmbar war, doch so berechnet, dass die Synchronizität zu den Filmen nie verloren ging. Das Ganze wurde zu einem filmischen Riesenuhrwerk, und es gehört zu den Glücksfällen meines Lebens, dass ein so umfassendes Experimentalwerk finanziert werden konnte. Ich habe übrigens von Herrn Handwerk, der dieses Produzentenkunststück vollbrachte, niemals erfahren, wie viele Millionen er für das Werk aus den Budgets von Bahn und Ausstellungsgesellschaft lockermachen konnte.

Eine Besonderheit bei VariaVision war die Behandlung von Sprache und Texten. Im Gegensatz zur Musik war gesprochener Text nur dann sinnvoll, wenn der Zuschauer beim Hören den Blick auf die richtigen Bilder richtete. Um zu vermeiden, dass die Texte sich in der Halle zu einem Sprachbrei vermengten, bauten wir Lautsprecher in den Hallenboden ein. So entstanden «Sprachinseln», auf denen man sich auf Flächen aus Kunstrasen niederlassen konnte, um sich von der Poesie einzelner Texte forttragen zu lassen. Ich hatte Kluge für VariaVision begeistern können. Er schrieb kleine Textcollagen, die sich assoziativ zu den Bildern verhielten. Ich ließ die Texte, von denen einige auch zum Singen geeignet waren, mit verschiedenen Frauen- und Männerstimmen aufnehmen. Unvergesslich ist mir die Stimme des Komponisten Mauricio Kagel, den ich während eines Aufenthalts in Riedls Studio bat, die Bahnstationen der Hunsrückbahn aufzuzählen. Jahrelang waren diese Stationsnamen meine quälenden Begleiter auf dem täglichen Schulweg gewesen. Jetzt, mit Kagels Stimme und seinem argentinischen Akzent, klangen sie exotisch und fremd.

VariaVision war längst auch ein Projekt der Ulmer Schule geworden. Ich sprach in den Unterrichtsstunden oft und ausführlich über die Fragestellungen und Wirkungen des Projektes und bezog die Studenten so häufig wie möglich in die Arbeiten mit ein. Als das Jahr der Ausstellung sich näherte, ging es darum, die Anlage im Originalmaßstab aufzubauen. In einer Halle von über zweitausend Quadratmetern wurden Metallgerüste für die schweren Kinoprojektoren errichtet, und in einer Nebenhalle entstand die Steuerzentrale, von der aus das Räderwerk überwacht und gestartet werden konnte. Die Zuspieleinheiten für Musik und Sprache, die Verstärker und Schaltwerke für den Synchronbetrieb sahen aus wie eine elektrotechnische Fabrik. Steuerungstechnik war in dieser Zeit vor der Erfindung von Computern noch ein sehr aufwendiges Geschäft mit Starkstromrelais, Steuermotoren und Umschaltmaschinen. Mehrere Fachfirmen, denen man die Aufträge erteilt hatte, bauten monatelang daran. Als ich auf die Idee kam, die Leinwände bei laufendem Betrieb durch Klapplamellen im Format zu verändern, wurden weitere Spezialfirmen beauftragt. Ich wurde immer wieder auf die Baustelle gerufen, denn die Techniker hatten bei den Probeläufen zahllose Fragen, die nur ich als der Erfinder beantworten konnte. Schließlich wurden die Innenwände der Halle mit Tausenden von Quadratmetern schwarzen Moltons verkleidet. Beim Betreten der Halle musste man zuerst eine Lichtschleuse durchqueren, um dann in tiefe Dunkelheit zu gelangen, in der man die Orientierung verlor. Nur auf dem schwarz gestrichenen Boden wurden weiße Linien sichtbar, die aber nicht zum Ausgang, sondern zu den Sprachinseln führten. Die eigentliche Sensation, die flackernden, fliegenden, leuchtenden Leinwände, schwebten schwerelos mit rhythmisch ablaufenden Formatwechseln über den Köpfen der Besucher.

Schließlich war der Tag der Ausstellungseröffnung gekommen. Die Beschreibung dieses Tages und der großen, von Herrn Handwerk einberufenen Pressekonferenz habe ich in DIE ZWEITE HEIMAT ebenfalls nachgestellt. Die Szene war in Wirklichkeit um vieles größer und dramatischer. Um sie den Tatsachen entsprechend inszenieren zu können, hätte ich noch einmal über das märchenhafte Budget von 1965 verfügen müssen. Dennoch ist der Vorfall sehr ähnlich gewesen wie im Film. Nach pompösen Reden und Einleitungen, zu denen übrigens auch die Bahndirektoren, verschiedene Politiker und Ehrengäste erschienen waren, trat ein Akademieprofessor auf, der behauptete, die gesamte Anlage erfunden zu haben. Er sprach ebenso wie Herr Handwerk von der «vierten Dimension». Ich war in diesem Augenblick nicht gefragt. Nicht einmal mein Name war gefallen. Das wunderte mich, aber meine Stunde sollte ja erst in der Fragerunde kommen, die nach der Führung anberaumt war.

Als die Journalisten und Ehrengäste die schwarze Halle betreten hatten, gab Herr Handwerk das Signal, das von meinen Helfern an die

Technikzentrale weitergegeben wurde. Die Ingenieure starteten die Generatoren – dann gab es in der Halle einen Knall und einen Lichtblitz. Das war alles. Die Anlage stand still. Es roch nach verbrannter Isolation. Alle Aufregung half nichts, die Maschinerie, die an den Tagen zuvor im Testbetrieb noch einwandfrei gelaufen war, regte sich nicht und war nicht mehr in Gang zu bringen. Es half auch nicht, die Presseleute mit verlockenden Worten zu versorgen und um Geduld zu bitten. Die Show war geplatzt.

Es dauerte viele Stunden, bis der Fehler behoben war. Als VariaVision am folgenden Tag schließlich lief, waren die Journalisten alle abgereist. In den Berichten zur Eröffnung der an Sensationen reichen Internationalen Verkehrsausstellung stand nichts über VariaVision. Der Satz, dass einer, der zu spät kommt, vom Leben bestraft wird, bewahrheitete sich auf fatale Weise, denn während der folgenden hundert Tage lief alles störungsfrei, und Tausende von Besuchern aus aller Welt haben auch unsere Halle gesehen. Aber es wurde nicht darüber gesprochen, und kein Wort stand in der Zeitung. Ich besuchte die Veranstaltung immer wieder mit meinen Ulmer Studenten, wir fertigten Dokumentationen über den Betrieb an, wir befragten die Besucher nach ihren Eindrücken und versuchten, doch noch den einen oder anderen Journalisten herzulocken. Aber es ist offenbar nichts schwerer, als eine Zeitung für ein Ereignis von gestern zu interessieren.

Herr Handwerk war beleidigt. Er machte mir Vorwürfe, das Konzept sei viel zu kompliziert und zu ehrgeizig, der Kunstanspruch darin mache es störanfällig. In der harten Praxis müsse man mit probaten Mitteln arbeiten. Es dauerte einige Monate, bis er sich besann und Zukunftspläne für weitere Einsätze von VariaVision entwarf. Als er von Messe- und Ausstellungsmanagern hörte, dass es mit unserer Anlage zum ersten Mal gelungen sei, den Film als Exponat attraktiv zu machen, ließ er sich das technische System von VariaVision in mehreren Ländern patentieren. Die Patentschrift für die USA war dabei offenbar besonders schwer zu erhalten, was den Stolz des Insel-Film-Chefs erklärt, mit dem er mir eines Tages eine Kopie davon per Einschreiben zustellen ließ.

Auch um die Anerkennung des künstlerischen Konzeptes bemühte sich Herr Handwerk. Er wollte, dass es über die Verkehrsausstellung hinaus Beachtung fand. Deswegen hatte er unter dem Titel «Unendliche Fahrt, aber begrenzt» den Antrag auf ein Bewertungsprädikat gestellt. Da man den Film nicht mitsamt den Projektoren zur Bewertungsbehörde nach Wiesbaden schicken konnte, musste die Kommission nach München kommen. Die Herrschaften ließen sich von mir durch die Halle führen und zogen sich zu einer langen Beratung in ihr Hotel zurück. Am Abend erteilten sie das höchste Prädikat «Besonders wertvoll» mit einer schönen Begründung, die wir später in einer Broschüre über VariaVision abdruckten. Die Broschüre war in der Ulmer Schule entstanden. Sie ist heute das einzige Dokument, das die Einmaligkeit unseres «Experiments für hundert Tage» angemessen darstellt.

Am neunundneunzigsten Tag der Verkehrsausstellung entsandte die «Süddeutsche Zeitung» Hans-Dieter Roos, einen Bericht zum Abschluss zu schreiben. Dieter, der Freund aus Studienjahren, war inzwischen ein einflussreicher Filmkritiker geworden. Sein Artikel mit der Überschrift «Vorläufiger Nachruf auf VariaVision» erschien mit einem schönen Bild am 2./3. Oktober 1965, also am letzten Wochenende der Ausstellung. Keiner, der den wunderbaren Text von Hans-Dieter Roos las, hatte noch Gelegenheit, VariaVision, das als ein Werk der experimentellen Filmkunst in höchsten Tönen gelobt wird, mit eigenen Augen zu sehen.

47 Ursachen und Wirkungen

Am 22. November 1965, also nur wenige Wochen nach der Verkehrsausstellung, besuchte Hans-Dieter Roos einen Diskussionsabend über die von der Regierung geplanten neuen Filmförderungsmaßnahmen. Die Veranstaltung fand in einem Nebenraum des Regina-Hotels statt und war ein wichtiger Anlass für den politisch engagierten Journalisten Roos, sich zu Wort zu melden. Während der stundenlangen

Debatte war ein Tiefdruckgebiet mit Eisregen über München gezogen und hatte auf Straßen und Trottoirs eine tückische Glätte erzeugt. Als Dieter, in ein Gespräch mit Kollegen vertieft, das Gebäude verließ, glitt er aus und krachte mit dem Hinterkopf auf die Gehsteigkante. Er verlor sofort das Bewusstsein und starb wenig später an einer Gehirnblutung. Dieter war 1932 geboren, wie ich. Er starb mit dreiunddreißig Jahren.

Ich weiß nicht mehr, warum ich an der Diskussion im Regina-Hotel nicht teilgenommen habe. Auch Kluge war diesmal nicht dabei. Wir erfuhren von dem Unglück erst am nächsten Tag in Ulm. Wir konnten und wollten nicht begreifen, dass der Tod einem Menschen unserer Generation widerfahren konnte. Wir waren doch noch gar nicht richtig ins Leben gestartet! Der Tod gehörte zu Alter, Krieg und Seuchen, aber jeder einzelne dieser Gründe lag für uns in weiter Ferne. Wir versuchten, uns das Unglück mit Dieters Verhalten begreiflich zu machen: Dieter liebte elegante Schuhe. Ich wusste noch aus Fuchsbau-Jahren, dass er sich auf Reisen gern feine, handgearbeitete Lederschuhe kaufte. Ledersohlen seien besonders glatt und gefährlich, meinte Kluge. Wir wollten uns mit dem Gedanken beruhigen, dass Dieter Roos vielleicht selbst schuld gewesen sei an seinem Tod. «Hätte er Gummisohlen getragen wie unsereins ...» Wir sahen schnell, wie töricht das war. Wir wollten den Tod mit allen intellektuellen Finessen abwehren und sahen doch, dass er unbegreiflich war und so nah.

Ich denke, dass es in jedem Leben eine erste Begegnung mit dem Tod gibt. Sie findet oft in jungen Jahren statt, wenn wir uns für unsterblich halten. Der Abschied von Dieter war schmerzhaft. Auch für meine Familie, denn er war unser Trauzeuge und hatte in den ersten Jahren die kleine Mansardenwohnung mit uns geteilt. Ein Foto aus glücklichen Tagen klebte auf dem Familienalbum und zeigte ihn und Gertraud, wie sie mir zum dreißigsten Geburtstag gratulieren. Während ich dies schreibe, sehe ich eine ganze Reihe von Szenen vor mir: der Besuch mit Dieter bei Günter Eich am Chiemsee, die Fahrt im alten Opel nach Erlangen, unser Hochzeitsbild am Standesamt, meine letzte Begegnung mit Dieter in der Ausstellungshalle bei VariaVision. Viele

Jahre später lebte die Trauer wieder auf, als ich Dieters Bruder Klaus-Peter Roos kennenlernte. Er leitete in den 1990er Jahren das Pariser Goethe-Institut und spielte bei der französischen Premiere der ZWEITEN HEIMAT 1992, wie wir noch sehen werden, eine wichtige Rolle.

Auch in Ulm sollte in diesen Wochen der Tod seinen ersten Auftritt bekommen. Einer unserer Studenten wurde in einem nahegelegenen Waldstück tot in seinem Auto gefunden. Er hatte sich mit Auspuffgasen, die er ins Wageninnere geleitet hatte, selbst getötet. Er war der Freund einer unserer Filmstudentinnen, man hatte sie oft zusammen gesehen. Ein freundlicher und wohlerzogener junger Mann, niemand hatte ihn für gefährdet gehalten. Bei der Aufregung, die sein Tod auf dem Kuhberg-Campus auslöste, mit Polizei, Vernehmungen der Studenten und großer Ratlosigkeit unter den Dozenten, war der Schulbetrieb tagelang zum Stillstand gekommen. Man suchte nach den vermeidbaren Ursachen, betrachtete den Fall als eine Krankheit, die heilbar gewesen wäre, wenn man sie nur rechtzeitig erkannt hätte. Für Kluge und mich wies der Fall eher auf ein Beziehungsdrama hin, das wir zu ergründen versuchten. Der Fall schien zum Fabulieren herauszufordern. Ich berichtete von einem Familiendrama, von dem ich wenige Jahre zuvor erfahren und das auf ähnliche Weise zum Tod des Ehemanns geführt hatte.

Diese Geschichte beginnt 1955, als Literatur und Theater noch mein Denken bestimmten. Zu dieser Zeit spielte eine Frau mit dem germanisch klingenden Namen Irmingard eine Rolle in unserem Freundeskreis. Sie war eine literarisch gebildete Frau, verheiratet, und hatte mehrere Kinder in rascher Folge zur Welt gebracht, eine anziehende «königliche» Gestalt. Sie unterhielt einen Salon nach dem Vorbild der Pariser Salons des 18. Jahrhunderts. Irmingard war eine charismatische Erscheinung, die es fertigbrachte, Künstler und Literaten um sich zu versammeln. In regelmäßigen Abständen fanden Lesungen und Diskussionen in ihrer viel zu kleinen Wohnung statt. Die Gastgeberin war der Mittelpunkt eines Kreises, dessen Teilnehmer sich auserwählt fühlen durften. Irmingard verstand es, die jungen Dichterinnen und

Dichter in den Geniestatus zu erheben. Sie wurde nicht müde, jedem einzelnen Gast glauben zu machen, dass sie ihn voller Leidenschaft liebte. Alle, auch die Frauen im Kreis, küsste sie auf den Mund, sodass manch einer sich der Phantasie hingab, sie zur Geliebten zu gewinnen. Wenn Irmingard ins Theater oder in die Oper gehen wollte, fand sie unter uns immer einen Babysitter; sie galt als das Urbild einer Mutter, die sich den Kulturgenuss nur verdient hatte.

Es war der spätere Filmregisseur und Oberhausener Mitstreiter Bernhard Dörries, der mich und Helga in Irmingards Kreis eingeführt hatte. Hin und wieder bekam man auch einen Mann zu Gesicht, der als Vater von Irmingards Kindern und als ihr treuer Partner vorgestellt wurde. Er hieß Rolf und war ein stiller Mensch, der nichts mit Literatur im Sinn hatte, aber mit seinen dunklen Augen immer wirkte, als verstünde er alles, was in seiner Wohnung gesagt, gelesen oder diskutiert wurde. Rolf lächelte und schwieg, wenn seine Frau begann, seine Sensibilität zu loben oder seine stummen Gedanken zu interpretieren. Rolf war anwesend und abwesend zugleich. Er wurde gleichzeitig bemerkt und übersehen.

Eines Tages zog die Familie in eine andere Stadt. Rolf hatte dort, wie man hörte, einen guten Job gefunden, und die Familie konnte sich eine größere Wohnung leisten, was wegen der heranwachsenden Kinder wohl auch notwendig war. So endete der literarische Salon in München. Ich hatte dieses Ende nicht miterlebt, es geschah während meiner Südamerikareisen. Ein Jahr nach meiner Rückkehr erhielt ich dann einen schicksalsschweren Brief von Irmingard. Sie beklagte darin die Herzlosigkeit ihres Mannes, der sie mitten im Leben mit ihren Kindern allein gelassen habe. Ohne einen noch so kleinen Hinweis darauf, dass es ihm nicht gut gehe, habe er sich verdrückt. Erst nach und nach konnte ich ihrem Brief entnehmen, dass Rolf sich umgebracht hatte. Er habe es mit Hilfe von Auspuffgasen seines Volkswagens getan. In ihrem Brief spricht Irmingard ausführlich von ihren eigenen Schmerzen und Todesgedanken. Sie ist die eigentliche Schmerzensmadonna, der Tote ist nichts als der Auslöser. Er hatte, wenn man den langen Brief befragt, nicht den geringsten Grund für seine Tat. Jedenfalls kann sie, die tragische Witwe, keinen erkennen. Er hatte einen angemessenen Job, schreibt sie, er war gesund, wurde geliebt! Sie schwört, dass sie ihren Mann geliebt habe! Er habe sich jederzeit mit seinen Sorgen an seine Frau wenden können. Warum hat er das nicht getan? Was also war der Grund für den Selbstmord? Irmingard stellt sich und ihren Schmerz und die Trauer um Rolf auf eine imaginäre Bühne.

Nach dem Vorfall in Ulm begann ich, Material über die beiden Selbstmorde zu sammeln. Auch bei dem toten Studenten interessierte mich vor allem die Rolle der Frau in dem Drama. Ich beobachtete das Verhalten anderer Frauen, deren Vitalität und Genussfähigkeit mit denen Irmingards vergleichbar waren, schaute mich im Bekanntenkreis nach Ehen um, in denen der Mann der offensichtlich Schwächere war, und versuchte herauszufinden, welche emotionale Strategie von den Frauen instinktiv angewendet wurde, um mit den Schwächen ihrer Männer zu leben. Ich studierte das Äußere, die Gewohnheiten, die Lieblingswörter dieser Frauen und ihr Ausschmücken des Heims oder das Einbetten der Sexualität in Kunstgenüsse. So entstand die Hauptfigur von MAHLZEITEN. Ich gab ihr den Namen Elisabeth, nach der Heiligen, einem überschwänglichen adligen Fräulein, das durch die Legende vom Rosenwunder in die Geschichte eingegangen ist. Der Stoff für meinen ersten Spielfilm war geboren.

Natürlich muss ich mich fragen, worin mein eigenes Problem bei diesem Thema bestand. War es eine bestimmte Angst vor der Vitalität der Frauen? War es ein Gefühl der Schwäche, das sich an der Kraft der modernen Frauen schadlos halten will? Gerade die kulturell aktiven Frauen erzeugten ja diese seltsame Erotik, die mich faszinierte. Ich fragte mich, was Männer dazu bringen konnte, vor diesen sentimentalen Königinnen der Vitalität Werbetänze und Kapriolen aufzuführen, ohne von ihnen erhört zu werden. Warum war über die Zeiten hinweg der literarische Salon eine Bühne für diese Art von Frauen, die sich in einer merkwürdigen Mischung aus Erotik und Geist inszenierten? Ich fand Parallelen zu Arlette Pielmann.

Ula Stöckl, meine Schülerin aus der Filmklasse, interessierte sich von Anfang an für das Thema, das in meinem Frauenporträt aufschien.

Sie begriff auch, dass meine Figur der Elisabeth das Abbild zwiespältiger Gefühle war, denn sie erfüllte sowohl Träume von archaischer Weiblichkeit als auch die neue Hoffnung auf moderne Selbständigkeit. Ula brachte den Begriff «Fresstyp» in unsere Diskussion ein. Sie sah in Elisabeth eine Frau zwischen Gestern und Morgen, die den Gedanken der aufgeklärten Selbstverwirklichung voll in Anspruch nimmt, ohne den geringsten Versuch, damit auf die archaische Rolle der Frau als magisches Gebärwesen zu verzichten. Mit Ula habe ich sogar ein Fresstyp-Traktat geschrieben. Die Protagonistin des Films, Elisabeth, sollte damit in ihrer faszinierenden Widersprüchlichkeit dargestellt werden. Da steht zum Beispiel: «Was frisst der Fresstyp? Er frisst Gesten, Bewunderung, Gegenwart von Menschen. Wie ein Vampir saugt der Fresstyp die Seelen aus den Menschen, ernährt sich gewissermaßen von ihren Ideen und Worten, er schmückt sich mit dem Wissen der Anderen wie mit Juwelen. Der Fresstyp übertrifft alle, wenn er leidet. Der Fresstyp ist immer der moralische Gewinner. Auch wenn andere an ihm verzweifeln.»

Ula Stöckl war meine heimliche Freundin geworden. Die Arbeit am MAHLZEITEN-Stoff hatte uns zueinander geführt. Wir entdeckten immer neue Gemeinsamkeiten, selbst solche der Herkunft. Ihre Mutter stammte aus Trier, weshalb Ula seit ihrer Kindheit den Hunsrück kannte. Aufgewachsen war sie in Ulm, sodass ich mit ihr mehr über die Stadt erfuhr, die bisher weit außerhalb meiner Wahrnehmung gelegen hatte. In Ulas Familie prägten die Erinnerungen an den Bombenkrieg und die Nachkriegsjahre die unmittelbare Sicht auf die Stadt. Ulas Vater arbeitete als Musiker am Ulmer Theater, das in diesen Jahren einen guten Ruf genoss. Unter dem Intendanten Kurt Hübner waren bedeutende Regisseure wie Peter Zadek und Johannes Schaaf in unserer unmittelbaren Nähe tätig. Ula kannte sie und die Schauspieler des Theaters, darunter Hannelore Hoger, mit der sie befreundet war. Wenn ich mich recht erinnere, kam es auch über diese Verbindung zur Begegnung von Hannelore Hoger und Alexander Kluge, die für das Leben beider Künstler bedeutend werden sollte. Hogers Gesicht wurde in Kluges Filmen über Jahrzehnte zu seinem Markenzeichen. Mit ihren bizarren Improvisationen beteiligt sich Hoger in treuer Freundschaft bis heute an der Herstellung von Kluges Metaphern-Universum.

Ula Stöckl war nach einem längeren Aufenthalt in Paris zu uns an die hfg gekommen. Da sie ein Dolmetscherstudium absolviert hatte und sehr gut Französisch und Englisch sprach, war sie es, die erste Kontakte zu den Kollegen anderer Länder knüpfte und unsere Ulmer Arbeit auf den großen internationalen Festivals vertreten konnte. Ula hatte großen Einfluss auf mein Selbstverständnis während der folgenden Ulmer Jahre. Es ging mir bald nicht mehr nur um die Fortsetzung des Oberhausener Programms. Mit meinem ersten Spielfilm schloss sich ein Kreis, meine literarischen Interessen waren ebenso wiedererwacht wie die Leidenschaft für die Bühne. Ula besuchte mit mir die wichtigsten Aufführungen des Ulmer Theaters und begleitete mich bei meinen Recherchen zum neuen Filmstoff. Sie half beim Drehbuchschreiben, sie hatte die Fähigkeit, Teams zusammenzustellen und Menschen zueinanderzuführen. Und sie war eine unermüdliche Mitstreiterin bei den Kämpfen, die ich für die Realisation meines ersten Kinofilms auszutragen hatte.

An erster Stelle musste ich mit Herrn Handwerk über meine Spielfilmpläne sprechen, denn ich war nach wie vor sein Angestellter und sollte nach der Panne mit VariaVision wieder im Bereich der Werbung für ihn arbeiten. Am liebsten hätte ich ihn und seine Insel-Film als Produzenten für MAHLZEITEN gewonnen. Als Herr Handwerk aber mein Drehbuch von mehr als vierhundert Seiten gelesen hatte, lehnte er die Produzentenrolle ab. Das Desaster mit VariaVision sei ihm eine Warnung, schrieb er. Das Risiko sei zu hoch, zumal er bei meinem Ehrgeiz damit rechnen müsse, dass ich über das Ziel hinausschösse. Aber er bot mir trotzdem eine Beteiligung von sechzigtausend D-Mark an und beurlaubte mich von meinen Pflichten als Abteilungsleiter. Er zahlte sogar noch einige Monate mein Gehalt weiter. So war er. Er war sich sicher, dass ich nach diesem Film, den er für unrealistisch hielt, in seine sichere Geschäftswelt zurückkehren würde.

Mit meiner Assistentin ging Herr Handwerk nicht freundlich um.

Als er sah, dass sie für mich die Schreibarbeiten am Drehbuch übernommen hatte und sich in ihrem Büro die Exemplare zum Einreichen bei der Förderung stapelten, wurde er wütend. Er wies Erika zurecht, weil sie nicht um seine Erlaubnis gebeten hatte, mir bei der Arbeit am Drehbuch helfen zu dürfen. Erika versuchte, sich zu verteidigen, aber Herr Handwerk reagierte mit einer kurzfristigen Kündigung. Erika, die von meinen Spielfilmplänen begeistert war und schon Monate zuvor bei Ulas Recherchen geholfen hatte, wurde für ihre freundschaftlichen Gefühle bestraft, die sie in der Firma nicht hätte zeigen dürfen.

Auch Kluge hatte damit begonnen, seinen ersten Spielfilm auf den Weg zu bringen. Er hatte versucht, mit einem erfahrenen Produzenten der Vätergeneration zusammenzuarbeiten. Heinz Angermeyer, Chef der Independent Film, hatte sich bereit erklärt, Kluges Drehbuch zur Förderung beim Bundesinnenminister einzureichen. Kluges Erzählungen hatten durch das Buch LEBENSLÄUFE schon Anerkennung gefunden. Das begünstigte seinen Förderantrag, der sich auf dieses Buch berief. Trotz der Förderzusage war aber abzusehen, dass Herr Angermeyer sich ähnlich verhalten würde wie Herr Handwerk. So kam es, dass Kluge seine Produktionsfirma Kairos-Film gründete und ich meine Edgar Reitz Filmproduktion. Erika wurde die erste Angestellte meiner neuen Firma. Niemand konnte voraussagen, ob uns die Firmengründungen auch tatsächlich die Freiheiten geben würden, die wir als Filmemacher für unsere Werke forderten. Der Gedanke, dass die wirtschaftlichen und die künstlerischen Interessen immer Widersprüche bleiben, leuchtete uns nicht ein; die Filmgeschichte kannte viele positive Ausnahmen. Aber das Risiko, das die Produzenten in unserem Falle abgeschreckt hatte, war damit nicht geringer geworden. Es lastete jetzt doppelt schwer auf unseren eigenen Schultern – was das Gefühl der Freiheit nicht gerade förderte.

48 Abschied von gestern

Gegen Ende des Jahres 1965 musste entschieden werden, wer von uns als Erster mit den Dreharbeiten seines Films beginnen durfte, Kluge oder ich. Kluge war schon damit beschäftigt, sein Team zusammenzustellen, während ich noch auf die Förderungsentscheidung des Kuratoriums Junger Deutscher Film warten musste. Seine praktische Filmerfahrung war allerdings noch bescheiden. Er suchte immer wieder Rat bei mir, denn er wusste nicht, welche Anweisungen ein Regisseur einem Kameramann geben muss und wie überhaupt eine Bilderzählung entsteht. Ich versuchte, ihm einen erfahrenen Kameramann zu vermitteln, aber das steigerte eher seine Furcht vor einem Professionalismus, der ihm über den Kopf wachsen könnte. Schließlich rückte er mit der Frage heraus, ob ich ihm nicht helfen könne, indem ich für ihn die Bildgestaltung übernehme. Das war im Dezember 1965, und Kluge wusste, dass ich erst im März des nächsten Jahres über die Fördergelder für meinen Film verfügen würde. Er bot an, mit der Veröffentlichung seines Films zu warten, bis wir mit unseren Ulmer Filmen eine Doppelpremiere bieten könnten. Mir gefiel dieser Gedanke sehr. Ich knüpfte meine Zusage an die Einhaltung dieser Vereinbarung.

Zwei meiner wichtigsten Mitarbeiter aus den vergangenen Jahren schlossen sich an und arbeiteten mit mir in Kluges Team: Thomas Mauch, zunächst als mein bewährter Kameraassistent, später mit eigenen Beiträgen als Kameramann, und Beate Mainka-Jellinghaus, die bereits mehrfach als Gastdozentin für Filmschnitt in Ulm tätig geworden war. Kluges Entscheidung, seine Schwester Alexandra Karen Kluge die Hauptrolle der Anita G. spielen zu lassen, war eine große Überraschung für uns alle. Karen, wie sie genannt wurde, studierte Medizin, war also keine Schauspielerin, besaß dafür aber eine überwältigende Unbefangenheit vor der Kamera. Ihre Neugier, ihre innere Heiterkeit und die Fähigkeit, wie ein Kind zu staunen, begeisterten mich vom ersten Drehtag an. Kluge entdeckte nach und nach ihre Talente, bis er schließlich regelrecht in sie vernarrt war. Die Drehtage spielten sich oft so ab, dass ich mit Karen an der Inszenierung arbeitete, probte und den Kameraaufbau plante, während Kluge, der nicht die Geduld hatte, bei diesen oft langwierigen Arbeiten mitzuwirken, in einem Café saß und Texte schrieb, die er mir durch den Aufnahmeleiter ans Set bringen ließ. Karen scheiterte oft lachend an den schwer sprechbaren Sätzen ihres Bruders und improvisierte ihre eigenen Variationen. Es war eine spielerische Entdeckungsstimmung entstanden, die während der gesamten Drehzeit erhalten blieb. In späteren Statements zur Entstehung von ABSCHIED VON GESTERN sprach Kluge von einem kreativen Dreieck, das aus ihm, seiner Schwester und mir bestand. Ich sehe es ähnlich, nur dass ein Motiv hinzukam, das mich mit Karen verband: Wir wollten mit allen Kräften dazu beitragen, dass Alexanders Film nicht in Hunderte von Anfängen und Zufällen zersplitterte.

Immer wieder kam es zu Debatten zwischen Kluge und mir über die Möglichkeiten der filmischen Umsetzung. Kluge liebte es, in Metaphern zu denken. An einem der Frankfurter Drehtage wollte er, dass «die Drehscheibe Rhein-Main» im Film sichtbar würde. Ich sagte, «Drehscheibe» sei eine Metapher, die könne man nicht filmen. Metaphern seien keine Bilder, sondern Bedeutungsträger. Er aber meinte, die Drehscheibe sei doch ein Bild. Ich entgegnete, dieses Bild sei nur ein Gleichnis, ein Bild, das in der Welt nicht konkret vorkomme. So ähnlich verlief unsere Diskussion, während wir in einem VW-Bus Richtung Flughafen fuhren. Bernd Hoeltz, unser Aufnahmeleiter, der den Bus steuerte, hatte den Zubringerkreisel an der Autobahn erreicht und wollte wissen, welche Ausfahrt er nehmen solle. Wir aber stritten immer noch über die Verfilmbarkeit von Metaphern. Da drehte Hoeltz immer weiter seine Runden im Rondell und hoffte auf eine Entscheidung. Über uns schwebten die großen Überseeflugzeuge im Landeanflug zum Frankfurt-Airport ein und warfen ihre Schatten.

Unsere Debatte ging in die nächste Runde. Es ging jetzt um die Unterschiede von Sprache und Film. Karen, die bei unseren theoretischen Streitgesprächen grundsätzlich schwieg, ließ den Fahrer anhalten. Sie hatte entdeckt, dass es in der Mitte des Kreisels eine trichterförmige Mulde gab, die mit weichem Gras bewachsen war und zum ungestörten Aufenthalt einlud. Dorthin floh sie in ihrem schwarzen Mäntelchen, setzte sich auf ihr unvermeidbares Köfferchen und sah den landenden Flugzeugen zu. Ein rührendes Bild, diese einsame junge Frau, die mitten im Straßen- und Luftverkehr eine Insel des Glücks genießt. Ich ließ Thomas Mauch die Kamera aufbauen, und wir filmten diese Situation aus dem fahrenden Auto heraus. Wir umkreisten die Hauptdarstellerin, und dann drehte ich noch ein paar Naheinstellungen von Karen, mit den landenden Flugzeugen über ihrem Kopf. Die Diskussion schien jedenfalls beendet zu sein.

Ein paar Tage später sahen wir die Bilder in der Mustervorführung. Kluge war begeistert: «Da ist sie ja! Das ist sie doch, die Drehscheibe Rhein-Main!» Für ihn war das Bild von seiner Schwester im Zubringerkreisel zu einer Metapher geworden, und ich bin sicher, dass er bis heute fest davon überzeugt ist, dass Metaphern Bilder sind, die man mit der Kamera erfassen kann. In diesem Punkt könnten wir uns auch nach sechzig Jahren noch weiter streiten.

Wie man in Kluges fertigem Film sehen kann, fielen die Dreharbeiten in die Vorweihnachtszeit und die Wochen des rheinischen Karnevals. Die Atmosphäre dieser Traditionen und Feste berührt in vielfältiger Weise deutsche Geschichte, ebenso wie die Gefühle und Sehnsüchte, die im Hintergrund der Geschichte von Anita G. aufscheinen, aus den Tiefen der deutschen Erinnerung kommen. Das versuchten wir in den Bildern festzuhalten. Im Münchener Schneideraum agierte inzwischen Beate Mainka, unsere Cutterin, die gewohnt war, aus dem Material, das ihr geliefert wurde, ihre eigene Version zu montieren. ABSCHIED VON GESTERN war ohnehin das Ergebnis von Improvisation, denn das Drehbuch sollte ursprünglich eine Auswahl von Erzählungen aus Kluges Erzählband LEBENSLÄUFE auffächern. Davon war nun nicht mehr die Rede. Mit der für sie typischen Unbekümmertheit las Beate aus dem Material eine neue Geschichte heraus. Sie schnitt viele kleine Sequenzen, denen sie manchmal Musik aus Kluges Sammlung unterlegte oder die sie mit seinen Texten verband. Ich weiß noch, wie fasziniert Kluge von diesem Umgang mit seinem Material war. Ich denke, dass er sein großes Talent zu Montage und

Collage in diesen Monaten an der Seite von Beate Mainka entdeckt hat. Wenn Kluge überhaupt ein leidenschaftlicher Filmemacher wurde, dann wurde er es im Schneideraum. Hier ist sein Platz, hier ist er fähig, Filme aus Luft zu machen.

Ich kann mich nicht erinnern, dass es ein offizielles Drehende gab. Für mich wurde es aber höchste Zeit, dass ich zu meinem eigenen Filmprojekt zurückkehrte. Die weiteren Kameraarbeiten für Kluge übernahm Thomas Mauch, der dann auch als zweiter Kameramann im Abspann – ohne Nennung des Vornamens, wie auch in meinem Fall – seine beiläufige Erwähnung fand: «Kamera REITZ, MAUCH» – basta. So wurde Kluge seine Helfer los.

In Ulm hatte inzwischen Erika mit Ula weiter an den Produktionsvorbereitungen von MAHLZEITEN gearbeitet. Es ging vor allem um die Besetzung der Hauptrollen, ein Paar musste gefunden werden: Elisabeth und der arme Rolf. Ich hatte beim Drehbuchschreiben ein Bild von Jeanne Moreau über dem Schreibtisch angepinnt und immer wieder diese verächtlich herabgezogenen Mundwinkel betrachtet. Mich beschäftigte die Frage, wie sich so viel süße Weiblichkeit mit solcher Kälte paaren kann und ob dieser Ausdruck bei der Darstellerin meines Films unerlässlich war. Ula, die mein Faible für Moreau teilte, hatte während meiner Abwesenheit sogar versucht, mit der Agentur des französischen Stars Kontakt aufzunehmen, war aber an der Frage nach unserem Budget sofort gescheitert. Auch der international angesehene Kameramann Walter Lassally, den ich Jahre vorher in Oberhausen kennengelernt hatte und verehrte, sagte ab. Ich hatte ihm das Drehbuch nach England schicken lassen und wollte mit ihm neue Methoden der Bildgestaltung kennenlernen. Aber auch Lassally fragte nach unserem Budget. Wir konnten uns mit den Produzenten der anderen Länder, in denen es ein neues Kino mit künstlerischem Anspruch schon gab, in keiner Weise vergleichen. Aus der Sicht einer namhaften Schauspielerin oder eines berühmten Kameramanns galten wir deutschen Jungfilmer zu jener Zeit als semiprofessionelle Außenseiter.

49 Mahlzeiten und die Folgen

Ich konnte mir nicht vorstellen, dass meine Geschichte von Elisabeth und ihrem armen Rolf in der Stadt spielen sollte, in der ich meinen Alltag verbrachte. Als Hintergrund einer Spielfilmhandlung waren mir die Ansichten Münchens zu geläufig, zu privat. Ich hätte bei keiner Kameraeinstellung das Gefühl gehabt, in der Innenwelt einer Erzählung zu sein. Ulm kam erst recht nicht in Frage, denn ich wollte eine Großstadt spürbar werden lassen. Also entschied ich mich für eine Stadt, in der ich noch Unbekanntes vermuten konnte, für Hamburg. Der Hafen, der englische Einfluss in den Straßenansichten, die Sprachmelodie, die Seeluft, das Gesellschaftsleben, alles erschien mir verlockend und fremd und dennoch offen für die Figuren meiner Geschichte. Mein Drehbuch bestand, wenn auch ganz anders als Kluges Buch, aus einer Sammlung von Alltagssituationen, die zur Improvisation herausforderten. Es beschrieb die pausenlose Bemühung der Protagonistin, Banalitäten in feierliche Rituale zu verwandeln. Wie unter einem Mikroskop sollte der Film die Hauptfigur betrachten. Beim Schreiben habe ich mit Ula Stöckl oft lachen müssen über die permanenten Versuche der Protagonistin, den täglichen Saustall eines Studentenhaushalts mitsamt dem Kinderchaos als Poesie und Märchenwelt zu inszenieren.

Von meiner Hauptfigur Elisabeth trug ich ein so deutliches Bild in mir, dass ich überall, auf der Straße, in Restaurants, in der Bahn, glaubte, sie in der Menge zu sehen. Oft bin ich Frauen gefolgt, die mich an Elisabeth erinnerten, und es muss wohl ziemlich seltsam gewirkt haben, wenn ich wildfremde Frauen ansprach und fragte, ob sie zufällig Schauspielerin seien. Ich sah Elisabeth überall, das war keine geeignete Obsession für ein erfolgreiches Rollencasting. Während eines Besuchs im Büro der Agentur Jovanovic wurde ich auf Fotos von einer gänzlich unbekannten Bewerberin aufmerksam. Sie sah tatsächlich Jeanne Moreau ähnlich. Oder war es nur das Make-up? Das sollte möglichst schnell aufgeklärt werden. Niemand hatte diese Frau bis dahin persönlich kennengelernt, da sie in Rom lebte. Ich bat die Agentur, die

Bewerberin zu Probeaufnahmen einzuladen. Sie hieß Heidi Stroh, ein Name, den ich als irreführend empfand. Aber warum nicht den Versuch wagen?

Die Probeaufnahmen sollten in den Räumen der hfg stattfinden, und es gab auch schon Bewerber für die Rolle des Spielpartners. Am Tag ihrer Ankunft fuhr ich in Begleitung von Ula Stöckl zum Ulmer Hauptbahnhof, um Heidi Stroh abzuholen. Ich weiß nicht mehr, was wir erwarteten, jedenfalls alles andere als den Auftritt, den wir auf dem Ulmer Bahnsteig erlebten. Was da aus dem Zug stieg, war ein Verschnitt von Marlene Dietrich aus dem BLAUEN ENGEL und einem durchgeknallten Adelsfräulein beim British Champions Day in Ascot. Auf ihrem orangegelb gefärbten Haarschopf trug Heidi Stroh einen gewaltigen Hut, mit dem sie kaum durch die Wagentüre passte, dazu kamen Netzstrümpfe, Stöckelschuhe und eine Straußenboa um die Schultern. Es war ein Zirkusauftritt. Ihr Gesicht war derart überschminkt, dass wir zweimal fragen mussten, ob sie wirklich die Bewerberin aus Rom sei. Schon beim Weg zu unserem VW-Bus tauschte ich Blicke mit Ula, die ebenso entsetzt war wie ich. Wir fuhren Heidi Stroh zu dem Ulmer Hotel, das wir für sie gebucht hatten. Während sie zu ihrem Zimmer gebracht wurde, hatte ich Zeit, mich mit Ula zu beraten. Wir waren sicher, dass beide Seiten sich getäuscht hatten, sowohl wir bei unserer Einschätzung aufgrund des Agenturfotos als auch Heidi, die sich unter deutschem Film offenbar eine Mischung aus UFA und den Cinecittà-Studios in Rom vorgestellt haben mag. Also kamen wir zu dem Entschluss, offen mit ihr zu sein und gleich abzusagen.

Es dauerte nicht lange, bis Heidi Stroh wieder in der Hotelhalle erschien. Wir baten sie, Platz zu nehmen, und erklärten ihr, dass sie leider nicht der Rolle entspreche. Sie solle das nicht persönlich nehmen, denn es sei nun einmal so, dass ein Regisseur ein bestimmtes Bild im Kopf trage. Wir bedankten uns bei ihr, dass sie den weiten Weg auf sich genommen habe, und machten den Vorschlag, sie noch zu einem gemütlichen Abendessen einzuladen, da es heute von Ulm aus keine Möglichkeit zur Rückreise nach Rom gebe. Mit ein paar unterdrückten Tränen verabschiedete sie sich dann.

Als ich am Abend mit Ula zum Hotel zurückkam, wartete da eine junge Frau auf uns, die wir nicht wiedererkannten. Die Schminke war abgewaschen, die Haarteile entfernt, sie saß da in Jeans und Strickjäckchen, kumpelhaft lachend, sie war wieder ein Mensch. Auch ihre affektierte Aussprache hatte sie abgelegt, und sie bewegte sich locker. Während des Essens beteiligte sie sich am Gespräch und ließ freimütig erkennen, dass sie seit Jahren versuche, im Showgeschäft ihr Glück zu finden, dass ihr das allerdings immer wieder misslungen sei, wie man auch heute gesehen habe. Als wir sie zum Hotel zurückgebracht hatten, beriet ich mich noch einmal mit Ula. Sollten wir die Probeaufnahmen nach dieser Wandlung nicht doch versuchen?

Ich habe die Rolle schließlich mit Heidi Stroh besetzt. Niemand weiß, wie die Entscheidung ausgefallen wäre, wenn sie nicht in diesem verrückten Aufzug angekommen wäre. Heute muss man sagen, es ist gut gegangen. Besetzungsentscheidungen waren in meinem Leben immer spontan, unerklärbar und oft schicksalhaft. Die Dreharbeiten nach Hamburg zu verlegen, erwies sich ebenfalls als richtig, denn der Film konnte in einer Atmosphäre entstehen, die eine Zäsur zwischen Filmarbeit und Privatleben schuf. Thomas Mauch führte jetzt die Kamera allein. MAHLZEITEN wurde damit sein Debüt als Chefkameramann. Die gemeinsamen Erfahrungen im Industriefilm sind noch deutlich am Bildstil abzulesen. Mauch verwendete die gleichen Objektive und Perspektiven mit extremen Naheinstellungen, rasenden Fahrten und vielen Schnitten. Mit den Methoden des experimentellen Industriefilms entstand ein experimenteller Spielfilm, der sein Sujet eher analysiert, als dass er es «erzählt». Unsere Maxime, niemals sentimental zu werden, verhinderte bewusst das lineare Erzählen. Das Team bestand aus nicht mehr als sieben Personen, die alle Bereiche abdeckten. Wenn ich an die heute üblichen Drehteams von fünfzig oder mehr Personen denke, sehne ich mich oft nach dieser Arbeitsweise zurück, bei der jeder sich für den ganzen Film verantwortlich fühlte. Ula Stöckl war meine unermüdliche Regieassistentin, sie trug wesentlich dazu bei, dass die Zusammenarbeit so gut funktionierte.

Am ersten Drehtag, Ende März 66, hatte noch Schnee auf den Büschen am Alsterufer gelegen. Als wir von Hamburg abreisten, war es Sommer geworden. Jeder Drehtag war eine Suche nach dem Geheimnis der Elisabeth in Szenen und Situationen, in denen die Protagonistin sich und ihre Glücksvisionen entfaltet. Das schreckliche Ende von Rolf hatten wir für die letzten Drehtage aufgehoben: die Selbstmordszene im Volkswagen. Sie wollte ich in der Nähe von Ulm drehen, dort, wo sich tatsächlich das Drama mit dem Studenten der hfg abgespielt hatte. Georg Hauke, unser Darsteller des Rolf, bangte tagelang dieser Szene entgegen. Er quälte sich mit der Frage, welche Gefühle oder welche Art der Verzweiflung er da eigentlich darzustellen habe. Wir hatten uns von zwei forensischen Medizinern und einem Polizeipsychologen beraten lassen. Das Ergebnis brachte uns in der Frage der Darstellung aber kaum weiter. Die Experten, die wir befragten, betrachteten immer nur die Kausalität der äußeren Fakten. Wir aber suchten den Zugang zum lebensbedrohenden Gemütszustand der Figur, den der Schauspieler nachempfinden sollte. Deswegen machte ich Georg Hauke den Vorschlag, nicht zu «spielen», sondern «es» einfach zu machen. «Du bekommst eine Schnapsflasche», sagte ich, «und eine Handvoll Bonbons, die wie Schlaftabletten aussehen, und einen Fahrradschlauch. Damit machst du der Reihe nach alles, was der Polizist uns gesagt hat. Wir drehen ohne weitere Regieanweisung. Es wird dir nichts passieren, denn wir beobachten jeden deiner Schritte und passen auf dich auf. Versuche nichts ‹darzustellen›, versuche nicht, etwas ‹auszudrücken›. Mach es einfach.»

Wir drehten eine halbe Stunde. Dann war die schreckliche Szene «im Kasten». Die Polizisten, die den Toten finden sollten, sind die echten Polizeibeamten, die uns beraten hatten. Sie spielten ihre Routine nach, bargen den «Leichnam» und untersuchten dann den Tatort nach Vorschrift.

Wir beschlossen, das Ende der Dreharbeiten und damit den Abschied von den liebgewonnenen Mitarbeitern und Darstellern gebührend zu feiern. An einem wundervollen Sommertag trafen wir uns auf dem Allgäuer Landsitz unseres Ulmer Hochschulrektors Otl

Aicher. Aicher hatte dazu das ganze Team in sein Paradies, den sogenannten «Roten Hof» in Rotis, eingeladen. Eine allerletzte Szene mit Elisabeth hatte ich mir noch für diesen besonderen Ort aufgespart. Es ist die Szene, in der Elisabeth ihrem Sohn Michael anhand von Wiesenblumen die Fortpflanzung erklärt. Die Sexualaufklärung à la Elisabeth amüsierte auch unsere Gastgeber, die sich mit ihrem wunderbaren Württemberger Wein revanchierten. Aus dem Prosit auf die letzte Klappe entwickelte sich schnell eine stimmungsvolle Sommernachtsparty.

Danach brachen wir gemeinsam in einem Konvoi von etwa zehn Fahrzeugen zu unserem Hotel nach Leutkirch auf. Den Anfang machte unser Oberbeleuchter mit seinem Kleintransporter. Er fuhr, der ausgelassenen Stimmung entsprechend, ziemlich schnell. Wir anderen folgten auf der engen, kurvenreichen Nebenstraße, die am Waldrand entlang und dann durch Wiesen führte. Plötzlich geriet der Lichtwagen ins Schleudern, überschlug sich und landete in einer Wiesenmulde. Der nachfolgende Fahrer bremste scharf. Der dritte Wagen fuhr auf den zweiten auf. Jeder der nächsten Fahrer versuchte, noch zum Stehen zu kommen, was aber den meisten misslang. Innerhalb weniger Sekunden knallten sieben oder acht Autos in- und aufeinander.

Die Erinnerung an diesen Moment ist akustisch, eine Mischung aus Blech-und Schleudergeräuschen, zerberstendem Glas, aufheulenden und abrupt verstummenden Motoren. Der letzte Wagen, der auf mein Auto aufprallte, ein frisierter Lancia, gehörte unserem Tonmeister. Unter der völlig verbeulten Kühlerhaube schrie ein italienisches Signalhorn so schrill, dass es weit in die Landschaft tönte. Diese Fanfare war nicht abzustellen. Während die Kollegen von der Technik losrannten, um den Oberbeleuchter aus dem umgekippten Transporter zu ziehen, versuchten wir, das Signalhorn zum Schweigen zu bringen, denn es schoss uns auf einmal allen in den Sinn, dass wir viel zu viel Wein getrunken hatten und dass die Polizei auf keinen Fall auf uns aufmerksam werden durfte. Das schreiende Signalhorn bedrohte uns alle. Als es endlich schwieg – jemandem war es gelungen, die Batterie abzuklemmen –, standen da zehn schwer beschädigte Autos und ein

Dutzend betrunkene Filmleute, die nicht fassen konnten, dass keiner von ihnen verletzt war. Ich rief die Namen, einer nach dem anderen gab Antwort, keiner fehlte.

So unglaublich dieses Drehende war, es ist uns gelungen, auch noch straflos davonzukommen. Mit einem oder zwei Wagen, die notdürftig wieder fahrbereit gemacht wurden, schaffte es der Aufnahmeleiter, alle noch vor Tagesanbruch zum Hotel zu bringen. Dort verzog man sich schnell und ungeläutert ins Bett. Erst gegen Mittag und ausgenüchtert wagten wir uns aus den Zimmern. Am Unfallort hatte die Polizei schon den Abschleppdienst geholt und die Räumung der Straße veranlasst. Es war eine Meisterleistung des Aufnahmeleiters, den Polizisten die Zerstörung von Autos und Teilen der Wiese als Spezialeffekt für einen Film zu verkaufen. Filmaufnahmen in ländlicher Umgebung waren zu dieser Zeit noch selten und fanden respektvolle Unterstützung durch die Polizisten. Frisch gewaschen und freundlich nickend stand das Team dabei. Alle Spuren von Alkohol hatten unsere Körper und Seelen inzwischen verlassen.

50 Zweimal Venedig und zurück

Wieder in München, begann ich sofort mit dem Filmschnitt. Ich wollte ja den mit Kluge vereinbarten Doppelstart unserer beiden «Ulmer Filme» schaffen. Da meine vertraute Schnittmeisterin Beate Mainka noch mit dem Schnitt von Kluges Film befasst war, engagierte ich Anni Giese, die ich aus der Zeit von KOMMUNIKATION kannte. Bevor wir aber den Rohschnitt fertiggestellt hatten, erreichte mich eine Welle von Pressemeldungen, dass Kluges Film bereits zu den Filmfestspielen von Venedig eingeladen worden war. Kluge hatte mir nicht gesagt, dass ABSCHIED VON GESTERN ausgewählt worden war, Deutschland im internationalen Wettbewerb zu vertreten. Wie ich erfuhr, hatte Kluge auch schon einen Verleihvertrag mit der Constantin-Film geschlossen. Kluges Schwester, von uns bei den Dreharbeiten liebevoll mit Karen und von Kluge selbst nur mit «Biene» angesprochen, hieß jetzt Alexandra. Diesen Namenswechsel hatten sich die Werbeleute der Constantin-Film ausgedacht, um das Brüderchen-und-Schwesterchen-Image zu nutzen. «Alexandra Kluge in Alexander Kluges Film» war eine Formel, die funktionierte und hundertfach aufgegriffen wurde. Bekanntlich endete das Festival in Venedig mit einem großen Erfolg. Der Silberne Löwe für die beste Regie machte ABSCHIED VON GESTERN zum Favoriten der Kinosaison.

MAHLZEITEN konnte nun nur noch die Nummer zwei der Ulmer Filme sein, denn mir fehlte genau die Zeit, die ich an Kluges Seite als Kameramann verbracht hatte. Vor mir lagen Monate der Neuorientierung. Ich vertiefte mich wieder in die Figur der Elisabeth, indem ich versuchte, viele Details zu ihrem Porträt hinzuzufügen. Ich stellte Überlegungen an, aus dem Film einen Mehrteiler zu machen, aber das Budget war längst erschöpft. So kam es, dass ich mit Heidi Stroh und anderen Darstellern eine Sammlung von weiteren Filmszenen in der Ulmer Hochschule als Übungsfilme und «Fußnoten zu MAHLZEITEN» realisierte, die allmählich zu einem Parallelfilm heranwuchsen.

Durch Kluges Vorpreschen war MAHLZEITEN in eine Krise geraten. Ich konnte mir nicht mehr vorstellen, dass der Film in das übliche Kinoformat zu zwingen sei. Heute habe ich den Eindruck, dass mein Interesse am epischen Erzählen sich damals schon zu Wort gemeldet hat. Ich trug mich sogar mit dem Plan, einen Roman aus dem MAHLZEITEN-Stoff zu machen, und schrieb Entwürfe dazu. Es schien, dass alles, was ich unternahm, um die Krise zu überwinden, mich vom Kino entfernte. Erst mit der Hilfe von Beate Mainka mäßigte sich mein Erzählzwang. Sie straffte den Ablauf und schaffte es, dass noch vor Jahresende eine gute Kinofassung vorlag.

Noch bevor es die ersten Sichtungen des Films im Freundeskreis gab, erhielt er das Prädikat «Besonders wertvoll». Das gab mir den Mut, die Constantin-Film um einen Vorführtermin zu bitten. Im Januar 1967 kam es zu Verhandlungen mit dem Verleih, der sich nach der Vorführung überraschend schnell für MAHLZEITEN entschied. Bei Diskussionen über ein Konzept für die Kinoeinsätze entstand die

Idee, zu MAHLZEITEN eigens einen passenden Kurzfilm in Auftrag zu geben. Auf diese Weise sollte das Publikum auf das Thema des Spielfilms vorbereitet werden. Ich griff die Idee begeistert auf und drehte innerhalb weniger Tage den Film DIE KINDER. Unser Sohn Christian, damals gerade sechs Jahre alt, und seine Sandkastenfreundin Johanna waren die Darsteller. Schauplatz war unsere Mansardenwohnung in der Schraudolphstraße. Die beiden Kinder werden gezeigt, wie sie das Heiraten und Kinderkriegen spielen, man nennt es auch Papa-und-Mama-Spiel, das eigentlich alle Kinder kennen. Wir beobachteten mit der Kamera, wie im Kinderspiel bereits Szenen und Gefühle auftauchten, die an die Handlung des Hauptfilms erinnerten. Der kleine Film ergänzte den Spielfilm auf ungewöhnliche Weise und trug sehr zu dessen Erfolg bei.

Am 21. März 1967 hatte MAHLZEITEN im Münchener Filmtheater am Lenbachplatz Premiere. Die Constantin hatte fünfhundert Gäste geladen und bot einen festlichen Empfang im Hotel Continental. Alle Darsteller, Mitarbeiter und Förderer waren anwesend. Zum ersten Mal erlebte ich, wie ein Film in der Begegnung mit dem Publikum sein Eigenleben beginnt. Bei den Gesprächen mit Premierengästen und Kollegen merkte ich, dass der Film bei jedem Zuschauer ein anderes Bild erzeugte, andere Höhepunkte hatte und andere Erinnerungen anstieß. Ich begleitete meinen Film von diesem Tag an über viele Wochen in den Kinos, oft inkognito als heimlicher Zuschauer, der sich mitten unter die Leute setzte und begierig war zu verstehen, wie Filmbilder in gefüllten Sälen oder in kleinem Rahmen wahrgenommen werden. So überwand ich meine Kinoskepsis und lernte, was es bedeutet, für das Kino und ein real anwesendes Publikum zu arbeiten.

MAHLZEITEN wurde ein bemerkenswerter Erfolg, erreichte Laufzeiten von zwölf bis fünfzehn Wochen in den Premierenkinos und lief in zahlreichen Sonderaufführungen in großen und kleinen Städten. Das war auch ein guter wirtschaftlicher Start für meine kleine Produktionsfirma. Ich konnte bald die alten Schulden meiner Eltern vollkommen tilgen und endlich mit Gertraud und den Kindern von einer größeren Wohnung träumen. Ich glaube, wir verdanken unsere

Anfangserfolge dieser Jahre einer allgemeinen Sehnsucht nach Neuem. Der Neue Deutsche Film profitierte von einem Messiaseffekt, einer Heilserwartung der Kinobranche und ihres Publikums.

Das Festival von Venedig schickte mir überraschend eine Einladung zum Wettbewerb. Ich hatte mich nicht beworben, weil ich annahm, dass ein Festival wie die Mostra von Venedig Filme nur als Weltpremiere zeigt. Die internationale Aufmerksamkeit für unsere Filme war jedoch seit ABSCHIED VON GESTERN derart gewachsen, dass MAHLZEITEN für den 28. August 1967 im Großen Saal des Festivalpalastes terminiert wurde. Ich war im Jahr zuvor als Mitglied von Kluges Team schon einmal in Venedig gewesen, hatte jedoch die Wettbewerbsgala nicht besuchen können, da ich den vorgeschriebenen Smoking nicht besaß. Für meinen eigenen Film sollte sich das ändern, und ich beschloss, mir das obligate Kleidungsstück anzuschaffen. Kurz vor der Abreise konnte ich das handgefertigte Stück bei einem Schneider in meiner Nachbarschaft abholen.

Ich fuhr in Begleitung von Gertraud im Nachtzug. Alles war vorbereitet. Wir wurden am Bahnhof Venezia Santa Lucia abgeholt und mit einem Motorboot zum Lido gebracht. Alles lief ähnlich wie im Jahr zuvor: Interviews, Fotosession, Fernsehen, Roter Teppich an der Seite von Heidi Stroh und Georg Hauke, der immerfort zu lächeln versuchte. Schließlich betraten wir unter dem Applaus der Gäste die Sala Grande mit tausend Besuchern in Abendgarderobe. Gleichzeitig lief der Film in der «Arena», einem Freilichtkino mit weiteren tausend Menschen. Danach ein Delirium von Begrüßungen, der deutsche Botschafter, Festivaldirektor Luigi Chiarini, Alberto Moravia als Jurypräsident mit Jurymitglied Susan Sontag, dann Freunde und sogenannte Freunde. Am nächsten Morgen war alles vorbei. Keine weiteren Interviews, keine Einladungen, das Festival drehte sich nicht mehr um das Programm von gestern. Meine Schauspieler waren zu einer Sightseeingtour in der Stadt unterwegs, und ich kannte niemanden. Ich wusste nicht, wie ich mit diesem Wechselbad der Festivalgefühle umgehen sollte. Sollte ich wirklich bis zum Ende, also noch die ganze Woche bleiben? Gertraud fühlte sich fremd unter den Filmleuten. Also beschlossen wir, noch am selben Tag nach Hause zu fahren.

Gegen Ende der Woche erreichten mich Eilmeldungen aus Venedig. Man habe mich überall gesucht. Ich müsse sofort zurückkehren, denn ich erhalte einen wichtigen Preis, die Auszeichnung als bestes Erstlingswerk. Meine Hauptdarsteller seien bereits anwesend. Also hieß es, den neuen Smoking wieder einzupacken und noch einmal eine Nacht im Schlafwagen zu verbringen.

In den Zeitungen konnte man lesen, dass Luis Buñuel auf dem Festival war, um seinen neuen Film BELLE DE JOUR mit Catherine Deneuve vorzustellen. Buñuel hatte verkündet, dies sei sein letzter Film, was vermutlich dazu beitrug, dass BELLE DE JOUR der große Favorit des Festivals war. Die Preisverleihung war bis in die Details vorbereitet. Ich wurde neben Buñuel gesetzt. Unsere Begleiter, Gertraud, Heidi Stroh und Georg Hauke, saßen neben Catherine Deneuve und anderen Darstellern der ausgezeichneten Filme. Ansprachen wurden gehalten, auf Italienisch, Französisch, Englisch. Es dauerte seine Zeit. Da beugte sich Buñuel zu mir und fragte, was denn von uns erwartet werde, ob wir eine Dankesrede halten müssten. Ich antwortete, ich wisse das nicht, denn ich hätte noch nie einen Preis bekommen. Buñuel sprach viel zu laut, weil er schwerhörig war. Ich versuchte zu schweigen. Er wollte nun wissen, welchen Film ich gemacht hätte. Die Antwort fiel mir schwer, nicht nur, weil mein Französisch stockte, sondern auch weil ich vor Ehrfurcht und Respekt zitterte. Buñuel war seit Jahren mein verehrtes Vorbild. Was ich an Buñuels Filmen bewunderte, waren seine nahtlosen Übergänge zwischen Realität und Traum, oder seine Erkenntnis, dass ein Filmbild immer eine Parallelwelt schafft, in der das Mögliche als real erscheint. Alles ist Phantasie und dennoch dem Leben zum Verwechseln ähnlich. Buñuels Kino ist Magie. Das alles hätte ich gern gesagt, aber mir fehlten auch dazu die Worte. Als wir auf die Bühne gerufen wurden, wünschte er mir viel Glück. Wir erhielten unsere Preise nebeneinander.

Nach der Zeremonie begegnete ich Buñuel ein weiteres Mal auf dem Weg zu einem Empfang. Der Meister war von Journalisten umlagert, die er abzuwehren versuchte. Er sprach mich grinsend an: «Alle wollen sie von mir wissen, was in dem Kästchen ist, das der Chinese in meinem Film öffnet.» Ich hatte den Film am Nachmittag gesehen und wusste, was gemeint war. Buñuel sah mich beschwörend an. «Wir werden es ihnen nicht sagen!» Ich versicherte, dass ich schweigen würde. Der alte Filou hatte mich zu seinem Komplizen gemacht, denn weder er noch ich hätten die für Journalisten passende Wahrheit gewusst.

Am nächsten Tag war das Festival tatsächlich zu Ende und die Heimfahrt keine Flucht mehr. In meinem Gepäck war die Goldene Taube von San Marco. Sie ist aus echtem Gold. Auch den Smoking hielt ich in Ehren, bis vor wenigen Jahren trug ich ihn bei festlichen Anlässen. Nach Hölderlin könnte man lästern: «Das Bleibende stiften die Schneider.»

51 Nachspiele

Die Kluft zwischen meinen persönlichen Erfahrungen und den gesellschaftlichen Ereignissen des Jahres 1967 erscheint mir aus meiner heutigen Sicht geradezu bizarr. Ich war völlig gefangen von dem Wirbel um meinen ersten Spielfilm und genoss es, wie auf einem Karussell umhergeschleudert zu werden, während draußen eine Jugendrevolte ausbrach und die gemächliche bürgerliche Welt mit dem Tod von Konrad Adenauer zu Ende ging. Mit der Hippiebewegung, den Protesten gegen den Schah von Persien, dem Tod von Benno Ohnesorg oder den Stimmen der Beatles hatte ein Wandel begonnen, der mich bei meiner Arbeit an den FUSSNOTEN ZU MAHLZEITEN nur aus der Ferne erreichte. Ich entwarf mit den Ulmer Studenten immer weitere Szenen zur Protagonistin Elisabeth, es war mir nicht gelungen, den Erzählstrom einzudämmen. Vielleicht müssen wir hin und wieder die Augen vor der Welt verschließen, um herauszufinden, wer wir sind. Die filmästhetischen Diskussionen in Ulm, die Einladungen zu

Fernsehsendungen und Symposien zum Thema des Neuen Deutschen Films, die Suche nach einem Stoff für meinen zweiten Film, das war vorerst das Wichtigste für mich. Dass ich mich mitten in der Bugwelle der herannahenden 68er-Bewegung befand, bemerkte ich erst ein Jahr später.

Wenn ich den Fokus der Erinnerung auf die Zeit nach MAHLZEITEN richte, sehe ich mich bei der Beschäftigung mit wilden Experimenten. Neben den FUSSNOTEN entstanden Science-Fiction-Versuche, fragend, wie man das Leben in fernen Sternenwelten inszenieren kann. Ich versuchte, Insekten als Darsteller einer Invasion fremder Intelligenzen aus dem Weltall einzusetzen. Mit Hilfe meiner Makrotechnik, die ich Jahre zuvor beim Baumwoll-Film ausprobiert hatte, konnte ich abgerichtete Stubenfliegen als Raumschiffbesatzungen «auftreten» lassen. Meine Fliegen unterhalten sich sogar in einer eigens entwickelten Phantasiesprache miteinander. Ich machte Versuche mit Schwerelosigkeit und neuartigen Lichtquellen, um die fremde Lichtstimmung auf einem fiktiven Planeten namens «Uxmal» sichtbar zu machen. Mein neues Filmexperiment beschrieb einen Planeten, der um eine Doppelsonne kreist. Es entstanden Landschaftsbilder, an deren Himmel zwei Sonnen auf- und untergehen.

Bei meinen Studien über Raumfahrt lernte ich den Physiker Hermann Oberth kennen. Der legendäre Pionier der Raketentechnik lebte, von der Fachwelt vergessen, in der Nähe von Nürnberg. Er hatte einmal ein Raumschiff entworfen, mit dessen Hilfe es der Menschheit gelingen sollte, zu Lebensräumen in sehr fernen Galaxien aufzubrechen. Oberth entwickelte dafür ein Konzept fliegender Riesenbiotope im Innern von «Raumwalzen», die eine temporäre Heimat für ganze Auswanderergenerationen werden sollten. Ich war fasziniert von diesen Utopien und versuchte, Oberths gewaltigen Zylinder nachzubilden. Er drehte sich um seine Längsachse und erzeugte durch die Rotation auf den Innenwänden der Walze eine Ersatzschwerkraft, sodass die Erdauswanderer Siedlungen bauen und Landwirtschaft betreiben konnten, bis ihre Nachkommen eines Tages in der neuen Welt ankommen. Ich ließ in den Werkstätten der Ulmer Hochschule Modelle bauen und versuchte, das Lebensgefühl meiner Protagonisten in der Oberth'schen Raumwalze zu beschreiben. Es entstand eine filmische Utopie, die uns in Ulm monatelang begeisterte; auch Alexander Kluge und einige unserer Ulmer Schüler beteiligten sich mit Detailvorschlägen. Doch der Film blieb ein Fragment. Ein großes Hollywoodstudio wäre zur Lösung der filmischen Probleme nötig gewesen. Mein Freund Alf Brustellin versuchte noch eine Rohschnittfassung, die aber auch nie fertig wurde. Es blieb nur eine Faszination. Kluges Filme und seine späteren Bücher spiegeln diese Passion für ferne Galaxien auch heute noch wieder.

Im Oktober kam es nach Venedig zu einer weiteren Begegnung mit der internationalen Filmkunst. Ich war als Jurymitglied der Filmwoche Mannheim berufen worden, deren Präsident Josef von Sternberg war. Der legendäre Regisseur des BLAUEN ENGEL hatte gerade seine Autobiographie veröffentlicht, was wohl der Hauptgrund seines Aufenthaltes in Deutschland war. Wenn ich mich nicht täusche, war dies sogar sein erster Aufenthalt in Deutschland seit den Dreharbeiten bei der UFA im Jahre 1930. Die Jury bestand aus sechs weiteren Regisseuren, die alle meiner Generation angehörten, darunter Dušan Makavejev aus Belgrad, Kazimierz Kutz aus Warschau oder Gianni Amico aus Rom. Sternberg hatte einen sehr forschen Umgangston mit uns Jungen. Er behauptete zum Beispiel, dass man einen guten Film nach spätestens zehn Minuten erkennen könne. Deswegen ließ er in den Juryvorführungen die Projektion oft nach kurzer Laufzeit abbrechen oder verließ den Vorführraum, wenn wir Jungen aus Oppositionsgeist oder der Gerechtigkeit zuliebe darauf bestanden, einen Film zu Ende zu sehen. Leider behielt der alte Meister aber recht, kein Film hatte Bestand, der uns nicht in den ersten Minuten gefesselt hatte.

Das Festival zeigte, dass sich in diesem Jahr überall in der Welt eine schwindelerregende Aufbruchsstimmung gebildet hatte. Die Filme, die wir sahen, fügten sich in den großen Strom einer brandneuen Filmgeschichte. Der Autorenfilm hatte die Welt erobert. Sternberg kannte den Ausdruck «Autorenkino» natürlich noch nicht, obwohl er seine Rolle als Regisseur immer im Sinne des Autorenfilms verstanden hatte.

Das zeigte sich auch bei den Entscheidungen der Jury, die einstimmig erfolgten, weil die künstlerische Qualität unser aller Anliegen war.

Meine Ulmer Freunde hatten sich für das Mannheimer Filmfestival eine Presseaktion ausgedacht, die sechs Jahre nach Oberhausen noch einmal an den «Rütlischwur» unserer Generation von 1962 erinnern sollte. Es wurde eine «Mannheimer Erklärung» verlesen, die eine lange Diskussion im traditionellen Restaurant «Holzkistl» auslöste. Es ging um das neue Filmförderungsgesetz, das nach den Plänen der Politiker und der Funktionäre der Filmwirtschaft eine reine Wirtschaftsförderung werden sollte. Unser Protest richtete sich gegen die Unterwerfung der schöpferischen Phantasie unter die Ökonomie. Immerhin brachten wir von Sternberg dazu, unseren Protest mitzuunterzeichnen. Die beiden Preisträgerfilme, die wir mit ihm ausgewählt hatten, sind mir lebhaft in Erinnerung geblieben: DAVID HOLZMAN'S DIARY von James McBride aus New York und KRISTORE ROKY (Das Christusalter) von Juraj Jakubisko aus Bratislava. Beide Filme beschreiben unsere Aufbruchsgefühle dieses Jahres.

Wenige Tage nach dem Festival besuchte mich Josef von Sternberg in meinem Münchener Zuhause. Er kam in Begleitung seiner Tochter und brachte mir ein signiertes Exemplar seiner Lebenserinnerungen mit. Er hatte sich inzwischen MAHLZEITEN angesehen und sagte schöne Dinge über den Film, die ich mit stolzem Lächeln anhörte. Er lernte auch Gertraud kennen und unsere beiden Kinder. Ich erzählte ihm, dass wir gerade dabei seien, in eine größere Wohnung umzuziehen, die ich mir nach Jahren der Bescheidenheit endlich leisten konnte. Sternberg meinte, ich solle mich an diesen Zustand, über etwas Geld zu verfügen, nicht gewöhnen. Ein Regisseur müsse immer damit rechnen, dass er alles wieder verliert. Jeder Film sei der erste Film, und man könne nie sicher sein, dass es nicht der letzte sei. Sternberg erzählte uns von den vielen Auf- und Abwärtsbewegungen seines Lebens. Er starb wenige Monate später, von der amerikanischen Filmwelt vergessen, in New York. Kein Verehrer war in Sicht, der sich um sein Lebenswerk gekümmert hätte.

Das Experimentalfilm-Festival im belgischen Seebadeort Knokke veränderte schließlich noch einmal meinen Blick. Ich wurde auch hier als Jurymitglied eingeladen. Schon allein der Termin des Festivals war eine Provokation: Es begann am 23. Dezember, ignorierte alle heiligen Feiertage der Welt und endete erst am 2. Januar, ohne sich um den Jahreswechsel zu kümmern. Der Titel des Festivals, «Exprmntl 4», erinnerte mich an meine Zeit bei Herrn Handwerk und die Industriefilmjahre, in denen das Experimentieren eine Generationspflicht zu sein schien. Ich hatte meine FUSSNOTEN ZU MAHLZEITEN im Gepäck. Zum ersten Mal war ich Weihnachten nicht bei der Familie, zum ersten Mal begegnete ich einer Filmgattung, die mein gesamtes Verständnis von Filmkunst erschütterte: dem Undergroundfilm aus den USA. Hier ging es weniger um das Filmemachen, sondern um alternative Formen des Zusammenlebens. Die Filme beschrieben sexuelle Orgien, Hippiekommunen, Drogenerfahrungen, schwule und lesbische Affären, Nächte in Trance und Nacktheit, Künstlergruppen im Farbrausch, es gab psychedelische Musik, die von indischer Folklore beeinflusst war, oder rhythmische Effekte von abstrakten Farben und Linien, Doppel- oder Dreifachbelichtungen, Pornographie. Alles war möglich, auch die Fehler wie Unterbelichtungen, Laufschrammen, Wackelkamera und Zufallsschnitte wurden zelebriert und als Kunst ausgegeben.

Die Atmosphäre dieses Festivals ergriff mich wie eine fiebrige Krankheit. Einerseits wurde die Neugier durch die vielen Tabubrüche geweckt, andererseits stieß mich der krasse Subjektivismus der meisten Filme ab. Das berühmte Casinogebäude von Knokke mit den surrealistischen Fresken von René Magritte war überfüllt mit Filmemachern und Gästen aus aller Welt. Im Foyer zeigte Yoko Ono einen Film mit nackten Hinterteilen und sich selbst nackt unter einem transparenten Plastikzelt. Mein Film FUSSNOTEN, der in einer Porträtreihe der Jurymitglieder lief, ist in der aufgeheizten Diskussionswut der Festivalbesucher untergegangen. Die Jurysitzungen waren geprägt von Ratlosigkeit, Empörung, Weissagungen über Karrieren und Protest. Meine Kolleginnen und Kollegen in der Jury waren Shirley Clarke aus New York, Věra Chytilová aus Prag und der polnische Filmemacher

Walerian Borowczyk, der mit einer Begleiterin aus Paris angereist war, die sich als Pornodarstellerin vorstellte. Aus Deutschland traten Filmemacher auf, deren Namen ich zum ersten Mal hörte und die sich von uns Oberhausenern bewusst absetzten: Lutz Mommartz, Hellmuth Costard, Werner Nekes. Wenn ich mich recht erinnere, tauchte in Knokke auch das Wort Filmemacher zum ersten Mal auf. Es klang in meinen Ohren wie Schuhmacher, Uhrmacher, also wie ein ehrliches Handwerk. War es nicht genau der Beruf, der mir in die Wiege gelegt worden war? Das Festival warf alle Begriffe und festgefügten Vorstellungen von Film, Filmkunst, Kino, Filmwirtschaft, Filmpolitik über den Haufen.

Am Ende gab es eine Großveranstaltung, auf der die Preise vergeben werden sollten. Während die üblichen Begründungen und Laudationes vorgetragen wurden, drang eine Gruppe nackter Hippies in den Saal und nahm auf der Bühne Aufstellung. Die Männer und Frauen winkten mit Blumen und verkündeten das Ende aller Wettbewerbe. Doch kaum dass diese Demonstration sich richtig formiert hatte, drang die nächste Protestgruppe in den Saal, diesmal mit roten Fahnen und der Parole «Révolution Culturelle» und dem Ruf «Ho-ho-ho-Chi-Minh!». In einer dritten Protestgruppe, angeführt vom späteren Filmemacher Harun Farocki und dem Filmstudenten Holger Meins, der später Mitglied der RAF werden sollte, erkannte ich eine Reihe meiner Ulmer Studenten, darunter der Radikalste von ihnen, Oimel Mai. Sie brandmarkten die «inhaltslosen Kameraübungen» als Ausdruck der «amerikanischen Cine-Aggression». Das Festival explodierte förmlich in einer Wolke von Sprechblasen und revolutionären Terminologien.

Nach Knokke war nichts mehr wie vorher. Man kann das Festival und seine Auswirkungen sicher sehr verschieden deuten. Zwar sind nur wenige Autoren der neuen internationalen Spielfilmwelle in Knokke gewesen. Doch in den folgenden Jahren verwandelten sich auch die großen etablierten Festivals wie Cannes, Venedig und Berlin in solche Hexenkessel von Widersprüchen und Begriffsbombardements. Das Jahr 1968, das für mich in Knokke begonnen hatte, stellte alles in Frage, was wir seit Oberhausen aufgebaut hatten. Auch unser

Ulmer Institut, das wir gern als Raumschiff, als Arche Noah oder als Labor des deutschen Films bezeichnet hatten, hielt diesem Ansturm nicht stand.

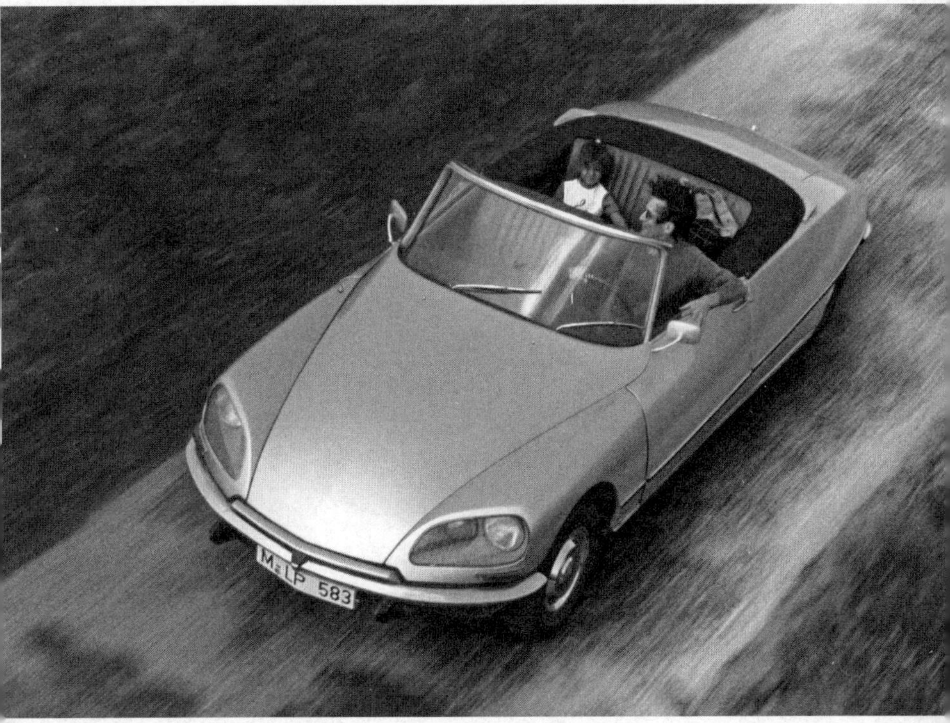

FÜNFTER TEIL

Vom Leugnen und Begründen

52 Ulm macht Schule

In München-Englschalking entstand zu dieser Zeit eine Siedlung von Wohnmaschinen mit umlaufenden Terrassen und vielen Stockwerken. Ich nahm Kontakt mit dem zuständigen Architekturbüro auf und lernte Ernst Barth kennen, einen der wichtigsten Architekten des Nachkriegs-München, der mit uns den Traum vom neuen Wohnen realisierte, auf zweihundertvierzig Quadratmetern im neunten Stock und mit ineinanderfließenden Räumen. Was wir uns in diesen Monaten leisteten, war – als Antwort auf Jahre der Improvisation – das neue «Ulmer Wohngefühl». Immer wieder besuchte ich mit Gertraud und den Kindern die Baustelle, wir schauten in den Möbelgeschäften und Designerläden nach passender Einrichtung. Natürlich sollte auch die Inneneinrichtung vom Ulmer Designstil bestimmt werden. Die vorherrschenden Farben waren Hellgrau, Taubenblau und Weiß. Wir ließen Einbaumöbel anfertigen, mit denen die Wohnbereiche von den Arbeits- und Schlafbereichen getrennt wurden. Endlich hatte jedes Kind sein Zimmer mit eigenem Bad, und endlich hatten wir Platz für Gäste.

Einer Legende zufolge gibt es nichts, das eine Beziehung so gefährdet wie der Umzug in ein neues Haus. Dies bewahrheitete sich schon wenige Monate nach dem Familienumzug in die Wohnung am Cosimapark. Gertraud hatte eines Tages durch eine Bekannte von meinem Liebesverhältnis mit Ula Stöckl erfahren. Das Absurde an der Trennungskrise ist, dass ihr Anlass, die Liebesgeschichte zwischen Ula und mir, längst ihrem Ende entgegenging. Gertraud und ich beschlossen, unser Familienleben so lange aufrechtzuerhalten, wie die Kinder uns brauchten.

Die Familienwohnung hatte sich bald zum Schnittpunkt der unterschiedlichsten Interessen und Aktivitäten entwickelt. Da waren die Freunde von Susanne, die inzwischen im Teenageralter war und sich für politisierte Schülergruppen interessierte, Christians Freunde aus der neuen und alten Schule, die Kommilitonen von Gertraud, die sich entschlossen hatte, an der Münchener Universität Psychologie zu studieren, alles junge Leute, die sich freuen konnten, für ihre Treffen einen Ort außerhalb der Enge ihrer Studentenzimmer gefunden zu haben. Es wurde gefeiert, gekifft, diskutiert, wie es seit 68 überall üblich geworden war. Wenn ich von einer Reise nach Hause kam, sah ich mich oft unbekannten Leuten gegenüber, die keine Notiz von mir nahmen oder mich als störenden Eindringling behandelten. Ich war ein Fremder in meiner eigenen Wohnung geworden und froh, dass ich die alte kleine Mansardenwohnung nicht gekündigt hatte. Dorthin konnte ich mich zurückziehen, wenn mir das Leben in der Familienwohnung zu bunt wurde.

Ich befand mich in dieser Zeit auch auf dem Rückzug von der Ulmer Schule. Ich brachte meinen Schneidetisch, meine Kamera und die Ulmer Möbel nach München und richtete mich in der alten Mansarde ein. Ich sah nur wenige Leute, hatte das Gefühl, keine Freunde zu haben, und bezeichnete mich in einer Tagebuchnotiz als «allseits reduzierter Rucksackproduzent», der neben seinem Schneidetisch schläft.

Den Idealen der Achtundsechziger stand das Konzept vom Autorenkino, dessen Anhänger ich seit Oberhausen war, im Wege. Unter den jungen Revoluzzern hieß es, der Film müsse sich, ebenso wie alle anderen Künste, in den Prozess des gesellschaftlichen Fortschritts aktiv einbringen. Der Autorenfilm galt deswegen als romantischer Eskapismus, für die Revolution unbrauchbar.

In Frankreich, wo man den Begriff «Cinéma des auteurs» erfunden hatte, war es zu großen Straßenschlachten gekommen, an denen sich die Filmemacher beteiligten. Godard hatte sich an die Spitze der Nouvelle Vague gestellt und versucht, die Revolution in die Kinos zu verlagern. War das nicht ein Aufbruchssignal, gerade für uns Autorenfilmer? Eigentlich wäre die Ulmer Schule in diesem historischen Moment genau das richtige Zentrum gewesen, um eine glaubwürdige

Rollenverteilung zwischen den Generationen zu entwickeln. Vor allem hätten wir ergründen müssen, ob zwischen dem, was die Jungen unter *Revolution* verstanden, und dem, was die Autorenfilmer als Kunst definierten, Verbindungen möglich sind. Stattdessen erfasste uns eine lähmende Ratlosigkeit. Mit seinem Film ARTISTEN IN DER ZIRKUSKUPPEL: RATLOS beschrieb Kluge diese Schockstarre der Oberhausener im Jahre 1968.

Unsere Tochter Susanne, die damals zwölf Jahre alt war, besuchte das Münchener Luisengymnasium, eine konservative Mädchenschule, in der einige jüngere Lehrer den Geist der Zeit geatmet hatten. Susannes Deutschlehrerin war eine von ihnen. Sie hatte im Unterricht pflichtgemäß die Storm-Novelle «Der Schimmelreiter» durchgenommen. Als eine der Schülerinnen erwähnte, dass es eine Verfilmung der Novelle gebe, wurde der Film besorgt und gemeinsam mit der zuständigen Kunsterzieherin vorgeführt. Natürlich bemerkten die Mädchen die Darstellungsunterschiede in Film und Novelle und fragten, wie ein Filmemacher sich vom Text entfernt und zu den Bildern gelangt. Die Deutschlehrerin, die sich überfordert fühlte, ließ mir durch Susanne ausrichten, ob ich nicht Lust hätte, einmal in der Schule über das Verhältnis von Literatur und Film zu sprechen. Es kam zu einem Treffen, bei dem ich schon bald spürte, dass eine neue Anwendung der Ulmer Filmdidaktik auf Entdeckung wartete. Sechs Jahre lang hatte ich in Ulm professionellen Nachwuchs unterrichtet. Wenn die Kinematographie tatsächlich eine neue Weltsprache war, wie ich in Ulm behauptet hatte, dann wäre es höchste Zeit, einen exemplarischen Versuch in den Schulen zu starten. Ich könnte den Schülerinnen eines normalen Gymnasiums durch Filmunterricht die Augen für unsere Kunst öffnen. Mir fiel ein Zitat des großen Filmtheoretikers Béla Balázs ein, der schon in den 1920er Jahren festgestellt hatte, solange Film nicht an der Schule gelehrt würde, nähmen wir die wichtigste Revolution der menschlichen Bildung nicht zur Kenntnis. Das war doch ein Auftrag, der in die Zeit passte!

Ich fing an, eine Utopie des Autorenfilms für Kinder zu entwickeln.

Wenn Film schon in den Schulen gelehrt würde, dann könnte er in Zukunft neben Literatur und Musik jedem Menschen zur Verfügung stehen. Endlich wäre der Film nicht mehr nur ein Massenunterhaltungsmittel in den Händen des Kapitals, sondern eine Ausdrucksform für jeden, der das Talent dazu hat und die Grundkenntnisse, die Filmtechnik zu benutzen. Den Beweis in einer Mädchenklasse anzutreten, erschien mir zusätzlich verlockend, da nebenbei noch die Geschlechtervorurteile überwunden würden.

In letzter Zeit hatten einige Experimentalfilmer in Hamburg den Super-8-Film entdeckt. Hellmuth Costard, den ich in Knokke kennengelernt hatte, machte erfolgreiche Versuche mit diesen Amateurgeräten. Ich stellte mit der Deutschlehrerin Überlegungen an, wie man den Filmunterricht mit Hilfe der Super-8-Technik zu einem praktischen Versuch ausweiten könnte, der über den Einzelfall hinausgeht. Ich schlug vor, nicht nur in die Sprache und Ausdrucksmöglichkeiten des Films einzuführen, sondern darüber hinaus jeder der Schülerinnen die Möglichkeit zu bieten, einen eigenen Film nach eigenem Thema zu drehen. Angetrieben vom Achtundsechziger-Idealismus und von dem Gedanken, meine Ulmer Jahre mit diesem Projekt zu krönen, stürzte ich mich in die Produktionslogistik.

Natürlich konnte die Schule einen Versuch, wie ich ihn vorschlug, nicht bezahlen. Auch bei den zuständigen Ministerien bestand keine Aussicht auf Unterstützung. Wir konnten froh sein, wenn unser Versuch von den Behörden überhaupt geduldet würde. Wichtig war, die Eltern zu gewinnen, denn ihr Widerstand hätte alles vereitelt. Also wurde eine Elternversammlung einberufen, auf der ich das Projekt vorstellte. Die einzige Sorge der Eltern bestand darin, dass ihre Töchter durch den Film von den Hauptfächern wie Mathematik und Latein abgelenkt würden.

Unter dem Briefkopf der Ulmer Hochschule warb ich bei der Geräteindustrie für unser Projekt. Ich brauchte immerhin sechsundzwanzig Super-8-Kameras mit Zubehör und Filmmaterial. Die Resonanz war unterschiedlich, aber schließlich hatte ich Erfolg bei Nizo, einer Marke der Elektronikfirma Braun. Rohfilmmaterial spendeten Firmen wie Agfa und Kodak. Ein Spezialkopierwerk in Stuttgart sponserte die Entwicklung der Filme. Es gab ein technisches Problem, das die damalige Amateurgeräteindustrie noch nicht gelöst hatte: die Aufnahme von synchronem O-Ton. Wenn man die kleinen Geräte einschaltete, erzeugten sie ein hässliches Geräusch, das die Tonaufnahme empfindlich störte. Es gab aber inzwischen den von Hellmuth Costard und Werner Grassmann entwickelten «Super-8-Blimp», ein giftgrünes Schallschutzgehäuse für die Kamera, das wir uns sofort von den Hamburger Freunden besorgten.

Ein weiteres Problem war, dass es für Super-8-Filme keine Schneidetische gab. Ich musste also ein Schnittgerät entwickeln, das die Schülerinnen bedienen konnten. Mit der Konstruktion beauftragte ich eine Münchener Firma. So waren wir nach kurzer Zeit zu Pionieren der professionellen Verwendung des Super-8-Films geworden. Das sprach sich auch bei anderen Filmemachern herum, und es kam zu begeistertem Austausch. Um die eigentliche Filmarbeit mit den Schülerinnen zu finanzieren, wendete ich mich an das Fernsehen. Der Bayerische Rundfunk zeigte Interesse an einer Dokumentation des Unterrichtsversuches. Nachdem ich ein Drehbuch zu einem Dokumentarfilm geschrieben hatte, war das Studienprogramm des Bayerischen Rundfunks schließlich bereit, einen Auftrag zu erteilen, mit dessen Budget wir auch das Unterrichtsprojekt bezahlen konnten.

Vom ersten Gespräch mit Susannes Deutschlehrerin bis zum Beginn des Unterrichtsversuches waren knapp drei Monate vergangen. Das Projekt hatte sich aus eigener Kraft entfaltet und war so einleuchtend, dass es alle Widerstände überwand. Als ich mit meinem Tross, bestehend aus zwei Fernsehteams für die Dokumentation, zwei Dutzend fabrikneuer Super-8-Kameras, Zubehör wie Stative, Lampen und Filmmaterial, in der Klasse auftauchte, verwandelte sich das Klassenzimmer im Nu in ein kleines Filmstudio. Über die Arbeit mit den Schülerinnen, über die Beteiligung der Lehrer und der Schulleitung ist in der Folgezeit auch in der Presse ausführlich berichtet worden. Nach sechs Wochen waren über zwanzig kleine Filme entstanden. Die Mädchen hatten ihre eigenen Themen entwickelt und in ganz unterschiedlicher Weise verfilmt. Es gab Titel wie STARS VON MORGEN, DER ZAUBER DER KIRKE, REITEN IST SCHÖN, WÜNSCHE, DIE POLIZEI, ALTE LEUTE SCHIMPFEN, DIE EITELKEIT DES MANNES. Einige Filme waren kleine Spielfilme, in denen Freunde und Familienmitglieder als Darsteller auftraten, andere waren klassische Dokumentationen, wieder andere lyrische Bildmontagen oder Experimentalfilme. Unsere Schnittmeisterin Beate Mainka hatte sich mit dem eigens konstruierten Schneidegerät vertraut gemacht, sodass sie die Schülerinnen sogar in die Geheimnisse des Filmschnitts einführen konnte.

Die Schülerinnen waren in geradezu exemplarischer Weise zu jungen Autorenfilmerinnen geworden. Der Dokumentarfilm beschreibt diese Entwicklung. Unter dem Titel FILMSTUNDE wurde er an einem Samstag im Februar 1969 zur «Primetime» des Bayerischen Fernsehens gesendet.

53 Die Legende von Karin Roon

Während der Schnittarbeiten an der Unterrichtsdokumentation erhielt ich den überraschenden Besuch von Inge Aicher-Scholl, der Mitgründerin der hfg, die mich mit ihrer Begleiterin, einer eindrucksvollen älteren Dame, bekanntmachte. Es handelte sich um die Ehefrau des mächtigen Chefs der Deutschen Bank Hermann Josef Abs. Die Bankiersgattin hatte sich während einer USA-Reise mit einer ehemaligen deutschen Opernsängerin befreundet, die sich in Amerika einen Namen mit einer populären Atemtherapie gemacht hatte. Frau Abs war also in meinem Schneideraum erschienen, wo sie mir – ohne jegliche Überleitung oder Erkundigung nach meiner Situation – mit glühenden Worten das Charisma ihrer amerikanischen Freundin beschrieb. Ihr Name sei Karin Roon, und man müsse unbedingt einen Film über sie drehen. Frau Roon sei bereits in den 1920er Jahren in Berlin ein Star als Opernsängerin gewesen, und auch heute noch sei ihr Ruhm in den USA ganz groß. Ich wurde nun ausführlich mit einer

Lebensgeschichte vertraut gemacht, die unendlich weit von den Themen entfernt lag, mit denen ich mich gerade beschäftigte. Inge Aicher-Scholl, die sich die Gunst ihrer Begleiterin erwerben wollte, gab mir immer wieder versteckte Zeichen, dass ich ihre Wünsche anhören und ein positives Gesicht dazu machen solle. Frau Abs hörte nicht auf, von Karin Roon zu schwärmen, und verkündete, es gebe fertige Drehbücher, die man nur zu verfilmen brauche. Sie käme auch für alle Kosten auf. Ich versprach, das Thema mit den Kollegen der Filmabteilung zu besprechen, gab aber zu bedenken, dass wir eine Schule und keine Produktionsfirma seien. Frau Abs überging meine Zurückhaltung und verabschiedete sich mit der Bemerkung, dass sie heute noch mit ihrer Freundin in Kalifornien telefonieren werde.

Eines Nachts, ich war inzwischen wieder nach München zurückgekehrt, riss mich das Telefon aus dem Schlaf. Ohne die geringste Ahnung, wer mich so spät noch anrufen könnte, nahm ich das Gespräch an. Es meldete sich eine fremde Frauenstimme, die sich auf Deutsch mit englischem Akzent als Karin Roon vorstellte. Sie berief sich auf Frau Abs, die ihr mitgeteilt habe, dass ich bereit sei, einen Film über die von ihr entwickelte Gymnastikmethode und Atemtechnik zu drehen. Die Anruferin, die sich von Kalifornien aus meldete, hatte offenbar den Zeitunterschied nicht bedacht und überfiel mich mit einem Schwall von Mitteilungen, Vorschlägen und Wünschen, die ich, noch vom Schlaf benommen, kaum abzuwehren vermochte. Schon wieder hatte ich es mit einer aufgeregten Person zu tun, die meine Gegenwehr einfach nicht zur Kenntnis nahm. Das Telefongespräch endete damit, dass Karin Roon ihren Besuch in Ulm ankündigte. Ich war überrumpelt und ratlos. Was konnte ich tun? Ich kannte weder die Adresse der Dame noch ihre Telefonnummer. Es blieb mir eigentlich nichts anderes übrig, als am Tage ihres angekündigten Besuches in Ulm zu sein. Ich wollte der entfesselten Opernsängerin aber nicht allein ausgesetzt sein und bat Kluge um Verstärkung.

Karin Roon kam tatsächlich nach Ulm. Sie war eine vor Aktivismus völlig überdrehte Dame im schwer schätzbaren Alter von siebzig, achtzig Jahren. Sie gönnte sich nach der Ankunft keine Pause, war, wie wir vermuten mussten, ohne Rücksicht auf Jetlag, Zeitverschiebung und Klimaschock direkt vom Münchener Flughafen mit einem Taxi zu uns nach Ulm gekommen. Sie überschüttete mich und Kluge mit ihrer Lebensgeschichte und ihren vielen Auszeichnungen, die sie als Fotokopien und Urkunden aus der Tasche zog. Außerdem legte sie einen Ordner auf den Tisch, der ihre Drehbücher enthielt. Es ging um einen von ihr erfundenen Gymnastikkurs in Dutzenden von Fortsetzungen und eine Autobiographie, in der sie erzählte, wie sie vor dem Ersten Weltkrieg zur Opernsängerin ausgebildet wurde, wie sie 1918 an der Spanischen Grippe schwer erkrankte und nur durch ihre als Sängerin erworbene Atemtechnik gerettet wurde. Sie berichtete, wie sie an dieser heilsamen Technik weitergearbeitet habe, wie sie als Jüdin zu Beginn der 1930er Jahre in die USA emigrierte und dort vielen Menschen mit ihrer Gymnastik das Leben gerettet habe. Sie hatte sich in den Kopf gesetzt, ihr Lebenswerk mit einem Film zu krönen, der ihre Methode dokumentiert. Die Freundschaft mit Frau Abs sollte ihr dazu verhelfen, dass ihr Film in Deutschland, ihrer ursprünglichen Heimat, produziert wird.

Wir hörten uns das alles geduldig an – und waren überfordert. Wir konnten einfach nicht beurteilen, ob die von Karin Roon vorgetragene Heilgymnastik als Methode ernst zu nehmen und medizinisch vertretbar war. Wir überlegten, an wen wir die alte Dame weiterreichen könnten. Vielleicht gab es ja einen Filmproduzenten, der sich durch die finanzielle Unterstützung der Bankiersgattin motivieren ließe, sich auf das Abenteuer einzulassen. Frau Roon hörte uns nicht wirklich zu, als wir ihr diese Vorschläge machten. Sie sagte, wir sollten das Gespräch am nächsten Tag weiterführen, und ließ ein Taxi rufen, um zu ihrem Ulmer Hotel zu fahren.

Am nächsten Morgen erreichte uns die Nachricht, Frau Roon sei in der Nacht in ihrem Hotelzimmer gestorben. Dies erschien uns so unbegreiflich und haarsträubend, dass wir uns fragten, ob alles, was wir mit der Dame erlebt hatten, real war. Oder hatte es Karin Roon vielleicht gar nicht gegeben? Wie wir erfuhren, hatte sie in der Nacht über den Hotelportier noch einen Notruf abgeben können, aber alle Hilfe kam zu spät. Sie hatte einen Herzinfarkt erlitten. Es war nun unsere Aufgabe herauszufinden, wer mit ihr in Verbindung stand und wer ihre Angehörigen waren, die benachrichtigt werden mussten.

Karin Roon wurde schließlich in Ulm beerdigt. Es waren viele Leute angereist, die wir nicht kannten. Im Haus von Inge Aicher-Scholl fand eine Trauerversammlung statt. Auch Frau Abs war anwesend. Natürlich wurde nun erst recht über das Filmprojekt gesprochen. Im Angesicht ihres Todes war es unmöglich, das Wunschprojekt von Karin Roon abzulehnen, und da ich ihr letzter Ansprechpartner gewesen war, blieb das Problem an mir hängen.

Ich nahm Kontakt mit dem Bayerischen Rundfunk auf. Ich erzählte dem zuständigen Redakteur die Geschichte von Karin Roon und staunte nicht wenig, als dieser sofort zusagte, die Gymnastikserie zu produzieren. Alles ging nun sehr schnell. Als Darstellerin der Gymnastiklehrerin konnte ich Petra Schürmann gewinnen, die schon vorher mit mir die unvollendeten Science-Fiction-Filme gedreht hatte. Nach der Vorstellung von Karin Roon sollte jede Übung mit einer Tierbeobachtung verbunden werden. Für diesen Zweck drehte ich ein paar Tage lang im Münchener Zoo, wobei ich versuchte, die Bewegungen von Raubkatzen, Eseln, Elefanten, Pinguinen oder Gazellen in Zeitlupenaufnahmen zu filmen. Petra Schürmann praktizierte die Gymnastik mit großem Charme vor der Kamera. Es entstand eine Reihe kleiner Filme von fünf Minuten Länge. Die Serie wurde schließlich alle zwei Tage im Nachmittagsprogramm des Bayerischen Rundfunks ausgestrahlt.

Einige Jahre später begegnete ich dem zuständigen Redakteur. Er begrüßte mich mit großem Gelächter und gratulierte mir zu der «grandiosen Erfindung der Karin-Roon-Legende». Er war überzeugt, dass es die reale Karin Roon nie gegeben hat. Er hielt die Lebensgeschichte und den Gymnastikkurs für eine Parodie auf die im Fernsehen verbreiteten Übungen für Senioren. Er hatte sich auf die Produktion eingelassen, weil er so viel Fabulierkunst nicht unbelohnt lassen wollte. Ich habe ihm nicht widersprochen und kehrte aufgeheitert zur laufenden Arbeit zurück.

Die Geschichte, wie der Kontakt zu Karin Roon zustande gekommen war, nämlich über Frau Abs, steht für mich in einem größeren Zusammenhang mit der Ulmer Hochschule, deren Existenz zu dieser Zeit gefährdet war. Ursache war der Vorwurf der Politisierung des Lehrbetriebs an der hfg. Die Frage, ob und wie sich Kunst und Politik verbinden können oder ob sie nicht vielmehr unvereinbare Gegensätze sind, war seit Jahren schon Gegenstand heftiger Diskussionen in Ulm gewesen. Dieser Streit berührte auch unsere Filmabteilung, da unser Metier die Öffentlichkeit braucht und insofern immer auch politisch ist. In den Jahren 1967/68 hatten sich unter den Studenten militante Gruppen gebildet, die in allen Abteilungen der hfg für die Politisierung agitierten. Der Lehrbetrieb kam darüber, wie in den meisten anderen Hochschulen des Landes, immer wieder zum Erliegen. Die Radikalisierung der Diskussion lieferte den Gegnern der Ulmer Schule, die es seit ihrer Gründung gab, Argumente, die öffentliche Förderung in Frage zu stellen. Vor diesem Hintergrund muss man die Bemühungen von Frau Aicher-Scholl und ihres Mannes Otl Aicher um Sponsoren sehen, mit denen sie in jenen Tagen versuchten, die hfg zu retten. Der Kontakt zu Frau Abs war wohl Teil dieses Versuchs, Hilfe aus der Kapitalwelt zu bekommen. Die Karin-Roon-Geschichte wurde hingenommen, um die Gunst der Bankiersgattin zu erwerben. In Wahrheit hatte sich Frau Aicher-Scholl verschiedene amerikanische Universitäten zum Vorbild genommen und gehofft, dass es eine vergleichbare Offenheit der Geldwirtschaft für Wissenschaft und Kunst auch in Deutschland geben könnte. Offenbar waren aber die politischen Gegensätze nicht zu überbrücken, sodass es nicht zur Rettung der hfg durch eine Großbank kam. Es dauerte nicht mehr lange, bis der baden-württembergische Landtag den laufenden Haushalt der hfg aus politischen Gründen komplett sperrte und damit die Schließung im Herbst 1968 besiegelte. Eine wichtige Periode unseres Lebens und viele Hoffnungen auf eine Renaissance der Filmkunst in Deutschland fanden damit ein Ende.

54 Revolte um Cardillac

Die neuen Ideen einer gerechteren Welt der Solidarität und des Friedens hatten mich zwar begeistert, aber ich wusste nicht, wie sie meine Unternehmungen voranbringen konnten. Überall begegnete man dem Ideal einer neuen Gesellschaft, es gab allerorten die großen Ideologiediskussionen, von denen ich einige miterlebt hatte, zum Beispiel während der Filmfestspiele in Berlin. Man atmete die revolutionären Träume regelrecht mit der Luft. Was mich besonders ansprach, war die Vision eines Künstlerlebens, das trotz seiner Kompromisslosigkeit Anerkennung findet. Das passte zu einem Filmstoff, den ich seit Monaten mit mir herumtrug, die Geschichte vom Goldschmied Cardillac. Auch hier ging es um ein Künstlerporträt, ich wollte die Isolation und die Einsamkeit im Schaffensprozess beschreiben, deren Ursache der nie endende Konkurrenzkampf mit den Kollegen ist. Endlich wollte ich erleben, dass ich gebraucht werde, so wie ein guter Handwerker gebraucht wird, weil er gute Arbeit leistet. War nicht schon mein Vater an mangelnder Achtung seines Könnens gescheitert und mit seiner Pleite ein Opfer der Konkurrenz und der Konsumindustrie geworden?

Ich wollte wieder einen richtigen Kinofilm drehen. Mein Anfangserfolg lag noch nicht lange zurück, und natürlich hoffte ich, dass es mit dem Filmemachen und den inspirierenden Publikumsgesprächen in gut besuchten Kinos weiterging. Das erste Drehbuch zu CARDILLAC hatte ich schon im Jahr zuvor in Anlehnung an E.T.A. Hoffmanns Novelle «Das Fräulein von Scuderi» geschrieben und mit Erfolg zur Förderung beim Innenministerium eingereicht. Damit war die Finanzierung im Wesentlichen gesichert. Aber das Drehbuch konzentrierte sich noch auf die Kriminalhandlung mit ausgiebigen Beschreibungen der pittoresken Motive des 17. Jahrhunderts, der Handlungszeit der Novelle. Die Hauptrolle des Goldschmieds Cardillac wollte ich mit Kirk Douglas besetzen, und der Film sollte auf den Dächern der Grachtenstadt Amsterdam spielen, wo ich mich im Herbst 67 ausgiebig umgesehen hatte. Es sollte also ursprünglich eine spannende Geschichte mit Horrorelementen werden, die in einem bizarren Labyrinth von unbekannten Winkeln einer Stadt spielt. Ich war durchaus entschlossen, das Publikum zu unterhalten. Das alles schien mir im Sommer 68 allerdings undenkbar. Es hätte mich, stellt man den intellektuellen Anspruch dieser Zeit in Rechnung, kompromittiert, wenn der Film mit Kintoppeffekten, einem Hollywood-Star und der Illusionswelt der Kostüm- und Kulissenausstattung dahergekommen wäre. Ich wollte zwar meine Kinokarriere fortsetzen und sah auch immer noch die Regisseure der Nouvelle Vague als Vorbilder, aber zugleich fühlte ich mich als Teil eines Generationsaufbruchs. Es lag ein neues Versprechen in der Luft, das Versprechen einer neuen Zugehörigkeit, eines neuen Wir-Gefühls, das einem Künstler Schutz bietet. Eigentlich wollte ich einen Film machen, mit dem ich neue Freunde fand, ich wollte zu denen gehören, die aufgrund ihrer politischen Integrität respektiert wurden.

Wenn ich mir die Situation heute vor Augen führe, wird mir klar, dass es wieder die Suche nach Zugehörigkeit war, die sich in meiner Seele rührte, eine Suche, die mich seit meinen Studienjahren begleitete: der Kutscher-Kreis, die Studiobühne, Saschas Fuchsbau-Kreis, der sich «Buben-Kreis» nannte, das Filmseminar, die Gesellschaft für bildende Filme, Insel-Film, vor allem aber das Ulmer Institut für Filmgestaltung – all diese Kreise und Gruppierungen übten eine große Anziehungskraft auf mich aus. Es war, als suchte ich permanent nach einem Ersatz für die verlassene Heimat. Ich weiß, dass dieses Wort aus meinem Mund einen versteckten Anklang an meine späteren Filme bekommt. Doch darum geht es mir hier nicht. Wenn ich heute über meine Aktivitäten in den Jahren nach 1968 spreche, spüre ich, dass ich in diesem Jahr alle gewohnten Bindungen verloren habe: Die Ulmer Schule war zu Ende gegangen, die Ehe mit Gertraud befand sich in Auflösung, die Insel-Film hatte meine Abteilung aufgegeben, Freundschaften der Aufbruchsjahre hatten sich in Konkurrenzverhältnisse verwandelt. Ich war auf der Suche nach einer neuen Verankerung, möglichst in einer fasslichen Gemeinschaft mit anderen Menschen.

Natürlich war mir dieser Gedanke nicht bewusst, aber seine Vorboten haben sich schon früh gemeldet. So höre ich mich bereits in Fuchsbau-Zeiten von «Gemeinschaftserlebnissen» schwärmen, etwa beim Theaterspiel in der Studiobühne oder bei Lyriklesungen im Kutscher-Kreis. Ich weiß noch, dass Freunde wie Sascha Kaempfe oder Dieter Roos mich mit dem Wort aufzogen. «Gemeinschaftserlebnis», das klang in ihren Ohren nach Hitlerjugend und Kameradschaftsabend. Nein, das war es nicht, was ich meinte, denn das männliche Gefolgschaftsgebaren hat mich immer abgestoßen. Vermutlich strahlte ein uraltes Hunsrücker Gefühl in meine Seele, eine unbewusste Erinnerung an das gemeinsame Arbeiten, wie es noch das Leben der Großeltern geprägt hatte. Wenn ich an das Wort «Gemeinschaftserlebnis» denke, sehe ich eine Heuernte in Kinderzeiten vor mir oder eine Feldarbeit wie die Kartoffelernte, wenn alle mithelfen, die Eltern, die Tanten und Nachbarn und die vielen Kinder, von denen eines *ich* bin. Ich bin sicher, dass es gerade solche Formen des gemeinsamen Arbeitens waren, in denen ich glücklich war. Die Jahre in Ulm hatten diese Wirkung, die Aufführungen der Studiobühne oder die Betriebsfeste von Norbert Handwerk. Ich denke aber auch an all die folgenden Jahre mit ihren Dreharbeiten in kleinen und großen Teams. Das Glück! Es war nicht der Erfolg und schon gar nicht das Geld, die mir dieses Gefühl vermitteln konnten.

Das Festival von Venedig, das im August 1968 begann, hatte mich als Jurymitglied berufen. Ich verdankte diese Ehre einerseits dem Preis, den ich dort im Jahr zuvor errungen hatte, andererseits dem guten Ruf, dessen sich der Neue Deutsche Film inzwischen auch international erfreute. Ich empfand die Einladung als Angebot, der großen europäischen Filmkunstfamilie beizutreten. Vielleicht war das die fehlende Zugehörigkeit in diesem Sommer. Ich nahm die Einladung an und verschob den Drehbeginn von CARDILLAC auf die Zeit danach.

Bei meiner Ankunft auf dem Lido empfing mich eine aufgeheizte Stimmung. Seit Tagen belagerten revolutionäre Gruppen das Festivalpalais und die umliegenden Nobelhotels. In Sprechchören verlangte man die Abschaffung des Wettbewerbs, und der Festivalleitung gelang es nicht, die Lage zu beruhigen. Immer wieder erschienen Hundertschaften von Polizei, die das Gelände absichern sollten, durch deren Auftritt die Erregung aber nur gesteigert wurde. Ich lernte einen völlig ratlosen Jurypräsidenten kennen, einen zerknautscht wirkenden älteren Schriftsteller namens Guido Piovene, der sich immer nur beschwerte. Die übrigen Jurymitglieder waren mir gänzlich unbekannt. Ich versuchte, mit ihnen ins Gespräch zu kommen, aber wir fanden kein gemeinsames Thema außer der Weitergabe von immer neuen Meldungen über offizielle oder inoffizielle Beschlüsse und Statements bekannter Cineasten. Wir erfuhren, dass Bernardo Bertolucci seinen Film PARTNER zurückgezogen hatte, es folgten Pier Paolo Pasolini mit TEOREMA und Liliana Cavani mit ihrem Film GALILEO GALILEI. Alle diskutierten das Thema Wettbewerb. Es herrschte die Meinung, dass die Wettbewerbssysteme und die Vergabe von Festivalpreisen großen Schaden in der Seele der Künstler anrichteten. Sie würden in Konkurrenzverhältnisse getrieben, in denen sie die Verlierer blieben, denn der eigentliche Gewinner sei stets das Kapital.

Mein Gefühl gab den Demonstranten recht. Ich glaubte an das Ideal einer Kunst, die überhaupt erst gedeihen kann, wenn sie vom Konkurrenzdruck befreit ist. Ich verstand die Kollegen, die ihre Filme zurückgezogen hatten, und suchte Kontakt zu Alexander Kluge, dessen Film ARTISTEN IN DER ZIRKUSKUPPEL: RATLOS noch im Wettbewerb war. Leider konnte ich den Freund in dem Trubel nicht ausfindig machen. Möglicherweise war er auch noch gar nicht in Venedig. Es kam zu verschiedenen Abstimmungen, an denen die Jury beteiligt wurde. Es ging um die Frage, ob der Wettbewerb sofort abgeschafft werden sollte oder erst ab dem kommenden Jahr. In einem Presseinterview trat ich für die sofortige Abschaffung ein. Damit hatte ich im Grunde schon entschieden, die Jury zu verlassen. Das war es dann auch, was die Zeitungen verkündeten: «Neben Pasolini protestiert nun auch Reitz gegen das Festival», stand in einer Überschrift. Am folgenden Tag reiste ich mit dem Gefühl ab, ein wichtiges Zeichen für die Filmkunst gesetzt zu haben. Ich überließ das Feld den Jurykollegen, die schließlich den Großen Preis an Kluge vergaben. Heute bedauere ich sehr, dass ich die

Diskussion nicht bis zum Ende miterlebt habe, denn das hätte mir vielleicht die Augen geöffnet für die Situation, in die ich kurze Zeit später bei den Dreharbeiten zu CARDILLAC geriet.

Das Jahr 1968 ist für meine Lebenserzählung eine Falle, denn es gibt allem, was man darüber sagt, eine politische Bedeutung. In einem anderen Jahr hätte man schlicht zugegeben, dass man geliebt werden wollte. Aber in diesem Sommer setzte sich ein Imperativ in die Köpfe, der das große Allgemeingültige forderte, wo man doch nur ein bisschen Trost brauchte. So traf mich der Zeitgeist, so begann ich, CARDILLAC zu drehen. Ich hatte in aller Eile ein neues Drehbuch geschrieben und verlegte die Handlung in die Gegenwart. Die Figur des Goldschmieds war ein modernes Künstlerporträt geworden, in dem ich unsere eigene Situation spiegeln wollte. Die groteske Vereinsamung raubt dem Protagonisten die Selbstkontrolle. Er zerstört sich selbst. So ähnlich war die neue Interpretation, die ich der Figur des Goldschmieds Cardillac überstülpte.

Bald wurde ich in den Berliner Künstlerkreisen herumgereicht, und jeder, der mir helfen wollte, hatte zugleich Ambitionen, sich die Geschichte von Cardillac anzueignen. Ich war bald umgeben von Leuten, die bei der Herstellung des Films mitwirken, ihn vor allem aber inhaltlich beeinflussen wollten. Schließlich fand sich unter diesen Berliner Genies der Eigentümer einer halb zerfallenen Vorkriegsvilla im Grunewald. Hier fühlte ich mich einigermaßen sicher, es gab genügend Räume, in denen wir filmen und uns zurückziehen konnten. Der Hausbesitzer kannte Gott und die Welt und war auffallend hilfsbereit. Jetzt konnte ich ein Team engagieren und war weit genug entfernt vom Zusammenbruch meines Münchener und Ulmer Netzwerkes. Nach den Turbulenzen von Venedig fühlte es sich wie ein Neubeginn an.

Die Besetzung der Hauptrollen hatte sich noch vor dem Aufbruch nach Berlin ergeben. Die drei Figuren Cardillac, Madelon und Olivier waren durch Hans-Christian Blech, Catana Cayetano und Rolf Becker markant besetzt. Zu den schönsten Erinnerungen gehören die Streifzüge, die ich mit den Schauspielern durch die Magazine der Kostümverleiher unternahm. Die Verwandlung der Darsteller in ihre Figuren erlebte ich vor Drehbeginn besonders intensiv und völlig losgelöst von der filmischen Umsetzung. Ich ließ sie ihre Kostüme sogar in der Freizeit tragen, damit sie in die Kleider hineinwachsen konnten. Wir probten auch Dialoge und Körperhaltungen im Kostüm, und es entstand eine erwartungsvolle Atmosphäre der Suche nach der inneren Wahrheit der Geschichte.

Nach und nach traf dann das Team ein, Aufnahmeleitung, Kamera, Beleuchter, Maskenbildner, Ton. Die Gespräche über den Inhalt des Films weiteten sich immer mehr aus und bezogen alle Mitarbeiter ein. Ich genoss diesen Zustand. Es war ein wenig wie in den Ulmer Filmklassen oder sogar wie beim Filmunterricht im Mädchengymnasium. Wir lasen gemeinsam das Drehbuch und versuchten, aufkommende Ideen sofort zu integrieren. Der Hausbesitzer gesellte sich hinzu, trug seine Ideen bei. Er half zum Beispiel, ein Requisit zu beschaffen, das Gerät, mit dem Cardillac sich den tödlichen Stromstoß geben sollte.

Zu meiner Überraschung blieben die Gespräche nicht auf das eigentliche Filmteam begrenzt. Von Tag zu Tag kamen mehr Leute hinzu, die als Freunde, «Genossen» oder Kollegen von Teammitgliedern oder des Hausbesitzers vorgestellt wurden. Gedreht wurde zunächst nicht. Die anstehenden Fragen müssten erst «ausdiskutiert» werden, hieß es. Die Diskussionen brachen mehrfach jäh ab, weil die Teilnahme an bestimmten Demonstrationen in der Stadt als wichtiger angesehen wurde. Dann verschwanden alle bis zum nächsten Tag. Ich versuchte, die Zügel wieder in die Hand zu bekommen, aber das gelang mir nicht mehr.

Am Ende kam es zum Aufstand gegen mich, weil ich der Regisseur war und weil ein Autorenfilmer eine unerträgliche Anmaßung an bürgerlicher Herrschaftsmentalität verkörpere. Die Parolen, die ich auf dem Festival von Venedig kennengelernt hatte, holten mich wieder ein. Keine der gängigen Losungen und ideologischen Obsessionen von 1968 fehlte in den Begründungen. Ich sollte als «braver Gärtner» im Team mitarbeiten und mein technisches Können dem Kollektiv zur Verfügung stellen. Schließlich kam es zu einem völligen Zusammenbruch der Produktion. Nur durch eine heimliche Rettungsaktion, an der sich vor allem die Schauspieler beteiligten, konnten am frühen Morgen, wenn alle Revolutionäre noch schliefen, wichtige Szenen gedreht werden, bevor das selbsternannte Kollektiv die Kameraausrüstung «vergesellschaftete» und das Equipment Ulrike Meinhof, die plötzlich in Berlin aufgetaucht war, für Studien zu ihrem Film BAMBULE zur Verfügung stellte. Meinhof erschien in Begleitung eines meiner Assistenten, der in Hamburg lebte und sie von dort kannte. Ihr Auftritt war geschäftsmäßig und ohne von der Situation, in der wir uns befanden, überhaupt Notiz zu nehmen. Mich beachtete sie mit keiner Geste und verließ uns grußlos, jedoch mit großem Gefolge ihrer Anhänger aus dem Team, darunter der Kameraassistent, den ich mitschickte, um auf unsere Kamera aufzupassen.

Ich hätte dem ohne Weiteres von Anfang an einen Riegel vorschieben können, denn ich war der Produzent, der Eigentümer der Rechte am Drehbuch, ich war der Regisseur. Ich hätte die Macht gehabt, jeden Eindringling entfernen zu lassen, ich hätte abbrechen und in eine andere Stadt ziehen können. Aber ich tat es nicht. Warum? Möglicherweise sah ich noch die hässlichen Bilder vom Polizeiaufmarsch in Venedig vor mir, und ich fürchtete mich vor jeglicher Gewalt. Ich glaubte wirklich, dass am Ende ein Film herauskommt, der von der ganzen Welt bewundert wird, weil er die schöpferischen Kräfte vieler Köpfe vereint. Ich war fast wie ein Kind am Tag der Erstkommunion. Wie man doch solche Gefühle mit sich herumträgt, ohne es zu wissen! Dabei war ich zehn Jahre älter als die Revoluzzer und gehörte noch zur Kriegsgeneration. Ich war einer jener über dreißig, denen keiner trauen sollte, wie es in einem Slogan dieser Zeit hieß. Der Traum vom «Gemeinschaftserlebnis» war mir zum Albtraum geworden.

Die Erlösung kam ausgerechnet durch eine Produktionsfirma aus Hollywood, die den aufwendigen Kriegsfilm DIE BRÜCKE VON REMAGEN herstellte. Die Dreharbeiten hatten während des Prager Frühlings in der Tschechoslowakei begonnen, mussten aber wegen des Einmarschs der russischen Armee abgebrochen werden. Hans-Christian Blech sollte darin eine größere Rolle als Nazioffizier verkörpern. Ich hatte es dem Abbruch der Dreharbeiten zu verdanken, dass Blech sich entschließen konnte, den Cardillac zu spielen. Während unserer endlosen Berliner Diskussionen war es der amerikanischen Produktionsfirma gelungen, neue Drehorte ausfindig zu machen und die Arbeiten in einem Hamburger Studio wiederaufzunehmen. Wie zu erwarten, brauchte man dazu Blech, der aber einen verbindlichen Vertrag mit mir geschlossen hatte. Meine damalige Produktionssekretärin Ilse Schwarzwald führte die Verhandlungen mit den Amerikanern. Sie berichtete mir, dass sie bereit seien, eine Ablösungssumme zu zahlen, damit Blech zur BRÜCKE VON REMAGEN zurückkehren konnte. Das war die Chance, mich aus der prekären Lage zu retten. Ausgerechnet das Geld der verteufelten Amerikaner gab mir meine Freiheit zurück, und ich konnte die Produktion, natürlich ohne Blech, einige Wochen später in München zu Ende bringen. Ich stellte ein komplett neues Team zusammen und fand dramaturgische Lösungen, die ohne den Hauptdarsteller realisiert werden konnten. Die Kameraführung übertrug ich Jörg Schmidt-Reitwein.

Der Film, den ich schließlich zustande brachte, kann die Wunden, die ihm zugefügt wurden, nicht verbergen. Es ist nicht meine Aufgabe, das künstlerische Ergebnis zu bewerten. Dennoch ist mir unbegreiflich, was sich in der kurzen Zeit seit MAHLZEITEN in der Filmbranche und ihren Publikumsgewohnheiten verändert hatte. Die Neugier auf die Filme des «Jungen Deutschen Films» war innerhalb eines Jahres verschwunden. Obwohl CARDILLAC vielfach gelobt wurde und sicher nicht als gänzlich misslungen gelten kann, fand ich nie einen Verleih. Im Jahr 1969 wurde der Film trotz aller Beschädigungen, die das Festival selbst erlitten hatte, nach Venedig eingeladen und von der internationalen Presse als bester Film gefeiert. Dummerweise hatte ich im Jahr vorher selbst mitgeholfen, die Preisvergabe auf dem Festival abzuschaffen, sodass CARDILLAC leer ausgehen musste.

Die Geschichte von CARDILLAC hatte ein unvergessliches Nachspiel. Im Februar 1970, ein halbes Jahr nach der Uraufführung in Venedig, erfuhren wir, dass das Münchener Studio für Filmkunst in der Occamstraße, das wir als Wiege des Autorenfilms in Deutschland empfanden und liebten, geschlossen werden sollte. Eine Großbrauerei, der das Haus gehörte, sah ihre Rendite gefährdet und wollte an Stelle des Kinos eine Kneipe einrichten. Am 1. März sollte sich der Vorhang zum letzten Mal öffnen. Da kam mir die Idee, an diesem letzten Abend die deutsche Premiere meines CARDILLAC demonstrativ im Occam-Studio zu feiern. Es sollte eine symbolische Veranstaltung werden, mit der wir die Stadt auf die Absurdität dieser Schließung aufmerksam machen wollten. Schon seit längerem hatte ich mit Volker Schlöndorff, Eberhard Hauff, Haro Senft, Peter Schamoni, Hark Bohm und anderen Filmemachern Vorstöße unternommen, ein städtisches Filmhaus zu gründen, ein Zentrum der Filmkunst in der Stadt, von der die gesamte Erneuerung des Films in Deutschland ausgegangen war. Es gab auch einen Ort, der für diesen Plan ideal gewesen wäre: das stillgelegte Trambahndepot in der nahen Wilhelmstraße.

Zur CARDILLAC-Premiere erschienen auch all die befreundeten Filmemacher. Als der Film zu Ende war, verteilte der Kinobetreiber Fritz Falter Werkzeuge, mit denen wir die Stuhlreihen abschraubten. Dann bildete sich die berühmte nächtliche Zuschauerprozession, in der die Kinostühle von der Occamstraße über die Münchner Freiheit zur Wilhelmstraße getragen wurden. Die örtliche Presse war gekommen, und viele Menschen blieben auf den Trottoirs stehen, applaudierten oder folgten in die leeren Trambahnhallen, um zu sehen, was geboten wurde. Wir erklärten den Leuten mit flammenden Worten unsere Forderung an die Stadt. Hier, in diesen historischen Hallen, die so alt seien wie die Filmkunst selbst, müsse unbedingt ein öffentliches Filmforum gegründet werden. Wir hatten fertige Pläne zur Hand. Doch unsere Worte verhallten in der düsteren Weite des Depots. Die Stadträte Münchens blieben taub auf beiden Ohren.

55 Julio

Sieben Jahre lang hatte ich ihn nicht gesehen. Julio Shanuklikoff, der Freund aus Studienjahren, das Sprachgenie, der vielbestaunte und von allen geliebte Exot unter den Gefährten dieser Jahre! Er war nach Chile gezogen, wo er geboren und zu Hause war, und hatte sich nur sporadisch mit kurzen Briefen gemeldet. Jetzt hatte er seine Rückkehr nach Deutschland angekündigt. Es gebe viel Neues und Wichtiges zu berichten, schrieb er. Seine Frau Marleen und die beiden Kinder seien mit dabei, und Julio fragte nach, ob sie bei uns unterkommen könnten, bis sich eine geeignete Wohnung für alle gefunden habe. Julio wusste, dass ich mit meiner Familie inzwischen in eine große Neubauwohnung gezogen war. Jahrelang waren wir die besten Freunde gewesen, hatten tausend Nächte miteinander geträumt, gefeiert, Geschichten und Hoffnungen geteilt. Gertraud war heftig in Julio verliebt gewesen, und ich vertraute ihm. Also ging ein Telegramm nach Chile, mit dem wir den Reisenden mitteilten, dass alle Türen und Herzen für sie geöffnet seien.

Als ich Julio kennenlernte, war ich gerade mit meiner ersten Inszenierung an der Studiobühne beschäftigt. Es muss im Winter 1954/55 gewesen sein, denn ich erinnere mich noch an meinen ersten Spaziergang mit ihm durch den Englischen Garten. Es fing an zu schneien, und Julio versuchte, Schneeflocken aufzufangen, um sie zu essen. Er hatte noch nie in seinem Leben Schnee gesehen. Seine Versuche hatten einen kindlichen Charme, der mich bezauberte. Julio war überhaupt ein Mensch, mit dem man die Welt neu entdecken konnte, durch seine Sprachenkenntnisse verfügte er über Begriffe und Vergleiche, die einen immer wieder überraschten. Ich stellte mir vor, dass Julio in Santiago de Chile ein seltsam versponnener, einsamer Junge gewesen war, denn alle seine Sprachen hatte er autodidaktisch aus Büchern und von Schallplattenkursen gelernt. Vier von seinen zwanzig Sprachen musste er nicht einmal büffeln, weil es die der Eltern waren: Spanisch und Quechua die Sprachen der chilenischen Mutter, die indigene Wurzeln hatte, Russisch und Englisch die des Vaters, der

Ingenieur bei den Kupferminen von Chuquicamata im Norden Chiles gewesen sein soll. Als russischer Emigrant war er über die USA nach Chile gelangt. Julios Sprachtalent hat sich sehr früh gezeigt, schon als Zehnjähriger beherrschte er ein Dutzend weiterer Sprachen so, dass die Erwachsenen ihn zum Dolmetschen einsetzten. Julios Deutsch war in Aussprache und Grammatik so perfekt, dass er mich und die deutschen Freunde gelegentlich sogar korrigierte. Es irritierte ihn, wenn wir mit Alltagsjargon daherkamen und grammatische Schlampereien duldeten. Julio war ein Purist aus Liebe zur Sprache.

Warum er nach Deutschland gekommen war und warum er ausgerechnet in München erschien und damit in meinen Lebenskreis trat, bleibt ein Rätsel. Seine offizielle Antwort war, dass er den Weg seines früh verstorbenen Vaters zurückverfolgen und dabei seine Sprachkenntnisse auffrischen wollte. Tatsächlich ließ er mich Redewendungen erklären, die er nicht kannte, oder ich musste mit einem dicken Wörterbuch seinen Wortschatz nach dem Alphabet abhören. Man sollte meinen, dass ein Mensch, der sein Gehirn derart mit Unmengen von sinnlosen Vokabeln füttert, etwas Autistisches haben muss. Das Gegenteil war der Fall: Julio war der geselligste Mensch, den ich kannte. Gertraud sang mit ihm altdeutsche Küchenlieder, er brachte den Freunden südamerikanische Chansons bei und verführte die Mädchen beim Gesang.

So hatte er seinerzeit auch Marleen Buchholz kennengelernt. Marleen wurde als jüngste Journalistin der «Süddeutschen Zeitung» bewundert. Schon mit sechzehn hatte sie Theater- und Filmkritiken veröffentlicht, die wegen ihrer Direktheit und Treffsicherheit auffielen. Mit ihrer frechen Art wurde sie auch in unserer Theatergruppe beachtet und immer wieder zu Zusammenkünften eingeladen. Wir liebten es, zu provozieren, Marleens Sicht passte dazu. Sie beobachtete uns, spielte gelegentlich sogar kleine Rollen in der Studiobühne und nahm kein Blatt vor den Mund, wenn einer der Freunde ihren Ansprüchen nicht genügte. Mit Julio begann sie eines Abends einen heftigen Streit. Ich habe den Grund vergessen, aber das Verhältnis der beiden entwickelte sich aus diesem Streit heraus. Sie war Julios Charme erlegen.

In der Zeit, als ich mich auf meine Südamerikareise vorbereitete, hatte Julio einen Job als Sprachlehrer in einer Hotelfachschule in Bad Wiessee gefunden. Er lebte nun mit Marleen zusammen am Tegernsee, wo ich ihm hin und wieder einen Sonntagsbesuch abstattete. Bald bekam man zu hören, dass die beiden nach Chile ziehen wollten, um in der Hauptstadt eine Sprachschule aufzubauen. Marleen hatte nicht nur Julios pädagogisches Talent erkannt, sondern auch verstanden, dass es Zeit für ihn wurde, sich von Freundesdiensten und den Zuwendungen seiner fernen Mutter unabhängig zu machen. Immerhin waren die meisten der Freunde inzwischen verheiratet und hatten Kinder. Bald heirateten auch Julio und Marleen. Ich besitze noch ein schönes Foto von der standesamtlichen Trauung. Da stehen die beiden und lächeln in die Zukunft, ich als Trauzeuge daneben. Wenig später verschwanden die Freunde in Richtung Chile. Das war sieben Jahre bevor sie wieder bei uns auftauchten – eine symbolisch befrachtete Zeitspanne, auf die auch der Telegrammtext Bezug nahm, mit dem Julio mir die Ankunftszeit mitteilte.

Ich fuhr mit Gertraud zum Münchener Flughafen, um die Rückkehrer abzuholen. Ihre beiden Kinder waren, wenn ich mich recht erinnere, noch im Vorschulalter. Es war wohl geplant, sie in München einzuschulen. Es gab endlos viel zu erzählen über die Jahre in Santiago und auch über unsere Entwicklung in München. Die Sprachschule muss anfänglich ein großer Erfolg gewesen sein mit wachsenden Schülerzahlen, wobei Marleen auch als Lehrerin, vor allem aber als Managerin tätig war. Doch dann kamen die Kinder, Differenzen und Streitigkeiten häuften sich. Julios Unfähigkeit, einen Betrieb zu führen, war einer der Gründe. Schließlich machte die Schule Pleite. Ich erinnere mich, dass unsere Susanne, inzwischen dreizehn Jahre alt und Mitglied des «Roten Schülerbundes», mit Julio in heftigen Disput geriet, als er das Scheitern der Sprachschule auf die politischen Verhältnisse in Chile zurückführen wollte. Er verteidigte sich mit dem Argument, man habe Chile verlassen müssen, bevor dort die Kommunisten die Macht ergriffen. Das war für Susannes sozialistische Überzeugung zu viel. Sie erklärte, man könne mit «Onkel Julio», den sie als Kind geliebt hatte, nicht mehr reden, weil er gegen die Präsidentschaft von Salvador Allende sei. So schnell bildeten sich damals die Fronten.

Der eigentliche Grund für die Rückkehr der Freunde war, dass Julio und Marleen ihre Trennung beschlossen hatten. Wie bei uns hatte auch bei ihnen das Trennungsvirus gewütet. Bald zog Marleen in die Wohnung ihrer Mutter und nahm die Kinder mit. Julio versuchte vergeblich, die veränderte Situation zu verstehen, ich wiederum konnte ihm kaum helfen, in Deutschland wieder Fuß zu fassen, da ich nach CARDILLAC selbst um meine Zukunft bangte. Ich fuhr mit Julio für drei Tage an den Starnberger See, wo wir uns unsere Leben erzählten. Wir gingen viele Stunden am Ufer entlang und sprachen über die sieben Jahre, über unsere Ängste und Hoffnungen. Am Ende waren wir ein Herz und eine Seele, aber völlig ratlos, was nun werden sollte.

In der folgenden Zeit verschwand Julio mit Gertraud. Wie ich hörte, war er mit ihr nach New York geflogen. Die beiden hatten wohl an eine frühere Affäre angeknüpft und versuchten, die Welt zu vergessen. Wie das mit den Kindern geregelt war, erinnere ich nicht mehr. Man kann heute nur staunen, wie das 68er-Karussell uns alle umhergewirbelt hat und dass die Kinder dabei leidlich heil geblieben sind.

Bald verschwand Julio und zog nach Rom. Marleen etablierte sich mit den Kindern in München und brach die Verbindung zu uns ab. Julio arbeitete als Sprachlehrer und Konferenzdolmetscher für Politik und Wirtschaft. Ich habe ihn mehrmals im Stadtteil Trastevere besucht, einige Male auch in Begleitung von Ula. Julio hatte sich in Rom schnell eingelebt und war mit einigen deutschen Intellektuellen befreundet. Nach einigen Jahren kam er noch einmal nach München. Ich überließ ihm die kleine Wohnung in der Schraudolphstraße. Er war gekommen, um seine Kinder zu sehen und die Scheidung von Marleen zu regeln. Als ich Zeit fand, mit ihm ein längeres Gespräch zu führen, erklärte er mir, sein Leben habe sich komplett gewandelt. Er sei glücklich, endlich sein sexuelles Heil gefunden zu haben. Er erzählte mir, dass er in Rom sein schwules Erweckungserlebnis gehabt habe, und schwärmte von seinem jungen Freund. Die alten Münchener Freunde sollten alle erfahren, dass er als ein anderer neu geboren worden sei – Julio neigte schon immer zu einem gewissen Pathos. Diesmal übertrieb er es etwas. Er verabschiedete sich von uns als seinem ersten Leben und verschwand wieder in Richtung Rom in sein zweites Leben.

Als wieder einige Jahre ins Land gegangen waren, tauchte Julio abermals in München auf, diesmal aus Sorge um seine Gesundheit. Er litt unter Gleichgewichtsstörungen und höllischen Kopfschmerzen. Ich schickte ihn zu einem befreundeten Arzt, der ihn sofort in eine neurologische Spezialklinik einliefern ließ. Es hieß, Julio müsse an einem Hirntumor operiert werden. Ich beeilte mich, ihn vor der Operation noch einmal zu sehen. Er wirkte verwirrt, und seine größte Sorge war, dass durch den Eingriff seine Sprachen verlorengehen könnten. Der eigentliche Schock kam, als ich den Freund nach der OP wiedersah. Sein Sprachwissen war erhalten geblieben, aber er erkannte mich nicht mehr. Er wusste für den Rest seines Lebens nicht mehr, wer ich bin.

Dieses Unglück ereignete sich in der Zeit, als ich mit HEIMAT begann. Ich musste den Verlust eines lieben Freundes betrauern, ohne dass er gestorben war. Wie ich erfuhr, hat er noch einige Jahre in Argentinien gelebt. Er soll in den 1980er Jahren schließlich an Aids gestorben sein. Julio war ein Komet am Himmel meines Lebens. Er erschien aus der Tiefe des Raumes, leuchtete für kurze Zeit und zog seine Bahn durch unsere Tage.

56 Das Kübelkind

Ursprünglich war sie eine Liebesgeschichte. Ich meine Kristine, die Protagonistin der GESCHICHTEN VOM KÜBELKIND. Schon mehrere Jahre bevor Ula Stöckl und ich dieses Filmexperiment begannen, hatte Ula bei unseren heimlichen Treffen auf dem Ulmer Campus oft von einer bezaubernden Freundin geschwärmt, die sie während ihrer Pariser Jahre kennengelernt habe. Ula schilderte Kristine als ein unberechenbares Wesen mit nicht zu zügelndem Freiheitsdrang. Sie sprach von der hexenhaften Schönheit und Verführungskraft der Freundin, vor der man sich in Acht nehmen müsse, weil sie die Träume okkupiere und einen verzaubere. Das war die Zeit, in der ich an der Hauptfigur von MAHLZEITEN arbeitete und Ula mir bei der Stoffsuche half. Kristine sei in jeder Hinsicht das Ebenbild der magischen Elisabeth-Figur meines Films, sagte Ula immer wieder, ein Frauenwesen, das jeden verschlinge, den sie liebt. Ula beschrieb auch ihre seltsamen Gewohnheiten, zum Beispiel, dass sie Blumen esse und sich von unbekannten Pilzen ernähre.

Schließlich konnte Ula die Spur der Freundin in Paris ausfindig machen und kündigte unseren Besuch an. Es war, wenn ich mich recht erinnere, im Sommer von VariaVision, also 1965, als wir in meinem neuen Citroën nach Paris fuhren. Wir fanden Kristine in einer kleinen Wohnung am Montmartre. Sie war ganz anders, als ich nach den vielen Gesprächen erwartet hatte. Eine völlig normale, aufgeweckte, moderne Frau, Typ Anna Karina, wie ich fand, ein wenig kokett, aber keine Femme fatale, die andere verschlingt, wie es in Ulas magischer Sicht ausgemalt worden war. Dieses Ergebnis war erst einmal entspannend, sodass ich den Mut aufbrachte, die beiden Frauen auf eine Reise ins Blaue einzuladen. Kristine war einverstanden, weil Sommer war und weil man als Franzose im August nicht in Paris bleibt. In meiner Erinnerung sehe ich uns durch die Nacht fahren. Kristine sprach kein Deutsch, wir unterhielten uns auf Französisch. Wir fuhren einfach immer weiter nach Süden. Ich saß am Steuer, die Sitzordnung der Frauen wechselte ständig. Auch die Gesprächsthemen. Wir tauschten Erinnerungen aus, diskutierten Routenpläne und scherzten über uns und unsere Wahrnehmungen des jeweils anderen. Ulas Verliebtheit gefiel Kristine. Sie begann, damit zu spielen. Dabei wurde sie dem Bild, das Ula von ihr entworfen hatte, mit der Zeit ähnlicher.

So gelangten wir an einen der bezauberndsten Orte der französischen Riviera, Collioure, ein Fischerdorf mit Hafenbucht, Burgruine und Leuchtturm, ganz nah an der spanischen Grenze. Wir aßen Langusten, tranken den schweren Wein der Gegend und streunten durch die Gassen. Wir provozierten die Leute, indem wir uns als ein verliebtes Dreiergespann aufführten, mit öffentlichen Küssen und lockeren Reden. Es war eine Sternstunde. Auch in meiner Beziehung zu Ula, die ich nie wieder so glücklich gesehen habe wie in den Tagen von Collioure.

Seit dieser Zeit war Kristine eine wichtige Größe in unserem Leben. Sie kam danach mehrmals nach Ulm, lebte lange in Ulas Studentenbude und beteiligte sich an den Projekten. Bald hatte sie auch etwas Deutsch gelernt. Kristine ließ sich nicht in die Karten schauen. Sie hatte mehrere Legenden über ihre Herkunft parat, wechselte zwischen frecher Direktheit, Charme und Vorsicht, ließ sich nicht für fremde Interessen einspannen. Vor allem zeigte sich, dass sie Ulas Liebe auch entkommen konnte. Das machte das Verhältnis der beiden zusehends schwierig. Das Spiel von Liebe und Flucht ging über mehrere Jahre, in denen sich auch in meiner Beziehung zu Ula vieles änderte. Ula lebte jetzt in München, zog mehrmals um, Kristine folgte ihr.

Während meiner CARDILLAC-Produktion hatte Ula ihren Debütfilm NEUN LEBEN HAT DIE KATZE gedreht. Ich kannte ihr Projekt von Anfang an, denn ich hatte es als ihre Diplomarbeit an der Ulmer Hochschule betreut. Kristine spielte in diesem Film eine Hauptrolle und lebte nun wieder in Ulas Nähe. Zur Vorbereitung ihres Films hatte Ula eine zentral gelegene Wohnung am Münchner Kurfürstenplatz gefunden. Hier scharte sich bald regelmäßig eine Clique um ihr Filmprojekt, die besonders von Ulas neuer Freundschaft mit Alf Brustellin geprägt wurde. Kristine war immer irgendwie anwesend, sie ließ das Leben um sich herum pulsieren. Auch ich hatte einen kleinen Auftritt in Ulas Film. Ich wurde auf einer Hollywoodschaukel zwischen die beiden Hauptdarstellerinnen gesetzt und musste vor laufender Kamera als Beispiel für die «Schwäche des starken Geschlechts» herhalten. Natürlich spiegelt Ulas Film unsere Dreiecksgeschichte wieder, unterwirft die Erinnerungen aber einer feministischen Revision. Insofern waren die für 1968 typischen Argumente und Positionen auch bei dieser Arbeit bestimmend.

Allmählich hatte Kristine einen eigenen Freundeskreis gefunden, in dem sie zeitweise unauffindbar wurde. Als das Festival in Venedig

1969 CARDILLAC zeigte, tauchte Kristine mit einem Schweizer Produktionsassistenten auf und hatte sich auf Pressearbeit spezialisiert. Ich übertrug ihr und dem Schweizer die Betreuung meines Films; nach den Protesten des Vorjahres wollte ich in Venedig nicht selbst auftreten. Kristine vertrat mich auf unvergesslich charmant-freche Weise. Ich besitze Fotos aus dieser Zeit, auf denen man sie in eleganter Abendgarderobe sieht, mit einem Ansteckbutton am Busen, auf dem zu lesen ist «Je fais le bordel pour M. Reitz». Sie übernahm die Rolle der Kunstbotschafterin, verteilte Einladungen, Prospekte und gab in meinem Namen Interviews, die vermutlich viel zu den positiven Reaktionen in der französischen Filmkritik beigetragen haben. Ich besitze bis heute die äußerst sorgfältig gefertigte Pressedokumentation, mit der Kristine den Job abschloss.

Ula besaß einen Vertrag mit dem Atlas-Verleih, der ihren Film in die Kinos hätte bringen sollen. Dazu kam es aber nicht, weil die Firma pleiteging. Eine Kinopremiere wäre für uns in dieser Zeit der einzige Lohn für unsere Arbeit gewesen. So mussten wir aber beide erleben, dass unsere Filme in den Kinos ungespielt blieben. Dennoch kann man nicht sagen, dass es uns schlecht ging, wir fanden Anerkennung in der Kritik und wurden zu Diskussionen, Vorträgen und Festivals eingeladen. Ich reiste sogar nach Japan, zum ersten internationalen Festival in Osaka, wo CARDILLAC im April 1970 große Resonanz fand. Wenig später erhielt mein Film den Deutschen Bundesfilmpreis, verbunden mit einer Geldprämie, die zur Herstellung eines neuen Films verwendet werden musste. Ich hätte damit schon bald meinen dritten Spielfilm beginnen können, zumal ein japanischer Produzent mir in Osaka eine Möglichkeit zur Koproduktion angeboten hatte. Aber welches Projekt hätte ich in dieser Situation mit Überzeugung in Angriff nehmen können? Auch in Zukunft bestand keine Aussicht, dass sich Verleihfirmen und Kinos wieder für uns öffneten.

Ulas gebeutelte Liebe zu Kristine war schließlich der Auslöser für die GESCHICHTEN VOM KÜBELKIND. Bald trafen wir uns in Ulas Wohnung, um für das Kübelkind immer neue Miniaturen zu schreiben. Die

Freude an der Provokation war riesig; wir hatten eine Figur erfunden, mit der man jeden bürgerlichen Glauben an Anstand und Sittlichkeit erschüttern konnte. Das Kübelkind widersetzt sich allen Erziehungsversuchen, ist ein unanständiges, rotzfreches Geschöpf, das besonders in sexueller Hinsicht gegen die Regeln der bürgerlichen Moral verstößt. Es machte großen Spaß, die Geldprämie von CARDILLAC für dieses Anti-Projekt abzurufen. Uns war klar, dass wir damit das Förderungsreglement auf unsere Art umdeuteten. Zweck der Förderung war, einen anderthalbstündigen Film für die Kinoauswertung herzustellen. Unser Kübelkind-Projekt wollte aber Antikino sein. Es bestand aus Kurzfilmen und filmischen Miniaturen, die sich jeder Aufführungspraxis eines gewerblichen Kinos entzogen. Wir sagten uns, dass gerade in unseren Misserfolgen eine einmalige Freiheit aufleuchtet. Kübelkinds Wahlspruch heißt: «Wenn man erst tot ist, wird das Leben wieder schön.» Damit war für unser Überleben gesorgt – und die unstete, nie fassbare, geliebte und gefürchtete Kristine stand wieder im Mittelpunkt.

Mehr als ein Jahr lang lebten wir für das Kübelkind. Oft haben wir eine Geschichte beim gemeinsamen Frühstück ersonnen und am Nachmittag desselben Tages gefilmt. Das Team wurde spontan zusammentelefoniert. Eigentlich übernahmen wir alle Arbeiten selber, oder es waren Freunde und Familienmitglieder, die sich bereitfanden, für ein paar Stunden mitzumachen. Für Kristine hatte Ula ein einfaches Kostüm gefunden, ein rotes Kleid mit gelben Pünktchen, rote Wollstrümpfe, rote Schlabberschuhe, eine schwarze Perücke; ihre Verwandlung brauchte fünf Minuten, schon waren wir drehfertig. Ich führte die Kamera, war Produzent, und mein Bruder Guido, der zu dieser Zeit in München lebte, half bei den Tonaufnahmen. Die Schauplätze der Handlung fanden sich schnell, eine alte Schule konnte ein Schloss sein, eine Friedhofsmauer eine Klostermauer, ein Wiesenhügel als Richtstätte dienen, an der das Kübelkind als Hexe verbrannt wird, oder eine Votivkapelle im Münchener Umland als Ort für eine makabre Hochzeitsszene, an deren Ende alle Teilnehmer der Zeremonie als Leichen auf dem Kirchenboden umherliegen.

Unsere Darsteller waren, wie gesagt, ausschließlich Freunde und Bekannte, die zum Spaß mitmachten. Einige, die sich bewährten, kamen immer wieder. Sie spielten Väter, Pfarrer, Wohlfahrtshelferin oder Liebhaber des Kübelkinds. Natürlich brauchten wir auch für sie Kostüme. Dieses Problem wurde gelöst, indem wir die Kleiderschränke plünderten oder die Billigangebote der Kostümverleihe durchstöberten. Wir drehten vom Winter 1969 bis in den nächsten Sommer. Die Schnittarbeiten fanden parallel oder zwischendurch statt, sodass wir beim Weiterspinnen auf immer mehr fertige Episoden zurückgreifen konnten. Kristine war in dieser Zeit mit ihrer Figur eins geworden. Sie bewegte sich wie das Kübelkind, sie sprach wie das Kübelkind, ja, sie sang sogar wie das Kübelkind. Ihr Anteil an der Erfindung der Episoden wurde immer größer, viele ihrer Dialoge, Witze, Beleidigungen oder gespielten Sexualexzesse sind von ihr inspiriert oder improvisiert.

In der Zeit, in der wir mit den Kübelkind-Geschichten beschäftigt waren, erlebten wir Wochen, in denen Arbeit und Leben miteinander verschmolzen. Die Liste der Mitwirkenden ist zugleich eine Liste unserer Freundschaften, Affären, Geschäftsbeziehungen oder der Familienbande. Alles war Spaß und großer Ernst zugleich, nichts war unverbindlich. Ein Zustand, wie er nie mehr wieder sein konnte! Und endlich war mein Zugehörigkeitsproblem, das mich mit CARDILLAC noch in die Berliner Diskussionsfalle gelockt hatte, für die Dauer eines kurzen Jahres gelöst.

57 Guido und Vaters Tod

Mein Bruder Guido, geboren als Nachkriegskind, war vierzehn Jahre jünger als ich. Ich denke, dass meine Eltern die Zeit, in der er gezeugt wurde, um den Jahreswechsel 1945/46 herum, in hoffnungsvoller und zugleich inniger Zuneigung erlebt haben. Eine Zeit, in der es eigentlich nicht mehr schlimmer kommen und folglich nur noch aufwärts gehen konnte. Es ist genau diese Erwartung, dieser Glaube, der die kommenden Jahrzehnte im Leben meiner braven Eltern erfüllte. Guido war das Kind dieser Hoffnung. Das hat sein Schicksal bestimmt, denn er musste von Kindheit an erleben, wie die Hoffnungen der Eltern sich nicht erfüllten und schließlich zerbrachen. Er erlebte die Überlebenskämpfe in den Hungerjahren, er sah als Kleinkind, wie seine Mutter krank und unberechenbar wurde, er blieb übrig, als seine großen Geschwister sich davonmachten und ihr Glück in der Ferne suchten. Er war bei den Eltern, als sie von Pleite zu Pleite schlingerten, die Banken kein Erbarmen mit ihnen kannten und die Mutter dem Alkohol verfiel. Guido tröstete sich mit Büchern und Schweigen, während der Vater ständig neue Versuche unternahm, wieder auf die Beine zu kommen.

Als ich die Not der Eltern lindern konnte, indem ich ihr Haus vor der Zwangsversteigerung rettete, hatte Guido seit Monaten die Schule nicht besucht, und niemand konnte ihn in seiner Ratlosigkeit aufrichten. Ich hatte die Situation im letzten Moment erkannt und dafür gesorgt, dass er das Gymnasium weiter besuchen konnte. In den 1960er Jahren sind unsere Kinder, Susanne und Christian, Jahr für Jahr in den Sommerferien bei ihren Großeltern gewesen, sodass Guido mit ihnen seine Kindheit nachholen konnte. Als er 1966 das Abitur bestanden hatte, fehlte ihm die Unterstützung, die er gebraucht hätte, den Militärdienst zu verweigern. Ich bin sicher, dass er während der achtzehnmonatigen Bundeswehrzeit Qualen der Einschüchterung und Angst erlitten hat, denn er war danach fast verstummt, sprach nur noch in kurzen Sätzen, wenn er gefragt wurde. In diesem Zustand erschien Guido in München. Er hatte sich zu einem Jurastudium an der Universität angemeldet und schlief bei uns auf der Luftmatratze. Ich half ihm bei der Immatrikulation, den Bemühungen um ein Stipendium, und wir fütterten ihn durch. Jeder mochte ihn, weil er klug war, hilfsbereit und ohne Widerstand. Ich stelle mir vor, dass er so auch seine Tage bei den Eltern durchgestanden hatte.

Guido half Ula Stöckl bei ihrem Film und ließ sich von Gertraud und ihren Freunden für Hilfsdienste einspannen. Er kannte bald alle Wege in der Stadt und konnte mit dem Auto zu Besorgungen losgeschickt werden. Als wir die Kübelkind-Geschichten drehten, war Guido immer zugegen. Er hatte sich schnell alle möglichen technischen Kenntnisse angeeignet, denn er war ja ein Uhrmacherkind wie ich, mit geschickten Händen. Er bediente die Mikrofone, die Scheinwerfer und das Tonaufnahmegerät. Wenn ich an diese Zeit denke, sehe ich den stillen Guido vor mir, wie er den riesigen Profikopfhörer auf den Ohren hat und das Aussteuerungsinstrument des Nagra-Gerätes beobachtet. Er machte perfekte O-Tonaufnahmen. Ich sorgte dafür, dass er für seine Arbeit bezahlt wurde, und hoffte Monat für Monat, dass er sich endlich ein eigenes Zimmer besorgt und sein Studium aufnimmt.

Einmal ist es uns sogar gelungen, unsere Mutter für ein paar Tage aus dem Hunsrück nach München zu locken. Guido holte sie in Morbach ab und brachte sie im Auto zu uns in die Designwohnung am Cosimapark. Weder zur Hochzeit noch zur Geburt der Kinder, weder zu meiner ersten Premiere noch zum Umzug in die größere Wohnung waren die scheuen Eltern aus ihrem Dorf in die Stadt zu locken gewesen. Der Besuch der Mutter war der einzige Auftritt eines Elternteils in München. Vater musste zu Hause bleiben und das Geschäft versorgen, wie es hieß, obwohl das Geschäft so schlecht ging, dass eine Schließung kaum ins Gewicht gefallen wäre. Meine Mutter zerstritt sich am ersten Tag mit ihrer Enkelin Susanne, am zweiten Tag hatte sie Streit mit Gertraud, und am dritten Tag musste Guido sie in den Hunsrück zurückbringen. Sie ertrug den Lebensstil nicht, mit dem sie in Berührung kam. Es war die Zeit, in der jegliche Ordnung, die selbst in der Hunsrücker Armut und Verzweiflung noch gegolten hatte, aufgehoben war. Die Konfrontation der Mutter mit unserem Leben konnte nur misslingen.

Guido kam schweigend zurück und war wieder dabei, als wir in Ulas Wohnung Tag für Tag neue Kübelkind-Geschichten fabrizierten. In meinem Schneideraum in der alten Zweizimmermansarde in der Schraudolphstraße ging er gelegentlich der Cutterin zur Hand. Er konnte davon ausgehen, dass er überall geduldet war oder sogar eine willkommene Hilfe. Im Sommer 1970, als Christian und Susanne mit Zeltausrüstung an die Nordsee reisten, kehrte Guido in den Hunsrück zurück, so wie er es in den Ferien immer gehalten hatte. Kaum war er bei den Eltern eingetroffen, musste er den Tod des Vaters erleben. Gleich am ersten Tag nach Guidos Heimkehr war er in seiner Werkstatt zusammengebrochen. Die Mutter stürzte in Hilflosigkeit, sodass Guido den Vater allein ins Krankenhaus brachte. Dort wurde ein Schlaganfall diagnostiziert. Drei Tage danach war unser Vater tot. Guidos Stimme, die ich am Nachmittag im Telefonhörer vernahm, war ungewohnt fest und sicher. Er teilte mir das Ereignis mit und gab alle Auskünfte ruhig und gefasst. Er bat mich, so schnell wie möglich in den Hunsrück zu kommen, da er sich um Mutter kümmern müsse, die von einem Schock getroffen sei und nicht allein gelassen werden dürfe. Ich beriet mich mit Gertraud, die alle ihre Verabredungen absagte, um mit mir nach Morbach fahren zu können. Zuvor versuchten wir noch, die Kinder zu informieren, doch sie waren nicht erreichbar in ihrem Ferienzeltlager. Es war schon gegen Mitternacht, als wir aufbrachen, besorgt um Christian und Susanne, die zum ersten Mal selbständig unterwegs waren. Die fünfhundert Kilometer dehnten sich endlos.

Wir kamen im Morgengrauen in Morbach an. Als wir das Auto im Hof des Elternhauses parkten, stand dort ein Mann, den ich aus der Kindheit kannte. Es war der Nachbar, Besitzer der Metzgerei. Es sah aus, als hätte er auf mich gewartet. Er war sehr bleich und drückte mir stumm die Hand. Ich wusste, dass es vor vielen Jahren zwischen meinem Vater und diesem Nachbarn einen heillosen Streit gegeben hatte. Das war lange vor dem Krieg, als meine Eltern ihr Haus bauten. Damals hatte der Nachbar bei den Behörden einen Baustopp bewirkt, indem er behauptete, die Grundmauer unseres Neubaus befinde sich an einer der vier Ecken einen Meter weit auf seinem Grund. Da mein Vater einen Nachbarschaftsstreit vermeiden wollte, wurde das Fundament um den strittigen Meter abgeschrägt, mit dem Ergebnis, dass unser Haus einen schiefen Grundriss bekam und in den hinteren Zimmern keine Schränke in den Ecken stehen konnten. Eine amtliche Vermessung der Grundstücksgrenzen ergab jedoch bei der Bauabnahme, dass die Behauptung des Nachbarn eine Schikane war. In Wirklichkeit war der Bau korrekt geplant gewesen. Nach dieser Feststellung war der Streit doch noch ausgebrochen. Meine Eltern sprachen fortan nicht mehr mit dem Nachbarn und kauften ihr Fleisch beim anderen Metzger, fast vierzig Jahre lang.

Und da stand er nun, der feindliche Nachbar, und war kreidebleich. Der Schock über den Tod seines Gegenspielers hatte ihn gezeichnet. So ungeheuer es klingen mag: In der darauffolgenden Nacht starb dieser Nachbar ebenfalls. Niemand hatte geahnt, wie tief die beiden Familien durch eine Verfehlung für ihr ganzes Leben miteinander verkettet waren. In der Leichenhalle lagen die beiden Streithähne jetzt aufgebahrt, still nebeneinander.

Meine Mutter trauerte hemmungslos, sie schrie, wand sich oder wurde so still und starr, dass man fürchten musste, sie sei nun auch gestorben. Guido kümmerte sich rührend um sie, hielt ihre Hand, gab ihr zu essen, sprach ihr Trost zu. Ich organisierte derweil die Beerdigung. Meine Schwester Heli, die im Laufe des Tages mit ihrem Mann eingetroffen war, half mir dabei.

Vaters Tod war nicht das erste Mal, dass ein Mensch aus meiner unmittelbaren Nähe verabschiedet wurde, aber es war das erste Mal, dass mir die Verantwortung für den Ablauf des Beerdigungstages zufiel. Ich erkundigte mich nach den für solche Fälle geltenden Traditionen der Region. Es galt als Selbstverständlichkeit, dass ein Verstorbener Anspruch auf alle traditionellen Rituale hat, die eigentlich jeder kennt – außer Weggeher wie ich einer bin, die glauben, das Leben neu erfinden zu müssen. Ich befragte die Nachbarn, die Verwandten, den Pfarrer nach den Notwendigkeiten und versuchte, ihnen gerecht zu werden, als braver Sohn, der ich sein wollte, wenn auch zu spät. Das Abschiednehmen endet nie.

Ich besuchte mit meiner Schwester die Metzgerfamilie, um sich gegenseitig Beileid auszusprechen. Dann klopften wir an den Türen der umliegenden Häuser, um die Nachricht vom Tode unseres Vaters, wie es Sitte war, persönlich zu überbringen. Dabei mussten auch die Sargträger bestimmt werden. Nach der Tradition sind es die Männer aus den Nachbarhäusern, denen diese Pflicht obliegt. Nun war aber der eine Nachbar selber gestorben, dessen Sarg ich hätte mittragen müssen. Eine komplizierte Lage, die dadurch gelöst wurde, dass der Nachbar zwei Tage später beigesetzt wurde und weder ich noch der Sohn des Metzgers zum Sargtragen verpflichtet wurden. Wir bestellten den Sarg und die Aufbahrung beim Bestatter und reservierten das Nebenzimmer im Dorfgasthof für das Beisammensein der Trauergemeinde, im Hunsrück «Imms» genannt. Niemand konnte mir die Herkunft dieses Wortes erklären. Es bezeichnet ein Ritual mit festen Regeln. Das Essen besteht aus einer Nudelsuppe, gekochtem Rindfleisch mit Salzkartoffeln und leichtem Gemüse. Am Nachmittag gibt es Streuselkuchen und Kaffee. Zur Begrüßung wird ein klarer Schnaps gereicht, und zum Essen gibt es sauren Riesling von der Mosel. Wichtig ist die Sitzordnung an den hufeisenförmig angeordneten Tischen: in der Mitte die Witwe, der Platz neben ihr bleibt frei; dann folgen die Kinder, dann die Enkel und die Verwandten; an den Flügeltischen nehmen die Schulkameraden des Verstorbenen Platz. Die Frage, wer von dem Jahrgang unseres Vaters noch lebte und wer deswegen persönlich eingeladen werden musste, war nicht leicht zu beantworten. Heli und ich befragten jeden, der sich erinnern konnte.

Am Tag der Beerdigung kam es beim Einnehmen der Plätze zu einem kleinen Tumult, als eine Klassenkameradin des Vaters feststellte, dass einer fehlte. Es fiel der Name eines Mannes aus dem Nachbarort, den wir nicht eingeladen hatten. Während die Begrüßungsschnäpse verteilt wurden, fuhr ich mit Heli los, um den fehlenden Kameraden zu holen. Unvergesslich ist mir, dass der arme Kerl in seinem schwarzen Sonntagsgewand seit Stunden auf uns gewartet hatte. «Ich dachte schon, dass ihr mich vergesst», waren seine Worte. Er schluchzte während der ganzen Fahrt, bis wir ihn in die Tischgemeinschaft einreihten.

Bei einem «Imms» wird zuerst geweint. Wenn die Nudelsuppe gegessen ist, hört man ein leises Murmeln und Klappern des Geschirrs. Man spricht wenig und gedämpft. Nach der Hauptspeise beginnt das Geschichtenerzählen. Es wird lauter. Danach kommt die Stunde der Klassenkameraden, die ihre Erinnerungen an Jugendstreiche zum Besten geben. Es wird laut gelacht. Beim Kaffee herrscht ausgelassene Stimmung. Meine Schwester musste nach Hause eilen, um das große

Familienalbum zu holen. Bald bildete sich eine Traube von Kennern der Familiengeschichte um das Album. Zu jedem Foto gab es Kommentare, weitere Erinnerungen wurden wach. In dieser Phase fand auch unsere Mutter wieder zu sich. Sie lachte mit uns. Im Fotoalbum befanden sich auch die Bilder von ihrer Wienreise im Jahr 1942. Man sieht sie, dreißig Jahre jünger, mit ihrer Freundin in Fotopose vor Wiener Sehenswürdigkeiten, dem Schloss Schönbrunn, dem Stephansdom und der Oper. Mit funkelnden Augen strahlen die beiden Frauen in die Kamera. Oder meinten ihre durchtriebenen Blicke den unsichtbaren Fotografen? Wer war das damals, da die Ehemänner doch im Krieg waren und die Mutter, wie sie oft erzählt hatte, in Wien völlig fremd war? Als meine Schwester ihr diese Fragen stellte, wurde es still in der Runde. Die Mutter brachte kein Wort hervor. Entschlossen klappte sie das Album zu. Wir spürten, dass sie ihre Erinnerungen nicht preisgeben wollte.

Ich berühre an dieser Stelle meiner Erzählung wieder einmal den Keim eines Filmstoffs, den ich erst einige Jahre später aufgriff und zum Ausgangspunkt des Films DIE REISE NACH WIEN machte. Dass unsere Mutter, damals dreiunddreißig Jahre alt, mit ihrer ebenso jungen Freundin sich einen Traum aus Friedenszeiten erfüllte und mitten im Krieg – und ohne Männer – eine Vergnügungsreise nach Wien unternommen hatte, befeuerte tatsächlich jetzt, während der Trauerfeier für den Vater, meine Phantasie.

Es gehört wohl zur Natur der Menschen, dass sie bei solchen Beerdigungsessen trotz aller Trauer in Fröhlichkeit verfallen. Der eigentliche Abschiedsschmerz kommt, wenn alles vorbei ist und man die Lücke sieht, die der Verstorbene hinterlassen hat. Mich hat die Trauer über den Verlust des Vaters noch nach Jahren eingeholt. Es geschah, als ich nach einer Reise nach München zurückkehrte. Es war spät in der Nacht. Ich hatte mein Auto in der Tiefgarage abgestellt und trug meine Reisetasche zum Aufzug. In dem Moment, in dem der Lift kam, ging die Garagenbeleuchtung aus. Ich öffnete die Tür und stand meinem Vater gegenüber. Ich sah ihn erschrocken an und schwieg. Es dauerte

Sekunde um Sekunde, bis ich realisierte, dass ich es selbst war, den ich anstarrte. Es gab einen Spiegel im Lift. Das Neonlicht der Kabinenbeleuchtung schien mir mitten ins Gesicht. Ich war etwa vierzig Jahre alt. Ich hatte nicht gewusst, dass ich dem Vater so ähnlich geworden war. Vierzig, das war das Alter, in dem mein Vater mir viel zu sagen hatte. Ich hatte die Erinnerung daran in meiner Seele verborgen.

Guido kam nicht mehr nach München zurück. Er lebte fortan an der Seite seiner Mutter, die sich hilflos gab und sich von ihm versorgen ließ. Guido führte für sie den Laden und war dabei nicht geschickter als der tote Vater. Die Einnahmen reichten nur für das Notwendigste, sodass ich immer wieder mit Geldzuwendungen helfen musste. Sein ungeliebtes Jurastudium hat Guido trotz aller Ermahnungen seiner Schwester und meiner Hilfsangebote niemals fortgesetzt.

58 Alle Macht für Super-8

Natürlich fanden die GESCHICHTEN VOM KÜBELKIND kein Interesse bei den gewerblichen Kinos. Eigentlich hatten wir es auch darauf angelegt, denn wir waren längst nicht mehr die einzigen deutschen Filmemacher, die den Unterhaltungsbetrieb in den Kinos als einen Teil des «Schwachsinns der etablierten Filmindustrie» schmähten. Die Hamburger Experimentalfilmer hatten diesen Ausdruck geprägt und damit den Spielfilmproduzenten, zu denen sie auch die Oberhausener zählten, den Krieg erklärt. In Hamburg hatte eine Generation von Cineasten um Werner Grassmann die «Hamburger Filmschau» gegründet, die, beflügelt durch das Experimentalfilmfestival in Knokke, jegliche Zusammenarbeit mit dem kommerziellen Spielfilmbetrieb ablehnte. Obwohl ich einer der Oberhausener war, fühlte ich mich zu den Hamburger Underground-Filmern hingezogen und nahm an ihren jährlichen Veranstaltungen teil. Nächtelange Diskussionen bestätigten den Zeitgeist, wie ich ihn in Berlin angetroffen hatte, aber in Hamburg gab es mehr Erfindungsgeist und Spaß an der

Praxis. Ich lebte in einer aufreibenden Zeit, in der man permanent in Gefahr geriet, sich zu isolieren oder die falschen Freunde zu haben. Da war es schwer, produktiv zu sein, weil Produktion nicht im Ungefähren bleibt und einen angreifbar macht. Aus dem Kreis der Hamburger mochte ich Hellmuth Costard am liebsten. Er war der Originellste unter ihnen. Seine Filme waren stets überraschend, humorvoll und beruhten auf verblüffenden Einfällen. Was mir sehr gefiel, das war Hellmuths Beschäftigung mit technischen Alternativen zum kommerziellen Kino. Er arbeitete zum Beispiel an einem Tonaufnahmesystem für Super-8.

Diese Amateurtechnik hatte sich aus der Hobbyfilm-Bewegung der Vorkriegszeit entwickelt und interessierte die Experimentalfilmleute der ganzen Welt als billige Alternative zur überall verbreiteten, aber viel zu teuren Profitechnik. Die Super-8-Kamera, die von der Industrie den Familienvätern angepriesen wurde, um damit die ersten Schritte ihrer Kinder oder den Mittelmeerurlaub zu filmen, hatte die Konsumästhetik sozusagen schon eingebaut. Sie verfügte über eine Schönwetterautomatik und versuchte, idiotensicher zu sein. Folglich fehlten die meisten Gestaltungsmöglichkeiten, die wir brauchten, um unseren Drang nach Unabhängigkeit auszudrücken. Costard kannte meinen Unterrichtsversuch am Münchener Luisengymnasium, bei dem ich Super-8-Geräte eingesetzt und gezeigt hatte, dass man sie durchaus für künstlerische Zwecke nutzen kann. Eine französische Firma bot sogar Kameramodelle an, die professionellen Maßstäben entsprachen. Leider fehlte selbst diesen Geräten eine der wichtigsten Funktionen: die zum Bild synchrone Tonaufnahme.

Ein heutiger Filmemacher wird sich kaum vorstellen können, wie kompliziert es im Jahr 1970 war, Bild und Ton synchron aufzunehmen. Es waren die Fernsehteams, die die Entwicklung vorantrieben. Während man in den Spielfilmstudios noch zentnerschwere Rekorder nutzte, die mit Hilfe der mechanischen Verkopplung von Bild und Ton arbeiteten, verwendete man bei TV-Reportagen bereits das Pilotton-System. Es erforderte eine Kabelverbindung zwischen Kamera und Tonaufnahmegerät. Die Videotechnik, die heute so selbstverständlich ist, dass man sich fragt, wie man früher Filmaufnahmen ohne sie machen konnte, lag in weiter Ferne. Selbst Ende der 1980er Jahre waren digitale Bildaufnahmen noch Utopie. Wenn ich von den technischen Pioniertaten meiner Hamburger Freunde berichte, mag vieles davon aus der Sicht unseres Digitalzeitalters naiv klingen, aber es illustriert die Mühsal, der man unterlag, wenn man in diesen Jahren versuchte, eine unabhängige Alternative zur Spielfilmindustrie zu schaffen.

Hellmuth Costard besuchte mich im November 1970 in München. Er war gekommen, um mir ein Exemplar seines selbstkonstruierten Super-8-Blimps zu übergeben, ein giftgrüner Kunststoffkasten, mit dem man, wie erwähnt, die Kamera so verpacken konnte, dass man ihr störendes Laufgeräusch nicht mehr hörte. So konnten wir endlich O-Ton-Aufnahmen zu den Super-8-Kassetten herstellen. Costard und ich verbrachten Tage mit Tests und Verbesserungen. Wir waren auf einmal Erfinder geworden, dachten sogar daran, unsere Konstruktionen zum Patent anzumelden. Super-8 versprach, den Akt des Filmens auf natürliche Weise in unseren Alltag zu integrieren – eine Idee, die erst vierzig Jahre später durch das Smartphone für Millionen Menschen Realität wurde.

Mit den Hamburgern verband uns auch, dass die GESCHICHTEN VOM KÜBELKIND monatelang in Werner Grassmanns Abaton-Kino als täglich wechselndes Vorprogramm oder in Nachtvorstellungen gespielt wurden. In München fanden wir eine Lösung, die wir «Kneipenkino» nannten. Schräg gegenüber von Ulas Wohnung residierte ein politisch-literarisches Kabarett, das Rationaltheater von Reiner Uthoff. Nach den Kabarettaufführungen wurde das Lokal als Kneipe betrieben. Uthoff überließ uns die Nachtstunden für einen Versuch, die Kübelkind-Geschichten als Wunschprogramm anzubieten. Ich beschaffte einen 16mm-Projektor und eine Leinwand, die wir in der Kneipe installierten. Ula und ich, manchmal aber auch Kristine, waren dann Nacht für Nacht als Kartenverkäufer, Vorführer oder Zeremonienmeister tätig. So entstand das Kneipenkino, das fast zwei Jahre lang funktionierte und manchen bewundernden Artikel in der

Presse ernten konnte. Wir hatten Neuland betreten und waren uns dessen bewusst.

Die Super-8-Technik war auch für unsere Münchener Freundschaften förderlich. An erster Stelle möchte ich Alf Brustellin erwähnen, der schnell zum wichtigsten Freund dieser Jahre wurde. Alf hatte seinen Job als Filmredakteur der «Süddeutschen Zeitung» aufgegeben, um selbst Filme zu machen. Begierig lernte er bei den immer häufigeren Treffen in Ulas Wohnung von mir den Umgang mit dieser Technik. Alf konkurrierte nicht, und vielleicht war das eines der Geheimnisse, das unsere Freundschaft prägte. Er ruhte auf besondere Weise in sich. Wenn Alf den Raum betrat, war Gegenwart. Zu seinen besonderen Fähigkeiten gehörte, die kreative Phantasie anzuregen. Er war ein Spielkamerad und zugleich ein kluger Ratgeber. Alf war einer der seltenen Menschen, die zu wahrer Freundschaft fähig sind, ja ich möchte fast sagen «geboren sind», denn für eine ganze Reihe von Menschen, die ich durch ihn und mit ihm getroffen habe, ist er vor allem dies: ein Freund. Ich kann diese Sätze über ihn nicht schreiben, ohne an seinen frühen Tod im Jahr 1981 zu denken.

Alf liebte es, die Amateurtechnik an professionellen Maßstäben zu messen, mit denen er sich als Filmkritiker auskannte. Die Bilder sollten keine künstlerischen Kompromisse eingehen. Dieser Anspruch prägte unsere Experimente. Alf drehte seinen ersten Film, DIE STADT DER HUNDE, auf Super-8, ich begann mit meiner satirischen Kinoutopie KINO ZWEI, an der er mitwirkte. In diesem als Magazinsendung getarnten Super-8-Film wird lustvoll gelogen. Was als Dokumentation erscheint, ist bewusste Fälschung. Das Billigformat sollte die Manipulierbarkeit der bewegten Bilder offenlegen.

Mit Alf waren auch seine Freunde in unseren Kreis gekommen, Bernhard Sinkel, der ein Jurastudium zu Ende gebracht und zeitweilig in Hamburg das Archiv des «Spiegel» geleitet hatte, Nikos Perakis, ein junger Grieche, der gerade mit seinem Bühnenbildstudium fertig geworden war, und Rainer Ostendorf, der Alfs Jugendfreundin Gretl Brand geheiratet hatte. Ich erfuhr, dass Bernhard und Nikos mit Alf schon in der von mir gegründeten Münchner Studiobühne Theater gespielt hatten. Es gab also viele Verbindungslinien zwischen uns. Der Freundeskreis, der sich in Ulas Wohnung gebildet hatte, war mein neues Zuhause geworden.

Es war einer unserer täglich wiederholten Sprüche: Leben und Film müssen eins werden, denn nur so kann Film zu einer eigenen Kunstform werden. «Alle Macht für Super-8», das war auch bei den Hamburger Freunden ein gängiger Slogan. Aus heutiger Sicht kann ich über diesen unschuldigen Idealismus nur staunen. Wir hatten begonnen, eine Kooperative zu gründen, die schon bald umfangreichere Aufgaben übernehmen konnte: Das Kleine Fernsehspiel des ZDF vergab Aufträge, das Deutsche Jugendinstitut brauchte filmisches Arbeitsmaterial für die Reformarbeit mit Kindern und Jugendlichen, und die Kinderserie «Sesamstraße» gab Gelegenheit zu Kurzfilmbeiträgen. Ich war fast vierzig Jahre alt und erfand mein Leben als Filmemacher zum zweiten oder dritten Mal neu.

Ulas Einfluss auf den Freundeskreis kann nicht hoch genug eingeschätzt werden. Ihre Leidenschaft für Stoffe aus der antiken Mythologie hatte sie zur ARGONAUTIKA geführt. Die Geschichte von Jason und Medea war für sie bald ein Spiegelbild ihrer Männergeschichten geworden. Jason, der die Liebe verrät, der rational gesteuerte Seefahrer und Eroberer, Medea, die magische Verkörperung des Liebeszaubers, für die Liebe und Tod zwei verschiedene Aggregatszustände der gleichen Sehnsucht sind. Als Ula einen ersten Drehbuchentwurf geschrieben hatte, wurde die ARGONAUTIKA zum Gruppenthema. Für Alf und seine Freunde war das Abenteuer auf hoher See die Attraktion, für Ula hingegen das in der Medea-Figur verschlüsselte Mutterrecht. Sie las Schriften von Johann Jakob Bachofen, der sich hundert Jahre zuvor mit dem Medea-Mythos beschäftigt hatte. Nach und nach zeichnete sich ab, dass wir einen großen Spielfilm über die Argonautenfahrt machen wollten. Ulas Entwürfe hätten allerdings eine kostspielige historische Ausstattung erfordert, die nach den GESCHICHTEN VOM KÜBELKIND und unseren Super-8-Bekenntnissen absurd erscheinen musste. Wir verfügten auch nicht über die erforderlichen Kontakte, um ein Millionenbudget zu beschaffen. Ich schlug schließlich vor, den Mythos sozusagen im Sandkastenformat zu erzählen, indem wir die Rollen mit Kindern besetzten und ein Sommerspiel daraus machten.

Die schönsten Erinnerungen an diese Zeit sind für mich Szenen aus dem Winter 1971, den wir mit der Herstellung von Kostümen, Waffen, Geschirren und Entwürfen verbrachten. Hier zeigte vor allem Nikos Perakis sein handwerkliches Talent. Er schmiedete Helme, Schilde, Rüstungen und Schwerter aus Bleiblechen, wir nähten aus Leder und handgewebten Stoffen die Kleidung. Es wurde getöpfert, gemalt, geschnitzt, bis sich Ulas Wohnung in ein antikes Waffenlager verwandelt hatte. Unvergesslich ist auch unser Besuch im Büro des damaligen Fernsehspielchefs des WDR, Günter Rohrbach, der dem Projekt zunächst skeptisch gegenüberstand. Wir überfluteten sein Kölner Büro mit unseren Requisiten und Entwürfen, bis er den Produktionsvertrag mit uns unterzeichnete, um sich vor unserem Aktionismus in Sicherheit zu bringen. Wo gibt es heute noch Leute in Fernsehanstalten, die so reagieren und den Mut zu persönlichen Entscheidungen haben?

Es war auch eine Entscheidung von Ula, Christian für die Jason-Rolle zu casten. Er war zu diesem Zeitpunkt elf Jahre alt und unter den Darstellern der Jüngste. Es war dann aber ganz allein Christians Leistung, dass er sich trotz seiner jungen Jahre in der Rolle durchsetzte. Die Dreharbeiten fanden während der Sommerferien 1971 am österreichischen Traunsee statt. Ich war der Produzent und führte die Kamera. Ula hatte die Hoheit über die Dialoge, Alf inszenierte die Jungen auf ihrem Schiff und leitete die Kämpfe, Nikos baute mit seinem Team alle Schauplätze und brachte regelrechte Wunder der Ausstattung zustande. Unser Budget war das eines kleinen Fernsehspiels.

Mein Freund Thomas Koebner bezeichnete den Film vierzig Jahre später in einem seiner Bücher als den «wunderbarsten Traum, den man als Vierzehnjähriger haben kann: eine Abenteuerfahrt, eine Sommerfahrt, es gilt auch manchmal, auf Leben und Tod etwas zu bestehen, gleichzeitig eine Erfahrung von Sinnlichkeit». Besser kann man unser damaliges Glück nicht beschreiben, und wen wundert es, dass unsere Sehnsucht nach dem großen Kino und seinen Bilderträumen dabei wieder erwachte.

59 Die U.L.M.

Der Traum vom Zusammenwachsen von Arbeit und Leben war einen Sommer lang in Erfüllung gegangen. Natürlich wollten wir dieses Glück auch bei unserer weiteren Filmarbeit genießen. Deswegen dachten wir darüber nach, ob sich nicht ein gemeinsames Domizil finden ließe, in dem wir Arbeit und Leben, Freundschaft und Kunst verbinden konnten. Bernhard Sinkel entdeckte in der Agnesstraße eine großzügige Altbauwohnung, die für gewerbliche Nutzung angeboten wurde. Es gab sieben Zimmer, die sich perfekt unter uns aufteilen ließen. Wie oft hatten wir darüber gesprochen, durch gemeinsame Anschaffung von Geräten und Produktionsmitteln unsere Arbeit zu erleichtern. Warum sollte jeder von uns eine Kamera, einen Schneidetisch oder ein Büro besitzen, Dinge, die wir immer nur für die Dauer eines Filmprojektes benötigten? Die Idee von Sinkel, gemeinsam Gewerberäume zu mieten, gefiel uns. Sofort begannen die Beratungen, wie wir die Kosten aufteilen und unter welchem Namen und in welcher Rechtsform unsere Gemeinschaft gestartet werden könnte. Erinnerungen an die Ulmer Schule wurden wach. Dort hatten einige von uns den Service einer funktionierenden Werkstatt mit Geräten und Arbeitsräumen schätzen gelernt. Also lag es nahe, diese Erinnerung aufzugreifen. Das gemeinsame Büro sollte unser neues Ulm werden, also gaben wir ihm den Namen U.L.M., verbunden mit dem Zusatz «Filmwerkstatt». Alf Brustellin fand sogar eine passende Antwort auf die Frage nach der Bedeutung des Akronyms: «Unabhängige Lichtspiel Manufaktur». Wir sahen uns als Handwerker der Filmkunst.

Unser Kreis bestand aus Kluge, Stöckl und mir als Ulmer Stamm-Mannschaft und Brustellin, Sinkel und Perakis als Münchener Erweiterung. Nach langer Diskussion beschlossen wir, uns keine offizielle

Rechtsform als Firma zu geben, sondern ohne Verträge auf Vertrauensbasis zu kooperieren. Es war ein Freundschaftsvertrag, der erstaunlich gut funktioniert und über viele Jahre keinen einzigen Konflikt ausgelöst hat.

Die angemietete Wohnung erinnerte an das bürgerliche Leben der Vorkriegszeit mit Repräsentationsräumen, die zur Straße hin gelegen waren, und den einstigen Schlafzimmern, die sich um einen langen Gang gruppierten und zum Innenhof zeigten. Der frühere Salon bot ideale Voraussetzungen für ein kleines Kino. Dahinter gab es ein fensterloses Durchgangszimmer, das wir als Projektionskabine umgestalteten. Ohne Bedenken schlugen wir die für den Projektionsstrahl erforderlichen Löcher in die Wand. Alf Brustellin entdeckte während der Einbauarbeiten seine Leidenschaft für die Kinotechnik, verbrachte Tage und Wochen hinter dem neu angeschafften Mischpult und fühlte sich wie im Cockpit eines Flugzeugs. Mit Alfs Hilfe konnten wir bald auf unserer kleinen Anlage Tonmischungen durchführen, Kommentare und Musik aufnehmen und unsere eigenen Filme während der Entstehung auf der großen Leinwand kontrollieren. Wir besaßen komplett ausgestattete Schneideräume, und es fehlte nicht an Räumen für Besprechungen, Mahlzeiten und Freundschaften. Wir besaßen ein großes Archiv für unsere Filme und ein Fotolabor, in dem wir sogar Farbbilder entwickelten. Nach wenigen Jahren war die U.L.M. ein komfortabler Studiobetrieb geworden. Als Filmemacher besaßen wir nun eine Gestaltungsfreiheit, die unsere Auftraggeber in den Fernsehanstalten, die Koproduzenten, Förderer unseres Teams, bestaunten. Wir waren nicht mehr nur Namen, sondern Eigentümer eines stattlichen Unternehmens.

Die Räume in der Agnesstraße wurden auch zu einem Treffpunkt für Filmemacher und Autoren, die sich in den 1970er Jahren in Schwabing ansiedelten. Dabei spielte nicht nur eine Rolle, dass wir mit vielen von ihnen zusammenarbeiteten, sondern auch, dass München das Zentrum des Neuen Deutschen Films geworden war. Da lag es nahe, dass die «Arbeitsgemeinschaft Junger Deutscher Film» in unseren Räumen tagte. Bald waren wir auch in der Filmpolitik tätig, unterstützten die Forderungen nach staatlicher Hilfe für die Filmkunst und ließen uns in die Vorstände der Verbände wählen. So wurde die U.L.M. der zentrale Ort, an dem eine Zeitlang die neuen Entwicklungen des deutschen Films ihren Ausgang nahmen.

Nach und nach zogen immer weitere Gruppierungen und Produktionen der Münchener Filmemacher in die Nähe der Agnesstraße. Der Filmverlag der Autoren war einer davon, ein Zusammenschluss von einem Dutzend Regisseuren, darunter Wim Wenders, Peter Lilienthal, Peter Schamoni, Laurens Straub, Hark Bohm oder Hans W. Geißendörfer. Man gründete einen neuen Kinoverleih und produzierte gemeinsam. Bernd Eichinger startete seine Solaris-Film bei uns um die Ecke, Regisseure und Regisseurinnen wie Haro Senft, Roland Klick, Uwe Brandner, Katrin Seybold, Reinhard Hauff, Christel Buschmann, ja, sogar die alte Leni Riefenstahl lebten und arbeiteten in unserer Nähe. Kluge, der bald seine eigene Operationsbasis entwickeln wollte, zog eine Straße weiter. Ein gemeinsamer Mittelpunkt war die Firma ARRI, die man von unserem Büro aus in sieben Minuten zu Fuß erreichte. Wer in diesen Jahren in Münchens Filmwelt bemerkt werden wollte, suchte sich eine Bleibe in unserem Schwabinger Viertel. Die nächstgelegenen Gaststätten wie die «Post» oder das «Bologna» (später «Savoy») zählten die Filmleute bald zu ihrer festen Kundschaft.

In den folgenden Jahren sind alle größeren Produktionen unseres Kreises in der Münchner Agnesstraße entstanden oder haben von hier ihren Ausgang genommen: DIE REISE NACH WIEN, DER STARKE FERDINAND, IN GEFAHR UND GRÖSSTER NOT, DER SCHNEIDER VON ULM, STUNDE NULL oder auch LINA BRAKE, BERLINGER, MÄDCHENKRIEG, TAUGENICHTS, DEUTSCHLAND IM HERBST und HEIMAT. Die Filme wurden auf Festivals gezeigt und in den Feuilletons gelobt, ihr Erfolg in den kommerziellen Kinos blieb aber oft bescheiden. Ich denke, dass wir durch unseren Hintergrund, die U.L.M., überhaupt erst in der Lage waren, die Niederlagen zu verkraften und uns während der schwierigen 1970er Jahre durchzuschlagen. Bis heute erfüllt mich die Erinnerung an die U.L.M., die noch Elemente der Ulmer Schule, Impulse von

Oberhausen und auch Ideale von 1968 in sich trug, mit einem Gefühl des Triumphs.

60 Reise nach Wien

Bei uns Autorenfilmern ist jedes Werk, das wir zustande bringen, ein Dokument seiner eigenen Entstehungsgeschichte. Vor der Gründung der U.L.M. hätte ich niemals versucht, mit Stars zu arbeiten. Das Verlangen nach der Rückkehr in die Traumwelt des Kinos erkläre ich mir heute mit der Professionalisierung unserer Technik. Sicher spielten auch die neuen Freunde eine Rolle. Alf war zum Beispiel ein leidenschaftlicher Kinogänger, der Westernfilme und Musicals liebte und oft darüber sprach, dass die Filmgenres, die wir in Ulm noch verachteten und ausschließlich als Unterwerfung der Erzählung unter Marktstrategien begriffen, im Grunde genau das Gegenteil bedeuten können, nämlich Freiheit. Genres garantieren bei Einhaltung ihrer Regeln eine unterhaltsame Publikumsnähe, selbst wenn die Autoren die ungewöhnlichsten Ideen darin verstecken und das gesamte System in Frage stellen. Genres sind demnach wie Grundstücke zu betrachten, deren Lage und Grenzen für einen Architekten nicht nur Beschränkungen bedeuten, sondern auch zur Auseinandersetzung mit der Nachbarschaft zwingen und dabei zu überraschenden Ideen inspirieren können. Ich war also Teil einer Öffnung geworden und wendete mich wieder dem Kino und seinen Traditionen zu. In dieser Haltung lag ein Glücksversprechen, das uns in den von Diskussionen und Rechtfertigungszwängen beherrschten Zeiten der 68er-Bewegung erlösen sollte.

Ich wollte die Geschichte der Wienreise meiner Mutter erzählen, auf die ich bei der Beerdigung meines Vaters gestoßen bin. Neben den erwähnten Erinnerungsfotos, zu deren Entstehung die Mutter keine Auskunft geben wollte, fand sich auch eine Postkarte mit dem Bild des noblen Wiener Hotels «Imperial», auf dem eines der Fenster angekreuzt war mit dem Vermerk «Hier wohnen wir». Ich weiß noch, wie unwirklich die Hotelfassade mit ihrer hochherrschaftlichen Architektur auf mich und meine Schwester gewirkt hat, als wir die Bilder als Kinder das erste Mal sahen. In unseren Augen war es ein veritables Schloss, aus dem die Mutter uns grüßte.

Ich hatte die Geschichte Alexander Kluge erzählt und gesehen, wie sie auch seine Phantasie ansprach. Wir fingen an, mächtig zu fabulieren, denn für unsere Generation waren es vor allem die Mütter, deren Leben unsere Erzähllust anregte. Die Geschichte der Frauen im Dritten Reich ist eigentlich nie richtig geschrieben worden. Es gibt da eine Art von vitalem Leichtsinn, der sich der humorlosen Kraftmeierei der Männer entgegenwirft. Einerseits war bei unseren Müttern ein unbändiger Befreiungsdrang zu sehen. Neben der Eroberungslust, die bei ihnen bis in die Körperhaltung hinein spürbar war, gaben sich unsere Kriegsmütter aber durchaus mütterlich und fürsorgend, wenn es darauf ankam. Und in besonderen Situationen, wie sie unser Film beschreiben sollte, sind sie auch gnadenlos wie alle zu jener Zeit. Diese verwirrende Ambivalenz, die unsere Erinnerungen an die Mütter prägte, sollte endlich erzählbar werden. Statt der Standardgeschichte vom Leid der tapferen Soldatenfrauen sollte eine unterhaltsame Groteske entstehen. Was mir vorschwebte, war nichts weniger als eine klassische Komödie, die als Genre in der deutschen Kultur selten auftritt.

Seit mehr als fünf Jahren hatte Kluge noch eine «Bringschuld» bei mir. Wir hatten zu Ulmer Zeiten miteinander vereinbart, dass wir unsere Zusammenarbeit nicht in Geldsummen bewerten, uns also nicht gegenseitig finanziell honorieren wollten. Es sollte ein Gleichheitsprinzip gelten, bei dem ein Tag Arbeit des einen mit einem Arbeitstag des anderen verrechnet wird. Aus den vielen Tagen als Kameramann bei ABSCHIED VON GESTERN hatte ich bei Alexander noch etwas gut. Handlungsablauf und Figuren der REISE NACH WIEN standen fest, aber beim Verfassen der Dialoge brauchte ich Distanz zu den allzu persönlichen Erinnerungen an meine Mutter. Mit Alexanders Hilfe gelang die Verfremdung, durch die sich die Erzählung vom Alltagsrealismus abhebt. Sätze wie: «Brillanten haben den Vorteil des leichteren Transports» oder «Wir haben die Wurst für den Notfall mitgebracht» oder «Ich halte das fernmündlich am Laufen» verraten Kluges Erinnerungssprache.

Zu meinem Versuch, ein Genre des Kinos neu zu entdecken, gehörte auch die Rollenbesetzung mit Stars. Für die Figur der Marga, die gelegentlich Züge meiner Mutter trägt, wollte ich gern Romy Schneider gewinnen. Aber wie hätte ich einen internationalen Star bezahlen können? Dazu brauchte man eine große Verleihfirma. Die Inhaberin des Gloria-Filmverleihs, die als «Schnulzenkönigin» vielgescholtene Produzentin Ilse Kubaschewski, hatte verlauten lassen, dass sie an der Zusammenarbeit mit einem Jungfilmer interessiert sei. Also suchte ich den Kontakt zu Frau Kubaschewski. Beim ersten Gespräch war ich so unvorsichtig und erwähnte meinen Plan, mit Romy Schneider zu arbeiten. Frau Kubaschewski war von dieser Idee so begeistert, dass sie mir sogleich einen Verleihvertrag anbot. Romy Schneider stand in der verbindlichen Besetzungsliste neben Elke Sommer, die ich ebenfalls vorgeschlagen hatte. Mein Verhandlungserfolg war allerdings alles andere als sicher, ich hatte bisher lediglich eine Zusage von Mario Adorf, den ich in Paris getroffen hatte. Elke Sommer lebte in den USA, und Romy Schneider galt als äußerst schwierig. Also musste ich in erster Linie ein Gespräch mit Romy Schneider zuwegebringen.

Mit Hilfe von Freunden kam es nach wochenlangen Bemühungen zu einem Treffen in München. Romy, der man über eine Freundin meine Telefonnummer übermittelt hatte, wolle mich anrufen, hieß es eines Tages. Ich wartete mehrere Tage, bis sie ihr Versprechen tatsächlich einlöste. Sie teilte mir in dem kurzen Telefonat mit, sie sei mit ihrem Mann Harry Meyen unterwegs nach München und könne zu einer bestimmten Zeit, die sie nannte, am Flughafen abgeholt werden. Ohne jegliche Scheu fügte sie hinzu, sie brauche dringend ein bestimmtes Medikament, dessen Namen und Stärke sie mir diktierte. Ich solle es beschaffen und zum Flughafen mitbringen. Wie ich herausfand, handelte es sich um ein in der Drogenszene bekanntes Psychopharmakon. Ich beriet mich mit den Freunden, die wiederum befreundete Ärzte anriefen. Aber keiner der Mediziner-Freunde war bereit, das Rezept auszustellen. Man klärte mich über die Suchtgefahr des verlangten Medikamentes auf, und ich sah mich schon mit Romy Schneiders Augen als gescheitert. Kurz vor Ankunft des Flugzeugs war es meinem auf allen seltsamen Wegen versierten Aufnahmeleiter gelungen, die Droge zu besorgen. Er raste zum Airport und brachte Romy und ihren Mann zum Bayerischen Hof.

Später konnte ich sie am Hotel abholen. Ich fuhr mit ihr zum französischen Restaurant Chez Pierre am Rotkreuzplatz, dessen Patron das ganze Lokal für unser Treffen reserviert hatte. Ich saß mit Romy im leeren Lokal, von Pierre liebevoll bedient, bis weit nach Mitternacht bei Gourmethäppchen und schwerem Bordeaux. Sie war aufgekratzt und flirtete ohne Unterlass. Ich erzählte ihr die ganze Geschichte der REISE NACH WIEN, von meiner Mutter, von meinen Recherchen an den Drehorten, vom Hunsrück und von der Idee, eine Komödie über gewisse Provinznazis zu machen. Ich brachte ihre Augen zum Leuchten. Romy fasste mehr und mehr Vertrauen, und ich wurde immer zuversichtlicher. Sie sprach sogar schon von Terminen und wollte wissen, wer die Kollegen seien, mit denen sie spielen solle. Ich nannte Mario Adorf, den sie aus Paris kannte. Elke Sommer erwähnte ich nicht, da ich nicht sicher war, wie Romy auf den Namen reagieren würde.

Romy trank große Mengen Rotwein. Ich musste sie schließlich zum Hotel begleiten, weil sie volltrunken war und sich nicht mehr allein zurechtfand. Als ich spät in der Nacht wieder zu Hause und erschöpft eingeschlafen war, weckte mich das Telefon. Es war Romy, die mir um fünf Uhr früh erklärte, sie würde zwar gern mit mir arbeiten, aber da sei ein Hindernis, das sie nicht überwinden könne: die zweite, gleich große Frauenrolle in meinem Film. Sie habe sich vorgenommen, nur absolute Hauptrollen zu spielen. In meinem Film sei aber immer diese andere Frau, die Freundin, die man nicht streichen könne. Ich musste ihr recht geben: Das Komplott der beiden Freundinnen ist das Energiezentrum dieser Geschichte. Aber genau diese Konstellation bezeichnete Romy Schneider als unerträglich. Damit war der Versuch, sie für meinen Film zu gewinnen, gescheitert. Ich musste der Schnulzenkönigin Kubaschewski bekennen, dass diese Besetzungsforderung aus dem Verleihvertrag nicht erfüllbar war. Damit war das Terrain, das ich glaubte gewonnen zu haben, wieder verloren.

Im Rückblick bin ich nicht unzufrieden mit den Lösungen, die mit Hilfe der Freunde gefunden wurden. Es war Hannelore Elsner, die schließlich meine Marga spielte. Es ist unvorstellbar, wie sich mein Leben und vor allem das von Alf Brustellin weiterentwickelt hätte, wenn es mit Romy Schneider anders gelaufen und es nicht Hannelore Elsner geworden wäre. Sie entschied sich für uns und sollte danach noch eine bedeutende Rolle im Leben unserer Gruppe spielen. Alf hatte zu Hannelore Elsner geraten, weil er sie aus dem Theater kannte. Sie war auch auf der Kinoleinwand keine Unbekannte mehr. Alf begeisterte sich für das Projekt und war fortan immer an meiner Seite. Als es an die Drehvorbereitung ging, bot er mir an, mich als Regieassistent zu begleiten. Offenbar war der Blitz der Liebe schon am ersten Abend meines Rollengesprächs mit Hannelore in sein Herz gefahren. Wann die beiden ein Paar wurden, kann ich nicht sagen, denn Alf war ein so hingebungsvoller Regieassistent und Hannelore so in die Kumpanei mit ihrer Filmfreundin Elke Sommer verstrickt, dass alle Bilder, die mir durch den Kopf wandeln, immer nur die Filmhandlung zeigen und nie das Privatleben dieser beiden wunderbaren Schätze.

Es gibt eine Seite des Erinnerns, die im professionellen Kontext gern ausgespart bleibt, weil sie Erlebnisse und Begegnungen betrifft, die nicht direkt mit dem Inhalt des Films in Verbindung stehen und als private Nebensache gelten. Dazu gehört die Wiederbegegnung mit meinem ehemaligen Lehrer Karl Windhäuser während der Dreharbeiten. Wie erwähnt, war Windhäuser eine unvergessliche Ausnahme unter den Lehrern, voller Freiheitsdrang, unkonventionell, ein gefühlvoller Lyriker, ein Bühnentier zugleich, der mich zum Theaterspielen gebracht, mich ernst genommen hat, als ich anfing, Stücke zu schreiben; der mich ermutigt hat, den Schritt aus dem Hunsrück hinaus zu wagen. Windhäuser wurde 1910 geboren, war bei meinem Abitur also zweiundvierzig Jahre alt, und jetzt, als ich ihn bei der Motivsuche zur REISE NACH WIEN wiedersah, war er zweiundsechzig, stand kurz vor seiner Pensionierung. Ich war in den Jahren seit dem Abitur nur noch selten im Hunsrück gewesen, und die Kreisstadt Simmern hatte ich gemieden, denn sie hätte mich an die Demütigungen erinnert, die mir dort als Knabe widerfahren sind. Für die Dreharbeiten suchte ich aber gerade diese Atmosphäre der gegenseitigen Kontrolle und Provinzialität, die den Hintergrund zu meiner Kriegskomödie abgeben sollte. Ich war also nicht aus Heimatliebe zurückgekehrt, sondern im Gegenteil aus dem Bedürfnis, aus der Distanz zu zeigen, wie Provinzkomik entsteht.

In Windhäuser sah ich, trotz der langen Zeit, die vergangen war, einen Verbündeten im Geiste. War er nicht immer der Revoluzzer im Städtchen gewesen, der alle Bürgerlichkeit in Frage stellte? Ich fand den ehemaligen Lieblingslehrer in seinem neuen Haus am Rande der Altstadt. Er verhielt sich mir gegenüber von Anfang an seltsam reserviert. Er hatte meinen Weg von weitem verfolgt, kannte auch den Film MAHLZEITEN, den er komplett missbilligte, wie er in einem Nebensatz erwähnte. Er ließ sich die Geschichte der REISE NACH WIEN erzählen und wollte wissen, was ich von ihm erwarte. Ich erklärte ihm, dass ich auf Unterstützung bei der Besetzung kleiner Rollen angewiesen sei und hoffe, dabei seinen kundigen Rat zu bekommen. Außerdem suchte ich einen Dialektcoach, der den Darstellern den richtigen Tonfall in den Dialogen der Simmerner Bürger beibringen würde. Während alldem zog Windhäuser seine Stirn in Falten. Er brachte kein Lächeln hervor, und seine schwarzen Äuglein, die mich früher so aufmunternd anleuchten konnten, erschienen matt. Schließlich überschüttete er mich mit einer endlosen Suada von Empörung und Kritik an der 68er-Bewegung, der er mich zurechnete. Er zeterte über die Verwüstung der über Jahrhunderte erkämpften Ideale, klagte den Mangel an Respekt und Anstand der Studentenrevolten an und sah in mir einen Vertreter «dieser linken Ideologen», die alles zerstörten, was der deutsche Geist von Schiller bis Rilke an Kultur und Schönheit geschaffen habe. Er könne und wolle diese Entwicklung nicht unterstützen. Ich war fassungslos über diese Pauschalverdammung und besonders enttäuscht, von meinem einstigen Idol so falsch eingeschätzt zu werden. Ich weigerte mich, auf diesem Niveau weiter zu diskutieren, und zog es vor, das Haus mit einem Lächeln zu verlassen.

Wie ich später erfuhr, war Windhäuser seit Jahren als CDU-Mitglied im Stadtrat von Simmern tätig und strebte neuerdings danach, Bürgermeister zu werden. Der amtierende Bürgermeister war zu dieser Zeit ein ehemaliger Mitschüler aus meiner Parallelklasse. Er hieß Kurt Schöllhammer. Unter uns Schülern hatte er damals den Spitznamen «Schölles», und so sprach ich ihn auch diesmal an. Als ich ihn im Rathaus aufsuchte, hatte er bereits von mir und meinen Filmplänen gehört. Dass Elke Sommer mitspielen sollte, war eine Nachricht, die ihn elektrisierte. Er versprach mir jede mögliche Unterstützung durch die Stadt. In meiner Erinnerung sehe ich die Gelage, die der «Schölles» im Simmerner Hotel zur Post, wo wir später alle residierten, veranstaltete, ich sehe sein Lachen an Elke Sommers «grüner Seite», ich sehe die Kiffer um meinen Kameramann Robby Müller am Nebentisch, die sich über Elkes Erfolge bei den Simmerner Männern amüsieren.

Bei meinem Antrittsbesuch berichtete ich dem Schölles von meinem gescheiterten Wiedersehen mit Windhäuser, was ihn überhaupt nicht erstaunte. Windhäuser sei im Alter etwas sonderbar geworden, vielleicht weil ihn seine ehemaligen Schüler in allen Bereichen überholt hätten. Er riet mir, es noch einmal zu versuchen, denn es wirke Wunder, wenn man ihm die Chance gebe, Gnade walten zu lassen. Wir sollten nicht vergessen, dass Herr Windhäuser sich immer noch als unser Lehrer fühle. Einige Tage später brachte ich Windhäuser das Drehbuch mit der Bitte, es zu lesen und zu überprüfen, ob er mit seiner anfänglichen Kritik nicht einem Vorurteil zum Opfer gefallen sei. Es war mir sehr wichtig, mit ihm wenigstens einen Weg des gegenseitigen Respekts zu finden. Ich machte ihm den Vorschlag, sich eine der unbesetzten Rollen auszusuchen, denn ich wollte ihm eine kleine Hommage zukommen lassen. Wie man am fertigen Film sehen kann, wählte er die Rolle des Dorfpolizisten, der keinem traut und um den Verlust jeglicher Ordnung bangt. Wenigstens den Humor hatte er im Alter nicht verloren.

Die Dreharbeiten in Simmern wurden nun doch eine erste Rückkehr in die Gefilde meiner Jugend. Ich befand mich zwar inmitten eines professionellen Teams, das mich schützte, aber ich begegnete auf Schritt und Tritt einstigen Mitschülern, Verwandten und deren Nachkommen, die mir ganze Romane von Familiengeschichten zutrugen. Bei Außenaufnahmen bildete sich am Straßenrand eine Traube von Zuschauern, von denen jeder Zweite behauptete, mich zu kennen oder mit mir verwandt zu sein. Ich war zu dieser Umklammerung nicht bereit, immer wieder flüchtete ich davor. An den Wochenenden raste ich mit dem Auto nach München, um nicht ohne feste Aufgabe im Hunsrück zu sein.

Ich kann mich nur an wenige Besuche bei meiner Mutter erinnern. Dabei ging es um die Kostümausstattung unseres Films. Einmal war ich mit der Kostümbildnerin Monika Altmann da, deren Arbeit den besonderen Charme des Films überhaupt erst hervorgebracht hat. Ich erinnere mich, mit welcher Schwärmerei unsere Mutter den besonderen Chic der alten UFA-Stars beschrieb. Monika Altmann konnte sich bei dieser Begegnung viele Inspirationen und sogar von der Mutter selbst aufgezeichnete Kostümschnitte verschaffen. Meine Lieblingsszene in REISE NACH WIEN ist bis heute die nach Beschreibungen der Mutter inszenierte Modevorführung der beiden Protagonistinnen im nächtlichen Wohnzimmer bei Schlagermusik und Stromsperre.

Welche Wirkung ein Kostüm haben kann, erlebte ich, als Monika Nicolas Brieger in die Uniform des Fliegerleutnants Rudi Schuster gesteckt hatte und ihm das Ritterkreuz anlegte. Auf einmal sprang meine Seele dreißig Jahre zurück mitten in die Kriegszeit. Mein Herz fing wie wild an zu pochen, und ich schwitzte vor Angst, als Mario Adorf in der Parteibonzenuniform hinzutrat. Alle Gegenwart war in diesem Moment erloschen, und ich wusste mir nicht zu helfen. Ich stammelte immerzu Worte wie «Das kann nicht wahr sein!», «Nicht zu fassen!».

Ganz anders erging es mir, als Hannelore das bordeauxrote Kleid anzog und die Seidenstrümpfe am Bein gerade zog. Ich spürte die Urquelle meiner erotischen Faszination, die bei aller Widersprüchlichkeit Züge der Mutter und ihrer Freundinnen trug. DIE REISE NACH WIEN ist ein Film, der seit damals immer wieder einmal vergessen und dann wiederentdeckt wurde. Doch niemals wurden die beiden Protagonistinnen richtig verstanden. Selbst bei den Wiederaufführungen des Films in den letzten Jahren wurde über das zentrale Thema nicht gesprochen. Mit seltsamer Entschlossenheit wird in der Kritik und in den Publikumsgesprächen die Grausamkeit der Frauen ignoriert. Man lacht, wenn die beiden den verliebten Dorfnazi ausnutzen, wenn sie ihn in eine vorgetäuschte Vergewaltigung locken und ihn damit ans Messer liefern. Gnadenlos ist die Rache der Frauen, und ohne Skrupel verschaffen sie sich ihre Sexabenteuer. Aber unter der Prämisse, dass ein Opfer wie der von Adorf gespielte Ortsgruppenleiter Scheuermann eben ein blöder Provinznazi ist, funktioniert die weibliche Schurkentat als Komödienspaß.

Vielleicht war dieses Verständnis der Geschichte sogar den Darstellern nicht klar, und im Team wurde nicht diskutiert, sondern gefeiert. Ich habe mit Alf Brustellin oft über die möglichen Bedeutungen der Geschichte gesprochen. Es war mir wichtig, eine Filmerzählung über den Punkt der guten Machart hinauszutreiben und das Geheimnis in ihrem Innern, zum Beispiel die Grausamkeit, aufzuspüren, von der auch die Kriegsmütter nicht frei waren. Ich wollte den Unterschied von Erlebnis und Erfahrung zeigen, indem ich den Figuren über den Film, seinen Plot und die Komödie hinaus ein Eigenleben verschaffte, damit sie zu einem Teil unserer realen Welterfahrung werden konnten. Ich denke, dass dieses Ziel wirklich erreicht wurde, denn die beiden Protagonistinnen sind mit ihren Abenteuern und den zu allem entschlossenen Körperhaltungen zur Parabel geworden.

Die Zusammenarbeit mit Kameramann Robby Müller war für mich in jeder Hinsicht eine neue Erfahrung, mit anderen Worten: Ich verstand überhaupt nicht, was er machte. Neu war für mich, dass einer völlig anders auf Situationen oder Bilder reagierte als ich. Schließlich war ich doch mit den Anforderungen der Kameraarbeit vertraut, hatte selber als Kameramann gearbeitet, und Mauch war mein vertrauter Begleiter, bei dem ich jeden Handgriff durchblickte. Bei Robby verstand ich kaum etwas. Er hatte eine eigene Beleuchtungstechnik mit vielen kleinen Reflektoren, die er in Innenräumen mit Dutzenden von Wäscheklammern befestigte und damit ein wundersames Spiel von reflektiertem Licht erzeugte. Seine Arbeitsweise war intuitiv. Er konnte nicht in Worten erklären, was er tat. Der Joint klebte zwischen seinen Lippen, während er schlafwandlerisch umherging, Reflektoren anbrachte und seinem Assistenten Handzeichen gab, die nur er verstand. Robby drehte seinen inneren Film, dessen Entstehen ich gespannt beobachtete. Besondere Freude machte er den Schauspielern, weil er ihnen mit halbgeöffneten Augen in die Gesichter sah, Lichter und Schatten verfolgte und begeistert war, wenn ihr Spiel gelang. Robbys Assistent war Martin Schäfer, der ein ebenso begabter Kameramann werden sollte und einige Jahre später mit mir die schönsten Szenen beim SCHNEIDER VON ULM realisierte.

Wie es der Verleihvertrag der Gloria-Film vorsah, musste ich den sogenannten Rohschnitt der Firmenchefin vorführen. Ich zögerte diese Abnahme bis zum Sommer 1973 hinaus. Frau Kubaschewski war mit der Schnittfassung irgendwie einverstanden, machte aber Auflagen: Als Erstes musste ich eine Nacktszene entfernen, in der man sieht, wie Hannelore Elsner im Wiener Hotelzimmer unbekleidet zum Wehrmachtsmajor ins Bett schlüpft. Die Verleihchefin befürchtete, die Szene könnte die FSK-Freigabe des Films für Jugendliche ab zwölf Jahre verhindern, was geschäftliche Einbußen bedeutet hätte. Die zweite Kürzungsauflage folgte einem Branchenaberglauben, den ich bis heute idiotisch finde: Die Traumsequenz, in der Hannelore mit dem Fliegerleutnant im Pferdeschlitten durch den verschneiten Wald fährt, sollte gestrichen werden, weil Träume vom Publikum nicht verstanden würden und Schnee grundsätzlich Kassengift im Kino sei. Nach vielen Diskussionen ließ ich die beiden Szenen aus der Theaterkopie heraustrennen. Auf den Festivals oder bei der Premiere konnte ich aber Kopien ohne diese Schnitte einsetzen.

Das übrige Verhalten des Verleihs war mehr als fragwürdig. Frau Kubaschewskis Leute machten mir den Vorschlag, mit meiner Mutter einen Skandal zu inszenieren, der den Film ins Gerede der Boulevardpresse bringen sollte. Man hatte schon einen Anwalt gefunden, der zu meiner Mutter in den Hunsrück reisen und sie überreden sollte, ihren Sohn wegen übler Nachrede und Falschdarstellung im Film zu verklagen. Sie sollte nachweisen, dass es die sexuellen Erlebnisse der Ehefrauen in Wien nie gegeben und man sich niemals mit einem Parteibonzen oder Nazioffizier eingelassen habe. Frau Kubaschewski versprach sich von dieser Kampagne große Erfolge. Sie malte sich aus, wie eine festliche Premiere durch eine einstweilige Verfügung in letzter Minute in Anwesenheit der gesamten Presse verboten würde. Der unfassbare Plan, über den ich bisher nicht öffentlich sprechen wollte, weil er in seiner Schamlosigkeit zu armselig war, gipfelte darin, dass man mir im Büro der Gloria unverhohlen eine finanzielle Beteiligung anbot für den Fall, dass ich dieser Intrige zustimme. Der Abscheu, der mich in diesen Stunden erfasste, hat mich bis heute nicht ganz verlassen. Ich war natürlich nicht bereit, mitzumachen. Ich besuchte meine Mutter im Hunsrück, um sie und meinen Bruder Guido vor der Filmbranche zu warnen. Vielleicht war dies meine erste Annäherung an die Heimat – nach so vielen Jahren.

61 Petra, die Liebe und die Arbeit

DIE REISE NACH WIEN wurde im folgenden Jahr ein heftig umstrittener Film. Ich wurde deswegen zu allen möglichen Diskussionsveranstaltungen eingeladen und fuhr wochenlang im Lande umher, um meinen Film zu verteidigen. Es gab zwei Argumente, mit denen die Angriffe begründet wurden: Die Vergnügungssucht der beiden Frauen sei eine Beleidigung der deutschen Frau im Krieg; und die Tatsache, dass der Film sich als Komödie darstelle, sei ebenfalls ein Fauxpas. Über Nazifunktionäre zu lachen, die Kriegsverbrecher gewesen seien und unzählige Menschenleben auf dem Gewissen hätten, sei eine Geschmacklosigkeit. Das Dritte Reich lag erst zwanzig Jahre zurück und war irgendwie tabu; es durfte nur mit der Geste tragischer Mitschuld beschrieben werden. Meine Mission, einen ideologiefreien

Erzählstil zu etablieren und die Lächerlichkeit durch genaues Betrachten zu entdecken, ist damals gescheitert. Dass sich Gegner von rechts und von links gegen den Film formierten, jagte mir einen Schrecken ein. Ich fühlte mich isoliert und war nahe daran, den Film verloren zu geben.

Als ich eines Nachts nach stundenlanger Autofahrt von einer Veranstaltung nach München zurückgekehrt war und mich in meiner kleinen Mansardenwohnung zur Ruhe legen wollte, passte mein Schlüssel nicht ins Schloss. Ich verstand nicht, was die Ursache war, und vergewisserte mich, ob ich mich nicht in der Wohnung geirrt hatte. Ich ging zum Lift zurück, wo aber das richtige Stockwerk angezeigt war. Also probierte ich es noch einmal, bis ich feststellte, dass ein Schlüssel von der Innenseite im Schloss steckte. Wer war da in meiner Wohnung? Ich drückte den Klingelknopf. Nichts rührte sich. Dann läutete ich lange und ausdauernd, bis hinter dem Spion ein Licht anging. Ich hörte Schritte. Die Tür wurde vorsichtig einen Spalt weit geöffnet. Ich erkannte Gertraud. Sie bat mich mit flehender Stimme, ich solle bitte jetzt nicht in die Wohnung kommen, sie sei nicht allein. Ich solle ihr eine Viertelstunde Zeit geben, vielleicht in der Nähe ein Bier trinken, dann sei die Wohnung wieder frei für mich. Ich verstand. Ich hatte sie mit einem Liebhaber aufgeschreckt. Irgendwo im Hintergrund der Wohnung war ein Mann zu hören, den ich nicht kannte. Gertraud versuchte, sich zu entschuldigen. Sie habe gedacht, ich übernachte in Köln. Die Kinder sollten nicht mitbekommen, mit wem sie sich treffe. Deswegen sei sie hierher gegangen.

Ich ließ meine Tasche vor der Türe und ging draußen auf der Straße auf und ab. Dann fiel mir ein, dass der Schelling-Salon noch aufhatte. Ich stand dort eine halbe Stunde am Tresen und trank, was ich sonst nie tat, ein Bier. Als ich zu meiner Wohnung zurückkam, passte der Schlüssel. Meine Tasche stand im Flur, die Fenster waren offen, es roch nach frischer Nachtluft. Der Zwischenfall hatte mich irritiert, aber auch belustigt, denn er brachte eine Entlastung meiner Seele. Bisher war immer ich der Sünder gewesen. Irgendwie war ich jetzt mit Gertraud quitt. Als ich sie an einem der folgenden Tage wiedersah, konnten wir uns mit einem wissenden Grinsen verständigen.

Alles war gut. Gertraud stellte mir auch bald Thomas vor, der von nun an nicht mehr versteckt wurde. Er war ihr ständiger Begleiter geworden und bald ihr treuer Partner, mit dem sie bis heute lebt.

Gertraud hatte ihr Studium an der Münchener Universität über die Jahre mit eindrucksvoller Konsequenz verfolgt. Für ihre Doktorarbeit in Pädagogik und Psychologie hatte sie sogar eine Feldforschung organisiert, an der eine ganze Reihe von Kommilitonen beteiligt war. Ich habe ihre Fragebogen-Enquete mehrfach aus der Nähe beobachten können, wenn Gertraud ihre Hilfstruppen zu Hause verköstigte, um sie für ihren Fleiß zu entlohnen. Es ging in der Doktorarbeit um die Bildungschancen von Mädchen, die sie mit denen der Jungen verglich, um damit die frühen feministischen Forderungen einer neuen Bildungspolitik zu unterfüttern. Man kann sagen, dass Gertraud sich in eine emanzipatorische Kämpferin verwandelt hatte. Im Freundeskreis hätte zuvor kaum jemand vermutet, dass diese Fähigkeit in ihr schlummerte.

Unter den Helfern war auch Petra. Sie unterstützte Gertraud bei der Auswertung der Fragebogen und der Niederschrift der Doktorarbeit. Ich bemerkte sie das erste Mal, als sie mit Susanne diskutierte und mich unerwartet anschaute. Petra war eine faszinierende junge Frau mit blondgelockten Haaren, blaugrau schimmernden Augen und einer überraschend tiefen Stimme. Sie war eine streitbare, kritische Lehramtskandidatin, deren Urteilskraft auffiel. Zugleich zeigte sie eine große Sensibilität für Sprache und Poesie. Diese Frau hatte mich angeschaut, als hätte sie eine Frage. Welche Frage?

Eines Tages wollte ich es wissen. Ich besuchte Petra in ihrer WG. Oft genug war ich an dem Haus in der Georgenstraße vorbeigegangen, wenn ich von der U.L.M. zu meiner Wohnung zurückkehrte. Diesmal läutete ich. Sie war da und empfing mich mit diesem fragenden Blick. Ich weiß nicht mehr, was ich sagte. Vermutlich etwas, das sie sofort durchschaute. Aber sie schickte mich nicht weg. Im Gespräch erfuhr ich, dass sie Fassbinder kannte und dass Hanna Schygulla seit Schulzeiten ihre Freundin sei. Petra hatte gerade ihr Examen für das Lehramt in Französisch und Deutsch bestanden und wartete auf ihren Einsatz als Referendarin. Sie interessierte sich für Film und schrieb Gedichte. Meine Faszination war aber jenseits aller dieser Anknüpfungspunkte entstanden. Vielleicht war es ihre Stimme, die mich berührte, aber wer weiß schon, warum die Liebe erwacht.

Wir waren wohl beide reif für diese Begegnung. Ich hatte mich von Gertraud getrennt, und zugleich hatte sich die Beziehung zu Ula mehr und mehr in eine Arbeitsfreundschaft verwandelt. Auch Petras Liebschaften waren wohl gerade zerbrochen. Da gab es einen Germanisten aus Afghanistan, einen Dichter aus dem Iran, einen Ingenieur aus dem Saarland. Petras Freundschaften waren mit ungelösten Problemen derart belastet, dass ich mich von ihnen fernhielt. Es blieb die Idylle unserer neuen Liebe. Bald schon nahm Petra mein Angebot an und wohnte bei mir.

Als sich das neue Verhältnis im Freundeskreis herumgesprochen hatte, kam es doch noch zu schmerzlichen Trennungsszenen mit Ula. Wir lebten ja nach wie vor in unmittelbarer Nähe, sahen uns im Büro, planten unsere Filmprojekte nebeneinander und gingen fast täglich miteinander zum Abendessen oder wurden von Alf, der leidenschaftlich und köstlich kochte, bis in die Morgenstunden bewirtet. Ich hoffte, Petra in den U.L.M.-Kreis einführen zu können. Das aber wurde schwierig, Ula verteidigte das Revier.

Als Petra ein Referendariat in Lindau antrat, wo sie ein Jahr lang blieb, kam es zwischen ihr und Ula zu einer vorübergehenden Waffenruhe. Rettung schien nur in der Arbeit zu liegen. Also stürzten wir uns in die vielen kleinen Aufträge, die meist von den Fernsehanstalten ins Haus flatterten.

62 Ein Auto, das eine Göttin war

Eines Tages habe ich geschworen, mich niemals mehr in ein Auto zu verlieben. Dieser Schwur galt einem Auto, das mir zeitweise den Verstand geraubt hatte.

Ich bin noch in einer Zeit herangewachsen, in der das Auto begann, die Welt zu erobern. Das erste Auto meines Vaters war der Stolz der Familie. Es wurde jede Woche vor der Haustüre poliert. Ich erinnere mich noch an das aufgeblähte Spiegelbild meines Kindergesichtes in der Radkappe. Das erste Nachkriegsauto meines Vaters, ein Ford M 12, diente in der Silvesternacht 1951 Klärchen und mir als Liebesgrotte. Mein erstes eigenes Auto sollte mich so durch die Lande schweben lassen, wie ich es in den amerikanischen Straßenkreuzern der Baumwollfarmer in Mexiko und Brasilien kennengelernt hatte. Es war ein Opel Kapitän, mit dem ich eines Tages auf Blitzeis ins Schleudern kam und auf die Gegenfahrbahn geriet. Von diesem Unfall trage ich bis heute eine kleine Narbe an der Augenbraue. Der Straßenkreuzer war danach ein Haufen Schrott aus viel zerknautschtem Blech, das mich beim Aufprall gerettet hatte. Als ich später als Professor in Ulm lebte, lernte ich den Besitzer der Citroën-Werkstatt kennen. Er verkaufte mir eine DS 21, ein Auto, das von den Designern der hfg gefeiert und von den Technikern wegen seiner Hydraulik bewundert wurde. Bei den zahllosen Fahrten zwischen München und Ulm und den vielen spontanen Reisen dieser Zeit gab mir dieses Auto das Gefühl, zur Avantgarde zu gehören. Da die Ulmer Hausästhetik außer dem sachlichen Grau keine andere Farbe erlaubte, war auch mein Auto silbergrau und ohne Schnickschnack aus Chrom. Diesen ersten Citroën fuhr ich bis zur Schließung der Schule. Er hatte mehr als zweihunderttausend Kilometer auf dem Tacho, als er der Göttin weichen musste.

Der Autoverkäufer zeigte mir einen Hochglanzprospekt mit Bildern des schönsten Autos aller Zeiten, wie er sagte. Es war ein Citroën DS 21 Décapotable, ein Cabriolet, wie ich es noch nie gesehen hatte. Offenbar verliebte ich mich sofort, denn ich unterschrieb den Kaufvertrag am selben Tag. Da der Wagen in französischen Spezialwerkstätten in kleiner Stückzahl von Hand gefertigt wurde, dauerte es ein halbes Jahr, bis die «Göttin» geliefert wurde – die «Déesse», wie das DS-Modell von Citroën im Französischen spielerisch genannt wird. Sie war tatsächlich zum Verlieben: Silber mit mattschwarzem Verdeck und bordeauxroten Ledersitzen! Bei offenem Verdeck war es ein

Schiff, mit geschlossenem Verdeck ein Geschoss. Die Hydraulik war gegenüber dem Vorläufermodell noch verbessert worden. Es gab nun keinen Schalthebel mehr, sondern nur einen «Multifunktionsstick» für alles, das hydraulisch gesteuert werden konnte. Sogar die Federung des Wagens erfolgte über Luftpolster, und eine besondere Mechanik machte einen Reifenwechsel, sollte er einmal nötig werden, zur Sensation. Der Wagen konnte ohne Verwendung eines Wagenhebers das Rad anheben und wieder absenken, wenn das Reserverad montiert war. Ich habe dieses Kunststück meiner Göttin einmal auf der Zufahrt zum Münchener Flughafen vorführen dürfen: Zwei Taxifahrer, die sich die Show nicht entgehen lassen wollten, hielten neben mir an, um zuzuschauen, wie der Reifenwechsel vonstattenging. Ich konnte die Panne so schnell beheben, dass ich meinen Flieger noch erreichte, obwohl ich schon spät von zu Hause losgefahren war.

Wenn ich meine Wege durch die 1970er und 1980er Jahre erkunde, kann mir mein launisches Auto als Wegmarke dienen. Es taucht in den Filmen auf, es ist auf Arbeitsfotos als Kamerafahrzeug zu sehen, und auf den Ferienbildern markiert es immer wieder den Radius meiner Bewegungen. Zahllose Male trug mich die silberne Göttin zu Petras Wirkungsorten während ihrer Referendariatszeit in Lindau oder Nürnberg. Im September 1974 brachte die «Déesse» uns beide für einige Wochen nach Kroatien. Es waren die schönsten Tage, die unserer Liebe vergönnt waren.

Dieses Auto war nicht irgendein Transportmittel, sondern eine Begleiterin mit Seele. Es hatte auch eine verblüffende soziale Wirkung, denn ich konnte mit ihm nirgendwo unbemerkt ankommen. Sofort war ich umringt von Leuten, die sich über die Schönheit des Wagens ausließen und miterleben wollten, wie sich die Luftfederung nach dem Aussteigen senkt oder später beim Einsteigen wieder hebt. Oftmals bin ich dabei mit Menschen ins Gespräch gekommen, denen ich sonst niemals begegnet wäre.

In einem Fall, den ich hier erzählen muss, bin ich als Fahrer der Göttin sogar zu einem königlichen Nachtmahl eingeladen worden. Es war während einer meiner Touren durch Frankreich. Seit ich die DS besaß, liebte ich es, allein ins Blaue zu fahren. Solche Fahrten entspannten mich, besonders in komplizierten Situationen, wie sie bei meinen Konflikten zwischen Familie und erfolglosen Filmprojekten nicht selten waren. Ich fuhr dann der untergehenden Sonne hinterher, immer nach Westen. So gelangte ich oft nach Frankreich, wo ich mich besonders gern umhertreiben ließ, auch weil ich die Sprache und die Leute verstand. Auf der besagten Reise erreichte ich nach einigen Tagen die Normandie. Ich hatte zuvor in billigen Klitschen geschlafen und nicht ans Essen gedacht, vermutlich, weil ich mich nirgends aufhalten und möglichst schnell ans Meer kommen wollte. Es war Sommer, und ich fuhr mit offenem Verdeck. Gegen Abend kam ich durch das Städtchen Saint-Lô. Ich hatte nun doch ziemlichen Hunger, und so hielt ich an einem zentralen Platz, um im Guide Michelin nach einem geeigneten Restaurant zu suchen. Zu meiner Überraschung gab es sogar eines der in Frankreich besonders hochgeschätzten Drei-Sterne-Restaurants. Als ich mich umschaute, las ich den Namen an einer Hausfassade direkt gegenüber. Ein Mann mit weißer Schürze war gerade dabei, die Blechjalousie am Eingang des Lokals herunterzuziehen. Als er sich umdrehte, streifte mich sein Blick. Es war aber wohl mein Auto, das seine Neugier geweckt hatte. Ich stieg aus und fragte, ob das Restaurant offen sei. Der Mann verneinte. Heute sei Montag, da sei abends immer geschlossen. Das sei sehr traurig, antwortete ich, ich sei extra aus Deutschland nach Saint-Lô gekommen, um in seinem berühmten Restaurant zu essen.

Der Mann musterte mich von oben bis unten. Er wollte wissen, aus welcher Stadt ich komme. Ich sagte München. Der Mann warf einen zweiten Blick auf meine Göttin. Ob ich zufrieden sei mit meinem Auto. Mehr als das, sagte ich, ich sei verliebt in meine DS. Wenn er Deutscher wäre, meinte er dann, würde er «une Mercedesse» fahren. Ich musste lachen. Meine französische Göttin sei trotzdem das schönste Auto der Welt, sagte ich, und es sei schade, dass ich heute hungrig in die Nacht fahren müsse.

Da gab er mir ein Zeichen, ich solle ihm folgen. Er führte mich über den Hintereingang in das Restaurant und platzierte mich an einem der leeren Tische. Jetzt stellte er sich förmlich vor, nannte seinen Namen und fügte hinzu, er sei hier der Patron. Er wolle mich nicht hungrig in die Nacht fahren lassen und mir ausnahmsweise etwas zu essen machen. Ich dürfe allerdings nicht nach der Karte fragen und müsse mit dem zufrieden sein, was er in der Küche finde. Er verschwand und ließ mich eine Weile mit meinem knurrenden Magen in dem leeren Lokal sitzen. Irgendwann kam er und stellte mir eine Kollektion von Meeresfrüchten als Vorspeise hin. Dann folgte eine köstliche Suppe, schließlich tischte er mir «Canard à l'Orange» auf, Ente mit Orangensauce.

Es sei leider nichts anderes vorrätig gewesen, meinte er. Während ich das absolut vorzügliche Drei-Sterne-Menü genoss, setzte er sich mit einem Teller Spaghetti an einen Tisch neben dem Tresen. Als ich ihn einlud, an meinen Tisch zu kommen, antwortete er, das gehöre sich nicht, ein Wirt esse nicht mit den Gästen. Aber ich sei doch eine Ausnahme, sagte ich. Er ließ sich halbwegs überzeugen, aß seine Spaghetti zu Ende und setzte sich dann zu mir. Er schenkte mir Wein ein. So kamen wir ins Gespräch. Er erzählte von den Generationen seiner Familie, die ihm dieses Restaurant vererbt hätten, auch vom Krieg sprach er. Er war fast zwanzig Jahre älter als ich, hatte die deutsche Besatzung erlebt und die Invasion der alliierten Truppen im Jahr 1944. Saint-Lô war stark umkämpft, wie ich erfuhr, und unter dem Bombenhagel der vordringenden Amerikaner dem Erdboden gleichgemacht worden. Der Patron hatte diese Katastrophe mit seiner Familie überlebt und später geholfen, die Ruinenstadt wiederaufzubauen.

Mitten in der Erzählung erhob er sich und kam nach einer Weile mit einer von Kalkstaub überzogenen Flasche wieder. Das sei ein Calvados Jahrgang 1904. Den habe man aus den Trümmern der Stadt gerettet. Seit fünfundzwanzig Jahren frage er sich, zu welcher Gelegenheit er diese Flasche öffnen solle. Und heute sei diese Gelegenheit. Er wischte den Staub von der Flasche und entkorkte sie. Ich will es kurz machen: Wir beide tranken in dieser Nacht die ganze Flasche Calvados. Wir redeten, erzählten und tranken das unglaublich aromatische Destillat, das den Ersten Weltkrieg und den Zweiten Weltkrieg und die

Invasion und die Bomben überstanden hatte, um jetzt von den Söhnen der ehemaligen Todfeinde getrunken zu werden. Am Ende waren wir beide berauscht und lagen uns, die Marseillaise singend, in den Armen. Ich habe mich in meinem ganzen Leben nie mehr so glücklich gefühlt, Europäer zu sein.

Als wir sahen, dass der Tag dämmerte, fiel mir siedend heiß ein, dass ich vergessen hatte, mich um ein Hotel zu kümmern. Kein Problem, sagte der Patron und führte mich durch die aufgeräumte Küche zu einem Treppenhaus und über enge Stufen hinauf zu einer Wohnung. Er ermahnte mich, leise zu sein, denn seine Frau schlafe nebenan. Er führte mich zu einer Couch, auf der ich mich schlafen legen sollte.

Als ich aufwachte, war es später Vormittag. Auf einem Beistelltischchen neben mir entdeckte ich ein Tablett mit einem französischen Frühstück, Croissants, Butter, Marmelade und eine Kanne Milchkaffee. Ich aß und versuchte zu rekapitulieren, was ich erlebt hatte und wie ich hierhergekommen war. Ich ging zur Tür, sah hinaus. Auf mein Hallo antwortete niemand. Da die Tür offenstand, betrat ich das Bad, wusch mich und wurde vollends wach. Dann verließ ich die gastliche Wohnung. Schon auf der Treppe empfing mich der Lärm geschäftigen Treibens in der Küche, wo ein halbes Dutzend Köche hantierte, um das Mittagessen vorzubereiten. Der Patron bemerkte mich sofort und fragte, wie es mir gehe. Er habe, wie er entschuldigend meinte, leider keine Zeit, mit mir zu plaudern, aber er wünsche mir eine gute Fahrt mit der Göttin. Ich bat ihn um die Rechnung. Welche Rechnung?, fragte er. Für das Abendmenü und die Übernachtung, antwortete ich. Welches Menü? Ich sagte, das Abendessen gestern im Restaurant. Das Restaurant sei am Vortag geschlossen gewesen, und er sei leider auch kein Hotel. Ich solle also endlich zu meinem Auto zurückkehren. So endet meine Geschichte von der Göttin in Saint-Lô.

Die DS war eine soziale Kontaktmaschine. In Frankreich erlebte ich oft, dass Leute mein Auto umkreisten und mich nach Herkunft und Technik fragten; manche wollten wissen, ob der Wagen verkäuflich sei. Ich ging über solche Fragen natürlich hochmütig hinweg. Leider wurde die Göttin mit den Jahren immer kapriziöser. Sie blieb mitten auf der Autobahn stehen und pisste ihr ganzes Hydrauliköl auf die Straße. Das wirkte wie ein Infarkt. Kluge, der dieses Desaster als Mitfahrer auf dem Weg zum Kultusministerium in Stuttgart einmal miterlebte, führte die Panne auf meinen Gemütszustand zurück. Sie spürt deinen Stress, meinte er. Ich müsse der Göttin besser zureden. Vielleicht könne ich sogar ihre erogenen Zonen herausfinden und sie öfter mal streicheln. Der herbeigerufene Pannendienst hatte übrigens große Schwierigkeiten, weil die DS bei Verlust der Hydraulik nicht abgeschleppt werden kann. Sie war mit allen vier Füßen zu Boden gesackt.

Einmal, in München, erlebte ich nach einem Einkauf in der Innenstadt, dass man die hydraulischen Gänge nicht mehr schalten konnte. Ich konnte nur noch rückwärts fahren. So blieb mir nichts anderes übrig, als mit abgesenktem Verdeck rückwärts durch die ganze Stadt zur Werkstatt zu fahren. Ein lächerlicher Anblick, dem ich mich da aussetzte. Aber die größte Blamage bereitete mir die Göttin im August 1973, als ich mit Petra über die Sommerferien in die Bretagne fuhr. Ich war durch Freunde an eine Traumadresse gekommen: eine Chaumière, ein Reetdachhaus, das als luxuriöse Ferienwohnung vermietet wurde. Dieses Paradies lag im Departement Finistère, in der Gegend von Concarneau. Wir brauchten drei Tage, um von München aus dieses Ziel zu erreichen. Unterwegs machte die Göttin gelegentlich kleine Zicken, roch nach Benzin oder stotterte mit dem Motor. Petra, der ich manches Abenteuer mit dem Wagen erzählt hatte, meinte, die Göttin sei vielleicht eifersüchtig auf sie. Letztlich gelangten wir aber komfortabel zu unserer Chaumière. Wir richteten uns ein, erkundeten die Landschaft, fanden schöne einsame Strände und genossen unsere Tage.

Mit Kluge hatte ich vereinbart, dass auch er in die Bretagne käme, wenn wir für ihn eine angenehme Unterkunft fänden. Ich schickte ihm ein Telegramm, und wir konnten ihn bald darauf am Flughafen von Lorient abholen. Er war in Begleitung einer neuen Freundin. Sie hieß Irene und war eine sehr kluge, etwas spröde junge Frau, die sich rasch an Kluges Seite Respekt verschaffte. Die beiden bezogen ein Appartement, das in der Etage unter uns lag.

Die Geschichte handelt am ersten Tag nach ihrer Ankunft. Wir, die wir schon ortskundig waren, fuhren mit den beiden zu einem der schönen Strände. Das Badegebiet lag hinter einem kleinen Dünengebirge, sodass man das Auto neben einem der Feldwege stehen lassen musste, um den Rest des Weges zum Meer zu Fuß zurückzulegen. Wir trugen unsere Badesachen zum Wassersaum, richteten uns dort gemütlich ein und sonnten uns, plauderten, schäkerten und planschten den ganzen Tag. Als sich der Sonnenuntergang näherte, kehrten wir zum Auto zurück. Wir stiegen ein, und ich betätigte den Starterhebel. Man hörte das Anlassergeräusch, aber der Motor sprang nicht an. Ich versuchte es immer wieder, ohne Erfolg. Wir stiegen wieder aus, öffneten die Motorhaube. Ich kontrollierte die Zündkabel, die Benzinzuleitung. Alles schien in Ordnung. Kluge kam zu dem Schluss, es müsse an meiner Hysterie liegen. Hysteriker (zu denen er mich rechnete, obwohl er es am ehesten war) sendeten seiner Meinung nach die in der Parapsychologie beschriebenen PSI-Strahlen aus, die eine sensible Elektronik wie die der DS stören könne. Schließlich verlangte er, dass ich mich in das benachbarte Dünental zurückziehe, damit meine PSI-Strahlung abgeschirmt sei. Inzwischen versuchte er, den Motor zu starten. Wieder verweigerte sich die DS. Kluge war ganz versessen darauf, seine Hysterie-Theorie experimentell unter Beweis zu stellen. Irene sei die am wenigsten hysterische Person. Sie musste jetzt den Motor starten, während Kluge Petra und mich in ein noch tieferes Dünental dirigierte, wo wir uns ducken sollten, damit unsere Strahlung mit Sicherheit am Boden bliebe. Aber leider konnte auch Irene den Wagen nicht zum Laufen bringen.

Inzwischen waren verschiedene Badegäste auf uns aufmerksam geworden und näherten sich, um uns zu helfen. Die französischen Männer sind leidenschaftliche Bastler. Sofort schraubte einer von ihnen die Zündkerzen heraus und putzte die Kontakte. Ein anderer begann, die Einspritzpumpe zu zerlegen, was aber auch nicht half. Schließlich wollte ein Familienvater zum Dorf fahren und dort den Abschleppdienst beauftragen. Da ich aber wusste, dass man eine DS nicht abschleppen kann, nahmen wir das Angebot eines weiteren

Badegastes an, der uns vier zu unserer Chaumière brachte. Es war schließlich auch schon Nacht geworden.

Am nächsten Morgen half uns die Vermieterin, die Citroën-Niederlassung in Quimper zu verständigen. Wir konnten noch frühstücken, dann kam der Pannendienst. Kluge ließ es sich nicht nehmen, mit zum Strand zu fahren. So leiteten wir den Mechaniker und den Fahrer des Abschlepp-Lkws zur Badestelle des Vortages. Als wir uns dem Gelände näherten, wurden wir von einer Militärstreife angehalten. Der Soldat teilte uns mit, dass dieser Strandabschnitt für eine Militärübung abgeriegelt sei. Wir versuchten zu erklären, dass unser Auto im abgesperrten Gebiet stehe. Der Wachsoldat erklärte, es könne trotzdem nicht erlaubt werden, das Gelände zu betreten, weil mit scharfer Munition geschossen werde. Da erwachte Kluges Militärherz. Er verlangte, den diensthabenden Offizier zu sprechen. Wir wurden zu einem Kommandozelt geleitet, neben dem der Weg mit einem Schlagbaum versperrt war. Kluge stieg aus und sprach auf den Offizier ein, der Kluges bruchstückhaftes, aber umso vehementer vorgebrachtes Englisch nicht verstand. Es hieß, dies sei ein Nato-Manöver, und das Kommando sei in Brüssel angesiedelt. Kluge verlangte nach einem Feldtelefon, um mit Brüssel verbunden zu werden.

Inzwischen sahen wir, wie große Artilleriegeschütze aufgefahren wurden, die mit Donnergetöse ihre Granaten auf ein Schiffswrack schossen, das weit draußen auf dem Meer unter den grell aufleuchtenden Explosionen zu erkennen war. Wir konnten deutlich sehen, dass die Granaten in flachem Bogen direkt über meine DS hinwegschossen. Die Göttin stand mitten im Gefechtsfeld zwischen den Dünen und funkelte in der Sonne. Kluge bekam tatsächlich eine Verbindung zu einem Beamten in Brüssel, der aber ebenfalls nichts ausrichten konnte, da auch in Brüssel keine Entscheidung möglich war. Jetzt ließ Kluge erst recht nicht locker. Er ließ sich mit dem Pentagon verbinden – ja, ich höre immer noch das Wort «Pentagonne» in meinem Erinnerungs-Ohr! Kluge stellte sich immer korrekt mit Doktortitel vor und fragte seine Gesprächspartner kundig nach ihrem Dienstgrad und ihren Kompetenzen. Schließlich erreichte er tatsächlich, dass von oberster

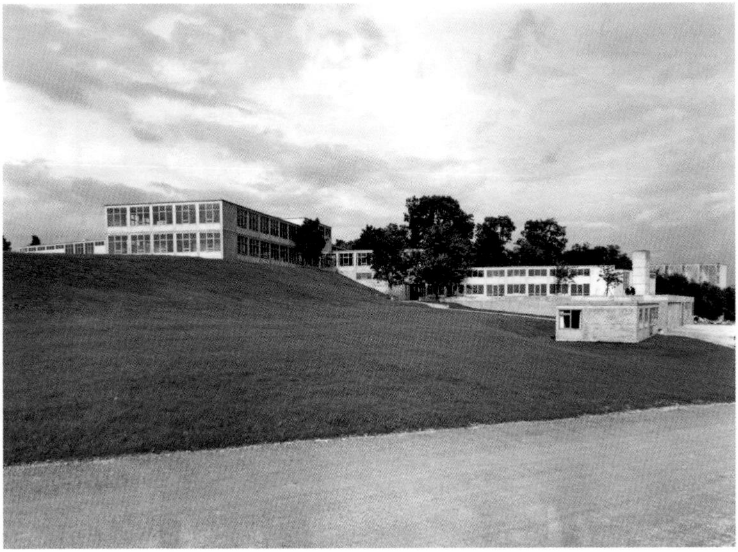

Die in den 1950er Jahren von ehemaligen Bauhaus-Designern erbaute Hochschule für Gestaltung in Ulm mit ihrer Flachdachästhetik war für uns Filmleute ein Ort außerhalb der Welt, an dem «Papas Kino» nicht mehr existieren sollte.

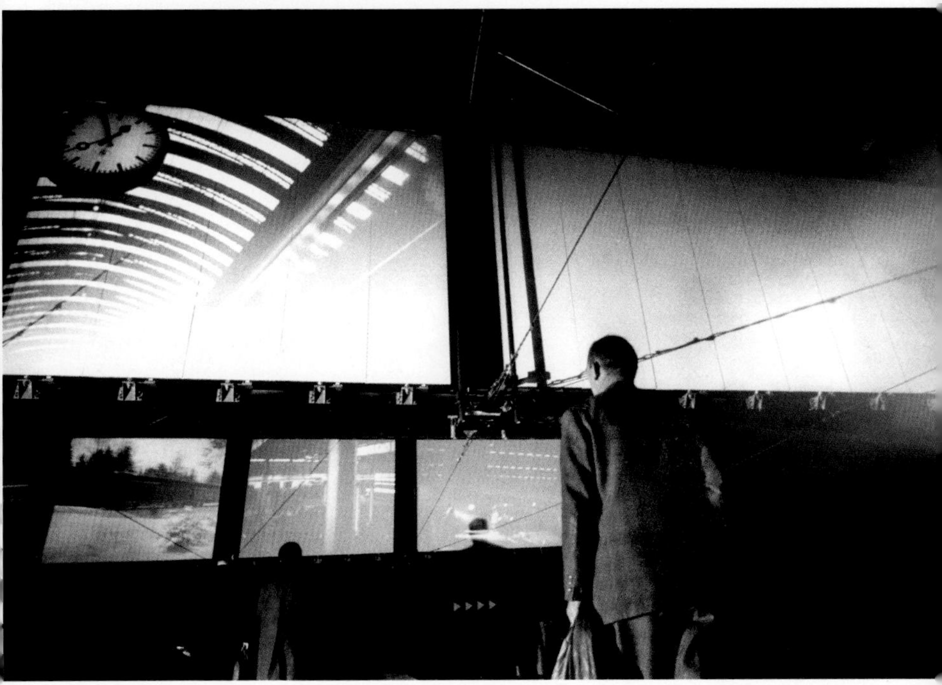

1965. VariaVision nannten wir das filmische Perpetuum mobile mit hundertzwanzig beweglichen Leinwänden, das hundert Tage lang auf der Internationalen Verkehrsausstellung zu sehen war.

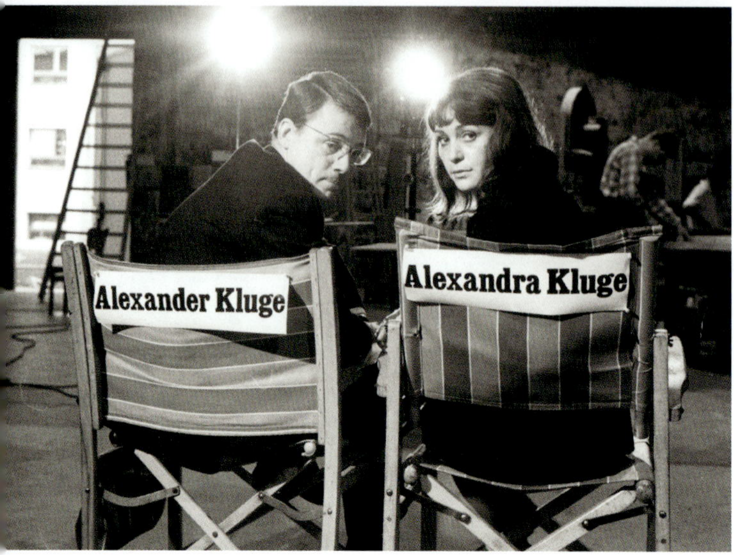

Ein von der Verleihfirma in einem Filmstudio arrangiertes Werbefoto für ABSCHIED VON GESTERN (1966), Alexander Kluge mit seiner Schwester und Hauptdarstellerin Alexandra. In Wirklichkeit entstand Kluges Film nicht im Studio, sondern an Originalschauplätzen ohne Regiestühle.

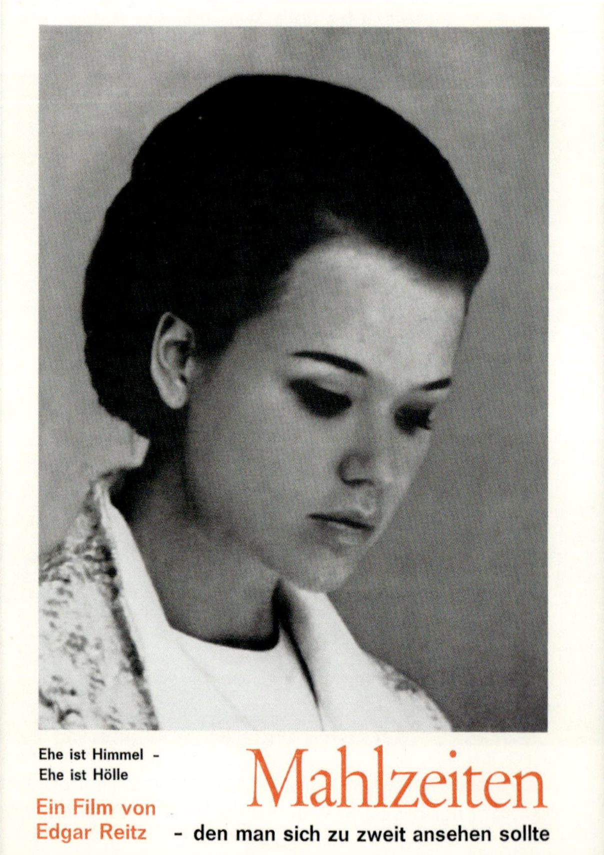

MAHLZEITEN, mein Spielfilmdebüt 1967. Die Hauptdarstellerin Heidi Stroh auf einem Aushangfoto des Kinoverleihs.

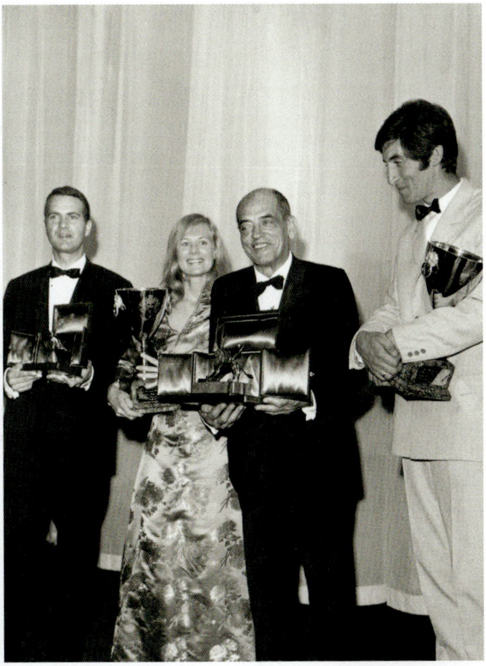

1967. Preisverleihung für MAHLZEITEN auf der Film-Biennale von Venedig. Neben Shirley Knight und mir mit dem Goldenen Löwen der große Surrealist des Kinos, Luis Buñuel.

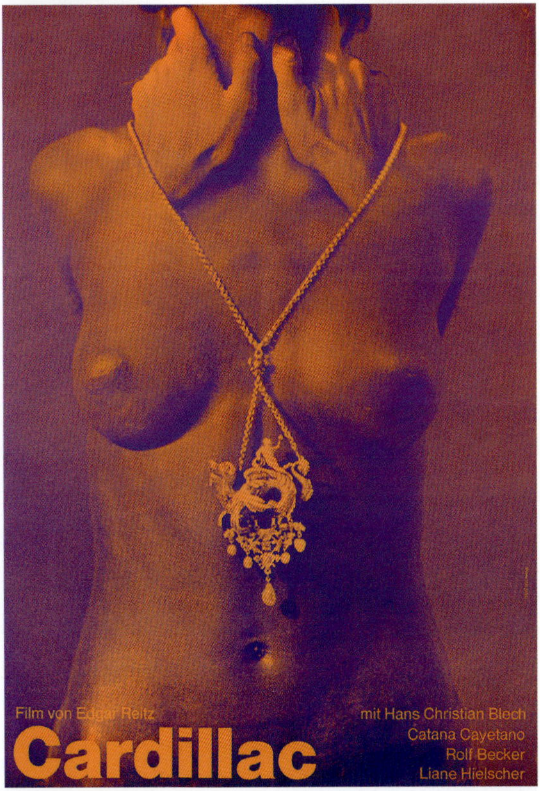

Kinoplakat zum Film CARDILLAC (1969), gestaltet von Hans Hillmann, einem Pionier der Plakatkunst. Für die Würgehände am Hals der Darstellerin musste ich Modell stehen.

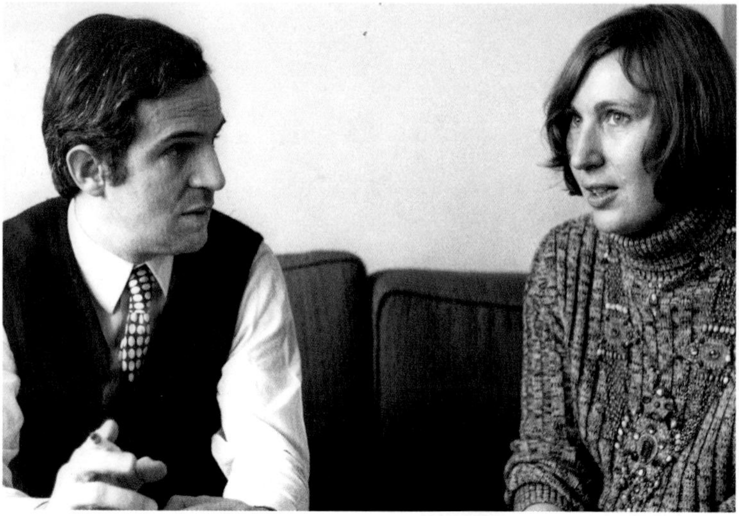

François Truffaut, den wir als den größten Filmemacher der Nouvelle Vague verehrten, überraschte uns mit seiner Schüchternheit. Hier 1973 im Gespräch mit der Regisseurin Ula Stöckl.

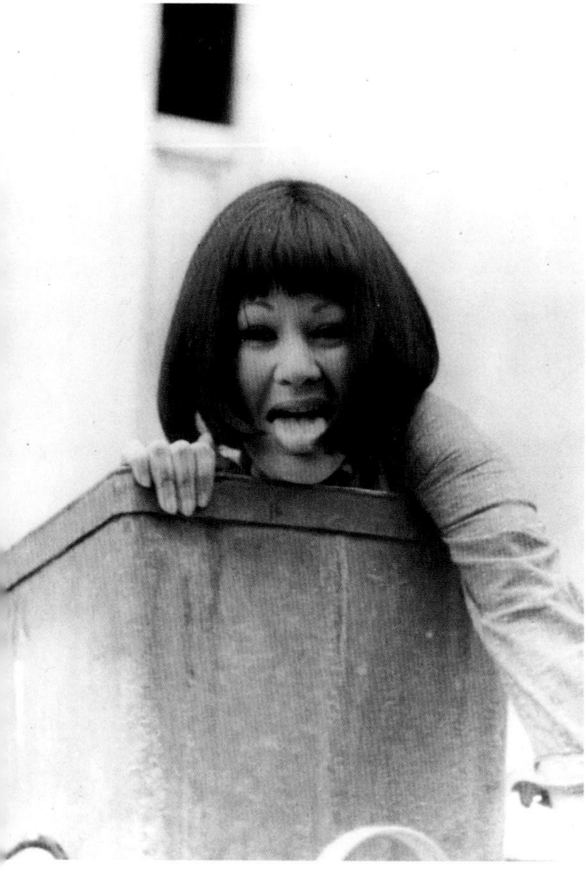

GESCHICHTEN VOM KÜBELKIND (1970), ein Film mit fünfundzwanzig Episoden. Das Kübelkind, aufgewachsen in einer Mülltonne, war Sexualanarchistin, rotzfreche Neinsagerin und für Ula Stöckl und mich ein Befreiungsschlag als Filmemacher. Christine de Loup: Kübelkind forever!

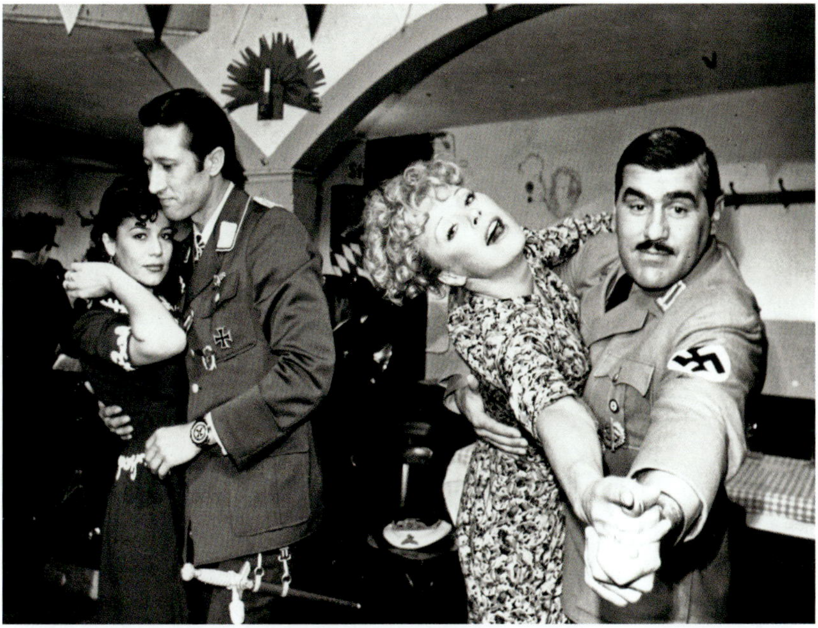

Der Sexappeal der Uniformen ist eines der Themen des Films DIE REISE NACH WIEN (1973). Die beiden Protagonistinnen Hannelore Elsner und Elke Sommer beim Tanz mit Nicolas Brieger und Mario Adorf.

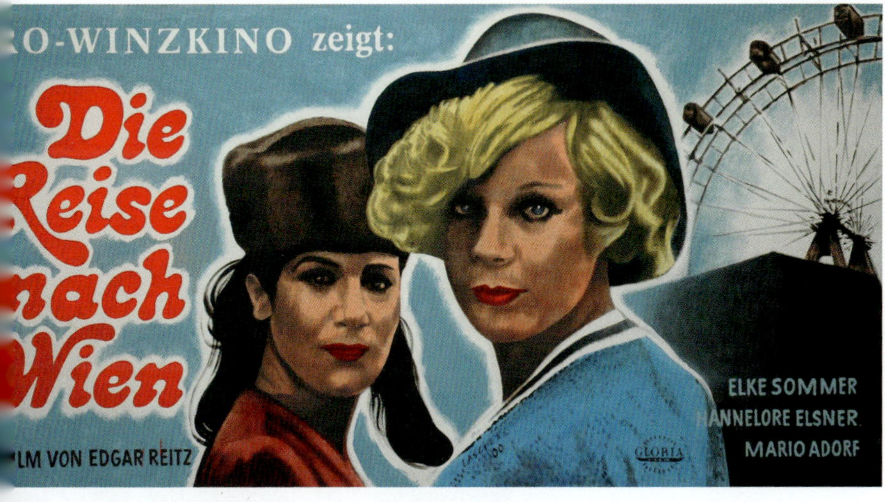

Der Beruf der Plakatmaler existiert nur noch in der Erinnerung an große Zeiten des Kinos. Dieses Poster in Fassadengröße malte Willi Laschet, einer der Letzten seiner Zunft, für das Pro-Winzkino in Simmern.

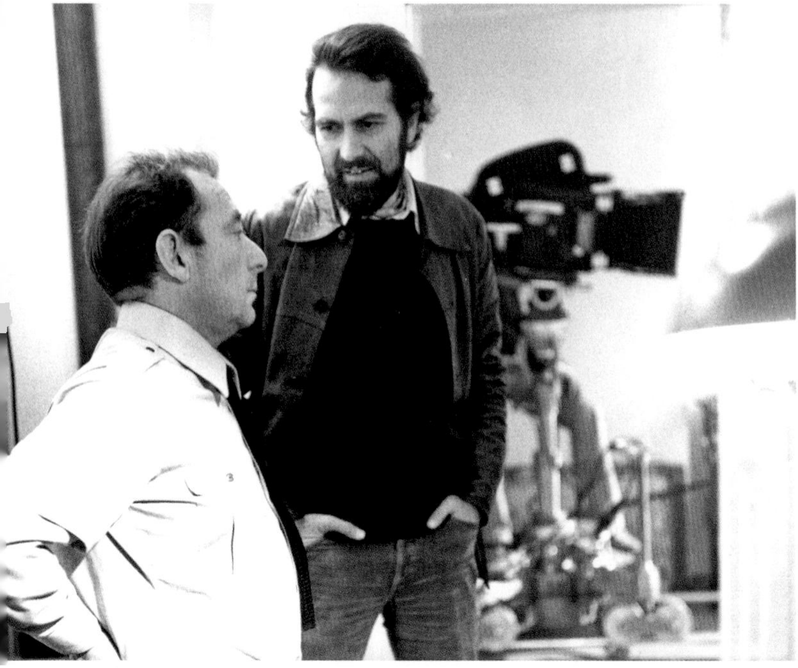

Herbst 1975, DER STARKE FERDINAND gewinnt in der Darstellung von Heinz Schubert schon am ersten Drehtag beklemmende Realität. Als Regisseur konnte ich von diesem leidenschaftlichen Schauspieler das Loslassen lernen.

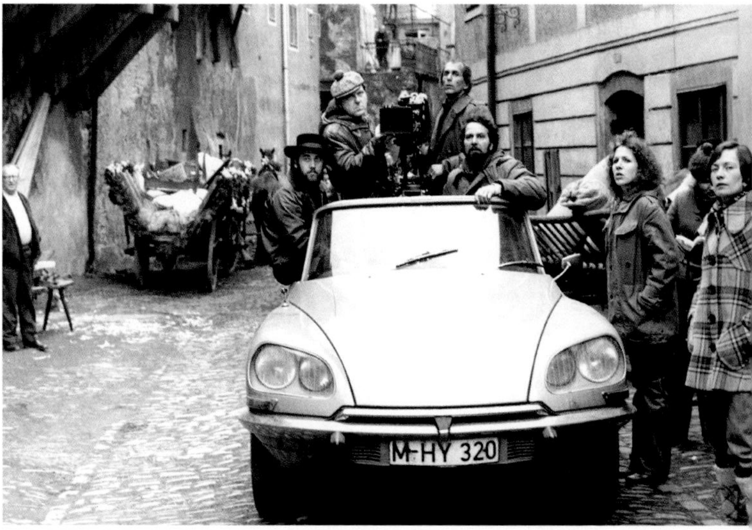

1978, DER SCHNEIDER VON ULM. Mein geliebtes Citroën-Cabriolet wird bei den Dreharbeiten als Kamerawagen eingesetzt und von Team und Passanten bewundert. Auf der Luftfederung des Wagens gleiten die «travelling shots» weich wie Butter.

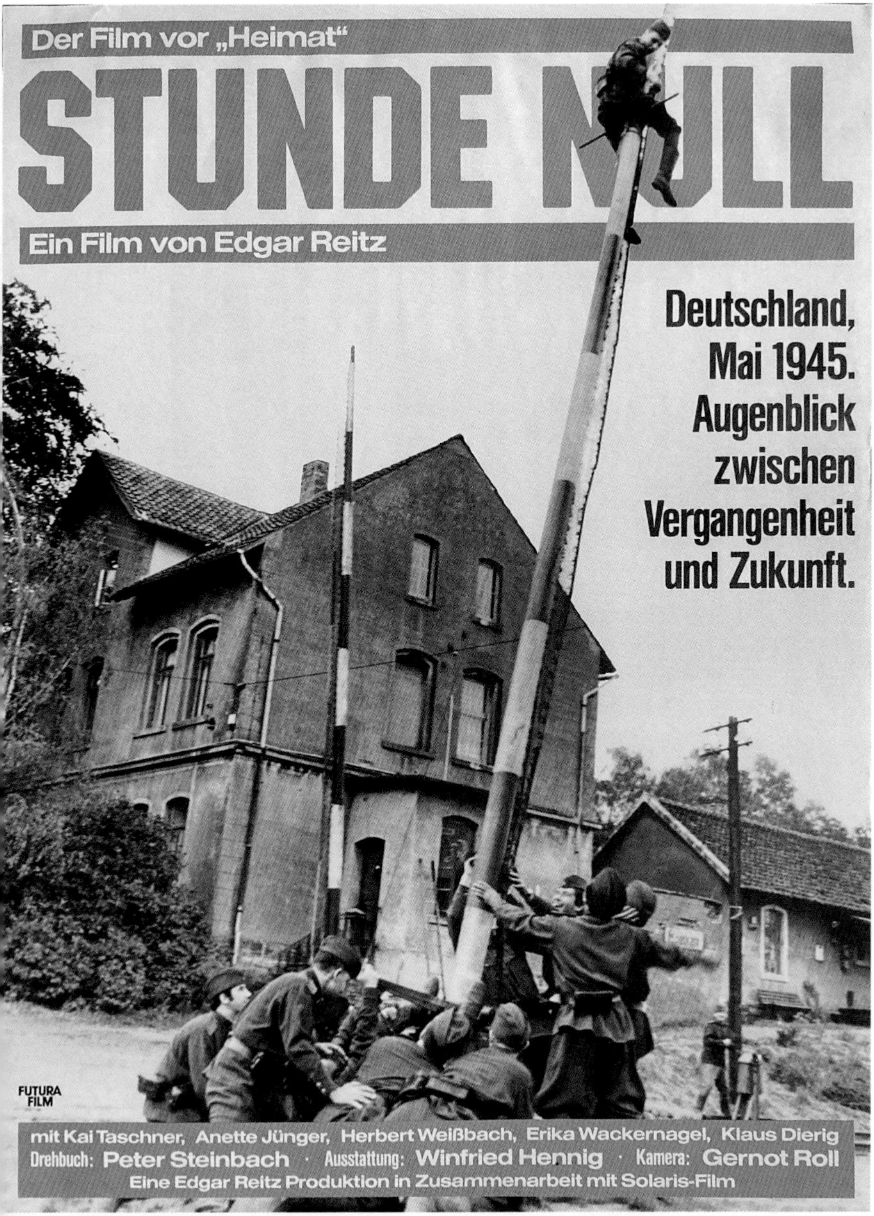

1977. Erst Jahre später wurde mir bewusst, dass ich mich mit STUNDE NULL schon dem HEIMAT-Kosmos näherte. Die Bilder des Films waren Erinnerungsbilder an 1945, den Moment zwischen Krieg und Frieden.

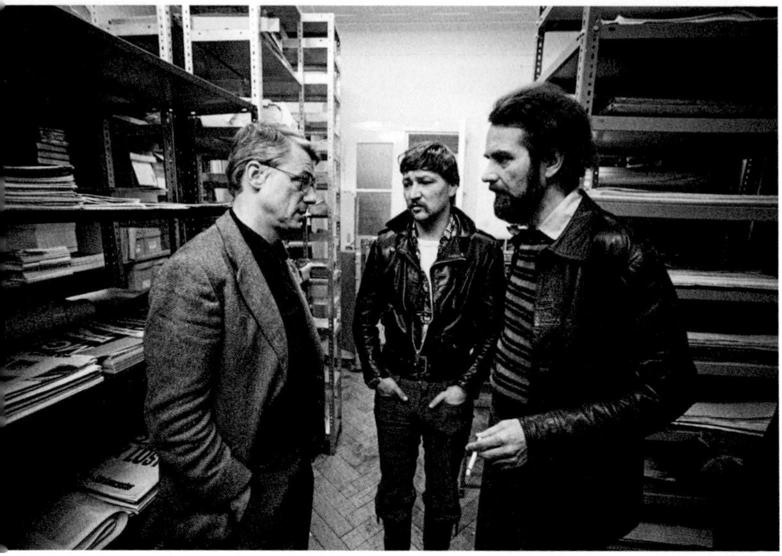

Die Räume der U.L.M. waren nicht nur Filmarchiv und filmtechnische Produktionsstätte, sondern auch täglicher Treffpunkt der Münchener Filmemacher. Alexander Kluge, Rainer Werner Fassbinder und ich 1977 im Gespräch über den «Omnibusfilm» DEUTSCHLAND IM HERBST, an dem wir beteiligt waren.

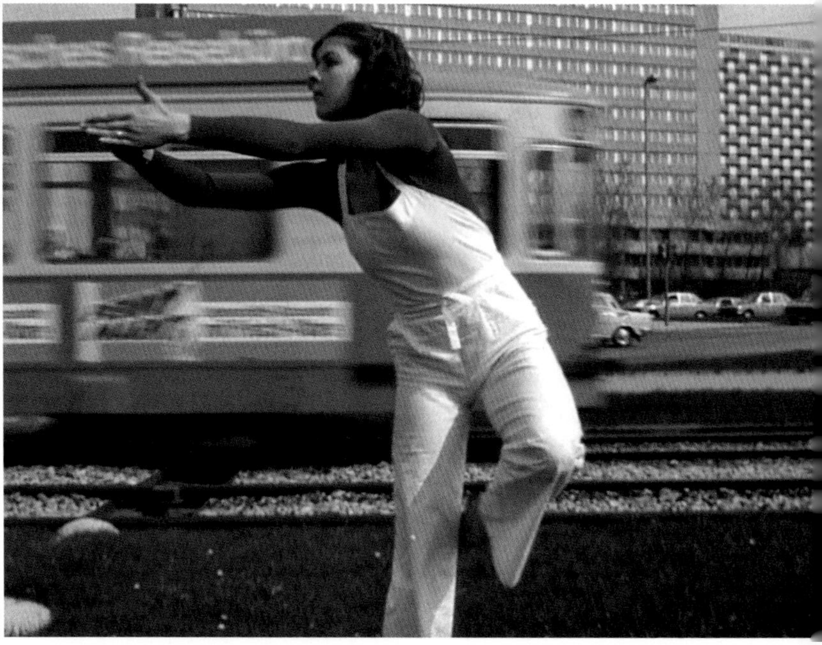

Wenn meine Tochter tanzte, verwandelte sie sich in ein mir fremdes Kunstwesen. Hier tanzt sie eine Parodie auf die Regelung des Straßenverkehrs mitten in der Freitags-Rush-hour in München. 1979 widmete ich ihr den Film SUSANNE TANZT.

Nato-Behörde für unseren Strandabschnitt eine Gefechtspause von fünfzehn Minuten angeordnet wurde.

Wir sprangen in den Abschlepp-Lkw, und während die Geschütze das Feuer einstellten, fuhren wir zu der schönen, widerspenstigen Göttin. Der Fachmann von Citroën wusste sofort, was zu tun war, und zog den Wagen mittels einer Seilwinde auf die Ladefläche des Lkw. Ich musste auf dem Fahrersitz meiner DS Platz nehmen und das Steuer halten. Ich war nun ein paar Minuten mit der Göttin alleine und flüsterte ihr zu: Du hast mich ganz schön in Schwierigkeiten gebracht mit deinen Zicken. Wenn du so weitermachst, ist es aus mit unserer Freundschaft. Es gibt täglich Interessenten, die dich kaufen wollen, ist dir das klar? Die Göttin war nun auf dem Lkw und wurde mit Gurten verschnürt. Als Kluge und die beiden Frauen in den Abschleppwagen gestiegen waren, gab ich Zeichen, dass ich in der DS bleibe. Wir fuhren los. Da kam mir ein Gedanke, den ich bei keinem anderen Auto gehabt hätte: Ich drehte den Zündschlüssel und betätigte den Starterhebel. Unverzüglich sprang der Motor an, und der Wagen begann, sich wie üblich zu heben. Ich schaltete ihn sofort wieder aus. Langsam senkten sich die Räder unter den Luftfedern. Jetzt hatte ich sie ertappt, die Göttin. Wenn hier jemand hysterisch war, dann war sie es! Niemand hatte mein Experiment bemerkt.

Als wir an unserer Ferienwohnung ankamen, musste ich eine Entscheidung treffen: Entweder ich verrate den Freunden, was die Göttin mit mir gespielt hat, oder ich überlasse es dem Pannendienst, das Geheimnis zu ergründen. Ich sagte nichts. Der Lkw brachte den Wagen nach Quimper in die Werkstatt, wo wir ihn am folgenden Tag abholen konnten. Die Mechaniker hatten keinen Fehler finden können. Der Wagen lief einwandfrei und gehorchte mir monatelang aufs Wort. Ja, aufs Wort! Denn ich hatte mir angewöhnt, mit ihr zu sprechen und eine bestimmte Stelle auf dem Armaturenbrett zu streicheln. Die Göttin belohnte mich auf vielen einsamen Fahrten mit ihrem zarten Schnurren und sanften Wiegen, wenn ich ihr meine geheimsten Geheimnisse anvertraute.

Ich fuhr die DS über zwanzig Jahre lang. Zuletzt kämpfte ich um jeden Zentimeter Blech, das von Rost und Korrosion bedroht war. Der Motor wurde zweimal erneuert und war nur noch schwer durch die Abgasprüfung zu bringen. In einigen meiner Filme spielt die Göttin eine Rolle, in HEIMAT etwa, wo sie vor dem Sarg der Maria Simon im Gewitterregen stehenbleibt, oder in DIE ZWEITE HEIMAT, wo sie als Hermanns Flucht- und Trostvehikel auftritt. Als ich mich schließlich von der Göttin trennte, hatte ich eine andere Liebe gefunden. Es war endlich kein Auto mehr. Dennoch ist die Geschichte noch nicht ganz zu Ende. Vor einem Jahr geriet mir eine italienische Hochglanzzeitschrift in die Hand, in der ein typisches Lifestyle-Foto abgedruckt war, eine modische Eventparty mit schönen Frauen und reichen Männern. Mitten in diesem Bild stand meine Göttin. Als leuchtendes Requisit. Sie war immer noch so schön wie vor fünfzig Jahren.

63 Grenzen einer Freundschaft

Es war eine unruhige Zeit, in der die Befreiungskämpfe der 68er-Generation ihre Höhepunkte erreichten und in manchen Städten Europas ein Ausnahmezustand herrschte, der sogar uns Ältere die Gefahr eines neuen Polizeistaates befürchten ließen. In Frankfurt, wo Kluge 1974 lebte, spielten sich dramatische Szenen auf den Straßen ab. Zum Abriss bestimmte Jugendstilhäuser im Westend waren von jungen Hausbesetzern gekapert worden. Es kam täglich zu Konfrontationen mit Polizei oder Räumkommandos. Diese Szenen, begleitet von Massendemonstrationen, spielten sich direkt vor dem Haus in der Schumannstraße ab, in dem Kluge, seine Schwester, deren Ehemann und zeitweise auch Hannelore Hoger wohnten. Bei einem Besuch inmitten dieser Turbulenzen beobachtete ich die Ereignisse von Kluges Fenster aus. Wir hatten uns getroffen, um über unsere Zusammenarbeit bei ABSCHIED VON GESTERN zu sprechen und darüber, ob wir ein neues gemeinsames Filmprojekt beginnen sollten. Diesmal sollte gleichberechtigte Autorenschaft gelten, in einem Film ohne Drehbuch. Wir wollten uns von den Ereignissen leiten lassen und die Erzählung beim Drehen entwickeln. Damit setzten wir einen Plan um, den wir bereits in den Ulmer Jahren attraktiv gefunden hatten. Wir hatten uns sogar schon einen Namen für eine gemeinsame Produktionsfirma ausgedacht. RK-Film hieß das neue Unternehmen, für das wir eine Steuernummer eintragen ließen.

Das erste Bild, das ich vorschlug, war ein Blick aus Kluges Fenster auf das Abbruchhaus gegenüber. Ich wollte mit meinen Händen auf der Fensterbank ein Uhrwerk zerlegen. Die Kamera sollte diese subtile Handarbeit, die ich seit der Lehre bei meinem Vater beherrschte, in Makrotechnik verfolgen und dann die Schärfe nach draußen auf die barbarische Häuserzerstörung verlagern. Die Diskussion über diese Art von Bildkontrasten wurde zum Ausgangspunkt einer Erzählung, die wir über den Rest des Jahres filmten.

Wir waren zwei Autoren, folglich gefiel uns die Idee, zwei Protagonistinnen einzuführen, die durch den Film kreuzen sollten. Eine der beiden, Rita Müller-Eisert, war eine Ostspionin und die andere, Inge Mayer, eine Prostituierte, die als «Beischlafdiebin» aufgefallen war. Wir fühlten uns als Erzähler von Frauengeschichten. Schon in ABSCHIED VON GESTERN und MAHLZEITEN waren es die Protagonistinnen, die den Filmen Glück gebracht hatten. Sie vermittelten eine neue Sicht auf die instabil gewordene Männerwelt dieser Jahre. Diesmal sollte die Stadt Frankfurt aus den verschiedenen Perspektiven dieser beiden Frauen betrachtet werden. Unser Arbeitstitel hieß AUGEN AUS EINEM FREMDEN LAND. Meine Einstellung vom Zerlegen einer Uhr sollte diese Optik beschreiben. Die Szene wurde zwar nie gedreht, dafür taucht aber ein anderes Objekt, mein schönes, unberechenbares französisches Auto, im Film auf. Auch das sei ein feinmechanisches Objekt mit Seele, wie Kluge sagte, das einen rätselhaften Gegensatz zur Welt der Grundstücksspekulanten und ihrer Polizei darstelle, die sich vor unserem Fenster zeigte.

Unser Film hieß schließlich IN GEFAHR UND GRÖSSTER NOT BRINGT DER MITTELWEG DEN TOD. Den seltsam ausufernden Titel fanden wir in einem der besetzten Häuser. Die Hausbesetzer hatten den Aphorismus des schlesischen Barockdichters Friedrich von Logau mit Filzstift auf die Wand geschrieben. Offenbar hatte man den Spruch aus dem 17. Jahrhundert für das 20. Jahrhundert politisch neu gedeutet. Wir waren fasziniert von den Kraftfeldern der Poesie, die hier entdeckt wurden. Und erlebten nach ABSCHIED VON GESTERN noch einmal die große Freiheit des gemeinsamen Machens. Keine Fernsehredaktion versuchte, uns zu beeinflussen, keine Kommission fragte nach der «Relevanz» unseres Films. Wir filmten den Karneval, die aktuellen Veranstaltungen in Frankfurt, porträtierten den Alltag unserer Protagonistinnen und sahen, dass es ihnen unmöglich war, den politischen Ereignissen zu entkommen.

Das Filmmaterial, mit dem wir in den folgenden Wochen unsere Schnittmeisterin Beate Mainka belieferten, war das genaue Bild eines Scherbenhaufens. Hier zeigte sich Kluges Montagetalent. Es gelang ihm, mit Beate das abenteuerliche Bildergeflecht so zu strukturieren, dass die in Widersprüchen taumelnde Welt dieser Tage ins Tanzen geriet. Kluge benutzte immer wieder auch Archivmaterial aus seiner geheimen Sammlung. So sehen wir Ausschnitte aus dem alten Stummfilm TITANIC, Dokumente von Helmut Schmidt als Verteidigungsminister, Bildergeschichten aus dem «Struwwelpeter», astronomische Bilder von fernen Galaxien oder Bombengeschwader des Zweiten Weltkrieges am Nachthimmel über deutschen Städten, die in keinem Kluge-Film fehlen dürfen. Natürlich ist auf diese Weise ein Montagefilm à la Kluge entstanden, in dem meine Anteile nur noch dem Kenner unserer verschiedenen Talente auffallen dürften.

Unter Filmhistorikern, Kritikern und Kinobetreibern gilt der Film bis heute als Werk von Kluge. Meine Uhrmacherhände hatten in der Zusammenarbeit mit ihm kaum eine Chance einzugreifen, und mein erzählerisches Großvaterprinzip konnte sich in Kluges Metaphernwald nicht entfalten. Das Beste an diesem Film bleiben, aus der zeitlichen Distanz betrachtet, die Bilder vom Niederreißen der stattlichen Bürgerhäuser im Frankfurter Westend und der anschließenden Straßenschlachten zwischen Hausbesetzern und deren Sympathisanten gegen die völlig außer Kontrolle geratene Polizei. Ich war ja nicht nur Kluges Koautor und Mitproduzent, sondern auch der verantwortliche Kameramann. Wenn man bedenkt, dass der ganze Film unter extremen Umständen, oft mitten im Steinhagel entstand, verwundert es im Nachhinein doch, dass Licht und Kameraeinstellungen immer das ästhetische Level halten, das wir uns im Vergleich mit dem internationalen Autorenfilm schuldig waren. Zu berichten ist noch, dass IN GEFAHR UND GRÖSSTER NOT in den Kinos Erfolg hatte. So konnte etwa das UFA-Kino Olympia in Frankfurt schon nach drei Spieltagen mit zweitausendfünfhundert Besuchern einen Hausrekord vermelden, und an vielen Spielorten erreichte der Film wochenlange Laufzeiten. Auch die Kritik war positiv und übertraf sich im Interpretieren und Deuten der Bilderrätsel.

In dieser Zeit hatte Kluge im Suhrkamp Verlag seine LERNPROZESSE MIT TÖDLICHEM AUSGANG veröffentlicht. Das Buch besteht aus vielen Kurzgeschichten, von denen eine mir besonders gefiel. Eine der typischen Kluge-Metaphern bildet den Titel: «Ein Bolschewist des Kapitals». Kaum jemand käme auf die Idee, dass sich hinter diesem Begriffsbild ein Filmstoff verbirgt. Aber die Hauptfigur, ein gewisser Ferdinand Rieche, trägt das Potential zur Tragikomödie in sich. Deswegen gab ich Kluge den Rat, diese Geschichte in ein Drehbuch zu verwandeln. Das Buch, das Kluge verfasste, wurde unter dem Titel DER STARKE FERDINAND zur Förderung eingereicht und erhielt schon bald eine Zusage des Bundesinnenministeriums. Nach dem geltenden Reglement mussten innerhalb von achtzehn Monaten die Fördermittel abgerufen und die Dreharbeiten begonnen werden.

Es war vor allem die Filmpolitik, die uns damals unsere Zeit raubte. Die restaurativen Kräfte in unserer Branche waren wieder erstarkt und etablierten eine Wirtschaftspolitik, die im Begriff war, die junge Filmkultur niederzuwalzen. Immer wieder begleitete ich Kluge, der nach wie vor die Rolle eines Sprechers des Neuen Deutschen Films übernahm, zu den Ministerien und Treffen der Filmemacher. Wir engagierten uns beide in der Arbeitsgemeinschaft des Jungen Deutschen Films, die noch immer in unseren Räumen tagte. Die Filmpolitik begleitete uns seit Oberhausen und war zu einer neuen Verpflichtung geworden, die unser Wissen von den Kräften der Gesellschaft sogar bereicherte. Ohne dieses Wissen, so betonten wir oft, wären unsere Filmprojekte nicht glaubwürdig.

Bei all diesen Aktivitäten verstrich die Frist, innerhalb der Alexander mit den Dreharbeiten zum STARKEN FERDINAND hätte beginnen müssen. Aber jedes Mal, wenn wir ihn darauf ansprachen, lenkte er das Gespräch auf die angebliche Schwerfälligkeit der Spielfilmproduktion, die unfähig sei, auf Zeitereignisse rasch zu reagieren. Ich spürte hinter diesem Argument deutlich Alexanders Angst vor der professionellen Spielfilmregie. Er wünschte sich insgeheim wieder eine Gemeinschaftsregie nach dem Vorbild von ABSCHIED VON GESTERN und IN GEFAHR UND GRÖSSTER NOT. Petra, die diese Entwicklung beobachtete, warnte mich. Sie sah in der von Kluge favorisierten Zusammenarbeit eine Gefahr für meine eigene künstlerische Entwicklung. Gerade sein ungewöhnliches Talent, fremdes Material durch Montagekünste in sein eigenes zu verwandeln, mache Kluges Partner zu bloßen Materiallieferanten. Aber wer wolle schon als Autor bloßer Zulieferer sein, der am Schluss in der Öffentlichkeit nicht mehr wahrgenommen wird? Petras Warnung machte mich vorsichtig. Ich ging auf Alexanders Andeutungen und Zögern nicht ein.

Während ich in der Folgezeit mit Petra und Alf Kinderfilme für das Deutsche Jugendinstitut produzierte, meldete sich Alexander mit einem unerwarteten Vorschlag. Er erklärte, dass er sich nicht in der Lage sehe, den STARKEN FERDINAND zu realisieren, denn dieser Film sei ein reiner Spielfilm. Dieses Genre erfordere einen Regisseur, der mit professionellen Schauspielern und der spielfilmtypischen Technik, mit Ausstattung und Kostümen und kontinuierlichen Schnittabläufen arbeiten könne. Er bot mir an, sein Drehbuch unter meiner alleinigen Regie und auch als mein eigener Produzent umzusetzen. Da die Förderungszusage bald ablaufe, müsse ich mich schnell entscheiden. Man könne die Kommission bitten, die Förderung auf mich zu übertragen. Auch ein Angebot des ZDF als Koproduzent könne auf meine Firma umgelenkt werden. Dieses Angebot schien Petras Befürchtungen mit einem Schlag zu entkräften.

Sosehr die zentrale Figur, der Sicherheitsexperte Ferdinand Rieche, seine Erfindung war und das Drehbuch Konflikte beschreibt, die nur Alexanders Phantasie entspringen konnten, sosehr war das Ganze tatsächlich ein klassisches Spielfilmprojekt, wie er es bisher noch nie versucht hatte. Alexander befand sich offenbar in einer persönlichen Klemme, er ahnte, dass er an einer fiktionalen Inszenierung scheitern würde, wenn er sie allein realisierte. Insofern war sein Angebot, das selbst unter Freunden ungewöhnlich war, nachvollziehbar, aber auch problematisch. Es gab lange Beratungen, mitunter in Alexanders Anwesenheit, über die Frage, ob das Angebot der Ausdruck einer Notlage sei, die man unter Freunden natürlich nicht ausnutzen dürfe, oder ob nur ein übergroßer Leistungsdruck an mich weitergegeben werde, sodass es zuletzt darum gehe, wer am Ende scheitert.

Ich hatte Alexanders Drehbuch gelesen. In dem Werkschutz-Milieu, das er in seiner Geschichte von Ferdinand Rieche beschreibt, erkannte ich viele Situationen wieder, die ich in meinen Industriefilmjahren erlebt hatte. Das ermutigte mich, denn ich konnte mir dadurch die Bilder des Films vorstellen. Vor allem die Hauptfigur Rieche faszinierte mich. In ihrer Tragik erinnerte sie mich an unser aller Sorge, mit unserem Können und unserem Leistungsstreben nicht anerkannt zu werden. Rieche trägt auch viele Eigenschaften des Freundes Kluge selbst, seine permanente Reibung an einem protestantisch-preußischen Pflichtenkanon und sein Ehrgeiz, aus den bürgerlichen Grenzen auszubrechen, ohne dabei den bürgerlichen Boden unter den Füßen zu verlieren. Darüber gab es lange Diskussionen mit den Kollegen der U.L.M.-Gruppe. Neben Petra war es vor allem Alf Brustellin, der mich in diesen Tagen beriet und seine Hilfe anbot, sollte es zur Einigung kommen.

Als Alexander seinen Vorschlag wiederholte, wurde ein handschriftlicher Vertrag verfertigt, in dem wir ein Drehbuchhonorar und einen Lizenzpreis für den Erwerb der Verfilmungsrechte festlegten. Es sollte damit verhindert werden, dass jemals Zweifel an meiner Legitimation als Produzent und Regisseur auftreten. Ich bestand darauf, die

Honorare auch tatsächlich zu bezahlen. Ich hatte mich inzwischen in Alexanders Figuren und die absurde Katastrophenphantasie des Protagonisten verliebt. Besonders war ich den Frauenfiguren verfallen. Gertie war eine realistische Variante der Streunerinnen aus den früheren Kluge-Filmen, die ich ins Herz geschlossen hatte. Ich hatte große Lust, die Geschichte vom Kopf auf die Füße zu stellen und Alexanders Montagesatire in eine kontinuierlich erzählte Tragikomödie zu verwandeln. Nachdem er sogar versprochen hatte, sich von meinen Dreharbeiten fernzuhalten, waren auch meine Berater beruhigt. Ich freute mich auf die Arbeit, die für mich viele Herausforderungen enthielt. Zum ersten Mal sollte ich als Regisseur und Produzent einen fremden Stoff verfilmen, ein Buch, dessen Autor ich nicht war. Auch das Polizeimilieu und die Charaktere der Wirtschaftswelt waren mir wenig vertraut, und ich sah die Gefahr, mich von den Krimiklischees aus Fernsehen und Kino beeinflussen zu lassen. Die alles entscheidende Frage war schließlich, ob es mir gelänge, die Hauptrolle des Rieche überzeugend zu besetzen.

Nachdem ich die Verträge mit dem ZDF und den beteiligten Förderern neu verhandelt und abgeschlossen hatte, machte ich mich mit Petra auf die Suche nach Schauspielern. Sie gab sich dieser Aufgabe begeistert hin, denn auch sie mochte Alexanders Story vom verrückten Herrn Rieche. Einer der Freunde hatte uns den Tipp gegeben, den ehemaligen Brecht-Schauspieler Heinz Schubert in Betracht zu ziehen. Schubert hatte im deutschen Fernsehen in der Rolle des «Ekel Alfred» eine gewisse Berühmtheit erlangt. Ich nahm also mit «Schubi», wie er in der Branche in Anspielung auf seine Körpergröße genannt wurde, Kontakt auf und besuchte ihn mit Petra in Hamburg. Ich wollte ihm nicht einfach das sperrige Drehbuch überlassen. Er sollte mit der Geschichte auch meine Auffassung vom Geist der Figur und vom Stil der Arbeit kennenlernen. Ich erzählte ihm die Handlung und erklärte in stundenlangen Gesprächen die Tragödie der Figur. Dabei konnte ich nicht nur Heinz Schubert näher kennenlernen, sondern bekam auch ein neues Gefühl für den richtigen Erzählton der Geschichte.

Bei den weiteren Rollenbesetzungen wurden Freunde und auch befreundete Agenturen mobilisiert. Ein besonderer Glücksfall war

Verena Rudolph, die ich für die Rolle der diebischen Kantinenangestellten Gertie Kahlmann gewann. Verena traf genau die richtige Mixtur aus Durchtriebenheit und warmherzigem Sex, die ich als Gegensatz zu dem unruhigen, ewig getriebenen Rieche gesucht hatte. Die Geschichte sollte vor allem durch die verzwickte Liebesgeschichte zwischen Rieche und Gertie in Bewegung gehalten werden. Die Besetzungsgespräche gingen Hand in Hand mit dem Aufbau des Drehteams, das diesmal auch für mich einen großen Schritt von der Improvisation hin zur Professionalität bedeutete. Für die Ausstattung engagierte ich Winfried Hennig, der schon als Assistent unseres Freundes Nikos Perakis bei unserem gemeinsamen Argonauten-Film DAS GOLDENE DING mitgewirkt hatte. Für die Kostümausstattung konnte ich wieder die wunderbare Monika Altmann gewinnen, deren Arbeit sehr zum Erfolg der REISE NACH WIEN beigetragen hatte. Für die Bildgestaltung kam Thomas Mauch hinzu. Thomas hatte inzwischen große Filme mit Werner Herzog und Helma Sanders-Brahms gedreht und konnte sogar erste Erfahrungen als Regisseur vorweisen. Als seinen Assistenten und Zweitkameramann brachte Thomas den hochbegabten Martin Schäfer mit. Schließlich konnte ich noch Heidi Genée, eine der im Spielfilm erfahrensten Schnittmeisterinnen, verpflichten.

Trotz dieser hervorragenden Mannschaft und der vor innerer Unruhe vibrierenden Rollenbesetzung wäre das Projekt nicht denkbar gewesen ohne den glaubwürdigen Schauplatz, an dem Rieches gesamtes Wirken beschrieben wird. Eine funktionierende Industrieanlage mit Fabrikationshallen, Verwaltungsgebäuden, Schornsteinen und Fabrikhöfen zu finden, in denen Dreharbeiten von mehreren Wochen möglich sein würden, erschien fast aussichtslos. Welches Unternehmen würde bereit sein, sich auf die unvermeidlichen Störungen seines eigenen Produktionsablaufes einzulassen? Wo konnte man so viel Interesse an der Herstellung eines Films finden, dass man einem Team von fünfzig Personen erlaubt, sich in allen Bereichen des Betriebes auszubreiten?

Petras Stiefvater war Direktor einer großen Augsburger Textilfabrik. Ich wurde ihrer Familie vorgestellt und durfte dort unser Projekt erklären. Dem Direktor, der mit Filmaufnahmen noch nicht in Berührung gekommen war, musste ich in allen Einzelheiten ausmalen, wie sich die Dreharbeiten in einer fortlaufend produzierenden Industrieanlage ausnehmen würden. Für die positive Entscheidung des Fabrikdirektors gab Petras Fürsprache den Ausschlag. Es wurde eine Besichtigung der Anlagen vereinbart, und ich konnte mit meinen Mitarbeitern einen Drehplan ausarbeiten, der schließlich auch als Grundlage des Vertrages mit der Textilfabrik diente. Ich weiß nach den vielen Jahren nicht mehr, welche Gegenleistung wir zu erbringen hatten. Ich vermute aber, dass alles auf dem Vertrauen aufbaute, das Petras Familie mir als dem Freund und Gefährten ihrer Tochter schenkte.

Die Dreharbeiten begannen im Spätherbst 1975. Es war schon sehr kalt, und ich werde nie vergessen, wie Rudolf Wessely, der einen Industriespion spielen sollte, derart unter der Kälte litt, dass er den ganzen Text seines Monologs vergaß. Das Drehbuch sah Szenen vor, die in der Weihnachtszeit spielen, wenn die Villen der Vorstandsmitglieder leerstehen und Einbrecher anlocken. Es gab Übungen der Werkschutztruppe im Schnee, und für den verrückten Sicherheitsfanatiker Rieche waren Szenen in Nacht und Eiseskälte vorgesehen. Heinz Schubert erwies sich als ein unvergleichlicher Darstellungsvirtuose. Er konnte Kluges in vertrackter Behördensprache abgefasste Dialoge so sprechen, dass sie völlig natürlich klangen. Aus Schubis Mund kam nicht mehr der auf Papier geschriebene Text, sondern die seltsame Sprechlogik des übereifrigen Gehirns, das er verkörperte. Schon nach wenigen Drehtagen zeigte sich, dass keine bessere Besetzung denkbar gewesen wäre. Schubi spielte mit einem unfassbaren körperlichen Einsatz. Er rannte bei Verfolgungsjagden wie ein Wiesel über Stock und Stein, wälzte sich am Boden, überschlug sich, wenn nötig, wagte abenteuerliche Autofahrten oder pflanzte sich mit seinen 159 Zentimetern vor den fettesten Kerlen auf und kannte keine Angst. Auch in den Liebesszenen mit Gertie wurde Schuberts Rieche eine lebendige Figur, die keine Scheu vor Sex und Nacktheit zeigt. Bereits nach kurzer Zeit spürten wir die tragische Mischung aus Stolz und Erfolglosigkeit, die diesen Rieche quält.

Thomas Mauch zauberte bei den vielen Nachtaufnahmen mit dem Licht und drehte äußerst kunstvolle Kamerabewegungen. Es entstanden Bilder, die manchmal an unsere frühen Industriefilme erinnerten, wohl auch weil wir, wie damals, in Fabrikationshallen und Außenanlagen einer Fabrik arbeiteten. Petra bewies in ihrer Funktion als Regieassistentin einen ungewöhnlichen und sehr inspirierenden Blick für die besonderen Ausdrucksmomente der Schauspieler. Nach und nach gewöhnte sich das Team an die Stimmung des Films, und es entstand eine ruhige und konzentrierte Arbeitsatmosphäre. Bei den Mustervorführungen kam Begeisterung auf, und wir hatten das Gefühl, dass der Film uns gelingen wird.

Es waren etwa drei Wochen Drehzeit vergangen, als sich Alexander bei uns einfand. Er machte einen unglücklichen Eindruck und erklärte mir, dass er nicht mehr schlafen könne, da er immerzu daran denken müsse, dass seine Filmgeschichte nun ohne sein Zutun entstehe. Die Geschichte sei schließlich sein Kind. Er leide unter dem Gedanken, dieses unschuldige Kind grundlos verlassen und verstoßen zu haben. Der Darstellung seines Abschiedsschmerzes folgte sein Vorschlag, zur Gemeinschaftsregie zurückzukehren. Mit dieser Kehrtwende war nach unserer Abmachung nicht mehr zu rechnen gewesen. Ich erinnerte Alexander daran, dass wir das Thema schon vor Drehbeginn ausgiebig diskutiert und eine Zusammenarbeit für nicht realisierbar gehalten hätten. Ich spürte, dass es ihm nicht leichtgefallen war, mit diesem Anliegen bei mir zu erscheinen. Trotzdem war ich nicht bereit, mich auf seinen Wunsch einzulassen. Ich wollte meine künstlerische Arbeit gegen Fremdeingriffe verteidigen und zu Ende bringen. Ich versuchte, Alexanders Achtung für die bisher geleistete Produktionsarbeit, für die Besetzung, die Teamstruktur und die Regiekonzeption zu wecken. Aber er sah nur «sein Kind». Von diesem Tag an war allerdings auch in meinem Team nichts mehr wie zuvor. Kluges Auftritt wurde in jeder freien Minute diskutiert, und es gab bald heftige Kritik an ihm und seiner Forderung, die von einigen Mitarbeitern als versuchte «feindliche Übernahme» bezeichnet wurde.

Alexander gab nicht auf. Mehrmals erschien er am Drehort, beobachtete unsere Arbeit, und in freien Momenten nahm er Teammitglieder zur Seite und bearbeitete sie mit seiner Argumentation. Der Film könne nur gewinnen, wenn ich mich auf sein Angebot einließe. Er müsse damit leben, entgegnete ich. Schließlich hätte ich «sein Kind» in einer Notlage adoptiert und sei sicher, dass es nun auch meiner zuverlässigen Liebe bedürfe. Das Team und die Schauspieler sahen unserem Streit sprachlos zu. Petra warnte mich erneut, indem sie auf Alexanders Umgang mit Fremdmaterial in seinen Montagefilmen hinwies.

Es vergingen wenige Tage, bis Alexander wieder in Augsburg auftauchte. Diesmal hatte er unseren Freund Norbert Kückelmann dabei. Norbert war Rechtsanwalt und Filmemacher zugleich, ein Mann, dem man eigentlich vertraute. Dem Team und mir präsentierte er sich als Vermittler und trug vor versammelter Mannschaft seine Überlegung vor: Es sei in diesen Zeiten ein Anachronismus, einen romantischen Künstlerstandpunkt zu vertreten, der, wie das bei mir der Fall wäre, eine alleinige Kontrolle über das Werk fordere. Gerade unter gleichrangigen und modernen Kollegen und Freunden müsse erkannt werden, dass es dem Werk nützlich sei, wenn Zusammenarbeit praktiziert würde. Ich solle also Kluges Forderung im Interesse des Films erfüllen und den jahrelangen Freund neben mir als gleichrangigen Autor aufnehmen. Ich sah mich an die Wand gedrängt. Alles erinnerte mich an mein CARDILLAC-Trauma. Wieder schien es, als greife die Ideologie der Enteignung nach mir. Ich konnte nach diesem moralischen Doppelangriff von Kluge und Kückelmann nicht mehr weiterarbeiten, denn meine kreative Phantasie war blockiert. Ich traf mich in München mit Petra und Alf, die mir rieten, auf keinen Fall auf die Doppelregie einzugehen. Alf nannte Kluge einen Vampir, dem man keine Schwachstelle bieten dürfe. Ich erinnerte mich auch des Spruches aus unserem letzten Film: dass der Mittelweg den Tod bringen kann. Und war die Kollektivregie nicht der tödliche «Mittelweg»? Nach schlaflosen Nächten beschloss ich deswegen, das Projekt lieber komplett an Kluge abzugeben, als mich auf die erzwungene Koregie einzulassen.

Team und Schauspieler sahen den Ereignissen sprachlos zu und schwiegen. Sie hätten aus ihren Arbeitsverträgen kein Recht zur Einmischung herleiten können. Deutlich ist mir die Abschiedsszene in Erinnerung, in der ich das Team in einer der Augsburger Fabrikhallen versammelte und bekanntgab, dass ich die gesamte Produktion einschließlich der Regie an Kluge übertragen werde. Es sei jedem Mitarbeiter freigestellt, sich in gleicher Funktion unter die Leitung von Kluge zu begeben. Nur so könne die begonnene Arbeit zu einem guten Ergebnis gebracht werden. Es folgten Umarmungen und Abschiedstränen, dann verließ ich den Drehort. Petra, die mit mir aus der Produktion ausschied, sah sich allerdings zu einer schmerzlichen Mission genötigt: Sie musste ihren Stiefvater dazu bringen, die Erlaubnis für die Dreharbeiten in der Fabrik ohne Einschränkung auf Kluge zu übertragen. Mir blieb, eine quälende und aufwendige Abwicklungsbürokratie zu bewältigen, Verträge zu ändern, Rechteübertragungen zu verhandeln und eine von Wirtschaftsprüfern genehmigte Zwischenabrechnung für die Förderer zu erstellen. Das Ende der Zusammenarbeit mit Kluge war teuer und tränenreich.

Ich habe mir für das Schreiben dieser Episode den STARKEN FERDINAND als DVD besorgt und gemeinsam mit Salome auf unserer großen Leinwand angesehen. Nach fünfundvierzig Jahren folgte ich den Bildern dieses Films, den ich völlig vergessen und aus meinem Gedächtnis verbannt hatte. Wir waren beide fasziniert. Salome fand, dass der Film große Qualitäten habe und die Vorführung Vergnügen mache. Mir ging es nicht anders. Die schauspielerische Leistung von Heinz Schubert ist grandios. Sein an Wahnsinn grenzender Eifer und sein Glaube an seine Professionalität sind so packend, dass man keinen Augenblick die Künstlichkeit und die intellektuelle Konstruktion der Figur bemerkt. Dieser von Schubert gestaltete Rieche ist ein tragischer Mensch, in der Verstiegenheit seiner Pläne immer wieder auch von bizarrer Komik. Da entsteht das Bild einer Figur, die nichts Alltägliches an sich herankommen lässt und dennoch von lauter Banalitäten zerrieben wird. Wo gibt es Vergleichbares? Besonders gelungen sind die Szenen von Rieche und Gertie. Verena Rudolph hat einen so wunderbaren Charme, wenn sie den zappeligen Rieche in ihre weichen Arme nimmt, dass man weinen könnte bei so viel ungenutzter Liebe.

Wir waren auch verzaubert von der Kameraarbeit, die Thomas Mauch geliefert hat. Die Bilder haben Stimmung und Tiefe, geben den verrücktesten Situationen eine Form. Mauchs Nachtaufnahmen sind magisch, und seine Großaufnahmen haben Witz. Alles stimmt in diesem Film: die Szenenbilder, die Kostüme und die Motive. Ich konnte mich beim Anschauen nicht mehr erinnern, welche Bilder in «meiner» Zeit entstanden sind und welche unter Kluges Regie gedreht wurden. Es ist kein Bruch zu spüren. Offenbar waren das Team, die Schauspieler und die Schauplätze schon so ineinander verflochten, dass sie eine eigene Dynamik hatten, an der auch der Regisseur nicht mehr viel verändern konnte.

Ist es nun ein «Kluge-Film» oder ein «Reitz-Film» geworden? Beides kann man nicht beantworten. Für einen Kluge-Film ist ungewöhnlich, dass es nicht eine einzige Collagesequenz gibt, kein Fremdmaterial oder Bildchen aus Kluges Sammelkiste. Es fehlen auch die typischen Texteinblendungen und die über die Handlung gestülpten Sprüche. Als Reitz-Film kann er auch nicht gelten, denn es fehlt das epische Gefühl für den Lauf der Zeit. Das Ergebnis ist eine aus Kluges metaphorischer Phantasie entwickelte Handlung mit der Reitzschen Bilderzählweise. Dieser Film ist ein mit professionellen Mitteln solide durchgeführtes Experiment. Ein Widerspruch oder ein kleines Wunder. So viel aus dem Abstand von fast einem halben Jahrhundert.

Heute gewinnt der Film zusätzliche Aktualität durch seine Themen Sicherheit und Rechtsstaatlichkeit, die gerade wieder heiß diskutiert werden. DER STARKE FERDINAND ist ein Film, der noch zu entdecken ist. Kluge hat ihn, so viel sei noch für die Filmhistoriker festgehalten, im April 1976 in den deutschen Kinos gestartet. Die Kritiken waren mäßig bis negativ. Der Film kam nie zum Laufen und verschwand sehr bald von der Bildfläche. Er hat auch ihm kein Glück gebracht.

SECHSTER TEIL
Vom Phönix und der Asche

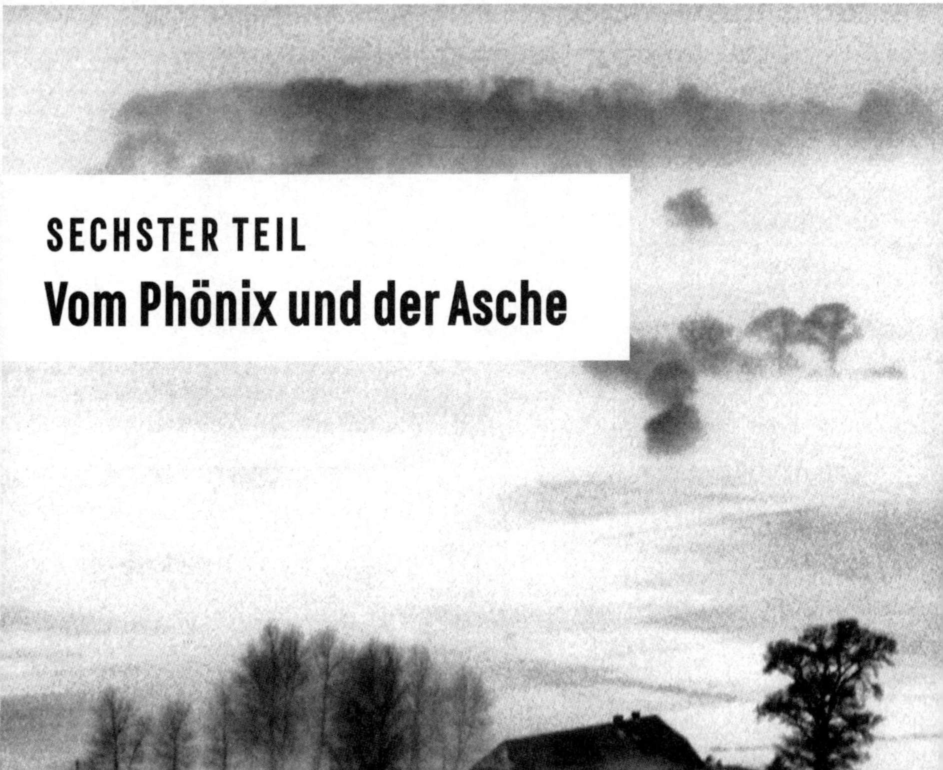

64 Susannes Besuch

Vor einigen Tagen besuchte mich meine Tochter Susanne aus Amsterdam. Sie wusste, dass ich meine Erinnerungen schreibe, und brachte deswegen Fotos und Briefe aus den 1970er Jahren mit. Ich hatte mich schon gefragt, warum sich in meinem Besitz nur wenige Erinnerungsstücke aus dieser Zeit finden ließen. Susanne konnte mir einiges erklären. Ich hatte, wie sie sich erinnerte, bei meinem Auszug aus der gemeinsamen Wohnung am Cosimapark nur einen Teil meiner Akten, Bücher und Fotosammlungen mitnehmen können. Die Schränke meines ehemaligen Arbeitszimmers blieben noch jahrelang unberührt, bis Gertraud, die mit ihrem neuen Partner Thomas dort lebte, die Scheidung einreichte und die Wohnung, die ihr bei der Vermögensaufteilung zugesprochen wurde, verkaufte. Die Räumung und Gertrauds Umzug in eine Schwabinger Altbauwohnung gingen wohl schnell und pauschal vonstatten. Fast alles, was mir gehörte und nicht von den Kindern mitgenommen wurde, ging dabei verloren. Einiges wurde achtlos in einem feuchten Keller verstaut, anderes in den Müll gekippt. Mir wurde während dieser Vorgänge nicht klar, dass ich tatsächlich einen Neuanfang begonnen hatte und das Beiwerk meines Vorlebens untergehen ließ. Meine Sammlung mit Papieren, Fotos und Dokumenten, auf die ich heute zugreifen kann, beginnt mit der Jahreszahl 1976.

Die Fotos, die Susanne mitbrachte, zeigen familiäre Szenen aus den Sechzigern und frühen Siebzigern sowie Dreharbeiten der Kinderfilme, die wir im Auftrag des Deutschen Jugendinstitutes herstellten. Alle waren beteiligt: Petra natürlich, mit der ich innig verbunden war und zusammenlebte, Alf Brustellin, der die Kamera führte, Gertraud und Thomas, die das Projekt, was ich ganz vergessen hatte, über die Scheidung hinaus als Fachpädagogen betreuten. Es ist aber nicht diese

Zusammenarbeit, von der Susannes Bilder erzählen, sondern man kann aus ihnen das «private» Bild unseres Lebens herauslesen, das wir in diesen Jahren führten.

Man sieht auf Susannes Bildern, wie ich mich seit den 1960er Jahren äußerlich verändert hatte. Zur Ulmer Schule gehörte noch die Kurzhaarfrisur, die man «Messerschnitt» nannte, kein Härchen war länger als fünfzehn Millimeter. Ich rasierte mich täglich, trug weiße Hemden, Sakko und schwarze Flanellhosen. Dann wurden meine Haare länger, besonders die Koteletten, die immer buschiger die Backen hinunterwucherten und sich nach einem Jahr an der Kinnspitze zu einem albernen Seemannsbart vereinten. Eine Zeitlang föhnte ich meine Haare zum Pilzkopf à la Beatles. Als Naturlocken durchkamen, die ich auf Schulterlänge wehen ließ, wusch ich sie täglich und bürstete sie gegen den Strich. Die Zeit der Krawatten war endgültig vorbei. Ich trug Jeans mit Schlag und Glitzerhemden aus modischen Synthetikfasern. Auf einigen Fotos trage ich einen ausladenden Westernhut, mit dem ich mich bei Außenaufnahmen als Trapper stilisierte. Alf gab bei unser neuen Imagepflege den Ton an. Er sah noch Jahre nach seiner entsprechenden Rolle in den GESCHICHTEN VOM KÜBELKIND wie ein Dumas'scher Musketier aus. Auch Petra begeisterte sich für die neue Romantik, die sich aus einer seltsamen Mischung von Revolte und Märchen speiste. Mit ihrem blonden Wuschelkopf, den schönen vollen Lippen und den träumenden Augen war sie das Idealbild der modernen Studentin dieser Jahre.

Susanne brachte mir auch einige Briefe mit, die sie Mitte der 1970er Jahre von mir erhalten hatte. Einer davon rührt mich, weil er auf die Nöte eingeht, mit denen sich die Tochter inmitten der Veränderungen im Leben ihrer Eltern plagte. Ich zitiere eine Stelle vom Anfang des Briefes, den ich ihr im November 1976 nach London schrieb, wo sie studierte:

> *Du hast als 10- oder 12-jähriges Mädchen in den Jahren der Revolten das intensive Zusammensein deiner Eltern mit ihren Freunden kennengelernt. Du durftest zum ersten Mal bis in die Nächte dabei*

sein, wenn du mitdiskutiert hast, und du warst glücklich bei der Perspektive, dass sich diese Atmosphäre der Suche nach neuen Lebensformen über Jahre fortentwickeln sollte. Wie bist du doch auf unsere Kommune-Ideen eingestiegen, wie hast du mit uns geträumt und wie enttäuscht warst du, als sich das alles dann auflöste: damals, als jeder anfing, seine individuellen, eigenen Wege zu gehen, Gertraud, Ula, Alf, Julio, und wer da alles mitträumte. Und da warst auch du gezwungen, wieder alleine zu sein, so sehe ich das. Was hat dir in diesem Alter, wo du so eifrig und leidenschaftlich zur kleinen Intellektuellen wurdest, was hat dir das alles genützt? Dass du so viel und schnell gelernt hat? Der Marxismus, das Philosophieren, das Kritisieren? Du wolltest dadurch, dass du viel und schnell lerntest, Freunde finden und Gemeinschaft und Liebe erleben. Ist das gelungen, wie du es in deinem aufgeregten Kinderherzen geträumt hast? Für dich, denke ich, muss das alles schlimmer gewesen sein als für uns Ältere, weil wir ja vorher so viele Jahre schon gelebt hatten, ohne diese Hoffnungen, und nur einen «Versuch» in dem Ganzen sahen, während es für dich das Einzige war. Wir haben nur in eine frühere, etwas modifizierte Existenz zurückkehren müssen. Verstehst du?

Susanne hatte die Achtundsechziger-Zeit als intellektuell erwachendes Mädchen erlebt. Die Träume und Partnerschaftsexperimente der Erwachsenen waren auch später noch in ihr lebendig, und sie litt unter der Kehrtwende, die sie als junge Studentin überall antraf. In London studierte Susanne zu dieser Zeit Tanz und Choreographie. Der Tonfall, mit dem mein Brief daherkommt, lässt heute kaum mehr ahnen, dass dies die Haltung war, mit der man glaubte, Liebe zu seiner Tochter ausdrücken zu können. Man wollte der Freund und intellektuelle Gesprächspartner seiner Kinder sein. Wir ließen uns deswegen nicht mit «Vater» oder «Mutter» ansprechen, sondern mit unseren Vornamen. Das haben die Kinder, die inzwischen selbst im Großelternalter angekommen sind, bis heute beibehalten. Ein schmeichelhafter Nebeneffekt war, dass man mit dem Namenstrick den Generationsunterschied verschleierte. Wollten wir ewig jung bleiben? Bis heute erkenne ich die Leute, die ihre Eltern mit Vornamen rufen, als Achtundsechziger-Kinder. Was wir als originell und ganz persönlich empfinden, erweist sich oft als purer Widerhall des Zeitgeistes. Gerade in den Zeiten, die das Wort Freiheit verherrlichten, waren wir alles andere als frei.

Es liegt nahe zu fragen, was wir im Umgang mit unseren Kindern falsch gemacht haben. Nach einem halben Jahrhundert ist diese Frage allerdings sinnlos, denn die Kriterien für Richtig und Falsch waren dauernden Turbulenzen ausgesetzt. Ich kann sagen, dass wir unsere Kinder liebten und beschützen wollten. Immerhin sind uns bestimmte Katastrophen, die vielen Familien der Achtundsechziger-Generation widerfahren sind, erspart geblieben. Keines unserer beiden Kinder ist mit Drogen in Gefahr geraten oder hat sich in extremistische Ideologien und gewaltbereite Gruppen verirrt. Beide sind heute selbst liebevolle Eltern, die ihre Kinder in Freiheit aufwachsen lassen.

Eine Serie von Papierbildchen, die mir Susanne mitbrachte, zeigt ein stimmungsvolles Beisammensein von ihr, Christian, Petra und mir unter dem Weihnachtsbaum. Es war der ausdrückliche Wunsch der beiden Jungen, einmal mit ihrem Vater und dessen Freundin Weihnachten zu feiern. Die Kinder hatten ein Gespür dafür, wie man die Risse in der Familienhaut heilen kann.

65 Der Traum vom Fliegen

Als Vierzehnjähriger bin ich ein Flugträumer gewesen. Noch viele Jahre später konnte ich mich lebhaft an die Flugszenen erinnern, die ich Nacht für Nacht geträumt habe und gelegentlich sogar «nachträumte», falls man es so nennen darf. Es gibt bekanntlich dieses Phänomen des «luziden Traums». Eine Art des träumenden Erlebens, bei dem sich der Träumer bewusst ist, dass er träumt, und die Traumhandlung willentlich steuern kann. Ich beherrschte diese Technik, seit ich während meiner Schulzeit regelmäßig von einer fiebrigen Angina geplagt worden war. Bei dieser Art des halbwachen Träumens gelang es mir, die Schwerkraft aufzuheben und emporzuschweben. Aufrecht, mit gestreckten Beinen, konnte ich über Häuser und Bäume fliegen, betrachtete die Welt in aller Ruhe von oben. Ich sah alle Details aus der Vogelperspektive und genoss es, unerreichbar zu sein. Ich wollte bei meinen Flügen nicht von anderen Menschen beobachtet werden, es war mir peinlich, so «abgehoben» zu sein, und ich wollte auch mein Geheimnis nicht preisgeben. Ich allein wusste, wie man das macht. Zum Fliegen musste ich bestimmte Muskeln in Schultern und Beinen anspannen und die Gedanken «erheben». Schon hob ich ab.

Das Fliegen war dabei nicht das Anstrengende, sondern die Kontrolle über den Verlauf des Fluges. Im Fieber war mir einmal diese Kontrolle entglitten, und schon zischte ich in schwindelerregende Höhen, über die Wolken zu den Sternen, und da schrie ich vor Angst, bis die Mutter am Bett stand und mich von «dort oben» durch gutes Zureden wieder herunterholte. Es war also die Kontrolle, die ich in meinen luziden Traumszenen einübte. Ich erträumte mir Situationen, in denen ich mich bei meinen Übungen mitten unter die Menschen mischen konnte, zum Beispiel auf dem Marktplatz nahe dem Elternhaus. Es war Markttag oder sogar die jährliche Kirmes. Der Platz war voller Menschen und ich unter ihnen. Während ich mit den geschäftigen Leuten arglos plauderte, hob ich nur wenige Zentimeter vom Boden ab, sodass keiner von ihnen merkte, dass ich flog. Mein Ziel war, nur wenige Millimeter hochzusteigen und so über alle Hindernisse und sogar über das Wasser schweben zu können. Dabei konnte ich Beinbewegungen andeuten und so tun, als ginge ich.

Flugträume gehören zu den Klassikern der Traumdeutung, und es ist sicher nicht schwer, meine Traumszenen zu entschlüsseln. Bei einem Jungen, der Dichter werden will, ist die Symbolik des «Abhebens» überdeutlich. Weil ich diese Art von Deutung aber banal und oberflächlich fand, sprach ich über meine Traumfähigkeiten weder mit meinen Eltern noch mit meiner Schwester. Ich war sicher, dass keiner den wahren Hintergrund meiner ureigensten Träume kennen konnte. Ich schrieb in mein Tagebuch: «In meinen Augen sind manche Träume Erinnerungen, die Millionen Jahre zurückreichen, in vergangene Zeiten, in denen wir wie ein Vogel fliegen konnten.» Niemand konnte das Gegenteil beweisen.

Im Wachzustand war ich in diesem Alter ein Tüftler. Ich konstruierte allerlei sinnlose Maschinen, die sich zum Beispiel in Gang setzten, wenn die Hausklingel betätigt wurde oder eines der Hausmädchen den Staubsauger einschaltete. Dann fiel ein Besen um, der wiederum nahm den Eimer mit, aus dem das Wasser floss, das ein kleines Mühlrad antrieb, das eine Schnur aufwickelte, die in der Küche wie von Geisterhand eine Schranktüre öffnete, wobei eine Gabel klirrend auf einen Teller fiel, sodass die Mutter vor Schreck aufschrie. «Piddeln» nannte sie das, was ich mit meinen unruhig suchenden Fingern gern machte. «Hör auf zu piddeln!», rief sie. Ich wollte mit meinen Dominoeffekten den Eindruck übernatürlicher Erscheinungen vortäuschen, ebenso oft aber suchte ich nach realen Lösungen großer Probleme. So war ich überzeugt davon, dass es möglich ist, ein Gerät zu bauen, das tatsächlich die Schwerkraft aufhebt. Mein Weltbild war magisch-handwerklich. So «piddelte» ich ein Kästchen, das über einer Metallplatte schweben konnte. Der Elektromagnet, der das ermöglichte, war im Innern verborgen.

Während meiner Ulmer Jahre begegnete ich zum ersten Mal der Geschichte vom Schneider Berblinger, der mit seinen Flugversuchen Anfang des 19. Jahrhunderts traurige Berühmtheit erlangte. Ich stellte mir das Schneiderlein als ewig Vierzehnjährigen vor. Er war ein kleiner Tüftler, wie ich es als Junge gewesen war, vielleicht auch wie mein Vater einer war, und er konnte sich tagelang seinen nervösen Tüftlerhänden überlassen, ohne Plan, ohne Ziel und Nutzen. Berblinger war für mich ein Geheimwissenschaftler. Einer, der das Fliegen als eine Fähigkeit sah, die er einst einmal besessen und nur vergessen hatte.

Als Gymnasiast schrieb ich ein Gedicht, das ich an dieser Stelle zitieren möchte, weil es erhalten geblieben ist und zeigt, dass es für mich seit langem vorgezeichnet war, eines Tages einen Film über den Schneider von Ulm zu machen. Neu ist in dem Gedicht mein Mitgefühl mit Berblinger als Verlierer, als ein Mann, der von seinen Zeitgenossen nicht verstanden und von Pech verfolgt wurde. Zu der ursprünglichen Begeisterung war das Mitleiden hinzugekommen. Mein Impuls, dem zu frühen Vogel beim Überleben zu helfen, schien also von Anfang an eine Rolle gespielt zu haben.

AN BERBLINGER

Sieh da, der Mann fliegt!
Sagt die Schwalbe zum Baum,
Sagt der Baum zu der Quelle
Im Schwäbischen Tal.
Und was sagst du?
«Wie sehr ist der Himmel für uns.»
Über dir die Schleuse voll Pech,
Die sie aufdrehn für dich.
Du sollst dir die Federn putzen,
Sagen sie.
Du sollst sie mitnehmen im Flug.
Tu's nicht!
Denn sie haben das Pech,
Sie sind die Besitzer des Pechs.
Verbirg ihnen dein Glück.
Nur wenn dich niemand bestaunt,
Ist der Himmel für dich,
Ist die Schwalbe wie du.
Sieh da, der Mann fliegt!
Sagt die Quelle dem Bach,
Sagt der Bach zu dem Pechvogel
Im Fluss.

Als ich Petra vom verkannten Schneider erzählte, begeisterte auch sie sich für den Stoff und begann, mit mir ein Drehbuch zu entwickeln. Unsere Arbeit bestand zunächst aus umfangreichen Recherchen. Wir besuchten die Archive der Stadt Ulm, transkribierten Handschriften, entschlüsselten Zeichnungen und Skizzen und dehnten dann unsere Nachforschungen auf andere historische Akteure aus, die in Paris oder Wien davon geträumt hatten, die Luft zu erobern. Am Ende des 18. Jahrhunderts war die Ballonfahrt eine faszinierende Mode geworden. Unsere Recherchen wurden immer spezieller und dienten auch dazu, den freien Menschenflug, von dem Berblinger geträumt hatte, von der Luftschifffahrt abzugrenzen. Wir verwandelten uns für Monate in Geschichtswissenschaftler, die jedes Detail sammelten. Dabei ging es natürlich auch um die Verbindungen des Flugtraums mit der Französischen Revolution, um die politischen Träume junger schwäbischer Handwerker zu jener Zeit und ihre geistigen Flüge in eine neue Freiheit.

In Ulm lebte ein netter älterer Herr, der ein profunder Kenner der Biographie Berblingers war und über seinen Helden ein Theaterstück geschrieben hatte. Wir nahmen mit Herrn Obermeier Kontakt auf und besichtigten mit ihm die Orte, an denen unser Erfinder einst gelebt hat. Nichts davon war nach den Luftangriffen auf die Garnisonsstadt Ulm in den Kriegsjahren 1944/45 stehengeblieben. Der Krieg hatte wie in vielen anderen Fällen die Bilder zu den deutschen Geschichten gelöscht. Damit wurde uns auch klar, dass ein Film über Berblinger nicht im heutigen Ulm gedreht werden konnte. Voller Leidenschaft für unseren Helden, aber auch ratlos, wie wir einen so schwierigen Film drehen sollten, standen wir mit Herrn Obermeier vor dem Denkmal, das zu Ehren des Ingenieurs und frühen Technikschriftstellers Max Eyth errichtet worden war. Eyth hatte schon 1906 einen Berblinger-Roman geschrieben mit dem Titel GESCHICHTE EINES ZWEIHUNDERT JAHRE ZU FRÜH GEBORENEN. Es wurde für uns eine immer größere Gewissheit, dass der schwäbische Tüftler und Tagträumer tatsächlich das Fliegen erfunden hatte. Nur eben viel zu früh. Bald wurden wir zu Experten des Flugzeugbaus und der Aerodynamik. Wir starteten Modellversuche mit dem von Berblinger überlieferten Fluggerät und sahen, dass es flog. Wie in meinem Gedicht.

Der Traum vom Fliegen hatte sich bereits in meinen frühen Experimentalfilmen wie GESCHWINDIGKEIT und BAUMWOLLE gezeigt und war auch dort schon ein Symbol für Freiheit. Ich erinnerte mich an die Abenteuer mit dem Spritzpiloten Bruce Nixon in Salvador, der mir im Sommer 1959 Flugstunden erteilt hatte und dem ich so sehr vertraute, dass ich mich bei seinen Einsätzen über den Baumwollfeldern zwischen den Tragflächen seiner Piper festschnallen ließ. Angstlos filmte ich bei rasenden Sturz- und Tiefflügen, die so knapp über die Felder gingen, dass wir mit dem Fahrgestell die Baumwollblüten pflückten. Mit dem Ulmer Schneider ist der luzide Traum des vierzehnjährigen Edgar wieder da gewesen. Auch Jahre später ging es mit den Flugträumen weiter: In HEIMAT ist es Ernst Simon, der sich den Traum vom eigenen Flugzeug erfüllt, bis er in HEIMAT 3 in den Loreley-Felsen stürzt und zur Legende wird.

66 Ein Freund und die Stunde Null

Joachim war Redakteur im Fernsehspiel des Westdeutschen Rundfunks in Köln. Er arbeitete also für den größten und wohlhabendsten Sender Deutschlands. Unter der Führung von Günter Rohrbach hatte sich der WDR zum wichtigsten Partner des Neuen Deutschen Films entwickelt, und es gab keinen unter den jungen Regisseuren, der in diesen Jahren nicht mit seinen Projekten und Ideen zuerst zum WDR und Rohrbachs Redakteursteam zog, bevor er sein Thema ernsthaft in Angriff nahm. Sowohl Fassbinder, Herzog, Wenders, von Praunheim, von Trotta, Schlöndorff als auch meine Freunde Sinkel und Brustellin standen mit dem WDR in täglichem Kontakt. Joachim von Mengershausen war unter den Redakteuren der sensibelste und kenntnisreichste. Seit Jahren traf man ihn auf allen wichtigen Filmkunstfestivals der Welt, er nahm an den öffentlichen Diskussionen über Maßnahmen zur staatlichen Filmförderung teil und war immer auf der Suche nach unentdeckten Talenten. Joachim wurde nicht als Funktionär einer Sendeanstalt wahrgenommen, sondern als Freund.

Bei den Treffen mit ihm erfuhr man alles, was gerade geplant, geträumt oder in den Köpfen der Kollegen ausgebrütet wurde. Joachim war ein Schnittpunkt vieler sich kreuzender Lebenslinien. Heute würde man sagen, er repräsentierte das Netzwerk der Filmkunst dieser Jahre in unserem Lande.

Als Joachim mich im Mai 1976 anrief und mir ein Manuskript ankündigte, das ihm auf den Schreibtisch geflattert sei und das ich unbedingt lesen müsse, konnte er nicht wissen, dass unser Förderantrag für den SCHNEIDER VON ULM kurz vorher abgelehnt worden war. Ich war gerade ziemlich ratlos, wie es mit mir beruflich weitergehen sollte. Joachim betonte, das Manuskript, das er mir schicken wolle, stamme von einem Kieler Taxifahrer, sei also kein professionelles Drehbuch, zeige aber eine ungewöhnliche Begabung für authentische Dialoge. Der Autor hieß Peter Steinbach, sein Text hatte den Titel SCHLÜSSELMACHERS PARADIES. Er beschrieb Szenen, die sich im Sommer 1945 in einem Vorort von Leipzig – Steinbach war selbst in Sachsen aufgewachsen – unter deutschen Kleinbürgern abspielten, die alle Mitläufer waren, weder unschuldig noch schuldig an ihrer Niederlage. Der Titel spielte auf einen jüdischen Captain der amerikanischen Armee an, der einem der Protagonisten von paradiesischen Verhältnissen in den USA vorschwärmt. Später erfuhr ich, dass Joachim Peter Steinbach persönlich kennengelernt hatte, denn dieser hatte sein Manuskript nicht mit der Post geschickt, sondern selber ins Redaktionsbüro des WDR gebracht.

Ich las Steinbachs Text gemeinsam mit Petra. Auch wir waren überrascht, wie glaubwürdig und plastisch die Figuren wirkten. Es fehlte eigentlich nur die passende Handlungsstruktur. Ganz im Gegensatz übrigens zu den meisten Filmentwürfen, die ein perfektes Handlungsskelett haben, denen es aber an lebendigem Fleisch fehlt. Es ging alles ungewöhnlich schnell. Joachim mobilisierte den WDR, sodass ich innerhalb weniger Tage einen Vertragsentwurf in den Händen hielt. Ich konnte eine Förderprämie abrufen und mit Bernd Eichinger, der gerade seine ersten Schritte als Produzent wagte, eine Produktionsgemeinschaft gründen. Eichinger war noch im Studentenalter und schon ein manischer Projektemacher, der sich nicht scheute, um viele Jahre erfahrenere Kollegen in seinen Dienst zu nehmen. Als ich ihn kennenlernte, hatte er gerade Räume in meiner unmittelbaren Nachbarschaft angemietet, um darin seine erste Produktionsfirma, die Solaris-Film, zu etablieren. Kaum hatte ich ihm unser Drehbuch gezeigt, rief er aus, dass ihm das Projekt gefalle und er auch wisse, wer der richtige Kameramann für mich sei. Ohne mich noch einmal zu fragen, bestellte er mich am nächsten Tag in sein noch unmöbliertes Büro, wo er mich mit Gernot Roll bekannt machte. «Ihr werdet sehen, ihr passt zusammen», sagte Eichinger mit seinem außergewöhnlichen Instinkt für unentdeckte Produktivkräfte. Alles, was nun folgte, die Bearbeitung des Drehbuchs mit Petra und dem jungen Filmwissenschaftler Karsten Witte, die erfolgreiche Motivsuche an der DDR-Grenze, die abenteuerliche Besetzung der Rollen und die Zusammenarbeit mit Gernot Roll, gelang ohne Schwierigkeit, als wäre es seit jeher von den Schicksalsmächten so bestimmt gewesen.

Die meisten Mitglieder des Teams, das mich im Sommer 1976 beim Drehen der STUNDE NULL begleitete, waren nicht auf das Thema vorbereitet. Man hatte sich seit Jahresbeginn für die größere Aufgabe zusammengefunden, einen Kostümfilm über den Schneider von Ulm zu machen. Voller Zuversicht, diesen Film in Angriff nehmen zu können, hatte ich mit wichtigen Mitarbeitern bereits Verträge geschlossen. Wir waren zwar glücklich, ein Ersatzprojekt gefunden zu haben, das uns über das Jahr retten konnte, mussten uns aber in kürzester Zeit auf eine völlig neue Situation vorbereiten. Heute würde ich sagen, dass die Begegnung und erste Zusammenarbeit mit Gernot Roll der eigentliche Gewinn dieser Zeit waren. Unsere Erinnerung an das Kriegsende wurde durch den gemeinsamen Blick auf den elfjährigen Fahrradjungen geweckt, der im Drehbuch eigentlich nur eine Randfigur ist. Gernot und ich fanden in ihm unsere gemeinsame Perspektive auf die Erzählung. Ich sehe uns beide mit der Handkamera durch die Motive streunen wie Kinder beim Indianerspiel. Wir krochen am Boden entlang oder kletterten über Zäune und schlichen hinter den erwachsenen Schauspielern her wie neugierige Knaben. Wir begeisterten uns an den technischen Möglichkeiten der Objektive, probierten seltene Brennweiten aus, spielten mit Schärfenverlagerungen oder Kamerafahrten auf dem Fahrrad. Ein wortloses Verständnis zwischen Regisseur und Kameramann für die Blickrichtung auf eine Szene ist selten. Wir entdeckten zusehends neue Möglichkeiten der Bildsprache, die uns wenige Jahre später befähigte, HEIMAT miteinander zu drehen. Petra, die mich als Regieassistentin unterstützte, nannte Gernot und mich «die spielenden Jungs». Sie war überzeugt, dass wir mit diesem Film in das Glück unseres Knabenalters zurückkehrten.

Petra war es auch, die Torsten gefunden hat, den unvergesslichen Fahrradjungen im Film. Da unser Drehmotiv sich in einer gottverlassenen Gegend an der DDR-Grenze befand, wo man sicher sein konnte, keine Kinderdarsteller auftreiben zu können, brachten wir welche aus München mit, auch den für die Rolle des Fahrradjungen. Nach einigen Drehtagen aber wurde uns klar, dass dieses Schwabinger Intellektuellenkind nicht in die Atmosphäre einer elenden sächsischen Vorstadt am Kriegsende passte. Verzweifelt hatten wir den braven Jungen noch durch den Dreck gejagt und sein Gesicht mit Schmutz beschmiert, aber nun sah man erst recht, dass er ein behütetes Stadtkind war, das meine und Gernots Erinnerungen nicht anregen konnte.

Am dritten Drehtag erwachte ich mit hohem Fieber. Petra verständigte den Produktionsleiter und rief einen Arzt. Es kam eine ruppige Landärztin, die mir Rizinusöl gab, was zu Durchfall und Bauchkrämpfen führte. Dann kam der vereidigte Arzt der Ausfallversicherung, weil ja die Dreharbeiten stillstehen mussten. Er diagnostizierte einen «gastrointestinalen Infekt» – ein genaueres Wort dafür, dass er auch keine Ahnung hatte, was mir fehlte, aber es genügte, um die Versicherung zur Übernahme der Ausfallkosten zu verpflichten. Eine Atempause für alle. Petra begriff sofort, dass dies die Chance war, einen anderen Fahrradjungen zu finden. Am Abend stand sie vor meinem Krankenbett und präsentierte mir Torsten. Sie erzählte, wie sie mit dem Aufnahmeleiter die umliegenden Ortschaften erkundet habe und wie ihr in einer der Ortseinfahrten ein Junge mit seinem Fahrrad direkt vor das Auto geschossen sei. Der Junge vollführte auf seinem klapprigen Damenrad eine so geschickte Vollbremsung, dass er direkt neben dem Auto zum Stehen kam. Petra reagierte sofort und folgte ihm nach Hause. Dort sprach sie mit der Mutter und erreichte, dass Torsten sich an meinem Krankenbett vorstellen durfte. Ich fragte den Jungen, ob er denn Lust hätte, in unserem Film mitzuspielen. «Na klar!» war seine Antwort. Mit welch überwältigender Natürlichkeit Torsten dann die Filmarbeit anging, das hat Gernot ebenso inspiriert wie mich. So kann das «gastrointestinale» Innenleben eines Regisseurs also zuweilen funktionieren. Ich würde sagen, dass der Bauch manchmal entschieden größere Intelligenz zeigt und mehr Gespür für Situationen beweist als unser Kopf.

Steinbach erwies sich als ein sehr emotionaler Mensch, der sich gern von seinen Abneigungen, oft sogar von seinem Hass motivieren ließ. Sein Talent, genau beobachtete Dialoge zu schreiben, die sich wie Audioprotokolle lesen, entfaltete sich besonders, wenn er Figuren zum Sprechen brachte, die er hasste. Ich erlebte, dass er in aller Frühe losging, um sich eine «Bild»-Zeitung zu kaufen, die er vor dem Frühstück las, um sich mit Hass aufzufüllen. So motivierte er sein Gemüt für den Arbeitstag. Sosehr ich seine Beobachtungsgabe schätzte, so schwer fiel es mir, Freundschaft mit ihm zu schließen. Als Steinbach an unserem Drehort auftauchte, kam es sehr bald zu einem Zerwürfnis. Er hatte begonnen, sich in die Arbeit der Ausstattungsabteilung einzumischen, kritisierte Kostüme und Requisiten und verlangte, dass alles genau so sein müsse, wie er es aus seiner DDR-Jugend in Erinnerung hatte. Sein Realismus beim Dialogschreiben entsprang dem gleichen Verlangen, sich an den Ereignissen der Vergangenheit durch «Genauigkeit» der Beschreibung zu rächen. Im Grunde konnte er zwischen Wahrheit und Fiktion keine Verbindung herstellen. Er verstand sich als jemand, der endlich sagte, wie es wirklich gewesen war. Als ich feststellte, dass er weder unsere Drehbuchbearbeitung zur Kenntnis nahm noch die Spielregeln der Regie respektierte, bat ich ihn, den Drehort zu verlassen. Steinbach war beleidigt. Er fuhr mit Zornesmiene grußlos ab und nahm mich in die Reihe seiner Hassfiguren auf. Joachim hat uns später mit großen Anstrengungen und monatelangem Zureden geduldig versöhnt.

Joachim starb im Januar 2020, kurz vor Ausbruch der Coronapandemie. Die Reise zu seiner Trauerfeier war eine der letzten Bahnfahrten, die ich mir vor dem Lockdown noch zutraute. Ich hatte gehofft, all die Regisseure, Autoren, Produzenten, Filmpublizisten und Weggefährten der goldenen Jahre des deutschen Fernsehens um Joachims Sarg versammelt zu sehen, aber es waren nur wenige, die den Weg nach Köln gefunden hatten. Wie ich hörte, hat Joachim vor seinem Tod ein Erinnerungsbuch vollendet. Man wird eines Tages darin lesen, wie die Jahre, von denen ich hier berichte, sich in seinem Gedächtnis geordnet haben.

Ich bin der Meinung, dass die gesamte Entwicklung der Filmkultur in Deutschland vom Team um Günter Rohrbach bestimmt worden ist. Ich nenne die Zeit vom Ende der 1960er bis 1980 die goldenen Jahre des deutschen Fernsehens, weil es sich damals noch nicht als in sich geschlossene Institution verstand, sondern sich öffnete und nach den Talenten im Land Ausschau hielt. Lebendiges Fernsehen hieß, Spiegelbild des kulturellen Lebens zu sein und dieses zu fördern und zu ergänzen. Mit dem Tod von Joachim von Mengershausen verschwindet einmal mehr das Wissen um diese Zeit, die goldenen Jahre sind zu einem Kapitel der Fernsehgeschichte geworden.

67 Der Deutsche Herbst

Die Figur der Gärtnereibesitzerin und Grabsteinfälscherin Frau Unterstab wurde in STUNDE NULL von der wunderbaren Erika Wackernagel gespielt. Durch sie erreichte uns die dunkle Wolke des RAF-Terrorismus mitten in den Dreharbeiten. Christof Wackernagel, Erikas fünfundzwanzigjähriger Sohn, war, wie man am Drehort erzählte, Mitglied der RAF. Christof war zu dieser Zeit untergetaucht und gehörte zu den «Staatsfeinden», nach denen aufgeregt gefahndet wurde. Er hatte seiner Mutter einen Brief geschickt, in dem er sich als Mitglied der RAF bekannte und die Mutter mit dem Tod bedrohte, sollte sie sich der Polizei zur Verfügung stellen und der Verfolgung seiner Kameraden Vorschub leisten. Seither war Erika völlig verstört und konnte sich kaum mehr auf ihre Rolle konzentrieren. So sprang die Angst in unser friedliches Team über, und wir spürten in diesem Sommer deutlich die Asynchronität unseres Unternehmens mit dem aktuellen Zeitgeschehen. Der Stammheim-Prozess 1975, der Tod von Ulrike Meinhof im Jahr darauf und die Diskussion um das Weiterleben der NS-Ideologie in der deutschen Justiz, vor allem aber der Zynismus im Strafvollzug, der Meinhof in den Tod getrieben hatte, ließen unsere Geschichte aus der Stunde Null in einem seltsamen Licht erscheinen.

Es passierte zwar nichts Bedrohliches, und wir konnten die Filmaufnahmen planmäßig zu Ende bringen; dennoch blieb eine vibrierende Unruhe in uns allen, auch bei den anschließenden Schnittarbeiten. Als ich in München eines Tages auf dem Heimweg eine Straßenkontrolle sah, gab ich Gas, um die hässliche Szene hinter mir zu lassen. Die Polizisten nahmen sofort die Verfolgung auf, kesselten mich mit ihren Fahrzeugen ein und stoppten den gesamten Verkehr auf der Ringstraße. Mit Maschinenpistolen im Anschlag stürmten die Männer auf mich zu, rissen die Türen meines Wagens auf, zerrten mich auf den Asphalt und hielten mich im Polizeigriff. Ich wehrte mich nicht und antwortete so ruhig wie möglich auf die Fragen. Als man dann meine Ausweispapiere verlangte, stellte ich fest, dass meine Brieftasche fehlte. Ich war völlig verwirrt, sagte, ich hätte aus Versehen die falsche Jacke angezogen, meine Papiere seien in der anderen, die zu Hause am Garderobenhaken hänge. Es war eine komplizierte Situation entstanden, und ich spürte, dass man im Hintergrund Nachforschungen zu meiner Person anstellte. Mehrere Gewehrmündungen blieben auf mich gerichtet. Schließlich durfte ich, begleitet von Polizeifahrzeugen, nach Hause fahren, um meinen Ausweis zu holen. Beinah wäre noch im letzten Moment ein Unglück geschehen. Ich kam aus der Haustüre mit der richtigen Jacke und griff in die Innentasche, um das Portemonnaie mit dem Ausweis herauszuholen. Da riss ein Polizist das Gewehr von der Schulter und zielte auf mich. Er schoss nicht, als ich die Brieftasche fallen ließ.

Das Erlebnis zeigt, wie hysterisch die Polizei damals reagierte und wie schnell man als einfacher Bürger in Terrorverdacht geraten konnte. In dieser vergifteten Atmosphäre war es in den kulturellen Bereichen schwer, sich mit Werken zu Wort zu melden, die nichts mit der aktuellen Situation zu tun hatten. Sicher war das einer der Gründe, warum ich für STUNDE NULL keinen Verleih fand. Eine Vorpremiere, die ich Anfang des Jahres 1977 im Münchener ARRI-Kino organisierte, war dafür bestimmt, das zu ändern. Im Saal saßen hauptsächlich Freunde und Kollegen, die allerlei Nettigkeiten äußerten und vor allem ihre eigenen Erinnerungen an das Jahr 1945 zum Besten gaben. Schlöndorff war von den Kollegen der Einzige, der über filmische Qualitäten sprach. Er verglich die Darstellerin Anette Jünger mit der jungen Angela Winkler, ein Kompliment für die Laiendarstellerin, mit der ich die Rolle der Isa besetzt hatte, aber keine Würdigung des Films, die mir vielleicht genutzt hätte. Einen Verleih fand ich bei dieser Gelegenheit nicht. Der Film kontrastierte Lebensinteresse mit Politik. Das entsprach überhaupt nicht der herrschenden Meinung unter Filmleuten. Ich war nie ein «politischer» Filmemacher, da ich nicht an Politik glaube, die sich nur in Meinungen und allgemeinen Maßnahmen ausdrückt. Die liebevolle Beschreibung konkreter Lebenssituationen und der Verzicht auf abstrakte Urteile schien mir in den Künsten immer der humanere Weg zu sein. Die STUNDE NULL reihte sich trotz schöner Kritiken und Einladungen zu Festivals ehrenhaft in die Serie meiner erfolglosen Filme ein.

Während ich mit Petra die Drehbucharbeit am SCHNEIDER VON ULM wieder aufgriff und einen Hauptdarsteller zu suchen begann, erlebte unser Land den Deutschen Herbst. Das Jahr 1977 ist in unserer Erinnerung ein Jahr der Zerreißprobe zwischen Staat, Gesellschaft, Medien und Terror. Keiner von uns blieb von dem Geschehen unberührt, und alle unsere Filmpläne und persönlichen Träume wirkten in Anbetracht der Lage immer seltsamer. Die Entführung und Ermordung Hanns Martin Schleyers, die Entführung des Lufthansa-Flugzeuges «Landshut», der Selbstmord der inhaftierten RAF-Mitglieder im Gefängnis von Stammheim, all das waren Ereignisse, die uns schlagartig aus unseren Projekten herausrissen. Als Theo Hinz, der Leiter des Filmverlags der Autoren, uns zu einer Lagebesprechung in sein Büro einlud, kamen alle: Kluge, Fassbinder, Schlöndorff, Brustellin, Sinkel und viele andere aus dem Kreis der Jungfilmer. Auch ich war dabei, als Hinz seine Idee einer Gemeinschaftsarbeit vortrug, einen «Omnibusfilm» über die Situation Deutschlands in diesem Herbst herzustellen.

Der Filmverlag erklärte sich bereit, das Unternehmen zu finanzieren. Die Anwesenden begriffen sofort, dass wir uns in einer historischen Situation befanden, über die man noch in vielen Jahren sprechen würde. Wir fühlten uns in einer Endzeit, in der sich die Frage der Zugehörigkeit in dringlicher Weise neu stellte: Gehöre ich zu Deutschland, zu einem Staatsgebilde, dessen schöne Verfassung sich womöglich als leeres Versprechen entpuppen könnte? Gehören wir zu den Traditionen und Werten dieser Gesellschaft, oder wäre es besser, offen Sympathie für die Terroristen zu bekennen? Wo ist Freund, wo ist Feind? Und wo bleibt der Respekt vor dem Leben des Einzelnen? Das war es doch, woran wir alle glaubten und was wir verteidigen mussten! Wir waren wahrhaft verzweifelt über unser Land. Angst war das beherrschende Gefühl dieses Herbstes, und wir verstanden, dass wir nicht zögern durften, unsere Sorgen in einem Film zu formulieren.

Ich hatte meinen Traum vom Fliegen tief in mir vergraben. War nicht die Entführungs-Odyssee der «Landshut» durch die RAF-Terroristen ein Symbol für das Ende dieses Traums? War die Fliegerei zweihundert Jahre nach dem tapferen Ulmer Schneiderlein nicht zu einer mörderischen Kriegsmaschinerie und zum Instrument des Massentourismus geworden? Wir brachen die Drehbucharbeit ab. Peter Steinbach meldete sich bei Petra, mit der er die Verbindung nach den Dreharbeiten von STUNDE NULL aufrechterhielt. Er hatte an einem Grenzübergang zwischen Deutschland und Frankreich einen Dialog aufgezeichnet, als er grundlos gefilzt worden war. Seine Szenenbeschreibung erinnerte mich an das Erlebnis der Polizeikontrolle auf dem Münchener Ring. Ich rief mein Team zusammen, und wir bereiteten uns darauf vor, unsere Stimmung wie in einem Tagebucheintrag zu beschreiben. Wir drehten die Szene des Grenzübergangs an einem eiskalten Dezembertag, als die Welt in Eiskristallen und Nebel erstarrt war. Steinbachs Dialog bildete die Vorlage. Was wir beschreiben wollten, war eine dieser kafkaesken Situationen, die man in diesen Monaten immer wieder erlebte: Man wurde verdächtigt, als potentieller Staatsfeind angesehen, nur weil man einen Bart trug, längere Haare hatte, ein schnelles Auto fuhr oder ins Feindbild des vermeintlich gefährlichen Intellektuellen passte. Einerseits graute uns vor dem Generalverdacht und der Staatsgewalt, andererseits fühlte man einen leisen Stolz in sich, zu den Verfolgten, also den echten Demokraten zu gehören. So viel zu meinem Beitrag, der nur ein Spotlight in der gesamten Anlage des Films wurde. Der eindringlichste Beitrag war Fassbinders Dialog mit seiner Mutter, deren konformistische Haltung gegenüber Staat und Ordnungsmächten den Sohn in einen schmerzlichen Widerspruch zwischen Protest und Liebe trieb.

DEUTSCHLAND IM HERBST war zweifellos ein wichtiger Beitrag zum Verständnis der gesellschaftlichen Situation. Der Film hätte darüber hinaus ein berührendes Statement unserer Generation werden können, wenn die einzelnen Beiträge besser zum Zuge gekommen wären. Kluge, der die Gesamtredaktion des Unternehmens übernahm, hatte nicht widerstehen können, es sich mit seinem Collage-Talent einzuverleiben. So wurde das Ergebnis ein Kluge-Film, in dem die einzelnen Stimmen – bis auf die von Fassbinder – fast unhörbar waren.

68 Zeit der Gauner und Spitzbuben

Während der Produktion der STUNDE NULL hatte ich Bernd Eichingers Talent als Produzent kennengelernt. Ich suchte deshalb seinen Rat bei der Wiederaufnahme unserer Arbeit am SCHNEIDER VON ULM. Er meinte, dass in Deutschland die Finanzierung dieses großen Ausstattungsfilms mit Hunderten von Kostümen, Kleindarstellern und Komparsen, mit dem Bau von flugtüchtigen Ballonen,

Fluggeräten, mit historischen Kriegsszenen und der «Ulmer Kanonenaktion» unmöglich zu beschaffen sei. Das größte Problem sei aber die Geschichte selbst, da sie ein negatives Ende habe und die Hauptfigur ein «Loser» sei. Eichinger mochte die Geschichte Berblingers nicht, was er mit einem herzlosen Satz begründete, der mir einen heftigen Schrecken einjagte: Er wolle sich nicht mit Leuten umgeben, die Pech haben. Das sei sein Prinzip. Ich habe Eichingers Satz später im Film zitiert, dort, wo der französische Spion Pointet Berblinger seine Protektion entzieht.

Gerade hatten Bernd Sinkel und Alf Brustellin in Zusammenarbeit mit dem staatlichen Studio Barrandov in Prag ihren Film DER MÄDCHENKRIEG gedreht. Das Vorbild war ermutigend, und ich versuchte, meinen Film ebenfalls in dieser Konstellation zu realisieren, obwohl uns die Zusammenarbeit mit dem kommunistischen Regime unheimlich war. So kam es, dass ich mich mit einem frisch gegründeten Produktionsbüro zusammentat, das angeblich schon Erfahrungen mit derartigen Ost-West-Koproduktionen gemacht hatte.

Die Zusammenarbeit begann noch im Dezember 1977. Wir erhielten eine Einreisegenehmigung für die ČSSR und begaben uns auf Motivsuche an den Orten Český Krumlov, Prag, Telč, Průhonice und Bubovice. Die Ergebnisse wurden in langen bürokratischen Protokollen festgehalten, und man machte uns mit Fachleuten wie Ausstattern, Kostümbildnern und zweisprachigen Regieassistenten bekannt. Bald kam es zu Vertragsverhandlungen, wie ich sie noch nie erlebt hatte. Die Treffen fanden auf Wunsch der tschechoslowakischen Parteifunktionäre in einem Konferenzzimmer des Münchener Bahnhofshotels statt, eine Adresse, auf die man nie gekommen wäre. Alles wirkte konspirativ und ein wenig unheimlich. Man fragte sich, ob der gewählte Konferenzraum vom sozialistischen Geheimdienst der Tschechoslowakei überwacht wurde oder ob er einer der wenigen Orte war, an dem das nicht der Fall war. Es ging darum, dass das uns zur Verfügung stehende Geld in Deutschland nicht für die Filmherstellung gereicht hätte. Da der tschechoslowakische Staat dringend Devisen brauchte, sollte geprüft werden, zu welchem Preis das Prager Studio all die Leistungen erbringen konnte, die uns halfen, den Film zu drehen. Bei den Konferenzen, deren es mindestens fünf oder sechs gab, wurden dicke Akten voller Details zu den angebotenen Leistungen aufgeführt, aber jedes Mal lag der Preis über der Summe unserer Mittel. Man spürte regelrecht die Zermürbungstaktik und den Versuch, uns bis auf den letzten Pfennig auszunehmen.

Am Rande kam es zu Begegnungen, mit denen niemand gerechnet hätte. Als ich etwa während einer Verhandlung die Toilette aufsuchte, stellte sich der Prager Filmarchitekt an das Pinkelbecken neben mir. Er flüsterte mir zu, er könne mir helfen, den Preis zu senken. Als Gegenleistung wünsche er sich aus einem Geschäft für Jägerausrüstungen in der Münchener Maximilianstraße eine bestimmte Allwetterjacke mit in den Ärmel eingenähtem Kompass. Er sei nämlich leidenschaftlicher Jäger und habe die Jacke während einer Jagd in den Sudeten bei einem Westdiplomaten gesehen. Ich eilte zu einer Telefonzelle im Hauptbahnhof, um den Wunsch an meine Sekretärin weiterzugeben. Diese fuhr unverzüglich zum genannten Jagdgeschäft und kam nach einer Stunde mit einem verschnürten Paket, das sie dem Filmarchitekten in sein Hotelzimmer legen ließ. So erreichten wir ein Etappenziel und einigten uns bei den Ausstattungskosten. Diese Art von Bestechung wiederholte sich bei jeder weiteren Kalkulationssitzung und führte jedes Mal zu Preissenkungen. Weitere private Sonderwünsche waren Teile für die Märklin-Eisenbahn der Funktionärskinder, Parfums oder Kosmetik für Frauen der Funktionäre oder Jeans für sie selbst.

Den Höhepunkt raffinierter Schiebung erlebte ich kurz vor der letzten Sitzung, bei der es zur endgültigen Vertragsunterzeichnung kommen sollte. Ich erhielt eines Morgens den Anruf eines Englisch sprechenden Mannes. Die aufgeregte Stimme stellte sich als Mr. Fox vor. Er sei Geschäftsführer einer britischen Computerfirma. Er wollte wissen, ob es zutreffe, dass ich mit dem Studio Barrandov in Verhandlungen wegen Filmaufnahmen in Prag stehe. Als ich bejahte, kündigte er an, sofort nach München zu fliegen, um mich zu treffen. Es vergingen nur wenige Stunden, und Mr. Fox meldete sich vom Münchener Flughafen. Er habe mir ein sehr interessantes Angebot zu machen. Ich fuhr zum Flughafen und traf Mr. Fox an vereinbarter Stelle. Das Gespräch fand in meinem Auto statt. Es war wie in einem Spionagekrimi.

Der Fall sei ganz einfach, sagte Mr. Fox zur Eröffnung. Seine Firma sei im Begriff, einen Vertrag für die Lieferung von «Elektronenrechnern» (so nannte man die großen Computer damals) an die Universität Prag zu unterschreiben. Aufgrund eines Regierungserlasses dürfe die Universität die erforderlichen Devisen jedoch nur dann ausgeben, wenn der westliche Lieferant ein Devisengegengeschäft nachweisen könne, das er einem tschechoslowakischen Unternehmen vermittelt habe. Mr. Fox hatte ein vorbereitetes Schreiben in englischer und tschechischer Sprache bei sich. Mit meiner Unterschrift sollte ich als deutscher Filmproduzent bestätigen, dass es Mr. Fox gewesen sei, der mir den Kontakt zum Barrandov-Studio vermittelt habe, und dass ich beabsichtige, einen in Deutscher Mark zu begleichenden Auftrag an die tschechoslowakische Staatsfirma zu vergeben. Für meine Unterschrift bot mir Mr. Fox einen Betrag von fünfzigtausend D-Mark, den er an Ort und Stelle bezahlen wollte. Er zog den Scheck aus der Tasche und legte ihn zu dem Dokument. Wahnsinn!, dachte ich, das war eine Gelegenheit, mit einer einzigen Unterschrift mehr Geld zu verdienen, als ich für die Regie des ganzen Films erwarten konnte. Und offenbar war nichts illegal daran, denn der Vertrag mit Barrandov war ja noch nicht unterzeichnet und die Vermittlung durch Mr. Fox demnach nicht leicht zu widerlegen.

Als wir uns ein paar Tage später mit der tschechoslowakischen Delegation zur Vertragsunterschrift im Bundesbahnhotel trafen, sprach mich Herr K., der Delegationsführer, auf der Toilette an. Dass er in Wirklichkeit ein Geheimdienstoffizier war, erfuhr ich wenig später. Er habe Kenntnis von meinem Deal mit Mr. Fox aus London, sagte Herr K. Ich solle aber auch wissen, dass die Prager Aufsichtsbehörde unseren Vertrag nicht genehmige, wenn meine Verbindung zu dem Engländer dort bekannt würde. Es gebe allerdings einen Ausweg. Ich müsse noch am selben Tag neunzig Prozent der Summe des Herrn Fox, also fünfundvierzigtausend D-Mark, auf ein Geheimkonto in der Schweiz überweisen. Dann bleibe die Sache unter uns, und ich könne in einer Stunde den unterschriebenen Studiovertrag erhalten. Herr K. überreichte mir einen winzigen Zettel, auf dem die Schweizer Kontonummer stand. Er fügte hinzu, die Zahlung habe zusätzlich den Vorteil, dass ich als Person, aber auch mein ganzes Team seinen persönlichen Schutz während der Dreharbeiten genießen könne.

So wanderte das englische Geld durch meine Hände auf das Geheimkonto des Parteibonzen aus Prag. Ich war, ohne es zu ahnen, von den Schiebern zu ihrem Laufburschen gemacht worden. Der Geist dieser Funktionärswelt beherrschte dann später die gesamte Produktion. Der Schutz des Geheimdienstoffiziers war unzuverlässig und konnte natürlich nicht reklamiert werden, wenn wir in Not gerieten. Die große und kleine Korruption begleitete unsere Arbeit wie eine Infektion.

Die Dreharbeiten begannen am 4. April 1978 in der völlig heruntergekommenen historischen Altstadt von Český Krumlov. Hier hatten wir die wichtigsten Schauplätze für den Film gefunden, die gerade wegen ihrer Verwahrlosung ein glaubwürdiges Bild des Lebens zu Berblingers Zeit abgaben. Zunächst entwickelte sich die Zusammenarbeit zwischen uns deutschen und den tschechoslowakischen Filmleuten normal, bis nach und nach auch im Team kleine und größere Gaunereien um sich griffen. Es wurden heimliche Tauschgeschäfte gemacht, man handelte mit Devisen, was verboten war, und verschaffte sich kleine persönliche Vorteile durch Mitbringsel aus dem Westen. Im Hintergrund tauchten Spitzel der Staatssicherheit auf, und es wurden Leistungen wie besondere Requisiten, Kostüme oder Mitarbeiter verweigert. Zusätzlich belastete mich, dass sich um den deutschen Kameramann und die deutsche Kostümbildnerin eine Gruppe von Stänkerern bildete, die sich gegen die tschechoslowakischen Kollegen und später auch gegen mich wendete. Die freundschaftliche Kooperation am Drehort, die ich so liebte, war bald einem wortkargen Professionalismus gewichen.

Erfreuliche Erinnerungen an die Drehzeit verbinden sich vor allem mit einigen Fachleuten aus dem Barrandov-Studio. Da waren die liebevoll geschmückten Aufbauten in der Praterszene, die Flattermaschine des Flugpioniers Degen, die Phantasiekostüme für das Mädchen Irma und die in altmodischen Labors arbeitenden Standfotografen. Nach all den Betrügereien in der offiziellen Führungsebene hatte ich das redliche Handwerk der Filmschaffenden am wenigsten erwartet. Auch unter den Kleindarstellern gab es Überraschungen. Ich lernte Schauspieler kennen, die aus glänzenden Karrieren gekippt worden waren und sich glücklich zeigten, bei uns in kleinen Rollen mitspielen zu können.

In Krumlov drehten wir die Szenen von Berblingers Haus und der Werkstatt, in der er sein Fluggerät baut. Die sogenannte Ulmer Kanonenaktion entstand vor dem dortigen Stadtschloss. Wir inszenierten einen Bürgeraufstand im Jahre 1794, durch den eine Waffenlieferung der Stadt Ulm im Krieg gegen Frankreich verhindert wurde. Die Szene entwickelte sich zur ersten großen Herausforderung der Zusammenarbeit meines Teams mit den Fachleuten des Prager Studios. Die Mühsal mit Kleindarstellern, Kostümen, Waffen, Pferden und künstlichen Wunden war allerdings nur ein Vorgeschmack auf die vielen Massenszenen und Spektakel, die noch folgten und oftmals nicht gelingen wollten, weil vereinbarte Leistungen ausblieben und wir uns im fremden Land nicht zu wehren wussten.

Am Tag zuvor war der dressierte Rabe weggeflogen, mit dem unser Hauptdarsteller Tilo Prückner arbeiten sollte, wir alle zogen stundenlang durch die Stadt, um nach dem Vogel zu suchen. Dabei gelangte ich mit dem tschechoslowakischen Scriptgirl in Stadtteile, die wir eigentlich nicht betreten durften. Den Vogel haben wir nicht wieder eingefangen, dafür fanden wir uns unter Sinti und Roma wieder, die hier in Elend und Moder lebten. Ich sehe immer noch die hungrigen Augen der bettelnden Kinder vor mir.

Von Krumlov aus ging es weiter nach Prag, von dort nach Telč und zu anderen Orten, an denen wir einzelne Mosaiksteinchen der historischen Stadtansichten von Wien und Ulm zusammentrugen. Die Unmöglichkeit, mit Hilfe einer noch so kenntnisreich ausgestatteten Dekoration in eine vergangene Zeit zurückzukehren, wurde mir immer bewusster. Ich entschloss mich daher, die Orte unserer Handlung als reine Fiktion zu verstehen. Was bleiben musste und was allein durch Konzentration der Phantasie gelingen konnte, das war die Sehnsucht des Protagonisten, die Enge und Schwerkraft seiner Heimat im freien Flug zu überwinden.

Als wir Mitte Juni in der westböhmischen Stadt Cheb die Massenszenen von Berblingers Sprung gedreht hatten, lag eine mörderische Anstrengung hinter uns. Jeder Tag war ein Kampf gegen den künstlerischen Kompromiss gewesen, den ich niemals akzeptierte. Es gab aber einen Trost: Die schönsten Szenen, Berblingers immer erfolgreichere Flugversuche an seinem geheimen Übungshang in der Schwäbischen Alb, hatte ich mir für den Schluss aufbewahrt.

69 Der Absturz

Ich habe schon angedeutet, dass ich während der Dreharbeiten mit meinem Kameramann unglücklich war. Umso glücklicher war ich mit Martin Schäfer, der die Kamera in der Schlussphase übernahm. Bei den Flugversuchen Berblingers an seinem heimatlichen Übungshang ging es darum, eine andere Arbeitsweise anzuwenden als bei der durchgeplanten Umsetzung des Drehbuches mit dem großen Spielfilmteam in der Tschechoslowakei. Wir bauten eine Seilbahn, mit deren Hilfe die Kamera den Hang hinabschweben konnte. Wir engagierten einen wagemutigen Drachenflieger, der unsere Hauptfigur doubeln und mit dem Berblinger-Apparat echte Gleitflüge realisieren sollte. Wir probten und improvisierten ab Mitte Juli 1978 drei Wochen lang jeden Tag, und es gelangen Martin Schäfer sensationelle Aufnahmen. Ich denke, dass die Flugaufnahmen und die unermüdlichen Flugversuche von Tilo Prückner zum Besten gehören, was der Film zu bieten hat. Martin verstand die poetische Grandezza, die das Fliegen für mich hatte. Seiner Begeisterung und seinen schnellen Improvisationen verdanke ich die Leichtigkeit der Bilder, die bei mir auch heute noch eine Gänsehaut hervorrufen, wenn ich sie sehe. Entscheidend war, dass wir auf jegliche Tricks verzichteten und das Fliegen von seiner symbolischen Bedeutung befreien konnten, indem wir es zum körperlichen Erlebnis machten.

Da unsere Negative in einem Berliner Kopierwerk bearbeitet worden waren, wurden auch die Schnittarbeiten nach Berlin verlegt. Ich wohnte in einem Billighotel, wo ich auch ein kleines Büro zur Verfügung hatte, um die weiteren Arbeiten zu organisieren. Dazu gehörte, die vielen tschechoslowakischen Schauspieler mit dem authentischen Ulmer Dialekt zu synchronisieren. Dabei half mir Ula Stöckl, die zu dieser Zeit in Berlin lebte. Ula war ja eine geborene Ulmerin und des Schwäbischen kundig. Sie vermittelte mir Sprecher, die wir ins Synchronstudio einladen konnten, und sprach selbst einige kleine Rollen. Ich lebte mehrere Monate in Berlin und lernte in meiner Freizeit die Stadt kennen. Natürlich hatte das damalige, von der Mauer geteilte und vom Krieg immer noch gezeichnete Berlin kaum Ähnlichkeiten mit der heutigen Hauptstadt. In den Alltagsgewohnheiten und im Kneipenwesen hatte sich ein Stück des alten Vorkriegsberlin erhalten. Da ich in der Stadt nicht zu Hause war, schloss ich mich an den einsamen Abenden den Kneipengängern an, die ich im Kiez kennengelernt hatte, und fühlte mich oft außerhalb von Raum und Zeit.

Eine große Aufgabe, die mich wieder nach München zurückführte, war die Herstellung der Filmmusik. Nikos Mamangakis, den ich von DAS GOLDENE DING kannte, hatte eine Titelmusik für großes Orchester geschrieben. Das Münchener Privatorchester Graunke spielte die Musik unter der Leitung des Komponisten ein. Die Tonmischung fand dann wiederum in Berlin statt, sodass ich in der folgenden Zeit viele Male zwischen München und Berlin pendelte. Hinter uns lag eine gewaltige Arbeit, als uns die erste Theaterkopie auf der Leinwand des Geyer-Kopierwerks vorgeführt wurde. Im Hintergrund war bereits ein ungeduldiger Verleih tätig, der den Film unbedingt noch vor Jahresende in die Kinos bringen wollte, um sich das Weihnachtsgeschäft nicht entgehen zu lassen.

Also hieß es, Werbematerial zu entwickeln, Texte zu schreiben,

Fotoserien auszuwählen und Slogans zu erfinden. Mitten in dieser Hektik erlitt ich einen Bandscheibenvorfall. Die Schmerzen im Rücken waren so stark, dass ich mich nur noch mit Krücken fortbewegen konnte. Ein Orthopäde riet mir, mich sofort operieren zu lassen. Ich suchte Rat bei meinem Freund und Hausarzt Heinz Usener, der mir aber von einer Operation abriet und mich zu einer Krankengymnastin schickte, von deren Können er Wunderdinge berichtete.

So lernte ich Roswitha kennen. Ihr gelang es, mich in mehreren intensiven Behandlungsstunden von den Schmerzen zu befreien. Aus Dankbarkeit lud ich sie zum Abendessen ein. Ich holte sie von ihrer Praxis ab und fuhr mit ihr an den Starnberger See, wo ich in einem Restaurant einen Tisch reserviert hatte. Es war nicht nur die Erlösung von den Rückenschmerzen, die mich zu dieser Frau hinzog, sondern auch die Erfahrung, endlich einmal nicht von den täglichen Konkurrenzkämpfen belastet zu sein. Die Beziehung zu Petra hatte sich immer mehr in ein Arbeitsverhältnis verwandelt. Aus der Liebe hatte sich eine Konkurrenz entwickelt; so war es mir zehn Jahre zuvor schon mit Ula ergangen. Lange hatten wir diese Konsequenz der gemeinsamen Arbeit nicht wahrhaben wollen, denn es hätte unserer politischen Überzeugung viel mehr entsprochen, dass Liebe *und* Arbeit zur gleichberechtigten Basis einer guten Beziehung gehören.

Mit Roswitha verband mich etwas ganz Neues. Es war eine gesteigerte Selbstwahrnehmung, eine neue Erfahrung von Zuwendung. Ich war von dieser Frau verzaubert, und so konnte es nicht ausbleiben, dass ich mit ihr ein Verhältnis begann. Es tat mir während der Vorbereitungen zum Kinostart des SCHNEIDERS VON ULM unendlich gut, dass es diesen heimlichen Rückzugsort gab. Niemand von meinen Freunden wusste davon.

Der Verleih meldete sich mit Erfolgsnachrichten. Das Interesse am SCHNEIDER VON ULM war immer größer geworden, und für den vorgesehenen Starttermin hatten zwanzig große Kinos in den wichtigsten Städten unseren Film in ihr Programm aufgenommen. Für die festliche Uraufführung hatten wir die Stadt Ulm vorgesehen und dazu eine überregionale Pressekonferenz organisiert. Der Premierentag begann mit einer Fahrt in unserem historischen Ballon, bei der ich meinen Hauptdarsteller in der Gondel begleitete. Wir starteten auf dem Münsterplatz und landeten auf der anderen Seite der Donau, wo Berblingers Flugversuch ehemals so spektakulär gescheitert war. Es gab viele andere Attraktionen, mit denen wir auf den Film aufmerksam machen wollten. Dazu gehörten Gleitflugwettbewerbe, Einführungen in die Geschichte des Menschenfluges und eine Aufkleberaktion mit dem Bild Berblingers und seiner Flügel, die in den Premierenstädten eingesetzt wurden.

Es ist üblich, dass neue Filme an einem Donnerstag in den Kinos starten. Manche Zeitschriften und Magazine, wie zum Beispiel der «Spiegel», der damals montags erschien, kamen jeweils um den Wochenanfang heraus. Das hatte zu der Unsitte geführt, dass diese Wochenblätter ihre Kritiken oft schon mehrere Tage vor der Premiere druckten, also zu einem Zeitpunkt, zu dem sich noch niemand ein eigenes Urteil über ein Werk bilden konnte. Die Kritiker hatten sich damit eine skandalöse Machtposition verschafft, die uns und unserem Film zum Verhängnis wurde. Der «Spiegel» brachte drei Tage vor dem Start des SCHNEIDERS VON ULM einen in seiner gehässigen Arroganz kaum zu überbietenden Angriff auf unseren Film, dass eine regelrechte Schockstarre eintrat. Wir brauchten Stunden, bis wir die Tragweite verstanden. Innerhalb kurzer Zeit meldeten sich die Kinobetreiber und erklärten, dass sie den Film aus ihren Programmen streichen müssten, denn bei derart schlechter Presse sei es nicht zumutbar, den Film am Donnerstag zu starten. Von den zwanzig Premierenhäusern blieben nach intensiven Bemühungen des Verleihs lediglich zwei Kinos in unserer unmittelbaren Umgebung übrig, in Ulm und in München, eine Art Premiere für Kenner, Freunde und das enttäuschte Filmteam.

Es war eine Katastrophe. DER SCHNEIDER VON ULM wurde ein schrecklicher Misserfolg, denn es fand sich in den folgenden Wochen kein Kino mehr, das den Film spielen wollte. Es war nicht nur die Kränkung, dass einem nach schwerer Arbeit der verdiente Erfolg zerstört wurde, es war auch ein finanzielles Desaster: Der SCHNEIDER VON

ULM war der aufwendigste Film, den ich bis dahin gewagt hatte, und die Kosten hatten das Budget von etwa drei Millionen Mark restlos aufgezehrt, noch bevor der Film fertig war. So hatte ich die Überschreitungen selbst zu tragen, statt sie durch die Einspielungen in den Kinos, die zu erwarten gewesen wären, begleichen zu können. Wie in aller Welt sollte ich diese Schuldenlast je wieder loswerden? Als sich nun auch noch das Finanzamt mit einer Steuernachzahlung für STUNDE NULL meldete, brach mein innerer Halt zusammen. Ich war ein ratloses Häuflein Elend.

70 Schneesturm auf Sylt

Weihnachten stand vor der Tür, und ich fand Zuflucht bei Roswitha. Roswitha lebte in einem Einzimmerapartment in Schwabing. Sie nahm mich in die Arme, behandelte meinen Rücken und meine wunde Seele und stärkte mich mit Nachspeisen. Roswitha hatte von ihrer österreichischen Mutter die schönsten Rezepte für Mehlspeisen geerbt. Aber der süße Trost allein konnte meine Lage nicht bessern. Ich brauchte eine Zäsur und Distanz zu meinen Münchener Verhältnissen. Ich besaß von früheren Aufenthalten die Adresse einer geräumigen Ferienwohnung auf der Insel Sylt und nahm mit den Eigentümern Kontakt auf. Die Wohnung war für das Jahresende noch frei, und so fuhren wir an die Nordsee mit meinem Citroën, der Göttin, die nun auch schon in die Jahre gekommen war. Aber das Auto gehörte mir noch, solange die Bank und das Finanzamt mich in Ruhe ließen.

Die Sylter Ferienwohnung lag im Ort Keitum, also auf der windgeschützten Wattseite der Insel. In dieser Stille beruhigte ich mich nach und nach. Ich saß stundenlang am Fenster, sah auf die farblose Winterlandschaft hinaus und fragte mich, welche Schlüsse ich aus meiner gegenwärtigen Situation ziehen müsse. Es waren immerhin zwanzig Jahre vergangen, seit ich mich mit meinem ganzen Ausdrucksverlangen dem Film zugewandt hatte. Jetzt zog ich eine schmerzliche

Bilanz dieser Jahre: Die Filmkunst, an die ich so innig geglaubt hatte, hatte mir kein Glück gebracht. Seit meinem ersten Spielfilm hatte ich von Jahr zu Jahr gehofft, an den Erfolg des Anfangs anknüpfen zu können. Ich versuchte herauszufinden, ob ich vielleicht selbst die Ursache meines Unglücks war oder ob ich mit meinen Ideen und Träumen möglicherweise im falschen Land und zur falschen Zeit angetreten war. Ich kam zu dem Schluss, dass ich den Beruf wechseln müsse. Ich war sechsundvierzig Jahre alt und fühlte mich in der Lage, notfalls noch einmal ganz von vorn anzufangen. Ich nahm Gertraud zum Vorbild, die gerade erst ihre Promotion abgeschlossen hatte. Vielleicht sollte ich mit einem Ingenieurstudium beginnen, wie es sich mein Vater gewünscht hatte? Auch Architektur war denkbar. Oder sollte ich es als Schriftsteller versuchen? War ich nicht einmal aufgebrochen, um Dichter zu werden?

Während sich solche Gedanken wie unüberwindbare Berge vor mir auftürmten, ereignete sich in Schleswig-Holstein und auf den Nordseeinseln ein Wintereinbruch, wie er nur einmal im Jahrhundert vorkommt. Nach tagelangen Schneefällen und nächtlichen Stürmen entstanden meterhohe Schneeverwehungen, die in der gesamten Region den Verkehr zum Erliegen brachten. Die Straßen und Eisenbahnschienen verschwanden unter den Schneemassen. Man konnte die Insel weder erreichen, noch konnte man sie verlassen. Auch die nahen Wege von unserer Ferienwohnung zum Supermarkt oder zum Gasthaus waren unpassierbar, bis man nach und nach Pfade für Fußgänger freigeschaufelt hatte. Wir überstanden diese Tage mit den Vorräten im Kühlschrank und mit Fernsehen. Zu dieser Zeit lief in den Dritten Programmen der amerikanische Mehrteiler HOLOCAUST, der zum großen Thema der Fernsehnation geworden war. Roswitha und ich schauten Abend für Abend. Ich schrieb meine Gedanken dazu auf und kam zu der Auffassung, dass dieses Produkt der Hollywood-Industrie nicht über die Dramatisierung eines fiktiven Schicksals hinausging und allein darauf ausgerichtet war, die Zuschauer emotional aufzuheizen. Das Fatale war, dass die Familiengeschichte, die von der Serie vorgeführt wurde, zwar die richtige Moral vertrat und das Verbrechen des Nationalsozialismus verurteilte, gleichzeitig aber kein Klischee des Rührstücks mied und die Figuren zu bloßen Bedeutungsträgern machte, statt ihnen ein Eigenleben mit Widersprüchen und menschlicher Blöße zu gönnen. Darin sah ich einen Mangel an künstlerischer Wahrhaftigkeit. Das erklärte mir auch, warum sich in der öffentlichen Diskussion, die der Film in Deutschland auslöste, jeder von der Mitschuld am realen Holocaust mit Leichtigkeit ausschließen konnte.

Ich fragte mich, wo meine Abscheu vor forcierter Dramatik und mein Empfinden für innere Wahrhaftigkeit ihren tieferen Grund hatte. Ich sah, dass ich trotz aller Anstrengungen, mich von Vater, Mutter, Hunsrück und Herkunft zu lösen, unzählige Reflexe, Strebungen, Ängste und Ansichten in mir trug, die ich offenbar von meinen Vorfahren übernommen hatte, die redliche Handwerker, Bauern und arme Tagelöhner waren, die wussten, wem man trauen kann und wem nicht. Mein Weg hatte also offenbar nicht mit meiner Geburt begonnen, sondern vielleicht schon mit meinen Großeltern oder Urgroßeltern. Aber welche Kraft konnte in dieser Vorgeschichte gewirkt haben, dass sie mich dazu motivierte, Filmemacher zu werden? Eine seltsame Frage war das, die ich heute meiner damaligen Verzweiflung zurechne. Die Antwort, so vermutete ich, findet sich vielleicht schon vor hundert Jahren bei meinen Vorfahren im Hunsrück, die wie ich ihre Heimat verlassen haben, um das Glück in der Ferne zu suchen. Und das Unglück, das mich mit meinen Filmen verfolgte, so dachte ich, ist vielleicht das Unglück all dieser Wegläufer und Glückssucher.

Ich versuchte, diese Ursachengeschichte aufzuschreiben. Da gab es eine Figur, die mir aus Erzählungen meiner Mutter in Erinnerung war. In ihrem Heimatort Hundheim muss es in den Jahren nach dem Ersten Weltkrieg einen jungen Mann gegeben haben, der eines Tages spurlos verschwand. Seiner Familie hatte er gesagt, er wolle nur ein Bier trinken gehen, und er ging und kam nie mehr wieder nach Hause. Diese Figur – ich weiß bis heute nicht, wie der Mann hieß und wer er war – gab mir den Anstoß zum Schreiben. Dabei hielt ich mich an meine eigene Familie. Ich beschrieb das Haus der Großeltern und

Großtanten, ich ließ die Geschichte zu meiner eigenen werden oder umgekehrt. Überall, wo meine Erinnerung aussetzte oder wo ich unsicher wurde, wendete ich das Großvaterprinzip an und erfand die fehlenden Teile oder ersetzte sie durch Szenen, die so hätten sein können, die also dem Leben so ähnlich wie möglich waren.

Wochen vergingen, der Schnee war längst weggetaut. Roswitha, die ihre Arbeit wieder aufnehmen musste, war mit dem Zug nach München zurückgekehrt und hatte mich mit meiner Arbeit auf Sylt zurückgelassen. Ich wollte meine Geschichte zu Ende schreiben. Sobald der Strand wieder schneefrei war, machte ich tägliche Wanderungen. Ich hatte herausgefunden, dass ich meine Gedanken viel besser im Gehen vorantreiben konnte als im Sitzen. Wenn ich in meiner Erzählung nicht weiterwusste, setzte ich mir ein Ziel am Horizont, einen Leuchtturm, eine Boje oder eine Klippe, und wanderte nachdenkend darauf zu. Tatsächlich kam mit dem Ziel auch die Lösung näher; manches Mal kehrte ich wieder um und nahm einen zweiten Anlauf.

Schließlich hatte ich ein Manuskript von gut hundert Seiten, das sich wie das Exposé zu einem Generationenepos las. Oder war es der Anfang eines Films? Wenn ich das Manuskript heute zur Hand nehme, sehe ich, dass es den ganzen Schabbach-Kosmos von HEIMAT vorwegnimmt, so wie er nach der hart erkämpften Produktion heute dasteht. Es gibt die Heimkehr von Paul aus dem Ersten Weltkrieg, es gibt seine Radiobegeisterung und den Fund der Frauenleiche im Wald, es gibt Maria, mit der er eine Familie gründet, es gibt den Großvater, die wunderbare Oma Katharina und Eduard, der in Berlin auf Lucie stößt. In zehn Kapiteln öffnet sich das Jahrhundertpanorama, das mit dem Tod von Maria endet.

Die Antwort auf meine Existenzfrage, mit der alles angefangen hatte, blieb dennoch unbeantwortet. Immer noch fragte ich mich: Warum bin ich als Hunsrücker Uhrmacherkind und Enkel eines Dorfschmieds ein Filmemacher und Intellektueller geworden, und warum suche ich in dieser Tätigkeit das Glück, das offenbar niemand finden kann? Ich verließ die Insel und fuhr nach Berlin. Dort sollten bald die Filmfestspiele beginnen, ich hoffte auf eine Begegnung mit Freunden oder Kollegen. Ich brauchte einen Menschen, dem ich mein Manuskript zeigen konnte, um zu erfahren, wohin es mich führt.

Als ich Joachim von Mengershausen in einem Berliner Café traf, sagte ich zu ihm: «Ich glaube, ich habe in meinem Garten eine Ölquelle gefunden.» An diesen Satz kann ich mich genau erinnern und auch an das ungläubige Gesicht von Joachim, als er mein Manuskript in die Hand nahm. Ich fügte hinzu, dass ich mir nicht vorstellen wolle, dass dies ein Film werden könnte. Eher, meinte ich, sei das der Entwurf zu einem Roman. Joachim las das Manuskript über Nacht, sodass wir uns schon am folgenden Tag wieder treffen konnten. Er teilte meine Meinung, dass ich eigentlich einen Romanstoff geschaffen hätte. Leider gebe es dafür aber kein Genre der Filmkunst. Romane seien bestenfalls als Serie oder Mehrteiler denkbar. Mein Text erfordere allerdings mehr als zehn Stunden Film – und es gebe in der Filmgeschichte kein Beispiel dafür, dass es ein Publikum so lange in einem Kino aushalte. Da bleibe nur das Fernsehen als Medium, und das habe seine eigenen Gesetze, die mein Stoff bisher nicht erfülle.

Während Joachim mir erklärte, wie man eine Fernsehserie daraus entwickeln könnte, gefiel mir plötzlich der Gedanke, etwas zu wagen, was es in der Geschichte des Kinos noch nicht gab: einen Film zu machen, der einen ganzen Tag dauert und in dem man ein ganzes Leben durchmisst, während man in seinem Kinosessel sitzt. Das müsste ein unvergessliches Erlebnis sein. Warum sollte man so etwas nicht *einmal* im Leben versuchen?

SIEBTER TEIL

Mein Weg nach Schabbach

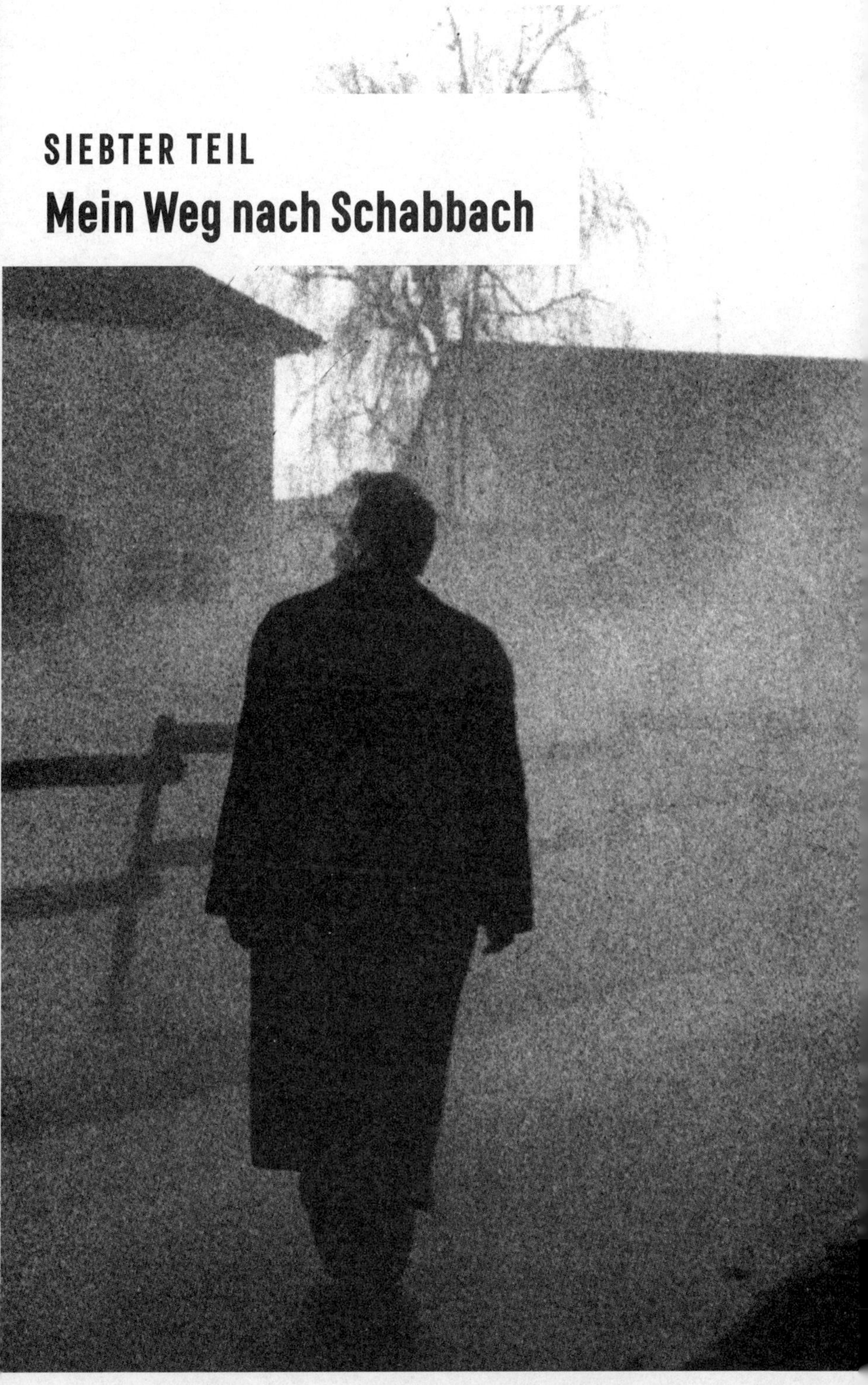

71 Peter Steinbach

Als ich nach München zurückkehrte, holte mich die Misere wieder ein. Ich musste die Gläubiger vertrösten, Zahlungsaufschub beim Finanzamt erbitten und ein neues Zuhause finden. Die kleine Mansardenwohnung, in der Petra und ich einige Jahre lang gewohnt hatten, musste nun auch noch als Büro und Schneideraum dienen. Die primitive Schlafgelegenheit, die mir neben dem Schneidetisch blieb, konnte allerdings keine Dauerlösung sein. Roswitha, der ich am Telefon meine Lage beschrieb, bot mir an, die Nacht bei ihr zu verbringen. Da sie zur Arbeit musste, war sie so unvorsichtig, ihren Wohnungsschlüssel für mich unter die Fußmatte zu legen. Als ich ein paar Stunden später dort eintraf, fand ich Roswithas Wohnung ausgeraubt und verwüstet vor. Roswitha musste sich mit Polizei, Verlustanzeigen und Schlüsseldienst plagen und wurde von Wut und Abscheu über den Einbruch erfasst. Sie verdächtigte ihre Nachbarn und wollte nun unbedingt in ein anderes Haus ziehen. Ich riet ihr, die Situation für einen Neuanfang zu nutzen und sich ihren schon lange gehegten Wunsch zu erfüllen, als Krankengymnastin selbständig zu praktizieren. Die neuerwachte Liebe half uns, den düsteren Tagen zu entkommen. Als wir bald darauf eine geeignete Dachgeschosswohnung im Westend gefunden hatten, unterstützte ich Roswitha beim Umzug. Ich bastelte Regale und half ihr, die Räume zu möblieren. Unversehens befand ich mich mit der neuen Freundin mitten im Nestbau. Einen Plan für die Zukunft gab es nicht.

Joachim von Mengershausen meldete sich in diesen Tagen mit der Nachricht, es gebe bei den Fernsehanstalten einiges Interesse an meinem Hunsrück-Projekt; er sehe Möglichkeiten, den Stoff als Mehrteiler zu produzieren. Es sei jetzt allerdings wichtig, dass auf der Basis meines Sylt-Manuskripts die erforderlichen Drehbücher entstünden, damit man das Projekt beurteilen und kalkulieren könne. Joachim war der Meinung, dass ich wieder mit Peter Steinbach zusammenarbeiten solle. Er sei der richtige Partner für mich, vor allem wenn es darum gehe, authentische Dialoge zu schreiben, eine Aufgabe, die, wie ich seit der Entstehung von STUNDE NULL wusste, Steinbachs Talent entsprach. Die Streitigkeiten während der Dreharbeiten damals seien überwindbar, meinte Joachim. Er hatte, wie sich herausstellte, längst mit Steinbach Verbindung aufgenommen und setzte nun alles daran, mich mit ihm zu versöhnen. In meiner Ratlosigkeit und Sorge um meine berufliche Zukunft war ich empfänglich für Joachims Anstöße. Ich brauchte jemanden, der an mich glaubte und mir den Mut zurückgab, mein Glück im Filmemachen zu suchen. Es dauerte nicht lange, bis Joachim in Begleitung von Steinbach nach München kam. Steinbach hielt sich zunächst bedeckt, spielte den Gekränkten, aber es war bald klar, dass ihn das Projekt faszinierte. Er machte zur Bedingung, dass unsere gemeinsame Arbeit in Kiel stattfand, wo er mit seiner Familie lebte. Als ich zusagte, war das Eis gebrochen.

Von den Gesprächen über meine Entwürfe und die Schwierigkeiten, daraus ein Epos von mindestens zehn Stunden Länge zu machen, ist mir ein Detail in Erinnerung geblieben: Joachim sträubte sich vehement gegen den Titel HEIMAT. Er fand den Begriff unerträglich spießig und sentimental, belastet von Naziideologie, verlogener deutscher Heimatfilmidylle, Pseudofolklore und Tourismuskitsch. Das Wort Heimat weckte zu jener Zeit offenbar nur unangenehme Assoziationen. Ich musste versprechen, einen anderen Titel zu suchen, unter dem das Projekt bei den Redaktionen des deutschen Fernsehens vorgelegt werden könne. Joachim war in diesem Punkt fest entschlossen und ließ sich auch später nicht auf Diskussionen über den Titel ein. So kam es, dass wir MADE IN GERMANY als neuen Arbeitstitel einführten. Unter diesem Etikett wurden später alle Produktions- und Mitarbeiterverträge geschlossen.

Anfang Juni 1979 bepackte ich meinen Kofferraum mit Kleidung für mehrere Monate, Schreibmaschine, Dokumenten und Literatur, die mir zum Drehbuchschreiben nützlich erschien, und machte mich auf nach Norden. Unterwegs entschied ich mich aber für einen Umweg über den Hunsrück. Ich wollte vor Beginn der Arbeit mit Steinbach noch einmal meine Mutter befragen. Es gab in meinem Sylter Entwurf zu viele Passagen, bei denen ich nicht sicher war, ob mich meine Erinnerung getäuscht oder meine Phantasie in die Irre geleitet hatte. Ich hatte auf Sylt eine Reihe von Wissenslücken mit ausgedachten Geschichten gefüllt. Von meiner Mutter wollte ich erfahren, wie die beschriebenen Begebenheiten sich in Wirklichkeit abgespielt haben könnten und woran man ihre Glaubwürdigkeit erkennt.

Seit einigen Jahren sah ich meine Mutter nur noch selten. Die Scheidung von Gertraud hatte auch die Familienverbindungen beschädigt. Die Kinder hatten ihre Großmutter seit längerem nicht mehr besucht, während ihre Mutter den Kontakt komplett verweigerte. Diese Wunde wollte ich aber bei meinem Besuch möglichst unberührt lassen. Es war mir wichtiger, die Sylt-Frage in Gegenwart meiner Mutter noch einmal zu stellen: Warum war ich diesen Lebensweg gegangen, der mir alles Glück der Welt verheißen und nicht erfüllt hatte? Die Gründe mussten, das sagte mir ein ahnungsvolles Gefühl, in den Ursprüngen zu finden sein, also in meiner eigenen Familiengeschichte, in den Lebensläufen meiner Vorfahren, die ich nicht kannte und die sich dennoch in mir fortsetzten.

Ich blieb eine ganze Woche in Morbach und übernachtete in einem Hotel. Ich konnte den Gedanken, im Bett meines ehemaligen Kinderzimmers zu schlafen, nicht ertragen. So verbrachte ich die Tagesstunden im Elternhaus und die Nächte in dem Handelsvertreterbett des drittklassigen Hotels am Ort. Das Gespräch mit meiner Mutter hatte bald alle Schleusen ihrer Erinnerung geöffnet. Sie korrigierte meine Vorstellungen und geriet in einen Erzählrausch, wie ich ihn nie zuvor bei ihr erlebt hatte. Sie berichtete in endlosen Assoziationsketten von ihrer Kindheit, sie beschrieb Bilder des Tageslaufs in ihrer Jugend, die sich noch ganz im engen Kosmos eines winzigen Dorfes abgespielt hatte. Meine Mutter kannte zu dieser Zeit noch keine Verbindung zur übrigen Welt, ihr Horizont hatte die Reichweite ihrer Füße. Aber dennoch war dieser Lebensraum voll von Wundern und tiefen Empfindungen, für die es im Dialekt Begriffe gab, die man nicht in die Schriftsprache übersetzen kann. Mutter erklärte mir Wörter, die ich vergessen oder nie gekannt hatte, zum Beispiel das Hunsrücker Wort «Geheischnis», das wie Geheimnis klingt, aber etwas ganz anderes bedeutet. Es spricht von Geborgenheit und einem Vertrauen, das nur die gut behüteten, «gehegten» Tiere kennen. Geheischnis, das waren aber auch die Schlafgewohnheiten und Zubettgehrituale in Mutters Kindheit, das waren die Äpfel und Birnen in Nachbars Garten vor dem Ersten Weltkrieg. Es war ein endloser Strom von Erinnerungen, die ich nie zuvor gehört hatte, vermutlich, weil ich nie nach diesen längst vergangenen Gewohnheiten gefragt hatte.

So spürte ich, dass auch meine Mutter eine Milieuspringerin war, die Vergangenes verdrängt hatte, um in einer angeblich besseren Welt anzukommen, was ihr aber nie richtig gelungen ist. Ich begann, mich in Mutters Erzählungen wiederzufinden. Manchmal wurde sie während ihrer Beschreibungen von unbeherrschbarem Gelächter geschüttelt. Dieses Lachen erfasste sie, wenn sie etwa von Begegnungen mit Fremden sprach, vor denen man sich zierte oder duckte, oder wenn sie bemerkte, dass sie in ihrem Verhalten genauso unlogisch, so erschreckend falsch und hemmungslos war wie die unwissenden Leute, deren Geschichte sie erzählte. Ein Stück von mir, das erkannte ich, funktionierte nach demselben Muster. Ich steckte rettungslos im Innersten jeder Figur, die in meiner Sylter Erzählung auftauchte. Dieses Gelächter der Fassungslosigkeit hat mich noch nach Jahrzehnten gepackt, wenn ich in meinen Filmen die Hunsrücker und ihre Eigenheiten beschrieb, die auch einmal in mir waren.

Ich machte Notizen, sprach mit meinem Bruder Guido, der, wie erwähnt, seit dem Tod unseres Vaters bei der Mutter lebte und recht und schlecht den Laden führte. Guido konnte mir viele Kuriositäten des Hunsrücker Dialektes erklären und begleitete mich auf Spaziergängen durch das Dorf. Ich sah die Häuser meiner Spielkameraden aus Kindertagen wieder und sprach mit Leuten, mit denen ich angeblich verwandt war, ohne zu wissen, wie. Es war, als wäre ich das entlaufene

Kind von all diesen Menschen und müsste jetzt erklären, warum ich fortgegangen bin.

Aufgetankt mit diesen Eindrücken und dem Gefühl, die Hunsrücker Volksseele verstanden zu haben, fuhr ich nach Kiel, um mit Steinbach die Arbeit am Drehbuch zu beginnen. Steinbach lebte mit seiner Familie in einem Reihenhaus der 1950er Jahre. Er hatte mit seiner norddeutschen Ehefrau zwei pubertierende Töchter, zu denen der Kontakt gemieden wurde, weil sie die Nerven strapazierten. Ich quartierte mich auch hier in ein billiges Hotel ein und traf mich mit Steinbach zu Spaziergängen, Gesprächen über den Stoff und ersten Versuchen, Szenen zu schreiben. Als Aufhänger wurde die Figur eines Touristen mit Sonnenbrille und Promi-Allüren erfunden, der in meinem fiktiven Hunsrückdorf als Feriengast auftaucht und die Gegend und ihre Geschichte erkunden möchte. Hier zeigte sich bald, dass Steinbach keine klare Vorstellung von den Menschen und Schauplätzen im Hunsrück hatte. Die Szenen, die wir zu Papier brachten, litten unter dieser Fremdheit. Auch den richtigen Ton konnten wir nicht finden.

Nach einer Woche machte ich Steinbach den Vorschlag, mit mir in den Hunsrück zu fahren, um die Dörfer, Häuser und Menschen mit eigenen Augen zu sehen. Wir fuhren getrennt und trafen uns in Morbach wieder, wo ich auch für Steinbach ein Zimmer gebucht hatte. Wieder besuchte ich meine Mutter, die in Steinbachs Gegenwart aber fremdelte und wortkarg wurde. Dann führte ich Steinbach durch Hundheim, den Ort der Großeltern; wir besuchten die Burg Baldenau und die Pfarrkirche Bischofsdhron, die von einem kleinen Friedhof umgeben war. Als Steinbach dort auf einem Grabstein den Namen «Schabbach» las, wollte er wissen, wo denn dieser Ort liege. Ich erklärte ihm, dass es sich um einen Familiennamen handele und es sogar Träger dieses Namens gebe, mit denen ich verwandt sei. Peter meinte dann, Schabbach sei sicher, wie sein eigener Familienname, ursprünglich ein Ortsname gewesen, und wenn es ihn nicht oder nicht mehr gebe, könnten wir doch unser Filmdorf so nennen.

So kam es, dass wir an diesem Nachmittag im Juni 1979 das Dorf

Schabbach gründeten. Lage: Hunsrück, Rheinland, Deutschland, Europa, Erde, Weltall. Wer in den Hunsrück fährt, wird vierhundertfünfzig Dörfer finden, und keines davon heißt Schabbach. Wer aber fragt, wo es nach Schabbach geht, wird zu hören bekommen, er sei schon da.

72 Susanne tanzt

Wir kehrten nach diesen Eindrücken nicht gleich nach Kiel zurück. Steinbach trieb sich noch eine Weile im Hunsrück herum, während ich nach München fuhr. Wenn ich heute aus großem Zeitabstand versuche, die Chronologie dieser Tage zu rekonstruieren, stoße ich auf einen seltsamen Zusammenhang. Es scheint, dass die Freude am Fabulieren und die Kühnheit der Phantasie gerade in erfüllten Schaffenszeiten keine Grenzen kennen und sich aus Übermut weitere Aufgaben suchen. Es ist, als ob man sich besonders leicht verliebt, wenn man gerade frisch verliebt ist. Die weit geöffnete Seele wird maßlos und will die ganze Welt umarmen. So erkläre ich mir heute, dass ich mitten im Aufbruch zu meinem Hunsrück-Epos auf die Idee kam, den Porträtfilm SUSANNE TANZT zu drehen.

Es spielte sicher auch eine Rolle, dass mich meine Tochter Susanne begeisterte. Sie war dreiundzwanzig Jahre alt, hatte in London Tanz und Choreographie studiert und lebte inzwischen in Amsterdam; für ein kleines Ensemble arbeitete sie dort als Nachwuchschoreographin und war während ihres Ferienaufenthaltes in München damit beschäftigt, ein Soloprogramm zu entwickeln, mit dem sie in Amsterdam auftreten sollte. Ich erlebte ihre Arbeit zum ersten Mal aus der Nähe. Sie ließ mich bei ihren Übungen in einem Tanzstudio zusehen und erklärte mir, welche Stile und Auffassungen des modernen Tanzes es gibt und welchen Vorbildern sie nacheiferte. Dies alles war mir so neu, dass ich beschloss, Susannes Arbeitsweise mit der Filmkamera zu erkunden. Bei Tänzern geht es um Themen und Formen, die keine andere Kunst in dieser Unbedingtheit kennt. Alles kommt aus dem Körper. Die Tanzkunst handelt von den Erfahrungen des Körpers, die erst entstehen, wenn die Bewegung dazu ausgeführt wird. Alles, was eine Tänzerin wie Susanne über sich selbst in Erfahrung bringt, wird ihr über die Beobachtung ihres Körpers bewusst. Umgekehrt kann jede Alltagsbewegung zum Thema eines tänzerischen Ausdrucks werden.

Susannes Idee war es, ein Solostück zu einem Sketch von Karl Valentin zu entwickeln. Es ging um die Posse «Eine neue Verkehrsordnung», in der Valentin seine absurde Vision einer übermäßig bürokratischen Regelung des Straßenverkehrs vorführt. Susanne wollte versuchen, die Valentinsche Logik auf die Bewegungen ihres Körpers zu übertragen. Ihr Konzept bestand darin, belanglose Alltagsbewegungen, wie sie Valentin ja auch im Straßenverkehr feststellt, einem sinnlosen Ordnungsschematismus zu unterwerfen. Also beobachtete Susanne, wie sie sich morgens den Kaffee eingoss, wie sie sich die Kontaktlinsen einsetzte, wie sie das Netzkabel des Bügeleisens in die Steckdose steckte, wie sie ihre Jeans bügelte. Solche alltäglichen Bewegungen versuchte sie zu analysieren und in tänzerisches Material zu verwandeln, das dann dem Prinzip blindwütiger Wiederholungen und der nörgelnden Stimme des Valentin ausgesetzt wird, die aus einem Lautsprecher tönt. Bei der Formensuche begegnete sie wiederum dem Arsenal der Tanzstile und deren Training. Susanne bei ihrer Arbeit zu beobachten, eröffnete mir ein völlig neues Verständnis für meine Tochter. Ich erkannte die aufregende Innenwelt, in der diese junge Frau lebte, und war erstaunt, wie sie sich verwandelte, sobald sie auf die Bühne trat. Beherrschte sie eine Sequenz von Bewegungen in Vollendung, verschwand alles Private an ihr, und es konnte vorkommen, dass sie mir beim Tanz als eine Fremde erschien.

Trotz meiner beklagenswerten finanziellen Lage konnte ich den kleinen Film über Susanne ohne Auftrag und Förderung zustande bringen. Ich hatte beim Ausstatten meiner Wohnung in der Schraudolphstraße als Schneideraum einige Rollen unbelichtetes Filmmaterial gefunden, das von STUNDE NULL übriggeblieben war. Die Kamera und die Lampen lieh ich mir von Kluge. Christian, der gerade das Gymnasium abgeschlossen hatte, half mit den Scheinwerfern, nahm den Ton auf und unterstützte mich an der schweren Kamera.

Mir war bei Susannes Proben im Tanzstudio aufgefallen, dass unter den professionellen Tänzern, mit denen sie täglich trainierte, eine eigenartige Verständigungsform aus Satzfragmenten, mehrsprachigen Kommandos, Wiederholungen und internationalem Kauderwelsch üblich war. Tänzer sind wohl derart mit ihrem Körper und dessen Kontrolle befasst, dass eine Art von Sprachblockade entsteht. Vielleicht spielt auch eine Rolle, dass die Künstler, mehr noch als Musiker, innerlich permanent mit Zählen beschäftigt sind. Rhythmus ist alles, und dennoch geht es um den ganzen Körper, um dessen Schönheit, Eros und Ausdruck. Ich versuchte, diese Zerrissenheit zwischen Sprache und Körper in der Montage des Films zu spiegeln.

SUSANNE TANZT entstand an drei oder vier Tagen. Danach saß ich zwei Wochen am Schneidetisch, um das Material zu montieren. Dieser kleine Film ist bis heute eine meiner persönlichsten und liebsten Arbeiten.

73 Die Blockhütte

Steinbach musste sich während der Schulferien seiner Töchter um seine Familie kümmern. Das war wohl der Grund dafür, dass wir unsere Arbeit am Drehbuch erst Ende August 1979 wieder aufnehmen konnten. Ich fuhr ein zweites Mal nach Kiel, obwohl ich mir nicht vorstellen mochte, diese langwierige Arbeit als Luftmatratzengast in Steinbachs Einfamilienhaus durchzustehen. Es gelang uns auch nicht, über kleine Szenenentwürfe und Diskussionen hinauszukommen. Mein Anliegen, mit Hilfe der Filmerzählung auch mein eigenes Leben zu beleuchten, blieb unausgesprochen. Nach fünf Tagen packten wir unsere Arbeitsmaterialien ins Auto und fuhren in den Hunsrück. Steinbach hatte bei seinen Erkundungen eine Ferienwohnung entdeckt, die wir diesmal ansteuerten. Eine Familie im Ort Woppenroth vermietete Zimmer an Touristen. Der eigentliche Grund, diesen Ort zu wählen, war eine Blockhütte am Rande des nahen Bauerngartens, die unseren Vermietern gehörte. Diese Hütte wurde für viele Monate unsere Drehbuchwerkstatt. Mit wenigen Mitteln wurde sie für unsere Arbeit möbliert, mit zwei einander gegenüberstehenden Schreibmaschinentischen, einem Regal für Bücher und Dokumente und einer Tischtennisplatte in der Mitte, auf der wir Bilder, Zeitungen oder Landkarten ausbreiten konnten. Ein Ölofen war vorhanden, die Glühlampenbeleuchtung über den Arbeitstischen bastelten wir selbst.

Unsere Arbeitstage verliefen so regelmäßig, dass wir aus dem Munde der Vermieter das Kompliment «Pünktlich wie die Maurer» zu hören bekamen. Nach dem Frühstück, das uns im Wohnzimmer serviert wurde, begaben wir uns um acht Uhr zur Blockhütte, vertieften uns in das Sylter Treatment und wählten eine Szenenfolge aus, die an diesem Tag in Filmzeit verwandelt werden sollte. Dann setzten wir uns an unsere Tische und hackten schweigend unsere Fassungen in die Tasten. Wenn einer mit seiner Szene fertig war, ging er nach draußen, rauchte oder beschäftigte sich, bis auch der andere seine Version vorlegen konnte. Dann wurden die Fassungen vorgelesen und diskutiert. Oft überzeugte eine davon sofort; diese übernahmen wir ins Drehbuch. Nicht selten bastelten wir aber eine Mischung aus beiden Fassungen. Es kam auch vor, dass uns keine der beiden überzeugte. Dann waren lange Diskussionen oder Spaziergänge fällig, denn seit Sylt wusste ich ja, dass der Geist sich im Gehen mitbewegt und die Lösung oft auf dem Weg liegt. Wenn uns das inspirierende Bild oder ein Einfall fehlte, der Landschaft und Erzählung zusammenhält, recherchierten wir in alten Chroniken oder in den Redaktionsräumen der «Hunsrücker Zeitung», die es tatsächlich schon vor dem Ersten Weltkrieg gegeben hatte und die wir in Jahrgangsbänden durchstöbern durften. Viele schriftliche Zeugnisse des öffentlichen Lebens im Hunsrück fanden sich auch in den Archiven der Kreisverwaltung und des Simmerner Hunsrück-Museums.

Zu den wichtigsten Quellen für unsere Geschichten und Dialoge entwickelten sich unsere Abende im Dorfgasthaus Molz. Die Wirtschaft bot zwar keinen normalen Restaurantbetrieb an, aber Frau Molz war immer bereit, für Steinbach und mich Bratkartoffeln mit gerösteter Blutwurst und Gurkensalat zu machen, während ihr Mann, der neugierige Rudi Molz, uns ausfragte. Er wollte wissen, was wir denn in dieser Blockhütte so machten den ganzen Tag, und ob wir denn nichts Wichtigeres zu tun hätten als spazieren zu gehen oder mit dem Auto in den Dörfern umherzufahren. Wie man sieht, wurden wir beobachtet. Urlauber könnten wir ja nicht sein, meinte Rudi, denn es sei nun gerade keine Urlaubszeit, und so lange mache auch kein Mensch freiwillig Urlaub im Hunsrück. Rudi war die Stimme des Dorfes. Er sprach aus, was die Dorfbewohner dachten. Als Gastwirt hieß er uns willkommen, als Beobachter aber misstraute er uns genauso, wie vermutlich das ganze Dorf uns in den ersten Wochen misstraute. Erst als ich mich als geborenen Hunsrücker zu erkennen gab und berichtete, wer meine Eltern waren und dass ich doch als Filmemacher durch DIE REISE NACH WIEN schon im Hunsrück bekannt geworden sei, wurden wir nach und nach akzeptiert. Doch konnte sich keiner der Dorfbewohner, die nun immer öfter in der Wirtschaft auftauchten, vorstellen, was das für eine Arbeit war, der wir nachgingen.

Das Drehbuch wuchs, und ich konnte bewundern, wie Steinbach, der gebürtige Sachse, den Tonfall der Hunsrücker in seinen Dialogen immer besser traf. So ergab sich im Laufe der Monate eine Arbeitsteilung. Während es meine Aufgabe geworden war, die Charaktere und den Fortlauf der Geschichte zu entwickeln, sah Steinbach seine Aufgabe im Dialog und in der Beschreibung von Gegenständen des täglichen Gebrauchs, die er bei unseren Begegnungen mit den Hunsrückern gesehen und oft bewundert hatte, wie das vom Urgroßvater geschmiedete Besteck, das auch nach hundert Jahren noch auf den Tisch kam, die selbstgemachten Hüte, die man bei der Feldarbeit trug, das handgewebte Leinen, das als Mitgift in die jungen Ehen gegeben wurde, oder das von der Großmutter gebackene Roggenbrot, das den verwöhnten Enkelkindern trotz guten Zuredens nicht schmecken mochte.

Joachim von Mengershausen ließ es sich nicht nehmen, uns regelmäßig in unserer Hütte zu besuchen und die neu entstandenen Teile des Drehbuchs zu lesen. Er hatte vergeblich versucht, bei seinem Sender einen Auftrag für uns zustande zu bringen. Er musste also mit ansehen, wie wir ohne Honorar und ohne Hoffnung auf Verwirklichung an einem Drehbuch arbeiteten, das nach und nach den Umfang eines historischen Romans erreichte. Als Produzent, der ich ja nun einmal war, gehörte es zu meinen Aufgaben, eine Lösung für die Reise- und Aufenthaltskosten zu finden. Ich wandte mich an den Frankfurter Verlag der Autoren, dessen Mitglieder Steinbach und ich waren. Karlheinz Braun, der Gründer und Leiter des Verlages, beschaffte uns ein bescheidenes Autorendarlehen, das monatlich ausgezahlt wurde. So konnten wir unsere Zeit im Hunsrück bestreiten. Allerdings gehörten die Verfilmungsrechte an den Büchern, die wir schrieben, nunmehr dem Verlag. Das war der Preis, den wir für unsere Grundversorgung zu zahlen hatten.

Das Werk entwickelte sich zu einem Geflecht ganzer Generationen von Charakteren, das immer unübersichtlicher wurde. Wir bastelten eine Pinnwand, an der wir die Haupt- und Nebenfiguren mitsamt ihren Beziehungen, Verwandtschaften und Konflikten mit Zetteln übersichtlich anordneten. Das fiktive Dorf füllte sich mit diesen Zettelcharakteren, die immer lebendiger wurden und die wir bald besser zu kennen glaubten als manche reale Person unseres Lebens. Wir hatten beim Schreiben bereits ein klares Zeitbild vor Augen: der Erste Weltkrieg, die Inflationszeit, danach die verwirrenden zwanziger Jahre, das Entstehen des Nationalsozialismus, die Hitlerzeit bis in den Krieg. Wir schrieben unsere Geschichten sozusagen auf die Tafel der Geschichte. Dabei konnte auch das Großvaterprinzip wieder wirken, indem wir historisch verbürgte Figuren mit fiktiven vermischten und im Elan des Erzählens oft über die Realität hinausgingen. Nicht selten haben Steinbach und ich über das unpassende Verhalten unserer Figuren und über ihre für die Zeit typische Schamlosigkeit lachen müssen. Die unfreiwillige Komik mancher Figuren erinnerte mich an meine Mutter und ihre Lachanfälle beim Erzählen ihrer Kindheitserinnerungen.

Die Besuche im Gasthaus Molz waren eine liebe Gewohnheit geworden. Im Hintergrund unserer Gespräche mit Rudi, den Gästen und den Nachbarn hörten wir Abend für Abend die Schmerzensschreie und das Stöhnen des krebskranken Opas, der sein Zimmer direkt neben der Gaststube hatte. Der arme Kranke, den wir nur durch unser anonymes Mitleiden kannten, erschien eines Abends zitternd an unserem Tisch. Die Neugier auf uns Filmleute hatte ihm die Kraft gegeben, sein Krankenlager zu verlassen und sich in unsere Gespräche einzumischen. Das ließ ihn die Schmerzen für ein paar Stunden vergessen. Seinen Geschichten verdanken wir schöne Szenen, wie zum Beispiel die vom Sarg, der während einer Beerdigung mitten auf der Dorfstraße abgestellt wird, als ein plötzlicher Gewitterregen niedergeht. Opa Molz hatte beide Weltkriege erlebt und konnte uns wie kein anderer ein glaubwürdiges Bild dieser Zeit aus der Perspektive der kleinen Leute vermitteln.

Je weiter unsere Erzählung fortschritt, desto öfter versuchten wir, mit Zeitzeugen ins Gespräch zu kommen. Wir dehnten unsere allabendliche Suche nach Anregungen bis an die Mosel, den Rhein und das Nahetal aus, um mit den Einheimischen zu sprechen. Wir waren inzwischen keine Unbekannten mehr, denn von Woppenroth, wo wir auch nach einem Jahr noch wohnten, war die Kunde von unserem Projekt in das Land vorgedrungen. Es kam vor, dass uns Leute in der Kneipe vom Nebentisch aus ihre ganze Lebensgeschichte erzählten. Andere brachten uns ihre Familienalben mit den säuberlich eingeklebten Bildern ihrer Vergangenheit an den Tisch. Wir verstanden nach und nach, dass vieles an Traditionen, landwirtschaftlichen Kenntnissen, familiärem Zusammenhalt und Dialekt im Verschwinden begriffen war und dass wir uns mit unserem Filmprojekt beeilen mussten. So wuchs im Sommer 1980 der Plan, einen Dokumentarfilm über den Hunsrück zu drehen, um die Landschaft noch einmal mit ihren Traditionen und Eigenheiten zu porträtieren, ehe sie sich der Alltagsmoderne ergab und die Lebensformen, die wir im Drehbuch beschrieben, ganz verschwanden.

Die Drehbucharbeit war nach einer Klausur von anderthalb Jahren zu einem ersten Ergebnis gekommen. Wir hatten auf mehr als zweitausend Seiten 658 Szenen geschrieben, die wir in zehn Kapitel aufteilten. Eine Rahmenhandlung erzählt vom Tod der Protagonistin Maria und wie mit ihr eine Epoche zu Ende geht. Die Grundstimmung der Erzählung ist vom Schmerz des Abschieds erfüllt und einer irrationalen Kriegsangst, die in den Herzen der Bewohner von Schabbach immer noch lebt.

74 Die Hunsrückdörfer

Die Drehbucharbeit hatte in mir ein seltsam ambivalentes Gefühl gegenüber der Hunsrück-Landschaft und ihren Bewohnern ausgelöst. Einerseits spürte ich eine tiefe Vertrautheit mit den Gesichtern der Menschen, mit der Vegetation, der Luft und dem Licht. Andererseits empfand ich eine erschreckende Fremdheit gegenüber der Sprache, den Lebensformen und der Enge der Gedanken. Die Gründe, die mich einst dazu bewegt hatten, das Weite zu suchen, traten wieder in mein Bewusstsein, während mich beim Anblick der Menschen ein Gefühl der Trauer erfasste, Trauer über den Verlust von Geborgenheit. Dieses Gefühl bestimmte schließlich die Art meiner Bilder. Ich hoffte immer dringlicher, dass ich dem Verschwinden der Heimat mit der Kamera Einhalt gebieten konnte. Wir wollten das eigentümliche Leben dieser Landschaft und ihrer Menschen noch ein letztes Mal in einer filmischen Elegie abbilden.

Ich besorgte mir die Kameraausrüstung des Ulmer Filminstituts, das unter Kluges Führung als selbständiger Verein in einer Art Dornröschenschlaf gehalten wurde. Mit der Kamera, die wir bei Gründung für die Ulmer Schule angeschafft hatten, waren unsere ersten Spielfilme gedreht worden, und Kluge war überzeugt davon, dass diesen schwerfälligen Apparaten das Künstlerglück auf magische Weise innewohnte. Nun, zwölf Jahre nach Schließung der Hochschule, sollte diese Magie wieder wirksam werden. Ich hatte zwar einen kräftigen

Kameraassistenten engagiert, aber auch mit ihm war der Aufbau der monströsen Blimp-Kamera ein Kraftakt und erlaubte keine Spontaneität. So kam es, dass sich bei unseren Dreharbeiten nicht die Kamera zu den Leuten begab, sondern die Leute vor die Kamera geholt werden mussten. Wenn man den Dokumentarfilm GESCHICHTEN AUS DEN HUNSRÜCKDÖRFERN heute betrachtet, muss dieses Prinzip, das durch das bloße Gewicht der Kamera bedingt war, auffallen. Immer wieder sehen wir die Protagonisten, wie sie aufgereiht vor dem Objektiv stehen und ihre Geschichten erzählen. Was wie ein ästhetisches Konzept erscheint, war auch eine Folge der damaligen Gerätetechnik.

Der Plan, der Produktion des HEIMAT-Epos einen Dokumentarfilm über den Hunsrück vorauszuschicken, half uns, die Zeit zu überbrücken, in der wir auf eine Entscheidung der Fernsehanstalt warteten. Mit den fertigen Drehbüchern war es nicht leichter, sondern schwieriger geworden, die Programmdirektoren zu überzeugen. Nach jedem Besuch in den Redaktionen gab es lange Diskussionen. Mengershausen war es indes gelungen, wenigstens den für Dokumentationen zuständigen Redakteur zu gewinnen. Man genehmigte mir ein schmales Budget, mit dem ich eine Produktionsleiterin und mit ihr ein kleines Team anstellen konnte.

Immerhin gab man mir die Freiheit, den Dokumentarfilm ohne Drehbuch und ohne festgelegte Handlung entstehen zu lassen. Ich versammelte das kleine Team in der Woppenrother Blockhütte und gab bekannt, dass unsere Arbeit nur von Momenteindrücken, von Begegnungen und ihren Folgen angetrieben werden sollte. Neben dem Kameraassistenten und dem Tonmeister waren meine Freundin Petra Kiener und Peter Steinbach dabei. In meinem Produktionstagebuch, das ich von diesem Tag an führte, findet sich eine Beschreibung, wie die geplante Arbeitsweise die Mitarbeiter verwirrte, da sie Drehtage mit festen Dispositionen und Inhalten gewohnt waren. Der Tonmeister drohte, wieder abzureisen, denn ohne Vorbereitung könne er die Qualität seiner Arbeit nicht garantieren. Als ich mitten in dieser Diskussion sah, wie unsere Vermieterin, Frau Weckmüller, in ihrem Garten Brombeeren erntete, schlug ich vor, das Theoretisieren zu beenden und mit diesem Bild zu beginnen. Wir bauten die Kamera auf, doch als wir damit fertig waren, hatte Frau Weckmüller alle ihre Brombeeren schon ins Haus getragen. Das war die erste Lehre, die wir aus dem Gewicht unseres Equipments und der Schwerfälligkeit des Filmteams zogen.

Also suchten wir ein neues Thema, für das es keiner Eile bedurfte. Wir begannen mit einer langen Kamerafahrt durch zwei Nachbardörfer. Die Kamera wurde in mein offenes Citroën-Cabriolet eingebaut, und ich filmte in Fahrtrichtung. Als wir anhielten und die Kamera abschalteten, sprach uns ein Mann an, der uns beobachtet hatte. Er hatte einen über hundert Jahre alten Brief mitgebracht, den er mir vorlesen wollte. Der Briefschreiber war einer jener vielen Auswanderer, die Mitte des 19. Jahrhunderts aus dem Dorf, das wir gerade gefilmt hatten, nach Südamerika gezogen waren. Ich bat unseren Tonmeister, den Text, den der Überbringer in seiner schönen Hunsrücker Dialektfärbung vorlas, an Ort und Stelle aufzuzeichnen. So fanden am ersten Drehtag die entscheidenden Elemente meiner Erzählung zueinander: das Bild und die Erinnerung.

Mit dem Dokumentarfilm über die Hunsrückdörfer begann meine Zusammenarbeit mit der Produktionsleiterin Inge Richter, die von da an fast zwei Jahrzehnte lang für mich arbeitete. Ihr verdanke ich, dass ich bei der Herstellung der HEIMAT-Trilogie mein eigener Produzent bleiben konnte. In meinem Tagebuch ist immer wieder die Rede davon, wie ich mit Inge die Drehbücher durcharbeite, um das Projekt zu kalkulieren. Ich war nun im Begriff, die Existenzform eines Autors zu verlassen und mich in den Produzenten zu verwandeln, der ich bei meinen Filmen immer wieder sein musste. Als Joachim uns wieder einmal im Hunsrück besuchte, verglich er mein Leben mit dem eines Insekts und seinen drei Metamorphosen: Das Drehbuchschreiben, bei dem man sich durch den Stoff fressen muss, nannte er mein «Larvenstadium». Als Produzent erlebe ich die «Verpuppung», in der es darum gehe, das Projekt vor schädlichen Einflüssen zu schützen. Erst das dritte Stadium, das «Schmetterlingsstadium», würde mich zum Regisseur machen. So hoffte der ratlose Mengershausen, der immer noch keine Zusage der ARD-Sender für HEIMAT erhalten hatte und der mich dringend davor warnte, schon mit Drehvorbereitungen, dem Rollencasting oder dem Engagement von Mitarbeitern zu beginnen.

Doch wir waren nicht mehr aufzuhalten. An meiner Seite kämpften Petra Kiener und Robert Busch, der einige Jahre vorher schon bei STUNDE NULL in mein Team gekommen war. Beide hatten sich in das Projekt verliebt und machten sich ohne Vertrag und ohne Gewissheit, je dafür honoriert zu werden, daran, die Winkel des Hunsrücks nach möglichen Mitspielern, Kleindarstellern und Helfern zu durchsuchen. Petras Begeisterung und ihrer besonderen Gabe, Gesichter und originelle Menschen zu erkennen, verdanke ich die besondere Wahrhaftigkeit vieler Bilder. Robert wiederum wurde im Laufe der Monate zu meinem Allroundassistenten. Sein Kunstverstand und sein grenzenloser persönlicher Einsatz bei der Suche nach geeigneten Schauspielern und Drehorten hat in den folgenden Jahren entscheidend zum Gelingen unseres Projektes beigetragen.

Kurz vor Weihnachten gab es in München eine Sichtung des Dokumentarmaterials, das wir seit Oktober gedreht hatten. Es waren über zwanzigtausend Meter Film, die Vorführung dauerte zwei Tage. Die Probleme, die in dem Begriff Heimat lagen, wurden in den Szenen intensiv spürbar. Beim Filmschnitt, der nun folgte, ahnte ich, dass «Heimat» mich noch ganze Jahrzehnte beschäftigen würde. Ich spürte, wie falsch es war, Heimat als Idylle oder heile Welt zu begreifen. Dafür erinnerten mich die Bilder, die wir eingefangen hatten, viel zu sehr an meine Mühsal, der Umklammerung der Heimat als Jugendlicher zu entkommen. Es war auch jetzt wieder bedrückend anzusehen, wie in den Dörfern jeder jedem auf der Pelle saß, wie man von jedem Ding, das man in die Hand nahm, wusste, woher es kam, welche Geschichte es hatte, wem es einmal gehört hatte. In all dem zeigte sich eine Ausweglosigkeit, ein ständiges Drehen im Kreis. So sind die GESCHICHTEN AUS DEN HUNSRÜCKDÖRFERN für mich eine wichtige Vorerfahrung für die Chronik HEIMAT geworden.

75 Opa Molz und der Tod

Das Produktionstagebuch, das ich im Sommer 1980 begonnen hatte, setzte sich aus vielen Diktaten zusammen, die ich mit Hilfe eines Kassettenrecorders im Auto aufzeichnete. Ich hatte das Mikrofon an das Steuerrad geklemmt und konnte so während meiner vielen Fahrten zwischen München, dem Hunsrück, den Fernsehanstalten in Köln und Berlin meine Gedanken als eine Art inneren Monolog festhalten.

In diesem Tagebuch findet sich die Beschreibung des Tages, an dem es endlich mit der Produktion von HEIMAT losging. Es war der 4. April 1981. Zum ersten Mal traf ich mich mit den designierten Hauptdarstellern in Woppenroth, dem Ort, an dem der größte Teil der Dreharbeiten vorgesehen war. Bevor die eigentliche Filmarbeit begann, wollte ich allen ein Gefühl für die «Tonart» vermitteln, in der das HEIMAT-Epos seine Geschichte erzählt. Der Tag war von der ersten Stunde an ungewöhnlich und voller Ereignisse, die ich noch Monate danach als schicksalhaft empfand. Die beiden Schauspielerinnen Marita Breuer und Karin Kienzler wussten noch nicht, für welche Rolle sie vorgesehen waren, als sie anreisten. Da beide gemeinsam im Zug aus Köln gekommen waren und von unserem Fahrer in Mainz auch gemeinsam abgeholt wurden, konnten sie sich austauschen und gelangten wohl zu dem Schluss, dass sie als Konkurrentinnen für Maria, die weibliche Hauptrolle, antreten sollten. Ich kann mir gut vorstellen, wie unbehaglich ihnen zumute war, als sie im Hunsrück ankamen. Wir hatten mit dem Fahrer vereinbart, dass er die Darstellerinnen ins Gasthaus Molz brachte. Das Treffen sollte um zwei Uhr stattfinden. Bereits um halb zwei erschien der Aufnahmeleiter in der Kneipe, in der wir zu Mittag aßen, und berichtete, dass das Gasthaus Molz unerwartet geschlossen sei. Jetzt mussten wir uns beeilen, um die eintrudelnden Darsteller abzufangen. Wir beschlossen in aller Eile, unser Treffen in das zweite Woppenrother Gasthaus zu verlegen, das am Ortsrand lag und schwer zu finden war.

Es dauerte etwas länger, bis sich die Runde dort eingefunden hatte. Fünf unserer späteren Hauptdarsteller, Paul, Eduard, Pauline, Maria und Apollonia, mussten zusehen, wie das mit sich selbst noch unerfahrene Team versuchte, sich zu orientieren. Wo waren sie hier überhaupt? Der Aufnahmeleiter hatte keine bessere Idee, als die Verlegenheit mit einer Runde Schnaps aufzulösen. Man prostete sich zu, stellte sich einander vor und hörte zu, als ich begann, die Geschichte unseres Films zu erzählen. Der Wirt, Herr Franz, stand mit seinem behäbigen Kreuz ungeniert neben mir und nickte bestätigend, als wüsste er bestens Bescheid, was ich zu erzählen hatte. Die Woppenrother Männer, die an der Theke Bier tranken, spitzten die Ohren. Ich versuchte, Zeit zu gewinnen, und beobachtete während meiner Rede die Schauspieler. Ich wollte eine so folgenreiche Entscheidung wie die der Hauptrollenbesetzung hinauszögern. Als ich aber Marita Breuer in ihre lächelnden Augen sah, spürte ich plötzlich, dass sie Maria ist. Endlich sprach ich aus, worauf alle gewartet hatten. Ich weiß bis heute nicht, was mich plötzlich so sicher machte, dass ich meine Erzählung abbrach und Marita die Hauptrolle anbot. Um die Lage von Karin Kienzler zu entspannen, bot ich ihr die Rolle der Pauline an, der einzigen Tochter der Familie Simon. Marita und Karin umarmten sich erleichtert. Fortan waren die beiden keine Konkurrentinnen mehr. Alle atmeten auf. Bei den Männern war die Entscheidung leicht, denn es gab keine Gegenvorschläge.

Bevor ich die Schauspieler ausführlich mit ihren Rollen bekanntmachen und erste Proben beginnen wollte, sollten sie ihre Quartiere kennenlernen und sich mit dem Ort vertraut machen. Ich begleitete sie durch das Dorf, sprach über die Vorgeschichte von HEIMAT und die zwei Jahre, die ich in Woppenroth zum Drehbuchschreiben verbracht hatte. Ich erzählte ihnen, wie die Pension, die wir gleich erreichen würden, von einem jungen Paar auf dem Standort einer alten Scheune eigens für uns und die Mitarbeiter des Filmteams erbaut worden sei. Auf dem Weg zur Pension kamen wir an der geschlossenen Gastwirtschaft Molz vorbei. Jutta, die Tochter der Familie Molz, kam uns entgegen. Sie weinte. Ich blieb stehen und fragte, ob ich ihr helfen könne. Sie brachte kein Wort heraus und wandte sich ab. Die Schauspieler drängten sich um uns, sie kannten die Zusammenhänge nicht. Ich wiederum war in meiner Rolle als Regisseur befangen und wollte mich durch nichts von der Einführung meiner Protagonisten abbringen lassen. Ich gab Jutta kurz die Hand, sagte, ich käme später bei ihren Eltern vorbei, und folgte den Schauspielern, die schon ein paar Schritte weitergegangen waren.

In der Pension musste ich warten, während Doris, die Wirtin, den Gästen ihre Zimmer zeigte. Ich dachte wieder an die weinende Jutta und begriff nun, dass meine Hilfe gebraucht wurde. Ich eilte den kurzen Weg zurück zum Gasthaus. Jetzt erwartete mich die komplette Familie Molz auf der Straße: Rudi, seine Frau Marga und die beiden Töchter. Alle weinten. Rudi gab mir die Hand. Sein Vater, unser geliebter Opa Molz, war vor zwei Stunden gestorben. Der alte Mann, der uns so viele Geschichten erzählt und den ich in unserem Dokumentarfilm noch ausführlich porträtiert hatte, lag tot in seinem Zimmer. Jetzt erst verstand ich, dass man mich zur Trauerfamilie zählte. Rudi forderte mich auf, mit ins Haus zu kommen, um den Toten noch einmal zu sehen. Wir gingen durch den Seiteneingang. Zum ersten Mal sah ich das Zimmer, in dem Opa Molz zwei Jahre lang Abend für Abend vor Schmerzen so jämmerlich geschrien hatte, dass man es in der Gaststätte hörte. Es war eine schmale Kammer zwischen der Gaststube und den Toiletten. Der Tote lag in einem aufgeklappten Sarg, der neben dem Bett auf dem nackten Steinboden stand. Er war blau im Gesicht, entrückt, kaum noch wiederzuerkennen. Mit seiner wächsernen Haut wirkte er wie eine Nachbildung. Seine Hände waren verkrampft, offensichtlich mit Gewalt zur Gebetsgeste gefaltet worden. Sein Körper war mit einer weißen Plastikdecke zugedeckt, die mit Rüschen verziert war, wie ein Brautkleid. Jetzt erkannte ich auch die Leichenfrau, die laut und geschäftig vor sich hinplapperte: «Das wird noch anders gemacht, und das sieht so nicht schön aus, das mache ich besser.»

Ich vergaß für einen Moment, dass die Schauspieler auf mich warteten. Ich stand im Türrahmen, Rudi dicht hinter mir. Ich spürte, wie er mich nach vorne schob. Ich sollte näher herantreten, so nah, dass ich mich unwillkürlich bückte und dem Toten direkt ins blau angelaufene Gesicht blicken musste. Da vernahm ich Rudis Stimme. Er meinte, dass wir jetzt ein Gebet sprechen sollten. Ich richtete mich auf, sah mich um. Jutta fing an, das Vaterunser zu murmeln. Ich murmelte mit. Gleichzeitig hörte ich Stimmen, die von draußen meinen Namen riefen und näherkamen, unter ihnen die Stimme meines Assistenten Robert Busch. Nach dem «Amen» wandte ich mich an die Familie. Irgendetwas musste ich jetzt sagen. Ich rang nach Worten: «Euer Opa war ein humorvoller Mann, gut, dass er im Film weiterleben kann.» Nach dieser Äußerung fingen die Angehörigen an, noch heftiger zu weinen. Draußen war es inzwischen still geworden. Ich lief hinaus auf die Straße. Da war niemand, keiner von den Schauspielern, auch Robert nicht. Ich lief zur Dorfkreuzung und dann zurück zur Pension. Ich fand auch hier keinen. Als ich noch einmal zur Kreuzung eilte, begegnete ich wieder der trauernden Familie Molz. Ich war meinem Team abhandengekommen.

Abends notierte ich im Tagebuch, ich müsse unbedingt lernen, das Leben als eine Folge niemals planbarer Ereignisse zu verstehen, als ein Nebeneinander zufälliger Begegnungen. Am Todestag des alten Gustav Molz war mir das Leben als eine Kraft begegnet, deren Geheimnis sich jeglicher Planung und Dramaturgie entzieht. Ich fragte mich, ob es gelingen kann, diese geheime Kraft, die man Schicksal nennt, in unserem Film spürbar zu machen.

76 Chronik und Zeit

Die Dreharbeiten begannen am 28. April 1981, einem Dienstag. Ich hatte mir vorgenommen, möglichst chronologisch zu drehen. So kehrten wir auch dann zu den Schauplätzen zurück, wenn es wirtschaftlich vernünftiger gewesen wäre, einen Schauplatz zunächst «abzudrehen» oder Schauspieler ihre kompletten Szenen hintereinander spielen zu lassen. Das chronologische Drehen ist zeitraubend und verteuert die Produktion. Bei den Produktionsleitern ist es deswegen unbeliebt, für den Regisseur und das Team aber kann es eine äußerst inspirierende Erfahrung sein. Man wächst gemeinsam in die Geschichte hinein, sieht, wie sich die Figuren entwickeln und der richtige Erzählrhythmus vor der Kamera entsteht. Wenn einmal improvisiert wird oder wenn jemand aus dem Team eine schöne Idee einbringt, kann man dies beim chronologischen Drehen viel besser in den Ablauf integrieren. Diese Methode bewährte sich schon am ersten Tag. Die Szene, in der Maria den Heimkehrer Paul durch das Fenster ihres Hauses beobachtet, hätten wir erst später drehen sollen, denn das Haus der Wiegands existierte noch gar nicht; unsere Baumannschaft war wegen der kurzen Vorbereitungszeit im Verzug. Es war eine der ersten genialen Lösungen, mit denen mein Kameramann Gernot Roll zeigte, dass es auch einfache Lösungen für große Probleme gibt. Er ließ das Fenster des geplanten Hauses auf ein einfaches Bühnenpodest montieren und filmte Maria, wie sie durch den bloßen Fensterrahmen auf die Dorfstraße blickt. Damit war zugleich eine räumliche Anordnung entstanden, die das Bauteam in den folgenden Wochen in das Ortsbild einfügen konnte.

Die lange Küchenszene, in der sich das halbe Dorf um den Kriegsheimkehrer versammelt, beschäftigte uns eine ganze Woche. Wir hatten in Rohrbach ein altes Bauernhaus gefunden, in dem sich viele der Innenräume einrichten ließen, die für das Haus der Familie Simon vorgesehen waren. Für die Küchenszene war aber keines der Zimmer groß genug. Ich schlug vor, eine Wand herauszubrechen, um aus zwei Zimmern eines zu machen. Allerdings setzte uns die Statik des alten Fachwerkbaus Grenzen, weshalb ein Stützbalken mitten im Zimmer stehen bleiben musste. Kein professioneller Filmarchitekt hätte zugelassen, dass ein Balken mitten im Zimmer steht, der nicht nur schlecht aussieht, sondern auch die Verfolgung der Darsteller mit der Mikrofonangel behindert, hässliche Schlagschatten ins Zimmer wirft und Kamerafahrten einschränkt. Wir lösten das Problem, indem wir ihn bewusst zum Mittelpunkt des Zimmers machten. Er wurde zum Ort der Begegnung und des Wiedersehens, ja sogar ein symbolischer Punkt. Die Heimkehrer, die Mütter, die Nestflüchter und die Liebenden, alle kommen an diesem Balken zur Ruhe. Wir verglichen ihn mit dem Baumstamm, um den Odysseus und Penelope, wie uns Homers Odyssee erzählt, ihr Haus bauen, und wir ahnten, dass wir mit diesem lächerlichen Balken den Mythos aller Heimkehrergeschichten in Erinnerung rufen konnten. Für mich wiederholte sich hier ein Bild, das ich dreißig Jahre zuvor bei der Gründung der Studiobühne in den Kellerräumen der Münchener Universität kennengelernt hatte. Auch damals stand ein Betonpfeiler mitten im Raum, der unsere Phantasie beharrlich herausforderte. Aus Gründen der Baustatik war die Säule unantastbar wie das Leben selbst.

Die ersten Wochen waren eine behutsame Suche nach dem Atem der Geschichte. Das Drehbuch war auf der Reise, die wir angetreten hatten, eine gute Landkarte, die uns immer den Standort anzeigte, aber den Kern der Geschichte mussten wir erst noch entdecken. Aufregend war vor allem die Mischung aus professionellen Schauspielern wie Marita Breuer, Rüdiger Weigang oder Michael Lesch und Laiendarstellern aus der Region. Zu ihnen gehörten Gertrud Bredel, unsere unvergessliche Großmutter Katharina, oder Willi Burger, der den Schmied spielte und wirklich ein Schmied war. Diese Figuren fanden im Zusammenspiel bald den unverwechselbaren Ton, der unserer Erzählung die Seele einhauchte. Die Verschmelzung von berechenbarem Schauspiel mit der natürlichen Glaubwürdigkeit der Laiendarsteller begeisterte mich während der gesamten Produktion. Als Regisseur sah ich mich allerdings mit Problemen konfrontiert, die ich so noch nie hatte lösen müssen. Es stellte sich zum Beispiel bald heraus, dass Laiendarsteller nur ein einziges Mal gut sind im Spiel. Das liegt daran, dass sie auf die Situation reagieren und nicht auf Regieanweisungen. Berufsschauspieler dagegen können durch wiederholtes Proben und Regieführung immer besser werden. Deswegen musste ich lernen, mit den Gruppen getrennt zu arbeiten und sie erst im richtigen Moment vor der Kamera zusammenzuführen.

Es war Joachim von Mengershausen zunächst nur gelungen, den WDR für das Projekt zu gewinnen. Da das verfügbare Budget lediglich für die Hälfte des Stoffes ausreichte, sollten weitere Sender der ARD noch während der laufenden Produktion gewonnen werden. Besonders enttäuschend war das Verhalten des Südwestfunks, der eigentlich für den Hunsrück der zuständige Regionalsender gewesen wäre. Der Leiter des dortigen Fernsehspiels war ein Mann mit eigenen Regieambitionen. Als er erfuhr, dass die Regie von mir beansprucht wurde, ließ er über sein Büro eine anonyme Absage erteilen. Dass wir trotzdem mit den Dreharbeiten beginnen konnten, lag an Mengershausens Optimismus. Er hatte uns einen Vertrag mit dem WDR über insgesamt sechs der zehn Teile von HEIMAT verschaffen können. Leider enthielt der Vertrag die Auflage, dass die Serie nach sechs Folgen ein dramaturgisch überzeugendes Ende erhalten müsse. Niemand hatte ernsthaft über ein solches vorzeitiges Ende der Erzählung nachgedacht, und wir verdrängten das Thema über viele Monate.

Wenn ich heute an diese Zeit denke, erscheinen mir der Mut und die Entschlossenheit, mit denen wir uns auf diese filmische Reise durch das 20. Jahrhundert wagten, unfassbar. Gleich zu Beginn der Geschichte mussten wir große Szenen mit vielen Menschen und Bauten bewältigen; ich denke zum Beispiel an die Enthüllung des Denkmals, an das Picknick in der Burg Baldenau oder an die Geschichte von der Landung des Doppeldeckers auf der Wiese bei Schabbach. Wir drehten Pauls Flug über den Hunsrück ohne jegliche Tricks mit einem realen Oldtimerflugzeug, in dem Gernot Roll sogar den Darsteller des Paul mit der Kamera begleitete. Wir zeigten, wie Paul glaubt, seine Geliebte Apollonia unter sich auf einem Feldweg zu erkennen, und wie er den Piloten zur Landung auf einem Acker bewegt.

Es war der neunzehnte Drehtag, als diese Landung auf dem Programm stand. Wenn ich daran zurückdenke, ist mir, als könnte ich die Luft dieses Frühsommertages riechen. Wir drehten auf einer verwilderten Wiese, die sich in der Nähe eines Waldrandes zu einer Mulde neigte. Alles funktionierte wie gewünscht. Der Pilot setzte die «Albatros», ein historisches Flugzeug aus dem Ersten Weltkrieg, elegant auf dem Wiesenhang ab, ließ Paul bei laufendem Propeller aussteigen, um dann sofort wieder durchzustarten. Gernot hatte einen guten Kamerastandpunkt gefunden und drehte die spannende Szene in einer Einstellung. Der Pilot, der nicht wissen konnte, dass die Aufnahme gelungen war, zog über dem nahen Wald eine Schleife. Gernot war begeistert und drehte auch diesen Teil des Fluges, bis er erkannte, dass der Pilot dazu ansetzte, noch einmal auf unserer Wiese zu landen. Gernot schaltete die Kamera aus und winkte dem Piloten zu, ein Zeichen, dass die Aufnahme gelungen sei. Aber der Pilot hatte schon den Motor gedrosselt und schwebte zu uns herab. Wir vom Team beobachteten den Landeanflug und sahen, wie das Flugzeug in einer herrlich ausgeführten Glissade von größerer Höhe herabkam, um dann mit einem offensichtlich gut angesetzten Gleitwinkel auf den Rand der Wiese zuzusteuern.

Das Team applaudierte spontan, als das Flugzeug Bodenkontakt hatte und die ersten zehn Meter rollte. Aber noch während wir applaudierten, sahen wir, wie sich eines der Räder vom Fahrgestell löste und das Gestänge sich in den Boden bohrte. Sofort brach auch das andere Rad ab, das Flugzeug überschlug sich und schlidderte auf dem Rücken noch weitere zwanzig Meter den Hang hinab. Dabei brach auch das Heckruder ab. Ich rannte so schnell ich konnte zur Unfallstelle und erreichte das Flugzeug in dem Moment, als der Pilot aus dem Cockpit herausfiel und bewegungslos auf dem Boden liegenblieb. Als ich ihn an der Schulter packte, um ihn unter dem Flugzeugrumpf hervorzuziehen, kam er zu sich, hievte sich auf die Beine und rannte taumelnd vom Flugzeug weg; ich folgte ihm. Inzwischen waren auch die Leute vom Team herangekommen. Alle redeten auf den Piloten ein, der am Kinn blutete, kreidebleich aussah und im Schock nicht sprechen konnte. Jemand kam mit einem Verbandskasten angerannt. Gleichzeitig gab der Pilot gestikulierend zu verstehen, dass ihm nichts passiert sei, man solle sich lieber um das Flugzeug kümmern, aus dessen Tank Benzin floss. Wir entfernten uns von dem Wrack. Ich sah die Schleifspur auf der Wiese. Beim Überschlag war der Motor durch das Erdreich geschleift worden, die Luftschraube war dabei zersplittert, und an den oberen Tragflächen hatten sich tiefe Risse gebildet.

Gernot war bei der Kamera geblieben. Er wollte nicht, dass sein Assistent eine Aufnahme von der Situation und dem zerstörten Flugzeug drehte. Es kam zu einem Streitgespräch. Als der Assistent bedauerte, dass man die Kamera vor dem Unfall ausgeschaltet hatte, wurde Gernot wütend. Für ihn war es absolut undenkbar, ein nicht zum Film gehörendes Unglück aufzunehmen. Er sei weder ein Sensationsdokumentarist noch ein «Leichenfledderer». So drückte er sich tatsächlich aus. Selten habe ich Gernot so aufgebracht gesehen. Während der Aufnahmeleiter darauf bestand, den Piloten zur Untersuchung ins Krankenhaus zu fahren, kam es zu einer merkwürdigen Szene beim Einsammeln der Geräte und Ausstattungsgegenstände auf der Wiese. Das Team gestaltete den Aufbruch vom Drehort so sorgfältig wie nie. Selbst das kleinste Stückchen Papier oder Lassoband wurde aufgesammelt. Es sah aus, als fühlten sich alle schuldig und wollten ihre Spuren verwischen.

Als ich einige Stunden nach dem Unfall mit dem Piloten, der sich vom Schock erholt hatte und bis auf die Schramme am Kinn unverletzt geblieben war, wieder zum Flugzeugwrack kam, lag die «Albatros» wie zuvor auf dem Rücken, der Bauch mit einer orangefarbenen Plane zugedeckt. Da sagte der Pilot zu mir: «Sieht sie nicht aus wie ein toter Vogel?» In diesem Augenblick näherte sich auf dem Feldweg in einer Staubwolke ein Fahrzeug mit Koblenzer Kennzeichen. Darin saß ein wichtiger Glatzkopf, ein Beamter der Luftfahrtbehörde, in Begleitung von zwei Polizisten. Man war gekommen, um ein Unfallprotokoll anzufertigen und die Zeugen zu befragen. Während die Männer das Flugzeugwrack fotografierten und Spuren der Bruchlandung besichtigten, entdeckte unser Pilot ein sterbendes Vögelchen, das der Polizeiwagen auf seiner rasenden Fahrt durch die Felder mit dem Kühlergrill erwischt hatte. Der Pilot kam mir mit dem vor Todesangst zitternden kleinen Vogel, einem Rotkehlchen, in seiner schützenden Hand entgegen und sagte: «Das ist das kleine Schwesterchen der ‹Albatros›.» Mit seinen ausgebreiteten Flügeln und seinem orangefarbenen Bauch sah das Vögelchen in der Hand des Piloten wirklich so aus wie unser umgekipptes Flugzeug. Gernot, der inzwischen hinzugekommen war, war gerührt. Er nahm das sterbende Tier in seine Hände und beschützte es, bis es sich nicht mehr rührte. Dann holte Gernot aus seinem Auto einen Spaten und machte sich daran, das Rotkehlchen vor der Schnauze der

«Albatros» unter einem unberührten Stück Wiese zu beerdigen. Der Pilot und ich blieben dabei und nahmen gemeinsam Abschied.

Dass mir diese kleine Begebenheit einfällt und mich nach einundvierzig Jahren wieder traurig werden lässt, hat einen schmerzlichen Grund. Gernot, den ich in meinem Tagebuch als Engel der Produktion bezeichnet habe, ist in der Zeit, in der ich an diesen Erinnerungen arbeitete, gestorben, am 12. November 2020 im Alter von einundachtzig Jahren. Es wäre unmöglich, mit der Erzählung fortzufahren, ohne an ihn zu erinnern. Die Zeit der Coronapandemie ist eine schlechte Zeit zum Sterben. Wegen der Infektionsgefahr gab es keine Beerdigung und keine Trauerfeier, wie wir sie in unserem Film noch mehrfach als Ausdruck der Verbundenheit mit den Toten und den Lebenden beschrieben haben. Gernot war in den vielen Jahren, in denen das HEIMAT-Epos entstand, mein wichtigster Weggefährte. Nun ist er selbst der Vogel unter dem Rasen geworden.

77 Drehort Heimat

Während der ersten Monate unserer Dreharbeiten im Hunsrück ging ich immer wieder der Frage nach, warum ausgerechnet ich zum Chronisten einer Landschaft werden sollte, die ich in jungen Jahren so entschieden verlassen hatte. Hatte ich mir damals nicht tapfer geschworen, nie mehr zurückzukommen? War dieser Film vielleicht der Anfang meiner reumütigen Heimkehr? Ich betonte in allen meinen Tagebuchaufzeichnungen, wie wichtig mir die Distanz zu der Landschaft sei und dass ich erst als ein Weggeher den kühlen Blick des Chronisten hätte erwerben können. Aber war mein Blick auf die in der Heimat gebliebenen Menschen wirklich noch kühl? Ich spürte immer häufiger, wie innig meine Seele mit dem Hunsrück und seinen Menschen verbunden war und wie die Bilder meiner fernen Kindheit wieder lebendig wurden. Der Widerspruch zwischen Nestflucht und Heimatliebe machte mich verletzbar. Ich muss in den ersten Monaten der Dreharbeiten für meine Mitarbeiter ein schwieriger Partner gewesen sein, denn ich reagierte auf kleine Unstimmigkeiten mit Depressionen und forderte eine Teamharmonie, die es gar nicht geben kann.

Schon am Tag nach dem Absturz der «Albatros» wurde ich krank. Es begann mit Drüsenschwellungen und Halsschmerzen, dann kam das Fieber, das innerhalb weniger Stunden auf die Werte stieg, mit denen ich einst meine Mutter in Panik versetzt hatte. Inge ließ mich zum Arzt bringen, der mich sofort krankschrieb und Bettruhe anordnete. Ich versuchte, die Krankheit mit Hyperaktivität zu überrennen, koordinierte noch den Fortgang der Kulissenbauten im Dorf, gab den Leuten im Schneideraum ein Arbeitspensum für eine Woche und ließ abends eine Anlage in Betrieb nehmen, mit der Originaltöne auf perforierte Filmtonbänder überspielt werden sollten. Dann klappte ich zusammen. Man musste mich, von beiden Seiten gestützt, in mein Quartier schaffen und ins Bett legen. Zuerst das Malheur mit dem Flugzeug, und jetzt fiel auch noch der Regisseur aus. Alle waren ratlos. Nur Inge atmete auf. Jetzt konnte sie endlich die Arbeiten des Ausstattungsteams voranbringen und die Drehpläne überarbeiten. Zum Glück wurde der Drehausfall von der Versicherung übernommen. Das überlastete Team konnte sich unerwartet sieben Tage lang bei den Angehörigen zu Hause oder den Freunden in München erholen. Mein Zusammenbruch tat allen gut.

Das erste Halbjahr der Dreharbeiten war besonders anstrengend. Mit dem viel zu kleinen Team musste die schwierigste Phase der Erzählung bewältigt werden, denn es ging um die am weitesten von unserer Gegenwart entfernte Zeit, die Jahre nach dem Ersten Weltkrieg und unter Hitler. Szenen mit Hunderten von Uniformen, Naziaufmärschen und Kriegshandlungen mussten vorbereitet und inszeniert werden, Szenen, die bei vielen von uns inneren Widerstand erzeugten. Es ist mir heute unbegreiflich, wie das kleine Team, bestehend aus zwölf Leuten, all diese Bauten, Kostümanfertigungen und Haarschnitte geschafft hat, die zur Darstellung der Zeitumstände notwendig waren. Historische Fahrzeuge, Flugzeuge und Waffen wurden beschafft, und die Kostüme der Frauen machten sichtbar, wie sich die Träume des

UFA-Kinos der 1930er Jahre im Leben der Hunsrückerinnen spiegelten. Wir zeigten die Großbaustelle der Hunsrückhöhenstraße, inszenierten Autorennen auf dem Nürburgring, stellten den historischen Betrieb des Hochseehafens von Hamburg dar; wir beschrieben, wie die Autos allmählich die Landstraßen eroberten, filmten die Erfolge des UFA-Kinos in der Kleinstadt und zeigten, wie die Figur des Anton in der Scheune mit meinem Spielzeugprojektor von Weihnachten 1938 Kinderkino veranstaltet. Gernot Roll kämpfte wie ein Löwe um jede Einstellung und ließ sich auf keinen ästhetischen Kompromiss ein.

Je tiefer ich mich in die fiktive Welt der Simons und des Dorfes Schabbach versenkte, umso fremder und ferner wurde mir mein Münchener Zuhause. Man kann sich heute kaum vorstellen, wie sich die Filmarbeiten damals ohne Handys, Internet und all die vielen Kommunikationsmittel, die uns heute selbstverständlich sind, abspielten. So war es zum Beispiel nicht einfach, in den vielen Monaten der Abwesenheit mit der Familie oder den Freunden in Verbindung zu bleiben. Wenn ich mit meiner Freundin Roswitha sprechen wollte, blieb mir die öffentliche Telefonzelle neben der Woppenrother Bushaltestelle. Natürlich konnte man sich in der Privatunterkunft einen Festnetzanschluss einrichten lassen. Das aber ging nicht von heute auf morgen und lohnte sich nur, wenn man sein Quartier nicht immer wieder wechselte. Ich wohnte in den ersten Monaten in der Pension «Haus Doris», wo es natürlich keine Telefone in den Zimmern gab. Man kann sich kaum noch ein Bild machen, wie hilflos man in der öffentlichen Telefonzelle stand und zusehen musste, wie der gierige Automat das ganze Kleingeld schluckte, während noch so viel zu sagen war. Roswitha lebte in einer gänzlich anderen Welt als ich, und ich konnte ihr keine Vorstellung davon vermitteln, wie meine Tage aussahen. Sie fühlte sich verlassen und wusste nicht, ob sich unsere Beziehung bis zum Ende des Films aufrechterhalten ließ.

Ende August kam Inge mit dem Vorschlag, eine kleine Sommerpause einzuplanen. Sie wollte damit die gesetzlichen Urlaubsansprüche der Mitarbeiter, die sich angehäuft hatten, erfüllen und meinte, dass eine Denkpause allen guttun würde. Der Rohschnitt des dritten

Teils war fertig, und ich musste dem WDR das Material zur Abnahme vorführen, weil sonst die Produktionsgelder nicht freigegeben würden. Ich fuhr also mit meiner Cutterin nach Köln. Die Bilder unseres Films konnten keinem der Herren des WDR ein Wort der Anerkennung entlocken. Trotz Mäkelgesichtern erteilten sie aber den Abnahmesegen. Es konnte weitergehen, obwohl ich mich ausgelaugt und erschöpft fühlte.

Ich staunte, dass ich mich in den folgenden Monaten durch die Arbeit selbst regenerierte. Ich habe diese Fähigkeit schon öfter an mir beobachten können. Wenn ich ein Tier wäre, würde man die Dreharbeiten als «artgerechte Haltung» bezeichnen, denn sie wirken belebend auf meinen gesamten Organismus. Die gleiche Regenerationsfähigkeit besaß auch Gernot Roll. Auch er erholte sich in der Schlacht, um es militärisch auszudrücken. Wir trieben uns gegenseitig an und gerieten in einen Schaffensrausch, der die Wochen nach der Sommerpause erfüllte. Es waren vor allem zwei Darsteller, die uns große Freude bereiteten: Rüdiger Weigang und Karin Rasenack. In ihren komischen Rollen des Eduard und der Lucie bildeten sie das «Buffo»-Paar des Films. Gernot begeisterte sich für die ungewöhnlichen Gesichter der beiden und war unaufhörlich auf der Suche nach Kamerapositionen, in denen Lucies gewaltige Nase oder Eduards abstehende Ohren gut ins Spiel kamen. Lucie wurde dabei unsere Komödienfigur mit bizarren, naiven Träumen vom großen Reichtum. Mit ihren maßlosen Karrierevisionen und dem Bau einer Villa stellt sie den Hunsrück auf den Kopf und setzt dieser schiefergrauen Landschaft eine besondere Farbe entgegen.

Der Drehablauf geschah völlig außerhalb der von mir so geliebten Chronologie, aber es entstand ein anderer, ein innerer Fluss in der Beschreibung der Figuren. Ich genoss die beiden Extremcharaktere, die mit elementarer Wucht aufeinanderstießen: Lucie, diese aus allen Angeln gehobene, von Hoffnung und Leben zum Bersten gefüllte, naiv plappernde, ewig jauchzende und weinende, liebenswerte, hassenswerte, ehrgeizige und resignierte komische Frau aus der Reichshauptstadt, Berlinerin, Frau, Herrin, Mutter, Hure, alles in einem. Und dazu dieser zerrissene, ewig fotografierende, begeisterte Eduard. Er ist einer vom Land, aber genauso wie Lucie ein Glaubender, ein Hoffender, einer, der ganz schnell rennt, bevor er denkt, und der sich dennoch von diesem Land nicht lösen kann, einer, der zu Lucie und mit seiner Frau in das Dorf passt wie die Faust aufs Auge. All das zusammen ergibt eine schrille, bizarre Mischung. Vom Dorf aus gesehen, ist Lucie eine Verrückte, und von Lucie aus gesehen, ist das ganze Dorf verrückt.

Dieser Mischung von Unvereinbarem verdankte ich die neue Dynamik, die dazu beitrug, dass einige Szenen so gut gelangen, dass ich mich noch oft gefragt habe, ob man daraus ein Prinzip herleiten kann. Ich glaube, dass es in mir eine Vorliebe für schräge Verhältnisse gibt, die mich schon bei der REISE NACH WIEN begleitet hatte und die ich sogar in frühen Jahren an meiner Mutter beobachten konnte. Vielleicht war es eine Charaktereigenschaft der Hunsrücker oder ein Ausdruck des Zeitgeistes, der diese vitale, verrückte, widersinnige Fröhlichkeit der Frauen erzeugte, eine Vitalität, die sich sogar im Krieg durchsetzt und dafür sorgt, dass die Frauen überall, wo sie auftreten, einen dissonanten Ton erzeugen, der alle aufhorchen lässt. Wie auch bei Lucies Hauskonzert am Ende des sechsten Teils mit dem Titel HEIMATFRONT, eine Szene, die mir bis heute als eine der gelungensten erscheint. Alles, was hier erzählt wird, ist unerträglich, aber es ist so wundersam befreiend bizarr, dass man über die Unerträglichkeit lachen kann.

78 Alf

Bekanntlich geschieht es oft, dass wir eine Reihe belangloser Bilder im Gedächtnis bewahren, nur weil sie sich zufällig mit einem Unglück, einem Schicksalsschlag oder gar einer Todesnachricht verbinden. Der 11. November 1981 war eher ein durchschnittlicher Drehtag, an dem viel Zeit vergeudet wurde. Es sollte eine Kriegsszene gedreht werden, zu der mehrere Militärfahrzeuge gehörten, deren Lieferung sich aber verspätete. Wir standen in der herbstgrauen

Landschaft herum, wärmten uns die Hände an den Teebechern und vertrieben uns die Zeit mit Albernheiten. Gernot vergnügte sich mit einer Art Geländemotorrad, das knatternd und Rauch ausstoßend auf Ketten über die Felder bretterte. Ich stand bei den lachenden Assistenten und sah, wie sich Dagmar, unsere Produktionssekretärin, von weitem näherte. Sie kam zu Fuß mit gesenktem Blick. Als sie vor mir stand, sah sie mich lange an, bevor sie sprechen konnte. Ihre Worte «Alf ist tot» kamen wie aus einer anderen Welt. Die Nachricht klang sogar banal in diesem Moment. Die Assistenten wussten nicht, wer Alf war, und fragten nach. Sprach Dagmar wirklich von meinem Freund Alf Brustellin? Entsetzen packte mich. Ich wollte von Dagmar Näheres erfahren, eine Erklärung, aber sie kannte weder die Todesursache noch die Umstände. Sie berichtete, dass unser Freund Bernd Sinkel sie vor fünfzehn Minuten angerufen und gebeten habe, es mir sofort zu sagen, deswegen sei sie ans Set gekommen. Dagmar sprach nicht weiter.

Ich erklärte den umstehenden Teammitgliedern, wer Alf Brustellin war. Einige kannten ihn durch seine Filme oder durch seine Artikel in der «Süddeutschen Zeitung». Ich erschrak: Hatte ich über Alf schon in der Vergangenheitsform gesprochen? Geht das so schnell in unserem Gehirn? Als mir das bewusst wurde, schwieg ich. Dagmar fing an zu weinen. Das wollte sie aber nicht zeigen und ging den Weg, den sie gekommen war, langsam zurück. Ich schaute hinter ihr her. Da sah ich, wie sich der Konvoi der Militärfahrzeuge, auf den wir gewartet hatten, auf dem Feldweg näherte. Schon kam Gernot mit dem Kettenfahrzeug zurück. Er lachte vor Vergnügen und trieb seine Assistenten an. Der Drehtag konnte beginnen. Es war, als wäre ich aus einem Albtraum aufgewacht.

Erst am Abend erreichte die Todesnachricht mein Herz. Der Schmerz kam plötzlich, um viele Stunden verspätet, und diesmal nicht als Gedanke, sondern als Gefühl der Verzweiflung. Ich rief Bernd Sinkel in München an, es war schon spät in der Nacht. Bernd berichtete mir von einer unfasslichen Verkettung der Ereignisse, die durchaus mit Alfs Charakter verbunden waren und insofern unverkennbar zu seinem Leben gehörten. Ich erfuhr, dass Alf nach der Arbeit noch ein Restaurant besucht habe und später mit den Frauen, die er dort traf, zu einer Diskothek in Schwabing weitergezogen sei. Ich hörte, wie Bernd mir den weiteren Ablauf beschrieb, und hatte das Gefühl eines Déjà-vu. Ich sah die drei Frauen deutlich vor mir, wie sie in ein Taxi verfrachtet werden und auf der Rückbank Platz nehmen. War es eine Szene aus einem Film oder aus Alfs Drehbuch? Alf, der freundliche, großzügige Gastgeber, steigt vorn ein und sitzt gemütlich, ein wenig angetrunken, auf dem Beifahrersitz. Und weil er mit den drei Damen gleichzeitig flirten will, schnallt er sich nicht an, er will sich ja zu den Frauen umdrehen können. War es so? Bernd berichtete nur, dass dem Taxi auf der Ludwigstraße ein Raser entgegenkam, der die Kontrolle über seinen BMW verlor, von einem anderen dort abgestellten Taxi wie eine Billardkugel abprallte und das Taxi mit Alf und seinen Freundinnen sekundengenau auf der Beifahrerseite traf. Alle blieben unverletzt, nur Alf wurde so schwer getroffen, dass er im Krankenhaus starb.

Bernd war Alfs wichtigster Partner der vergangenen zehn Jahre. Die beiden hatten eine gemeinsame Produktionsfirma gegründet und eine Reihe schöner Filme gedreht, bei denen sie in allen künstlerischen Bereichen zusammenwirkten. Nun hatte Bernd alles verloren, was ihn motiviert und befähigt hatte. Es war schwer vorstellbar, wie er den Verlust des Freundes je verkraften würde. Er tat mir leid, denn er trug außerdem die Last, für Alfs Bestattung zu sorgen. Er fragte mich, ob ich bereit sei, eine Abschiedsrede zu halten.

In den folgenden Tagen stockten unsere Dreharbeiten. Immer wieder kreisten meine Gedanken um Alf, der mir bei unserem letzten Treffen noch von einem Filmprojekt berichtet hatte, das ihm wichtig erschien und in dem es um die Frage des Zufalls ging. Er hatte die Verfilmungsrechte an einem Roman des polnischen Autors Stanisław Lem erworben und ein Drehbuch geschrieben. Alfs Frage hieß: Gibt es in einer Welt ohne Gott noch das Schicksal? Reduziert sich der Schicksalsbegriff nicht auf eine Kette von Zufällen, letztlich auf etwas so Gleichgültiges wie Statistik? Das gottlose Schicksal ist nicht mehr individuell. Auf der anderen Seite, so sagte Alf, ist der Tod immer etwas unteilbar Persönliches. Alf hatte sich in diesen Widerspruch vollkommen verbissen. Er sprach von seiner Filmdramaturgie, bei der das banale Betätigen eines Lichtschalters oder das Besteigen eines Taxis schon zu Katastrophen führen kann. Kleinigkeiten, wie im falschen Moment eine Tasse Kaffee zu trinken oder sich auf der Straße nach jemandem umzublicken, kann Teil einer Ursachenverknüpfung werden. Alf sagte mir, ihm graue bei dieser Erkenntnis, und er sagte mir auch, dass er die Darstellung solcher Kausalketten, denen keine Moral und kein freier Wille beikommen könne, für die allerwichtigste Aufgabe halte. Er sagte, früher habe es keine Zufälle gegeben, heute werde der Zufall zum Weltgesetz. Ich machte mir mehrmals Notizen zu Alfs Überlegungen und versuchte, daraus ein Konzept für meine Trauerrede zu formen. Ich war aber voller Zweifel, ob es angebracht war, diese schwierigen Fragen, mit denen Alf offenbar nicht zum Ende gekommen war, der Münchener Trauergemeinde zuzumuten. Es befreite mich von einer Last, als Bernd zwei Tage später anrief und mitteilte, dass der Kritiker Joachim Kaiser die Grabrede übernehmen könne.

Die Dreharbeiten wurden unterbrochen, und ich eilte nach München. Am Dienstag, den 17. November, erlebte ich auf dem Münchener Nordfriedhof eine seltsame Begegnung von niedergeschlagenen Kollegen und Freunden, die sich gegenseitig ihre Mutlosigkeit und Ängste vorführten. Diese allgemeine Depression war offenbar nicht nur die Folge des Schreckens, den Alfs früher Tod ausgelöst hatte. Ich hatte vielmehr den Eindruck, dass eine düstere Wolke über den Gemütern der Freunde und Mitstreiter der frühen Jahre schwebte, deren Ursache keiner benennen konnte. Nach einer hilflosen Veranstaltung in der Aussegnungshalle des Krematoriums, der unpersönlichen Rede von Joachim Kaiser und dem Händedrücken der Familie, stand Alfs Trauergemeinde ratlos herum, und niemand wusste, wohin man gehen sollte. Bei den Gesprächen, die sich auf dem Trottoir, den Treppen, zwischen Tür und Angel in Grüppchen abspielten, tauchte immer wieder das Bild vom «Ende des Neuen Deutschen Films» auf. Wo immer ich mich unter die Leute mischte, bekam ich diese Formel zu hören –

eine Vision, die sich beim Tod von Fassbinder im Jahr darauf wiederholte. Für mich wurde damit Alfs Tod zum Schlusspunkt einer Aufbruchsbewegung, die mit Oberhausen 1962 begonnen hatte. Der Neue Deutsche Film war am 11. November 1981 mit Alf gestorben. Das Datum ist nicht in die Annalen eingegangen, aber jeder, der es miterlebt hat, weiß, dass unsere Schwabinger Welt danach nicht mehr dieselbe war wie zuvor.

Etwas war so tief in unsere Seelen gefahren, dass wir fatalistisch wurden. Und wenn ich den Tod von Fassbinder in diesen Zusammenhang rücke, so ist das wohl eine heutige Feststellung aus großem Abstand. Es gibt natürlich keinen ursächlichen Zusammenhang zwischen Alfs tödlichem Autounfall, Fassbinders Drogentod und dem Ende der deutschen Autorenfilm-Bewegung. Aber jenseits aller Logik bedeutet die Trauer um Alf für mich auch heute noch den Abschied von einer Kino-Utopie. Oft hatte ich mit Alf über das Kino als Anachronismus gesprochen. Er meinte, dass wir nicht nur der vaterlosen Generation angehören, sondern auch die Endzeit des Kinos erleben. Insofern sei der Neue Deutsche Film nur eine historische Zwischenlandung gewesen (Alf verwendete gern Bilder aus der Fliegerei). Mit dem Geld des Fernsehens Antifernsehen zu machen und mit den Mythen des Kinos Antikino, das sei doch abwegig. Alf war einer, der den Puls der großen alten Kinogeschichte in sich spürte und zugleich wusste, dass die Zeit gegen ihn ist. Als wir einmal aus Gene Kellys SINGIN' IN THE RAIN kamen und darüber philosophierten, ob wir Kinomacher oder Filmemacher sind, meinte Alf, alle Mythen des Kinos seien schon erfunden. Das Kino werde vergehen, und der Film müsse sich eine neue Heimat suchen. Das war das traurige Fazit. Alf fehlt uns allen bis heute. Ich habe nie einen besseren Freund gesehen, und niemand besaß seine Leidenschaft, gemeinsam nach Antworten auf die Schicksalsfrage zu suchen. Auch die Zukunft des Kinos, die er so gern mitgestaltet hätte, ist ein Rätsel geblieben. Alf hatte einen magischen Blick für das Unmerkliche, das Verborgene.

Mit der Rückkehr in den Hunsrück wurde mir klar, dass ich mit dem HEIMAT-Projekt auch *meine* Abkehr vom klassischen Kino vollzog.

HEIMAT war kein Kinofilm und sollte es auch nicht sein, aber ich wollte auch nicht, dass es ein Fernsehfilm wird. Fernsehen, das war für uns eine bürokratische Unterhaltungsbehörde, kein Ort für die Kunst. Bei meiner Rückkehr von Alfs Beerdigung beschloss ich, für mein Werk eine Zwischenlösung in Alfs Sinn zu finden. Ich stellte mir HEIMAT als einen Trampelpfad vor, der sich zwischen den Medien irgendwie hindurchwindet. Der frühe Tod des Freundes brauchte eine Antwort. Überleben ist alles, sagte ich mir, schließlich darf unser Traum von der Filmkunst keine Illusion werden. Und sie wird eines Tages so frei sein wie die Literatur, schrieb ich in mein Tagebuch mit fetten Buchstaben, frei wie die Literatur, die im Laufe ihrer endlosen Geschichte unzählige Formen, Formate, Gattungen und die ganze Bandbreite der menschlichen Gefühle und Gedanken erobert hat: das Drama, die Novelle, den Roman, das Gedicht, den Essay, den Aphorismus und vor allem das große Epos, das für HEIMAT mein Leitbild werden sollte. In manch schlafloser Nacht habe ich geschworen, eines Tages Filme wie Bücher zu machen, ohne Fremdsteuerung durch Sendeanstalten, Verleiher oder all die anderen Spaßverderber. Zu Alfs Zeiten – damals –, da hat das Schwören noch geholfen.

79 Weihnachtsblues

Gernot hatte in meiner Abwesenheit begonnen, Landschaftsbilder zu filmen. Die Farben und Lichtstimmungen des Hunsrücks begeisterten ihn. Wir hatten noch einen Monat Zeit, bevor die Produktion in die Weihnachtsferien gehen sollte. Die Stimmung im Team hatte sich während der Vorweihnachtszeit rasant verschlechtert. Sicher spielte eine Rolle, dass keiner von uns Erfahrung mit so langen Drehzeiten hatte. Die enorme Leistungsfähigkeit von Filmteams beruht ja auf einem euphorischen Zustand, der durch das gemeinsame Abenteuer entsteht, jeden Tag neue Aufgaben zu bewältigen. Euphorie lässt sich bekanntlich nicht über lange Zeit aufrechterhalten. Ich sehe noch die trüben Gesichter der Mitarbeiter vor mir, die sich am 15. Dezember in der Dorfgaststätte zur Abschiedsrunde versammelten. Einer von ihnen bat um Auskunft über die Sicherheit der Arbeitsverträge nach den Feiertagen. Ich versuchte, Optimismus zu verbreiten, und meinte, dass die Fernsehanstalten es nicht wagen würden, einen Film unvollendet im Stich zu lassen. Die Unzufriedenheit im Team war aber nicht durch Argumente zu bannen. Es gab weitere Klagen, zum Beispiel über die Unterbesetzung. Das Team sei viel zu klein, um weiter gute Arbeit leisten zu können. Das verstand ich, und ich wollte gerade deswegen nicht hinnehmen, dass mehrere Mitarbeiter kündigten. Darunter so wichtige Leute wie der Ausstatter Franz Bauer, der aussteigen wollte, weil seine Frau in München unter der langen Trennung litt, oder der Aufnahmeleiter, der angab, ein besser bezahltes Angebot erhalten zu haben, oder die Kostümbildnerin, die unsere Arbeitsbedingungen überhaupt nicht mehr akzeptieren wollte, weil sie sich von mir nicht anerkannt fühlte. Sogar Robert Busch wollte mich verlassen, denn er hatte endlich einen Medizin-Studienplatz erhalten. Es fehlte nur noch, dass Gernot Roll uns verließ, denn ich hatte munkeln hören, er sei mit einer anderen Produktion bereits über einen Film im Gespräch. Alles sah plötzlich nach Auflösung aus. Dabei waren wir mit dem sechsten Teil noch lange nicht fertig, und es fehlten entscheidende Winterszenen aus den frühen Teilen.

Meine Fahrt nach München war fast schon eine Flucht vor den ungelösten Problemen. Wie drei Jahre zuvor brach ich mit Roswitha nach Sylt auf. Wir verbrachten die Tage in derselben Wohnung, in der ich eingeschneit den ersten Entwurf von HEIMAT geschrieben hatte. Diese Reise war wie der Versuch eines magischen «Reset»; ich wollte die Zeit zurückdrehen und den Spuk beenden. Aber es fing jetzt erst an, unheimlich zu werden: Am 23. Dezember erreichte mich die Nachricht, dass Willi Burger, unser geliebter Darsteller des Dorfschmieds Mathias Simon, ganz plötzlich an den Folgen einer Krebsoperation im Hunsrück gestorben war. In den Drehbüchern standen noch viele nicht realisierte Szenen mit ihm, vor allem die vom Wiedersehen mit seinem aus den USA zurückkehrenden Sohn Paul. Bei meinen winterlichen

Strandwanderungen begleitete mich die Trauer um drei Menschen, die uns während des ersten Jahres der Dreharbeiten verlassen hatten: Opa Molz, Alf Brustellin und Willi Burger. Zugleich nahm ich Abschied von Lieblingsszenen, die Vater und Sohn in bewegenden Bildern des Wiedersehens zeigen sollten.

Als wir Mitte Januar nach München zurückkehrten, traf ich Bernd Sinkel. Die gemeinsame Filmwerkstatt U.L.M. hatte uns seit zehn Jahren als «Operationsbasis» gedient. Vom ursprünglichen Gründerstab waren nur er und ich übriggeblieben. Kluge hatte sich schon früh in sein eigenes Gehäuse zurückgezogen, Ula Stöckl lebte jetzt in Berlin, Nikos Perakis war nach Athen zurückgekehrt, um sich in seinem Heimatland am Aufbruch einer neuen Generation von Filmemachern zu beteiligen. Und Alf, von allen der Einzige, der zu wahrer Freundschaft fähig gewesen war, fehlte. Bernd war in der Stimmung, die Räume unserer Filmwerkstatt aufzugeben. Ich aber bat ihn, zu warten, bis meine Produktion abgeschlossen sei. Eine innere Stimme ließ mich hoffen, dass ich wenigstens noch HEIMAT in den schönen Altbauzimmern der Agnesstraße 14 zu Ende bringen konnte.

Auf meinem Heimweg traf ich zu später Nachtstunde Alexander Kluge, der mir in der Nähe des Schwabinger Elisabethmarkts auf dem Fahrrad entgegenkam. Hier kreuzten sich hin und wieder unsere Wege. Ich erzählte ihm von den Fernsehsendern, die mich seit Monaten über den Fortgang der Produktion im Ungewissen ließen, und dass meine Hunsrück-Saga vielleicht nie zu Ende erzählt werden könne. Da meinte Alexander, es sei wohl eine typische Hürde aller deutschen Geschichten, dass sie nicht kontinuierlich über das Jahr 1945 hinauskämen. Er erinnerte mich an die REISE NACH WIEN und STUNDE NULL und einige seiner eigenen Geschichten, die an diesem tragischen Datum ihren erzählerischen Atem verlieren. Alexanders Erklärung wollte ich auf keinen Fall hinnehmen. Ja, er hatte recht damit, dass wir genau vor dieser 1945-Hürde angekommen waren, aber wenn Millionen Menschen in unserem Land das Datum überlebt hatten, dann musste es auch möglich sein, ihre Geschichten zu erzählen. Die Brüche und Vergesslichkeit der Menschen – und auch die Verdrängung ihrer Schuld – waren doch gerade der Erzählstoff, den wir uns vorgenommen hatten! Ich erinnerte mich an Alfs Prinzip des Überlebens und des «Trotzdem» und dachte an den toten Freund und daran, dass ich ihm in der Kopflosigkeit der Trauer das unbedingte Weitermachen geschworen hatte.

Ich kehrte in den Hunsrück zurück, fest entschlossen, den vor Weihnachten begonnenen sechsten Teil mit dem verkleinerten Team ohne Kompromisse zu Ende zu bringen. Dafür war schließlich noch das Geld vorhanden. Die wichtigste Nachricht, die mich empfing, war, dass Gernot beschlossen hatte, mir und dem Projekt die Treue zu halten. Die Tage wurden wieder länger, und mit dem Tageslicht kehrte auch die Hoffnung zurück.

Der Winter brachte heftige Schneefälle, und der Hunsrück versank unter der weißen Masse. Dieses Wetter war ideal für die fehlenden Kriegsszenen, die an der Ostfront spielen sollten. Mit Gernot fand ich in der verschneiten Landschaft Motive, die wir mit wenigen Hilfsmitteln als die eisige Weite Russlands darstellen konnten. Die Erschießungsszene mit russischen Geiseln entstand in einem verschneiten Hunsrücker Wald. Der Soldat Anton, Kameraassistent der Propagandakompagnie, kann sich in die feinmechanische Arbeit an einem Objektiv retten und so der Beteiligung an dem Verbrechen entkommen. Vor dieser Szene hatte ich mich lange gefürchtet, doch jetzt erinnerte sie mich an meinen Vater, der sich ebenfalls in seine feinmechanische Miniaturwelt retten konnte, wenn die Parteibonzen sich ihm bedrohlich näherten.

Bald wurde im nahen Westerwald auch der lange gesuchte Sportflugplatz ausfindig gemacht. Unser Ausstattungsteam durfte ihn in einen Militärflugplatz der deutschen Luftwaffe verwandeln, sodass wir Ottos Begegnung mit Ernst und die Szene der Bombenentschärfung erzählen konnten. Schließlich drehten wir in der Schabbach-Dekoration noch den Höhepunkt der Ferntrauungssequenz aus dem sechsten Teil, in dem Ernst Simon als junger Pilot der deutschen Luftwaffe über das Dorf fliegt und für die Braut seines Bruders einen Nelkenstrauß abwirft. Aus der Perspektive des waghalsigen Fliegers sollten die Darsteller und Komparsen der Hochzeitsgesellschaft gefilmt werden, wie sie aufgeregt auf die winterliche Straße laufen, um die Fliegerkünste von Ernst zu bewundern. Unser Produktionsteam hatte von einem Sammler in Frankreich das seltene Exemplar eines Flugzeuges aus dem Zweiten Weltkrieg besorgt und sogar einen Piloten gefunden, der als Double von Ernst den Flug wagte. Aber dann kam der Frost, und die Maschine konnte nicht starten, weil die Tragflächen vereist waren. Wieder einmal war es Gernot, der eine Lösung fand. Die Sicht des Fliegers filmte er von einer dreißig Meter hohen Feuerleiter, indem er die Kamera auf der obersten Stufe freischwebend aus der Hand führte. Als das Flugzeug schließlich eine Woche später für die Gegenschüsse über Schabbach fliegen konnte, war der Schnee getaut, und wir mussten ihn durch Löschschaum der örtlichen Feuerwehr notdürftig ersetzen.

Es waren erfüllte Tage, die unsere Hoffnung auf Fortsetzung der Produktion beflügelten. Bevor sie schließlich abgebrochen wurde, zogen wir gemeinsam noch nach München, um für die Schlusssequenz ein Berliner Straßenmotiv zu nutzen, das auf dem Studiogelände der Bavaria für einen amerikanischen Kriegsfilm gebaut worden war und billig gemietet werden konnte. In diesen realistischen Kulissen drehten wir an zwei Tagen die Kämpfe um das brennende Berlin im Frühjahr 1945. Dann nahmen wir Abschied von der Arbeit und voneinander. Die intensiven Drehwochen hatten mir keine Zeit zum Grübeln gelassen. Jetzt musste ich Zuversicht heucheln und sagte jedem Mitarbeiter beim Abschied: «Es wird weitergehen. Ich würde mich freuen, wenn du wieder dabei wärst.» Ich weiß nicht, woher ich die Gewissheit nahm, diese Worte lachend zu sagen.

Bei den Fernsehanstalten bewegte sich immer noch nichts. Ein Versuch, den ich in meiner Not bei einer privaten Mediengesellschaft in Hamburg unternahm, endete mit einem seltsamen Urteil: Unser Projekt sei viel zu deutsch und deswegen international unverkäuflich. Die Voraussage von Kluge, dass die deutschen Geschichten am Datum des Kriegsendes scheitern, sollte sich offenbar bewahrheiten. Aber ich nahm die Herausforderung an. Ich wollte das Generationsproblem lösen und durch den fließenden Übergang von Lebensbildern erzählend aus der ersten in die zweite Hälfte des Jahrhunderts gelangen.

80 Sommerglück

Am 1. April war es endlich so weit, dass ich mit meinem Anwalt und Freund Norbert Kückelmann nach Köln fahren konnte. Der WDR und der SFB waren bereit, mit uns über einen Fortsetzungsvertrag zu verhandeln. Kückelmann erreichte, dass der bisherige Vertrag annulliert wurde und durch eine neue Vereinbarung über zehn Teile ersetzt werden konnte. Später konnte ich sogar noch einen elften Teil durchsetzen. Wieder steckte ich bis über beide Ohren im Produzentenjob und kämpfte mit Inge Richter wochenlang um jede Position der Kalkulation. So zermürbend diese Erfahrung war, ich zähle sie zu den wichtigen Realitätserfahrungen, die man in diesem Beruf machen kann. Wenn man den Anspruch hat, Geschichten aus dem Leben zu erzählen, sehe ich es bis heute als Vorteil an, dass Regisseure und Autoren auch das Leben auf den Schlachtfeldern der Produktion und Finanzierung kennenlernen. Es steigert das Urteilsvermögen und hilft uns, die eigene Position besser einzuschätzen.

Kurz bevor ich in den Hunsrück zurückkehrte, kam unerwartet Robert zurück. Er hatte bei seinem Medizinstudium offenbar einige Schockerlebnisse erfahren, über die er nicht sprechen wollte. Jedenfalls hatte er sich entschieden, seinen weiteren Weg in der Filmwelt zu suchen. Robert machte sich sofort auf die Talentsuche und fahndete an Theatern und in den Agenturen nach den fehlenden Darstellern. Dabei ging es vor allem um die wichtige Rolle des Klärchens im achten Teil. Robert liebte diese Geschichte einer ersten Liebe und war begeistert, als ich ihm sagte, dass sie endlich gedreht werden kann.

Am 7. Mai feierten wir in Woppenroth ein Begrüßungsfest. Alle sollten den Elan in sich aufnehmen, der von den neuen Verträgen ausging. Wir hatten das Team vergrößert, es gab jetzt zwei Maskenbildner und einen Spezialisten für die Altersmasken, zwei Garderobieren und einen Spezialisten für Uniformen und Herrenkostüme, zwei Aufnahmeleiter und eine zweite Regieassistentin, Elke Vogt, die an Roberts Seite arbeiten sollte. Zu meiner Überraschung erschien auch unser Filmkomponist Nikos Mamangakis am Drehort. Er war aus Athen angereist und hatte Hermanns erste Lieder in der Tasche. Er wollte sehen, mit welchen musikalischen Fähigkeiten er bei den Darstellern im Hunsrück rechnen konnte. Gefeiert wurde im Freien, rund um ein Grillfeuer mit Hunsrücker Schwenkbraten. Sogar Franz Bauer war zurückgekommen. Nachdem er drei Monate bei seiner geliebten Frau in Fürstenfeldbruck gewesen war, hatte er das Maß an Häuslichkeit genossen, das ihm für den Rest des Jahres reichte. Bei den Dreharbeiten im Herbst hatte er so viele Freundschaften geschlossen, dass ihn großes Verlangen packte, in den Hunsrück zurückzukehren.

Es kam ein glücklicher Sommer. In bester Stimmung flossen die Tage dahin, und es gelangen uns viele Bildfolgen, die nicht im Drehbuch standen. Wir verdankten sie der Aufmerksamkeit des Teams, der Phantasie von Gernot und dem Talent der Schauspieler. Die Geburtstage der Teammitglieder wurden gemeinsam gefeiert, und es bildeten sich viele Freundschaften mit den Hunsrückern, die endlich ihr Misstrauen gegenüber uns Filmleuten aufgegeben hatten.

In der Nachkriegserzählung von Maria und ihren Söhnen taucht im Film das Klärchen auf. Robert hatte mir eine Kandidatin für diese Rolle vorgestellt, und ich hatte sie ohne Bedenken engagiert, weil ihr Aussehen mich lebhaft an meine Jugendliebe, das Original-Klärchen, erinnerte. Ich hätte eigentlich wissen müssen, dass Aussehen und Erinnerung nicht ausreichen, um eine gültige Filmfigur entstehen zu lassen. Ich hatte mich durch die Ähnlichkeit ihrer Augen und der Mundwinkel aber derart verzaubern lassen, dass ich nicht einmal nachprüfte, ob sie der Rolle als Schauspielerin gewachsen war. Nach wenigen Drehtagen kam die Enttäuschung. Sie spielte schlecht und stritt sich mit Gernot, wenn dieser nicht von ihrem Spiel überzeugt war. Mehrere Tage lang verschloss ich die Augen vor der heraufziehenden Katastrophe.

Vielleicht war ich auch noch zu sehr mit der Entscheidung

beschäftigt, einen Darsteller für Hermännchen zu finden. Wegen des Dialekts, den er als Hunsrücker Junge spricht, aber auch weil er mehrere klassische Musikinstrumente spielen sollte, konzentrierte sich unsere Suche auf die «besseren» Hunsrücker Familien. Tatsächlich fand sich ein fünfzehnjähriger Pfarrerssohn aus Simmern, der geeignet erschien. Nach einer hoffnungsvollen Probeaufnahme gab ich dem Jungen das Drehbuch mit nach Hause. Es dauerte aber nicht lange, bis sich seine Eltern voller Empörung bei der Produktionsleitung meldeten. Wegen der Liebesgeschichte und der Darstellung von Zärtlichkeiten verboten sie ihrem minderjährigen Sohn vehement die Mitwirkung in unserem Film. Es gab sie also noch, die kleinstädtische Enge, unter der ich als Schüler gelitten hatte. Parallel zu den Dreharbeiten ging die Suche nach dem sechzehnjährigen Hermann weiter. Erst als wir die Rolle mit Jörg Richter, dem Sohn unserer Produktionsleiterin, besetzt hatten und die erste Begegnung der Liebenden gedreht werden konnte, erkannte ich meine verhängnisvolle Fehlbesetzung der Klärchen-Rolle vollends.

Es fällt mir nach vierzig Jahren immer noch schwer, die Szenen in Erinnerung zu rufen, die nun folgten. Ich benachrichtigte Joachim von Mengershausen vom WDR und bat sogar meine Freundin Petra aus München um Hilfe, die mit der Schauspielerin bereits gedrehten Szenen zu beurteilen. Zu unserer Beratung hatte ich auch den Kameramann, die Produktionsleiterin und die Regieassistenten in den Schneideraum gebeten. Immer wieder hielten wir den Film an und versuchten uns vorzustellen, wie sich die weitere Arbeit mit der Darstellerin noch retten ließe. Schließlich kamen wir zu dem Schluss, dass eine Umbesetzung unvermeidbar sei. Wie aber sollte das möglich sein, mitten in der bereits begonnenen Produktion? Und wie konnte man sicher sein, nicht noch einmal eine Fehlentscheidung zu treffen? Am schrecklichsten war es für mich, die junge Schauspielerin mit der Kündigung zu konfrontieren. Aus Verzweiflung war ich vermutlich zu hart und zu direkt in der Wahl meiner Worte. Inge versuchte, die Wirkung abzumildern, und bot der bleich dasitzenden Schauspielerin an, die volle, für die gesamte Drehzeit vereinbarte Gage auszuzahlen, da ihr ja nichts vorzuwerfen sei. Sie blieb stumm. Plötzlich sprang sie auf und rannte hinaus. Durch das Fenster sahen wir, wie sie hinter dem Haus über die Felder rannte. Inge schickte den Aufnahmeleiter hinter ihr her. Wir saßen noch lange sprachlos da. Was, wenn die junge Schauspielerin sich nun etwas antat, als Reaktion auf die Kränkung? Hatte ich nicht gesagt, ich hielte sie für unbegabt? War ich damit zu weit gegangen? Endlich löste sich der Bann. Der Aufnahmeleiter hatte sie gefunden und beruhigen können. Er blieb den ganzen Tag bei ihr, half ihr, ihre Sachen zu packen, und brachte sie nach Mainz zum Bahnhof.

Nach einer Krisensitzung wurde der Drehplan komplett geändert, damit Robert und Petra Zeit gewannen, ein neues Klärchen zu finden. Wie man sich denken kann, berührte diese Geschichte eine Wunde aus meinen frühen Jahren. Bei aller Fiktionalisierung und Verfremdung durch Zeit und Milieu war die Geschichte von Hermann und Klärchen der am meisten autobiographisch getönte Teil des Films. Ich hatte mehrere Jahre zuvor sogar daran gedacht, diese Geschichte als eigenständigen Kinofilm zu drehen. Die Magie einer ersten Liebe und ihr gewaltsames Ende versprachen mir zeitlose Bilder.

Die Entscheidung, die Rolle mit Gudrun Landgrebe zu besetzen, traf ich nach mehrtägigen Probeaufnahmen und gegen das Votum des Teams, das gern eine jüngere Bewerberin vom Mainzer Theater genommen hätte. Gudrun spielte hingebungsvoll und klug. Aber sie schien auch immer aus einem anderen, etwas «feineren» Milieu zu stammen als unsere Hunsrücker Dorfbewohner und wirkte deshalb als Fremdkörper in unserem Film. Das entsprach vielleicht sogar einer tieferen Wahrheit der Figur, deren Herkunft ebenso unklar bleiben sollte wie ihr weiterer Weg. Wenn sie sich aus Hermanns Horizont entfernt hat und ihr Atem verweht, bleibt nur noch die Liebe. Und das war wohl, was es zu erzählen gab.

Ich sah, dass der Herbst viel zu früh nahte. Die Arbeit hatte mich verschlungen. Ich war eins geworden mit der Filmhandlung. Ich war Hermännchen. Da gibt es keinen Zweifel. Manchmal tauchte ich aus dem Fluss der Arbeit unerwartet auf, sah mich und unser Unternehmen wie aus weiter Ferne und spürte, dass mir die erzählerische Distanz abhandenkam. In solchen Momenten, die sich meist an den drehfreien Wochenenden ereigneten, setzte ich mich in mein Auto und fuhr ins Blaue. Mit meinem schnellen Citroën kam ich in drei Stunden nach Paris. Irgendwann nach Mitternacht fand ich mich im Lichterglanz des Boulevard du Montparnasse wieder, um im Restaurant Coupole ein Curry d'agneau zum Bordeaux zu genießen und ein paar Worte Französisch zu sprechen. Beschwingt vom totalen Wechsel des Existenzgefühls, suchte ich mir ein schummriges Hotelbett und wachte mit dem Gefühl auf, dass es den Hunsrück gar nicht gibt.

Ein Bild, das mir während dieser Erinnerung einfällt, ist ein Berg duftender Steinpilze. Inge, Christian und Robert hatten sie aus den Hunsrückwäldern gebracht und auf einer Tischplatte ausgebreitet. Das war der Duft der Heimat, der meine flüchtende Seele wieder einfing. Es wurden große Abendessen mit Pilzgerichten veranstaltet, und das Team fühlte sich, als hätte es eine Goldader entdeckt.

Unser letzter Drehtag, der zweihundertzweiundachtzigste, war am 31. Oktober 1982. Er begann mit einem Gruppenfoto. Der Fotograf Harald Mayer war mit seiner altertümlichen Plattenkamera aus Simmern gekommen und arrangierte das Team und die Darsteller zu einem hochauflösenden Gruppenbild mitten auf der Dorfstraße von Woppenroth. Das Farbbild zeigt die Filmkamera und sechzig übermüdete Menschen in Mänteln und dicken Jacken. Wir arbeiteten die ganze folgende Nacht. Auf der letzten Klappe wurde sogar die Uhrzeit vermerkt. Es war fünf Uhr, zwölf Minuten und zwanzig Sekunden in der Frühe, als die Dreharbeiten zu Ende gingen. Die schöne Sequenz von der Erscheinung der toten Schabbacher auf dem FEST DER LEBENDEN UND DER TOTEN, wie der zehnte Teil von HEIMAT heißt, wurde für uns alle ein symbolischer Schritt vom Leben in die Legende. Jörg Hube, der Darsteller des Otto Wohlleben, hatte am Abend in Mainz noch ein Gastspiel mit seinem Kabarettsoloprogramm HERZKASPERL gegeben. Danach wurde er zu uns gebracht, um seinen letzten Auftritt als Otto Wohlleben im «Hunsrücker Himmel» zu spielen. Im Tode wiedervereint, treten Otto und Maria an das Fenster des Tanzsaales und beobachten den gemeinsamen Sohn Hermann, der sich draußen im «realen Leben» mit den Hunsrücker Bergleuten trifft und, mit ihnen plaudernd, für immer aus dem Bild hinausgeht.

81 Ich werde fünfzig

Nach den nächtlichen Dreharbeiten kam das Team erst im Morgengrauen in die Quartiere. Die erschöpften Filmleute schliefen bis zum Mittag und fanden sich dann auf dem Sportplatz von Woppenroth wieder. Ein Freundschaftsspiel zwischen Filmteam und Dorfjugend war angesagt. Ich verstehe nicht viel von Fußball, aber als Chef des Filmteams musste ich den Ehrenanstoß machen und die Zuschauer während des Spiels mit Schnaps versorgen. Nach dem Spiel schleppte ich als Lohn für die Siegermannschaft, es war natürlich die Dorfjugend, ein paar Kisten Bier auf das Spielfeld. Dann arrangierte ich ein Gruppenfoto von den Spielern im Dress, ich mit den Bierkisten in der Mitte, ein Foto als Abschiedsgeschenk für die siegreiche Dorfmannschaft.

Fast zwei Jahre lang war die «Pension Haus Doris» von unserer Produktion für die Unterbringung von Schauspielern und Mitarbeitern genutzt worden. Doris und ihre Mutter hatten den Frühstücksraum für eine letzte, feierliche Teamversammlung hergerichtet. Ich hatte Kerzen auf die Tische stellen lassen und neben dem Eingang eine wandhohe Fotomontage aufgebaut, auf der alle Figuren unseres Films in lustigen und charakteristischen Posen noch einmal zu sehen waren. Als alle Mitarbeiter Platz genommen hatten, stellte ich mich vor die Fotowand und versuchte, passende Abschiedsworte zu finden. Vielleicht wollte ich sagen, dass wir das Glück immer erst bemerken, wenn es schon vorbei ist. Die Erkenntnis, dass wir eine vom Glück der Freiheit erfüllte Zeit miteinander erlebt hatten, leuchtete aus den Augen aller im Raum. Meine Ansprache wollte aber nicht recht gelingen. Der Abschiedsschmerz schnürte mir die Kehle zu.

Im richtigen Augenblick haben die Schnittassistentinnen dann eine Scherz-Schallplatte aufgelegt, die sie aus Tonschnipseln und Pannendialogen während der Drehmonate zusammengestellt hatten. Es gab viel zu lachen, und jeder bekam eine solche Vinylplatte, mit Widmungen der Anwesenden. Draußen war die frühe November-Dunkelheit angekommen. Es war der 1. November 1982, mein fünfzigster Geburtstag.

Das große Abschlussfest für Team und Dorf erwartete uns in dem Tanzsaal, in dem wir noch in der Nacht zuvor den Hunsrücker Himmel inszeniert hatten. Die Aufbauten der Schabbacher Kirmes , das Kettenkarussell, die Schießbude, den Weinausschank hatten wir für das Fest noch stehenlassen. Als ich kurz nach acht dort ankam, war der Saal schon überfüllt. Die Leute waren von überall im Hunsrück gekommen. Das ganze Dorf war mit Autos vollgeparkt. In dem Saal, der vielleicht für zweihundertfünfzig Gäste vorgesehen war, drängten sich mehr als sechshundert Menschen. Man konnte nur stehen. Die Musik spielte überlaut. Für mich war es ein hilfloses Umhergeschobenwerden, alle wollten mich begrüßen.

Ich hatte bei der örtlichen Metzgerei Hunsrücker Spießbraten bestellt. Als die Fleischstücke draußen in einem eigens aufgebauten Zelt angeboten wurden, reichte es nicht einmal für die Hälfte der hungrigen Gäste, aber die Stimmung blieb heiter. Obwohl der Saal schon überfüllt war, mochte keiner lange in dem Verpflegungszelt bleiben. Alle drängten zur Musik und genossen es, möglichst nah beieinander zu sein. Es war eine wogende Masse von Menschen, in engem Körperkontakt. Von den Älteren, die in den Nischen dichtgedrängt an Tischen saßen, erhielt ich im Lärm liebe freundlich-winkende Blicke. Ich war an diesem Abend eine Symbolfigur. Bei meinen Abschiedsworten auf der Bühne gab es Zurufe und Gesangseinlagen. Ich übergab dem Bürgermeister unter tosendem Beifall ein gerahmtes Teamfoto, und ich erhielt dafür einen Zinnteller mit Dorfwappen. Dann stürmten fünfzig Woppenrother Frauen auf die Bühne und sangen im Chor ein mehrstimmiges Geburtstagsständchen. Es waren zahllose Hände, die mich durch den Saal zogen, mich schüttelten und beglückwünschten. Ich wusste nicht mehr, wer ich war in diesem Moment; ich hatte das Gefühl, mich aufzulösen, ich gehörte allen. Ich war nicht mehr ich, sondern das, was die Leute gerade im Moment brauchten, ein Stück Traum oder einer, der für sie träumt.

Das Fest nahm in Wellen weiter an Fahrt auf. Der Tanzboden fing auf eine unglaubliche Weise an zu schwingen, die älteren Gäste erhoben sich von ihren Tischen, einige fürchteten, das Gebäude könnte einstürzen. Wenn man auf die Tanzfläche trat, schwang der Boden, bog sich durch und kam einem wie ein Trampolin entgegen. Man tanzte nicht mehr, man wurde getanzt. Die Musiker, vom Wirt alarmiert, hörten immer wieder auf, die scharfen Rhythmen zu spielen, aber das Publikum verlangte es, und es wurde immer heißer, und gegen Ende der Nacht spürte man den Entschluss der Gäste, den Tanzboden endgültig durchzutanzen. Es war wie ein Wunder, dass bis zuletzt alles heil blieb.

Seit diesem Erlebnis, seit dieser Nacht mochte ich den Leuten im Dorf nicht mehr in die Augen schauen. Bei Tageslicht schämte ich mich des eitlen Gefühls, der Hahn im Korb gewesen zu sein. Ich hatte mir für diese Nacht eigentlich gewünscht, wie ein Kind einmal bis zur Bewusstlosigkeit auf dem Kettenkarussell zu fahren oder wie ein Knabe an der Schießbude ballern zu dürfen, bis alle Teddybären, Papierblumen, Schraubenzieher oder Bonbontüten der Welt mir gehörten. Aber die Morgendämmerung brachte die vertraute Geburtstagsmelancholie zurück. Das Karussell und die Schießbude waren geschlossen. «Edgar 50» stand auf einem zerfetzten Transparent, das über dem Dorfplatz im Wind flatterte. Die seltenen Glücksmomente des Lebens haben es besonders eilig, zu vergehen.

Ich beschreibe diese Erinnerung neununddreißig Jahre nach dem fünfzigsten Geburtstag. Im November des vergangenen Jahres wirkten die Bilder von der wogenden Menschenmenge, in der ich wie in der Ursuppe schwamm, ganz und gar irreal. Seit Covid übt sich die Menschheit in Distanz. Jede Berührung ist mit moralischen Skrupeln aufgeladen, jeder Mitmensch ist von unsichtbaren Giftnebeln umgeben, in die man sich verirren kann. Zärtlichkeiten sind Übertretungen eines Distanzgebotes. Ich kann nicht fassen, wie schnell sich unser Instinktverhalten ändert, wie schnell wir verlernt haben, Hände zu schütteln, uns einfach in die Arme zu nehmen oder gar miteinander zu tanzen. Die Pandemie hat uns zu Höhlenbewohnern gemacht, die den Bewohner der Nachbarhöhle misstrauisch wittern. In den Geschäften, auf der Straße, bei Spaziergängen huschen wir aneinander vorbei, machen Bögen umeinander und schauen uns kaum mehr in die Augen. Nur noch in den Bildmedien gibt es Nähe. Ich bin schon so weit, dass ich erschrecke, wenn sich die Menschen in den Filmen anfassen oder küssen. Meine Erinnerungsbilder an das Abschiedsfest im Hunsrück kommen mir aus der Corona-Sicht obszön vor. Unwillkürlich möchte ich das Abschiedsfest als «Hotspot» und Infektionsherd melden und den halben Hunsrück zwei Wochen lang in Quarantäne schicken.

Als ich am Morgen in der Gastwirtschaft Molz meinen Kaffee trank, stand Rudi, der Wirt, am Fenster und sah, wie sich draußen die Schauspieler auf die Abreise vorbereiteten. Ich sah Jörg Hube, der sich betont kühl von Marita Breuer verabschiedete. Er war nicht mehr Otto Wohlleben und Marita nicht mehr seine Geliebte Maria. Auf dem Gruppenbild vom Vortag hatte Jörg noch sein Gesicht unter seiner Mantelkapuze versteckt, als wollte er sich vor diesem Abschied drücken. Ich sah, wie auch die anderen Schauspieler ihre Rollen ablegten, als wären es Kleidungsstücke. Einer nach dem anderen stieg in sein Auto und fuhr davon. Mit ihnen verschwand *die* Maria, *der* Anton, *der* Ernst, *die* Pauline, *die* Kath und *der* Eduard mit seiner Lucie. Viele Dorfbewohner kannten unsere Schauspieler nur mit ihren Rollennamen, die Figuren des Films waren für sie Mitbewohner geworden. Jetzt ließen sie ihre Rollennamen einfach fallen. Für immer.

Rudi, am Fenster, drehte sich zu mir um. Er sagte: «Jetzt sind sie alle da, wo auch die Toten sind.» Ich verstand nicht sofort, was Rudi meinte. Er erklärte mir, dass die Toten ja auch Leute seien, die weggegangen sind und nicht wiederkommen. «Wir wissen, dass es sie tatsächlich einmal gegeben hat, wie unseren Opa, und jetzt sind sie weg. Wo, das wissen wir nicht.» Ich sagte: «Sie sind im Film.» Rudi meinte: «Wenn das so ist, dann leben die Toten im Film.» – «Was früher der Himmel war, ist heute der Film», ergänzte ich.

82 Rückkehr in die Zeit

Ein Teil der Filmmannschaft blieb noch im Hunsrück. Inge und ihr Team wickelten alles ab: Zig Kostüme und Requisiten mussten entsorgt, Geräte zu den Verleihfirmen geschafft und die Wohnungen und angemieteten Fahrzeuge übergeben werden. Die Filmbauten in den Dörfern wurden von einem eigens angeheuerten Team demontiert und die mit Schotter und Lehm bedeckten Dorfstraßen in den alten Zustand zurückversetzt. «Rückbau» nennt man dieses umfangreiche und auch traurige Schlusskapitel einer Filmproduktion. Als Letztes wurde der Schneideraum aufgelöst, in dem ich mit Heidi Handorf und ihren Assistentinnen fast zwei Jahre lang am Rohschnitt für die Abnahmevorführungen gearbeitet hatte. Als alles verpackt war, fuhr ich mit Heidi hinter dem Lkw her, der mit dem Schneidetisch und Hunderten von Filmrollen nach München aufbrach.

Als wir in unserer Schwabinger Straße ankamen, wurde mir bewusst, dass ich in München kein Heim mehr hatte. Meine kleine Mansardenwohnung in der Schraudolphstraße war eine Rumpelkammer geworden, ein Abstellplatz für Akten und Requisiten. Jetzt erst war mir klar, dass ich keinen Ort besaß, an dem ich «ankommen» und ausschlafen konnte. Roswitha nahm mich auf. Es war das fünfte oder vielleicht zehnte Mal, dass ich in diesen Jahren unversehens bei ihr anklopfte. Und immer wieder gab sie mir Halt. Sie liebte mich.

Weihnachten stand vor der Türe. Aber dieses Mal fuhren wir nicht nach Sylt. Jeden Tag litt ich unter irgendwelchen Schmerzen, die kreuz und quer durch meinen Körper mäanderten. Ich konnte nachts nicht zur Ruhe kommen, die Figuren des Films wollten nicht, dass ich schlafe. Ich konnte mich nicht von ihnen abwenden, obwohl Roswitha mich umsorgte und gymnastische Übungen mit mir machte, die mich ins Hier und Jetzt zurückbringen sollten. Nachts stand ich auf, machte stundenlang Notizen für den Filmschnitt. Der Duft von Roswithas Weihnachtsgebäck zog durch meine Träume und verband mich mit Kindheitserinnerungen, die ich endlich loswerden wollte. War ich nicht wieder in meiner eigenen Welt angekommen? War meine Heimat nicht in München, wo ich auf ein erfülltes Leben blicken konnte? Aber die Bilder des Films riefen mich in eine zweite Realität, die ebenso untrennbar mit mir verwoben war wie die erste.

Ich machte in diesen Tagen eine fundamentale Erfahrung: Während wir noch meinen, dass wir nur den richtigen Gedanken finden müssen, um uns aus der Bedrängnis befreien zu können, sind es unsere Körperzellen, die still und unbeirrbar über unser Schicksal entscheiden. Es vergingen im neuen Jahr nur ein paar Wochen, und ich wurde von einer Nachricht überrascht, die alle Grübeleien beenden sollte: Es war Roswitha, die mich im Schneideraum anrief und mir mitteilte, sie habe vor einer halben Stunde erfahren, dass sie schwanger sei. Ich brauchte keine Sekunde, um aus meinen Arbeitsgedanken aufzutauchen, und verabredete mich mit ihr in der Stadt. Als ich ihr gegenübertrat, wusste ich, dass ich dieses Kind lieben würde. Ich sagte ihr das sofort. Ich kannte ihre Argumente gegen das Kinderkriegen «in diesen Zeiten». Ich wollte dieses Kind, und ich denke, dass meine Einstellung für Roswitha eine große Erleichterung war. Wir gingen in ein Café, um anzustoßen und dem ungeborenen Wesen einen Willkommensgruß zu senden.

Das Jahr 1983 wurde ein Jahr des Neubeginns. Ich machte Roswitha mit Susanne und Christian bekannt, denn ich wollte, dass meine beiden großen Kinder so früh wie möglich vom neuen Geschwisterkind erfuhren und sich ein erweitertes Familienleben vorbereitete. Ich nahm den Kontakt zu den Münchener Freunden wieder auf und organisierte mein Leben neu: Die kleine Wohnung in der Schraudolphstraße sollte mein Rückzugsort mit Büro und Arbeitsplatz für konzentrierte Schreibarbeiten werden. Mit Hilfe von Franz Bauer inszenierte ich auch in den Arbeitsräumen der U.L.M. einen Neubeginn. In den vergangenen Jahren war die gemeinsame Filmwerkstatt ziemlich heruntergekommen. Nach einer gründlichen Entrümpelung ließ ich die technischen Einrichtungen wie Schneideräume, Tonstudio und Projektion erweitern. Die Ankündigung des Kindes hatte die Heimkehr nach München in Gang gesetzt. Ich wünschte mir eine neue Familie. So einfach schien das auf einmal zu sein.

Mit einer mehrtägigen Vorführung des gesamten Rohschnitts von HEIMAT in einem komfortablen Vorführraum des Constantin-Verleihs verschaffte ich mir einen neuen Blick auf das Werk. Joachim von Mengershausen war gekommen und hatte seinen Chef, Gunther Witte, und dessen kunstverständige Frau mitgebracht. Ich hatte Robert Busch und Nikos Mamangakis eingeladen, hin und wieder schaute auch Bernd Eichinger vorbei. Eichinger war inzwischen Chef des Constantin-Verleihs geworden und hatte entsprechend große Pläne für den deutschen Film, die er begeistert vortrug. Er verehrte die klassischen Filmgenres und meinte, das HEIMAT-Projekt entspreche genau seiner Vorstellung vom deutschesten aller Genres, des Heimatfilms, den man in unserem Land neu entdecken müsse. Eichinger hatte mein Filmprojekt einige Monate zuvor kennengelernt, als ich ihn für die Rolle eines zwielichtigen Geschäftsmannes engagiert und in den Hunsrück gebracht hatte. Er spielte die kleine Rolle, mit der ich ihn zu porträtieren versuchte, ohne jegliche Ironie. Wie sehr er den Film schätzte, sollte sich ein Jahr später ein weiteres Mal zeigen, als er die Gestaltung der Premiere übernahm. Nach drei vollen Tagen endete die Rohschnittvorführung von HEIMAT. Das Epos bestand zu diesem Zeitpunkt bereits aus den elf Kapiteln, die ich mit Joachim bei den Sendern durchgesetzt hatte, und dauerte über zwanzig Stunden. Der Eindruck des Films war überwältigend. Der verborgene Humor, der in vielen Szenen und Dialogen zu spüren ist, hatte dazu beigetragen, dass die Anwesenden die Erzählung von Anfang bis Ende genossen und sich voller Lob verabschiedeten.

83 Julia

Der Sommer des Jahres 1983 bescherte uns langanhaltendes schönes Wetter. Ich unternahm mit Roswitha viele Ausflüge an die bayerischen Seen und in ihre österreichische Heimat. In den Schneideräumen ging die Arbeit in guter Stimmung voran. Roswitha genoss die Sommermonate heiter und unbeschwert. Unsere Beziehung war erwartungsvoll und harmonisch. Als ich auf meinem nächtlichen Heimweg wieder einmal Alexander Kluge begegnete, erfuhr ich, dass auch er mit seiner Partnerin ein Kind erwartete. Wir scherzten über diese Parallele und kamen zu dem gewagten Schluss, dass wir im Begriff seien, eine übersprungene Phase des Erwachsenwerdens nachzuholen. Wie wir uns mitteilen konnten, hatten die Untersuchungen in beiden Fällen ergeben, dass unsere Kinder Mädchen sein würden.

In meiner Begeisterung machte ich mich auf die Suche nach einem Vornamen für das Kind. In dem Dokumentarfilm GESCHICHTEN AUS DEN HUNSRÜCKDÖRFERN hatte ich die legendäre Figur des Räuberhauptmanns «Schinderhannes» erwähnt. Der Legende nach soll der Räuber eine Geliebte gehabt haben, ein Hunsrücker Mädchen, das zwischen den Fronten der Gesetzlosen und des braven Bauernlebens hin und her wechselte. Sie war das «Julchen», eine Frau, von deren Freiheitsverlangen viele Erzählungen handeln. Ich fragte Roswitha, was sie von dem Namen Julia halte. So kam es, dass unsere Tochter schon Monate vor ihrer Geburt ihren Namen hatte. Anders als die Räuberbraut sollte unser Julchen aber in geordneten Verhältnissen aufwachsen. Dazu gehörte, dass wir noch kurz vor dem errechneten Geburtstermin heirateten. Die Trauung erfolgte am 8. August 1983 in Gegenwart der vorgeschriebenen Trauzeugen ohne Fest und ohne Ankündigung, ganz nebenher. Nach dem Termin beim Standesamt trennten wir uns, und jeder ging wieder seiner Arbeit nach: Roswitha widmete sich ihrer Krankengymnastik, ich meinem Schneideraum. Das schöne Sommerwetter hielt bis zum 31. August, dem Tag, an dem Julia zur Welt kam.

Ich war in meinem einundfünfzigsten Lebensjahr, ein Alter, in dem ich auch Großvater hätte werden können. Doch ich hatte dieses Jahr der Schwangerschaft als zweite Jugend erlebt, mit völlig anderem Bewusstsein als bei den ersten Kindern. Mit Begeisterung verfolgte ich das Werden des Kindes und versuchte, Roswitha die Furcht vor der Entbindung zu nehmen. Wegen gewisser Risiken hatten die Ärzte Roswitha zu einem Kaiserschnitt geraten. Das hatte zur Folge, dass ich bei der Geburt nicht unmittelbar anwesend sein durfte. Ich musste in einem Nebenraum des Operationssaals warten, bis das blau angelaufene Geschöpf eilig hereingetragen wurde. Ich durfte Julchen in den Händen halten, als sie ihren ersten Schrei tat, und zusehen, wie das zerknitterte kleine Gesicht die erschreckend blaue Farbe verlor und ein lebendiges Rot annahm. Ich sah, wie der Nabel versorgt wurde, wie das Kind gewaschen und von den Schwestern und dem Kinderarzt sorgsam untersucht wurde. Roswitha war in den Aufwachraum gebracht worden, wo ich bei ihr sein durfte, als sie aus der Narkose erwachte. Julia wurde auf Anordnung der Ärzte zur besonderen Beobachtung auf die Kinderstation der nahen Poliklinik gebracht. Der Transport erfolgte in einer Art Schneewittchensarg, mit Plexiglasdeckel und Versorgungsschläuchen. Ich begleitete den Transport des Kindes, obwohl alles durch Routine geregelt war und ich nur als unerwünschter Zuschauer dabei sein durfte.

Wie sich später herausstellte, fehlte dem kleinen Mädchen nichts. Alles war nur eine Vorsichtsmaßnahme des Arztes, der bemüht war, keinen Fehler zu machen und jeder möglichen Infektion zuvorzukommen. Ich musste nun zwischen den beiden Kliniken hin und her eilen, um einerseits das Baby mit Körperkontakt und Muttermilch zu versorgen und andererseits die sorgenvolle Mutter mit Polaroidfotos von ihrem Kind zu trösten. Erst nach einigen Tagen durfte ich das kleine Mädchen in der Poliklinik abholen und zu seiner Mutter bringen. Roswitha, die vor Sehnsucht nach Berührung ihres Kindes fast krank geworden wäre, legte das kleine nackte Wesen auf ihre Brust und ließ es nicht mehr los. Viele Monate lag Julia nun auf Roswithas Bauch und wuchs in einer unauflösbaren Symbiose mit ihr heran. Meine Rolle als Vater war die des liebenden Zuschauers.

Eine Erinnerung an die Nacht von Julias Geburt ist mir geblieben: Als ich die Klinik verließ, irrte ich in der nahen Bahnhofsgegend umher auf der Suche nach einem Lokal, in dem es zu so später Stunde noch etwas zu essen gab. Ich war nach der Aufregung hungrig. Da entdeckte ich eine Kellerkneipe, die noch offen war. Beim Eintreten empfing mich laute Musik. Ich bestellte irgendetwas. Meine Gedanken waren bei dem Kind und den Bildern der vergangenen Stunden. Da tauchte aus dem düsteren Hintergrund des Lokals ein Mann auf, den ich augenblicklich für meinen Vater hielt. Ich erschrak, aber zugleich wusste ich, dass mein Vater seit zwölf Jahren tot war. Die Erscheinung kam näher und verwandelte sich in den Kellner, der mir eine dampfende Schüssel mit heißer Suppe servierte. Der Kellner sah meinem Vater tatsächlich ähnlich. Er lächelte mir freundlich zu und wünschte guten Appetit. In dieser Nacht schrieb ich ein Gedicht, das ich aufgehoben habe:

> Nachdem du aus dem Bauch
> deiner Mutter geholt
> in einer Nacht voll Musik,
> ist mir mit lächelndem Blick
> dein Großväterchen
> begegnet,
> fleißig und stolz wie immer
> auf seine Arbeit,
> und hat mir was Heißes
> zum Essen gebracht.
> Julia hast du schon
> als Urzelle geheißen,
> jetzt mit dem behutsamen
> Messer des Handwerkers
> an das Licht der Nacht
> gebracht, unverletzt,
> da wusste dein Engel,
> dass du Kaiserin wirst.

84 Welterfolg Heimat

Die Weltpremiere von HEIMAT begann am frühen Nachmittag des 30. Juni 1984 während des Münchener Filmfestes. Wochenlang hatten wir mit der Fernsehredaktion wegen des Titels gerungen, denn beim WDR lief unser Werk ja immer noch unter dem Ersatztitel MADE

IN GERMANY. Es war der Produzent Bernd Eichinger, der sich nach der internen Abnahmevorführung vehement für meinen ursprünglichen Titel HEIMAT einsetzte. Erst als Eichinger während der Verhandlungen mit der Redaktion anbot, einen Teil der Premierenkosten zu übernehmen, wenn der ursprüngliche Titel wiederbelebt würde, gaben die Redakteure ihren Widerstand trotz allerlei Vorbehalten auf. Für die Ausstrahlung im Fernsehen, die erst für den Herbst geplant war, behielt man sich vor, den Ersatztitel wieder aufzugreifen. In aller Eile beauftragten wir die Kopierwerke, für die Premiere die Vorspannsequenzen aller elf Kapitel auszutauschen. Das war gar nicht so leicht, denn wir hatten den Ersatztitel von einem Hunsrücker Steinmetz tief in einen Granitquader gravieren lassen. So kam es, dass der neue Titel nur darübergeblendet werden konnte und der Ersatztitel MADE IN GERMANY im Stein als Relikt und Zeichen eines folgenreichen Bewertungswandels des Begriffs «Heimat» im Film sichtbar blieb.

Die Münchener Premiere von HEIMAT gehört für mich und alle, die zwei Jahre lang für die Entstehung des Werkes gekämpft haben, zu den unvergesslichen Ereignissen. Doch sie hatte eine persönliche Nebengeschichte, die ich in diesem Zusammenhang nicht übergehen möchte. Ich hatte mir gewünscht, dass auch Roswitha die Uraufführung miterlebt, zumal sie sich seit Julias Geburt nicht mehr in der Lage sah, die Entstehung des Films mitzuverfolgen. Ich verstand ihre Entscheidung, denn sie wollte immer und überall für ihr Kind da sein. Sie überließ selbst mir das Kind nur ungern für längere Zeit. Dennoch konnte ich am Leben des kleinen Mädchens auf meine Weise teilnehmen und mich freuen, wenn es wieder einmal eine Wortschöpfung hervorgebracht oder ein weiteres Stück Welt erobert hatte. Da Julia zur Zeit der Premiere schon fast ein Jahr alt war, glaubte ich, Roswitha davon überzeugen zu können, die Kleine wenigstens für die Stunden der Filmvorführung ihrer besten Freundin Hildegund in Obhut zu geben und ins ARRI-Kino zu kommen. Roswithas Freundin, selbst Mutter dreier Kinder, reiste eigens aus Salzburg an, sodass ich sicher war, Roswitha würde bei der Premiere im Saal sein. In der Pause tauchte aber statt ihrer Hildegund im Publikum auf und berichtete, Roswitha habe sich im letzten Moment anders entschieden und sei bei Julia geblieben. Sie hatte ihr Premierenticket der Freundin geschenkt. Meine Enttäuschung war groß.

Das Kino war bis auf den letzten Platz gefüllt, und wir waren alle sehr aufgeregt. Wie würde das Publikum mit einem Film zurechtkommen, der fünfzehn Stunden dauert? Das war die Frage, die mich vor allem beschäftigte. Wir hatten die Episoden so aneinandergekoppelt, dass die erste Pause erst nach fast vier Stunden erfolgte. Ich wollte vermeiden, dass sich im Sitzfleisch der Zuschauer das gewohnte Kinogefühl einstellt, das ja spätestens nach neunzig Minuten ein Ende signalisiert. Meine Hypothese, dass man die Spielfilmerfahrung nach vier Stunden hinter sich hat, bewahrheitete sich, denn keiner der Zuschauer klagte über die Länge des Programms. In jeder der beiden folgenden Pausen fürchteten wir, dass die Zuschauer aufgeben und sich nach und nach die Reihen lichten würden. Aber nichts dergleichen passierte. Im Gegenteil, der Saal blieb bis Mitternacht voll, obwohl wir bis dahin erst die Hälfte des Films erreicht hatten. Ich war viel zu spannungsgeladen, als dass ich in dieser Nacht noch eine Auseinandersetzung mit Roswitha ausgehalten hätte, und beschloss deswegen, in der Schraudolphstraße auf der Couch zu schlafen.

Am nächsten Morgen, es war ein Sonntag, füllte sich das Kino innerhalb von zehn Minuten wieder bis auf den letzten Platz. Es war wie ein Wunder! Niemand war aus dem Strom der Erzählung ausgeschieden. Über Nacht hatten sich positive Meldungen über den Film verbreitet und lockten weitere Interessenten an, die wir wegen Überfüllung des Kinos aber abweisen mussten. Auch Roswithas Freundin war wieder erschienen. Sie hatte mit Roswitha gesprochen und versucht, sie wenigstens am zweiten Tag zum Besuch der Premiere zu bewegen. Es sei wohl eine gewisse Eifersucht, die Roswitha davon abhalte zu kommen, meinte Hildegund. Roswitha habe das Team erwähnt, mit dem ich zwei intensive Jahre im Hunsrück verbracht hätte und dem sie einfach nicht begegnen wolle. Mir fielen alle Versäumnisse der vergangenen Jahre ein, und ich verstand, dass mein Leben für die Kunst eine Zumutung für Roswitha gewesen sein musste.

Je größer der Erfolg von HEIMAT in den folgenden Wochen wurde, umso stärker bekam ich Roswithas Zweifel an unserer Beziehung zu spüren. Es ging um meine Arbeit, von der sie sich ausgeschlossen fühlte. Sie konnte sich auch nicht mit einem Kompromiss trösten, etwa damit, dass ich ihr gemeinsame Freizeitunternehmungen mit meinen Mitarbeitern vorschlug. Ihr Problem waren nicht die Personen, sie sah, dass ich in einer anderen Welt lebte. Einmal sagte sie bitter: «Ich habe das Kind, und du hast deine Kunst.» Es war ein Knoten entstanden, den wir nicht lösen konnten. Zugleich schlugen über mir die Wellen des Erfolges zusammen. Ich hatte nach der Premiere täglich Pressetermine, und als HEIMAT nach Venedig eingeladen wurde, mussten in großer Eile Untertitel angefertigt und Poster, Pressemappen und Fotoserien produziert werden.

Die Dramatik dieser Tage ist in meiner Erinnerung mit einem Naturereignis verbunden. Am 12. Juli ging über München ein Hagelsturm nieder, den ich im Schutz eines Studiogebäudes in der Türkenstraße erlebte. Die Hagelkörner hatten die Größe von Hühnereiern und schlugen wie Geschosse ein. Überall zerbarsten Fensterscheiben und Dachziegel. Die Dächer der geparkten Autos wurden zu Kraterlandschaften, die Parkplätze waren mit Eishügeln bedeckt. Noch Jahre später konnte man die «Hagelautos» im Straßenbild erkennen. Auch in Roswithas Haus hatte es Schäden gegeben. Eine Dachverglasung war zertrümmert worden, und die Eisgeschosse hatten Teile der Wohnung verwüstet. Sie habe in Panik versuchen müssen, das Kind vor den Eisgranaten zu schützen, berichtete Roswitha, als ich sie anrief. Ich beteiligte mich so gut ich konnte an den Aufräumarbeiten, aber ich spürte, wie hilflos meine Versuche blieben, das Verhältnis zu Roswitha zu heilen.

Eine Woche später erhielt ich die offizielle Einladung zu den Filmfestspielen von Venedig, auch für eine Begleitperson. Ich freute mich, dass Roswitha, die ich inständig bat, mich mit Julia zu begleiten, zustimmte. Endlich sah alles nach Entspannung aus. Die Festivalleitung hatte uns auf die Liste der Ehrengäste gesetzt und mit einem Flugticket der Business Class belohnt. Wir freuten uns darauf, Julias ersten

Geburtstag am sagenhaften Lido feiern zu können. Wir wohnten in einer Luxussuite des Jahrhundertwendehotels «Des Bains» und durften den Privatstrand genießen. Alles begann als Sommertraum. Ich bemühte mich, meine beiden Lieben überallhin mitzunehmen, zu den Pressekonferenzen, den Interviews auf der Terrasse des «Excelsior», zum Empfang im Garten des «Quattro Fontane». Julia war der kleine Star, sie lernte in Venedig das Laufen, konnte sich nach drei Tagen auf den eigenen Beinen bewegen und liebte es, zu wildfremden Menschen an die Tische zu tippeln und mit ihnen zu flirten. Alle vergötterten dieses charmante Kind. Am 31. August drängten sich die Fotografen um uns und wollten die kleine Geburtstagsprinzessin in den Armen ihres Vaters fotografieren. Der Regisseur des längsten Films der Welt mit seinem Baby, das war eine Story für die Boulevardpresse und ergänzte die vielen schwärmerischen Kritiken in den seriösen Feuilletons und Medienberichten.

Ich hatte diese Filmfestspiele im Erfolgsrausch mitgemacht, bis Roswitha mir am vierten Tag mitteilte, sie habe einen Flug nach München gebucht und werde noch am selben Tag mit Julia abreisen. Sie hatte den Festivalbetrieb und das angeheizte Spiel der Eitelkeiten nicht ausgehalten. Sicher hatte es sie verletzt, dass sich alles um mich drehte und unsere Tochter in die Rolle eines Maskottchens gedrängt worden war. Wenn Roswitha sich entschieden hatte, war sie nicht mehr umzustimmen, das kannte ich von anderen Momenten. Also brachte ich sie und Julia im Taxiboot zum Flughafen. Ich sah zu, wie die beiden hinter dem Abfertigungsgate verschwanden und Julia mir noch einmal mit ihren kleinen Händen zuwinkte. Wie sehr ich dieses Kind liebte, wurde mir schmerzlich bewusst. Natürlich konnte ich meinen Film nicht einfach im Stich lassen, zumal jetzt erst die Schauspieler anreisten und die ersten Verkäufe des Films an Fernsehanstalten der ganzen Welt gemeldet wurden.

Als ich am Ende der Filmbiennale nach München zurückkehrte, hatte sich mein Leben ein weiteres Mal komplett geändert. HEIMAT war zum Welterfolg geworden und der fiktive Ort Schabbach nun viel mehr als nur ein Schauplatz meiner Erzählung. Schabbach war jetzt ein Mythos, in dem sich die Erinnerungen und Sehnsüchte weit entfernter Menschen trafen. Viele Figuren der Geschichte, die Großmutter, Maria und ihre Söhne und die vielen anderen Nestflüchter und Heimkehrer, sie alle waren zu Symbolen für das von Tragödien heimgesuchte 20. Jahrhundert geworden. Für mich folgten Monate der Premieren und Präsentationen, der endlosen Berichte, Symposien und Reisen in alle Winkel Europas und die USA. Der Begriff «Heimat», der so lange ein von der deutschen Geschichte überlagertes Tabu gewesen war, wurde ein Thema der Zeit und sollte bis heute nicht mehr aus der Diskussion verschwinden.

Das Verhältnis zu Roswitha aber war nicht mehr zu heilen. Wo war der Traum von der Rückkehr in ein neues Leben geblieben, mit dem wir das Kind erwartet und unsere kleine Familie gegründet hatten? Die Trauer über diesen Bruch machte es schwer, den Erfolg zu genießen.

ACHTER TEIL
Wahlheimat Film

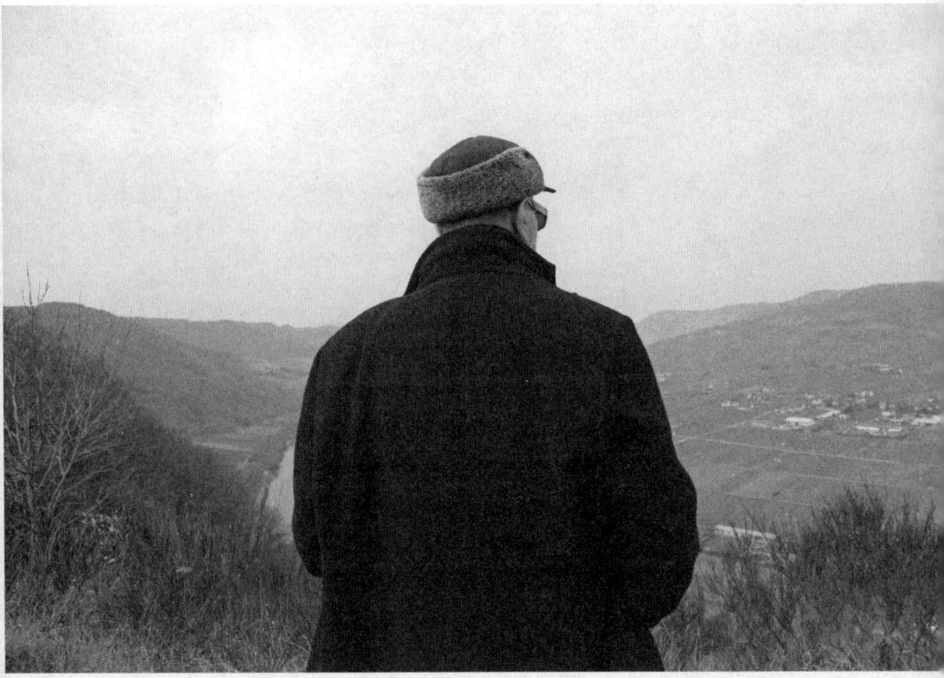

85 Erfolg – und dann?

Wenn ich an die Zeit nach dem Start von HEIMAT denke, sehe ich mich inmitten einer turbulenten Geschäftigkeit. Mein Büro in der Agnesstraße, das ich nach der Fertigstellung des Films eigentlich schließen wollte, musste vergrößert werden, denn es gab unzählige Aufgaben zu übernehmen, die wir von den früheren Filmen nicht kannten. Neben Inge Richter bearbeiteten jetzt mehrere Assistenten die Fluten von Anfragen und Zuschriften, die uns täglich erreichten. Der Weltvertrieb verlangte von mir viele Reisen zu den jeweiligen Sendeterminen, zu den Studios, in denen die Sprachfassungen hergestellt wurden, zu Pressekampagnen und Premieren in mehr als dreißig Ländern. Ich hatte mich in einen Papagei verwandelt, der immer wieder die gleichen Statements von sich gab. Ich lernte die verschiedenen Typen des Journalismus kennen und erlebte, dass ein Film ein seltsam irreales Objekt sein kann, das sich jeder auf seine Weise aneignet. Oft habe ich mich und unseren Film in den Fragen und Kommentaren nicht wiedererkannt. Auch als Person wurde ich immer wieder anders wahrgenommen, bis ich nicht mehr wusste, wer ich wirklich war. Ich wurde zur Projektionsfläche von Wünschen, Träumen und auch Vorurteilen, denn Deutschland galt in manchen Ländern immer noch als das Land der Nazis, dem man keine Kultur zutraute.

Es gibt nur wenige Höhepunkte, die mir in diesem Erfolgszirkus unvergesslich blieben. Eine schöne Erinnerung knüpft sich an die Aufführungsreihe im Pariser Vorort Nanterre, wo der Regisseur Patrice Chéreau im Théâtre des Amandiers, dessen Intendant er damals war, sechs Wochen lang HEIMAT zeigte. Scharenweise zogen die Pariser Filmfreunde Abend für Abend in den Vorort, und die Stadtverwaltung musste einen Sonderzug eigens für die HEIMAT-Besucher einsetzen, um sie spätnachts noch von Nanterre zu den Anschlusszügen in der Pariser Station Les Halles zu bringen. Ich erlebte, wie mein Film eine Grenze übersprang, die sonst als unüberwindbar galt: die Grenze zwischen Kino und Schauspielhaus oder zwischen Trivialkunst, der die Kinematographie immer noch zugerechnet wurde, und Hochkultur. In Nanterre erlebte ich ein intellektuell brillantes Publikum, das sogar eine Initiative startete, mich zum Repräsentanten der deutsch-französischen Verständigung in den Künsten zu machen, was mir allerdings zu weit ging. Eine Ernennung zum «Officier de l'Ordre des Arts et des Lettres» durch den Kulturminister folgte mit großem Zeremoniell.

Ganz anders waren die Reaktionen des deutschen Publikums. Mehr als zwei Jahre nach der Ausstrahlung von HEIMAT im deutschen Fernsehen ähnelte mein Büro immer noch einer Postleitzentrale. Eine nicht endende Flut von Zuschriften erreichte uns, von Menschen, die mir ihre Lebensgeschichten anvertrauten oder ganze Bücher mit ihren Erinnerungen. Offenbar hatte die HEIMAT-Saga die Distanz zwischen Filmindustrie und Lebenserfahrung übersprungen, und die Leute kamen zu dem Schluss, dass auch ihre Geschichten es wert seien, verfilmt zu werden. Niemand wollte die Bewohner von Schabbach, denen ich den Film gewidmet hatte, als das Personal einer romanhaften Fiktion akzeptieren, sondern man wollte sie unbedingt zu Gestalten des realen Lebens zählen. Das gleiche Recht auf öffentliche Darstellung reklamierten die Leute auch für ihre eigenen Lebensgeschichten. Die meisten Zuschriften waren unter dem Eindruck des Films geschrieben worden und zeigten, welcher Erinnerungsstau sich in den Menschen gelöst hatte. Es waren sicher mehrere tausend solcher Geschichten, die von der Post in Containern bei uns angeliefert wurden und die meine Mitarbeiter sorgsam prüften und mit einem liebenswerten Kommentar zurückschickten.

Wenn etwas unter den Zuschriften bedeutsam erschien, wurde es an mich weitergeleitet. Anfangs las ich die Manuskripte mit dem Gefühl, einer Verpflichtung nachkommen zu müssen. Immerhin hatte ich mit meiner Arbeit die Legitimität persönlicher Schicksale als Filmthema proklamiert. Ich fragte mich, ob mir sogar die Aufgabe zugefallen sei, von nun an die Geschichte der «kleinen Leute» zu erzählen, bis ich merkte, dass ich bei diesem Ansturm von fremden Stimmen den Boden unter den Füßen verlor. Mir wurde klar, dass ich bald wieder ein eigenes Projekt entwickeln musste, das mir meine erzählerische Kompetenz zurückgab. Ich musste mich aus dem Resonanzbereich von HEIMAT konsequent entfernen, um mich an einem neuen Ort wieder zu stabilisieren.

Robert Busch, der während der Jahre im Hunsrück an meiner Seite zum wichtigsten Berater und Mitstreiter herangewachsen war, hatte einen Job beim Münchener Filmfest gefunden. Als ich ihn ansprach und fragte, ob er mir helfen könne, ein neues Filmprojekt zu entwickeln, war er sofort bereit. Schon bei den ersten Sylter Entwürfen war ein Thema aufgetaucht, das mich jetzt fesselte. Es waren die Figuren, die ihre Heimat verlassen. Ihre Geschichten erinnerten mich an meine eigene, und ihre Erfahrungen waren in HEIMAT ausgespart geblieben. Mir wurde immer klarer, dass sich mein Bewusstsein seit meinem Aufbruch als Neunzehnjähriger in einem permanenten Lernprozess befand. Ich war aufgebrochen, um meinen eigenen Weg zu finden. Aber war mir das gelungen? Ist Erfolg nicht eine Bestätigung, den richtigen Weg gefunden zu haben und angekommen zu sein? Ich erinnerte mich an Flauberts Roman L'ÉDUCATION SENTIMENTALE. Die Geschichte über den Auszug des jungen Helden aus der französischen Provinz ins mondäne Paris hatte mich in meinen frühen Jahren einmal beschäftigt. War der gesellschaftliche Aufstieg, der Milieusprung, mein eigentliches Thema? Und wie verbindet sich dieser mit dem Absolutheitsanspruch eines Künstlers, wie mein Protagonist Hermann einer werden wollte? Ich hatte einen mit Filzstift auf ein Blatt Papier gemalten neuen Filmtitel: DIE ZWEITE HEIMAT – CHRONIK EINER JUGEND. Dieser Titel wurde mein Pensum für die kommenden sieben Jahre und zugleich meine Antwort auf Flaubert. Der Zettel trägt das Datum 25. Oktober 1985.

86 Ein Glück mit Macken

Trotz der vielen Reisen und meiner häufigen Abwesenheiten versuchte ich, das Familienleben mit Roswitha und unserem Kind zu heilen. Die kleine Julia entwickelte in ihrem zweiten und dritten Lebensjahr einen Charme, der mich immer wieder nach Hause lockte. Besonderes Talent zeigte sie beim Sprechen. Nicht nur ihr Wortschatz wuchs von Tag zu Tag, sie begann auch, die Logik der Sprache auszuprobieren, und verblüffte ihre Eltern mit Wortschöpfungen. Julia war ein anmutiges Kind mit schönen Bewegungen und einer unstillbaren Neugier. Wenn ich sie im Auto zu meinem Büro mitnahm, wurde die Fahrt ein Entdeckungsabenteuer. Jeder Gegenstand, der ihr neu war, musste einen Namen bekommen, und sie verband die bekannten mit den neuen Eindrücken in überraschenden Vergleichen. Natürlich war Julia auch ein Knüller bei meinen Mitarbeitern, was mich wiederum stolz und glücklich machte.

Roswitha hatte ihre Arbeit als selbständige Krankengymnastin wieder aufgenommen. Eines der Zimmer ihrer Wohnung war als Behandlungsraum eingerichtet worden, sodass die übrige Wohnung zu eng für uns und das temperamentvolle Kind wurde. Julia hatte es fertiggebracht, Roswitha und mich gleichermaßen an sich zu binden. So kam es, dass wir versuchten, den Venedig-Eklat zu überwinden, und uns schon bald mit Plänen befassten, ein neues, größeres Heim zu finden, das unserer Beziehung und der Tochter neue Entfaltungsmöglichkeiten bieten sollte. Oft saß ich bis in die Nacht an Roswithas Küchentisch und entwarf Traumhäuser. Meine Entwürfe waren reine Idyllen, in denen nie der abgeschlossene Bereich für Roswithas Praxis fehlte oder das Zimmer für Julia, das ihr Freiheit und Eigenständigkeit ermöglichen sollte. Sogar ein Garten war vorgesehen, in dem wir ein kleines Biotop anlegen wollten, um die Natur zu genießen. Ich ging so weit, meine Entwürfe einem befreundeten Architekten zu zeigen, und meinte, mit seiner Hilfe ein passendes Grundstück zu finden. Ich musste mich allerdings belehren lassen, dass die richtige Reihenfolge umgekehrt sei. Zuerst müsse ein Grundstück gefunden werden, dann erst sei es sinnvoll, Baupläne zu zeichnen. Der Freund nannte mir die Adresse eines Maklerbüros. Ich wollte meinen Plan, die Familie mit Hilfe eines Hausbaus zu retten, unbedingt voranbringen. Die Angebote, die ich erhielt, waren allerdings viel zu teuer oder zu weit von München entfernt. Nach und nach musste ich einsehen, dass der Erfolg von HEIMAT nicht annähernd ausreichte, um meine Hausbauträume zu finanzieren.

Im August 1985 fuhren wir nach Süden. Julia sollte ihren zweiten Geburtstag in friedlicher Eintracht ihrer Eltern an einem schönen Ort erleben. Wir fanden eine Ferienhausanlage in der Toskana, wo die Zeit stillzustehen schien. Dort blieben wir einige Wochen. Meine einzige Erinnerung an diesen Aufenthalt ist eine phantastische Glühwürmcheninvasion. Wir gingen in der Dämmerung durch wabernde Wolken von sanft schimmerndem Licht. Die Wiesen, die unser Domizil umgaben, leuchteten, als spiegelten sie eine ferne Geisterwelt. Julia ließ sich durch die Lichtmasse treiben und war ganz still vor Glück.

Während ich diese Erlebnisse in Erinnerung bringe, treten andere Bilder aus dieser Zeit in mein Bewusstsein, die deutlich machen, warum die Wiederherstellung des Familienglücks mit Roswitha trotz allem nicht gelingen konnte. Es gab da eine verschwiegene Liebesgeschichte, die schon im Jahr zuvor begonnen hatte. Um davon zu erzählen, muss ich eine Rückblende einfügen, die ein weiteres Mal zeigt, dass mein Leben von Zeitsprüngen und Widersprüchen bestimmt wurde.

Es war kurz nach der Aufführung von HEIMAT in Venedig, als ich im Herbst 1984 zur Vorbereitung der deutschen Fernsehausstrahlung nach Köln fuhr. Der WDR hatte eine große Pressekonferenz einberufen. Unter den vielen Journalisten lernte ich eine Nachwuchsredakteurin der «Hunsrücker Zeitung» kennen. Wie man sich denken kann, war das Interview mit dem Blatt der Heimat ein Moment der Besinnung im Trubel der Pressekonferenz. Das sagte ich auch der Journalistin, die ebenfalls aus dem Hunsrück stammte und sofort verstand, welche Verschiebung der Perspektive sich ereignet, wenn ein Film wie HEIMAT zu einem internationalen ästhetischen Objekt wird, während man selbst an seine Kindheit erinnert wird und wehmütige Gefühle des Verlustes von Geborgenheit und Wärme durchlebt. Ute sprach mich sogar im Hunsrücker Dialekt auf die Kindheit an, und schnell entwickelte sich zwischen uns eine vibrierende Begeisterung füreinander. Die Gemeinsamkeit von Gefühlen, die jenseits der mit Begriffen benennbaren Erfahrungen liegen, faszinierte uns. Wir verliebten uns in Sekunden.

Ute zog bald darauf nach Paris, wo sie ein Volontariat bei einem französischen Hörfunksender angenommen hatte. Als auch ich in Paris zu tun hatte, trafen wir uns heimlich im Schutz der fremden Stadt. Unsere Liebesbegegnungen standen unter einem besonderen Stern: Wir waren beide mit Hunsrücker Wasser getauft, in der Hunsrücker Luft gehärtet und von der Hunsrücker Sehnsucht hinausgetrieben worden. Wir waren unseren Familien davongelaufen, hinaus in die Welt, mit dem Traum, nie mehr zurückzukehren, und dennoch untrennbar mit dem Land der Eltern verbunden. Ich sah Ute selten, aber es war immer ein «Geheischnis», wie man im Hunsrücker Platt sagt.

Als Ute nach Hamburg zog, wo es eine Journalistenschule gab, haben wir uns hin und wieder dort getroffen. Leichter, aber auch gefährlicher wurde unsere Affäre, als sie einen Job bei einem Münchener Privatsender bekam und monatelang in meiner Nähe lebte. Unsere Treffen blieben dennoch lange unbemerkt. Ute kannte natürlich meine persönliche Situation und wusste, wie sehr ich Julia liebte und wie dringend ich nach einer Verbesserung der familiären Wohnverhältnisse suchte. Wir waren uns aber einig in der Vorstellung, dass unsere Liebe eine Ausnahme sei und keine Konventionen des Beziehungslebens brauche. Auch Ute hatte Affären und traf sich mit einem anderen Liebhaber, wenn ich nicht in der Nähe war. Im Frühjahr hatte sie mich nach Sizilien begleitet und blieb in meiner Nähe, als ich in Rom zu einer Präsentation im Goethe-Institut eingeladen war. Danach kehrten wir nach München zurück, und wir entließen uns in unsere je eigenen Probleme.

Als ich mit Roswitha und Julia aus Italien zurückkehrte, erreichte mich eine Einladung zu einem Festival in Rimini. HEIMAT sollte dort als Beitrag zum neuen europäischen Kino gezeigt werden. Zu meiner

Überraschung meldete sich bald auch Ute, die den Auftrag erhalten hatte, ausgerechnet über dieses Ereignis eine Radiosendung zu produzieren. Das Liebesschicksal hatte uns wieder im Griff. Heimlich fuhren wir im Auto gemeinsam nach Rimini. Wir wohnten im traditionellen Grand Hotel, wo sich schon am ersten Tag die seltsame Geschichte meiner Bekanntschaft mit dem großen niederländischen Dokumentarfilmkünstler Joris Ivens und seiner Gefährtin, der französischen Regisseurin, Drehbuchautorin und Schauspielerin Marceline Loridan, ereignete. Ich will diese wundersame Begegnung hier kurz einflechten, auch weil sie so unabhängig und frei von den Irrungen meines Liebeslebens jener Tage ist, dass sie mir die unfassbare Verflechtung gleichzeitiger Ereignisse vor Augen führt, die das Leben als eine vielstimmige Polyphonie erscheinen lassen.

Es gab in dem bürgerlichen Luxushotel der Jahrhundertwende einen nachträglich eingebauten Aufzug, dessen Kabine so eng war, dass gerade einmal zwei Personen hineinpassten. Als ich kurz nach meiner Ankunft mit diesem Aufzug von der vierten Etage zur Empfangshalle hinabfahren wollte, stieg ein alter Mann ein. Der Mann, dessen Kopf von einer prächtigen weißen Mähne gekrönt war, stand dicht vor mir, als der Lift losfuhr. Er war recht klein und reichte mir kaum bis zum Kinn. Während der rumpelnden Abwärtsfahrt erlitt der alte Mann plötzlich einen Anfall von Atemnot, er keuchte, riss den Mund auf und drohte zu ersticken. Mit flehendem Blick sah er zu mir auf, suchte panisch nach Halt und sank mir schließlich mit erschlaffendem Körper in die Arme. Ich hielt ihn fest umschlungen, bis der Aufzug im Erdgeschoss ankam. Die Türe ging automatisch auf, und ein Feuerwerk von Blitzlichtern empfing uns. Es waren die Fotografen und Journalisten, die den Mann erwartet hatten. Ich erfuhr, dass es der berühmte Joris Ivens war, den ich in den Armen hielt. Ich konnte Joris zu einem Sessel führen, wo die herbeieilende Marceline Loridan ihn mit einem Asthmaspray behandelte und von seinem Anfall befreite. Erst jetzt machten wir uns miteinander bekannt.

An diesem Abend verbrachte ich noch einige Stunden mit dem Künstlerpaar; wir gingen zusammen zum Abendessen, und es entstand bald eine bewegende Freundschaft. Ein Höhepunkt der Begegnung war, dass die beiden sich am nächsten Tag meinen über fünfzehn Stunden langen Film in einer Marathonvorführung komplett anschauten. Mit meinen dreiundfünfzig Jahren kam ich mir noch so jung vor, dass ich glaubte, über das Durchhaltevermögen des siebenundachtzigjährigen Joris Ivens staunen zu müssen. Was mich faszinierte, das war die romantische Liebe der beiden Künstler, die in meiner Erinnerung nur Hand in Hand im Abendlicht wandeln und mich mit einem Lächeln begrüßen, das in den beiden Gesichtern völlig gleich aussah. Die silberne Mähne von Joris leuchtete von weitem, und der schwarze Wuschelkopf auf dem puppenhaften Körper von Marceline war in ständiger Bewegung. Die beiden waren so zartgliedrig und zierlich, dass man glauben konnte, sie würden mit dem Abendwind davonsegeln. Wenn es darauf ankam, war Marceline aber eine wilde Kämpferin für die Kunst. Ihr Glauben an die alles heilende Kraft der Poesie war unerschütterlich. Als Ute einmal bei einem Treffen vor dem Festivalkino von der Schönheit eines jungen Schauspielers schwärmte, den sie auf der Bühne gesehen hatte, unterbrach Marceline sie brüsk. Das Wort Schönheit müsse den Menschen vorbehalten bleiben, deren Gesicht von Klugheit und Geist erfüllt seien, wie das von Joris.

Die Freundschaft mit Joris Ivens fand bald eine Fortsetzung, als ich ihn und seine Frau während einer meiner Reisen nach Paris in ihrer Wohnung in der Rue des Saints Pères besuchte. Marceline war in Kampfstimmung, denn die staatliche Filmförderung hatte gerade ein Filmprojekt von Joris mit lächerlichen Argumenten abgelehnt. Es ging um ein poetisches Sujet, das im Leben von Joris eine besondere Rolle spielte: Wind. Diese unsichtbare, aber gewaltige Naturkraft war für den asthmakranken Joris ein Symbol des Lebens, dem er seinen letzten Film widmen wollte. Marceline zeigte mir das Drehbuch und fragte, ob ich vielleicht wüsste, wer sich in Deutschland für das Projekt gewinnen ließe. So kam es, dass ich in den folgenden Wochen bei den deutschen Fernsehanstalten für das Ivens-Projekt warb. Als sich im November der Geburtstag von Joris näherte, beschloss ich, ihm die Nachricht von der Beteiligung des WDR an seinem Filmprojekt persönlich zu überbringen. Kurz vor meiner Abreise traf ich Herrn Leyser, den Hunsrücker Achatschleifer, den ich in meinem Dokumentarfilm über die Hunsrückdörfer porträtiert hatte. Ich suchte unter den Fundstücken, die Herr Leyser von einer Straßenbaustelle mitgebracht hatte, ein Geburtstagsgeschenk für Joris. Ich fand eine vielversprechende Achatdruse, die sich bald als magisches Objekt erwies. Als Herr Leyser aus dem Achatstein eine Scheibe herausgeschnitten hatte, konnte man in ihrer Maserung eine niederländische Landschaft erkennen, die von einem gewaltigen Orkan gepeitscht wird. Ganz deutlich konnte man Bäume, Pflanzen und Behausungen sehen, die sich unter dem Druck des Sturms biegen. Das Zufallsbild, das im Gestein entstanden war, erschien so realistisch, dass selbst der erfahrene Edelsteinschleifer ganz still wurde bei dem Anblick.

Ich überreichte Joris den Stein an seinem Geburtstag in seiner Pariser Wohnung. Ich hielt die Achatscheibe vor das Licht und ließ Joris hindurchschauen. «Dieser Stein ist eine Mitteilung der Götter, dass du deinen Film über den Wind und deine niederländische Landschaft drehen wirst», sagte ich. Als Joris das hörte und den Wind im Achatstein erkannte, war er so erregt, dass er unverzüglich einen Asthmaanfall erlitt. Marceline war sofort mit dem Spray zur Stelle und führte ihren Mann zu seinem Bett, wo er sich schnaufend hinlegte und zu dem wundersamen chinesischen Papierdrachen emporblickte, der über seinem Bett aufgehängt war. Marceline erklärte mir, dieses Kunstwerk eines chinesischen Drachenbauers habe Joris einst von Mao Tse-tung persönlich geschenkt bekommen. «Eines Tages wird Joris mit diesem Drachen davonfliegen», sagte sie leise zu mir.

Wie man weiß, konnte Joris Ivens seinen letzten poetischen Dokumentarfilm, «Eine Geschichte über den Wind», noch in China vollenden, wo er vor dem Krieg seine größten Werke über die Revolution gedreht hatte. Ich besitze einen unvergesslichen Kartengruß, den Joris mir von den Dreharbeiten in den Bergen schickte. Auf dem Foto sieht man eine improvisierte Sänfte, auf der zwei Chinesen den aufrecht sitzenden Joris Ivens zum Set tragen. Auf der Rückseite schrieb Joris auf Deutsch: «Früher trug man in China so die Kaiser, später die englischen Kolonialherren, heute trägt man so einen alten Cineasten. So ist die Welt heruntergekommen.»

87 Die Blockhütte am Ammersee

Das neue Filmprojekt DIE ZWEITE HEIMAT hatte mich fortwährend beschäftigt, ohne dass ich mich schon entschließen konnte, die Drehbucharbeit in Angriff zu nehmen. Robert, der es nicht erwarten konnte, endlich wieder an der Entstehung eines Films mitzuwirken, schlug mir vor, einen abgeschiedenen Ort zu suchen, an dem die Drehbücher fernab von privaten Störungen und Büroalltag entstehen konnten. Das Besondere, so meinte Robert, sei, dass dieser Ort keinem anderen Zweck dienen dürfe als der Drehbucharbeit, so wie einst die entlegene Blockhütte im Hunsrück. Wenn man die Trennung von Arbeit und Privatleben konsequent einhalte, komme die Phantasie schon beim Betreten dieses Ortes in Gang und führe auf die richtige Spur. Mit dieser Erkenntnis, mit der Robert recht behielt, machte er sich auf die Suche und präsentierte mir nach einigen Tagen eine einsame, von Schilf und Moor umgebene Blockhütte am Ufer des Ammersees. Der Ort war für Askese wie geschaffen. Es gab kein Telefon, kein Fernsehen, keine Sicht auf den See, nichts, was das Nichtstun hätte angenehm machen können. Die Hütte war unbequem, von Stechmücken umwimmelt, nur zu Fuß erreichbar und weit genug vom Münchener Produktionsbüro entfernt, um mich vor Alltagsstörungen zu schützen. Eines Tages, es war in der Vorweihnachtszeit des Jahres 1985, schafften wir Schreibmaschinen, Lexika sowie Lebensmittel, Bettzeug und eine Kaffeemaschine nach Dießen und richteten die Blockhütte als Drehbuchrefugium ein.

Robert wurde mein kluger und aufmerksamer Berater im selbstgewählten Exil. Durch die HEIMAT-Dreharbeiten kannte er meine Arbeitsweise so gut wie kaum ein anderer. Für ihn war die Drehzeit im Hunsrück der Maßstab für berufliches Glück. Die ersten Wochen vergingen mit Gesprächen und Gedankenexperimenten. Welche Figuren aus HEIMAT wollten wir fortführen, welche Zeit beschreiben? Welche Gefühle wollten wir erzeugen? Wir redeten, machten Notizen, gingen in Kneipen, suchten Anstöße in Gesprächen und kehrten in die Hüttenklausur zurück. Dort entstand der Plan, Hermann zur Hauptperson der neuen Erzählung zu machen. Hermann war geeignet, viele meiner persönlichen Erfahrungen während der Studienjahre zu beschreiben, allerdings mit zwei wichtigen Abweichungen von meiner Biographie: Er war zehn Jahre jünger als ich, erlebte als Student also nicht die 1950er, sondern die viel markanteren 1960er Jahre. Außerdem studierte Hermann Musik. Das war eine Kunstgattung, die ich zwar liebte, im Vergleich zur Filmkunst aber nur von außen und aus der Sicht der Avantgarde verfolgt hatte, deren direkte und intime Erfahrungswelt mir folglich fremd war. Also mussten wir uns mit den Gefühlen und Nöten von Musikern vertraut machen. Die Einsamkeit taugte zum Schreiben, aber für die Recherche mussten wir bald wieder hinaus ins Leben. Robert machte sich auf die Suche nach Musikern, die in Hermanns Alter waren, während ich das Gebäude der Münchener Musikhochschule erkundete. Bald nahm ich auch mit Joachim von Mengershausen Kontakt auf, denn ich wollte diesmal nicht arbeiten, ohne eine Aussicht auf Realisation zu haben. Nach den Erfolgen von HEIMAT standen beim deutschen Fernsehen für mich die Türen weit offen. Das wusste ich, und das galt es zu nutzen. Es dauerte auch nicht lange, bis Mengershausen uns in unserer Hütte am Ammersee besuchte und sich meinen Plan für das neue Epos ausführlich vortragen ließ.

Parallel zur Arbeit an der Stoffentwicklung war auch die Suche nach einem neuen Domizil für die Familie wiederaufgelebt. Ich konnte offenbar nicht ohne Parallelprojekte leben. Ich brauchte die Überforderung, um meine Phantasie zu stimulieren. Heute würde man diese Sucht nach gleichzeitigen Aktivitäten auf verschiedenen Gebieten «Multitasking» nennen. Ich beherrschte diese Fähigkeit aus einem fast manischen Tatendrang heraus. Bald hatte meine Suche nach einem Haus eine unerwartete Wende erfahren. In meinem Büro war ein dringender Anruf meines Bankberaters eingegangen. Er teilte mit, dass ein für mich geeignetes Haus in der Nähe des Englischen Gartens unerwartet zum Verkauf stünde. Wegen des moderaten Kaufpreises sei eine schnelle Entscheidung notwendig. Ich traf den Banker, der sofort mit mir in den Norden Schwabings fuhr, um das Objekt zu besichtigen. Wir konnten das Haus allerdings nur von außen betrachten. Auf unser Läuten zeigte sich eine alte Dame, die uns nicht ausreden ließ und drohte, die Polizei zu rufen, wenn wir versuchen sollten, das Grundstück zu betreten. Es stellte sich heraus, dass wir nicht den Eigentümer, sondern die Ehefrau des aktuellen Mieters angetroffen hatten. Das Haus war an einen Direktor des amerikanischen Propagandasenders «Radio Free Europe» vermietet. Das erklärte auch, warum das Grundstück mit Überwachungskameras und Stacheldrahtzaun gesichert war. Trotz seiner kleinbürgerlichen Fassade und dem Spitzgiebeldach wirkte das Haus in dieser Sicherheitsmontur abweisend. Wir versuchten noch, vom unbebauten Nachbargrundstück aus Einblick zu gewinnen und abzuschätzen, wie groß der Garten war, und fuhren ratlos zur Bank zurück. Der Bankangestellte riet mir dennoch dringend zum Kauf, denn allein die Lage und die Größe seien beim genannten Preis ein einmaliges Angebot.

Bald lernte ich auch den Eigentümer kennen. Er war ein Münchener Arzt, dessen Ehefrau ihn verlassen und die Scheidung eingereicht hatte. Wie das bei der gesetzlichen Regelung für Ehepaare oft der Fall ist, musste der Vermögenswert zwischen den zerstrittenen Partnern geteilt werden. Die Teilung ließ sich nur durch einen Verkauf des Hauses realisieren. Es lag glücklicherweise nicht im Interesse des Eigentümers, einen besonders hohen Preis zu erzielen, da er seiner Frau, die er beteiligen musste, den Gewinn nicht gönnte. Ein typischer Scheidungs-Saustall hatte sich vor mir aufgetan, der mich zögern ließ. Aber ein Detail rührte mich und gab schließlich den Ausschlag für den Kauf: Der Arzt und seine Frau hatten ein Kind, das auch Julia hieß. Das Glück, in diesem Haus mit Garten aufzuwachsen, würde durch den Verkauf an mich sozusagen an eine andere Julia weitergereicht. Bei diesem Gedanken war mir, als sei das Haus für mich vorbestimmt. Obwohl es mir nicht gelungen war, einen Fuß ins Innere zu setzen, entschloss ich mich zum Kauf. Später versuchte ich, das Haus mit Roswitha zu besichtigen, aber die zuständige Dienststelle des Mieters bewilligte uns nur einen Blick in die Eingangsdiele und die Küche. Man sprach von aktuell erhöhten Sicherheitsrisiken, dem die Mitarbeiter des amerikanischen Radiosenders ausgesetzt seien. Der Mieter war, wie sich später herausstellte, nicht nur Radiodirektor, sondern auch ein hoher Beamter des amerikanischen Geheimdienstes.

Am 20. Dezember 1985 traf ich mich mit dem zerstrittenen Ehepaar bei einem Münchener Notar, um den Kaufvertrag abzuschließen. Der Verkäufer verpflichtete sich, den Mietern sofort zu kündigen, und übernahm eine Garantie dafür, dass ich nach Erfüllung aller Zahlungsverpflichtungen in den Besitz des Hauses kommen würde. Das bisherige Verhalten der Mieter ließ jedoch nicht darauf schließen, dass ich mit meiner Familie schon bald einziehen könnte. So kam ein merkwürdig ambivalentes Weihnachtsfest auf uns zu. Roswitha meinte, dass meine Kaufentscheidung ein Fehler gewesen sei, den sie gern rückgängig gemacht hätte. Meine Entscheidung war in der Tat seltsam und unvernünftig, zumal ich mich mit mehreren Krediten und der Verpfändung einer Lebensversicherung finanziell so belasten musste, dass für Übergangslösungen nun auch kein Geld mehr zur Verfügung stand. Nur Julia nahm von alldem keine Notiz und zeigte uns immer wieder, wie schön das Leben auch ohne Haus sein konnte.

Meine Drehbucharbeit stand bald wieder im Vordergrund. Während des ganzen Winters war die Dießener Blockhütte Ort des unbeirrten Erzählens. Ich füllte Hunderte von Zetteln und Notizbüchern mit Beschreibungen, Erinnerungen und Wunschszenen. Die Charaktere und Figuren der Handlung erhielten nach und nach Namen aus meinem Leben. Helga wurde eine junge Dichterin, Stefan ein Filmemacher, Juan ein Sprachengenie aus Chile, Alex ein versoffener Philosoph. Sie alle stammten aus meinem Leben und hatten sich in geisterhafte Mitbewohner der Blockhütte verwandelt. Als poetische Fiktionen gingen sie bald eigene Wege und wurden immer lebendiger.

Joachim von Mengershausen hatte inzwischen herausgefunden,

dass es bei seinen Vorgesetzten große Bereitschaft gab, mit mir wieder ein Projekt zu wagen. Er besuchte mich am Ammersee, machte aber trotz aller Zusagen seiner Direktoren zur Bedingung, dass ich einer Zusammenarbeit mit einem erfahrenen, namhaften Drehbuchautor zustimmte. Ich sei in seinen Augen zwar ein hervorragender Regisseur, aber kein Drehbuchautor. Dass HEIMAT ein so nennenswerter Erfolg geworden sei, läge an der Mitwirkung von Peter Steinbach, den er nun wieder ins Spiel bringen wollte. Ich wehrte mich vehement und warf Mengershausen vor, mit seinen Bedenken eine äußerst produktive Schaffensperiode zu ruinieren. Es könne niemals der Sinn einer redaktionellen Betreuung sein, einen Autor wie mich mit vernichtenden Urteilen sprachlos zu machen. Und Steinbach komme schon deshalb nicht in Frage, weil er im Hunsrück voller Hass und Abscheu über die jungen Künstler herzuziehen pflege, von denen unser neuer Film schließlich handeln solle. Wir trennten uns im Streit. Heute weiß ich, dass Mengershausen sich einem allgemeinen Trend dieser Tage verpflichtet fühlte: den Autorenfilm zu schmähen, um stattdessen den Produzentenfilm zu päppeln.

Ich wehrte mich gegen diese Entwicklung und schrieb für Filmzeitschriften polemische Artikel darüber. Vor dem Hintergrund des Erfolges meines HEIMAT-Epos, das ein kompromissloser Autorenfilm war und mir dennoch das Wohlwollen der WDR-Direktion eingebracht hatte, versuchte ich, einen Machtkampf mit Mengershausen auszutragen, ohne zu bedenken, dass ich damit einen Freund gegen die Institution ausspielte, die er vertrat. Als mir das bewusst wurde, packte mich die Angst, zwischen alle Stühle zu geraten. Mit seinem Urteil, ich sei kein Autor, hatte Mengershausen mich verletzt. Nach der langen Zeit unserer Freundschaft hätte er wissen müssen, dass ich mich schon in meinen frühen Jahren der Literatur verschrieben hatte. Ich fragte mich, ob ich mich in meinem Anspruch als Autorenfilmer nicht tatsächlich überschätzte. War der große Erfolg, den ich mit HEIMAT erlebt hatte, vielleicht nur das Ergebnis glücklicher Umstände, verdankte ich ihn nicht dem Talent meiner Mitarbeiter, zu denen natürlich Steinbach gehörte, aber auch Gernot Roll, den wunderbaren Schauspielern und dem halben Hunsrück? Ich versank in Selbstzweifeln und musste schließlich die Arbeit in der Blockhütte abbrechen. Nur wenn es gelang, mich mit Mengershausen zu versöhnen, konnte ich sie fortsetzen. Das fröhliche Fabulieren, das ich mit Robert begonnen hatte, war in eine Sackgasse geraten. Aber vielleicht hatte einer der Großen unter den deutschen Schreibern ja die magische Kraft, unser Projekt in den Sternenhimmel der Literatur zu erheben und eine Dimension hinzuzufügen, die ich mit meinen begrenzten Erfahrungen und auch Mengershausen mit seinen Bedenken nicht erreichen konnten!

In den folgenden Wochen brachte mich Mengershausen mit einer Reihe von Schriftstellern zusammen. Darunter waren auch bekannte Namen wie Peter Schneider, Herta Müller oder der britische Autor John Berger, den ich wegen seines Buches SAU-ERDE verehrte. Mengershausens Versuche zogen immer weitere Kreise. Er wollte mich sogar mit Peter Handke zusammenführen, was allerdings schon im ersten Anlauf misslang. Es kam nie zu einer Begegnung, und Mengershausen hätte eigentlich wissen müssen, dass wir nicht zueinander passten. Es kam auch zu keiner anderen Kooperation. In den Augen der Schriftsteller war ich wohl einer dieser Autorenfilmer, die nach künstlerischer Autonomie streben und ihre Drehbuchautoren zu Materiallieferanten degradieren. Hier erkannte ich die Fronten wieder, die ich viele Jahre zuvor bei der Begegnung der Oberhausener mit der Gruppe 47 erlebt hatte.

Die Unterbrechung unserer Klausur am Ammersee war besiegelt. Immerhin hatte ich mit Unterstützung von Robert die Handlungsentwürfe für dreizehn abendfüllende Filme fertiggebracht. Sie waren später eine perfekte Vorlage für die eigentliche Drehbucharbeit, die allerdings jetzt noch vor dem großen Fragezeichen der Autorensuche erstarrte.

88 Das Ende von etwas

Während der Wintermonate war ich nur selten zu Hause gewesen und fühlte mich nach der Einsamkeit des Hüttenlebens irgendwie verlottert. Ich suchte jetzt wieder Zuflucht bei Frau und Kind und sah mich auf meiner Entwicklungsbahn in die Zeit der Anfänge zurückgeworfen. Wenigstens als Vater eines kleinen Mädchens wollte ich zeigen, dass ich erwachsen war und meine Aufgabe kannte. Und so machte ich mich daran, endlich die Wohnungsfrage zu lösen. Ich war schließlich seit einem halben Jahr Besitzer eines Einfamilienhauses in München! Ich suchte mir einen Anwalt und reichte eine Räumungsklage gegen die Mieter des Hauses ein. Der Prozess wurde aber schwierig, weil die Amerikaner gleich mit mehreren Gegenanwälten antraten.

In dieser Zeit erhielt ich Post von Ute. Sie hatte eine große Amerikareise begonnen, auf der sie von einem Freund begleitet wurde, den sie schon oft erwähnt, den ich aber nie zu Gesicht bekommen hatte. In ihren Briefen beschrieb sie die Größe der USA und schwärmte voller Entdeckerfreude von ihren Reiseabenteuern, die ich gern mit ihr geteilt hätte. Aber ich steckte in meinen Selbstzweifeln fest. Ich beneidete auch den Freund, der mit Ute unterwegs war. Das konnte ich natürlich keinem zeigen, was den Schmerz vergrößerte.

Um diesem Zustand zu entkommen, fuhr ich Ende Juli mit Roswitha und Julia an die französische Westküste. Ein Reisebüro hatte mir ein Ferienhaus in Les Sables-d'Olonne vermittelt, das sich als wahres Paradies erwies. Wir lebten mit unserer Tochter, die in dieser Zeit dritten Geburtstag feierte, in Harmonie, und ich besitze noch immer die schönsten Fotos von diesem Glück. Julia hatte mit einer fetten Erdkröte Freundschaft geschlossen. Ohne Scheu trug sie das Lurchtier mit sich herum, richtete ihm ein Nachtlager im Haus ein und liebkoste es. Ich versuchte noch, herauszufinden, ob diese hässlichen Tiere vielleicht sogar giftig sein könnten, aber Julias Vertrauen lehrte mich, dass es ein Fehler war, etwas für giftig zu halten, weil es dem Schönheitsideal nicht entspricht.

Während eines Zwischenstopps auf dem Heimweg las ich im «Spie-

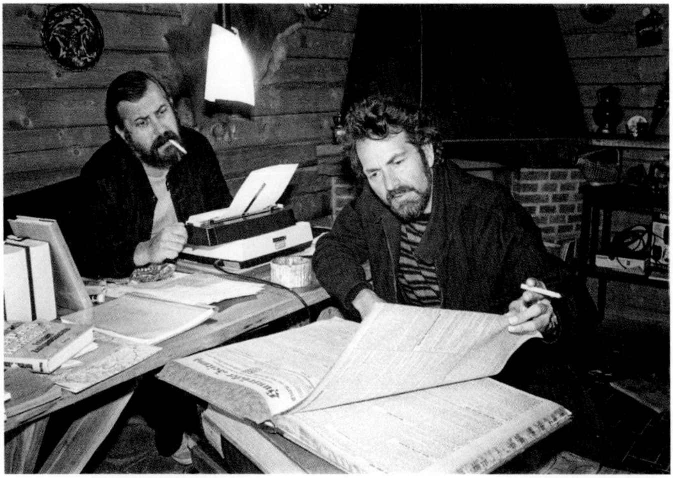

Über ein Jahr lang schrieb ich mit Peter Steinbach das Drehbuch zu HEIMAT (1984). Wir rauchten wie die Schlote und fühlten uns umso kreativer, je dichter der Rauch um uns wurde.

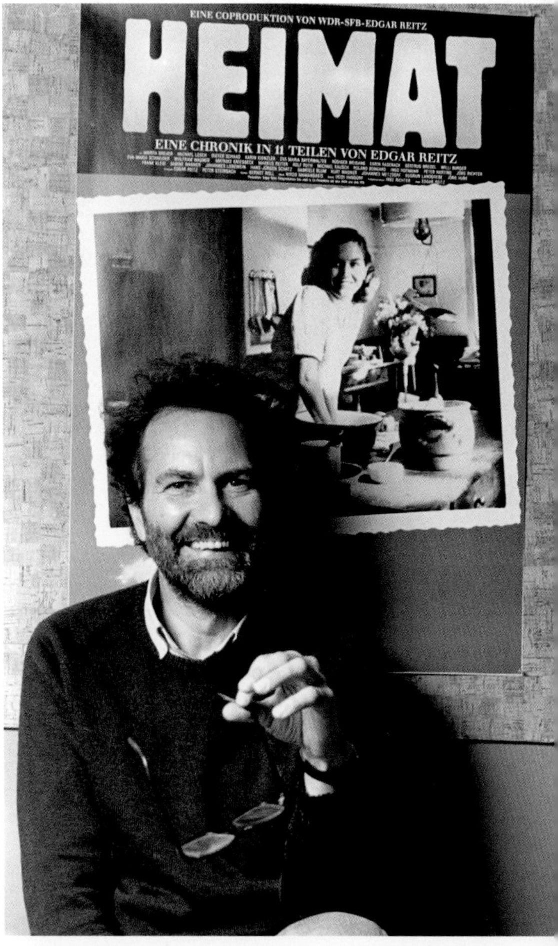

Mein Lächeln unter dem HEIMAT-Plakat hat gute Gründe. Dazu zählen die Erinnerung an eine glückliche Produktion, der weltweite Erfolg des Films und nicht zuletzt die Fotografin, die das alles aus mir herauszulocken verstand, Herlinde Koelbl.

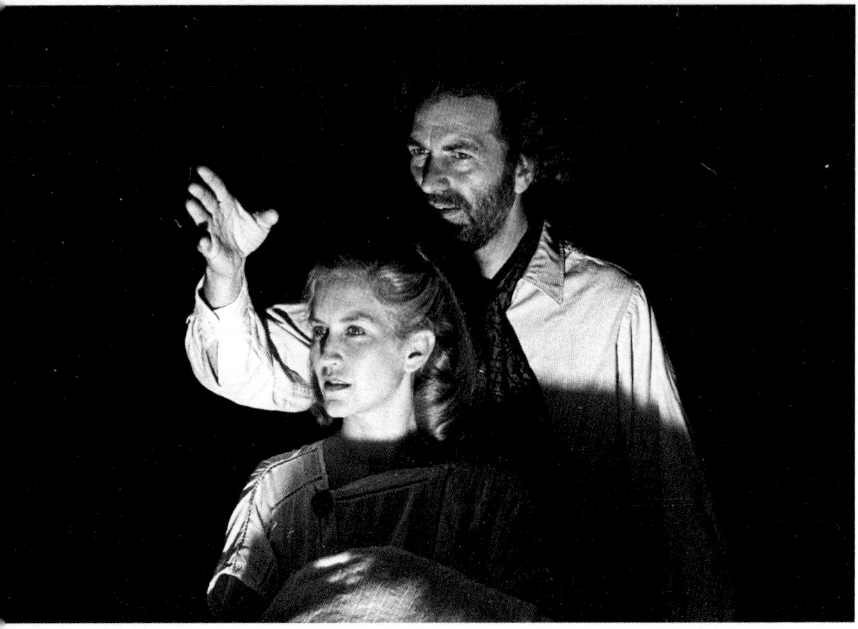

Mein Lieblingsbild von den Dreharbeiten mit Marita Breuer. Es zeigt, wie ich die Arbeit mit Schauspielern verstehe: Ich bin ihr zweites Ich, führe sie wie ein Schatten von hinten, unbewusst.

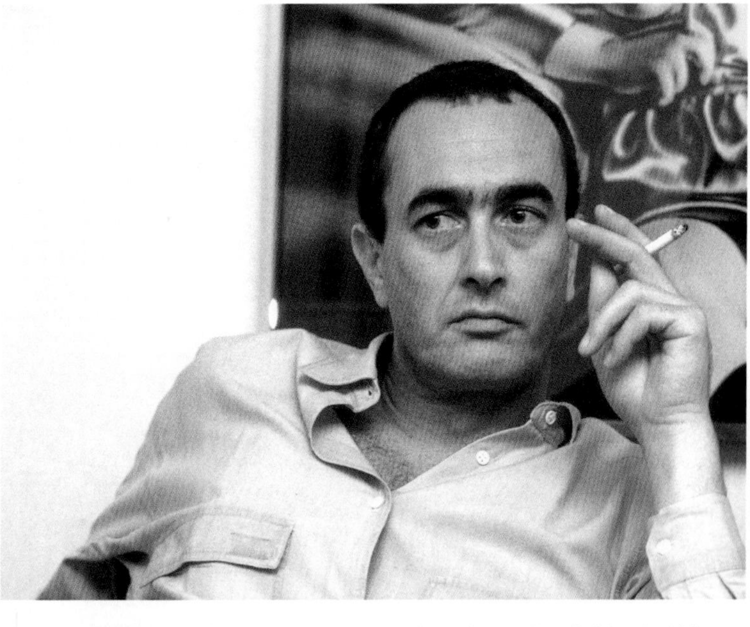

Bernd Eichinger mit Zigarette, später ging er zu dicken Zigarren über. Er liebte das Risiko. Das machte ihn sympathisch, konnte aber auch Angst einflößen. Ohne ihn hätte HEIMAT sich nicht als Titel durchgesetzt.

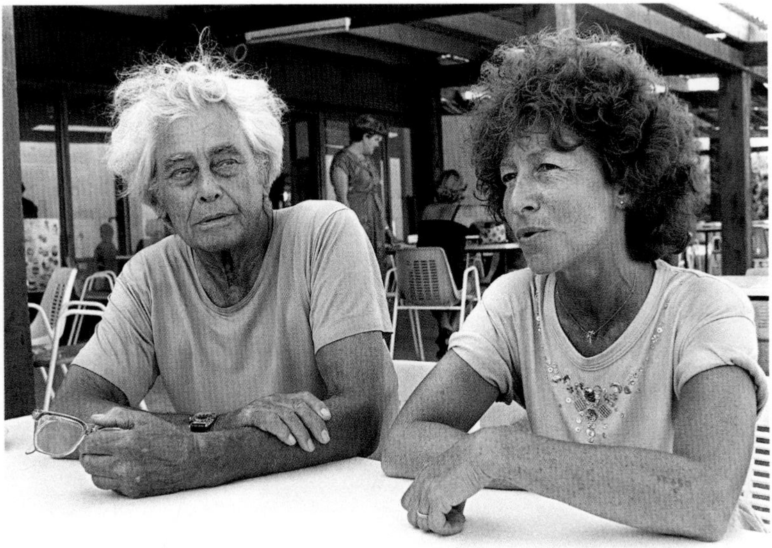

Der Dokumentarfilmer Joris Ivens und die Regisseurin Marceline Loridan waren ein spätes Liebespaar, romantisch, kämpferisch und voller Poesie. Ich durfte ihr Freund und Vertrauter sein, bis Joris uns 1989 mit dem Wind für immer davonflog.

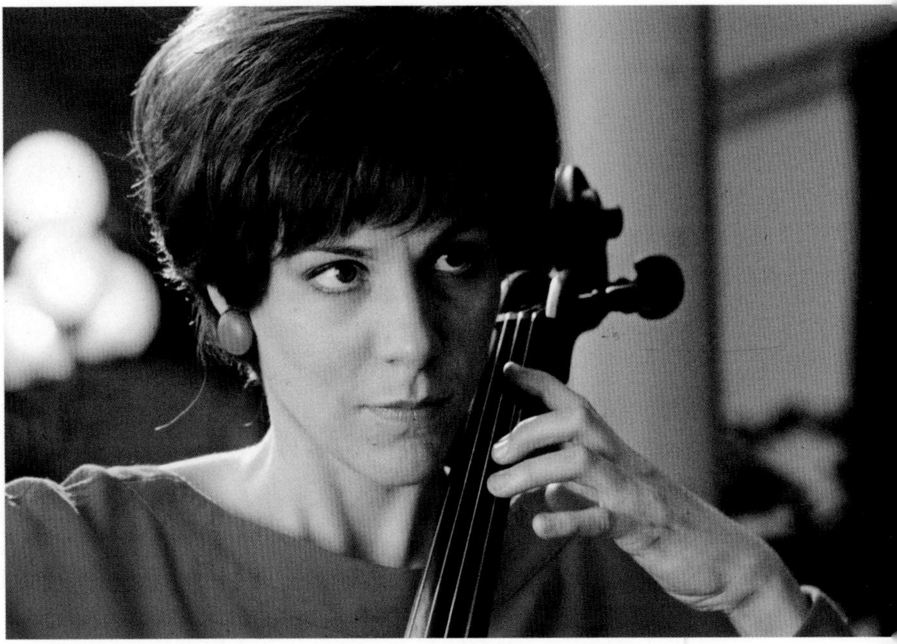

Salome Kammer. Wie Clarissa, die sie in DIE ZWEITE HEIMAT (1992) verkörpert, verlässt sie eines Tages ihr Cello und widmet sich der Kunst des Gesangs und der unerschöpflichen Kraft der Stimme.

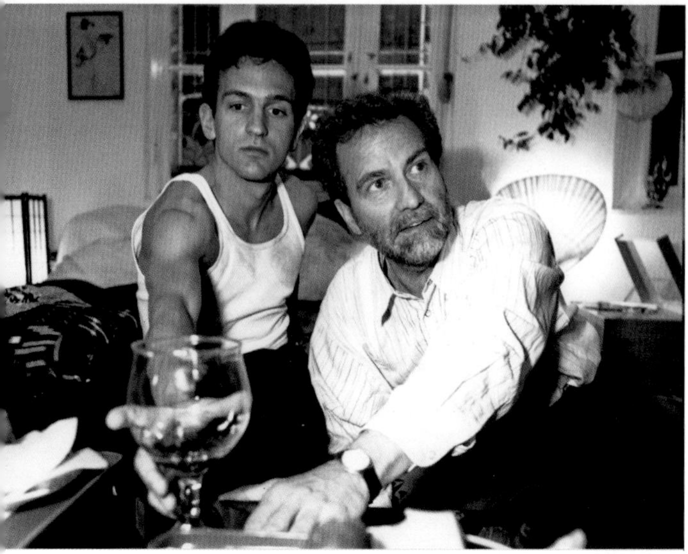

Hermann Simon ist in DIE ZWEITE HEIMAT mein Spiegelbild in der Welt der Fiktionen. Die Regiearbeit mit Henry Arnold, der ihn darstellt, ist deswegen ein Versuch, Imagination und Wirklichkeit zu verbinden.

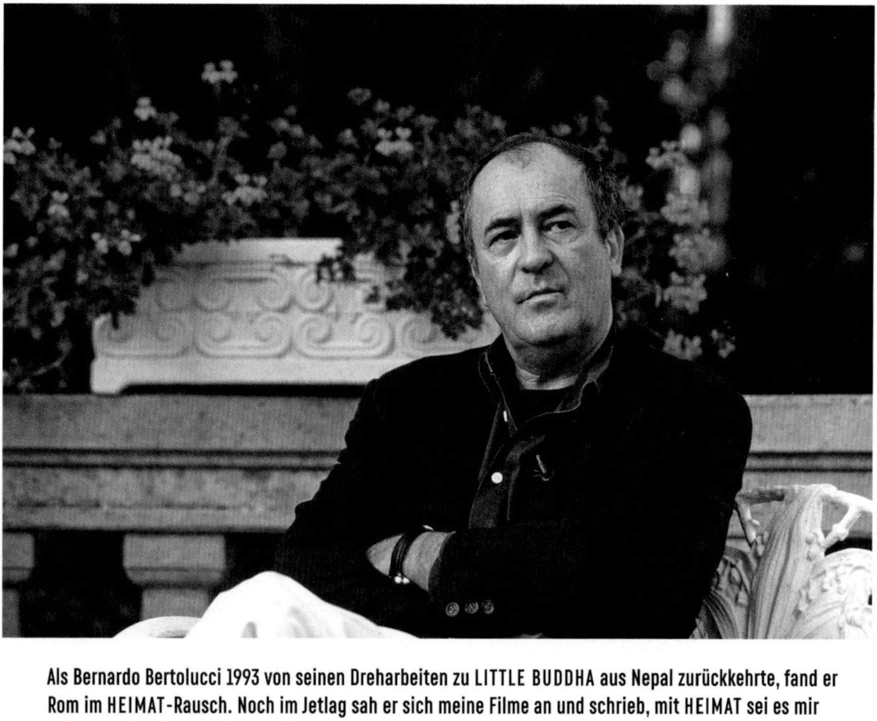

Als Bernardo Bertolucci 1993 von seinen Dreharbeiten zu LITTLE BUDDHA aus Nepal zurückkehrte, fand er Rom im HEIMAT-Rausch. Noch im Jetlag sah er sich meine Filme an und schrieb, mit HEIMAT sei es mir gelungen, eine Zeitmaschine zu bauen.

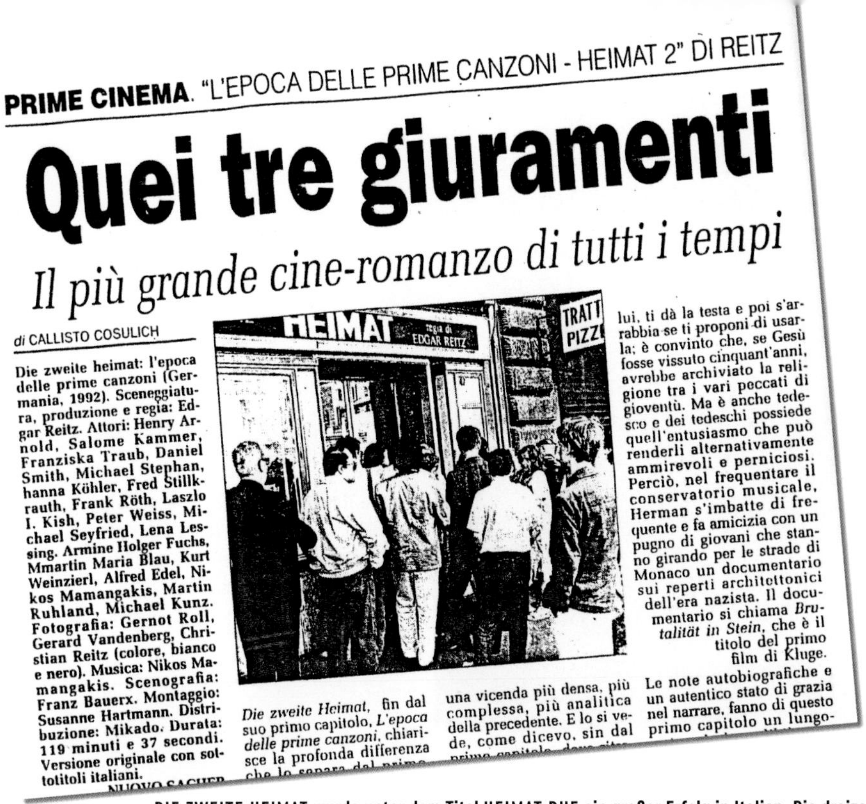

PRIME CINEMA. "L'EPOCA DELLE PRIME CANZONI - HEIMAT 2" DI REITZ

Quei tre giuramenti

Il più grande cine-romanzo di tutti i tempi

di CALLISTO COSULICH

Die zweite heimat: l'epoca delle prime canzoni (Germania, 1992). Sceneggiatura, produzione e regia: Edgar Reitz. Attori: Henry Arnold, Salome Kammer, Franziska Traub, Daniel Smith, Michael Stephan, hanna Köhler, Fred Stillkrauth, Frank Röth, Laszlo I. Kish, Peter Weiss, Michael Seyfried, Lena Lessing. Armine Holger Fuchs, Mmartin Maria Blau, Kurt Weinzierl, Alfred Edel, Nikos Mamangakis, Martin Ruhland, Michael Kunz. Fotografia: Gernot Roll, Gerard Vandenberg, Christian Reitz (colore, bianco e nero). Musica: Nikos Mamangakis. Scenografia: Franz Bauerx. Montaggio: Susanne Hartmann. Distribuzione: Mikado. Durata: 119 minuti e 37 secondi. Versione originale con sottotitoli italiani.

NUOVO SACHER

Die zweite Heimat, fin dal suo primo capitolo, *L'epoca delle prime canzoni*, chiarisce la profonda differenza che lo separa dal primo

una vicenda più densa, più complessa, più analitica della precedente. E lo si vede, come dicevo, sin dal primo capitolo, dove

lui, ti dà la testa e poi s'arrabbia se ti proponi di usarla; è convinto che, se Gesù fosse vissuto cinquant'anni, avrebbe archiviato la religione tra i vari peccati di gioventù. Ma è anche tedesco e dei tedeschi possiede quell'entusiasmo che può renderli alternativamente ammirevoli e perniciosi. Perciò, nel frequentare il conservatorio musicale, Herman s'imbatte di frequente e fa amicizia con un pugno di giovani che stanno girando per le strade di Monaco un documentario sui reperti architettonici dell'era nazista. Il documentario si chiama *Brutalität in Stein*, che è il titolo del primo film di Kluge.

Le note autobiografiche e un autentico stato di grazia nel narrare, fanno di questo primo capitolo un lungo-

DIE ZWEITE HEIMAT wurde unter dem Titel HEIMAT DUE ein großer Erfolg in Italien. Die dreizehn Filme wurden in zahlreichen Kinos des Landes gezeigt, Millionen Tickets verkauft.

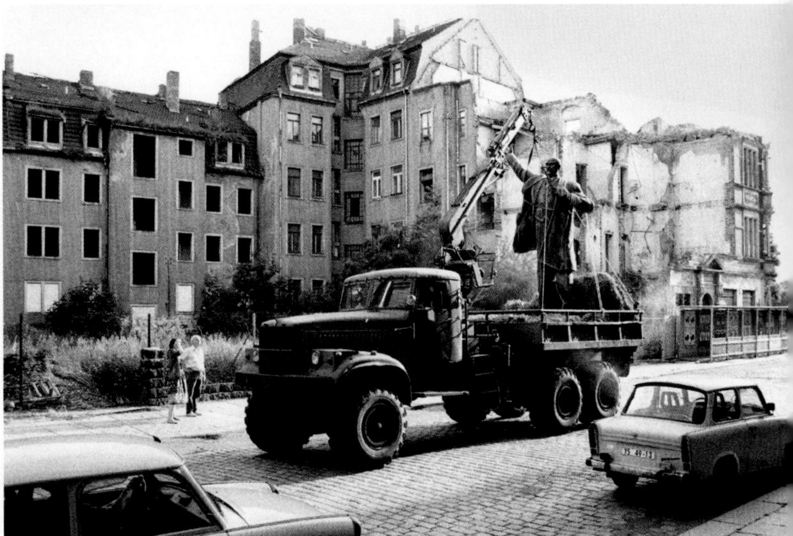

HEIMAT 3 (2004) beschwor die Emotionen der deutschen Wende. Hier der Abtransport eines Lenin-Denkmals aus Leipzig in den Hunsrück. Doch Geschichte lässt sich nicht demontieren.

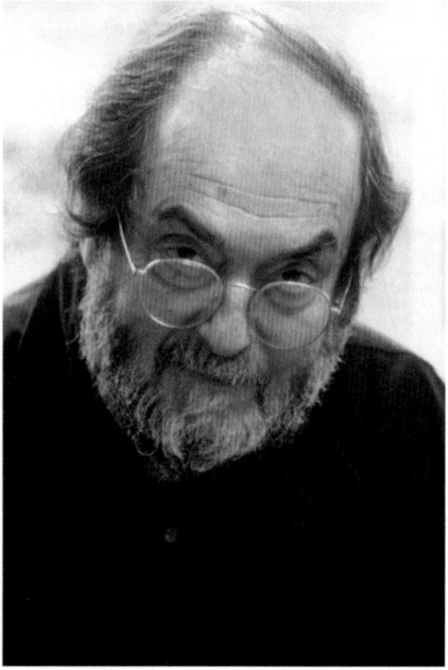

Von Stanley Kubrick gibt es nicht viele Bilder. Es gelang ihm, sich hinter den unvergesslichen Bildern seiner Filme unsichtbar zu machen.

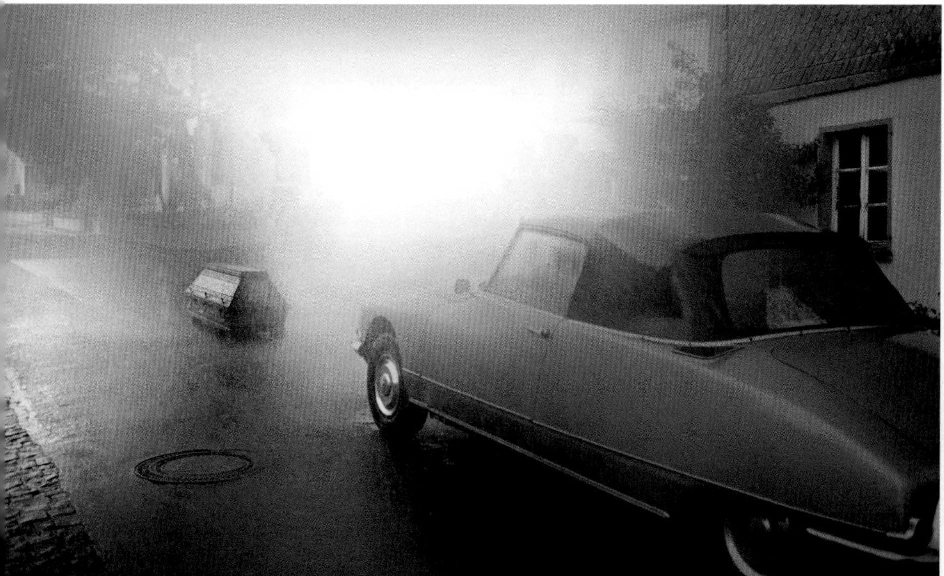

Stanley Kubricks Lieblingsbild aus HEIMAT. Es erzählt, wie Hermanns Wagen im Gewitterregen plötzlich anhalten muss. Vor ihm, mitten auf der Dorfstraße, klatschnass, der Sarg mit dem Leichnam seiner Mutter.

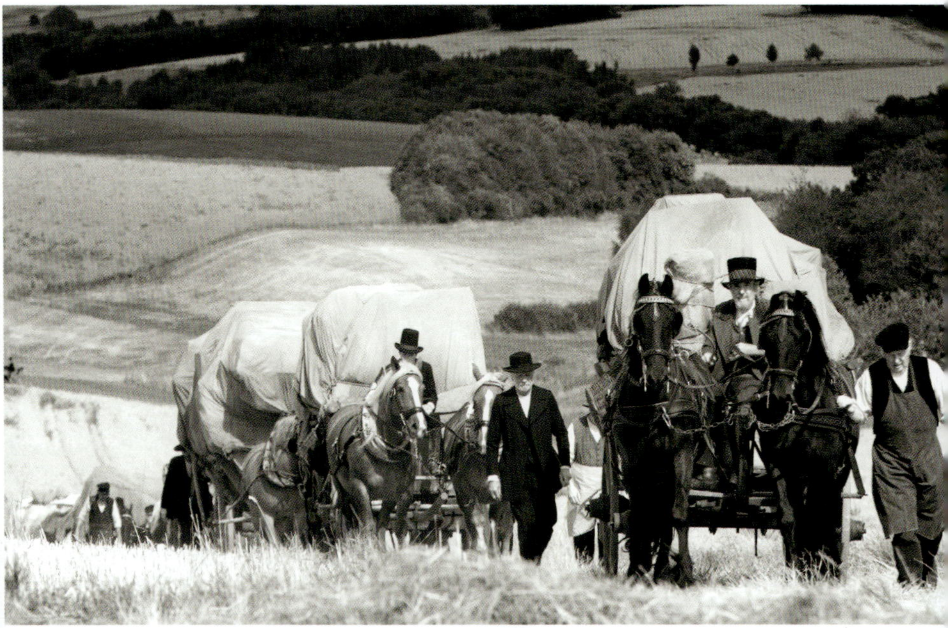

DIE ANDERE HEIMAT (2013) zeigt das Leben der armen deutschen Bauern, als sie um 1840 ihre Heimat verließen. Die gleichen Bilder finden sich im Gedächtnis Amerikas und in den Western-Filmen. Manche Bilder Hollywoods haben ihren Ursprung im Hunsrück.

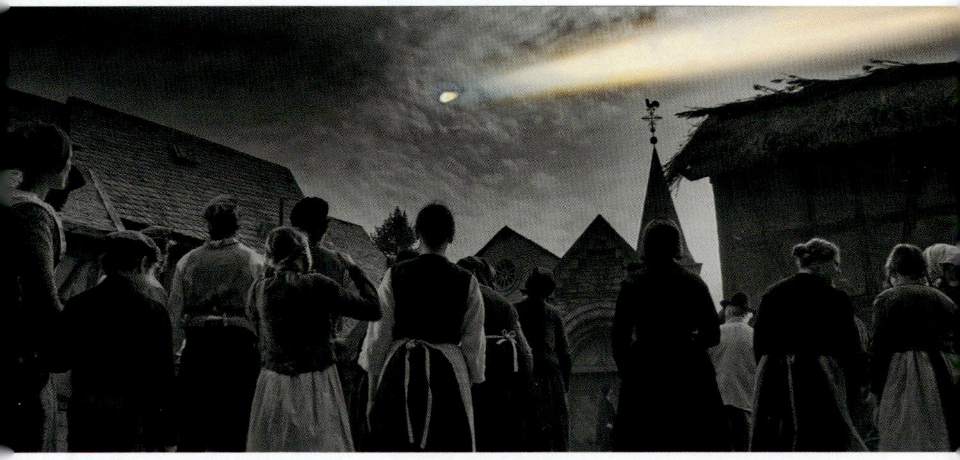

Seltene Himmelserscheinungen wie der Große Komet von 1843 werden als Unglückszeichen gedeutet. Manch einer der Hunsrücker Bauern beschloss beim Anblick des Wandelsterns, nach Brasilien auszuwandern. Szenenbild aus DIE ANDERE HEIMAT.

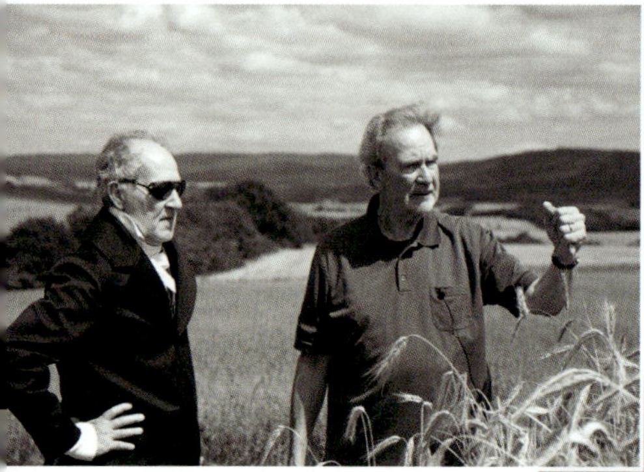

Als Werner Herzog 2012 zu mir in den Hunsrück kam, um die Rolle des Alexander von Humboldt zu spielen, fand er, dass sich damit unsere Lebenskreise vereinen. Für ein paar Stunden behielt er recht.

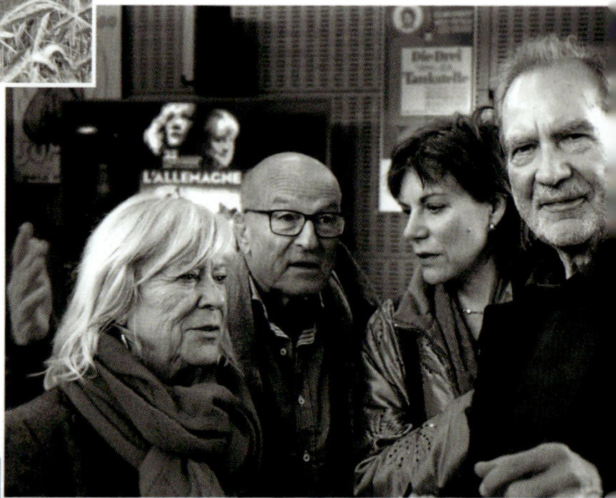

Als ich 2014 mit Salome nach Frankreich fuhr, um DIE ANDERE HEIMAT auf einem kleinen Festival in Pessac zu präsentieren, trafen wir Margarethe von Trotta und Volker Schlöndorff, und der alte Neue Deutsche Film zeigte sich als lebenslange Freundschaft.

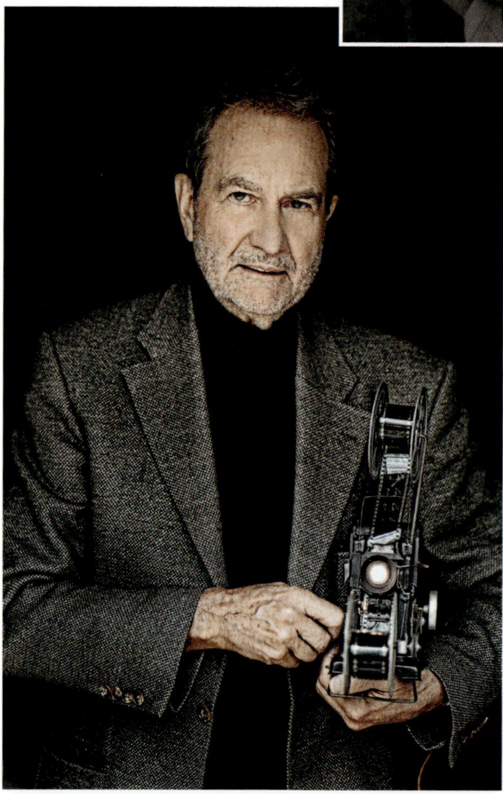

Jim Rakete brauchte für dieses Foto sieben Minuten, plus An- und Rückreise von und nach Berlin. Von ihm hörte ich einen wichtigen Satz: «Das erste Bild ist immer das beste.»

gel» vom plötzlichen Tod eines Weggefährten, der Kluge und mich in unseren Ulmer Jahren begleitet hatte: Hans Dieter Müller. Er hatte sich nach der Veröffentlichung von HEIMAT nach all den Jahren wieder bei mir gemeldet und sich begeistert zum Film geäußert. Auf Müllers Lob konnte man tatsächlich stolz sein, denn er war ein ungewöhnlich wacher Geist. Durch seine jahrelange Erfahrung als Lektor großer literarischer Verlage verfügte er über Kunstverstand und historische Bildung und erfasste meine Arbeit wie wenige andere. Er hatte mir angeboten, mich zu beraten, und er war deshalb eine meiner Hoffnungen für das neue Projekt. Jetzt war er während eines Urlaubs einem Herzinfarkt erlegen. Müller hätte mir möglicherweise die Angst vor einem Koautor nehmen können.

Das kurze Ferienglück hatte keines meiner Probleme gelöst. Auch mein Prozess gegen die Mieter des Hauses war gescheitert. Das Gericht war ihren Anwälten gefolgt und hatte meine Kündigung für unzulässig erklärt. Die Gegenseite hatte herausgefunden, dass ich neben der Wohnmöglichkeit bei Roswitha noch eine zweite Wohnung in der Schraudolphstraße besaß, weshalb der Eigenbedarf, den ich als Grund der Räumungsklage angegeben hatte, abgewiesen wurde. Ich zerstritt mich mit meinem Anwalt wegen seiner Rechnung, deren Höhe ich in Anbetracht der falschen Prozessführung als Frechheit empfand. Ich wollte nicht aufgeben und suchte einen anderen Anwalt, der gegen das Urteil Berufung einlegte und versuchte, die Sache neu aufzurollen. Alles sah nach einem Marathonverfahren aus.

Als Ute im September aus den USA zurückkehrte, rief sie mich an, und wir trafen uns in einem Restaurant. Sie sprudelte über vor Erzähllust und Erinnerungen. Ich weiß nicht mehr, was mich dazu verleitete, ihr eine Spontanreise nach Venedig vorzuschlagen. Wahrscheinlich konkurrierte ich mit ihrem Reisebegleiter der Amerikafahrt. Die Stimmung war ausgelassen, und wir fühlten uns als Komplizen im Paralleluniversum der Erotik. Sie nahm das Angebot an. Vermutlich war diese Reise ein Ausdruck ihres Übermuts, aber auch meines Versuchs, sie mit einem spektakulären Erlebnis zurückzuerobern. Vielleicht waren die Gründe aber auch ganz andere, denn meine Selbstzweifel quälten mich so sehr, dass ich in allem einen Ausweg suchte. Venedig war immerhin «meine» Stadt, in der ich mehrmals Erfolge erlebt und mich selbst als Gewinner erfahren hatte. Ich konnte Ute die Stadt zeigen und buchte für uns das schönste Zimmer in einem legendären Künstlerhotel, direkt neben dem bekannten Opernhaus «La Fenice». Wollte ich dort als Phönix vor ihr auferstehen? Ich erinnere mich an begeisterte Streifzüge durch die Gassen und an die Geräusche Venedigs, die nachts mit Tausenden von Schritten von den Stufen einer kleinen Brücke ins Hotelbett wehten.

Unser Glück war kurz. Ute entschloss sich eines Morgens nach dem Frühstück, nicht länger in Venedig zu bleiben. Etwas an unserer Situation hatte sie gestört. Waren es ihre Erinnerungen an die Amerikareise, meine Art, als Venedig-Kenner den Tagesablauf zu bestimmen, oder hatte sie einfach erkannt, dass sie ihren anderen Freund mehr liebte als mich? Sie handelte, ohne mir eine Antwort zu geben. Sie erkundigte sich beim Hotelportier nach den Zugverbindungen, ging ins Zimmer hinauf, packte ihren Koffer und bat mich sichtbar entschlossen, sie zum Anlegesteg San Marco zu bringen, wo die Fähre zum Bahnhof ablegte. Unsere letzten Gespräche machten deutlich, dass sie unser Verhältnis beenden wollte, nicht mehr und nicht weniger.

Wenn es so etwas wie eindeutige Gründe für Trennungen gäbe, wäre es müßig, jetzt noch danach zu fragen. Ich weiß nur noch, dass ich völlig verwirrt war und unmittelbar nach der Abfahrt der Fähre zum Hotel zurückrannte, dort ebenfalls meinen Koffer packte, die Rechnung beglich und die Stadt in großer Eile verließ. Ich hatte mein Auto, mit dem wir gekommen waren, wie üblich am Piazzale Roma abgestellt. Nachdem ich herausgefunden hatte, dass der Zug, mit dem Ute abgereist war, nach München fuhr, kam ich auf die verrückte Idee, die Bahn mit dem Auto einzuholen und Ute am Münchener Hauptbahnhof mit einem Blumenstrauß zu empfangen. Ich wollte einen neuen Anfang inszenieren, als wäre Venedig nichts als ein Alptraum gewesen. Ich fuhr mit der Bahn um die Wette. Es war ein Rennen in einem wahnhaften Zustand, wie ich ihn von mir nicht kannte. Ob der Grund eine Liebe war, die ich retten wollte, oder nur der Versuch, eine

Kränkung abzuwenden, ich weiß es nicht. Ich schaffte es tatsächlich. Fünf Stunden später stand ich auf dem Münchener Bahnsteig und sah zu, wie der Zug aus Venedig einfuhr. Ich bin mir heute nicht mehr ganz sicher, ob ich Ute mit einem Blumenstrauß entgegengegangen bin. Aber es war wohl so, dass sie eilig in einen Zug nach Köln umsteigen wollte und sich nicht darauf einließ, länger als fünf Minuten zu bleiben. Es war einfach das Ende, für immer. Frauen sind in Liebesdingen konsequenter als Männer. Das hatte ich mehrfach erlebt und erhielt am selben Tag eine weitere Bestätigung.

Wohin sollte ich nach diesem Desaster gehen? Der Abend nahte. Ich fuhr zu Roswithas Wohnung, wo sich zu dieser Zeit meine Basis befand, wenn ich meine Unbehaustheit so nennen darf. Ich weiß nicht mehr, warum ich an der Türe läutete, denn ich hatte einen Schlüssel und hätte einfach eintreten können, so, wie man als untreuer Ehemann «einfach» nach Hause kommt. Roswitha öffnete freundlich und führte mich in die Küche. Sie war gerade mit einer Behandlung fertig geworden und musste sich noch von ihrer Patientin verabschieden. Inzwischen könne ich vom Kuchen essen, der neben der Teetasse auf dem Tisch stehe, sagte sie. Ich ließ mich, erschöpft von den Erlebnissen des Tages, nieder und versuchte, meinen verwirrten Kopf zu ordnen. Aus dem Nebenzimmer vernahm ich Julias Stimme, die schon ins Bett gebracht worden war und schläfrig mit ihren Puppen sprach.

Als Roswitha hereinkam, fragte sie mit ernstem Gesicht: «Hast du schon dein Horoskop gesehen?» Sie deutete auf die Abendzeitung, die aufgeschlagen auf dem Küchentisch lag. Ich las unter dem Sternzeichen Skorpion: «Eine Trennung steht bevor.» Ich erschrak. Sollte das bedeuten, dass Roswitha über Ute Bescheid wusste und den Grund des vorzeitigen Endes der Reise kannte? Ich sah sie betreten an. Da fügte sie hinzu: «Ich wollte sagen, dass ich mich von dir trennen will. Es ist endgültig.»

Roswitha hatte ihre Entscheidung während meiner Abwesenheit getroffen, nach langem Nachdenken, wie sie sagte. Von meiner Affäre mit Ute wusste sie offenbar nichts. Ihre Gründe waren andere. Seit ihrer Abreise von den Filmfestspielen in Venedig waren zwei Jahre vergangen. In diesen zwei Jahren hatte sie sich die Frage, ob sie mit mir leben will, wohl immer wieder gestellt, ohne mich mit ihren Zweifeln ernsthaft zu konfrontieren. Im Grunde hatte sie ihre Entscheidung schon in Venedig getroffen, aber während meiner Reise mit Ute war sie endgültig zu diesem Schluss gekommen. Unfassbar, dass Venedig für mich innerhalb eines Tages zum zweiten Mal Schauplatz einer Trennung geworden war. Wenn ich abergläubisch wäre, würde ich den Liebenden, Hochzeitspaaren und Romantikern aller Zeiten zurufen: Fahrt niemals nach Venedig! Diese Stadt ist ein Monster, das die Liebe tötet!

Ich habe an diesem Septemberabend des Jahres 1986 noch meine Siebensachen gepackt und die gemeinsame Wohnung verlassen. Roswitha hat mir dabei geholfen. Sie sorgte dafür, dass Julia von alldem nichts mitbekam. Es gab auch keine Tränen. Alle sind vernünftig geblieben: Ute, die im Zug nach Köln saß, wo wir uns zwei Jahre zuvor kennengelernt hatten, Roswitha, die mich von Julia trennte, und ich, dessen Seele so überfordert war, dass sie nichts fühlte. Jeder handelte in dieser Stunde für sich. Wie man das aushält, weiß ich nicht mehr. Wenn es Tränen und Trauer gab, kamen sie in aller Stille, zur Nacht.

89 Zehntausend Zigaretten

Ich rauchte seit meinen Studentenjahren. Zuerst eine schicke Pfeife, dann amerikanische Filterzigaretten, seit den späten sechziger Jahren mussten es «schwarze» sein, anfangs französische Gitanes, die man den Filmen der Nouvelle Vague abgeguckt hatte, und zuletzt waren es die filterlosen Roth-Händle mit unparfümiertem Pfälzer Tabak. Ich war Kettenraucher. In der Blockhütte, wo Robert uns mit Zigaretten versorgte, stellten wir einmal fest, dass wir jeden Tag eine ganze Stange verqualmten. Nicht selten rauchte ich hundert Stück an einem Tag, ohne mir Gedanken darüber zu machen, wohin diese Gewohnheit führen konnte. Der aufsteigende Rauch gehörte zum Schaffensprozess, so wie es in Brechts LIED VON DER BELEBENDEN WIRKUNG DES GELDES heißt: «Blicket hinan: der Schornstein raucht!» Vorbilder für den Rauchergestus waren neben der Literatur auch Hunderte von Filmen, in denen die Rauchschwaden die Bilder durchziehen und ein Gefühl manischer Produktivität vermitteln. Der Gestus des Anzündens, des Einatmens, des Rauch ausstoßenden Sprechens, des gedankenvollen Hinter-den-Rauchkringeln-Hersinnens wirkte inspiriert und gab einem die Aura von «Coolness», eine Geste der Lässigkeit, die gerade modern wurde.

Wenn ich mich an die Arbeitsnächte erinnere, die ich nach den Trennungen von Roswitha und Ute in meiner Schwabinger Mansarde verbrachte, so sehe ich eine dichte Rauchwolke im Zimmer, hinter der die Wände und Schränke nur schemenhaft sichtbar werden. Ich schrieb nun in einem verzweifelten Arbeitsrausch jede Nacht an den Drehbüchern zur ZWEITEN HEIMAT. Da ich ohne Zeitgefühl arbeitete und allein war, verschob sich mein Tageslauf immer mehr. Ich konnte nachts kein Ende finden, sodass es oft erst das Licht des neuen Tages war, das mich durch den Zigarettenqualm hindurch traf und in Augen und Bewusstsein brannte. Ich kannte in der Nähe eine Bäckerei, die schon bei Sonnenaufgang heiße Brezen und Semmeln für Taxifahrer, Streifenpolizisten und andere Nachtarbeiter anbot. Hier holte ich mir oft mein Frühstück, während ich den Schaffensqualm aus dem offenen Fenster abziehen ließ. Dann setzte ich mich mit meinen handschriftlichen Aufzeichnungen und einem Diktiergerät in mein Bett und sprach das in der Nacht Geschriebene auf Band. Danach konnte ich einschlafen. Oft weckte mich Marion, meine Sekretärin, die am Nachmittag erschien, um die abgetippten Seiten des Vortages abzuliefern und das neue Diktat abzuholen.

Ich verbrachte den Herbst auf diese Weise. Zum Abendessen besuchte ich immer dasselbe Restaurant, das «Savoy» in der Tengstraße, in dem die Schwabinger Filmleute verkehrten. Man redete, tat wichtig und spielte den selbstbewussten Produzenten, der sich nicht in die Karten blicken ließ. Bald aber saß ich wieder in meinem Tabakdunst. Es entstanden, ich kann es heute kaum glauben, über zweitausend in kleiner Handschrift beschriebene Blätter. Meine Schreibfinger hatten Hornhautschwielen bekommen, und ich vergaß nach und nach alle meine Selbstzweifel und Ängste, denn mein Werk handelte von Erfahrungen, die ich genauestens kannte. Die Bilder dazu waren meine eigenen und bedurften nicht mehr der Übersetzung in literarische Sprache. Da ging es nicht mehr um Kunstfertigkeit, sondern um Kompetenz. Ich war wieder Herr der Lage.

Mein Protagonist blieb Hermann, dessen unglückliche Liebe mit Klärchen ich in einem der gelungensten Teile von HEIMAT beschrieben hatte. Was wird aus dieser Liebe im Milieu der jungen Münchener Künstler und ihrer Suche nach dem Glück? Kann Hermann, der in der Anfangsszene schwört, der Liebe für immer zu entsagen, Klärchen wiederbegegnen, oder muss nicht die Liebe, wenn sie denn in seinem Leben wieder wichtig werden soll, ebenfalls einen Milieusprung vollführen, wie Hermann selbst? Also galt es, ein verwandeltes Klärchen zu erfinden.

Während des Münchener Filmfestes hatte ich eine schöne Cellistin gesehen, die dort bei einem Konzert für die Cineasten mit ihrem Pianisten auftrat. Ich konnte mich an der Musikerin, die ihr Cello beim Spiel wie einen Geliebten zwischen ihren schlanken Beinen hielt, nicht sattsehen. Dieses Bild folgte mir in die verräucherten Nächte und tauchte in Hermanns neuem Leben immer öfter auf. Es war die Metamorphose von Klärchen, nach der ich gesucht hatte. Ich gab der neuen Figur den Namen Clarissa. Sie wurde die feinere Version der Geliebten aus dem Hunsrück, die Hermann für alle Zeiten vergessen wollte und die ihn in der neuen Verwandlung in Bann hielt. Ich forschte nach Vorbildern für die Cellistin. Ich sah durchaus die Gefahr der Schwärmerei, in die ich ebenso verfallen konnte wie Hermann, aber ich ließ mich treiben. Ich sammelte Lebensläufe von Musikerinnen und vertiefte mich in die dramatische Vita der britischen Cellistin Jacqueline du Pré, die auf dem Höhepunkt ihrer Karriere unheilbar krank wurde. Ich schrieb Entwürfe, in denen Clarissa das Schicksal dieser Cellovirtuosin teilt und im Rollstuhl auf die Bühne kommt. Da fiel mir mein alter

Professor Kutscher ein, der sich in seinen Vorlesungen zur Stilkunde vehement gegen die Verbindung von Krankheit und Kunst gewendet hatte. Es sei unerträglicher Kitsch, hatte er uns zugerufen, wenn man sich des Mitleids bediene, um die künstlerische Wirkung zu steigern. Ich erkannte den Irrweg und spürte, dass Clarissa aus meiner eigenen Vision neu erschaffen werden musste. Aber wie konnte ich der Figur eine andere Wirklichkeit mitgeben als die meiner unerfüllten Sehnsucht, die mich nach zwei gescheiterten Liebesgeschichten unbewusst verfolgte? Das Schreiben geriet über solche Fragen ins Stocken.

In diesen Tagen sah ich Helga wieder, die Freundin aus den frühen Studienjahren, die einst die schönsten Gedichte im Kutscher-Kreis geschrieben hatte. Sie war jetzt die Ehefrau eines Frankfurter Juristen und Mutter eines heranwachsenden Sohnes. So viele Jahre hatte sie gebraucht, um an den Ort ihrer großen Liebe, deren Verkörperung ich war, zurückkehren zu können. Helga führte ihren Mann zu den Erinnerungsorten und damit auch zu mir. Nach über dreißig Jahren konnten wir über unsere Verliebtheiten scherzen und erinnerten uns in Gegenwart des Ehemannes der vielen misslungenen Versuche in Poesie, Liebe und Leben. Das Wiedersehen mit Helga beflügelte meine Drehbucharbeit, denn ich hatte nun keine Scheu mehr, Figuren des eigenen Lebens zu porträtieren und zu fiktionalisieren. Das alte Großvaterprinzip war wieder zur Stelle und entband mich von der simplen Wirklichkeit.

Robert hatte begonnen, einen Videofilm über die Entstehung der ZWEITEN HEIMAT zu drehen. Er wollte zeigen, dass ein Film nicht erst am Set und mit dem bekannten technischen Aufwand entsteht, sondern dass die Figuren und Bilder viele Monate vor Drehbeginn bereits in den Köpfen der Macher Gestalt annehmen. In Roberts Film sieht man, wie wir in die abgeschiedene Hütte am Ammersee zurückkehren, um die nächsten Schritte zur Produktion zu planen. Es ging vor allem darum, Darsteller zu finden, die zugleich Musiker sein sollten. Es zeichnete sich ab, dass dies ein Film werden musste, in dem Musik eine beherrschende Rolle spielt. Die jungen Musiker, mit denen Hermann seine Lehrjahre verbringt, sollten ihre Instrumente wirklich spielen und mit ihrem in Tausenden von Übungsstunden erworbenen Können das Publikum gewinnen. Auch mit Mengershausen nahm ich wieder Kontakt auf. Er wurde regelrecht überrollt von der Drehbuchmasse, die ich ihm zu lesen gab. Es stellte sich heraus, dass unser Projekt auch beim WDR nicht in Vergessenheit geraten war. Die Lizenzabteilung des Senders hatte bereits aus vielen Ländern Anfragen nach einer Fortsetzung von HEIMAT erhalten. Als ich zum Beginn der Produktionsverhandlungen nach Köln fuhr, begegnete mir der amtierende Fernsehdirektor mit den Worten: «Ihre ZWEITE HEIMAT ist derzeit das einzige deutsche Projekt, das viel Geld wert ist, bevor es überhaupt produziert worden ist.»

Mit dieser Aussage im Rücken konnte ich entspannt nach München zurückkehren. Da Weihnachten bevorstand und keine weitere Entscheidung erreichbar war, beschloss ich, mich möglichst weit von meinem Familienschlamassel zu entfernen. Freunde aus frühen Jahren, Rainer und Gretl, besaßen ein Haus auf Lanzarote. Ich rief bei den beiden an und konnte schon bald einen Flug buchen. Gretl holte mich am Flughafen ab. Es schien, als wäre ich damit allen Qualen meines Münchener Lebens entkommen und für eine Weile in Sicherheit. Die schwarze Lavainsel wirkte auf mich wie ein Planet außerhalb unserer Galaxis.

90 Casting 87

Während ich noch zögerte und mich im Januar erneut in die Drehbucharbeit stürzte, hatte Robert eine umfangreiche Suche nach Darstellern begonnen. Es ging uns darum, die jungen Künstler, die unsere Protagonisten waren, aus nächster Nähe zu porträtieren, ein Ansatz, der sonst im Spielfilm nicht üblich ist. Ich wollte, dass unser Film zum Beispiel den jungen Musikern beim Musizieren auf die Hände und in die Augen blickt. Roberts Suche richtete sich an Dutzende von Agenturen, Schauspielschulen, Theatern und Musikhochschulen. In den Räumen der U.L.M. hatte er zu Beginn des Jahres ein kleines Studio eingerichtet, in dem die Bewerber ein erstes Vorstellungsgespräch hatten; sie wurden mit Polaroids registriert und ihr Spiel auf ihren jeweiligen Instrumenten mit Video dokumentiert. Es kam zu einem regelrechten Ansturm auf Roberts Castingbüro.

Für meine Drehbucharbeit nutzte ich wieder die Magie der Nächte, denn ich wollte nicht aus der Innenwelt meiner Erzählung herausgerissen werden. Ich hatte an meiner Pinnwand Zettel mit den Namen der Figuren befestigt und versuchte, mir ihre Beziehungen untereinander und ihre Wünsche und Träume symbolisch vor Augen zu führen, indem ich Graphiken anfertigte, die das Geflecht darstellen sollten. Mit der Zeit hatten die Figuren Namen und die Namen eine Gestalt erhalten, oder ich sah den Gestus ihrer Bewegungen vor mir, oder ich hatte die Art ihres Sprechens im Ohr, wenn auch noch undeutlich. Es war ein seltsamer Zustand, in den ich geraten war. Ich hatte zwar die Haupt- und Nebenhandlungen im Kopf, aber beim Versuch, genau hinzusehen, traten mir die Figuren ohne Augen entgegen. Sie waren die Geister von lebenden, aber gesichtslosen Wesen, die mich in den Träumen verfolgten und mich mit ihrer Unfertigkeit erschreckten. Robert verstand seine Castingarbeit als Suche nach den versteckten oder noch unbekannten Gesichtern. Es war, als müssten verschollene Personen wiedergefunden werden. So jedenfalls durchsuchte ich immer wieder Roberts Polaroids und erschrak eher, als dass ich mich freute, wenn einer der Bewerber mich mit den richtigen Augen anblickte.

Es gab in dem Winter, von dem hier die Rede ist, eine Frage, die mich die ganze Zeit schon beunruhigt hatte: Wer ist Clarissa? Ist sie eine reale Figur, in der sich ebenso viel Erlebtes spiegelt wie in den anderen Personen der Handlung? Es galt herauszufinden, ob die emotionale Last, die ich dieser Figur aufgebürdet hatte, meine Erwartungen möglicherweise zu sehr steuerte und damit die Erfüllung in die Welt der unerreichbaren Träume rückte. Viele Szenen und Geschichten, die ich seit Monaten über sie geschrieben hatte, hätten mich skeptisch machen können, denn sie alle enthielten meine unerfüllten Sehnsüchte und die Erinnerung an zerbrochenes Glück. Ich bemerkte meine Affinität zur

Romantik, die ich längst abgelegt zu haben glaubte, und beschloss, das Problem konkret anzugehen. Eine Freundin hatte mir von einer jungen Frau berichtet, die ein professionelles Cellostudium abgeschlossen habe und nun an den Städtischen Bühnen in Heidelberg als Schauspielerin arbeite. Ich wollte diese Frau kennenlernen, denn selbst wenn sie als Darstellerin der Clarissa-Figur nicht in Frage kam, konnte ich an ihrem Lebensweg und an ihren Erfahrungen überprüfen, wie realistisch meine Geschichte war. Ich bat Robert, der Spur nachzugehen. So kam es, dass ich schon im Januar Salome zum ersten Mal sah.

Obwohl diese Begegnung in unserem gemeinsamen Erinnerungskalender für immer vermerkt blieb, war sie noch keine Offenbarung, im Gegenteil. Nachdem Salome wie alle anderen Rollenbewerber fotografiert und in einem Videogespräch befragt worden war, wurde ich gerufen. Wenn ich heute an diesen ersten Anblick denke, ist es, als wäre die Frau, die da vor mir stand, unsichtbar gewesen. In meiner Erinnerung ist sie ebenso gesichtslos wie die Drehbuchfiguren. Sie trug eine schlecht sitzende Lederhose und eine Jacke über einem rosafarbenen T-Shirt, eine Kombination, die sie eher durchtrieben jungenhaft, jedenfalls nicht so feminin sensibel erscheinen ließ, wie ich mir Hermanns Geliebte vorstellte. Wie ich erfuhr, probte sie in Heidelberg zu dieser Zeit eine Hosenrolle in der Operette DER BETTELSTUDENT. Das burschikose Komödienspiel schien eher ihre Rolle zu sein als unsere Cellokünstlerin Clarissa. Wir luden Salome zum Abendessen in unsere Stammkneipe ein, wo ich ihre Fragen nach dem Sujet des Films und der Clarissa-Rolle beantwortete. Ich hütete mich aber, ihr Versprechungen zu machen, obwohl ich sehr beeindruckt war, als sie erzählte, wie sie von der Musik zum Schauspiel gekommen war.

In den folgenden Monaten nahm ich auch meine Aufgaben als Produzent wieder wahr. Der WDR zeigte sich immer noch interessiert, und Mengershausen hatte meine Drehbücher akzeptiert. Offenbar war er inzwischen zu dem Schluss gekommen, dass dieses Projekt nicht von meiner Person zu trennen war, und vielleicht hatte ich ihn auch als Autor überzeugt. Sicher bin ich mir allerdings nicht, denn er hat während der folgenden Produktionszeit trotz intensiver Zusammenarbeit niemals ein weiteres Urteil darüber abgegeben. Es schien in den Produktionsstrukturen, wie sie zwischen Filmemachern und den Fernsehanstalten entstanden waren, besonders schwierig geworden zu sein, Freundschaft und Arbeit miteinander zu verbinden.

Im Februar folgte ich einer Einladung der Berliner Filmfestspiele. Offenbar gab es dort Möglichkeiten, die Verhandlungen über die Finanzierung des neuen Projektes voranzubringen. Genau weiß ich das nicht mehr. Ich erwähne diese Reise nur wegen des heilsamen Schocks, den ich bei der Rückkehr erlebte. Ich hatte sechs Stunden allein im Auto verbracht und kam nach über fünfhundert Kilometern und vielen aus Langeweile gerauchten Zigaretten spätnachts in München an. Als ich das Haus betreten und mit dem Lift in den fünften Stock fahren wollte, sah ich, dass der Aufzug wegen einer Reparatur außer Betrieb war. Ich packte meinen Koffer, weiß der Teufel, warum er so groß und schwer sein musste, und schleppte ihn die Treppen nach oben. Auf halber Strecke bekam ich Atemnot. Ich blieb stehen und rang nach Luft. Ich geriet in Panik. War es das Herz, vielleicht sogar die Vorankündigung eines Infarkts? Ich tastete nach meinem Puls. Das Herz raste. Ich versuchte, mich zu beruhigen. Schon spürte ich, wie meine Hände reflexartig in der Jackentasche nach der Zigarettenschachtel suchten. Da schoss mir der Gedanke durch den Kopf, dass diese Atemnotattacke ja vielleicht die Folge des exzessiven Rauchens war. Was sollte aus mir werden, wenn das so weiterginge? Würde ich als der Kettenraucher, der ich nun einmal war, nicht schon bald zusammenbrechen? Jedenfalls sollte ich nicht von einem Film träumen, dessen extrem lange Produktionszeit wahrscheinlich alle Anstrengungen übersteigen würde, die ich bis dahin kennengelernt hatte. Ganz zu schweigen von den zu erwartenden Kämpfen als Produzent. Ich stand in dem schwach beleuchteten Treppenhaus, betrachtete den Koffer zu meinen Füßen und fühlte das rasende Herz. Da fasste ich den Entschluss, das Rauchen an Ort und Stelle aufzugeben.

Als ich mich etwas erholt hatte, gelang es mir, den Koffer bis in meine Wohnung zu schleppen. Dann holte ich aus der Besenkammer einen Hammer und einen großen Nagel. Ich nahm das Zigarettenpäckchen aus meiner Tasche, drückte es gleich neben dem Eingang an die Wand und nagelte es dort fest. Ich vollendete die Zeremonie, indem ich mit einem roten Filzstift einen magischen Kreis um das Roth-Händle-Päckchen zog und feierlich daneben schrieb: «DIESES IST MEIN LETZTES PÄCKCHEN ZIGARETTEN! AMEN!»

So wurde ich zum Nichtraucher. Für immer. Es war anfangs leicht, dann kamen die Krisen, die man kennt. Es gab aber auch neue Freuden, wenn man etwa für seine Charakterstärke bewundert wurde oder neue Leistungsreserven genießen lernte. Robert versuchte, es mir gleichzutun. So wetteiferten wir beim Kampf gegen die Sucht, leider mit der unschönen Folge, dass wir immer intoleranter gegenüber den Rauchern im Team wurden. Wer weiß, ob dieser Entschluss nicht einer der banalen Gründe dafür ist, dass ich heute noch leidlich gesund bin und die Heiterkeit besitze, diese Erinnerung aufzuschreiben.

Von Roberts Casting ging nun ein Strom von Impulsen für meine Drehbucharbeit aus. Es waren nicht nur die vielen Gesichter, unter denen ich schon einige meiner Figuren erkannte, es waren auch die Lebensgeschichten und Details aus dem Musikbetrieb, die meine Arbeit bereicherten. Zudem veränderte sich mein Lebensstil, ich tauchte aus der Nachtarbeit auf und nahm wieder am Tagesgeschäft der Produktion teil. Inge Richter hatte den Mitarbeiterstab von HEIMAT um sich versammelt, aber auch neue Kräfte waren hinzugekommen, und meine Firma wuchs über die Räume der U.L.M. hinaus. Da im Hinterhaus eine Büroetage frei geworden war, mieteten wir diese hinzu. Bald hatte die Edgar Reitz Filmproduktion mit zehn Zimmern und wachsendem Personal das Ausmaß eines mittelgroßen Betriebes erreicht. Nie wieder in meinem Leben war ich mit einem größeren Apparat ausgestattet als bei der Herstellung des Werks, das uns in den folgenden fünf Jahren beschäftigte.

91 Salome

Die Suche nach Hauptdarstellern war immer professioneller geworden. Die fiktive Freundesclique, die zu einer glaubwürdigen Beschreibung der 1960er Jahre notwendig war, nahm in der Besetzung immer deutlicher Gestalt an. Viele der Rollenbewerber spielten ihre Musikinstrumente selber, sodass es nahelag, auch die Clarissa-Rolle mit einer ausgebildeten Cellistin zu besetzen. Ich dachte an die Cellospielerin, die mich im Sommer zuvor auf dem Münchener Filmfest so fasziniert hatte. Ich bat meine Castingleute, diese Idee zu überprüfen, Probeszenen zu drehen und Eignungsgespräche zu führen. Die exzellente Cellistin war jedoch keine Schauspielerin und verblasste vor der Kamera. Wieder einmal hatte sich herausgestellt, dass die Wahrheit einer Erzählung nicht mit der platten Wirklichkeit verwechselt werden darf. Es bedarf immer einer Verwandlung, einer Distanz zur Wirklichkeit, die erst das schöpferische Erkennen in Gang setzt. Ich wurde den Gedanken nicht los, dass die burschikose Salome aus Heidelberg vielleicht doch die Richtige war, gerade weil sie das romantische Rollenbild nicht von vornherein verkörperte. Also beauftragte ich Robert, den Kontakt zu ihr noch einmal aufzunehmen.

Am 14. März betritt Salome zum zweiten Mal die Szene. Um die volle Wahrheit zu sagen: Sie tritt mitten in mein Leben und begründet damit eine neue Zeitrechnung, denn von diesem Tag an teilt sich meine Biographie in eine Zeit *vor* Salome und die Zeit *mit* Salome. Unsere Erinnerungen an diesen Tag sind heute unterschiedlich, das kann wohl auch nicht anders sein. Aber in einigen Fakten, die ich hier wiedergeben will, sind sie verlässlich.

Salome hatte sich schon am Nachmittag ihrer Ankunft mit Hildegard getroffen, einer Pianistin, die zu meinem Freundeskreis gehörte. Hildegard war bereit, sie am nächsten Tag beim Probespiel zu begleiten. Darauf wollten die beiden sich musikalisch vorbereiten. Nach einer mehrstündigen Probe in Hildegards Wohnung kamen sie zu dem Restaurant, in dem wir schon seit einer Stunde auf sie warteten. An unserem Tisch saßen meine Assistenten und das Kamerateam. Ich war aufgeregt, und ich sehe noch heute vor mir, wie ich vom Tisch aufspringe, als Salome und Hildegard hereinkommen. Salome wich mir aus, wollte nicht berührt werden. Sie trug einen mehrfach um den Hals gewundenen Wollschal, grüßte winkend und gab keinem die Hand. Dabei versuchte sie, unter der Vermummung zu lächeln. Sprechen konnte sie aber überhaupt nicht. Sie war so schwer erkältet und so heiser, dass sie nur flüstern konnte, und selbst das bereitete ihr Schmerzen. Da half auch nicht, dass Hildegard lachte und meinte, das Musizieren habe dennoch Spaß gemacht. Alle am Tisch, zu ihnen gehörte auch Jörg Richter, der am kommenden Tag die Hermann-Rolle mit Salome versuchen sollte, waren bei diesem Auftritt verlegen. Es stand die Frage im Raum, ob es unter diesen Umständen sinnvoll war, Salomes Rollenspiel zu testen. Konnte man so überhaupt herausfinden, ob sie eine gute Schauspielerin war und als Clarissa in Betracht kam? Wir schauten uns an, und Salome war den Tränen nah. Sicher fragte sie sich, ob es nicht besser gewesen wäre, die Reise nach München abzusagen. Aber gerade aus ihrer Unsicherheit sprach ein Charme, der mich unmittelbar berührte. Salome sah mich mit ihren fiebrigen Wangen, ihren traurigen Augen und ihrem atemlosen Versuch, sich flüsternd zu verständigen, so verzweifelt und schutzlos an, dass ich sie augenblicklich ins Herz schloss.

Wir saßen noch eine Stunde zusammen. Man scherzte im Kreis der Mitarbeiter und besprach den Ablauf der Probeaufnahmen des kommenden Tages. Salome hatte sofort bemerkt, dass ich nicht mehr rauchte, und gab mir dies mit kleinen anerkennenden Gesten zu verstehen.

Robert hatte für den Probedreh die in München bekannte Musikkneipe «Mariandl» in der Goethestraße reserviert. Hier gab es einen Flügel für Hildegard, und ich hatte ein paar kleine Szenen geschrieben, die für die Stimmung im München der «Sixties» typisch waren. Da Salome nun aber nicht sprechen konnte, schrieb ich die Szenen in der Nacht noch um und verwandelte sie in ein stummes Gesten- und Mienenspiel. Wir trafen uns morgens in den Räumen der Agnesstraße, wo bereits die Maskenbildnerin wartete, um Salome gemäß meinem vorher erteilten Auftrag «femininer» zu machen. Das Ergebnis, das sich mir bot, als ich hinzukam, war ebenso niederschmetternd wie Salomes noch schlimmer gewordene Heiserkeit mit völligem Stimmverlust. Die Maskenbildnerin hatte Salome eine übertrieben gelockte Langhaarperücke verpasst und ihre Augen mit rabenschwarzen Lidstrichen zu Vampiraugen gemacht. Auch das Kleid war viel zu streng und ambitioniert. In dieser Montur drehten wir im «Mariandl» bis zum frühen Nachmittag belanglose Szenen, in denen Salome hauptsächlich Cello spielte und zwischendurch mit Blicken den verlegenen Hermann-Darsteller Jörg anflirtete. Nicht einmal die Musik war gelungen. Und dennoch: Als ich Salome zum Zug brachte, wusste ich im Moment des Abschieds, dass sie, und nur sie, Clarissa sein würde. Als der Zug schon abgefahren war, kam es, für Salome unhörbar, über meine Lippen wie eine Liebeserklärung: Du bekommst die Rolle. Der Zug fuhr nach Heidelberg, und ich spürte eine erwartungsvolle Heiterkeit.

Obwohl mein Gefühl sich längst entschieden hatte, zwang ich mich, Abstand zu gewinnen und nichts zu überstürzen. Zwei Wochen später hielt ich es nicht länger aus. Ich wollte Salome nicht mehr im Ungewissen lassen und rief sie in Heidelberg an. Ich gab meiner Stimme einen möglichst seriösen, offiziellen Ton, als ich ihr gratulierte und sie zum Beginn der Zusammenarbeit nach München einlud. Ich ging so weit, sie zu fragen, ob sie bereit sei, ihren Vertrag mit dem Heidelberger Theater zu kündigen. Sie war fassungslos und wortkarg. Wie ich aber bald darauf erfuhr, hat sie noch am selben Tag den Intendanten aufgesucht und ihren Theatervertrag zum Herbst gekündigt. Die gemeinsame Arbeit konnte beginnen.

92 Das Haus

Bei allen Aufgeregtheiten und den vielen Entscheidungen, die zu Beginn der Produktion des neuen Films notwendig waren, hatte ich ganz vergessen, dass es noch mein Haus am Englischen Garten gab. Die

Räumungsklage gegen den Mieter war auch im Berufungsverfahren vom Gericht abgelehnt worden. Das hatte mich aber nicht mehr weiter beunruhigt, da es nach Roswithas Trennung ohnehin keine gemeinsame Perspektive mehr in diesem Haus gab. Umso überraschender wirkte wenige Monate später die Nachricht, dass der amerikanische Mieter ohne besondere Ankündigung ausgezogen und das Haus für mich frei verfügbar war. Die amerikanischen Behörden hatten den Leiter der Radiostation kurzfristig abberufen. Als man mir die Schlüssel überreichte, fand ich die Zimmer leer vor. Nur Vorhänge und Teppiche waren beim eiligen Auszug zurückgelassen worden, sodass in einigen Zimmern noch die fremde Wohnlichkeit der Mieter zu spüren war. In den Kellerräumen deutete einiges darauf hin, dass hier nachrichtentechnische Sendeanlagen betrieben worden waren. Es gab Kabelkanäle, Wanddurchbrüche und Befestigungen für Überwachungskameras an den Außenwänden. Ich verstand, warum man mir die Besichtigung des Hauses beim Kauf verweigert hatte, denn offenbar hatte der Mieter hier geheimdienstliche Aufträge zu erfüllen. Ich machte mich sofort daran, die Erinnerungen an diese Nutzung des Hauses zu tilgen. Ein wenig unheimlich war mir bei diesen Arbeiten, sie erinnerten daran, dass der Kalte Krieg Mitte der 1980er Jahre durchaus noch ein Teil unserer Wirklichkeit war.

Meine Produktionsleiterin kam auf die Idee, das Haus für die Vorbereitung der ZWEITEN HEIMAT zu nutzen. Wir brauchten einen Ort, an dem die Probeaufnahmen mit den vielen Rollenbewerbern stattfinden konnten. Robert stellte bald auch Überlegungen an, ob das Haus vielleicht sogar als Motiv für die «Fuchsbau»-Villa, den zentralen Schauplatz vieler Szenen des Films, in Betracht käme. Da der Sommer bevorstand, war der Garten eine Attraktion für mein Vorbereitungsteam. In großer Eile wurde die Terrasse möbliert und am Ast einer alten Weide eine hohe Schaukel befestigt, die in den folgenden Monaten jeden unserer Gäste zu kleinen Himmelsflügen verführte. Selbstverständlich sollten auch die Zimmer für die Produktion genutzt werden. Es lag nahe, auswärtige Mitarbeiter und Rollenbewerber hier unterzubringen und damit Hotelkosten einzusparen.

Salome war die Erste, die in meinem Haus übernachtete. Mit einem Futon, einem kleinen Tisch und einem Stuhl hatte man ihr das Zimmer eingerichtet. Welch große Symbolkraft diese Nacht für uns annahm, kann man daran ermessen, dass Salome auch heute noch, nach fünfunddreißig Jahren, in diesem Zimmer residiert. Dabei waren wir zu diesem Zeitpunkt, im Mai 1987, noch gar kein Paar. Es passierte erst zwei Monate später, am 11. Juli, nachdem wir uns schon viele Male in dem Haus getroffen und in langen Gesprächen über Musik und Kunst versucht hatten, ins Innerste der Rolle und der Filmerzählung einzudringen. Ich zeigte Salome meine frühen Filme und war selig, mit einer Frau zusammen zu sein, die ein elementares Kunstverständnis besaß.

Das Haus spielte nun eine ganz besondere Rolle in der Entstehungsgeschichte der ZWEITEN HEIMAT. Über ein halbes Jahr dienten seine Ecken und Winkel als Hintergrund für Probeszenen, die ich besonders gern in Salomes Zimmer schrieb, um sie dann in immer neuen Konstellationen mit Rollenbewerbern auszuprobieren. Ich war auf der Suche nach einem Weg, die Atmosphäre der sechziger Jahre, in denen mein Protagonist Hermann seine Studienjahre verbringt, durch die Figuren und ihre Besetzung darzustellen. Die Zimmer des Hauses verwandelten sich in fiktive Gaststätten, Studentenbuden, musikalische Übungsräume, Verstecke für Liebespaare oder sogar in eine kleine Konzertbühne. Neben den wichtigen Figuren wie Schnüsschen, Helga, Reinhard oder Rob ging es auch um die schwierige Besetzung der Rolle des Chilenen Juan. Es war offensichtlich, dass ich mit dieser Figur meinen alten Freund, den sprachbegabten Julio, porträtieren wollte, der, wie erwähnt, auf geheimnisvolle Weise aus unserem Gesichtskreis verschwunden war. Mein Castingteam suchte auch in Sprachenschulen und unter Musikern, fand aber unter all den jungen Männern mit südamerikanischer Herkunft keinen, der die Voraussetzungen für diese Figur erfüllte.

Als meine Tochter Susanne uns einmal in Begleitung ihres Lebensgefährten besuchte, fiel uns auf, dass er viele der gesuchten Eigenschaften besaß. Daniel war sprachbegabt, stammte tatsächlich aus

Chile und war Musiker. Da er allerdings kein Schauspieler war, musste ich durch Probeaufnahmen herausfinden, ob er auch dazu das Talent mitbrachte. Immer wieder kombinierten wir verschiedene Rollenbewerber miteinander. Daniel, der neben Salome wochenlang in unserem Filmhaus wohnte, entwickelte mit seinen Improvisationen großen Einfluss auf die Handlung des Films. Seine Spezialitäten waren neben der Leidenschaft für Sprachen das Spiel auf exotischen Flöten, zirkusreife Akrobatik und Jonglierkünste oder das geduldige Falten von Origami-Figuren. Wir erlebten einen Sommer voller Phantasie, und nach und nach bildete sich das Ensemble, von dem unser Epos handeln sollte.

Das paradiesische Glück dieses Sommers war unvergleichlich. Es gab die permanent wachsende Liebe zwischen Salome und mir, die wir vor dem Team und den anderen Darstellern geheim zu halten versuchten, die aber dennoch jeder bald bemerkt hatte. Es gab das Haus und den Garten als Verwandlungsbühne für die Spielszenen, in denen die Figuren des geplanten Films nach und nach ihr Profil zeigten. Und schließlich gab es ein begeistertes Team, das sich, angeführt von Robert Busch und seiner Gestaltungsphantasie, in die Aufgabe stürzte, ein ideales Ensemble von verschworenen Mitspielern aufzubauen. In meiner Erinnerung scheint jeden Tag die Sonne. Viele von den Probeszenen, die ich eigens für die Darstellersuche geschrieben hatte, sind als Videofilme erhalten geblieben.

Nachdem ich mich für Salome als Darstellerin der Clarissa entschieden hatte, erschien die Besetzung der Hermann-Rolle mit Jörg Richter nicht mehr sinnvoll. Er spielte kein Instrument und hätte für die musikalischen Szenen ein Double für Klavier und Gitarre gebraucht. Das widersprach allerdings dem Realismus, den wir anstrebten. Der neue Bewerber für die Rolle war eine Empfehlung der Agenturen und auch von Freunden, die ihn auf einer Hamburger Bühne gesehen hatten. Er folgte unserer Einladung zu Probeaufnahmen und war vom ersten Tag an der Favorit für diese mit hohen Erwartungen befrachtete Hauptrolle. Er spielte recht gut Klavier, war musikalisch und hätte als

Partner von Salome ein gutes Bild abgegeben. Wir dehnten die Probeaufnahmen mit ihm über mehrere Tage aus, sodass er auch seine wichtigsten Spielpartner kennenlernte, mit denen wir kleine Szenen improvisierten, die nicht im Drehbuch standen. Es war Mitte August, als ich dem jungen Schauspieler schließlich die Hauptrolle anbot. Ich war mir durchaus bewusst, dass ich ihm damit auch mein berufliches Schicksal in die Hände legte. Das sagte ich zwar nicht, aber ich vermute, dass er es spürte.

Mein Angebot war einem Lotteriegewinn vergleichbar. Es ging nicht nur um die Hauptrolle eines der ungewöhnlichsten Filmprojekte dieser Jahre, es umfasste auch einen Vertrag über fast fünfhundert Drehtage und eine Gage, mit der der junge Schauspieler ein ganzes Jahrzehnt seines Lebens gesichert hätte. Wir konnten deshalb nicht verstehen, warum er seltsam verhalten reagierte und um Bedenkzeit bis zu seiner Rückkehr aus dem Urlaub bat. Mit seiner Freundin, die ihn kurz zuvor in München besucht hatte, fuhr er sodann nach Griechenland und ließ uns mit seiner Antwort bis zum Ende der Ferien warten. Meine Mitarbeiter fanden dieses Verhalten schwierig, und als er dann auch noch absagte, fragten wir uns, was sich im Kopf eines jungen Schauspielers abspielte und welche Vorstellung er von seiner beruflichen Zukunft hatte. Die Begründung klang ebenso seltsam wie weltfremd: Die Rolle in unserem Epos binde ihn über mehrere Jahre an ein Projekt und verhindere damit, in dieser Zeit andere, eventuell wichtigere Angebote anzunehmen.

Wir hatten wertvolle Wochen verloren und mussten nun die Suche nach einem Hermann-Darsteller von neuem beginnen. Wieder zog Robert mit seinen Helfern durch das Land, wieder wurden Bewerber eingeladen und getestet. Ein junger Schauspieler, der kurz vor seinem Abschluss an der Berliner Hochschule der Künste stand, überzeugte uns mit vielen seiner Qualitäten. Er sah sympathisch aus, und er spielte exzellent Klavier. Ich testete ihn in verschiedenen Szenen mit Salome und anderen Darstellern, und wir waren bald überzeugt, endlich eine neue Lösung gefunden zu haben, mit der wir das zuvor erlebte Debakel überwinden konnten. Aber auch dieser junge Schauspieler lehnte nach kurzer Bedenkzeit mein Angebot ab. Er begründete seinen Schritt damit, dass er andere Aufgaben, die ihn in der freien Szene Berlins erwarteten, zum Beispiel einen Workshop bei einem umherreisenden Strasberg-Lehrer, für wichtiger hielte. Ich rief den Leiter der Berliner Schauspielschule an und versuchte im Gespräch herauszufinden, was den jungen Mann motivierte, sich so zu verhalten. Nach wenigen Sätzen musste ich hinnehmen, dass auch der Lehrer ihm geraten hatte, unser Angebot auszuschlagen. Er sei für die Aufgabe noch nicht reif. Es ist unglaublich, welche Macht manche Lehrer über ihre Schüler ausüben.

Ich hatte das Gefühl, dass wir mit unserem Projekt in eine Zeit geraten waren, die ihr Heil in Realitätsflucht suchte. Mit unserem Verlangen nach Ensemblegeist und Hingabe an das Werk hatten wir eine Außenseiterposition eingenommen. Die Absagen der beiden jungen Schauspieler schienen auf einen Trend in der Kinobranche hinzudeuten, die sich wieder den bewährten Stoffen des Genrefilms zuwandte und von Hollywoodkarrieren träumte. Es gab manches Krisengespräch in unserem Team, aber wir gingen gestärkt daraus hervor. Die Frage der Hauptdarstellersuche war bald in den Hintergrund getreten, denn es gab ja immer noch Henry Arnold, der in jedem Falle zu unserem Ensemble gehören sollte, Henry hatte Dirigierkurse genommen und sollte die Rolle des Jean-Marie übernehmen, der seinerseits Dirigieren studierte. Henrys Talente waren vielseitig, und er interessierte sich für die Arbeit unseres Filmkomponisten Nikos Mamangakis, mit dem er sich angefreundet hatte. Es war auch Nikos, der mir eines Morgens dazu riet, nicht länger nach einem großen, gutaussehenden Liebhabertypen für die Hermann-Rolle zu suchen, sondern einfach Henry zu nehmen, da dieser den musikalischen Anforderungen am besten gewachsen sei. Wörtlich sagte Nikos: «Dann ist es eben nicht Hermann, sondern das Hermännchen.» Es war ein Augenblick der Erkenntnis, und ich kann heute, aus großem zeitlichen Abstand, dem Schicksal dankbar sein, dass es uns vor den beiden Romeos zuvor bewahrt hatte.

93 Auf den Spuren des Zarathustra

Salome lebte inzwischen mehr in München als in Heidelberg, wo sie immer noch ihre Wohnung behielt. Die Jahre, die sie dort verbracht hatte, waren Hintergrund vieler Freundschaften und Bindungen, die sie wegen eines vorübergehenden Jobs nicht einfach aufgeben wollte. Außerdem hatte sie noch Spielverpflichtungen am Heidelberger Theater zu erfüllen. Zugleich aber entwickelten sich immer schönere Gewohnheiten zwischen Salome und mir. Wir machten kleine Reisen, erkundeten die künftigen Drehorte miteinander, und Salome wurde auch mit meinem Leben vertraut. Bald kannte sie Julia und meine erste Familie, wir besuchten gemeinsam Konzerte und Theateraufführungen und erzählten uns nächtelang unsere Lebensgeschichten. Salome hatte schon im September ein möbliertes Zimmer in Schwabing gemietet, aber meist schlief sie bei mir in der Schraudolphstraße, wo wir nach und nach einen kleinen gemeinsamen Haushalt begründeten. Am 6. Dezember, kurz vor dem Ende der Probeaufnahmen, kam es in meiner kleinen Wohnung dazu, dass wir uns heimlich «verlobten». Es gab eine Zeremonie, die Salome sich einfallen ließ, um unser unerwartetes Liebesglück zu besiegeln. Das Wort «Verlobung» klang allerdings zu kleinbürgerlich, und ich hatte etwas Vergleichbares ja schon einmal mit Gertraud und ihrer Familie erlebt. Deswegen schenkten wir uns Rosen, und Salome erfand für unser Versprechen das missverständliche Wort «Verrosung».

Die späte Entscheidung, Henry Arnold als Hermann zu wählen, brachte den gesamten Produktionsplan in Bedrängnis, denn es blieb nur wenig Zeit, den Drehbeginn vorzubereiten, der für Ende Januar vorgesehen war. Henry musste die Musikstücke von Hermanns Abiturkonzert einstudieren und Hunsrücker Platt lernen. Besonders die Herstellung und Beschaffung der Kostüme war unter Zeitdruck geraten, und ich hatte noch vor Jahresende die Aufgabe, den Koproduktionsvertrag mit dem WDR zur Unterzeichnung zu bringen. Ich war bei den Verhandlungen so unnachgiebig, dass der WDR sich tatsächlich dazu bewegen ließ, den Vertrag noch am Tag vor Weihnachten zu unterschreiben. Natürlich war ich auch mehrmals mit Gernot Roll und unserem unvergleichlichen Ausstatter Franz Bauer im Hunsrück, um die Motive der Anfangssequenzen zu besichtigen und ein Gefühl für das Abenteuer der ZWEITEN HEIMAT zu entwickeln.

Im Januar gelang es mir, ein wenig Freizeit zu reservieren, um mich für den Beginn der Dreharbeiten noch einmal zu erholen und seelische Energien zu tanken. Ich buchte ein Zimmer im legendären Hotel «Waldhaus» im schweizerischen Sils-Maria, dem Ort, von dem schon Nietzsche, Hesse, Thomas Mann oder Adorno fasziniert waren. Einige Tage war ich dort allein, weil Salome noch Vorstellungen am Heidelberger Theater zu spielen hatte. Dann, einen Tag vor ihrem neunundzwanzigsten Geburtstag, konnte ich sie mit dem Pferdeschlitten am Bahnhof von St. Moritz abholen. Als wir uns kennenlernten, war ich noch doppelt so alt wie sie. Jetzt konnten wir uns darüber freuen, dass der Altersunterschied sich in Prozenten immer weiter verkleinern würde. «Wenn du hundertzwanzig wirst, werde ich mit meinen dreiundneunzig Jahren auch nicht mehr gerade jung sein,» scherzte Salome an dem ersten der dreiunddreißig Geburtstage, die wir seitdem miteinander feierten.

In diesen Tagen hatte ich ein seltsames spirituelles Erlebnis, das ich niemals vergessen werde. Ich machte mit Salome eine Wanderung vom «Waldhaus» ins Fextal und weiter in das Gebiet des Gletschers. In der Nacht hatte es so viel Neuschnee gegeben, dass wir immer wieder den Weg unter unseren Füßen verloren. Die Wolken hingen so tief, dass der Horizont nahtlos in den Himmel überging. Unsere Gespräche drehten sich um Nietzsche, und wir erzählten uns, was wir über die Entstehung seines ZARATHUSTRA gelesen hatten. Wir hatten das Gefühl, auf denselben Wegen zu gehen wie Nietzsche, als ihn die Visionen dieses seltsamen Werkes ereilten. Wir bewegten uns auf poetischem Gelände. Als wir an eine kleine Talmulde kamen, entdeckte ich einen dunklen Gegenstand, genau an der tiefsten Stelle der Senke. Die Neugier trieb mich nachzusehen, was da aus dem Schnee ragte. Während Salome oben auf dem Weg weiterging, stapfte ich bergab, bis ich erkannte, dass der dunkle Gegenstand ein Baumstamm war. Ich sah mich um. Salome war verschwunden. Mich umgab ein völlig strukturloses Weiß. Kein Himmel, keine Erde, kein Mensch, kein Geräusch. Absolute Stille, in der ich das Blut in meinen Adern zu hören begann.

Ich wollte einen Schritt tun, da versank ich bis zum Bauch im Schnee. Es war nicht möglich, den Baumstumpf zu erreichen, zumal dieser nun auch verschwunden zu sein schien. Ich war völlig allein auf der Welt. Es gab nichts, woran ich hätte überprüfen können, wo ich war und ob es mich und diese Mulde und den Schnee überhaupt gab. Ich rief nach Salome, erhielt aber nur Stille als Antwort. Plötzlich sah ich mich von oben. Ich befand mich an einem irrealen Fixpunkt in der Luft, weit über mir. Und da war auch wieder der Baumstumpf. Ich sah ihn als schwarzen Punkt unter mir und blickte mir selbst auf den Schädel. Ich war aus meinem Körper hinausgefahren, war zu einem Geisterauge geworden, das schwerelos und ortlos über allem schwebte und mich von außen betrachten konnte. Wäre ich jetzt von einer Schneelawine überrollt worden und erstickt, ich hätte es unverletzt und sogar unverletzlich mit angesehen. Ich war im wörtlichen Sinne «außer mir». Der Zustand dauerte eine Ewigkeit, bis ich Salomes Stimme hörte. Sie erschien oben am Rande des Trichters und winkte mir zu. Ich kehrte augenblicklich in meinen Körper zurück und konnte ihr antworten. Der Rückweg war leicht. Aber ich konnte über das Erlebte lange nicht sprechen.

Dieses Phänomen hat sich nie mehr in meinem Leben wiederholt. Aber immer, wenn ich über mich selbst nachdachte und mich fragte, wer ich bin, erinnerte ich mich daran. Im Fextal erhielt ich den Beweis dafür, dass wir nicht unbedingt an die Existenz unseres Körpers gebunden sind. Schon mit der Frage nach dem Ich treten wir uns eigentlich in einer Parallelwelt gegenüber. Wo bin ich, wenn ich diese Frage stelle? Und folglich muss ich mir diese Frage auch beim Schreiben dieser Erinnerungen stellen. Ist es nicht wie im verschneiten Fextal, wenn ich meine Lebensjahre aus der Vogelperspektive betrachte?

94 Arbeit und Leben – 557 Drehtage

Es waren die freiesten Jahre meines Lebens. Niemals zuvor oder danach konnte ich so unbeeinflusst und selbstsicher meinen Interessen und künstlerischen Impulsen folgen, nie mehr flossen die Mittel für die Filmproduktion mit so viel Vertrauen in meine Fähigkeiten, so vorbehaltlos und reichlich, wie bei der ZWEITEN HEIMAT. Der Grund war der vorausgegangene Welterfolg von HEIMAT und das damit entstandene Interesse Dutzender internationaler Fernsehanstalten und Produktionsfirmen. Der WDR, dem ich die Weltrechte am neuen Projekt übertragen hatte, konnte eine lange Reihe von Lizenzverträgen schließen, mit Fernsehanstalten von Kanada bis Australien, von Finnland, Brasilien bis zu den USA, und damit schon vor Drehbeginn viel Geld einnehmen. Immer wenn ich die Direktoren des deutschen Fernsehens traf, auf den Filmfestspielen von Berlin oder bei meinen Besuchen in den Sendeanstalten, begegneten sie mir mit überschwänglicher Freundlichkeit. Wie ich später erfuhr, war unser neues Projekt durch die Lizenzverkäufe längst finanziert, sodass der WDR eigentlich keine Mittel aus dem Etat des Fernsehspiels einsetzen musste. Aus formalen Gründen wurde die Redaktion dennoch beteiligt, damit nicht der Anschein entstand, die öffentlich-rechtliche Rundfunkanstalt trete lediglich als profitorientierter Rechtehändler auf. Für mich war durch die Lizenzeinnahmen ein Ansehen entstanden, das mir Respekt verschaffte und auch zu einer entspannten, produktiven Zusammenarbeit mit der Redaktion des WDR beitrug.

Meine dreizehn Drehbücher lagen bei Drehbeginn Ende Januar 1988 für alle Mitarbeiter und Darsteller fertig gedruckt und in lindgrünen Umschlägen in Kisten gestapelt im Flur des Büros bereit. Der Produktionsablauf war von einem erfahrenen Team sorgfältig geplant worden, aber es war auch klar, dass sich vier Jahre Drehzeit nicht komplett vorausplanen ließen. Bei Drehbeginn konnte demnach noch niemand ahnen, wie das Abenteuer enden würde. Aus der Ungewissheit entstand keine Angst, vielmehr das Gefühl, dass Leben und Arbeit sich untrennbar ineinander verschränkten. Ich nahm mir die Freiheit, die

Drehbücher jederzeit zu ändern. Sobald ich bei den Vorbereitungen auf neue Ideen stieß oder sich aus den Gesprächen und Proben mit den Schauspielern neue Impulse für den Film ergaben, griff ich diese auf, schrieb das Buch um und bat mein Büro, die neue Fassung in die Produktionsplanung zu übernehmen. Wenn ich von der großen Freiheit spreche, mit der DIE ZWEITE HEIMAT entstand, meine ich vor allem diese Offenheit gegenüber den Anregungen und Einflüssen, denen wir während der Dreharbeiten immerzu begegneten.

Ein weiteres Glück war, dass ich vier Jahre lang mit jungen Leuten arbeiten durfte. Es war eine Konsequenz der historischen Erzählung, dass wir im Jahr 1990 mit Darstellern arbeiten mussten, die im Alter der in den 1960er Jahren studierenden Protagonisten waren. Ich arbeitete folglich jahrelang mit Fünfundzwanzig- bis Dreißigjährigen und fühlte mich am Ende dieser Generation näher als der eigenen. Der leuchtende Ausdruck dieses Jugendglücks war Salome, die mich in diesen Jahren unmerklich, aber sicher durch die Empfindungswelt ihrer Generation führte. Ich war auf einmal dreißig Jahre jünger und erlebte zum zweiten Mal den Zauber des Anfangs. Die tägliche Arbeit mit jungen Leuten gab mir das Gefühl, dass mein ganzes Leben aus Lehrjahren bestand. Dieses Gefühl, das mir früher den Spitznamen «Zauberlehrling» eingebracht hatte, war gegenwärtig.

Filmzeit und Lebenszeit können allerdings auch auseinanderklaffen, was sich zum Beispiel darin ausdrückte, dass eine Reihe von Teammitgliedern nach vierzig Drehtagen aufgab. Vierzig Drehtage, das war die im deutschen Film übliche Zeitspanne für einen Spielfilm. Der Gedanke, nach vierzig Tagen nicht einmal zehn Prozent des Arbeitspensums geleistet zu haben, stürzte einige Mitarbeiter in Panik. Auf diese Distanz waren ihre Kräfte nicht vorbereitet. Nur wenige blieben vom ersten bis zum dreizehnten Teil bei uns. Der größte Verlust, den ich zu bewältigen hatte, war der Weggang meines Kameramanns Gernot Roll. Nach den Jahren im Hunsrück, die Gernot immer wieder als seine glücklichsten Berufsjahre bezeichnete, hatte er Schwierigkeiten mit der jungen Künstlergeneration, von der unser Film handelte. Gernot verabscheute die eloquenten Theoretiker in der Kunst und hielt unsere jungen Protagonisten für Pseudogenies, denen er misstraute. Während ich versuchte, mit den Bildern meine Liebe zu den jungen Träumern und Künstlern auszudrücken, kämpfte Gernot mit Antipathien. Ich sah, dass er sich, ganz im Gegensatz zu seiner Leidenschaft für Gesichter und die Eigenheiten der Personen, in technische Spielereien verkroch.

Er hatte schon am ersten Drehtag eine sogenannte «Schnorcheloptik» besorgt, mit deren Hilfe die Kamera über die Klaviertasten rasen sollte, als wäre sie die Hand des Klaviervirtuosen Hermann. Der technische Aufbau der Kamerafahrt dauerte mehrere Stunden, in denen ich die Geduld verlor und Gernots Bemühungen als nebensächlich bezeichnete. Möglicherweise hat dieses Wort seinen Stolz verletzt und unser Verhältnis von Anfang an gestört. Als Gernot aber im März, nach etwa vierzig Drehtagen, ohne besonderen Anlass erklärte, er wolle zum frühestmöglichen Zeitpunkt die Zusammenarbeit beenden, konnte mir keiner im Team erklären, was der wirkliche Grund war. Es begann ein großes Rätselraten, es passte nicht zu Gernots Art, ein begonnenes Werk nicht zu Ende zu führen. Er gab schließlich an, er habe mehrere attraktive Angebote erhalten, die er nicht alle ablehnen könne, ohne sich beruflich zu schaden. Als er sah, wie sehr mich sein Entschluss kränkte, versprach er, noch zu bleiben, bis mit dem fünften Teil die erste Planungsphase abgeschlossen war. Offensichtlich wollte er damit weitere Spekulationen über seine Gründe abwenden. Mit Dankbarkeit konnte ich von Gernots Professionalität noch bis Oktober profitieren. Er hat den ersten fünf Filmen den Glanz seines Könnens geschenkt. Gernot verließ mich auf dem Höhepunkt glücklicher Zusammenarbeit. Erst mehr als zwanzig Jahre später haben wir uns bei DIE ANDERE HEIMAT ein weiteres Mal zu einem großen gemeinsamen Projekt gefunden. Und wieder führte unsere Begegnung zu einem Rausch der Schaffensfreude.

Natürlich ging das Leben weiter. Salome, mit der eine neue Zuversicht in mein Leben gekommen war, zog im Mai 1989 endgültig von Heidelberg nach München, und ich versuchte, an ihrer Seite im neuen Haus meine zweite Heimat zu finden. Für sie war das Haus bereits ein Teil ihrer Geschichte geworden, verbunden mit vielen Erlebnissen und neuen Begegnungen bei der Vorbereitung der Dreharbeiten. Für mich war es aber noch fremd. Die Wände, Treppen, Rohrleitungen, Einbauten und Türen, Gerüche und Geräusche sprachen vom Leben der ehemaligen Bewohner, rochen nach Menschen, von denen ich keinen gekannt oder je gesehen hatte. Die ersten Besitzer des Hauses waren hier wenige Jahren zuvor gestorben. In welchen Zimmern hatten sie ihren letzten Atemzug getan? Ich fühlte mich von ihren Geistern beobachtet. Es gab rätselhafte Hohlräume hinter den Dachschrägen oder unter dem Fußboden. Ich entdeckte eine Kellertreppe, die vor einer Betonwand endete. Von den Nachbarn hörte ich, dass während des Krieges Brandbomben das Haus getroffen hatten. Ich suchte nach der Einschlagstelle unter dem Geräteschuppen und fand stattdessen abgebrochene Marmorteile eines beheizbaren Wasserbeckens im Garten. Ich spürte überall die Geister der Vorgeschichte, die ich vertreiben wollte.

Salome hatte sich mit dem Haus angefreundet und versuchte, es mit unserer Liebe zu erobern. Doch jedes Mal, wenn ich allein durch die Räume ging, fing ich in Gedanken an, Wände einzureißen, Zimmer zu vergrößern, das Dach auszubauen oder einen Anbau über der Garage zu errichten. In den Nächten fertigte ich Grundrisse an und zeigte sie dem Architekten Röpke, der mir die baurechtlichen Möglichkeiten erklärte. Ich war entschlossen, mir das Haus durch einen kompletten Umbau zu eigen zu machen. Anders konnte ich mir nicht vorstellen, an Salomes Seite dort zu leben. Erst wenn die Wände mir meine eigene Geschichte erzählten, würde sich das Gefühl einstellen, hier zu Hause zu sein. Ich kann es kaum fassen, dass ich dieses Bauprojekt parallel zu den Dreharbeiten in Angriff nahm – und bewältigte. Im Mai waren die Baupläne fertig, und im Juni rückten die Handwerker an, errichteten ein Baugerüst, deckten das Dach ab und verwandelten das Haus in kurzer Zeit in eine chaotische, unbewohnbare Baustelle. Wieder kehrte ich mit Salome in die alte Mansarde in der Schraudolphstraße zurück.

In diesen Tagen besuchte ich mit Salome die Premiere von Joris Ivens' letztem Film UNE HISTOIRE DU VENT im Münchener ARRI-Kino. Vor Beginn der Vorführung verbreitete sich die Nachricht, dass der große Kinopoet und Freund Joris Ivens in Paris gestorben war. Vor mir sah ich das Bild, wie er mit seinem chinesischen Drachen, der über seinem Bett hing, für immer davonfliegt. Jetzt war der Film, den wir mit feuchten Augen betrachteten, sein poetisches Abschiedsgeschenk an die versammelten Freunde der Filmkunst. Einige Tage später fuhr ich mit kleinem Team und Salome nach Paris. Auf dem Friedhof Montparnasse filmten wir, wie Salome im Kostüm der Clarissa eine weiße Rose auf das frische Grab von Joris legt. Wir nahmen uns die Freiheit, an dieser Stelle völlig aus der Chronologie und der Erzähllogik unseres Films auszusteigen und ein Rätsel einzufügen, das unauflösbar bleibt wie das Rätsel des Todes selbst.

Robert Busch war der Engel der 557 Drehtage. Im Laufe der Produktionsjahre wurde er mein Stellvertreter, auch wenn es um die Verhandlungen mit den Sendeanstalten ging oder um Verträge mit Teammitgliedern. Es war Robert, der mir nach dem Weggang von Gernot Roll geholfen hat, eine neue Lösung mit Gerard Vandenberg auszuprobieren. Es war ihm durchaus bewusst, dass man ein Talent wie Gernot mit keiner noch so ambitionierten Wahl eines namhaften Kameramannes ersetzen konnte. Robert setzte darauf, dass Vandenberg in meinem Alter war, dass er die frühen Jahre des Neuen Deutschen Films mitgestaltet und in vielen mutigen Filmen einen neuen Stil der Lichtgestaltung entwickelt hatte. Die drei Teile, die ich mit Vandenberg drehte, zeigten auch tatsächlich diese Einflüsse aus unserer Anfangszeit und gaben der Handlung damit die besondere Atmosphäre der 1960er Jahre. Dennoch kam ich zu dem Schluss, die Zusammenarbeit mit Vandenberg nach dem achten Teil zu beenden, weil für die letzte große Produktionsphase ein schnelleres und flexibleres Drehen erforderlich war. Mit Vandenberg, der oft bedächtig und allzu zögerlich arbeitete, war ich dazu übergegangen, statt der vielen Schnitte und Einstellungen, die Gernot an einem Drehtag zuwegebrachte, lange Plansequenzen zu drehen und damit einen Erzählstil einzuführen, der für die fünf fehlenden Teile nicht gepasst hätte. Ein weiteres Mal beschlossen wir, eine große Pause einzulegen, die fast ein Jahr dauern sollte. Die Drehbücher mussten noch einmal komplett überarbeitet werden, denn viele Handlungsstränge waren neu entstanden und verlangten ihre Fortsetzung.

In dieser Zeit besuchte ich regelmäßig Julia und ihre Mutter, die nun in Salzburg lebten. Dort wurde Julia eingeschult, und bald hatte sie den österreichisch-salzburgischen Akzent angenommen, was mir bewusst werden ließ, dass räumliche Entfernung sich leicht in Fremdheit verwandeln kann. Beim Scheidungsprozess hatte Roswitha sich das alleinige Erziehungsrecht erstritten. Ich leistete Unterhaltszahlungen und bekam das kleine Recht zugesprochen, Julia mehrmals im Monat zu sehen. Sobald es die Unterbrechung der Dreharbeiten erlaubte, warf ich mich in mein Auto und fuhr nach Salzburg. Aber Julia wurde mit der Zeit immer abweisender, brauchte immer länger, bis sie meine Anwesenheit annahm, und wenn sie ihren Papa gerade wieder liebgewonnen hatte, musste sie erneut Abschied nehmen. Ich spürte den gleichen Schmerz und verbarg ihn vor dem Kind, aus Furcht, es nur schlimmer zu machen. Oft kehrte ich von solchen Besuchen verstört zurück und brauchte Stunden, bis ich wieder zur Ruhe fand. Ich wusste mir keinen Rat, wie es mir gelingen sollte, in Julias Leben einen guten Platz zu finden. Ich spürte, dass die Sechsjährige mir eine Schuld zuwies, der ich nicht entkommen konnte. Während einem unserer Spaziergänge ging Julia zwischen ihren Eltern, und ich merkte, wie sie versuchte, die Hände von Roswitha und mir ineinander zu führen. Sie weinte, als ihr das nicht gelang. Es ist kein Trost, dass wir es mit einem bekannten und tausendfach beschriebenen Drama der Scheidungskinder zu tun haben. So banal die Situation ist, so hilflos sind wir bei dem Versuch, die Liebe zum Kind von der Beziehung der Eltern zu trennen.

95 Neue Freiheiten

Der Herbst des Jahres 1989 ist in allen Geschichtsbüchern verzeichnet als die Zeit der «Wende». Jeder, der diese Monate erlebte, trägt Bilder in seinem Gedächtnis, die durch die historische Dimension eingebrannt sind. Salome, die aus einem evangelischen Pfarrhaus in Hessen stammt, war wenige Tage vor dem Mauerfall unterwegs zu ihrem Patenkind in Dresden. Unter Pfarrfamilien war es üblich, Freundschaften mit Amtsbrüdern und ihren Familien in Ostdeutschland zu unterhalten. Zur Pflege dieser Kontakte über die Grenzen des Eisernen Vorhangs hinweg gehörte wohl auch, dass man Patenschaften im Osten übernahm und sich damit verpflichtete, sein Patenkind jedes Jahr einmal zu besuchen und mit Geschenken aus dem Westen zu beglücken. Als sich Salome auf den Weg machte, konnte niemand ahnen, dass das historische Ereignis des Mauerfalls kurz bevorstand. In der Dresdener Familie spürte man aber bereits die politischen Veränderungen, die sich auf den Leipziger Montagsdemonstrationen schon seit Wochen ankündigten. Ich war deswegen froh, dass Salome bald aus der DDR zurückkam, denn alle Welt sprach von dem wachsenden Widerstand der Menschen gegen das DDR-Regime, und man war in großer Sorge, dass sich daraus eine blutige Katastrophe entwickeln könnte.

Als es schließlich am 9. November in Berlin zum Mauerfall und dem Ansturm der Menschen an den DDR-Grenzen kam, unterbrachen wir unsere Arbeit und verfolgten die Ereignisse Tag und Nacht im Fernsehen. Es waren Tage voller Pathos, und wir nahmen die Besucher aus der DDR wie verlorene Geschwister in die Arme. Bald tauchte auch der Vater von Salomes Patenkind bei uns in München auf, und als wir erfuhren, dass er von Beruf Fliesenleger war, boten wir ihm den ersten hochbegehrten Westjob auf unserer Baustelle an. Was wir in diesen Tagen erlebten, bildete zehn Jahre später den Stoff für den nächsten HEIMAT-Zyklus. In HEIMAT 3 – CHRONIK EINER ZEITENWENDE tauchen die Figuren dieser Tage in fiktionalisierter Gestalt wieder auf. Davon wird noch die Rede sein.

Es war nun mein Sohn Christian, der die Kamera führte. Christian hatte es als erster Assistent von Gernot Roll zunächst vorgezogen, an der Seite seines Meisters zu bleiben. Mit Gernot war er im Auftrag anderer Produktionsfirmen unterwegs gewesen und hatte wichtige Erfahrungen sammeln können, die ihn befähigten, die Bildgestaltung der noch fehlenden Filmteile von insgesamt mehr als zehn Stunden zu bewältigen. Christian nahm die Herausforderung, die Nachfolge von Gernot Roll und Gerard Vandenberg anzutreten, auf bewundernswerte Weise an. Schon nach wenigen Tagen zeigte sich, dass er über ein großes Talent verfügte. Technisch war Christian sogar auf dem Wege, seinen Meister zu übertreffen, denn er besaß das größere Verständnis für die neuesten Geräteentwicklungen und konnte modernere Lichtkonzepte einführen. Ganz neu war für mich die «Videoausspiegelung», die es dem Regisseur erlaubte, das Filmgeschehen auf einem handlichen Monitor live mitzuverfolgen. Christian gehörte eben der jüngeren Generation an, die genau wusste, welche Technologien die Zukunft bestimmen werden und wie sie sich schon jetzt für uns nutzbar machen lassen. Auch künstlerisch war Christian ein Gewinn und zeigte ein natürliches Empfinden für Bewegung und Schnittabläufe.

Ein unvergesslicher Höhepunkt dieser dritten Drehphase waren die Wochen, die wir in Venedig verbrachten. Wir erzählten die von der Nazivergangenheit belastete Liebesgeschichte zwischen Esther und Reinhard, gespielt von der wunderbaren Susanne Lothar und László Kish. Wir erlebten die Stadt im November als menschenleeren außerirdischen Ort, den Christians Bilder in seiner ganzen Melancholie erfassten. Der Höhepunkt war unser Schlussbild, das wir einem gewaltigen Zufall verdankten. Über Nacht war eine Sturmflut über die Lagune hereingebrochen und hatte die Gassen und Plätze überflutet. So kam es, dass uns das unvergessliche Bild von Reinhard gelang, der seinen Koffer durch das knietiefe Wasser über den Markusplatz zur Fähre trägt, nicht ahnend, dass er bald sein Leben im Wasser des Ammersees verlieren wird.

Die Wechselwirkung zwischen Leben und Kunst ist der glückliche Kern der ZWEITEN HEIMAT. Mit den 557 Drehtagen hatten wir für jeden der dreizehn Teile etwas mehr als zweiundvierzig Tage zur Verfügung, sodass nicht einmal Zeitnot entstand. Und da die Konflikte und Rückschläge, die es natürlich auch gab, sich immer wieder in den Filmen selbst spiegeln durften, sahen wir einen Glücksstern, der vier Jahre lang über unseren Häuptern leuchtete.

Einer der treuesten Mitarbeiter, der mich und meine Arbeit seit der ersten HEIMAT begleitete, war der außergewöhnliche Franz Bauer. Im Abspann wird er immer wieder als «Ausstatter» genannt. Heute würde man für seine Arbeit den englischen Begriff «Production Designer» verwenden, obwohl auf Franz Bauer beides eigentlich nicht zutraf. Franz war einer jener Selfmade-Typen, wie man sie damals noch oft in Filmberufen fand. Als Angestellter des Kamera- und Filmgeräteherstellers ARRI hatte er sich durch geschickte Improvisation in das Berufsbild des Requisiteurs eingearbeitet. Sein Talent bestand in einer Mischung aus Organisationsgabe und Sinn für lebendige Atmosphären. Wenn man einen Raum betrat, den Franz möbliert und mit Gebrauchsgegenständen ausgestattet hatte, empfing einen das vertraute Gefühl von gelebtem Leben. Er konnte Dinge so arrangieren, dass man unwillkürlich nach ihrer Geschichte fragte. Franz war das Gegenteil eines Theoretikers. Er machte eklatante historische Fehler, weil ihm Gegenwart und Vergangenheit eins waren. Oft musste ich seine Szenenbilder korrigieren, denn er unterschied nicht nach Stilen und Epochen. Sein Instinkt befähigte ihn, das reale Leben mit seinen Fingerspitzen zu ertasten. Besonders staunte ich über seine Fähigkeit, wildfremde Menschen für unseren Film anzuheuern. Unzählige Male brachte Franz Leute ans Set, die bereit waren, uns in ihren Häusern drehen zu lassen, oder die uns bereitwillig ihre Möbel ausborgten oder ihre Schuhe und sogar ihre Kleidung überließen.

Franz ging mit seinem bayerischen Dialekt und seiner entwaffnend direkten Art auf Menschen zu und erreichte, dass sie alle Türen öffneten. Überall, wo wir gedreht haben, war Franz Bauer in kürzester Zeit bekannt wie ein bunter Hund. Wer weiß, welche Widerstände sich uns in den Weg gestellt hätten, wenn es den Franz nicht gegeben hätte. Wenn ich die Dreharbeiten beschreibe, sehe ich ihn in allen

Erinnerungsbildern und höre seine Stimme hinter allen Ecken. Er gab mir oft die Gewissheit, dass wir beim Filmemachen nicht blindlings in einem Traum wandeln, sondern mitten unter den Menschen sind. Ich hatte das Glück, mit Franz noch zwei weitere Jahrzehnte arbeiten zu können. Er starb nach Beendigung von HEIMAT 3, im Mai 2008, unerwartet bei der Arbeit im Garten seiner Schwiegertochter auf der Schwäbischen Alb. Zu seiner Beerdigung waren Dutzende von Filmschaffenden aus München in das Dorf gefahren und sangen gemeinsam mit den Angehörigen bei schönstem Frühlingswetter das Weihnachtslied «Stille Nacht». Franz hatte sich ausgerechnet dieses Lied einmal zum Abschied gewünscht. Sein Herz war größer als alle Konventionen.

96 Premieren

Das Jahr 1992 sollte das Jahr der Ernte werden. Mit dreiundsechzig Monaten waren die Schnittarbeiten ebenso ein Rekord wie die hundertsiebzehn Tage, die wir für die Tonmischung in einem Studio verbrachten. Allein das Volumen an Filmmaterial war mit vierundachtzig Aktrollen eine Herausforderung für Transporteure und Filmvorführer. Alle, die am Werk mitgewirkt hatten, wussten, dass es für die Veröffentlichung des dreizehnteiligen Films keine Vorbilder gab.

Es ist ein bekanntes Phänomen, dass sich kleine Beiläufigkeiten unvergesslich in unser Gedächtnis einprägen, wenn sie gleichzeitig mit einem wichtigen Ereignis auftreten. So erinnere ich mich an den angenehm duftenden ersten Sommerwind, der mich bei einer Spazierfahrt mit dem Fahrrad im Englischen Garten umwehte. Es duftete nach allen Blüten der Welt, und ich genoss meine ziellose Fahrt. Aus heiterem Himmel hatte ich eine Idee, die ich für völlig verrückt und gerade deswegen für realisierbar hielt: die Idee, das Münchener Prinzregententheater zum Premierenschauplatz für die ZWEITE HEIMAT zu machen. Ich sah plötzlich das klassizistische Gebäude, den von erwartungsvollen Menschen gefüllten Theatersaal und eine riesige Leinwand vor mir. Mein Herz raste bei dem Gedanken, dort meinen Film zur Uraufführung zu bringen. Mir fiel ein, dass ich den Generalintendanten der Bayerischen Staatstheater, August Everding, aus unseren frühen Jahren kannte. Ich hatte Everding während meines Studiums in einem Seminar von Professor Hanns Braun kennengelernt und mit ihm ein gemeinsames Referat über Theaterkritik verfasst. Ich hoffte, dass auch er sich an diese frühe Begegnung erinnern würde, wenn ich ihn anrief. Sofort radelte ich zu meinem Büro. Ich war in meinem Elan nicht zu bremsen. Wenig später war ich mit Everdings Assistentin verbunden, der ich mein Anliegen so dringlich schilderte, dass sie ihren Chef aus einer Sitzung holte. Everding erinnerte sich sogar an das Referatsthema, das vor Jahrzehnten Anlass unserer Begegnung gewesen war.

Wenn man von einer Idee wirklich beseelt ist, öffnen sich die Türen. Wir verabredeten ein Treffen noch am selben Tag. Mir war bewusst, dass ein Film von sechsundzwanzig Stunden Spiellänge nicht ohne weiteres im Programm eines Theaters unterzubringen ist. Es stellte sich auch sofort die Frage, ob es dem Publikum zuzumuten sei, einen so langen Film am Stück zu zeigen. Nicht einmal wir selbst hatten diese Erfahrung schon gemacht. Everding begann mit verschiedenen Gedankenspielen, erschrak dann aber doch bei der Erkenntnis, dass ich sein Theater nicht nur für einen, sondern für vier ganze Tage beanspruchen würde.

Etwa zur gleichen Zeit hatte die Filmbiennale von Venedig den Münchener Filmjournalisten Klaus Eder beauftragt, sich meinen Film anzusehen. Als er sich deswegen meldete, arrangierte ich eine Vorführung der ersten beiden Teile. Klaus Eder war begeistert und teilte dies dem Festivalleiter von Venedig, Gillo Pontecorvo, mit. Es dauerte nicht lange, und ich erhielt die Einladung, mit einem Teil des Werkes zu einem Auswahlscreening nach Rom zu kommen. Ich wählte den achten Teil, DIE HOCHZEIT, in der Annahme, dass diese Episode für Außenstehende am leichtesten zu verstehen sei. Ich konnte mich an Pontecorvo erinnern. Kluge, seine Schwester Alexandra und ich hatten

1966 am Ende des Festivals neben ihm auf der Bühne gestanden, als er für seinen Kriegsfilm SCHLACHT UM ALGIER als Regisseur den Goldenen Löwen erhielt. Da mein Film noch keine Untertitel besaß, hatte man eine Übersetzerin engagiert, die neben Pontecorvo saß und die Dialoge auf Italienisch in sein Ohr flüsterte. Nach zwei Stunden endete die Vorführung mit Tränen der Rührung in den Augen der Übersetzerin, sie war voller Bewunderung. So kam es, dass Pontecorvo und seine Berater für HEIMAT DUE, wie unser Werk in Italien betitelt wurde, spontan eine Einladung nach Venedig aussprachen.

Auch Everding hatte zugesagt, und wir konnten uns auf eine festliche Premiere im Prinzregententheater freuen. Der Termin der Filmfestspiele von Venedig lag traditionell fest, damit war auch klar, dass unsere Deutschlandpremiere in den ersten Septembertagen stattfinden musste. Wir hatten allerdings nur drei Monate Zeit, um die Vorbereitungen für eine Doppelpremiere zu treffen. Dazu gehörte, Dialoglisten anzufertigen, diese ins Englische und Italienische übersetzen zu lassen und in beiden Sprachen jeweils fast sechzehntausend Untertitel anzufertigen. Der Marathonlauf hörte nicht auf. Die Herstellung der Filmkopien hatte zwar schon begonnen, verzögerte sich aber wegen vieler Überblendungen von Farbe in Schwarzweiß, was wiederum alle übrigen Arbeiten wie die Herstellung von Pressematerial, Szenenfotos, Plakaten und mehrsprachigen Broschüren zu einem Wettlauf mit der Zeit werden ließ. Der Lohn für die Mühen war dann allerdings überwältigend.

Die Premieren und Aufführungen der ZWEITEN HEIMAT waren die glücklichsten und bewegendsten Momente in meinem ganzen Leben. Niemals zuvor und niemals danach habe ich solchen Jubel erlebt, und niemals konnte ich einen vergleichbaren Triumph genießen. Die Bühne des Prinzregententheaters war mit einer über fünfzehn Meter breiten Leinwand ausgestattet, die Tonwiedergabe erfolgte über ein eigens dafür aufgebautes Beschallungssystem, und im Saal saßen über tausend hingerissene Menschen, darunter Freunde, Mitarbeiter, namhafte Künstler, Politiker, Kollegen und Kulturschaffende der Stadt. Der Film begann am 5. September, einem Samstag, und wurde über drei weitere Tage bis zum 8. September fortgesetzt. Wir hatten tausend weinrote Sitzkissen mit dem aufgedruckten Filmtitel nähen lassen, die an die Premierenbesucher verteilt wurden, damit sie auf den ungepolsterten Theaterstühlen ihr Sitzfleisch schonen konnten. Diese Kissen hatten ihre eigene Erfolgsgeschichte, die Besucher erkannten sich schon in der U-Bahn an den mitgeführten Polstern und sprachen sich darauf an. In den Pausen wurden Speisen und Getränke gereicht, Gelegenheit, miteinander über den Film zu sprechen. In den vier Tagen hatte fast jeder seine Lieblingsfigur auserkoren, und wir konnten sehen, wie sich Fraktionen bildeten. Die Schnüsschen-Freunde waren eine Gruppe und die Clarissa-Anhänger die andere. Aus dem Kreis der begeisterten Gäste ist mir der Schriftsteller Sten Nadolny in besonderer Erinnerung geblieben. Er hatte schon nach der ersten HEIMAT das Gespräch mit mir gesucht und war nun ein Anhänger der «Schnüsschen-Fraktion». Nadolny war ein hervorragender Kenner der internationalen Filmkunst, was unter Literaten nicht oft vorkam, sodass sein umfassendes Interesse an meiner Arbeit mich mit Stolz erfüllte.

Etwa zur gleichen Zeit fand die internationale Premiere in Venedig statt, in der Sala Grande des Festivalpalais. Sie hatte dort etwas früher begonnen und dauerte vom 30. August bis zum 8. September, sodass ich in diesen Tagen mit den Darstellern und wichtigsten Mitarbeitern mehrmals zwischen Venedig und München hin und her pendelte. Am Eröffnungstag des Festivals drängte sich die Weltpresse um uns, und ich erhielt einen Ehrenpreis der Biennale. Da der Film an beiden Orten am selben Tag zum Ende kam, charterten wir einen Privatjet, der uns nach Venedig und nach den Ovationen von dort wieder nach München zurückbrachte, sodass wir mit dem gesamten Team am Ende des Films auf die Bühne des Prinzregententheaters treten konnten. Der Applaus dauerte eine ganze Stunde. Dann feierten wir mit den tausend Besuchern bis in den frühen Morgen.

Premieren gehen meist wie ein Traum vorüber. Nicht so die Premiere der ZWEITEN HEIMAT. Sie ist für jeden, der sie in Venedig oder München miterlebt hat, unvergesslich für das ganze Leben. Das Gefühl, auf der Bühne zu stehen, ist für einen Filmemacher eine seltene Erfahrung, denn im Gegensatz zu den Theaterleuten liefern wir ein fertiges Werk ab. Durch die ungewöhnliche Spiellänge und das gemeinschaftliche Anschauen war unser Film zu einem Erlebnis geworden, das weit über die normale Kinoerfahrung hinausging. Nach sechsundzwanzig Stunden an vier Tagen, nach zehn Pausen und Hunderten von Gesprächen hatte ich, ebenso wie die Darsteller, das Gefühl, auf einer himmelhohen Welle zu fliegen.

Es kommt mir fast wie eine Übertreibung vor, dass ich mitten in dieser aufregenden Zeit auch noch meinen sechzigsten Geburtstag feiern konnte. Die Party, die Salome für mich ausrichtete, führte unsere beiden Familien und die Freunde aus unseren gelebten Jahren zusammen. Es war ein großes Fest in unserem Haus und zugleich ein Zeichen unserer Lebensgemeinschaft und unserer tiefen Verbundenheit. Das Erfolgskarussell war in Schwung geraten. Ich erhielt Geburtstagsglückwünsche von Bundeskanzler, Bundespräsident, Fernsehintendanten, Ministerpräsidenten, Oberbürgermeistern und Parteivorsitzenden. Es scheint, dass es für diese Kategorie gesellschaftlicher Achtung eine Eintrittsschwelle gibt, die ich irgendwie überschritten hatte. Im Dezember gab man mir zudem den Kulturellen Ehrenpreis der Stadt München, der Stadt, in der ich schon so lange lebte.

Der Premierenrausch setzte sich danach noch monatelang fort. Andere Theaterhäuser griffen die Idee von München auf, und es gab bald darauf ähnliche Veranstaltungen in den Schauspielhäusern mehrerer Städte. Überall wiederholte sich das gleiche Bild: Die Besucher wurden vom Sog der Erzählung erfasst und folgten gebannt den vielen ineinander verflochtenen Erzählsträngen des Films. Ich erinnere mich auch der Gesprächsthemen, die sich nach den Aufführungen ergaben und die ich in meinem Tagebuch festhielt.

Im Deutschen Schauspielhaus Hamburg hatte die Vorführung fünf Tage gedauert. Mehr als tausendfünfhundert Besucher hatten fünf Tage lang verfolgt, wie ein Dutzend junger Musiker, Literaten, Filmemacher, Schauspielschüler und Weltreisender die 1960er Jahre erleben und um ihr Glück kämpfen. Die Schwabinger Nächte in den

Jahren zwischen Kennedys Tod, den Protestbewegungen an den Universitäten Europas, zwischen Hippie-Bewegung und RAF-Terrorismus, waren die Schauplätze der sechsundzwanzig Filmstunden, und die Besucher des Theaters hatten die jungen Protagonisten auf ihrer Reise durch zehn entscheidende Lebensjahre begleitet. Es wiederholte sich, dass die Zuschauer unter den Figuren der Erzählung ihre Lieblinge wählten, mit ihnen litten, wenn sie als Liebende einsam blieben, oder mit ihnen jubelten, wenn sie Erfolg hatten, im Leben oder in der Kunst.

Nach fünf Tagen füllte sich das Theater erneut zu einem Bühnengespräch mit Sten Nadolny und der Hamburger Kultursenatorin Christina Weiss. Man fragte, warum DIE ZWEITE HEIMAT an der bewegenden Zeit der sechziger Jahre und ihrer Theorien kein positives Moment entdeckte und warum in den Ideologien der Zeit kein Hoffnungsschimmer für die jungen Protagonisten aufleuchtete. Der Film verweigert sich in diesem Punkt. Ich fand es ehrlicher und auch radikaler, über die intimen Erfahrungen der Figuren zu sprechen, statt über die eigene Generation zu klagen. Besonders die Frauen treten in den Vordergrund. Der Film erzählt, wie sie endlich mitreden, auch wenn die Ehen darüber in die Brüche gehen; wie die ewigen Töchter sich aus den Schicksalsmächten des Frauenlebens herauswinden; wie die Sexualität zum folgenlosen Spiel wird und damit zur belanglosen Flüchtigkeit verkommt; wie Kunst als vorweggenommenes Gesellschaftsmodell zerredet wird und gerade darüber ihre gesellschaftliche Brisanz verliert. Unser Protagonist Alex, der ewige Philosoph, der zu jedem Vorkommnis eine Meinung und zu keiner Tat die Kraft hat, sagt: «Uns fehlt das, was allen fehlt. Wir sind Spiegelbilder des Ganzen.» Aber was ist schon das Ganze? Das Ganze erweist sich als Illusion. Was bleibt, sind die kleinen Dinge, die Momente der Berührung, der Zauber der Augenblicke. Eben dies empfinden wohl auch Hermann und Clarissa in jener unwirklichen Mondnacht von Amsterdam, in der ihre unselige Liebe endlich die Erfüllung finden soll. Hermanns Glückssuche verwandelt sich in die Suche nach den verlorenen Jahren. Aber die Vergangenheit lässt sich nicht zurückholen, nicht durch Erinnerung, nicht durch den Willen und nicht durch Auflehnung. Hermanns Suche erlöst ihn nicht von der Sehnsucht nach der alten Nähe und Zugehörigkeit. Die verlassene Heimat lebt, bei allem Protest, in der Liebe und in seiner Musik als Spiegelbild weiter. Unser Film lässt nichts unversucht, diesen Sehnsuchtsort zu betreten, bis es Clarissa sogar gelingt, in das Spiegelbild hineinzugleiten.

In Paris kam es schon im Januar 1993 zu der erstaunlichsten Aufführung der ZWEITEN HEIMAT, im Théâtre National de Chaillot. Der damalige Leiter des Pariser Goethe-Instituts, Klaus-Peter Roos, hatte es fertiggebracht, gemeinsam mit dem Kulturkanal Arte die ganze Stadt zu mobilisieren, «tout Paris», wie man es nannte. Fast zweitausend Zuschauer füllten das Theater, das mit einer gewaltigen Filmtechnik ausgestattet wurde, wie es nur im kinobegeisterten Frankreich möglich war. Ich erinnere mich an das Gefühl, wie wir uns unter der riesigen Leinwand verbeugten und mit unserer realen Körpergröße nur noch Zwerge waren. Manchmal ist es erhebend, sich einmal richtig klein zu fühlen.

97 Das Wunder von Italien

Als ich im März einer Einladung nach London folgte, um auch dort eine Premiere vorzubereiten, arrangierte der britische Fernsehproduzent Alan Yentob ein Abendessen für uns und die Medienvertreter. Während des Essens kam es zu aufgeregten Tischgesprächen über die Resonanz der ZWEITEN HEIMAT in Italien. Neben mir saß ein Mann, der mir irgendwie bekannt vorkam und der mich so freundschaftlich ansprach, dass ich nicht wagte, nach seinem Namen zu fragen. Dem Akzent nach, der sein fließendes Englisch färbte, war er Italiener. Er berichtete der Tischrunde vom sensationellen Erfolg der HEIMAT DUE in Rom. Selbst als er von seiner eigenen Filmarbeit sprach, erkannte ich nicht, wer da neben mir saß, ließ mir aber meine Begriffsstutzigkeit nicht anmerken und hörte, wie die ganze Runde, gespannt zu. Salome, die mir ansah, wie mein Hirn nach dem Namen des Sprechers suchte, trat mir unter dem Tisch immer wieder auf den Fuß und formte mit ihren Lippen lautlos den Namen. Ich kapierte aber immer noch nicht, nicht einmal, als mein Nachbar erzählte, wie er nach seinen Dreharbeiten in Nepal noch tagelang im Jetlag gewesen sei und nachts keinen Schlaf gefunden habe. Da habe er in elf Nächten die Fernsehausstrahlung unserer ersten HEIMAT in der italienischen Synchronfassung auf RAI II gesehen. Seine Lieblingsfigur, von der er regelrecht schwärmte, war der einäugige Junge, «Korbmachers Hänschen». Ich sehe immer noch sein Gesicht vor mir, wie er den Jungen aus meinem Film imitierte und mir dabei anerkennend auf den Ärmel klopfte. Er erzählte weiter, dass er sich schließlich auf die europäische Zeit umgestellt habe, und da sei ihm überall von HEIMAT DUE berichtet worden. Jetzt erst kapierte ich, dass es kein anderer als der Filmemacher Bernardo Bertolucci war, der neben mir saß und von meinen Filmen schwärmte. Im Augenblick dieser Erkenntnis packte mich eine derartige Scham, dass ich erst recht nichts sagte und Salomes Fußtritte nur noch mit einem verzweifelten Lächeln beantworten konnte.

HEIMAT DUE war, wie wir erfuhren, ein Sensationserfolg im Cinema Nuovo Sacher, dem Kino des Filmemachers und Produzenten Nanni Moretti im römischen Stadtteil Trastevere. Bertolucci berichtete, er habe inzwischen begonnen, sich die dreizehn Folgen anzusehen. Ganz Rom befinde sich seit Wochen in einem HEIMAT-DUE-Fieber, das auch ihn erfasst habe. Bertolucci erzählte der Tischrunde, welches seine Lieblingsfiguren waren, und er konnte es nicht fassen, dass ich, der ich sprachlos neben ihm saß, von alldem nichts wusste. Es sei fast nicht möglich, Tickets zu bekommen, die Leute stünden um mehrere Straßenecken Schlange. Bertolucci beschwor mich und Salome, die aufatmete, weil ich endlich ihre Zeichen kapiert hatte, nach Rom zu fliegen und uns die Szenen anzusehen, die sich dort jeden Abend vor den Kinokassen abspielten.

Als wir nach München zurückgekehrt waren, planten wir sofort einen Besuch in Rom, und ich schrieb Bernardo Bertolucci einen Brief, in dem ich ihm meine Unsicherheit beim Londoner Treffen erklärte. Ich bedankte mich für seine Berichte und bat um einen Termin für ein

Wiedersehen. Es dauerte nicht lange, bis ich Gelegenheit fand, mich mit ihm in Rom zu treffen. Eine behutsame Freundschaft entstand, die erst zwanzig Jahre später endete, als Bernardo, krank und an den Rollstuhl gefesselt, sich immer mehr zurückzog. Unsere vielen Gespräche und Gedanken zur Filmkunst und zur Zukunft des Kinos mündeten in einem Seminar, das wir auf Einladung der römischen Universität La Sapienza gemeinsam für die Filmstudenten hielten. So fand der peinliche Abend in London doch noch ein gutes Ende. Wir sprachen über die Bedeutung des deutschen Wortes «Heimat», das man nicht ins Italienische übersetzen könne, das aber, wie Bernardo erklärte, durch den Film in seiner Gefühlstiefe über die Sprachgrenzen hinweg vermittelt werde. Bernardo verfasste ein paar Wochen später ein schönes Vorwort für die italienische Ausgabe meines Buches zur ZWEITEN HEIMAT. Darin hebt er die Kameraarbeit hervor, der «das Wunder» gelinge, mit unseren heutigen Augen in die sechziger Jahre zu blicken.

Nanni Moretti war der eigentliche Erfinder des Erfolgs, der bald als das «italienische HEIMAT-Wunder» in unseren Sprachgebrauch überging. Dass Moretti DIE ZWEITE HEIMAT kannte, wusste ich, er hatte mich schon in Venedig angesprochen und nach den Theaterrechten für Italien gefragt. Wie ich erfahren hatte, war Moretti einer der wenigen Filmemacher der Welt, die sich den Traum eines eigenen Kinos erfüllt hatten. Da aber die Lizenzrechte für unseren Film beim WDR lagen, hatte ich nicht weiter verfolgen können, wie es zu dem Kinostart in Rom, von dem Bertolucci berichtet hatte, gekommen war. Umso mehr freuten sich alle, als ich ankündigte, Morettis Kino in Begleitung der beiden Hauptdarsteller, Salome Kammer und Henry Arnold, zu besuchen.

Moretti hatte gemeinsam mit dem italienischen Verleiher eine Spielweise für die dreizehnteilige ZWEITE HEIMAT entwickelt, die ebenso einfach wie erfolgreich war: Sein Kino zeigte jeden der zweistündigen Teile eine ganze Woche lang, mit vier Vorstellungen pro Tag, bevor der nächste Teil in gleicher Weise folgte. Es dauerte also mehr als drei Monate, bis das Publikum das ganze Werk gesehen hatte. Das

Verfahren funktionierte so hervorragend, dass selbst die Nachmittagsvorstellungen ausverkauft waren. Nach kurzer Zeit lief der Film in Dutzenden von italienischen Städten und wurde zum Tagesgespräch im ganzen Land. Das «italienische HEIMAT-DUE-Wunder» dauerte drei Jahre an. Millionen Tickets wurden verkauft.

Als ich mit Salome und Henry in Rom ankam, hatte die Vorstellung im Kino Nuovo Sacher gerade den siebten Teil mit dem Titel WEIHNACHTSWÖLFE erreicht, der Clarissa gewidmet ist. Wir wurden von Nanni Moretti und dem Verleiher Roberto Cicutto durch die Straßen von Trastevere geführt, und wir konnten die Besucherschlange bestaunen, die sich tatsächlich um zwei Straßenecken herum gebildet hatte. Als die Menschen unter uns Vorbeigehenden Salome und Henry erkannten, gerieten sie außer sich vor Begeisterung. Von überall ertönten die Rufe «Clarissa!» oder «Errmann!». Viele stürzten sich auf die beiden Schauspieler, umarmten und küssten sie. Die Leute lebten seit Wochen mit unseren Protagonisten, identifizierten sich mit ihrem Leben und konnten es nicht fassen, dass diese nun ganz real vor ihnen standen. Der Auftritt von Salome und Henry wurde wie ein Traum erlebt.

Natürlich haben wir noch oft darüber nachgedacht, warum HEIMAT DUE diesen besonderen Erfolg in Italien hatte. Man kann diese Frage nicht endgültig beantworten, weil die Voraussetzungen in allen Ländern verschieden waren. Ich habe aber gesehen, wie unterschiedlich man sich in den Familien zu ihren Töchtern oder Söhnen verhält, wenn diese durch künstlerische Talente auffallen. In italienischen Familien ist man hocherfreut und berichtet voller Stolz über die künstlerische Begabung der Kinder als Geschenk des Himmels. In deutschen Familien sah ich in solchen Fällen immer nur Besorgnis und Skepsis. Das entspricht auffallend der Reaktion auf die Charaktere bei der Ausstrahlung der ZWEITEN HEIMAT im deutschen Fernsehen.

Eine kleine Begebenheit mag illustrieren, wie HEIMAT DUE in Italien geliebt wurde. Als ich einige Monate später wieder in München war, läutete eines Tages ein junges Paar an der Bürotür. Die beiden berichteten, dass sie aus Mailand kämen und sich auf ihrer Hochzeitsreise befänden. Sie hatten in dem Mailänder Kino dreizehn Wochen lang jeden Dienstag die 16-Uhr-Vorstellung besucht und nebeneinander HEIMAT DUE gesehen. So hatten sie sich kennengelernt und kurz darauf geheiratet. Es war ihr gemeinsamer Wunsch, auf ihrer Hochzeitsreise den HEIMAT-Regisseur und vor allem «Clarissa» kennenzulernen, der sie so sehr gewünscht hätten, so wie sie, die Erfüllung ihrer Liebe zu finden. Wieder einmal verschmolzen Kunst und Leben.

Die Fernsehausstrahlung der ZWEITEN HEIMAT erfolgte zu Ostern 1993, endlich, denn das Werk war seit Monaten um die Welt gegangen und die Medien brachten viele positive Berichte darüber, ohne dass sich die deutschen Fernsehanstalten dies zunutze machten. Bei schönstem Frühlingswetter, als jeder, der es sich leisten konnte, in Osterferien gefahren war, startete das deutsche Fernsehen die Ausstrahlung. Kein Wunder, dass die Quoten bescheiden blieben. Dennoch wurden in den Büros der Fernsehdirektionen die Zuschauerzahlen von 1984 zum Vergleich genommen, eine Zeit, in der es noch keine Konkurrenz durch Privatsender und Neue Medien gab.

Als die Sendereihe der ARD zu Ende ging, war ich in Rom, wo ich aus den Händen des Staatspräsidenten den Filmpreis «David di Donatello» für HEIMAT DUE entgegennehmen durfte, den höchsten Filmpreis Italiens. Mit der Preistrophäe in der Tasche flog ich von Rom direkt nach Köln, um an einer Livesendung der ARD über die Rezeption der ZWEITEN HEIMAT teilzunehmen. Neben einigen Journalisten von der Boulevard- und Fernsehpresse hatte sich der WDR-Intendant, Friedrich Nowottny, persönlich ins Studio begeben. Die Moderatorin eröffnete das Gespräch mit der Frage, ob ich nun sehr verbittert sei wegen des Misserfolgs meines Films. Ich spürte, dass sie sich mit ihrer Frage und der darin enthaltenen Tatsachenverzerrung gefiel. Jedenfalls genoss sie meine Sprachlosigkeit und die Zustimmung ihres Intendanten, um mich vor laufender Kamera und den anwesenden Journalisten allein für die Zuschauerquoten verantwortlich zu machen. Der Intendant, der doch eigentlich das Programm seines Senders hätte verteidigen müssen, beschützte mich nicht, sondern zeigte sogar Verständnis für die Kritik an der Entscheidung, den Film zur Primetime gesendet zu haben.

Diese Livesendung vom 6. Juni 1993 löste beim Publikum eine Empörungswelle von seltener Heftigkeit aus. Mehr als vierzehntausend Fernsehzuschauer protestierten gegen die Quotenpolitik des Fernsehens, bekannten sich in Briefen leidenschaftlich zur Filmkunst und erklärten DIE ZWEITE HEIMAT zu ihrem Favoriten. Viele von diesen Briefen und Solidaritätsbekundungen habe ich bis heute aufbewahrt und sehe sie als Beweis für das massenhafte Verlangen der Menschen nach Wahrhaftigkeit und Schönheit in den Medien. Der Theater- und Filmkritiker der «Süddeutschen Zeitung», Thomas Thieringer, meldete sich spontan, um mit mir in einem langen Interview über das Verhalten des WDR-Intendanten zu sprechen. Meine Empörung über den Umgang des Fernsehens mit seinen Zuschauern und mit der ZWEITEN HEIMAT war noch ganz frisch, und ich bezeichnete die auf Breitenwirkung ausgerichtete Programmpolitik als «arrogant und machtgierig». Die Verantwortlichen seien unfähig, einen klugen Gedanken weiterzutragen und verlören damit das qualifizierte Publikum mit Bildung, Wissen und Intelligenz. Ihr Argument, die Quoten zeigten den Willen der Zuschauer, nannte ich scheinheilig, denn sie erzeugten unmündige Bürger und stünden für eine neue Form der Zensur. Nur bei wenigen Redakteuren könne man noch das Engagement für wichtige Inhalte finden. Das ganzseitige Interview erschien in der Wochenendausgabe der SZ.

Am Montag darauf erhielt ich einen gemeinsamen Anruf von Gunther Witte und Joachim von Mengershausen, die sich von meiner Kritik an der ARD-Führung distanzierten und sich demonstrativ mit der Institution Fernsehen identifizierten. «Das Fernsehen», das ich in meinem Interview geschmäht hätte, sei keine abstrakte Größe, sondern bestehe aus einzelnen Menschen wie ihnen. Deswegen seien sie auch persönlich betroffen und sauer. Herr Witte fügte hinzu, ich hätte bei meinem Gespräch mit der «Süddeutschen Zeitung» wissen müssen, dass ich mich mit meiner öffentlichen Kritik für alle Zeiten zur Persona non grata des deutschen Fernsehens gemacht habe und folglich nicht mehr mit weiterer Zusammenarbeit rechnen dürfe. Prompt wurde ein Treffen, das seit Wochen verabredet war, um über neue Projekte zu sprechen, am selben Tag schriftlich abgesagt.

Mit einem persönlichen Brief an Mengershausen und Witte, den ich an ihre Privatadressen schickte, versuchte ich, die alte Freundschaft zu retten. Ich schrieb, dass ich ihre Identifikation mit ihrer Arbeit als großes Geschenk empfunden habe und ihr Verständnis für die künstlerischen Belange in all den Jahren aus vollem Herzen würdige. Es sei deswegen ein besonders tragisches Missverständnis, meine Kritik an der Programmpolitik der Fernsehanstalt persönlich zu nehmen. Zugleich aber protestierte ich dagegen, mich aus persönlichen Gründen von der Zusammenarbeit mit einer öffentlichen Institution ausschließen zu wollen. Ich erinnerte auch daran, dass unsere fruchtbare Produktionsfreundschaft seit zwanzig Jahren von der lebendigen Kraft des Widerstandes gegen Machtstrukturen gelebt habe. Auf diesen Brief erhielt ich nie eine Antwort.

NEUNTER TEIL

Das Ende der Moderne

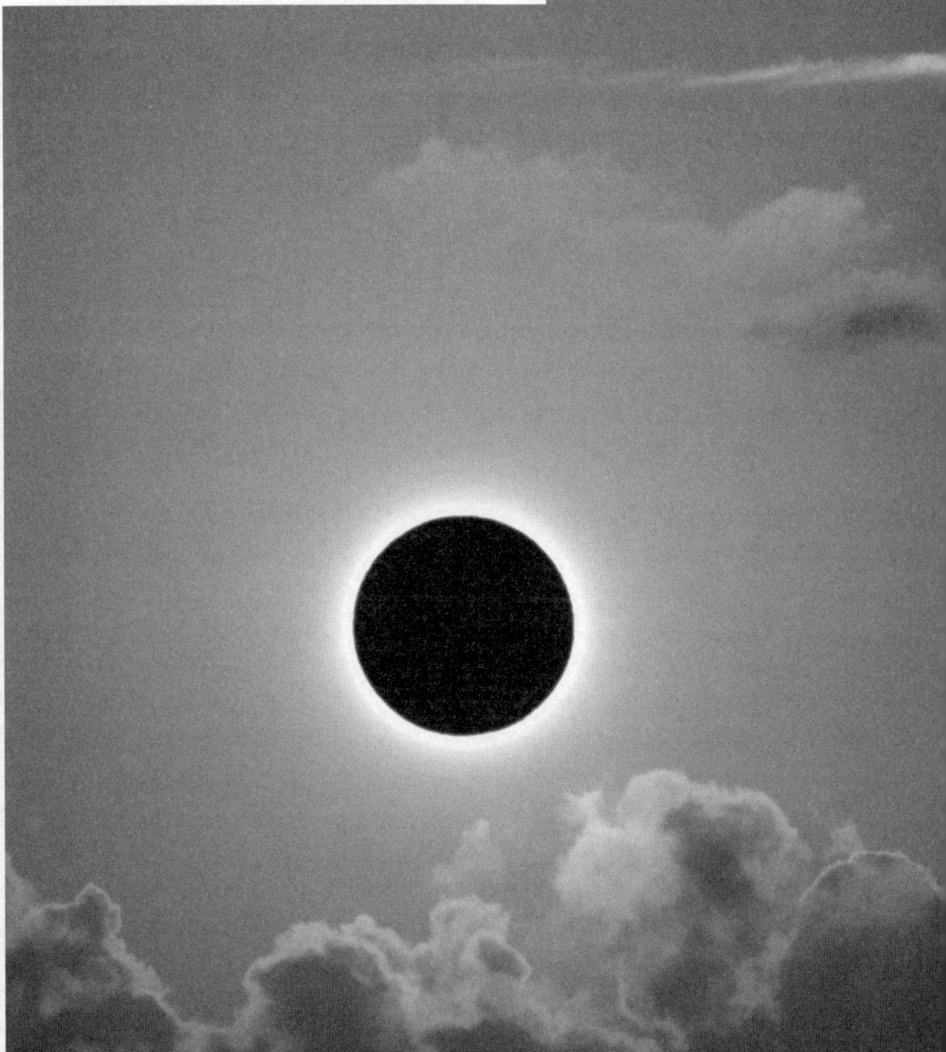

98 Die Computer kommen

Meine erste auf einem Computer geschriebene Textdatei trägt das Datum vom Januar 1993 und enthält einen Brief an eine Frau, die mir ihre Magisterarbeit zugeschickt hatte. In ungeschickten Sätzen, denen man ansieht, wie fremd das neue Schreibmedium noch für mich war, nahm ich Stellung zum Thema der akademischen Arbeit. Es ging der Verfasserin um die Geschichte der Amateurfotografie, die sie an der fiktiven Figur des Eduard in HEIMAT veranschaulichte. Je realistischer die fiktiven Figuren im Film dargestellt werden, desto leichter werden sie für historische Fakten gehalten; hier ging das so weit, dass meine Erzählung für eine wissenschaftliche Arbeit herangezogen und von der Fachaufsicht einer Universität als Quelle akzeptiert wurde. Dem Phänomen der Verwechslung von Realität und Kunst war ich schon des Öfteren begegnet, zum Beispiel als HEIMAT in Veröffentlichungen als Dokumentarfilm bezeichnet wurde. Darauf ging ich in meinem Antwortschreiben ein. Heute aber interessiert mich an dieser Korrespondenz nur noch der Zeitpunkt und das unvergessliche Gefühl, Buchstaben und Sätze in eine losgelöste Tastatur zu tippen und dabei das flimmernde Textgebilde zu beobachten, das auf der grünlich schimmernden Bildröhre entstand. Nichts, das einmal einfach gewesen war, funktionierte nach Wunsch, alles verlangte das Einhalten neuer Regeln, und in jedem Augenblick drohte der Absturz, und alle Mühe war verloren. Ich erinnere mich an wiederholte Vorfälle dieser Art: Ich hatte stundenlang an einem Text gearbeitet, der schließlich auf rätselhafte Weise von der Bildfläche verschwand. Trotz aller Vorsicht muss ich eine falsche Taste berührt haben, und schon war alles, was ich geschrieben hatte, unauffindbar in den geheimnisvollen Eingeweiden des Rechners verschwunden. Diese Abstürze hatten etwas

Unheimliches, sie geschahen unerwartet und ohne erkennbare Logik. Als sich wieder einmal ein Text, an dem ich Stunden gearbeitet hatte, in Nichts aufgelöst hatte, geriet ich in einen Zustand zwischen Todesangst und Realitätsverlust. Ich rannte schreiend durch die Zimmer, um mich zu vergewissern, dass ich noch lebte.

Ich fing in diesen Tagen an, über die Geisterwelt der Virtualität zu philosophieren, ein Thema, das mich noch lange begleitete. Wenn in der analogen Welt etwas verschwindet, ist das nicht spurlos. Wenn etwas verbrennt, bleibt wenigstens die Asche. Ohne Leiche kein Tod, so erzählt es jeder Fernsehkrimi, und in der Physik gilt der Satz vom Erhalt der Energien. Unser modernes Weltbild ist geprägt von der Unzerstörbarkeit der Gedanken. Kausalität und Fortschritt, das sind Dinge, die durch Naturgesetze zusammengehalten werden. Aber die neue Welt der Daten, die uns so attraktiv und schwerelos entgegentrat, bot nichts, das man festhalten konnte. Selbst die Gedanken entschwanden unserer Kontrolle und konnten sich in nichts auflösen. Dieses Phänomen erschütterte mich. Gibt es in der neuen digitalen Welt nichts Bleibendes mehr? Das digitale Verschwinden erschien mir als etwas gänzlich Fremdes. Es lauerte überall, und auch die Angst vor den Computern war überall. Es gehörte zu unseren Tagesgesprächen in den Büros, dass wieder einmal Dokumente gelöscht worden und Arbeitsergebnisse verlorengegangen waren. Ein junger Techniker, der mir den sicheren Umgang mit der neuen Technik beibrachte, teilte meine Angst vor dem Verschwinden und riet mir, einen Tintendrucker anzuschaffen. Damit sollte ich die Zeilen, die ich schrieb, möglichst bald ausdrucken, Tinte auf Papier sei die einzige sichere Form der Aufbewahrung von Texten. Das war sein Rat.

Seit dieser Empfehlung sind dreißig Jahre vergangen, in denen die Computer die Welt erobert haben, und die Ausbreitung der digitalen Techniken hat uns alle verändert. Aber die Angst vor dem digitalen Verschwinden ist mir geblieben. Heute benutzen wir Speichermedien oder die Großrechner der Internetkonzerne, wir sichern unsere Daten in der «Cloud» und bemerken nicht, dass die Datenfluten dort in Geld verwandelt werden, das uns aber nicht gehört. Das Verschwinden unserer Arbeit in den digitalen Netzwerken ist raffinierter und infamer geworden, als es in den Anfangsjahren erschien, als das Internet noch chaotisch war, aber allen gehörte. Wir haben gelernt, mit dem digitalen Verschwinden zu leben. Ich habe die Gewohnheit bis heute nicht abgelegt und sichere meine Texte auf Papier. Aber was ist mit den Filmen? Was geschieht mit dem Gedächtnis der Menschheit, das sich Jahr um Jahr in Daten verwandelt hat? Werden wir uns eines Tages an nichts mehr erinnern? Was geschieht, wenn die Zeit die Platinen, Silikonchips und Schaltkreise zerstört hat, wenn sich die immaterielle Struktur der Moleküle in nichts aufgelöst hat? Nicht das kleinste Häuflein Asche wird von der digitalen Welt übrigbleiben, kein Archäologe der Zukunft wird unsere Zivilisation ausgraben können. Nur die «Seltenen Erden» in den Eingeweiden der Rechner wird man im Technikmüll der Megastädte finden, aber die Daten werden spurlos verschwunden sein.

Ich war immerhin schon einundsechzig Jahre alt, als die Computer zu uns kamen. Damit gehörte ich längst nicht mehr zur Generation der «Digital Natives», die mit Computern und Internet aufgewachsen sind. Aber ich besaß ein gewisses Maß an technischem Grundwissen und hatte ein nicht unterdrückbares Verlangen, die Vorgänge und Mechanismen, die meinen Erfahrungshorizont bilden, zu verstehen. So hatte ich auch meine Filmarbeit verstanden: als ein Instrument der Erkenntnis. Ich beherrschte die analoge Filmtechnik, die Fotografie mitsamt ihrer Chemie. Ich hatte geschickte Hände und erholte mich bei praktischer Arbeit. Ich war ein guter Autofahrer und konnte Haushaltsgeräte reparieren. Ich gehörte nicht zu den Technikpessimisten und Naturaposteln, den Müsliessern oder Mystikern, die schon früh behaupteten, alle Technik sei Teufelswerk. Als die Computer sich verbreiteten, verstand ich sofort, dass uns damit auch ein wunderbares neues Werkzeug in die Hand gegeben wird, mit dessen Hilfe wir viele Träume verwirklichen können, die unsere Kunst, der Film, uns gelehrt hat. Ich lernte schnell, mit den Computerprogrammen umzugehen, und kaufte in kurzer Folge die jeweils neuesten Hardwaremodelle. Was mich besonders interessierte, waren die neuen Möglichkeiten des digitalen Filmschnitts und der Tonbearbeitung. Ich sah mich umgeben von einer Neuerungseuphorie, die vor allem die Studiobetriebe und Gerätehersteller erfasst hatte. Ich besorgte mir Fachliteratur, um damit meine Angst vor den Computern zu bekämpfen. Überall sprach man von einem Paradigmenwechsel, vom Beginn eines neuen Zeitalters der Kommunikation, und man las die Werke ihrer Propheten: Marshall McLuhan, Vilém Flusser oder des Städte-Utopisten William J. Mitchell.

Als ich auf einer meiner Reisen zu den Aufführungsorten der ZWEITEN HEIMAT meinem ehemaligen Ulmer Schüler, dem Regisseur Lothar Spree, begegnete, erfuhr ich von ihm, dass in Karlsruhe ein Zentrum der Künste im digitalen Zeitalter entstehen sollte. Lothar kannte die Initiatoren des Projekts und versprach, mich mit ihnen in Kontakt zu bringen. Ich hatte das Gefühl, dass meine Filmarbeit in Zukunft Teil dieser neuen Medienwelt werden müsse, um sich vom Fernsehen und der stagnierenden Kinobranche unabhängig zu machen. Die Frage hieß jetzt: Ist in der digitalen Welt eine Heimat der HEIMAT möglich? Entsteht in der Welt der Computer und des Internets ein neuer Ort für die Filmkunst, ein Ort, der nicht von den Produktionsbedingungen des Fernsehens oder den staatlichen Fördersystemen beherrscht wird? Seit Jahren hatte ich einen dritten Weg unseres Mediums erwartet. Jetzt schien mir, dass die Netzwerkphilosophen und Digitalpropheten recht behalten hatten mit ihren Versprechungen und Träumen neuer Freiheiten.

99 Hundert Jahre Kino

Mitten in dieser Stimmung hoffnungsvoller Erwartung neuer Freiheiten erreichte mich eine Anfrage, die in merkwürdigem Kontrast zu den digitalen Utopien stand. Das British Film Institute (BFI) in London rief Filmemacher der ganzen Welt dazu auf, ihren Blick zurück in die Zeit der mechanischen Erfindungen vor hundert Jahren zu lenken. Britische Filmwissenschaftler hatten sich darauf geeinigt, dass die Geburtsstunde des Kinos im Jahre 1894 gewesen sein müsse und damit sein hundertster Jahrestag bevorstehe. Der Aufruf gipfelte in einem Appell an unser aller Gedächtnis: Das Kino sei identisch mit der Geburtsstunde der Moderne. Es sei gemeinsam mit allen revolutionären Erfindungen entstanden, mit dem Auto, dem Flugzeug, dem Radio, dem Telefon, dem elektrischen Licht. Ein Jahrhundert des Fortschritts habe in der Mitte der 1890er Jahre begonnen und gehe gerade zu Ende! Das BFI forderte die Filmemacher dazu auf, sich der überwältigenden Schönheit und Größe der Filmkultur zu besinnen, die seit ihrem Entstehen alle anderen Künste, Malerei, Musik, Literatur, beeinflusst habe. In allen Teilen der Welt hätten die genialen Pioniere der Filmkunst die Mythen der modernen Menschheit geschaffen und die Träume von Millionen Menschen mit unvergänglichen Bildern erfüllt. Die verschiedenen Beiträge zu diesem Jahrhundert des Kinos sollten zu einer großen Dokumentation vereint werden. Ich war von den britischen Filmhistorikern ausgewählt worden, den Beitrag über den deutschen Teil der Filmgeschichte zu liefern. Dem Pathos des Aufrufs konnte man sich nicht entziehen, und ich empfand es auch als Ehre, dabei zu sein. Bald darauf besuchte mich der Herstellungsleiter des BFI, der mir die Produktionsidee erklärte, die man sich in London für dieses Großprojekt ausgedacht hatte.

Die Filmemacher sollten einen persönlichen, neunzigminütigen Beitrag über die Filmgeschichte ihres Landes produzieren. Die Herstellungskosten sollte jeder selbst übernehmen, was aber ein viel geringeres finanzielles Risiko darstellte, als man im ersten Moment glaubte. Das Britische Filminstitut bot nämlich als Gegenleistung für die Investition die kompletten Verwertungsrechte sämtlicher Beiträge im jeweiligen Land. So konnte ich nicht nur meinen eigenen Beitrag, sondern auch die der anderen Teilnehmer im deutschsprachigen Lizenzgebiet verwerten, ein Gesamtwerk von mehr als zwanzig abendfüllenden Filmen. Das Modell war verblüffend, und ich fand bald bestätigt, dass die Rechnung aufging: Die deutschen Fernsehanstalten und Vertriebsfirmen, die ich ansprach, waren sofort interessiert, und ich konnte mit dem Sender Arte, Kinematheken und Home-Video-Herstellern schon bald Verträge abschließen, die mich in die Lage versetzten, meinen Beitrag zu finanzieren. Ich befand mich in guter Gesellschaft, denn berühmte Kollegen wie Jean-Luc Godard, Martin Scorsese, Nagisa Oshima, Mrinal Sen, Stephen Frears und Bernardo Bertolucci sollten in den anderen Ländern die Regie übernehmen.

Das Projekt stand nur scheinbar im Kontrast zu meiner Beschäftigung mit der digitalen Zukunft, denn ich hatte mir schon die Frage gestellt, ob das künstlerische Erbe der Filmgeschichte in der digitalen Welt noch gültig ist. Ich vermutete oder wünschte mir sogar, dass ich meine professionelle Herkunft auf dem Weg in die Zukunft der Filmkunst weiterhin nutzen konnte. Es gab offene Fragen und versuchte Deutungen. Sind wir Filmemacher wirklich Kinder von James Watt und Johannes Gutenberg, wie wir noch in der Ulmer Schule gelehrt hatten? Ist das Kino also eine Erzählmaschine, der Dampfmaschinenwelt entstammend, oder ist es ein fortentwickeltes Buch mit Buchstaben und Bildern? Solange das Kino auf der Mechanik des Malteserkreuzgetriebes und der Filmspulen beruhte, fuhren unsere Geschichten geradeaus wie die Eisenbahn. Das Filmband, das unaufhaltsam durch den Projektor gezogen wird, führt das Auge durch die streng chronologische Abfolge in eine Leserichtung. So war bisher unser Verständnis vom filmischen Erzählen: streng linear, alles folgte aufeinander wie die unaufhaltsame Projektion oder wie die Wörter eines Satzes. Das Wort «erzählen» kommt von den Zahlen, auch im Französischen, Italienischen oder Spanischen: «raconter», «raccontare» oder «contare». Die neue digitale Technik beendet die Herrschaft dieser numerischen Gesetze und der rollenden Räder. Linearität ist nur noch eine Option unter anderen. Es gibt in den Computern nichts mehr, das sich dreht wie ein Rad oder Getriebe, nichts, das in herkömmlicher Weise «rechnet», nichts ist mehr an eine feste Reihenfolge oder Richtung gebunden. Auf alles können wir jederzeit zugreifen und müssen dafür keine Rollen mehr vor- oder zurückspulen. Also muss es in der Filmkunst ein anderes Prinzip geben, das von diesem technischen Wandel unabhängig Bestand hat. Mein Beitrag zum internationalen Rückblick auf das erste Kinojahrhundert sollte versuchen, den neuen Standort einzunehmen.

Die großen Zeiten des deutschen Films, auf die wir mit Stolz zurückblicken konnten, hatten sich weit vor meiner Geburt abgespielt. Ich meine die Werke des filmischen Expressionismus in den Jahren nach dem Ersten Weltkrieg, mit den in der ganzen Welt bewunderten Regisseuren Fritz Lang, Robert Wiene, Friedrich Wilhelm Murnau, Paul Wegener, Ernst Lubitsch, Josef von Sternberg oder Max Ophüls. Gab es etwas an meinem eigenen filmischen Gestus, das an die Filmsprache jener Zeit erinnert? Spielte diese Klassik der Filmkunst in der Vorstellungswelt meiner Freunde und Kollegen noch eine Rolle?

Ich hatte im Jahr zuvor auf einer Reise durch Frankreich in der Nähe von Poitiers ein filmtechnisches Disneyland kennengelernt. Neben gigantischen Großprojektionen und kinematographischen Jahrmarkteffekten konnte man auf einem «Futuroscope» genannten Gelände auch neue Ideen für die Kinoarchitektur bewundern. Immer schon waren mir die üblichen Kinosäle als verfehlte Imitationen der Theater oder gar der Opernhäuser erschienen. In Poitiers waren Entwürfe zu sehen, die als eigenständige Kinoarchitektur gelten konnten, vor allem auch wegen ihrer technischen Vielfalt. Ich kam auf die Idee, an diesem Ort ein Treffen aller wichtigen Filmemacher meines Landes zu veranstalten und ihnen die Frage zu stellen, die mir als Jubiläumsfrage passend erschien: Was ist das Deutsche am deutschen Film? Gibt es Themen und Sichtweisen, die sich in allen Epochen des deutschen Films wiederfinden?

So spektakulär eine Großversammlung der Regisseure gewesen wäre, so unmöglich erwies sich die Idee bei näherer Betrachtung. Auch mit sehr viel Geld wäre es nicht möglich gewesen, dreißig vielbeschäftigte, untereinander konkurrierende Regisseure für mehrere Tage an einem Ort in Frankreich zu versammeln. Auch meine Fragestellung wäre eher abschreckend gewesen, denn keiner aus meiner Generation hätte sich gern als Teil einer nationalen Filmkultur präsentieren wollen. Als ich die Idee im Kreis meiner Mitarbeiter diskutierte, kam der Vorschlag, die unmögliche Situation als digitale Animation möglich zu machen. Schließlich sollte kein historischer Filmemacherkongress inszeniert werden, sondern ein Gedankenexperiment. Es sollte also «nur» das Bild dieses Treffens hergestellt werden, als fiktive Simulation, und das war durch die neue digitale Technik immerhin möglich geworden.

Was nun folgte, wurde für mich die gründlichste und nachhaltigste Lehre und Einführung in die Methoden der digitalen Bildbearbeitung und dreidimensionalen Animation, die man sich in dieser Zeit vorstellen konnte. Wochenlang arbeitete ich mit einem Team von Experten der Firma ARRI, die mir alle wichtigen Prinzipien erklärten. Gemeinsam entwarfen wir ein virtuelles Festivalkino, in dem sich die deutschen Regisseure, Produzenten und Schauspieler zu einem Gespräch versammelten. Keiner der Kollegen musste sich zu diesem Zweck an einem bestimmten Ort aufhalten, und keiner von ihnen musste physisch in den Stuhlreihen des Kinosaals sitzen, damit ich ihm dort meine Fragen stellen konnte. Ich lernte, wie man das Bild einer Person aus seiner ursprünglichen Umgebung löst und in einen künstlichen Hintergrund einbaut, wie man die Perspektiven manipuliert, wie man Größen und Blickrichtungen verändert und vor allem, wie dabei ein Bildrealismus entsteht, der Glaubwürdigkeit suggeriert. Keine Medienphilosophie, wie ich sie bis dahin kennengelernt hatte, hätte mir so gut erklären können, worauf das neue Wirklichkeitsbild beruht. Mit Hilfe der Computer und intelligenter Softwarespezialisten fand ich Antworten, die uns verblüfften.

Die wichtigste Erfahrung war, dass es in der virtuellen Welt keinen Unterschied zwischen Original und Kopie gibt. Alles, was wir in der analogen Welt bisher als Naturgesetz verstanden hatten, dass nämlich eine Kopie gegenüber dem Original immer einen Verlust an Information erfährt, war im Digitalen obsolet geworden. Daten bleiben auch nach zahllosen Kopien-Generationen unverändert. Das erlaubt dem digitalen Gestalter das endlose Klonen, Übereinander- und Ineinanderbauen von Bild- und Raumelementen. Niemals entsteht ein «Vorher» und «Nachher» oder gar ein «Original». Nichts ist noch einmalig, selbst das fertige Werk ist nicht «fertig». Ich hatte eine Welt betreten, die alle bisherigen Ansichten von den Schaffensprozessen eines Künstlers in Frage stellte. Es gab nicht mehr das Gültige oder das Wahre. Ich fing an, über eine neue Kinotheorie nachzudenken, die von Simultanvorgängen und einer Gleichzeitigkeit der Wahrnehmung handelt, von einer Erzählkunst der Netzwerke und dem freien Spiel mit der Zeit. Ich erlebte die Frühzeit der Digitalisierung als kreative Euphorie.

Nach einem halben Jahr begeisterter Bildschirmarbeit gab ich dem Film den Titel DIE NACHT DER REGISSEURE, eine Anspielung auf François Truffauts Film DIE AMERIKANISCHE NACHT. Der Begriff «Amerikanische Nacht» ist als Terminus für eine Tricktechnik bekannt, die es erlaubt, Nachtaufnahmen am Tage durchzuführen. Unser Film reihte sich ein in die anderen Beiträge der BFI-Dokumentation mit dem Titel 100 YEARS OF CINEMA. Es ist mein erster vollständig digital hergestellter Film, und er erzählt von einer festlichen Eröffnung eines Kino- und Medienzentrums in München, zu der die gesamte deutsche Filmbranche angereist ist. Nach einer Führung durch die spektakuläre Architektur, die Technikräume und das klimatisierte Archiv treffen sich die wichtigsten Regisseurinnen und Regisseure im Premierensaal des Hauses. Hier sitzen sie alle in virtueller Eintracht, beantworten meine Fragen und zeigen Ausschnitte aus ihren Lieblingsfilmen des ersten Kinojahrhunderts auf einer riesigen, ebenfalls virtuellen Leinwand.

In den Gesprächen und Filmbeispielen entsteht das Bild der Zugehörigkeit zu einer nationalen Filmkultur, die uns vorher nicht bewusst war. Begriffe wie «Romantik», «der unverstandene Künstler», «das Genie», «Fernweh», «der deutsche Wald», «das Dämonische», «Heimat», «deutsche Schuld», «Herbst», «Nacht», «Wüste» oder «die Berge» erwiesen sich als zutiefst deutsche Metaphern und Inhalte. Sie traten in den Gesprächen und den zitierten Filmbeispielen als Motive hervor, die unabhängig von Politik und Zeitläuften die deutsche Filmgeschichte geprägt haben. Eine Zusammenfassung und Analyse dieser Beobachtung veröffentlichte ich 1995 in einem Buch mit dem Titel BILDER IN BEWEGUNG. Es enthält einen Essay über die Medienentwicklung dieser Zeit und die ungekürzten Gespräche mit den deutschen Filmschaffenden. Die meisten Gespräche habe ich während der Berlinale des Jahres 1994 in Hotelzimmern aufnehmen können. Ich sprach unter anderem mit Margarethe von Trotta, Volker Schlöndorff, Alexander Kluge, Werner Herzog und Wim Wenders. Ich befragte auch Produzenten wie Günter Rohrbach und Luggi Waldleitner und Schauspieler wie Hanna Schygulla und Vadim Glowna. Es waren über dreißig der wichtigsten Repräsentanten des damaligen deutschen Films, die über ihre Leidenschaft für das Kino der vergangenen hundert Jahre sprachen. Keiner von ihnen ahnte zu diesem Zeitpunkt, welche Revolution uns durch die Digitaltechnik bevorstand. Es herrschte großes Staunen, als ich den Film mit seinen vielen 3-D-Animationen auf der Berlinale 1995 im Zoopalast vorführte.

Zu einem Eklat kam es allerdings mit Peter Lilienthal, der empört war, weil ich in meinem virtuellen Kino sein Bild in die Nähe des Bildes von Leni Riefenstahl gesetzt hatte. In meiner Begeisterung für die neuen Gestaltungsmöglichkeiten hatte ich nicht daran gedacht, dass das Bildermachen ein Akt der Magie ist, mit dem auch der Geist einer Person beschworen wird. Peter Lilienthal, der es in der analogen Welt abgelehnt hätte, im selben Raum wie Riefenstahl aufzutreten, empfand die zufällige Nähe zur Nazi-Regisseurin auch im virtuellen Raum als unerträglich. Da erst wurde mir bewusst, dass die neue Technik nicht nur ein Werkzeug ist, mit dem wir Bilder und Schauplätze erzeugen und verändern können. Wir können mit den digitalen Eingriffen mühelos in die Tiefe der Persönlichkeit eindringen und Unheil anrichten.

100 Karlsruhe

Als ich an der NACHT DER REGISSEURE arbeitete, besuchte mich Lothar Spree gemeinsam mit dem Kunsthistoriker Heinrich Klotz. Es war Anfang März 1994, und ich war gerade mit den Interviews der deutschen Regisseure fertiggeworden. An Lothars stolzem Lächeln, mit dem er uns einander vorstellte, aber auch an der eindrucksvollen Statur des Herrn Professor Klotz selbst erkannte ich die bedeutende Persönlichkeit, die da mein Haus betrat. Klotz hatte ursprünglich in Marburg gelehrt und sich als Gründer des Deutschen Architekturmuseums in Frankfurt einen internationalen Ruf erworben. Jetzt war er mit der Gründung eines Zentrums für Kunst und Medien beauftragt worden, das in Karlsruhe gemeinsam mit der Hochschule für Gestaltung als eines der modernsten Institute für die neuen Medien entstehen sollte. Lothar Spree war bereits als Professor berufen worden und hatte vorgeschlagen, mich als Leiter eines in Karlsruhe neu zu gründenden Filminstitutes zu gewinnen. So kam es, dass Heinrich Klotz mir an diesem Tag eine Professur anbot und mich fragte, ob ich bereit sei, ihm an die neue Hochschule für Gestaltung, deren Gründungsrektor er ebenfalls war, zu folgen.

Der Name der Einrichtung erinnerte nicht nur zufällig an die Ulmer Hochschule für Gestaltung der 1960er Jahre. Bestimmte Positionen der Ulmer Lehre sollten auch in Karlsruhe gelten. Klotz war eine charismatische Gründerfigur. Alles, was er sagte, erschien augenblicklich als «machbar». Im Hintergrund all seiner Entwürfe und Gedanken erahnte man ein ausgedehntes gesellschaftliches Netzwerk. Er war sich der Unterstützung durch Wirtschaft und Politik sicher. Vor mir stand eine vor Kraft und Schaffensdrang leuchtende Persönlichkeit, und ich spürte den Wunsch, dabei zu sein, wenn das neue Zeitalter der Medienkünste, das Klotz verkündete, in Karlsruhe entstehen sollte.

Sooft es mir die Arbeit im Digitalstudio erlaubte, fuhr ich in den folgenden Wochen nach Karlsruhe, um die Situation kennenzulernen. Ich baute ein Team auf und entwarf das Konzept einer Filmpädagogik, die an die ehemalige Ulmer Lehre anknüpfen und sich dem europäischen Autorenfilm widmen sollte.

Klotz hatte im Hintergrund dafür gesorgt, dass die Behörden und Politiker die notwendigen Fakten schufen. Die neue Hochschule erhielt den Status einer staatlichen Universität mit Promotions- und Habilitationsrecht, und es dauerte nicht lange, bis ich zum ordentlichen Professor berufen wurde. Es folgte meine Vereidigung als baden-württembergischer Staatsbeamter. Ich war nun Professor, finanziell abgesichert, wie es die Ministerin bei meiner Antrittsvorlesung indiskret anmerkte. Was ich bei der Übernahme des Amtes nicht voraussah, waren die reglementierten Anwesenheits- und Unterrichtspflichten und die Teilnahme an zahllosen Sitzungen des Hochschulsenats und mehrerer Planungsgremien. Nach wenigen Wochen fand ich mich in einem Strudel des akademischen Betriebs, der mir kaum noch Zeit für anderes ließ. Anfangs lebte ich in einem Hotel, aber bald wurde klar, dass ich mir in der Nähe der Hochschule eine Zweitwohnung einrichten musste. Gleichzeitig spürte ich, dass mein bisheriges Leben an meiner neuen Existenz zerrte. Robert Busch, der mein Münchener Produktionsbüro leitete und sich um den Vertrieb meiner Filme kümmerte, ließ mich seine Ungeduld spüren. Für ihn war mein Karlsruher Aufbruch nichts anderes als die Verzögerung eines großen Spielfilmprojekts, auf das er und das HEIMAT-Team sich seit einem Jahr vorbereiteten.

Auch das Zusammenleben mit Salome war durch meine Karlsruher Verpflichtung schwieriger geworden. Sie fand in dieser Zeit wachsende Anerkennung als Sängerin und Interpretin Neuer Musik und gab Konzerte im In- und Ausland. Ich versuchte, die Verbindung so gut wie möglich aufrechtzuhalten, und reiste, sooft es sich einrichten ließ, von München oder Karlsruhe aus zu ihren Auftritten. Auch das zerteilte meine Zeit in einer Weise, die mir im Rückblick wahnwitzig vorkommt.

Das Filminstitut erhielt den seltsam klingenden Namen EIKK, die Kurzform für «Europäisches Institut des Kinofilms Karlsruhe». Zur feierlichen Eröffnung im Dezember 1994 erschien die Kultusministerin in den neu eingerichteten Institutsräumen und ließ sich meine Arbeitshypothesen vortragen. Alles gefiel, und ich war entschlossen, die Doppelbelastung mit München und Karlsruhe zu stemmen, den doppelten Haushalt und den Produktionsbetrieb in München irgendwie zu managen, denn es begeisterte mich, an der Seite von Heinrich Klotz ein veritables Zentrum für das Kino der Zukunft aufzubauen. In den ersten Wochen nach der Gründung entwickelte ich ein Konzept für einen Kongress des europäischen Films, der schon ein Jahr später in Karlsruhe stattfinden sollte. Ich schickte Einladungen an die international bekanntesten Kollegen, nichts war mir zu groß, und keine meiner Unternehmungen schien an Grenzen zu stoßen. Bald hatte sich ein Institutsbeirat gebildet, in dem die besten europäischen Filmemacher die Schirmherrschaft übernahmen, darunter Gianni Amelio, Michelangelo Antonioni, Bernardo Bertolucci, Ermanno Olmi, Ettore Scola, Jean-Luc Godard, Agnès Varda, Peter Greenaway, István Szabó, Alain Tanner, Krzysztof Zanussi oder die Brüder Paolo und Vittorio Taviani. Sie alle schickten Beiträge oder sagten ihre persönliche Beteiligung am geplanten Kongress zu.

Beflügelt von dieser Resonanz entstanden Entwürfe für ein «HEIMAT-Netzwerk». Die Idee war, dass sich mit Hilfe der neuen Kommunikationswege jeder Mensch mit seinen eigenen Erinnerungen und Geschichten an die HEIMAT-Chronik andocken konnte. Die zahlreichen Briefe, die wir nach Ausstrahlung der HEIMAT erhalten hatten, schienen ein Beweis für das Interesse der Menschen, sich in ein Geschichten-Netzwerk einzubringen. Meine Produktionsfirma und das EIKK gründeten eine Plattform mit dem Titel THE MAGIC NET, die in immer weiter verzweigten Dimensionen eine neuartige Erinnerungs- und Erzählkultur anlegen sollte. Wir nahmen Verbindung zu Entwicklern von Computerspielen auf und experimentierten mit der Architektur eines virtuellen Dorfes, das den Namen «Schabbach II» trug. Jeder Teilnehmer sollte sich hier eine Adresse sichern und seine Geschichten als Text-, Video- oder Audiobeitrag einbringen können. Wir waren überzeugt, dass es uns gelingen würde, den Spieltrieb der Menschen mit dem Erzähltrieb zu vereinen. Die Erzählkunst sollte ein neues Zusammengehörigkeitsgefühl im «globalen Dorf Schabbach» erhalten, eine neue Heimat, in der jeder zum Autor werden konnte und wo es weder territoriale noch sprachliche Grenzen gab.

Wenn ich heute die Broschüren und Treatments lese, die wir damals verfassten, um die Fortsetzung des HEIMAT-Mythos zu schaffen und das ideale neue Medium dafür zu erfinden, wird mir schwindlig bei dem Blick in die endlose Weite, zu dem wir in den ersten Jahren des Internets fähig waren. Heute fragt man sich, warum unser MAGIC NET nicht zu einer Unternehmensgründung nach dem Vorbild des Silicon Valley geführt hat. Vielleicht waren wir als deutsche Autorenfilmer der ersten Stunde trotz aller Technikbegeisterung Kinder der deutschen Romantik geblieben und warteten in unserem Karlsruher Paradies auf ein Wunder, etwa in Gestalt eines Geschäftsmanns, der uns mit seinen Millionen aus unserer Verstrickung in Visionen und Zukunftsträume erlöst.

In der Karlsruher Gartenstraße gab es ein italienisches Restaurant, in dem ich fast jeden Abend mit Klotz und seinen Freunden saß und stundenlang über die Digitalisierung der Künste philosophierte, über den Beginn eines neuen Zeitalters und ein Gefühl der Entgrenzung, das sich eingestellt hatte. Wir waren überzeugt, dass sich die Welt in den letzten Jahren vor der Jahrtausendwende komplett ändern werde. Vieles deutete darauf hin, zum Beispiel die aufgeheizten Aktienmärkte mit den neuen Technologiewerten, die selbst die Intellektuellen von Karlsruhe nicht ruhig schlafen ließen. Manch einer von meinen akademischen Kollegen hatte heimlich begonnen, an der Börse zu spekulieren. So aufgekratzt war die Stimmung. Jeden Abend traf man beim Stamm-Italiener auch die beiden Titanen des Karlsruher Geisteslebens, den Philosophen Peter Sloterdijk und den Komponisten Wolfgang Rihm, die ihrerseits wieder interessante Geister anzogen.

Das Gebäude, das Klotz für die Gründung des Zentrums für Kunst und Medien auserkoren hatte, befand sich ganz in der Nähe. Es hatte gewaltige Ausmaße und stand seit Jahrzehnten leer. Erbaut während des Ersten Weltkriegs, hatte es einst eine Munitionsfabrik beherbergt, in der Geschütze und Granaten hergestellt und getestet wurden. Der über Hunderte von Metern sich erstreckende Bau gliederte sich um zehn Lichthöfe, die das Ausmaß von Kathedralen hatten, und ebenso viele Gebäudeeinheiten, die mir beim ersten Anblick einen Schrecken einjagten. Man brauchte allein eine Viertelstunde, um die Fassade abzuschreiten. Aber Klotz, der mich durch das brutale Innere führte, besaß den Mut, sich ein Kulturinstitut vorzustellen, das diesen von

Krieg und Größenwahn geprägten Bau komplett ausfüllte. Es war kaum fassbar, dass einer daran arbeitete, dieses erschreckende Vakuum mit Geist und Sensibilität zu füllen. Ich habe in den Jahren, die ich in Karlsruhe wirkte, mit großem Staunen erlebt, dass der Plan von Heinrich Klotz Wirklichkeit wurde. Man kann diese Leistung und die damit demonstrierte Macht der Künste in einer von Konzernen, Kapital und Kalkül beherrschten Welt nur bewundern. Das Zentrum für Kunst und Medien ist heute ein weltweit beachtetes Statement des schöpferischen Geistes. Die Gebäude des Zentrums für Kunst und Medien waren während der Nazizeit Schauplatz menschenverachtender Ausbeutung von Zwangsarbeitern, und manch ein Kommunalpolitiker hätte sie dem Vergessen zuliebe gern abreißen lassen. Die Auseinandersetzungen mit den Dämonen der deutschen Vergangenheit, die Heinrich Klotz hier erfolgreich suchte, waren Teil der Gründungsgeschichte des ZKM, und so darf ich mit Stolz sagen, ich bin dabei gewesen.

Während der Berlinale 1995, die ich besuchte, um die NACHT DER REGISSEURE aufzuführen und das Karlsruher Projekt ins Gespräch zu bringen, traf ich Gideon Bachmann, den wunderbaren Filmpublizisten und Dokumentarfilmer, den ich bereits in Oberhausen kennengelernt hatte und dem ich bei der Ausstrahlung der ZWEITEN HEIMAT in Rom wiederbegegnet war. Wenn man auf den Festivals von Cannes oder Venedig an Gideons Seite durch die Szene schweifte, erlebte man, wie er auf Schritt und Tritt als guter alter Freund begrüßt wurde. Immer waren es die Großen, die Filmemacher, Produzenten, Starkritiker, Autoren oder Schauspieler, die Gideon kannten. Mit allen verband ihn innige Freundschaft, und Gideon sprach ihre Sprachen fließend: Englisch, Deutsch, Italienisch, Französisch oder Hebräisch – es war unfassbar! Mit Gideon und seiner Frau, der Fotografin Deborah Beer, hatte ich unvergessliche Begegnungen. Mehrmals hatten wir gemeinsam Bernardo Bertolucci in seiner römischen Wohnung besucht. Jetzt aber, in Berlin, stand mir ein bleicher, von Kummer gezeichneter Mann gegenüber. Gideon berichtete mir weinend vom qualvollen Sterben seiner geliebten Deborah. Der Verlust hatte seinen Lebensmut völlig zerstört. Gideon war verzweifelt und in einem Zustand, in dem er hilflos in die Finsternis einer Depression stürzen musste, wenn ihm nicht geholfen würde. Ich bangte um sein Leben und nahm ihn kurzentschlossen mit nach Karlsruhe. Ich zeigte ihm das neugegründete Filminstitut und bot ihm an, an meiner Seite am Aufbau des EIKK mitzuarbeiten und die erforderlichen internationalen Kontakte zu knüpfen. Als er sich entschieden hatte, das Angebot anzunehmen, besorgte ich ihm eine Wohnung in meiner Nähe. Es war eine schöne neue Welt, an deren Entstehung wir von nun an gemeinsam arbeiteten. Wenn ich heute an diese Zeit denke, erfasst mich Heimweh und Sehnsucht. So viel Zukunft habe ich nie mehr erlebt. Und ich frage mich, wann uns eigentlich die Zukunft als Versprechen einer besseren Welt so gründlich abhandengekommen ist.

Gideon blieb, arbeitete mit Lothar Spree und mir zusammen und übernahm später meine Stelle in der Leitung des Instituts. Im Lauf der Jahre wurde das EIKK Gideons endgültige Wirkungsstätte und zweite Heimat. Er starb 2016, kurz vor seinem neunzigsten Geburtstag, in Karlsruhe.

101 Rasender Stillstand

Salome und ich haben in den 1990er Jahren ein Silvesterritual entwickelt: Wir nutzen die letzten Stunden des Jahres dazu, unsere Taschenkalender gemeinsam durchzublättern und das abgelaufene Jahr in unserer Erinnerung vorbeiziehen zu lassen. Wir machen dabei Notizen für einen Jahresrückblick, den ich dann am Neujahrsmorgen aufschreibe und in den neuen Kalender lege. So können wir im Jahr darauf sogar zwei Jahre überblicken und die Gefühle vergleichen, mit denen wir das Vergehen unserer Lebenszeit betrachten. Dieses Ritual haben wir bis heute aufrechterhalten, und es ist ein Teil unserer Verbundenheit geworden.

Eine Folge davon ist, dass ich genaue Chronologien des ausgehenden Jahrhunderts besitze. Aber während ich versuche, der Reihe nach zu erzählen, was sich in dieser Zeit zugetragen hat und wie die Dinge verbunden waren, taucht ein neues Problem auf: Die neunziger Jahre erscheinen unfassbar chaotisch. Wenn ich von meinen Projekten berichte und von Ereignissen wie der Gründung des Filminstituts in Karlsruhe, von unserem europäischen Kinokongress oder der Professur, scheint alles einer inneren Ordnung zu folgen. Aber in Wirklichkeit türmen sich im Kalender Berge von Eintragungen, die mit alldem nichts zu tun haben. Es ist unglaublich, was alles in ein einziges Jahr passt und was mich jedes Mal komplett vereinnahmt und wochenlang ausgelastet hat. Ich will einmal versuchen, dieses Ereignischaos darzustellen, denn es scheint unser eigentliches Leben zu sein. Nicht die großen Taten, die man in die Biographien schreibt, sind das gelebte Leben, sondern das, was wir bei jedem Kaffeeklatsch unter Freunden oder Familienmitgliedern zu hören bekommen – und dann sofort wieder vergessen.

Die Jahre nach der ZWEITEN HEIMAT sind zum Bersten gefüllt mit Reisen, Krankheiten, Kunstgenüssen, Ehrungen, Bekanntschaften, Todesfällen, Festen, Hochzeiten, Streitigkeiten, Verliebtheiten. Mein Kalender notiert den zweiten Ausbau unseres Münchener Hauses, Reparaturen, Anschaffungen, Pannen. Bei allem entstand das Gefühl der pausenlosen Raserei, während gleichzeitig keines der großen Projekte über den Gründungselan hinaus gedeihen wollte.

Salomes Entwicklung als Interpretin zeitgenössischer Musik gab oft über Monate den Ton an für unsere Teilnahme am Gesellschaftsleben. An ihrer Seite lernte ich die wichtigsten Komponisten und Interpreten Neuer Musik kennen, unter ihnen Hans Zender, Helmut Lachenmann, Mauricio Kagel, Wolfgang Rihm. Die Gedankenwelt der Komponisten und großen Interpreten erschien mir um ein Vielfaches interessanter als die oberflächliche Selbstdarstellungssucht der Filmbranche. Wir reisten zu den Aufführungen der Ensembles für zeitgenössische Musik, mit denen Salome als Stimmsolistin auftrat, wir erlebten ihre Erfolge bei den Salzburger Festspielen, in Madrid, Paris, Stockholm, in Riga oder anderen Hauptstädten Europas. Ich bewunderte Salome als Darstellerin der Orffschen BERNAUERIN auf der sommerlichen Freilichtbühne in Augsburg oder als Eliza Doolittle im Musical-Klassiker MY FAIR LADY. Salomes Vielseitigkeit wurde von der Kritik gewürdigt. Das machte mich zu ihrem stolzen Begleiter, der oft vergaß, dass auch sein eigenes Leben ein Karussell geworden war, das sich immer schneller drehte. Ein Essay des französischen Philosophen Paul Virilio trägt den Titel RASENDER STILLSTAND. Er beschreibt die veränderte Zeitwahrnehmung in einer technisch aufgerüsteten Welt und wird damit zu einer Hilfe, unseren beschleunigten Alltag neu zu verstehen. Die Skizze eines Halbjahres soll illustrieren, wie ich den «rasenden Stillstand» erlebte.

Im Mai 1994 flogen Salome und ich nach San Francisco, um den Golden Gate Award für die ZWEITE HEIMAT entgegenzunehmen. Zum ersten Mal schnupperten wir die Luft Kaliforniens, fuhren zu den legendären Schauplätzen der Hippiebewegung und ließen uns entlang der Pazifikküste zu den Naturwundern der Neuen Welt bringen. Wir besuchten die fremdartigen Baumriesen der Muir Woods und schliefen in einem Wolkenkratzer, der nachts im Seewind schwankte. Auf dem Rückweg machten wir in New York Station, wo wir uns zum Shopping verführen ließen und das ganze Sightseeing-Programm durchzogen, um dann gleich nach Madrid weiterzureisen, wo ich an einem Symposium über HEIMAT teilnahm. Aber schon wenig später fand ich mich in Venedig wieder, wo eine Fotoausstellung mit Bildern des italienischen Fotografen Graziano Arici eröffnet wurde, der als mein Standfotograf die ZWEITE HEIMAT begleitet hatte. Nur wenig Zeit konnte ich mir gönnen, bevor ich zu einer Aufführung des restaurierten Stummfilmklassikers INTOLERANZ von David Wark Griffith nach Lissabon flog. Ich wollte dabei sein, wenn dieses Werk, das ich als frühes Beispiel des epischen Films verehrte, mit der Livebegleitung eines Symphonieorchesters gezeigt wurde. Die Filmemacher Europas hatten sich in einem der letzten Großkinos von Lissabon getroffen, um zu erleben, in welchen Dimensionen einst das Kinoerlebnis gedacht werden konnte. Vieles erschien mir als Parallele zu meiner NACHT DER REGISSEURE. Das Erlebnis ließ sich jedoch nicht vertiefen, da ich schon eine weitere

Reise antrat. Die Berliner Akademie der Künste, deren Mitglied ich war, hatte mich gemeinsam mit den Filmemachern Paolo und Vittorio Taviani eingeladen. Wir sprachen über unsere Erinnerungen an das Kriegsende, die wir in unseren Filmen beschreiben, die Brüder Taviani mit DIE NACHT VON SAN LORENZO und ich mit STUNDE NULL.

Als der August sich zum strahlenden Sommermonat entwickelte, unternahm ich mit Salome tägliche Radtouren ins Münchener Umland. Wir entdeckten die vertrauten oberbayerischen Orte aus neuer Perspektive und beschlossen, nie mehr im August in die Ferne zu reisen. Erst im September dehnten wir unsere Neugier wieder aus und fuhren mit dem Auto nach Süden. Salome musste zu musikalischen Proben ins Aostatal. Danach gab es ein Konzert in Turin. Auf dem Rückweg besuchten wir das Musikfestival von Luzern, wo Hans Zenders Bearbeitung von Schuberts WINTERREISE zur Uraufführung kam und unsere Freundschaft mit dem Komponisten und seiner Frau Gertrud neue Nahrung fand. Es war, als gäbe es die großen Pläne nicht, und Karlsruhe schien oft so weit entfernt zu sein wie Kalifornien. Bis ich mich wieder in den Zug setzte und zum hundertsten Mal die dreistündige Fahrt über Stuttgart antrat, um in meiner Karlsruher Wohnung zu landen. Hier schien mir bald München so weit entfernt wie Finnland oder Schweden, wo ich in der Woche zuvor noch gewesen war.

Am Morgen des 23. Oktober 1994 rief mich mein Bruder Guido an. Ich war am Abend davor gerade wieder von einer Reise zurückgekehrt. Ich hatte in diesen Jahren nur wenig Kontakt zu Guido, dennoch spürte ich am Klang seiner Stimme sofort, dass er mir eine traurige Mitteilung zu machen hatte. Guido hatte am Morgen unsere Mutter tot aufgefunden. Er hatte sie wecken und zum Frühstück rufen wollen, aber sie gab kein Lebenszeichen. Mehr konnte ich nicht erfahren. Guido schwieg am Telefon. Auf meine Fragen nach Einzelheiten antwortete nur das Geräusch seines Atems. Ich spürte, dass er Hilfe brauchte. Also sagte ich ihm, dass ich zu ihm komme. Salome konnte mich nicht begleiten, sie steckte mitten in den Endproben einer Bühnenfassung von Ingmar Bergmans LÄCHELN EINER SOMMERNACHT am Münchener Gärtnerplatztheater. Ich fuhr alleine los. Meine Ankunft in der Hunsrück-Heimat war, als käme ein Karussell zum Stillstand. Das Schicksal hatte auf die Bremse getreten.

Zur Beerdigung meiner Mutter war meine Schwester mit ihrem Lebensgefährten gekommen, aber auch Susanne, die ihren kleinen Sohn Marcus mitgebracht hatte, den einzigen von Mutters vier Urenkeln. Unerwartet und unfassbar wie immer, der Tod. Aber da war auch ebenso unerwartet ein Wiedersehen mit ehemaligen Nachbarn, Schulkameraden und Verwandten, von deren Existenz ich kaum noch wusste. Das Elternhaus, in dem Mutter und Guido seit dem Tod unseres Vaters, also seit 1970 vor sich hingelebt hatten, war ein Symbol der fliehenden Zeit geworden. Heruntergekommen und schäbig, es regnete durch das Dach, und es roch nach Moder und Schimmel. Guido, der zwar das Uhrengeschäft recht und schlecht aufrechtgehalten hatte, hatte nichts gegen den Verfall unternommen. Ich sah, dass wir sofort handeln und das Haus retten mussten, damit es noch länger bewohnbar blieb und für Guidos Zukunft ein wenig Sicherheit und Zuversicht bot. Ich verlängerte meinen Aufenthalt, um das Notwendige mit einem ortsansässigen Architekten zu besprechen. So kam es, dass die Trauer über Mutters Tod rasch in neue Aktivitäten überging. Die Sanierung des Elternhauses war ein weiteres unter meinen vielen Projekten geworden, die mich auf Trab hielten.

Bei meiner Rückkehr nach München kaufte ich mein erstes Mobiltelefon. Es ist kaum zu glauben, dass man ein so dicht getaktetes Leben wie das meine ohne diese fragwürdige Segnung der Menschheit bewältigen konnte. Es ist heute auch schwer vorstellbar, dass die Handys erst so spät in unser Leben gekommen sind. Ich weiß noch, wie seltsam es auf mich wirkte, wenn ich sah, wie ein Mensch sprechend über die Straße ging. Ein telefonierender Fußgänger kam mir vor wie ein Irrer, der mitten in der Öffentlichkeit Selbstgespräche führt. Die ersten Exemplare dieser Verrückten waren mir in Italien aufgefallen. Die jungen Italiener mit ihren engen Businessanzügen rannten mit aufgeregt gellenden Stimmen über die Plätze und gestikulierten, als wollten sie die Weltherrschaft übernehmen.

Der Erwerb meines ersten Handys sollte mir bald ein gespenstisches Erlebnis bescheren, das mir die Mobilfunktechnik definitiv als Wahnsinn erscheinen ließ. Ich war mit Robert Busch nach Weimar gefahren, wo er mit mir die Nachwendestimmung erkunden wollte, von der meine neuen Filmideen handelten. Wir besichtigten Altbauimmobilien, für deren Sanierung Investoren aus Westdeutschland angereist waren. Ihr arrogantes Auftreten passte zu den Handys, mit denen sie vor den Augen der Einheimischen herumfuchtelten. Am Nachmittag besuchten wir das Goethehaus. Während wir durch die Räume des Dichterfürsten schlenderten, erhielt ich den allerersten Anruf auf meinem neuerworbenen Mobiltelefon. Ich brauchte etwas länger, bis ich die richtigen Knöpfe gedrückt hatte und eine Stimme mit englischem Akzent vernahm, jemand stellte sich in deutscher Sprache als Journalist des britischen «Guardian» vor. Er sagte, seine Zeitung mache mit prominenten Intellektuellen Europas eine Umfrage: «Glauben Sie an Gott?» Ich war perplex und stammelte irgendetwas in das Mobilteil. «Deadline ist heute Abend um neunzehn Uhr», ergänzte der Anrufer. Was war das? Ob ich an Gott glaube? Und Deadline sei um neunzehn Uhr? Was hieß hier Deadline? Etwa «Todeslinie»? Ich sah mich um. Vor mir stand der überlebensgroße Gipsabdruck einer Marmorbüste der Göttermutter Juno, die Goethe einst aus Italien hierhergebracht hatte. Mit ihren weißen Augen schaute sie mich durchdringend an und gab meinem ersten Handygespräch damit eine rätselhafte Bedeutung.

102 Die Hochzeit

Im August 1995 fuhr ich mit Salome zu den Salzburger Festspielen, um die Aufführung von Hans Zenders Oratorium SHIR HASHIRIM mitzuerleben. Wir blieben ein paar Tage. Dass Salome als Mitglied der internationalen Musikszene auch hier verehrt wurde, erfüllte mich mit Freude. Mit meinem am Film geschulten Kunstverstand konnte ich die musikalischen Uraufführungen auf meine Art verstehen und galt bald als aufmerksamer Hörer, der es wagen durfte, seine Gefühle und Gedanken über die Neue Musik auch den Musikern und Komponisten gegenüber in Worte zu fassen. Es war eine inspirierende Stimmung, die uns beide vibrieren ließ. Als wir schließlich im Auto nach München zurückfuhren, fragte ich Salome, ob es nicht an der Zeit sei, das Glück unserer Verbindung einmal ausgiebig zu feiern. Das hieß, einfach ausgedrückt, nichts anderes, als dass ich Salome einen Heiratsantrag machte.

So einfach, wie dies klingt, konnte es allerdings nicht sein, denn wir lebten bereits seit acht Jahren zusammen, waren vor den Augen aller, die wir kannten, längst ein fest verbundenes Paar. Außerdem war ich bereits zweimal verheiratet und wieder geschieden, was die Ehe in unseren Augen nicht gerade zu einer Institution mit Ewigkeitswert machte. Es war im Freundeskreis und auch in meiner Familie nicht mehr üblich, dass geheiratet wird. So lebten zum Beispiel meine beiden Kinder Susanne und Christian unverheiratet mit ihren Partnern, was sie nicht daran gehindert hatte, Familien zu gründen und Kinder zu bekommen. Es gab einen liberalen Konsens, weder den Staat noch die Kirchen in die Gestaltung der Lebensgemeinschaften einzubeziehen. Das war natürlich auch unser Thema auf dieser denkwürdigen, von Musikerlebnissen beflügelten Autofahrt von Salzburg nach München. Als wir zu Hause ankamen, stand der Entschluss aber dennoch fest, ja, wir beschlossen, mit der Ausführung unseres Plans nicht länger zu warten. Es war einfach ein zu bewegendes Verlangen, der Welt unsere begeisterten Herzen zu offenbaren. Am übernächsten Tag ließen wir uns im Schwabinger Standesamt beraten. Wir bekamen einen Merkzettel mit einer Aufstellung der erforderlichen Dokumente, und wir sprachen über einen passenden Termin. Dabei gerieten wir in eine wohlige Euphorie der Verliebtheit in die Liebe. In dieser Stimmung fuhren wir sofort nach Salzburg zurück, um in der Kollegienkirche eine Aufführung von Luigi Nonos Orchesterstücken zu erleben. Tief berührt von Nonos Musik, fuhren wir noch in der Nacht nach Hause. Es war ein Erlebnis, dessen Pathos uns noch in den folgenden Wochen begleitete.

Unsere Hochzeit war ein Projekt geworden, das meine Handschrift als Filmproduzent verriet. Ich übergab die organisatorische Leitung meinem Kompagnon Robert Busch, dieser wiederum teilte das Projekt in Zuständigkeitsbereiche auf wie Einladungen, Kinder- und Gästebetreuung, Catering, Transporte, Übernachtungen, Rahmenprogramme, Blumenschmuck oder Getränke. Ein regelrechtes Organisationsteam hatte sich formiert, sodass ich mich mit Salome den intimeren Aufgaben widmen konnte. Dazu gehörte der Kauf der Ringe und die Suche nach einem Brautkleid. Wer je als Kind «Heiraten» gespielt und dabei gelernt hat, dass die Braut immer eine Prinzessin ist, wird nachempfinden können, was es bedeutet, ein Brautkleid zu kaufen. Ein archetypisches Bild war in unserer Planungsphantasie aufgetaucht, das Bild der Brautleute, die durch ein Kirchenportal schreiten und vor den Altar treten, um sich feierlich die Ringe an die Finger zu stecken, begleitet vom dahingehauchten Jawort der Braut und einem kräftigen Ja des Mannes. Das versprach eine ernste Feierlichkeit und gehörte zu den Formen, die ich zuvor noch nie erlebt hatte. Aber durften wir diesen allzu kindlichen und auch fragwürdigen Gedanken überhaupt in Betracht ziehen? Ich war schon vor Jahren aus der Kirche ausgetreten, Salome war die ungläubige Tochter eines Pfarrers, beide bezeichneten wir uns als Agnostiker und hielten jegliche Religion für eine Quelle des Unfriedens. Das Heiraten schien also umso schwieriger, je mehr es der pure Ausdruck unseres Zusammengehörigkeitsgefühls sein sollte. Wir hörten von Ersatzritualen, die auch von professionellen Hochzeitsausrichtern angeboten wurden, aber dabei spielten Ideologie und Religionsersatz eine ebenso große Rolle wie bei den kirchlichen Bräuchen.

Der Gedanke, eine kirchliche Heirat zu planen, gefiel natürlich Salomes Eltern. In ihrer Familie besaß der christliche Glaube eine unerschütterliche Autorität, und der Vater wäre sofort bereit gewesen, die traditionelle Trauungszeremonie an uns zu vollziehen, eine Vorstellung, die für Salome allerdings unerträglich war. Aber sollten wir stattdessen einfach nur den für unser Stadtviertel zuständigen Pfarrer aufsuchen, der uns nötigen würde, aktive Gemeindemitglieder zu werden? Da fiel mir ein, dass ich bei den Dreharbeiten von HEIMAT einen evangelischen Pfarrer unter den Darstellern kennengelernt hatte. Robert Busch hatte damals eines Sonntags den Gottesdienst in Bacharach besucht, um den wegen seiner witzigen Predigten bekannten Pfarrer für die Rolle des Pieritz zu casten, den treuen Begleiter des von Jörg Hube gespielten Otto Wohlleben. Ich sprach mit Robert über die Idee und erfuhr, dass Johannes Metzdorf, so hieß unser Laiendarsteller, inzwischen als Studentenpfarrer in Trier tätig war. Als ich dort anrief, war er gerade im Begriff, mit seiner Frau in die Ferien nach Süddeutschland aufzubrechen. Was lag da näher als eine Verabredung in München? Metzdorfs Frau, die wir bei dieser Gelegenheit kennenlernten, hieß Clarissa. Das erinnerte uns an Salomes Rollennamen in der ZWEITEN HEIMAT. Alles stimmte und trug zu einem entspannten Gespräch bei. Wir waren beide überzeugt, dass wir mit diesem humorvollen Exemplar eines Pfarrers eine kirchliche Trauung wagen konnten, ohne uns selbst in Erklärungsnot zu bringen. Was uns vertraut vorkam, war, dass die Zeremonie ein Rollenspiel werden sollte: Wir alle, das Brautpaar, der Geistliche, die Kirche und die Zeugen waren Mitspieler in einer Inszenierung. Der heilige Schauplatz wurde zum Set, und der reale Seelsorger war ein trefflicher Mime.

Die Hochzeit hatte ein kleines, gesetzlich vorgeschriebenes Vorspiel. Am 22. September begaben Salome und ich uns mit unseren beiden Trauzeugen zu dem villenartigen Gebäude am Rand des Englischen Gartens, dessen klassizistischer Säulenportikus auf Tausenden von Münchener Hochzeitsfotos zu sehen ist. Eine standesamtliche Trauung hatte ich in der ZWEITEN HEIMAT am Schwabinger Originalschauplatz schon einmal exemplarisch porträtiert. Jetzt mussten wir das pseudoreligiöse Beamtenritual, das um keinen Deut glaubwürdiger war als in der satirischen Darstellung des Films, in der Realität über uns ergehen lassen. Offenbar ist das der Grund dafür, dass meine Erinnerung daran schnell verblasst ist.

Dagegen ist unser eigentlicher Hochzeitstag ein Bilderreigen, der sich tief ins Gedächtnis eingegraben hat. Der romantische Anspruch, der schönste Tag des Lebens zu sein, wurde sogar in gewissen

Momenten erfüllt, zum Beispiel durch die Anwesenheit von mehr als sechzig lieben Menschen, die ein seltsam gemischtes Spiegelbild unseres Lebens gaben. Sie versammelten sich in unserem Haus, das zu unserer Überraschung auch mit so vielen Menschen nicht überfüllt wirkte. Sosehr wir in den Jahren unseres Zusammenlebens versucht hatten, uns gegenseitig an unserem Denken und Tun teilhaben zu lassen, so wenig wussten natürlich die Personen, die uns wichtig waren, untereinander, was sie auf dem Umweg über uns miteinander verbindet. Salomes Geschwister lernten meine Geschwister kennen, manche meiner Freunde sahen Salomes Freunde zum ersten Mal, und Salomes Eltern entdeckten unter ihren Enkelkindern auch die ersten Enkelkinder ihres neuen Schwiegersohnes. Es gab interessante Generationsverschiebungen, die unserem Altersunterschied entsprachen, und zugleich entstand ein lautes Familienchaos, das sich im Laufe des Festes zu immer neuen Konstellationen formierte.

Zur Trauungszeremonie in der Schwabinger Erlöserkirche startete die Gästemeute auf fünfzig gemieteten Fahrrädern und folgte zwei Hochzeitskutschen, einer, in der wir, das Brautpaar, thronten, und einer Kinderkutsche, in der es von aufgekratzten Kindern wimmelte. Alle waren herausgeputzt und fröhlich. Die kühle Septembersonne strahlte über alldem, während der Zug mit Jubel und Fahrradgeklingel durch das Viertel zur Kirche rollte. Alles war von meinem Filmteam bestens organisiert, es wurde wie verrückt fotografiert, und es entstanden die Bilder, von denen wir noch heute sagen, sie zeigen das schönste Brautpaar der Welt. In der Kirche konnte sich Salomes Familie musikalisch einbringen, indem sie als Familienorchester auftrat, ihr Bruder Thomas schlug die Orgel.

Eine Überraschung wurde dann unser aus der HEIMAT importierter Pfarrer Metzdorf, der die Gelegenheit ergriff, aus der Veranstaltung ein feministisches Manifest zu machen. Er hatte seine Ansprache und die Liturgie auf das nahende «Jahrhundert der Frau» ausgerichtet und warf den alten Patriarchen «Gottvater» vom Thron, indem er sein Gebet mit den Worten beginnen ließ: «Mutter unser, die du bist im Himmel …» Ich kann mir immer noch nicht vorstellen, wie blasphemisch dieser Satz auf Salomes Eltern gewirkt haben muss. Doch auch das verkraftete die zumeist ungläubige, aber umso tolerantere Hochzeitsgesellschaft mit Leichtigkeit. Das große Gruppenfoto vor der Kirche zeigt eine bunte Versammlung von Menschen aller Altersgruppen, darunter viele Kinder, die den Tag mit uns feiern wollten.

Um diese Erinnerung aufzuschreiben, habe ich eines der Hochzeitsfotos vor mir und betrachte all die in die Zeit entrückten Gesichter. Ich zähle nach, wie viele von unseren Gästen schon nicht mehr leben. Unwillkürlich durchforsche ich die Gesichter der Lieben nach einem Ausdruck, der den baldigen Tod ahnen lässt, wie bei meiner Schwester Heli, die ihre tödliche Krankheit schon in sich trug, ohne es zu wissen, oder bei meinem Bruder Guido, der seit 2008 das Hunsrücker Grab mit ihr teilt. Ich denke an Salomes Schwester Christina, die sich von ihren auf dem Foto an sie geschmiegten Kindern schon ein paar Jahre später für immer verabschieden musste. Ich denke an Salomes Eltern, die ihren Glauben als aufrechte Christen mit ins Grab nehmen konnten und sich vermutlich daran getröstet haben. Ich sehe Jochen Steinmayr und seine blonde Frau Erika, die in den frühen Jahren einmal meine hingebungsvolle Mitarbeiterin gewesen war und auf unserem Hochzeitsbild, ebenso wie ihr Mann, dem Tod entgegenblickt. Wer ahnt schon, dass in jedem Glück auch das Ende lauert.

Das Fest endete für Salome und mich in einem Schwabinger Hotelzimmer. Wir hatten es für die Hochzeitsnacht gebucht, um dem Chaos zu entkommen, das ein ausgelassenes Fest immer hinterlässt, mit verwüstetem Buffet, abgegessenem Geschirr, verrückten Möbeln, schlafenden Kindern und leeren Flaschen. Viele der Gäste fanden in unserem Haus einen Lagerplatz für die Nacht oder ein Bett, das man mit anderen erschöpften Besuchern teilen konnte. Die großartigen Organisatoren hatten dafür gesorgt, dass ich mit Salome am nächsten Tag sorglos zum österreichischen Fuschlsee fahren konnte, um über unseren romantischen Exzess unbeschwert nachzudenken.

Fünfundzwanzig Jahre sind seitdem vergangen. Die sogenannte

«Silberhochzeit» hätten wir gern mit Gästen von damals und neuen Freunden von heute gefeiert, wenn uns nicht die Pandemie daran gehindert hätte.

103 Heimat zweitausend

«Nichts berührt uns mehr als der anwesende andere Mensch», schrieb ich in eine Broschüre, mit der ich mich für die Erneuerung des Kinos einsetzen wollte. Das große digitale Versprechen hatte zwar die Geister der Zeit in Wallungen versetzt und auch bei mir das Gefühl erzeugt, vom Elan eines weltweiten Aufbruchs emporgetragen zu werden, aber die Erfolge, von denen wir in Karlsruhe träumten, blieben bescheiden. Wehmütig erinnerte ich mich an die emotionalen Höhenflüge, die ich bei Premieren und auf Festivals mit der Aufführung meiner analog hergestellten Filme in vollen Sälen erlebt hatte. Wo waren die Begegnungen mit dem festlich gestimmten Publikum geblieben, wo das gemeinsame Lachen, die im Dunkeln des Kinos still vergossenen Tränen oder das kollektive Fliegen durch Phantasiewelten? Mir wurde klar, dass keines der digitalen Medien die Begegnung der Menschen im realen Raum ersetzen kann und es ein großer Fehler wäre, das Kino im digitalen Zeitalter als unsere künstlerische Existenzbasis aufzugeben. So weit meine Erinnerungen zurückreichten, sah ich das Gerede von den Krisen und dem Untergang des Kinos. Als Gefahren wurden das Fernsehen, die Entwicklung der Videogeräte oder die Grundstückspreise in den Städten genannt. Es schien mir deswegen ein Kurswechsel des Karlsruher Instituts notwendig zu sein. Ich wollte die eigentlichen Gründe der zyklischen Kinokrisen erforschen, denn ich vermutete, dass sich eine stabile Kinokultur erst entwickeln wird, wenn wir wissen, wie das Kino der Zukunft aussehen muss. Seine bisherigen Abhängigkeiten vom Vorbild der Theater oder gar der Opernhäuser mit Bühnenportal und Vorhang waren offensichtlich Relikte früher Fehlentwicklungen.

Als Fehler erkannten wir auch die Vorführzeiten, die sich an den Spielplänen der Theater und Konzerthäuser orientierten. «Das Zeitkino» – so nannte ich das Projekt, dem ich fast zwei Jahre lang meine ganze Energie und Vorstellungskraft widmete – sollte Antworten auf diese Fragen finden. Es sollte ein internationales Experimentalkino werden, das den Geist des Kinos neu deutet, sowohl architektonisch wie technisch, und auch in der sozialen Interaktion mit dem städtischen Leben eine revolutionäre Neuerfindung darstellt. Ich beteiligte mich an einem von der Zeitschrift «Stern» ausgeschriebenen Architekturwettbewerb und entwarf gemeinsam mit dem Münchener Architekten Karl-Heinz Röpke ein Kugelkino, dessen Baukörper aus drei ineinander verschränkten Sphären bestand und ein vielfältig nutzbares Premierenhaus bildete. Der große Saal wurde von einer halbkugelförmigen Decke überwölbt und sollte für etwa achthundert Menschen Platz bieten. Die Sitzreihen befanden sich auf einer kreisrunden Scheibe, die in ihrer Neigung hydraulisch verstellt werden konnte, um damit zu jedem Programm die passende Neigung des Zuschauerraumes anzubieten. Die Projektion erfolgte aus der Saalmitte durch Laserlicht und bot alle denkbaren historischen und neuen Bildformate bis zur Rundumprojektion nach der Art eines Planetariums. Auch der kleinere Saal des «Zeitkinos» sollte sphärisch gestaltet sein und sich mit hundertfünfzig Plätzen der Filmgeschichte und dem Autorenfilm widmen. Es entsprach der architektonischen Logik, dass auch der Foyerbereich mit Cafeteria und Ausstellungsflächen in Kugelform ausgeführt werden sollte. Das Besondere an diesem Entwurf war seine flexible Nutzung mit einer Technik, die das Experiment herausfordert. Auch das Angebot an Nebenräumen sollte geeignet sein, junge Produzenten, Filmemacher und ihre Partner aus anderen Kunstbereichen ins Haus zu locken. Alles in allem sollte das «Zeitkino» ein Ort des Experiments und der Weiterentwicklung des Kinos sein.

Als ich im Jahr 1996 erfuhr, dass man im Münchener Stadtrat begonnen hatte, über die zukünftige Nutzung des St.-Jakobs-Platzes zu diskutieren, sah ich darin die Chance, mein «Zeitkino» als Film- und Medienhaus der Stadt vorzuschlagen. Ich wendete mich an Oberbürgermeister Christian Ude mit einem, wie ich glaubte, aufrüttelnden Appell. Ich schrieb: «Wenn es wahr ist, dass die Zukunft des Kinos jetzt, am Ende des 20. Jahrhunderts, neu definiert wird, dann kann diese Zukunft in München ihren Anfang nehmen. Es gehört nichts anderes dazu als Selbstbewusstsein und Entschlossenheit!» Auch bestehende Institutionen wie das Münchener Filmfest, dem ich ein neues Zentrum verschaffen wollte, oder das Filmmuseum, das ich mit seinem Leiter Enno Patalas aus seiner Kellerexistenz befreien wollte, sollten vom Entwurf profitieren. Es gab Anhörungen im Rathaus und eine Diskussion mit Vertretern der Filmwirtschaft. Ich hatte mir Verstärkung durch Medienpublizisten geholt, die Stadt hatte Vertreter der Bavaria-Studios in Geiselgasteig und Kinobetreiber zu einem «Hearing» eingeladen. Monatelang wartete ich danach auf offizielle Stellungnahmen, die aber nie erfolgten.

Natürlich regte ich mich auf. Ich wusste, dass ich ein Problem erkannt hatte, das den heranwachsenden Generationen von Filmemachern noch lange große Sorgen bereiten würde. Ich war überzeugt, dass mein «Zeitkino»-Konzept ein wichtiger Schritt zur Lösung hätte werden können, aber ich erkannte auch meine Ohnmacht. Ideen sind nicht alles, es braucht auch den glücklichen Moment. Das «Zeitkino» kam einfach zu früh, oder stand es gar außerhalb der Zeit? Als nie realisiertes Konstrukt hat es in meiner Erinnerung überdauert und das Nachdenken über das Kino bis heute wachgehalten.

Es war mir eine liebe Gewohnheit geworden, während meiner vielen Reisen und Bahnfahrten, und vor allem in den Hotelzimmern fremder Städte, Geschichten aufzuschreiben. In den ersten Jahren nach der ZWEITEN HEIMAT schrieb ich kleine Beobachtungen, Anfänge und Miniaturen, die mich in Fabulierstimmung brachten. Aus dieser Zeit stammt die Tagebuchnotiz, mit der ich dieses Erinnerungsbuch begonnen habe: dass jeder Tag unseres Lebens den Stoff für einen großen Film abgeben könne. Bald hatte ich so viele Anfänge produziert, dass mich die Fragen nach der Fortsetzung in Bedrängnis brachten.

Die ersten Notizen für eine ausgedehntere Erzählung schrieb ich, als Bilder aus den Tagen um den Fall der Berliner Mauer in meiner Erinnerung auftauchten. Etwa sieben Jahre waren seitdem vergangen, Zeit genug, um in Gedanken mit diesen Bildern spielen zu können. Den Mauerfall hatte ich während der Dreharbeiten zur ZWEITEN HEIMAT erlebt. Ich notierte damals in mein Tagebuch, dass dieses Ereignis einem Kristallisationspunkt vergleichbar sei, an dem sich Hunderte von Geschichten ansammeln werden, die eines Tages erzählt werden müssen. Also beschloss ich, einen dritten Teil von HEIMAT zu entwickeln, der am 9. November 1989, in diesem historischen Augenblick beginnt.

Bei allen meinen Aktivitäten und Versuchen, mit der davoneilenden Zeit Schritt zu halten, war das Verlangen, wieder einen großen Film zu machen und mein Schabbach-Universum weiter auszubauen, immer drängender geworden. Ich spürte, dass mich keine noch so aufregende Erkundung der digitalen Erzähltheorien so erfüllen konnte wie das praktische Planen und Herstellen eines Spielfilms. Die vertrauten und geliebten Figuren der HEIMAT wie Hermann, Clarissa, Anton, Ernst, Schnüsschen oder Lulu meldeten sich in den Träumen, und bald schrieb ich unter dem Arbeitstitel DIE ERBEN meine ersten Entwürfe für ein neues HEIMAT-Epos. Der Titel sollte den Blick auf die Generation der Enkel lenken, die von den in die Jahre gekommenen Wirtschaftswunder-Gründern der alten Bundesrepublik am Ende des Jahrhunderts riesige Vermögen erben. Ich versuchte, die neue Generation, ihren Konsumrausch und ihr Desinteresse an Geschichte und Herkunft zu porträtieren, um damit das Ende eines Zusammenhangs zu beschreiben, den man einmal Heimat genannt hat.

Während eines Gastseminars, das ich zu dieser Zeit an der Filmhochschule Potsdam-Babelsberg hielt, lernte ich den Schriftsteller und Drehbuchautor Thomas Brussig kennen. Brussig war Gaststudent an der Filmhochschule und hatte sich mit seinem Roman HELDEN WIE WIR als guter Beobachter und Kenner der Menschen seiner Heimat, der ehemaligen DDR, ausgewiesen. Ich mochte seinen oftmals makabren Humor und bot ihm an, bei der Stoffentwicklung für den dritten HEIMAT-Zyklus mitzuwirken. In unseren neuen Geschichten sollten auch

Figuren aus dem Osten auftreten, die auf Erinnerungen an die Wendezeit zurückgehen. Thomas Brussig, der zweiunddreißig Jahre jünger ist als ich, fand den Altersunterschied zu mir, wie er sagte, inspirierend. Er konnte seine Geschichten durch die Augen meiner Generation in Distanz rücken, während ich den Hunsrück, den wir bald gemeinsam durchstreiften, im Licht des Jüngeren mit neuem Blick betrachtete. Die Parallelen, die sich im Hunsrück zu den Entwicklungen im Osten zeigten, waren verblüffend. Es stellte sich heraus, dass die Folgen der Wende auch in den ländlichen Gegenden Westdeutschlands deutlich sichtbar wurden. Es ergaben sich schöne erzählerische Verbindungslinien zwischen Ost und West. So begann die Zusammenarbeit mit Thomas Brussig, die sieben Jahre dauern sollte.

Als wir den Handlungsablauf einer neuen Serie in einem Exposé beschrieben hatten, drängte Robert Busch darauf, mit der eigentlichen Drehbucharbeit erst zu beginnen, wenn wir damit rechnen könnten, dass unsere ehemaligen Partner und Freunde beim WDR bereit seien, wieder mit uns zu sprechen und sich am Projekt zu beteiligen. Robert schickte sogleich eine entsprechende Anfrage an die Fernsehspiel-Redaktion des WDR und verwies darauf, dass die regionale Presse bereits von Plänen für eine Fortsetzung der HEIMAT berichtet habe. Es dauerte nicht lange und wir erhielten eine Einladung zu einem Besprechungstermin. Wir schickten umgehend unsere Projektentwürfe für eine neue Staffel der HEIMAT-Saga nach Köln und erschienen am 30. April 1997 hoffnungsvoll im sogenannten «Vierscheibenhaus» des WDR. Das Treffen wurde eine jähe Enttäuschung. Gunther Witte empfing uns gemeinsam mit Joachim von Mengershausen. Die beiden hatten sich, wie sich bald herausstellte, abgesprochen und ließen es nicht dazu kommen, dass wir den Inhalt unserer neuen Filmerzählung vortrugen. Auch unser Exposé wollten sie nicht entgegennehmen und fanden Argumente gegen jegliche Fortsetzung der Zusammenarbeit an HEIMAT. Hinter jedem Wort spürten wir die auch nach vier Jahren nicht überwundene Kränkung wegen des Zeitungsinterviews, dessen kritischer Ansatz inzwischen von vielen Kollegen und Filmpublizisten geteilt wurde und als berechtigte Warnung vor einer fatalen Kommerzialisierung der öffentlich-rechtlichen Sendeanstalten galt. Ich erkannte meine ehemaligen Partner nicht mehr wieder. Nahmen sie meine damalige Kritik immer noch als persönliche Kränkung und hatten uns kommen lassen, um uns zu demütigen? Wahrscheinlicher erschien es uns, dass von ihrer Direktion Druck auf sie ausgeübt wurde. Als wir schon nach weniger als einer halben Stunde das WDR-Gebäude verließen, waren wir traurig und ratlos. Wir saßen noch lange am Rheinufer und suchten nach einer Erklärung für das Ende einer einst fruchtbaren Arbeitsfreundschaft. Es hatte 1993 ein Gerücht gegeben, der ARD-Programmdirektor habe vor Kölner Journalisten verkündet, solange er entscheiden könne, blieben die Türen des deutschen Fernsehens für «den Reitz» verschlossen.

Unsere Vermutung schien sich zu bestätigen, als ich einige Wochen später vom rheinland-pfälzischen Ministerpräsidenten Kurt Beck zum Südwestrundfunk vermittelt wurde und Gelegenheit erhielt, unser Projekt auf einer Tagung der ARD-Programmdirektoren in Bremen vorzutragen. Ich wurde den versammelten Herren wie bei einem Tribunal vorgeführt. Der ARD-Programmdirektor reagierte auf die politische Fürsprache, die unser Projekt genoss, mit unverhohlener Häme. Er verkündete, man könne es unter Umständen ja wieder mit mir versuchen. Man hätte mir damals bei der ZWEITEN HEIMAT besser auf die Finger schauen und mich besser kontrollieren müssen. Es hätte nicht erlaubt werden dürfen, dass ich in dem Film diese «unerträgliche Neue Musik» verwende und auch «diese Schwabinger Künstler» auftreten lasse. Das seien fürs Publikum unzumutbare Sujets. Ansonsten sei ich ja ein guter Erzähler, und man müsse auch loben, dass ich Auslandserfolge und Preise gewonnen hätte. Davon könne man sich aber in Deutschland nichts kaufen. So redete ein mächtiger Chef des Gemeinschaftsprogramms des deutschen Fernsehens.

Robert war in den folgenden Jahren, in denen wir um die Finanzierung der dritten HEIMAT kämpften und Entwurf auf Entwurf schreiben mussten, mein Gewissen, mein Ratgeber, mein Chefdramaturg, mein Koautor und Freund, der diesen steinigen Weg tapfer mitging. Es wurden Förderungsanträge bei der Europäischen Union gestellt, wir verhandelten mit dem Land Rheinland-Pfalz, mit der Firma ARRI wegen eines Vertrages über den Weltvertrieb und gaben den Versuch nicht auf, auch das deutsche Fernsehen für HEIMAT 2000, wie unser Projekt mittlerweile hieß, zu gewinnen. Robert hat mich schließlich daran erinnert, dass unsere Lage durch Analysen und Klagen nicht besser werden kann. Das einzige Glück, das uns stärke, entstehe allein im Machen, im Produzieren. Die Vorbereitung eines Films sei immer eine Schlammschlacht und könne nie grundsätzlich zugunsten der Künstler ausgehen, nicht einmal im Erfolgsfalle. So bitter waren seine Ermahnungen.

Auf seinen Erkundungsfahrten durch den Hunsrück hatte Robert ein leerstehendes Forsthaus entdeckt. Er konnte mit der Gemeinde einen günstigen Mietvertrag abschließen und richtete das Haus als neue Basisstation unserer Filmproduktion ein. Unser Vorbereitungsteam bestand neben Robert aus Thomas Brussig und Petra Kiener, die für die Rollenbesetzungen zuständig war und bei all unseren Drehbucharbeiten, Handlungsentwürfen und Ringkämpfen mit dem Fernsehen mitgewirkt und mitgelitten hatte. Das Forsthaus bot Räume für ein Planungsbüro, aber auch Schlafräume und ein gemeinsames Wohnzimmer für uns alle.

Die Arbeit an den Drehbüchern hatte eine neue Dimension hinzugewonnen, denn wir hatten jetzt die Schauplätze täglich vor Augen, wenn wir durch die Hunsrückdörfer gingen. Wir belebten die Häuser und Plätze in Gedanken mit unseren Filmfiguren und setzten uns mit den Veränderungen des ländlichen Lebens auseinander. Vieles erinnerte mich an meine Erzählung von den erbreichen Enkeln. An den ehemaligen Bauernhäusern sah man die Mode gewordenen Studioverglasungen der Giebel, wir entdeckten zu Wohnlandschaften ausgebaute Scheunen und Ställe, hübsche Mehrzweckhallen, Müllsammelstellen am Dorfplatz und zahllose Autos. Drei Garagen vor den Häusern und noch zwei Geländewagen daneben waren keine Seltenheit. Der Lebensstil der Metropolen hatte sich bis in die Landregionen ausgebreitet, sodass man auch hier auf Yuppies stieß, die im «Globus»-Kaufhaus in Simmern einkauften, wo es ein Warenangebot gab, wie man es in München nicht fand: Rotweine ab fünfzig D-Mark und «Grands Crus» für mehr als das Fünffache und draußen ein enormer Parkplatz, auf dem kein Auto älter war als drei Jahre. Ich sah, wie hübsch die Dörfchen in der gepflegten Landschaft standen, aber ich konnte das Leben der Menschen nicht mehr der Landschaft zuordnen. Man hätte jeden einzelnen Bewohner in jede beliebige Gegend Mitteleuropas verpflanzen können. Nur hin und wieder kam noch eine Frau auf die Straße, die hier geboren zu sein schien, oder es begegnete uns auf den Waldspaziergängen ein typischer Hunsrück-Opa, der noch wusste, wie einmal alles zusammengehangen hat. Wenn man mit ihm ins Gespräch kam, erzählte er aber viel lieber von seiner Brasilien-Reise letztes Jahr, von Thailand und dem Sextourismus, den er «aach emol aangeguckt» hat.

Als das letzte Jahr des Jahrhunderts anbrach, hatten wir immer neue Drehbuchfassungen geschrieben, und es sah so aus, als könnten wir mit Hilfe des Südwestrundfunks die Produktion beginnen. Eine verbindliche Zusage gab es aber noch nicht. Dennoch bereiteten wir uns auf einen Drehbeginn im symbolträchtigen Jahr 2000 vor, als wäre alles gesichert. Wir wollten einfach Fakten schaffen, in der Hoffnung, dass sich damit eine Dynamik entfaltete, die nicht mehr aufzuhalten wäre. Unser Credo hieß: Das Glück lässt sich durch nichts erzwingen, es sei denn durch das pure Machen.

104 Eyes Wide Shut

Im Februar 1999 erhielt ich überraschend einen Anruf von Stanley Kubrick. Es war das dritte Mal, dass der große Filmemacher sich bei mir meldete. 1985 hatte er mir nach einer Aufführung der ersten HEIMAT in London geschrieben, wie sehr er den Film möge, und gefragt, ob ich ihm ein Foto seiner Lieblingsszene überlassen könne. Er beschrieb mir die Szene des elften Teils, in der Hermanns Auto während eines Gewitters auf der Dorfstraße vor dem abgestellten

Sarg seiner Mutter anhalten muss. Kubrick liebte diese Szene und hatte das Standbild, das ich ihm übermittelte, jahrelang über seinem Schreibtisch hängen. Als sich Kubrick Ende Oktober 1992 noch einmal meldete, hatte er begonnen, die ZWEITE HEIMAT zu sehen, und schrieb, er beneide mich um die Freiheit, sechsundzwanzig Stunden Filmzeit zu haben, um meine Geschichten zu erzählen «and to be free of the fatal relationship to the theater». Ich war erstaunt, dass auch er sich an den Forderungen der Filmtheater-Branche rieb. Er beschäftigte sich gerade mit einem seiner nie realisierten Filme über den Holocaust und wollte mit meinem Ausstatter Franz Bauer eine Reise durch Polen machen, um nach Motiven zu suchen. Ich gab ihm Franz Bauers Adresse, sodass sich die beiden treffen und im modernen Polen nach den Resten des einst blühenden jüdischen Lebens forschen konnten.

Als Kubrick sich 1999 wieder bei mir meldete, hatte er gerade seinen Film EYES WIDE SHUT abgeschlossen. Er fragte an, ob ich bereit sei, die deutsche Fassung herzustellen. Es schien ihm wichtig zu sein, dass die Verbindung zur deutschen Sprache, die dem Film immanent sei, in der Synchronisation zum Ausdruck komme. Es handele sich um die Adaption einer Erzählung von Arthur Schnitzler aus dem Jahr 1925, deren Dialoge und gesellschaftliche Stimmung in der deutschen Bearbeitung noch näher an die literarische Vorlage herankommen solle, als es das englische Original vermöge. Sosehr ich mich durch Kubricks Angebot geehrt fühlte, so unmöglich schien es mir zu diesem Zeitpunkt, die Aufgabe guten Gewissens zu übernehmen. Die Kämpfe um das eigene Projekt HEIMAT 2000 und das immer noch andauernde Ringen mit der Fernsehanstalt ließen mir keine Wahl. Ich musste Kubrick absagen.

Da kam die Todesnachricht. Kubrick war am 7. März auf seinem Anwesen in der Nähe von St. Albans in England an einem Herzinfarkt gestorben. Sein Schwager, Jan Harlan, meldete sich wenige Wochen danach. Er hatte die Aufgabe übernommen, den weltweiten Start von Kubricks letztem Film zu managen. Harlan lud mich ein, nach London zu kommen, um den Film EYES WIDE SHUT kennenzulernen und danach zu entscheiden, ob ich Kubricks Wunsch, die Dialogregie der deutschen Fassung zu übernehmen, nicht doch erfüllen wolle. In Anbetracht des Todes und der immer noch unübersichtlichen Situation meines eigenen Projekts sagte ich zu.

Harlan schickte mir ein Flugticket und Kubricks Drehbuch, das ich während des Fluges lesen sollte. Ich wurde in Heathrow abgeholt und zu den Pinewood-Studios gebracht, wo Kubrick den Film in unglaublich vielen Drehtagen und Kämpfen mit den Stars produziert, geschnitten und beendet hatte. Die Vorführung erfolgte in einem Mischstudio mit der Arbeitskopie und dem noch ungemischten Soundtrack. Auch die Musik, die in Kubricks Filmen immer eine wichtige Rolle spielt, fehlte noch. Der Film faszinierte mich, obwohl ich nicht sagen konnte, was die Ursache war, denn weder die Story noch die Schauspieler entsprachen meinem Geschmack. Aber da war etwas, das zwischen den Bildern, sozusagen im Off, geschah, von dem die Wirkung dieses Films ausging. Ich spürte, dass ich das Geheimnis des Films in der Beschäftigung mit den Details aufspüren konnte.

Nach der Vorführung brachte Jan Harlan mich zu Kubricks Landhaus. Ich lernte das legendäre Childwickbury Manor kennen, einen hochherrschaftlichen Landsitz aus dem 19. Jahrhundert, der den Besucher wie ein kleines Fürstentum empfängt. Harlan machte mich mit seiner Schwester Christiane bekannt, die nach dem Tod ihres Mannes das Gutshaus weiter bewohnte. Sie zeigte mir Kubricks Arbeitszimmer, in dem immer noch mein Bild von Marias Sarg über dem Schreibtisch hing. Dann besuchten wir Kubricks Grab. Die Familie hatte von den britischen Behörden die Ausnahmegenehmigung erhalten, den toten Meister auf seinem eigenen Grundstück zu beerdigen. Das Grab im weitläufigen Gutsgarten war noch ganz frisch, geschmückt mit vielen Schnittblumen und Kränzen. Wir verweilten einige stille Minuten vor dem Erdhügel, und ich spürte, wie knapp meine Lebenswege an den Kreisen des Verstorbenen vorbeigeführt hatten. Eine Asynchronität des Lebens, die ich ausgerechnet durch eine Synchronarbeit korrigieren sollte.

Die Dialogaufnahmen von EYES WIDE SHUT fanden im Juli 1999 statt. Den Studioarbeiten ging ein wochenlanges Stimmencasting voraus. Ich wollte für die Hollywoodstars Nicole Kidman und Tom Cruise keine Routinesynchronsprecher beschäftigen, sondern begab mich auf die Suche nach einer Affinität von Stimme und Körper, die notwendig ist, um die im Film versteckte Erotik mit allen Sinnen spürbar zu machen. Ich machte Probeaufnahmen mit vielen bekannten Schauspielern und fand schließlich die Sprecher, die das Wunder zustande bringen, ihre Stimme in einen fremden Körper zu übertragen. Mein Arbeitskonzept bestand aber auch darin, die Sprecher von den Stehpulten zu lösen, an denen sie üblicherweise Synchronaufnahmen machen. Ich wollte die Körperlichkeit der Stimmen und deren Klang durch Nachspielen der Bewegung verstärken. Dazu mussten die Sprecher sich während der Aufnahme synchron mit Kubricks Darstellern bewegen, mit den Dialogpartnern tanzen oder im Liegen oder im Gehen sprechen, wenn ihre Vorbilder dies in den Bildern taten. Das erforderte eine Mikrofontechnik, die in Synchronstudios nicht vorgesehen ist. Wir benutzten dafür die bei Außenaufnahmen üblichen Mikrofonangeln. Dazu waren wiederum Fachkräfte aus den Drehteams erforderlich. Wir machten Aufnahmen in Treppenhäusern, in Konzertsälen oder in Abstellräumen. Ein bis dahin nie gelöstes Problem war das Einspielen der Bild-Takes, da der Blick der Sprecher auf eine stationäre Leinwand an den improvisierten Aufnahmeorten fehlte. Wir bauten als Ersatz Monitore auf einen Kranausleger, führten sie vor den Augen der Synchronsprecher durch den Raum und ermöglichten es damit, dass die Sprecher während ihres Spiels die Mundbewegungen der Stars beobachten konnten. Ich profitierte bei dieser aufwendigen Arbeit von der Hochachtung, die die Produktionsfirma Warner Bros. Kubricks Werk entgegenbrachte. Unsere Experimente wurden dem toten Meister zuliebe anstandslos bezahlt.

Am 24. Juli spätnachts endete das dreiwöchige Arbeitsdelirium mit einem gemeinsamen Abendessen von Team und Sprechern. Die intensive, fast spirituelle Vertiefung in das Werk eines anderen Filmemachers war für mich eine völlig neue Erfahrung. Eine solche Synchronisation ist gewiss der größte Dienst, den man einem Kollegen erweisen kann. Ich denke, dass wir alles so gut wie irgend denkbar gemacht haben und dass die deutsche Version von EYES WIDE SHUT kaum hinter dem Original zurücksteht.

Eine besondere Überraschung war für mich, dass die erreichte Natürlichkeit des Sprachgestus im Deutschen, gemeinsam mit dem oft perfekten Lippensynchronismus und den akustischen Räumen, die der Qualität des Originaltons nahekommen, eine merkwürdige Verwandlung des Films bewirkten. Das in den Pinewood-Studios hergestellte New York weist in der deutschen Fassung kaum noch Amerikanismen auf, und das andere Original, die literarische Vorlage von Schnitzler mit ihrer zutiefst europäischen Melancholie, schimmerte nun durch die Szenen. Für mich war es, da ich mich immer um Respekt für Kubricks Arbeit bemühte, eine Zeit permanenter Selbstkontrolle. Darin bestand, wenn ich das nachträglich betrachte, der anstrengende Balanceakt. Ich hatte bei Übernahme des Auftrages bei Warner Bros. gefordert, dies durch eine Nennung in den «Credits» zu dokumentieren. Mein Vorschlag lautete: «Dialogregie: Edgar Reitz – hommage à Stanley Kubrick.» Dieser Wunsch wurde mir nicht erfüllt. Warum er mir verweigert wurde, hat man mir nicht gesagt. Die Enttäuschung war schließlich der Grund dafür, dass ich an der deutschen Premiere von EYES WIDE SHUT, die in Anwesenheit der Stars in Hamburg stattfand, nicht teilnehmen wollte.

105 Die Sofi

Kurz nach meiner Arbeit an Kubricks letztem Film starb Heinrich Klotz. Obwohl sich bereits Hiobsbotschaften über seine schwere Krankheit verbreitet hatten, machte uns die Nachricht fassungslos. Es bestätigte sich wieder einmal, dass wir nicht mehr über Formen und Traditionen verfügen, die uns helfen, mit einem so einschneidenden Ereignis fertigzuwerden. Der Tod von Heinrich Klotz bedeutete Abschied von der Moderne, die uns geprägt und deren Ende er vorausgesagt hatte. Der unermüdliche Planer, Visionär und Gründer hinterließ eine Lücke, die sich über Jahrzehnte nicht schließen ließ. Auch ich fühlte mich alleingelassen, und ich glaubte nicht mehr an die Erfüllung des Karlsruher Versprechens. Ohne Heinrich Klotz verschwand der Traum vom Sammelpunkt der europäischen Filmkunst im Reich der Utopien.

Zum Glück hatte ich den bereits schwerkranken Heinrich Klotz schon während seines letzten Semesters gebeten, mich von der Lehrtätigkeit zu entbinden. Die Drehbucharbeit mit Brussig und die Kämpfe um die Produktion hatten ein Ausmaß angenommen, das nicht mehr mit meiner Verantwortung für die Studierenden vereinbar war. Während einer Senatssitzung hatte Klotz als Rektor verfügt, meine «ordentliche» Professur in eine «assoziierte» Professur ohne Lehrverpflichtung umzuwandeln. Ich verzichtete damit auf die feste Besoldung und war frei für meine Filmprojekte. Ich blieb jedoch an die Hochschule gebunden und hätte den Lehrbetrieb jederzeit wieder aufnehmen können. Dazu kam es aber erst viel später und nur noch sporadisch. Auch die Leitung des EIKK musste neu geordnet werden. Glücklicherweise bot Gideon Bachmann an, die Führung zu übernehmen, und ich konnte meine Karlsruher Wohnung wenige Tage später auflösen. Rasch kehrte ich in den Schutz meines Münchener Netzwerks zurück.

Seit Monaten sprach man über ein seltenes astronomisches Ereignis, eine für den 8. August angekündigte totale Sonnenfinsternis über Deutschland. Eine so spektakuläre Himmelserscheinung im letzten Jahr des Millenniums beunruhigte die Menschen und wurde Anlass für alle möglichen Deutungen. Die Medien waren voll von Vermutungen und Unglücksvorhersagen und lieferten die passenden Symbole. Es schien, dass man in den Regionen, in denen sich das kosmische Phänomen mit besonderer Intensität präsentieren sollte, eine Katastrophenangst wachsen ließ. Computer sollten abstürzen, Atomkraftwerke außer Kontrolle geraten und Flugzeuge vom Himmel fallen. Der Volksmund reagierte mit Humor und verniedlichte die Sonnenfinsternis als «Sofi». Bald bot jeder zweite Laden die passenden Sofi-Brillen an, Sofi-Postkarten oder für den Mittag des 8. August die passenden Sofi-Snacks.

In unserem Drehbuch HEIMAT 2000 war das Naturschauspiel längst als Hintergrund einer grotesken Handlung vorgesehen. Selbstverständlich wollten wir uns die Gelegenheit nicht entgehen lassen, im Film zu erzählen, dass wir bei allen Kämpfen und Idiotien, denen wir ausgesetzt waren, von ewigen Gesetzen der Natur abhängen und dass es Wichtigeres gibt als Fernsehdirektionen und Förderungsgremien. Deswegen beschlossen wir, das Ereignis auch ohne jegliche Finanzierung des Gesamtprojekts zu filmen und die Kameraeinstellungen zu produzieren, die der Filmhandlung das nötige Pathos verleihen. Die aktuelle Fassung unseres Drehbuchs schilderte, wie unser Protagonist Gunnar Brehme in München erscheint, um eine Haftstrafe anzutreten, die ihm wegen fortgesetzten Autofahrens im Alkoholrausch aufgebrummt worden war. Sein Weg zum Strafantritt führte ihn ausgerechnet während der Sofi-Aufregungen durch Münchens Innenstadt.

Wir organisierten für den 8. August vier Teams, die während des Naturereignisses Stadtansichten, Straßenszenen, Gesichter und Totalen filmten. Dabei erlebten wir einige Überraschungen, die das Pathos unserer Erwartung gründlich erschütterten. Es war nicht das durchwachsene Wetter, das uns ernüchterte, denn es erlaubte immerhin einige schöne Wolkendurchblicke auf das abgedeckte Gestirn mit Protuberanzen und Korona. Was uns erschütterte, war das Verhalten der Menschen und der Medien, die aus dem leisen kosmischen Geschehen ein derart lautes Spektakel machten, dass man glauben konnte, der ganze Vorfall sei von einem Hollywoodstudio inszeniert worden. Angeheizt von Kommerz wie dem Verkauf von Millionen Schutzbrillen und Vorsatzfiltern für Ferngläser und Kameras, drängte alles auf einen Höhepunkt zu, der in Applaus und dem Erwachen neuer Unterhaltungsgier endete.

Adalbert Stifter hatte bei der totalen Finsternis des Jahres 1842 noch religiöse Empfindungen gehabt. Er hatte bei dem Ereignis die Gegenwart Gottes gespürt. Davon gab es 1999 nichts mehr, obwohl doch so viel Mystisches hinzukam, wie zum Beispiel die Angst vor dem «Millennium-Bug» ein paar Monate danach, als man glaubte, die Umstellung auf das Jahr 2000 würde zu weitreichenden Computerproblemen führen. Natürlich konnte auch ich keine existenziellen Gefühle spüren. Ich war mit den Aufnahmen an der Feldherrnhalle beschäftigt, passte auf, dass der Kameramann den richtigen Augenblick erwischte und die Blende richtig einstellte. Die zwei Minuten der völligen Dunkelheit waren erfüllt von Begeisterungsschreien der Leute auf dem Platz, von Gerenne wegen eines plötzlichen Regengusses und von den flackernden Neonlichtern, die, ausgelöst von den Dämmerungsschaltern, in den Schaufenstern aufflammten. Das Absurdeste war, dass die Leute applaudierten, als die Dunkelheit eintrat. Viele versuchten, die Sonne mit ihren Digitalkameras zu knipsen, was dazu führte, dass auf dem Odeonsplatz Tausende von Blitzlichtern zuckten.

Im Zentrum einer heutigen Großstadt gibt es keine Ergriffenheit mehr. Alles läuft genau nach Plan, exakt im Timing, und ist in diesem Punkt eine Show, wie man sie heutzutage erwartet. Ich spürte, dass ich mich nach dem Ergriffenwerden sehnte, danach, dass etwas geschieht, das nicht von den Menschen abhängt, etwas, das nichts kostet und ganz ohne die Medien Größe gewinnt. Aber unsere Zeit banalisiert selbst den Lauf der Gestirne. Was ist schon der Kosmos? Er lässt uns in Ruhe und tut uns nichts, jedenfalls nichts, das wir nicht berechnen und abschätzen können. So musste auch Gunnar, der Protagonist unseres Films, wenn er mit der Sofi konfrontiert wird, kosmisch «unergriffen» bleiben.

Fünfzehn Minuten danach überfiel die Menge die Kneipen und Geschäfte. Was die Sofi nun nicht mehr zu bieten hatte, versuchte man in Kaufreflexen und Konsum auszuleben. Einsam und kaum beachtet, brauchte der brave alte Mond noch fast zwei Stunden, um die Sonne ganz freizugeben. Diese lautlose Gleichgültigkeit ist es, an der wir die Größe der Schöpfung erkennen.

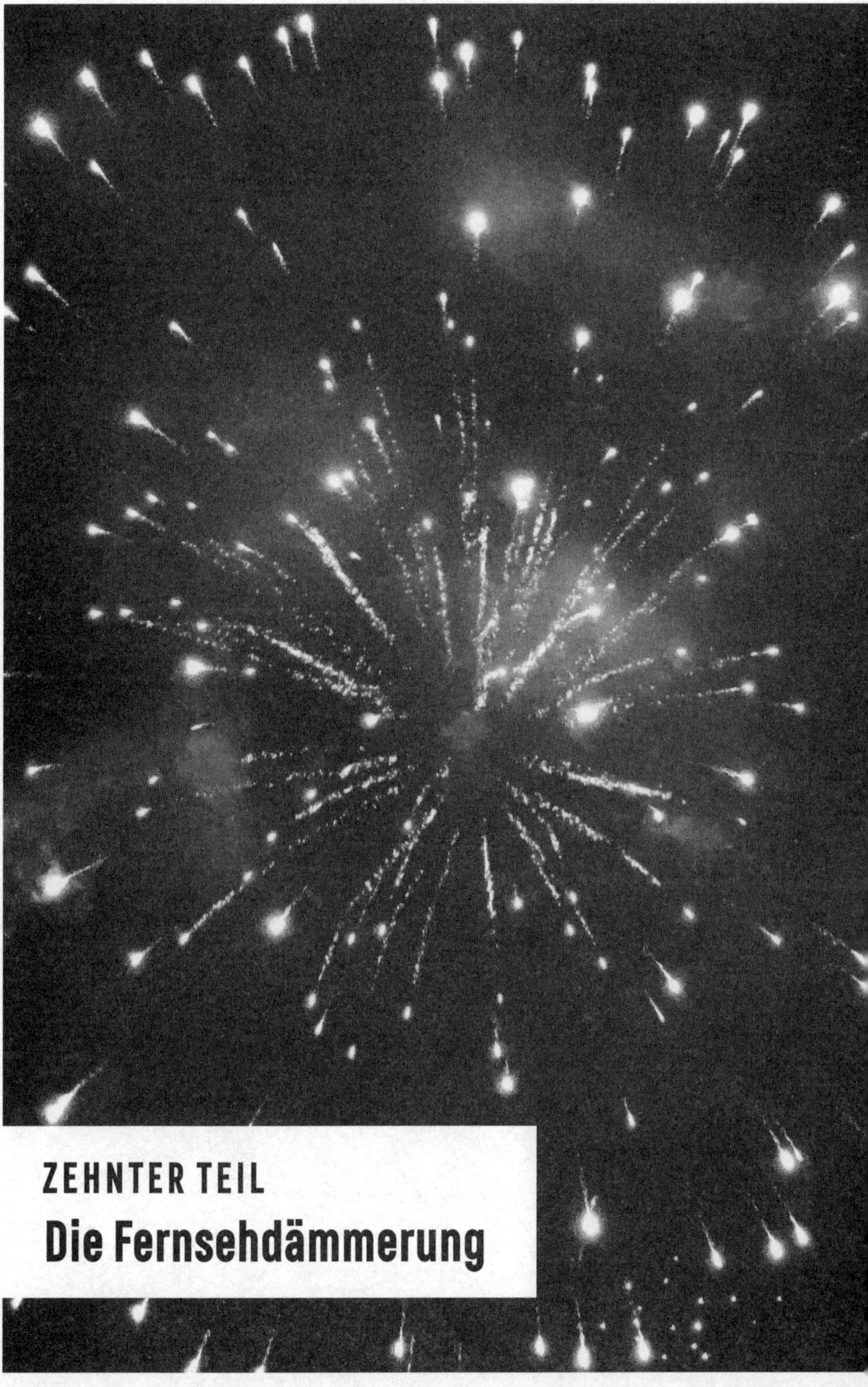

ZEHNTER TEIL

Die Fernsehdämmerung

106 Prosit 2000

Je näher das letzte Jahresende des 20. Jahrhunderts rückte, desto ungehemmter sprossen die Legenden und Prophetien einer Zeitenwende aus dem Boden. Wenn man den Kneipengesprächen zuhörte, vernahm man bizarre Vorhersagen vom Jahrtausend der Computer, einer Zeit, die die Arbeit abschafft, alle Krankheiten besiegt und den Exodus zu fernen Planeten vorbereitet. Dieser Aufbruchsstimmung hatten wir es zu verdanken, dass es bald unserem Arbeitstitel HEIMAT 2000 an den Kragen ging. Nach dem 31. Dezember werde sich kein Mensch mehr für das Jahr 2000 interessieren, wurde nicht nur von den Fernsehredakteuren behauptet, sondern auch von Freunden, die meinten, uns in diesem Punkt beraten zu müssen. Deswegen wurde unser Projekt hastig umgetauft und erhielt den nicht weniger fraglichen Titel HEIMAT 3. Ich ließ mich auf die Änderung ein, weil ich nicht auch noch durch den Kampf um den Titel wertvolle Zeit vergeuden wollte. Immerhin blieb das Wort «Heimat» erhalten, und ich hoffte, mit der dritten Staffel die Arbeit von mehr als zwanzig Jahren als HEIMAT-Trilogie abschließen zu können.

Es hatte am 12. Dezember noch einmal ein langes Dramaturgiegespräch in Frankfurt gegeben. Ingo Fliess, mein Dramaturg vom Verlag der Autoren, hatte das Treffen wochenlang vorbereitet, und alle Beteiligten hofften, dass dies die letzte Gängelung sei, der wir uns ohne definitive Produktionszusage aussetzen mussten. Nach unglaublichen acht Stunden Verhandlung einigten wir uns auf wesentliche Züge der Handlung in sechs Folgen und darauf, dass die Redaktion des Südwestrundfunks nun endlich das Genehmigungsverfahren bei den Gremien der ARD einleiten würde. Meine Frage, ob damit die Gefahr gebannt sei, dass neue Vorbehalte gegen den Inhalt der Drehbücher geltend gemacht würden und weiterer Druck auf die Autoren durch die ARD-Direktion ausgeübt werde, beantwortete der Redakteur optimistisch: Es wäre das erste Mal in der Geschichte des deutschen Fernsehens, wenn es von dieser Seite Schwierigkeiten gäbe.

Voller Zuversicht fuhren wir spät in der Nacht zurück nach München. Es machte mir nichts aus, dass wir auf der Autobahn in einem stundenlangen Stau steckenblieben. Robert Busch und ich hatten zahllose Ideen zu entwickeln, die wir seit Jahren aufgeschoben hatten. Da zeigte sich, welches Potential an Energien und Phantasie brachgelegen hatte. Wir sprachen über das Team, das wir schleunigst zusammenstellen mussten, über die Besetzung der Rollen, den Produktionsstil und darüber, wie wir uns während der Drehzeit vor den vielen Zwischenabnahmen und weiteren Bevormundungen durch die Redaktionen schützen wollten. Wir schmiedeten Pläne für die Anschaffung oder Anmietung von Produktionsfahrzeugen, für unsere künftigen Aufenthalte im Hunsrück, und wir sprachen sogar über Urlaubspläne während der langen Dreharbeiten. Es war eine merkwürdige Fahrt in dieser Nacht. Als der Stau bei Aschaffenburg sich nach über drei Stunden auflöste, war es, als löste sich damit auch der Stau in unseren Herzen: Endlich fuhren wir einer Zukunft entgegen, in der wir wieder zeigen durften, wozu wir fähig und berufen waren: Filme machen!

Jetzt konnte das neue Jahrtausend kommen! Ich wollte auch mein Privatleben wieder aufnehmen, das in diesen Jahren kaum noch Platz gefunden hatte. Die Silvesterparty war dafür der geeignetste Anlass. Ich wollte nicht nur mit meinen Lieben feiern, sie alle sollten auch wissen, dass ich endlich wieder einen Film machen konnte.

Mit Salome verschickte ich Einladungen an Freunde, Mitarbeiter und Familienmitglieder. Wir fanden eine Cateringfirma, die unsere Millenniumfeier mit einem Festmenü unvergesslich machen sollte. Getränke wurden eingekauft, und ich bereitete tagelang eine Tischrede vor, mit der ich die Gäste an meiner Erwartung eines produktiven Jahres teilnehmen lassen wollte. In den Geschäften bot man in den Wochen vor Silvester Scherz- und Dekorationsartikel an, die auf das neue Jahrtausend anspielten, Geschirr, Gläser, Servietten, Kerzen,

Girlanden oder Mützen, die in allen Farben oder selbstleuchtend die Zahl 2000 präsentierten. Nichts blieb mehr dunkel oder geheimnisvoll an dieser Zahl. Sie war zum Symbol eines verheißenen Wohlstands geworden, der uns mit den drei Nullen märchenhaft entgegenleuchtete.

Etwa dreißig Gäste waren unserer Einladung gefolgt. Darunter auch meine Tochter Susanne, ihr Lebensgefährte Daniel und Marcus, mein Enkelkind, das an diesem Silvesterabend seinen zehnten Geburtstag beging. Damit hatte der Abend eine zweite Bedeutung, denn wir alle konnten mit Marcus die Perspektive einnehmen, aus der eine neue Generation auf das 21. Jahrhundert blickte. Mit einem Klaviervortrag des Geburtstagskinds begann der Abend. Dann gab es ein Tischfeuerwerk zu seinen Ehren. Salome und ich stellten die Gäste vor. Viele von ihnen lernten sich an diesem Abend überhaupt erst kennen. Nach den Vorspeisen trug Salome ein paar ausgewählte Chansons vor, mit denen sie Appetit auf mehr weckte. Nach der Suppe hielt ich meine Tischrede, die ich nicht nach meinen Aufzeichnungen, sondern frei vortrug. Wenn ich mich recht erinnere, schwärmte ich von den nun endlich zum Greifen nahe gerückten Dreharbeiten der dritten HEIMAT-Chronik, dem eigentlichen Grund, den Abend als Neubeginn zu feiern. Unsere Freundin Tine von Schacky trug mehrere Gedichte aus der großen deutschen Lyriktradition auswendig vor, was uns alle daran erinnerte, welche Schätze der Poesie wir seit unserer Schulzeit vergessen oder verschludert hatten. War da nicht ein weiterer Reichtum, den es zu verteidigen gab im neuen Jahrhundert?

Zu Speisen und Getränken wurde gesungen, getrommelt, getanzt und geflötet, bis gegen Mitternacht. Eilig verließen wir schließlich das Haus, stapften gemeinsam durch den tiefverschneiten Englischen Garten, um rechtzeitig vom Hügel des Monopterus aus das große Milleniumsfeuerwerk der Stadt München zu beobachten. Ich erinnere mich, dass wir uns verloren und in eine unübersehbare Menschenmenge gerieten, die das Mitternachtsspektakel erleben wollte. Mitten in der wogenden und jubelnden Menge hielt ich mich mit Salome in der Nähe des Geburtstagskinds und seiner Eltern. In den Augen des

Jungen leuchteten die Lichter, und wir wussten, dass er diesen Augenblick seines zehnten Geburtstags niemals vergessen würde.

107 Der Rückschlag

Beim Aufschreiben meiner Erinnerungen an den Jahrtausendwechsel denke ich unwillkürlich an Katharina, die unvergessene Großmutter in der ersten HEIMAT. Die «Kath», wie sie genannt wurde, zeigte sich besonders misstrauisch, wenn man von «neuen Zeiten» sprach. Sie hatte in ihrem Leben so viele «neue Zeiten» erlebt, dass sie schon müde wurde, wenn man das Wort auch nur in den Mund nahm. Es höre überhaupt nichts auf mit den neuen Zeiten, meinte sie, und es ändere sich auch nichts. Die «Kath» wäre bei der Millenniumseuphorie sicher skeptisch geblieben und hätte recht behalten. Wir aber hatten es satt zu klagen. Wir wollten jetzt Fakten schaffen und endlich mit den Dreharbeiten beginnen. Ich traf mich schon wenige Tage nach Neujahr mit Thomas Brussig im Hunsrücker Forsthaus, um die letzten Korrekturen der Drehbücher auszuführen, auf die wir uns in der Frankfurter Besprechung geeinigt hatten. In der Schlusssequenz des Films wollten wir außerdem unsere Silvesterparty mit den Figuren des Films nachspielen lassen. Endlich wollten wir da ankommen, wo sich die Gegenwart unserer Arbeit und die Phantasiegestalten unserer Erzählung begegnen. Kunst und Leben sollten sich in den letzten Bildern des Films vereinen. Das war der Kreis, der sich schließen sollte.

Es dauerte nicht lange, bis uns im Hunsrücker Forsthaus eine Einladung des SWR-Fernsehdirektors erreichte. Ich fuhr mit Robert Busch am 20. Januar nach Baden-Baden, wo uns offiziell mitgeteilt wurde, dass nun auch die Entscheidung der ARD zugunsten unseres Projektes gefallen sei. Es wurden die kalkulierten Gelder für einen «sechsteiligen Filmroman» zugesagt. Das Abkommen wurde mit einem gemeinsamen Mittagessen besiegelt, und ich kehrte mit Robert nach München zurück, um die umfangreichen Vorbereitungen für einen Drehbeginn im Oktober in Gang zu setzen. Da unsere Erzählung mit dem Mauerfall am 9. November 1989 beginnen sollte, war es aus Gründen der historischen Treue wichtig, dass die Dreharbeiten in der richtigen Jahreszeit, also im Herbst, stattfanden. Neun Monate lagen vor uns, in denen fünfunddreißig Hauptrollen und über sechzig Nebenrollen zu besetzen waren. Bald flogen Robert und ich nach London, um den renommierten Produzenten Jeremy Thomas zu treffen, der die bisherigen Teile von HEIMAT verehrte und sich als unser englischer Koproduzent angeboten hatte. Jeremy gab uns viele nützliche Ratschläge für die Zusammensetzung des technischen Teams und unterschrieb unverzüglich den Koproduktionsvertrag im Auftrag der BBC. Damit sollte die letzte Finanzierungslücke geschlossen werden.

Gleichzeitig begann Petra Kiener, die von den ersten Entwürfen an unsere dramaturgische Beraterin war, die Casting-Arbeit. Sie entwarf für die großen und auch die kleinsten Rollen eine Gesamtphysiognomie, wie sie das Leben selbst nicht schöner hätte erfinden können. In unserem Büro entstand eine Videothek mit Probeszenen von Hunderten deutscher Schauspieler, dazu sammelte Petra alle erforderlichen Daten über Lebenswege, Ausbildung, Dialekte der Bewerber. Gleichzeitig begab ich mich mit Robert und Franz Bauer auf Motivsuche nach Ostdeutschland, an den Rhein und wieder zurück in den Hunsrück. Wir schlossen Vorverträge mit Gemeinden und Handwerksbetrieben in Rheinland-Pfalz, bauten eine neue elektronische Logistik auf und ließen die Drehbücher für die BBC ins Englische übersetzen.

Ich schildere diese Aktivitäten, die eigentlich zu jeder Filmproduktion gehören, um zu zeigen, aus welcher Höhe wir am 1. Februar abstürzten. Ich erinnere mich, dass ich am Nachmittag gedankenverloren aus dem Fenster des Forsthauses in den winterlichen Garten schaute und an meinen Vater dachte. Es war sein Geburtstag. Schon lange hatte ich ihm keine Gedenkkerze mehr ins Fenster gestellt, wie ich es in der ersten Zeit nach seinem Tod zu tun pflegte. Seit fast drei Jahrzehnten lebte er nun schon nicht mehr. Im kommenden Jahr sollte sein hundertster Geburtstag sein. Der Blick aus dem Fenster zeigte mir mein Spiegelbild, das dem Bild des Vaters glich, so wie ich ihn von meiner letzten Begegnung in Erinnerung hatte. Da wurde mir klar, dass ich bald das Alter erreichen würde, in dem er gestorben war. Die Zeit aufzuhalten war einer meiner kindlichen Träume, die sich nie erfüllen ließen. Ich sehnte mich nach etwas Beständigem in allem Kommen und Gehen. Es gibt eine Traurigkeit, die kommt aus Liebe zum Leben.

Da läutete das Telefon. Unser junger Mitarbeiter Marco Kreuzpaintner meldete sich aufgebracht aus unserem Münchener Büro. Er hatte eine Faxnachricht des Südwestrundfunks erhalten, die er mir vorlesen wollte. Sie enthielt die unfassliche Mitteilung, dass der Produktionsvertrag für unser Projekt, der unsererseits schon unterzeichnet war, in letzter Minute gestoppt worden war. Was war geschehen? Nach der positiven Begegnung mit der SWR-Redaktion im Dezember hatte Robert einen Förderungsantrag bei der Bayerischen Filmförderung gestellt. Da allgemein bekannt war, dass man wesentlich bessere Chancen auf diese Förderung hat, wenn auch der Bayerische Rundfunk beteiligt ist und das Projekt in den Gremien unterstützt, schickte Robert unsere Drehbücher vertrauensvoll an die Leiterin der dortigen Fernsehspielabteilung. Hier aber wurde die gefährliche Lawine ausgelöst, die uns überrollen sollte: Die Fernsehspielchefin gab unsere Drehbücher einer ihrer Freundinnen zur Beurteilung. Ausgerechnet während einer Faschings-Betriebsfeier des Rundfunkpersonals lästerten die Freundinnen über angebliche Mängel unserer Drehbücher. Schnell gelangte das Gerede zu Ohren des ebenfalls anwesenden Chefs der ARD-Programmdirektion. Ohne unser Projekt und dessen Inhalt näher anzuschauen, entschied dieser über alle Köpfe der Redaktionen des SWR und BR hinweg, es zu Fall zu bringen.

Es war ein gewaltiger Schock für uns alle. Robert war an einer schweren Grippe erkrankt; er musste die Situation mit vierzig Grad Fieber verkraften. Ich versuchte, den Fernsehdirektor des SWR in Baden-Baden anzurufen, der aber, wie man mir sagte, seit einigen Stunden unterwegs in den Urlaub war. Also schrieb ich ihm einen Faxbrief, dessen Zustellung mir die Sekretärin versprochen hatte. Ich verwies darauf, dass wir aufgrund seiner mündlichen Zusage mit der Produktion begonnen und bereits hohe Kosten zu tragen hätten und wir uns nicht vorstellen könnten, dass er uns nach vierjähriger Vorbereitung und ständigen Konsultationen das Projekt einfach vor die Füße werfe. Eine Antwort erhielt ich nie.

Derweil zogen sich immer dunklere Unheilswolken über uns zusammen. Die Fernsehspielredakteure der ARD-Sender hatten sich in Berlin getroffen, und unser Projekt wurde, wie uns der zuständige Redakteur mitteilte, «kontrovers» diskutiert. Es hieß, unsere Bücher enthielten zu viele Personen, die könne man sich ja nicht merken. Es müsse alles umgeschrieben und auf wenige Figuren reduziert werden. Man monierte auch die Darstellung der Ostdeutschen, die nicht positiv genug beschrieben seien. Das Fernsehen müsse auf die Empfindlichkeiten der Menschen in den neuen Bundesländern besondere Rücksicht nehmen, und da gehe es nicht an, dass der Film eine verheiratete Frau aus Leipzig schildere, die ein Verhältnis mit einem Porsche-Fahrer aus dem Westen eingehe. Es wurde auch nach der Besetzung der Rollen gefragt und danach, ob denn wenigstens Publikumslieblinge vorgesehen seien wie Mario Adorf, Senta Berger, Manfred Krug oder Katja Riemann.

Erst am 17. März war ein Gespräch mit dem Fernsehdirektor des SWR möglich, der nach der fatalen Mitteilung vier Wochen lang unerreichbar gewesen war. Robert begleitete mich nach Baden-Baden. Der Verlauf des Treffens ist in meinem Tagebuch sorgfältig dokumentiert, und es lohnt sich, den Blick auf die Zwischentöne zu werfen, denn sie zeigen die fragwürdige Haltung, mit der ein Amtsinhaber der Rundfunkanstalt uns entgegentrat. Der Fernsehdirektor begrüßte uns mit der Behauptung, dass er wegen der Entscheidung der ARD «mit uns leide». Er habe sich auch mit dem ARD-Chef «richtig» gestritten! Es sei also wirklich so zugegangen, dass jene zwei Mitarbeiterinnen vom BR, die unsere Drehbücher begutachtet hätten, während der Münchener Faschingsparty Negatives über unser Projekt geäußert und es schlechtgemacht hätten. Der oberste ARD-Direktor habe, wozu er befugt sei, daraufhin die Zusage über sechs Millionen D-Mark widerrufen und angeordnet, dass vier weitere ARD-Sender die Bücher prüfen. Dann fing der Fernsehdirektor an, mich mit süßen Worten zu beschwichtigen, und betonte, wie sehr er und auch der SWR zu mir stünden und dass sein Wort vom Januar immer noch gelte. Inzwischen müsse man eben die Drehbücher «optimieren» und versuchen, die ARD wiederzugewinnen.

Es dauerte nicht lange, bis wir einen handschriftlichen Brief vom zuständigen Redakteur des SWR erhielten. Er teilte uns «im Auftrag seines Chefs» mit, der Intendant des SWR habe sich persönlich eingeschaltet und gebeten, noch einmal «auf dem kleinen Dienstweg», also in Einzelgesprächen, zu versuchen, den ARD-Direktor umzustimmen. Wenn das Ergebnis bei der nächsten Programmdirektorenkonferenz, die noch vor Ostern stattfinden werde, immer noch nicht positiv sei, solle man mit dem Reitz-Projekt allerdings endgültig Schluss machen. Als Robert mir dieses Ergebnis mitteilte, war auch er der Meinung, dass wir keine Chance mehr hatten. Zwei erwachsene Männer berieten mit Tränen in den Augen, ob sie das Forsthaus im Hunsrück sofort oder erst nach Ostern räumen sollten. Wir fragten uns, ob wir unseren Mitarbeiter Franz Bauer, der gerade auf Motivsuche war, zurückrufen und heimschicken müssten, ob wir die neue Telefonanlage und den Computer, mit denen wir das Büro ausgestattet hatten, sofort verkaufen sollten, um weitere Kosten zu vermeiden. Es war der Absturz aus der Höhe einer Millionenplanung auf das Niveau eines Familienvaters, der die Raten für seinen Kühlschrank nicht mehr bezahlen kann.

108 Angelpunkte

In diesen Wochen des Stillstands und der Ratlosigkeit fand ich an der Seite von Salome Distanz und ein wenig Trost. Während einer ihrer Konzertreisen, auf der ich sie begleitete, um auf andere Gedanken zu kommen, machte sie mich mit dem Komponisten Helmut Lachenmann bekannt. Salome arbeitete mit ihm an der Interpretation eines seiner Stücke. Schon bei unserer ersten Begegnung haben wir über vier Stunden lang miteinander gesprochen und bemerkt, dass unsere Metiers viel mehr miteinander gemeinsam haben, als wir je gedacht hatten. Unter den Komponisten der Avantgarde ist Lachenmann einer der wenigen, denen es noch um Schönheit in der Kunst geht. In ihm lebt ein heftiges Verlangen nach Reinheit, das sich den ästhetischen Ausdruck in den Randzonen der Spieltechniken und außerhalb der traditionellen Musikerziehung sucht. Das ästhetisch reine Geräusch, die verborgene Schönheit der als unrein geltenden Nebengeräusche der Instrumente, die Überwindung des Groben durch Hingabe und Freude am Detail ist seine Leidenschaft. Umso mehr enttäuschte es ihn, dass seine Musik von verständnislosen Zeitgenossen als hässlich bezeichnet wurde. Es gefiel mir, dass er sein musikalisches Material liebte und respektierte, selbst wenn es so spröde war und zerbrechlich wie Glas oder zart wie der Atem eines Kindes.

Es war eine Begegnung, die auch meine Probleme mit den Fernsehanstalten zurechtrückte. Auf dem Heimweg spürte ich, dass auch ich auf der Suche nach dem Schönen war, ohne meine Suche so gut erklären zu können wie der Komponist. Als ich einmal durch die Innenstadt von Wien schlenderte, führte mich mein Weg am Stephansdom vorbei. Da hörte ich aus dem Innern der Kirche eine singende Stimme. Ich betrat den gewaltigen Raum, der voller Touristen war. Die Stimme sang einen Psalm mit den Worten «Deine Werke will ich besingen.» Der schwärmerische Gedanke, dass ein Kunstwerk die Schönheit der Dinge besingen und damit ihre Vergänglichkeit aufheben kann, war mir aus früher Jugend vertraut und berührte mich aufs Neue. Aber wozu braucht der Mensch Ewigkeit? Warum sprechen wir von Schönheit, obwohl wir doch gar nicht wissen, was das ist?

Einige Wochen später besuchte ich den Filmkritiker Wolfram Schütte, der viele Jahre lang in der «Frankfurter Rundschau» die Liebe zur Filmkunst verteidigt hatte. Er lebte jetzt resigniert und zurückgezogen am Main, schrieb nicht mehr über Film. Er hatte mich wissen lassen, wie sehr ihn das Unrecht, das mir mit meinem Projekt widerfahren sei, empöre. Ich wusste, dass Schüttes Geschichte mancherlei Parallelen zu meiner aufwies. Er hatte sich von der Zeitung zurückgezogen, weil er den Wechsel vom Ideal zur Anpassung nicht mitmachen wollte. Er sprach von dem Weltbild, das unsere Generation gekennzeichnet habe, der Sinnsuche. Der Sinn des eigenen Wirkens liege für uns im Verändern, in der Teilnahme am gesellschaftlichen Fortschritt. Er beklagte, dass diese Lebensauffassung einem billigen Pragmatismus Platz gemacht habe. Das Wort «kommerziell» sei für unsere Generation noch ein Schimpfwort gewesen, mit dem wir jede Art der Anpassung an Geld, Geschäft und Massengeschmack stigmatisieren konnten. Heute sei «kommerziell» ein Gütesiegel geworden. Natürlich wolle von den Jungen niemand mehr «unkommerziell» sein. Für uns sei das unter Umständen noch eine Tugend gewesen. Schütte war einer der Kritiker, die ihr Leben lang auf solche Unterscheidungen geachtet haben. Wir haben auch lange über den Börsenwahn gesprochen, von dem alle Welt in diesen Tagen befallen war. Alles wolle nur noch Aktien kaufen, aber schon begännen die von Marx beschriebenen zyklischen Krisen, und ein Crash stehe bevor. Doch kurz davor herrsche Goldgräberstimmung im ganzen Land. Wer wolle da überhaupt noch arbeiten, wenn man doch sein Geld arbeiten lassen könne? Über den Schwachsinn dieses Glaubens hatten wir schon in den 1960er Jahren gelästert. Jetzt kamen wir darauf zurück.

Es war ein Tag, wie ich ihn schon lange nicht mehr erlebt hatte, mit klugen Gesprächen, gutem Wein, milder Luft, Vogelstimmen und dem Gefühl, irgendwo im Süden zu sein. Da mag man ruhig melancholisch werden, man weiß doch genau, dass einem nichts Lebensbedrohliches passieren kann. Was mir auffiel und ich auch im Tagebuch notierte, war eine alarmierende Diskrepanz zwischen Befinden und Lage: «Die traurigen, klugen Menschen leben in diesen Tagen überraschend gut. Es geht ihnen so wie Hermann im vierten Teil von HEIMAT 2000, dessen Episodentitel es genau trifft: ALLEN GEHT'S GUT. Ihre Träume haben sich nicht erfüllt, die Welt wendet sich von ihnen ab, keiner braucht sie mehr, aber sie haben alles, was einer wünschen kann, Haus, Garten, Wein, Mann, Weib, Freunde, Reisen, gutes Essen. Und sie sehen für ihr Alter noch recht jugendlich aus. So bin ich, so ist Schütte, so sind sie alle, denen ich mein Leid über das deutsche Fernsehen klage.»

An einem Sonntag im April fuhr ich mit Salome in den Hunsrück zurück, um Robert und Franz Bauer aus ihrer Melancholie herauszuholen. Seit Wochen arbeiteten die treuen Mitstreiter unerbittlich weiter an der Vorbereitung des Films. Es war, als wollten sie das Unglück vertreiben, indem sie es einfach missachteten. Die beiden holten uns am Mainzer Bahnhof ab und brachten uns in das Forsthaus in Riesweiler, wo Robert eine leckere Paella zubereitete und Franz uns die Fotos seiner Motivsuche vorführte. Nach dem Essen wagten wir es, uns mit unserer Lage zu konfrontieren. Man mied zunächst die Trauer, man betonte die kleinen liebenswerten Dinge wie Essen, Gespräche, Spaziergänge, Erfolgsmeldungen aus der praktischen Arbeit. Es war ein wenig wie bei Wolfram Schütte in seinem Domizil im schönen Maintal. Aber plötzlich war es aus mit dem Frieden. Wir öffneten uns gegenseitig die Seelen. Was wird aus uns, wenn das Projekt wirklich unwiederbringlich scheitert? Was wird aus Franz, der erklärt hatte, nach HEIMAT 2000 wolle er sich nach vierzig Dienstjahren vom Film verabschieden? Er hatte ja schon bei seinem langjährigen Arbeitgeber ARRI aufgehört und den Job bei uns angetreten, der bis zu seiner Pensionierung andauern sollte. Was sollte aus Robert werden, der in den vergangenen Jahren mit mir eine ganze Reihe von Filmprojekten begonnen hatte, aber mit keinem davon zum Ziel gekommen war?

Robert war genauso wie ich beseelt von dem Gedanken, dass man der kommerziellen Filmbranche etwas Bleibendes entgegensetzen müsse, dass es sich auch im Filmgeschäft lohne, sein Leben für Ideale einzusetzen. Nun war es dazu gekommen, dass auch er seine Hoffnungen auf HEIMAT 2000 gesetzt und sein professionelles Wissen ganz in den Dienst dieses Films gesteckt hatte. Ich rechnete Robert vor, dass er etwa in dem Alter sei, in dem ich mit dem ersten Teil von HEIMAT begonnen hatte, ihm also noch ein ganzes Filmemacherleben bevorstehe. Er solle sich auf keinen Fall von mir und Franz in Abschiedsstimmung bringen lassen. Also entwarf ich ein Szenarium nach HEIMAT: ein Leben ohne Bitterkeit und Ehrgeiz. Ich redete uns Hoffnung ein – bis mir schlecht wurde und ich die erste Gallenkolik meines Lebens erlitt.

109 Die Quoten-Idioten

Unmittelbar nach unserer Rückkehr aus dem Hunsrück traf ich mich mit Norbert Kückelmann, dem Anwalt, Freund und Filmemacher, der mich seit vielen Jahren beriet und juristisch betreute. Ich schilderte ihm meine Produktionsgeschichte. Als er vernahm, wie man mit mir umging, war er hell empört. Er riet mir, die Vorfälle der Presse zur Kenntnis zu geben. Er meinte, die Fernsehleute hätten lediglich Angst. Nicht vor mir, sondern vor den Pflichten ihrer Ämter, denen sie nicht gewachsen seien. Wenn man bedenke, dass der Verfassungsauftrag an die Rundfunkanstalten darin bestehe, Kultur und Wissen zu pflegen, aber niemand von den Amtsinhabern ein Konzept besitze, wie dieser Auftrag erfolgreich umzusetzen sei, dann könne man verstehen, mit welcher Existenzangst sie ihre Büros betreten. Sie wüssten, dass sie täglich scheitern. Dabei begegneten sie auf Schritt und Tritt freien, unabhängigen Menschen, Künstlern, Autoren und Intellektuellen, die ihnen überlegen seien und sie durch ihr bloßes Erscheinen schon in Frage stellten.

Als ich einige Tage danach an meinem Schreibtisch saß, um ein Statement für die Presse zu schreiben, läutete das Telefon. Ein freundlicher Mann mit jugendlicher Stimme meldete sich und gab sich als Kulturstaatsminister Michael Naumann zu erkennen. Ich traute meinen Ohren nicht, als Naumann mir am Telefon Komplimente machte und erwähnte, wie sehr er die beiden HEIMAT-Chroniken liebe, dass meine Filme zum Wichtigsten zählten, das je im deutschen Fernsehen gelaufen sei. Die ZWEITE HEIMAT habe ihn an seine Münchener Studienjahre erinnert und daran, dass wir gewiss zahlreiche gemeinsame Bekannte hätten. Er berichtete, dass mein Name und der Ruf meiner Filme ihm auch im Ausland begegnet seien. Und nun habe er gehört, dass ich bei der Produktion der Fortsetzung von HEIMAT mit der ARD Probleme hätte.

Ich informierte Naumann so knapp, wie mir das in meiner Verblüffung möglich war, über den Stand der Dinge. Ich scheute mich auch nicht, den Namen des ARD-Direktors zu nennen, der sich als besonderer Hardliner unter den Quotenjägern erwiesen hatte. Naumann wollte wissen, welcher Partei dieser angehöre. Ich sagte, dass ich fürchte, er stamme aus SPD-Kreisen, wie er selber. Da zitierte Naumann den Dichter Ernst Jandl, dass man «lechts und rinks» nicht «velwechsern» könne. Es fiel mir schwer, eine Antwort auf seine Frage zu finden, wie er mir helfen könne. Naumann sagte, auch er wisse, dass politische Einflussnahme von den Fernsehfunktionären sofort krummgenommen werde. Da seien sie dann plötzlich Demokraten, meinte er. Aber er fügte hinzu, dass er einige einflussreiche Fernsehleute gut kenne, zum Beispiel den WDR-Intendanten. Er versprach, sich um meinen Fall zu kümmern und sich wieder zu melden.

Tatsächlich erreichten mich bald die ersten Anfragen von Journalisten, die von unserer Situation Wind bekommen hatten. Da schien etwas durchgesickert zu sein, und die Programmpolitik der ARD weckte das Interesse der Zeitungen. Die Journalisten hatten herausgefunden, dass insgeheim neue Richtlinien für Fernsehfilme beschlossen worden waren, die für alle Redaktionen verbindlich sein sollten. Darin hieß es, dass die neuen Kriterien, die allesamt auf Quote ausgerichtet seien, konsequent kontrolliert und durchgesetzt werden sollten. Generell werde für alle Fernsehspiele eine unkomplizierte, einfache, lineare Erzählweise gefordert. Mit diesen Richtlinien war auch mein Erzählstil auf die schwarze Liste geraten.

Norbert Kückelmann konnte sich die geheimen ARD-Richtlinien über seine Freunde bei der «Süddeutschen Zeitung» besorgen und traf sich mit mir, um diese ausgiebig zu analysieren. Unser Eindruck, dass die geplanten Maßnahmen mit Zensur gleichzusetzen seien, bestätigte sich in einem Rechtsgutachten, das Kückelmann anfertigen ließ. Es ging vor allem um die Frage, ob die ARD überhaupt eine rein kommerzielle Einschaltquotenpolitik betreiben darf. Es regte sich allmählich auch der Protest von anderer Seite: Der Verlag der Autoren und der Verband der Bühnenverleger hatten ein Schreiben gegen die «Schnulzenverordnung» losgelassen. Man drohte mit Aufkündigung des Autoren-Rahmenvertrages, den es mit der ARD gab. Kückelmann bat mich, ihn zu einem Pressegespräch mit Herbert Riehl-Heyse zu begleiten, einem kompetenten und unbestechlichen Journalisten der «Süddeutschen Zeitung». Es war eine prekäre Situation, denn ich wusste, wie leicht man sich die Rachsucht des ARD-Programmdirektors zuziehen konnte.

Zum Wochenende des 5./6. August brachte die «Süddeutsche Zeitung» Riehl-Heyses ganzseitigen Artikel unter der Überschrift «Die Süßstoff-Offensive». Unter einem Bild aus der ZWEITEN HEIMAT stand: «Hermann Simon, Musiker, Komponist, eine Art Intellektueller, also: großer Gott!» Auch der ARD-Direktor war abgebildet. Der Artikel streifte unsere Leidensgeschichte, ging aber vor allem auf die Verflachungspolitik der öffentlich-rechtlichen Sender ein. Bald folgten weitere Artikel in allen großen Zeitungen. Die «Zeit» titelte «Die Quoten-Idioten» und warf Amtsinhabern der Sendeanstalten vor, das Gebührenprivileg der Rundfunkanstalten zu verspielen, wenn sie weiterhin versuchten, ein dummes Programm mit dem Argument zu produzieren, es sei erfolgreicher als ein intelligentes. Der Zuschauer werde im Seichten ertränkt. Andere Überschriften waren: «Vorsicht, Quotenfalle», «Deppenfilme zur Primetime», «Der öffentlich-rechtliche Rundfunk verdummdudelt seine Zukunft» oder «Öffentlich recht leicht». Ein langer Artikel des «Spiegel» mit dem Titel «Das Gespenst auf den Fluren» prangerte das «Optimierungspapier» der ARD als Verstoß gegen den Bildungsauftrag der Verfassung an.

Die Berichterstattung ging noch wochenlang weiter. Immer war auch unser Projekt in den Argumentationen enthalten, stand aber nicht mehr im Vordergrund. Ich hielt mich aus der Sache heraus, soweit das überhaupt noch ging, und verweigerte öffentliche Stellungnahmen. Es wendete sich aber, wie ich es in den Gesprächen mit Kückelmann vorausgesagt hatte, nichts zum Besseren. Keinem der Verantwortlichen ging es an den Kragen, und die Redaktionen ließen uns noch bis ins nächste Frühjahr eine Drehbuchfassung nach der anderen schreiben. Daran hatten weder die Klageandrohung durch Kückelmann noch die Interventionen der Verlage und Berufsverbände der Filmbranche etwas ändern können. Die Machtstrukuren der Sendeanstalten hatten sich durch perfekte Systeme interner Abhängigkeiten und Angsthierarchien unangreifbar gemacht. Wir wurden noch monatelang mit immer abstruseren Überarbeitungswünschen traktiert und mit vagen Versprechen hingehalten.

Heute, nach mehr als zwei Jahrzehnten, ist die Diskussion über die Machtstrukturen in den öffentlich-rechtlichen Sendeanstalten immer noch nicht ausgestanden, und ich hoffe, dass unsere Kampagne des Jahres 2000 einmal ausgiebig dokumentiert und analysiert wird. Es wäre ein gutes Thema für Medienwissenschaftler: zu zeigen, wie die gesellschaftliche Verantwortung der Fernsehsysteme für Kultur und Bildung zu Beginn des neuen Jahrhunderts ausgehebelt wurde.

110 Trauer und Ideale

Am 1. September 2000 kam die Nachricht vom Tode meiner Schwester Heli. Seit fünf Jahren hatte sie mit Optimismus und einer unglaublichen Tapferkeit den Kampf gegen den Brustkrebs geführt. Um die Jahresmitte hatten wir schon das Schlimmste befürchtet, als sie nach einer Operation am Darm nicht mehr auf die Beine kam. Aber sie hatte selbst diese Krise überwunden und kämpfte, ganz abgemagert, bleich und kahlköpfig, noch wochenlang gegen die teuflische Krankheit, die ihre Lungen und ihre Knochen zerstörte. Am 1. September erwachte sie nicht mehr aus dem Nachtschlaf. Es gehört wohl zur Blindheit, mit der wir Menschen geschlagen sind, dass wir den Tod gerade dann nicht erkennen, wenn er schon vor der Tür steht.

Ich wusste, dass mein Bruder Guido, der unserer Schwester enger verbunden war als ich, unter der Nachricht zerbrechen konnte. Ich kümmerte mich um ihn, der in den Tagen nach ihrem Tod erkrankte, übernahm die Organisation der Trauerfeier, der Einäscherung und der Urnenbeisetzung in Morbach. Ich versuchte, den Lebensgefährten meiner Schwester zu entlasten und ein wenig zu trösten, machte die nötigen Behördengänge und gab die Anweisungen an das Beerdigungsinstitut. Bei der Trauerfeier in Frankfurt wollte ich noch ein paar

Abschiedsworte für Heli sprechen, aber ich brachte in der Aussegnungshalle kaum ein Wort hervor. Dafür sang Salome eine bewegende Arie aus Händels MESSIAS, «Er weidet seine Herde ...».

Ein Trauerfall bringt entsetzliche Wartezeiten mit sich: von der Todesnachricht bis zur Einäscherung, von der Trauerfeier bis zur Urnenbeisetzung. Ich schrieb weiter an den Drehbüchern, als ginge es darum, die Trauer mit ihnen zu überwinden. Und noch etwas: Helis Tod öffnete meinen Blick wieder für das Wichtige. Es fiel mir nun gar nicht mehr schwer, die schönen Szenen zu erkennen und die unwichtigen, die nur Larifari waren und das bloße Unterhaltungsbedürfnis bedienten, einfach zu streichen. Künstlerische Arbeit ist gnadenlos. Sie verlangt von uns rigide Ehrlichkeit und einen Grad an intellektueller Wachheit, der jede Schachpartie übersteigt. Helmut Lachenmann, den ich am Jahresende traf, versuchte, mich mit einem überraschenden Gedanken zu ermutigen: Nicht Provokation, nicht Widerstand, auch nicht Wohlklang oder Artistik könnten die Kunst in unserer Zeit noch retten, sondern einzig eine naive Absichtslosigkeit. «Ungeschützte» Äußerungen seien das Einzige, womit wir noch Aufmerksamkeit gewinnen könnten. Es gehe um das nackte persönliche Statement. Lachenmann meinte, vielleicht sei dies das Ende der Avantgarde, jedenfalls das Ende aller raffinierten Artistik, nicht zuletzt das Ende der «Großen Kunst». Alle elaborierten Themen, alle Virtuositäten und Formspiele, alle Erfolgsrezepte, mit denen wir uns schützen könnten, seien im Grunde wertlos geworden. Wir seien verletzbarer denn je und täten gut daran, das – fern von jeglicher Koketterie – auch zu zeigen.

Lachenmanns Aufruf gefiel mir, denn ich war verletzt und quälte mich damit, es zu verbergen. Trösten konnte ich mich aber mit dem neuen Ehrlichkeitsanspruch nicht, denn er enthielt eine Moral, die keine Kompromisse zuließ. Seit fünf Jahren hatte ich mein drittes HEIMAT-Projekt durch immer neue Zugeständnisse auf der Tagesordnung halten können. Mein Produktionstagebuch, in dem ich jede Demütigung, jeden Ringkampf mit den Fernsehredakteuren und jeden Versuch, alldem zu entkommen, festgehalten hatte, war zu einem dicken Kompendium von über fünfhundert Seiten angewachsen. Im

Vergleich zu einem Komponisten ist ein Filmemacher ein Weltkind, das gezwungen ist, mit Kompromissen zu leben, und deswegen vor den Idealen und höchsten moralischen Ansprüchen der Kunst immer wieder kapitulieren muss.

111 Das Blatt wird gewendet

Im März 2001 erschien im «Spiegel» ein Artikel unter der Überschrift «Es heimatet sehr», eine Meldung über Projekte der ARD, in der behauptet wurde, mein Sechsteiler sei endlich genehmigt worden und gehe im Herbst oder folgenden Frühjahr in Produktion. Kaum dass der Artikel erschienen war, erhielten wir von überall Anrufe, Gratulationen, Bewerbungen von Filmschaffenden und Schauspielern – und jedes Mal musste ich sagen, dass die Meldung nicht auf Fakten beruhe und ich keine offizielle Mitteilung der ARD-Gremien und keine Zusage des SWR bekommen habe. Auch durch Anrufe in der Redaktion konnten wir nicht herausbekommen, wie diese Meldung zustande gekommen war und wer sie lanciert hatte. Auffallend war, dass die Grundinformationen stimmten: Handlung im Hunsrück und in Ostdeutschland, Zeitrahmen 1989 bis 2000, Figuren aus HEIMAT und DIE ZWEITE HEIMAT. Es war alles auf völlig neue Art kompliziert geworden. Ging die Meldung des «Spiegel» vielleicht sogar auf einen ungenannten Informanten in der SWR-Redaktion zurück?

Der Leiter der Fernsehspielabteilung, den wir anriefen, bot uns spontan ein Treffen in Baden-Baden an. Es war an einem dieser regnerischen, saukalten Apriltage. Als ich mit Thomas Brussig, Ingo Fliess und Robert Busch auf dem Südwestfunk-Gelände ankam, erwartete uns der Abteilungsleiter bereits auf dem Parkplatz mit Regenschirm, um uns trocken in sein Büro zu bringen. Ein völlig neuer Anblick. Nach und nach wurde klar, dass es weder zu den Drehbüchern noch zum neuen Entwurf der Schlusssequenz weitere Einwände gab. Dramaturgische Fragen wurden geradezu respektvoll und tastend an uns herangetragen, sodass unsere Verteidigungsreden und Entgegnungen viel zu heftig ausfielen. Es war eine Veränderung eingetreten, und es war deutlich zu spüren, dass die versammelten Redakteure nun ernsthaft entschlossen waren, das Projekt voranzutreiben und auf der Basis der vorgelegten Drehbuchfassungen ihre Abnahme zu erklären. Was war passiert?

Im weiteren Gespräch verstanden wir, welchem Umstand wir den Sinneswandel zu verdanken hatten. Intendanten, Programmdirektoren und Rundfunkräte planten neuerdings, die Fernsehspielabteilungen zu schließen und sie in die privatwirtschaftliche Verantwortung der Münchener Bavaria-Film und ihrer Tochtergesellschaft Maran-Film zu überführen, die für eine schärfere Gangart im Kampf um Quoten und Publikumsgeschmack sorgen und zugleich die jährlichen Etats und Filmförderungsmittel des Staates abkassieren sollten. Mit dieser Planung waren natürlich Karrieren wie die der Dramaturgen und Redakteure und die Zeiten ihrer Entscheidungsmacht für immer zu Ende. Damit endeten auch die Zeiten, in denen Redakteure sich als Künstler fühlen konnten. Offenbar hatten sich die anwesenden Redakteure klargemacht, dass es ihnen nützte, mit Leuten wie uns zusammenzuarbeiten. Nur mit den künstlerisch ausgerichteten Autoren und freien Regieproduzenten konnten sie überhaupt noch Eigenständigkeit darstellen. Wenn es um die Verteidigung ihrer Stühle ging, auf denen sie wohlbesoldet saßen, wurden sie plötzlich kooperativ. Waren sie nicht immer schon Kämpfer im Dienste der freien Künste gewesen? Und waren *sie* es nicht, die unter der «Süßstoff-Offensive» am meisten gelitten hatten? Plötzlich ergab sich die absurde Situation, dass die Redakteure mit uns im selben Boot saßen. Oder war es umgekehrt, und wir Autoren waren wieder nur die blinden Passagiere?

Es dauerte immerhin noch drei Monate, bis wir ein offizielles Schreiben des SWR-Fernsehdirektors erhielten, in dem er uns mit blumigen Worten mitteilte, dass unser Projekt von der Programmkonferenz der ARD einstimmig angenommen worden sei und dass damit auch die seit fast zwei Jahren gesperrten Gelder freigegeben seien. Unverzüglich konnten die Produktionsverträge abgeschlossen werden, und Robert, der bei der Nachricht einen Freudentanz aufführte, begann sofort, den Produktionsapparat wieder in Gang zu setzen. Salome organisierte ein Fest, das Ende Juli 2001 in unserem Garten stattfand. Ich hatte unsere Terrasse illuminiert. So wurden unsere Gäste von einem Lichtzauber empfangen, der an die Stimmung der Millenniumsfeier erinnerte. Mein ehemaliger Ulmer Schüler Lothar Spree drehte eine Videodokumentation, und unsere fünfzig Gäste waren rundum glücklich. Es war eine sehr gemischte Runde: künftige Mitarbeiter, Koproduzenten, aber auch unsere Familien, Salomes Eltern, der tapfere Kämpfer Norbert Kückelmann mit seiner Frau, Nachbarn, alte und neue Freunde und eine große Kinderschar.

Der Höhepunkt des Abends war eine musikalisch-melodramatische Improvisation von Salome mit dem Komponisten und Pianisten Rudi Spring, der auf die Schnelle den Brief des SWR-Fernsehdirektors vertont hatte. So erfuhren unsere Gäste, welch poetisches Talent darin verborgen lag. «Schweres liegt hinter Ihnen, Großes vor Ihnen, aber mit der Kraft, der Erfahrung und dem künstlerischen Gespür, das Sie einsetzen, wird die Mühe für alle Beteiligten zur Freude werden.» Dieser Satz, der tatsächlich im Brief des Herrn Direktors stand, trug durch Salomes Gesangskunst und ihr kabarettistisches Talent zur Hochstimmung des Festes bei. Die Sterne leuchteten für HEIMAT 3!

112 Kunst und Narrative

Nicht die dreidimensionale Realität, die wir bisher mit unseren natürlichen Sinnen begreifen konnten, nicht die Lebewesen, die natürlichen und alle von uns Menschen hergestellten Dinge verkörperten im neuen Jahrhundert noch den gesellschaftlichen Reichtum, sondern die «Narrative», in die sie verpackt wurden. Die Erzählkunst, als deren Anhänger ich mich verstand, genügte auf einmal nicht mehr, sondern bedurfte einer Metaerzählung. Narrative sollten auch die Geschichten des «Erzählkinos» mit Erfolgserzählungen aufwerten und, neu verpackt, als etwas vermarkten, das man nun «Content» nannte. Alle meine Ideale von Inhalt und Form und deren Verschmelzung im Kunstwerk wurden entwertet. Die «Message» war der eigentliche Wert und der Film eine bloße Ware geworden. Alles, was wir «Produktion» zu nennen gewohnt waren, wurde mit der neuen Sprachregelung als Teil einer «Wertschöpfungskette» gedeutet. Ich vermute, dass es die rasende Ausdehnung der Märkte, die «Globalisierung» war, die den Aufstieg der Narrative bewirkt hatte.

Mitten in der neu aufblühenden Arbeit an meinem Film erlebte ich nun immer häufiger, dass ich mit meinem erzählerischen «Großvaterprinzip» völlig missverstanden wurde. Überall, in den Ministerien und Förderungsinstitutionen, bei den Rechtehändlern und Vertretern der neuen Medien, die ich in dieser Zeit ansprach, um mit der Finanzierung unseres Projektes voranzukommen, redete man von «Narrativen». Das klang in meinen Ohren wie «Erzählen», war aber nichts anderes als die Produktion von Werbeargumenten. Erfolg komme von nichts anderem als von Erfolg, hieß die banale Lehre. Es fiel ohnehin nicht in meine Zuständigkeit, solche Narrative um unser Filmprojekt herum zu ersinnen. Ich begegnete überall fertigen Legenden von der «Relevanz» unseres Films, und es wurde vollmundig behauptet, HEIMAT 3 fördere «die Entwicklung der gesellschaftlichen Einheit der beiden deutschen Staaten im 21. Jahrhundert». Ich erinnere mich, dass selbst Alexander Kluge mich eines Tages, als wir uns mit unseren Fahrrädern in München begegneten, fragte, ob ich den Film HEIMAT, von dem er gehört habe, mit fünfzig Stunden Länge tatsächlich produziert hätte. Als ich antwortete, dass ich seit zwanzig Jahren nichts anderes gemacht und fast tausend Drehtage durchgestanden hätte, meinte er, es hätte doch den gleichen Erfolg gebracht, die Legende vom längsten Film aller Zeiten mit einer passenden Erzählung in Umlauf zu bringen. Den Film selbst müsse es dazu nicht wirklich geben, weil sich doch ohnehin niemand Stunde für Stunde das ganze Werk ansehe.

Es wurde mir klar, dass mit den Narrativen zu Beginn des 21. Jahrhunderts ein veränderter Kulturbegriff in die Welt gekommen war. Wenn etwas den Anspruch erhob, Kunst zu sein, brauchte es eine mediale «Message», eine marktgerechte Ethik, eine «Relevanz». Diese Qualitäten hatten ihren Sitz nicht mehr im realen sinnlichen Körper des Kunstwerkes selbst, nicht mehr im klassischen Verbund von Form und Inhalt, sondern in der medial verbreiteten Wertlegende, die man nun das Narrativ nannte. Die Fernsehanstalten, Förderungsinstitutionen und Ministerien hatten kein Problem, sich auf die neuen Sprachregelungen, das «Wording», einzustellen.

Das Ereignis, mit dem die Macht der Narrative zur Weltmacht wurde, sind die Anschläge auf die Türme des New Yorker World Trade Center am 11. September 2001. An diesem Tag hatte ich in meinem Münchener Büro die Hauptdarsteller versammelt, um ihnen das Ergebnis unserer Castingarbeit mitzuteilen und den Beginn der Zusammenarbeit zu besiegeln. Mitten in der Begrüßung stürzte eine unserer Mitarbeiterinnen herein, bleich und verwirrt, und brachte nur das eine Wort hervor: Krieg! Die Bilder, die wir dann vor dem flimmernden Röhrenfernseher in Roberts Wohnung verfolgten, hatten die Macht, alle anderen Bilder aus unseren Seelen zu jagen. Hier zeigte sich zum ersten Mal die Wirkungsweise der neuen Bildmedien, die es erlauben, immer und überall als virtuelle Augenzeugen dabei zu sein.

Innerhalb kürzester Zeit verbreiteten sich die Bilder von den einstürzenden Türmen, zu denen man sich die Details der schrecklichen Schicksale der betroffenen Menschen hinzudenken konnte. An den monströsen Dimensionen des Terrorakts gab es keinen Zweifel, die Terroristen hatten ihre Tat offenbar von vornherein so geplant, dass sie in bestimmten Teilen der Welt als ein symbolischer Schlag gegen das Prinzip des «bösen Handelsimperialismus» der Amerikaner verstanden werden konnte. Der tausendfach tödliche Anschlag auf die beiden Bürotürme war mit dem Narrativ einer angeblich moralischen Überlegenheit der Al-Qaida-Täter aufgeladen, das unverzüglich Gegennarrative der Opferseite herausforderte. Die Attentäter und ihre Organisationen wurden als die Vorboten eines teuflischen Fanatismus beschrieben, die, als «Schläfer» getarnt, auf jeder Rolltreppe, in jedem öffentlichen Gebäude und in den Flugzeugen auf uns lauern. Der Kampf gegen die Feinde unserer freiheitlichen Demokratien rechtfertigte Einschränkungen der Bürgerrechte, Kontrollen und letztlich den Irakkrieg bald darauf. Selten zuvor war Politik auf beiden Seiten derart zum Werkzeug von Feindbild-Projektionen und Hass-Exzessen geworden wie in den Jahren nach Nine-Eleven. Als ich an einem der folgenden Tage nach Paris flog, wo Salome mit Helmut Lachenmann an der Premiere seiner Oper arbeitete, herrschte auf dem Pariser Flughafen Panik. Aufgeregt unterwarf man Besucher und Passagiere willkürlichen Leibesvisitationen und Gepäckkontrollen. Argwöhnisch betrachtete man jeden arabisch anmutenden Menschen, der einem in den Gängen entgegenkam oder auf den Rolltreppen hinter einem stand, als potentiellen Bombenleger. Die neue Angst, angetrieben von den Bildern der einstürzenden New Yorker Türme, war völlig blind für ihre wahren Ursachen. Kein Wunder, dass ein esoterisch gestimmter Künstler wie der Komponist Karlheinz Stockhausen sich hinreißen ließ, den Terrorakt als postmodernes Kunstwerk zu feiern. Realität? Wo war sie noch?

113 Die Erfindung einer Legende

Unser erster Drehtag fand am 20. März 2002 im thüringischen Teistungen statt, einem kleinen Ort in der Nähe von Göttingen, wo noch ein Stück der ehemaligen DDR-Grenze mit Wachttürmen und Grenzzaun existierte. Hier entstand die Szene, in der die DDR-Grenzer vor Hermanns und Clarissas Augen spontan eine Öffnung nach Westen schaffen. Thomas Brussig spielt in dieser Szene mit. Er wollte unbedingt der kommandierende Offizier sein, der mit seinen Leuten die Durchfahrt in die Freiheit öffnet. Thomas freute sich sehr auf die Rolle, denn er hatte sich schon in seinem Roman HELDEN WIE WIR eine kleine Geschichtsfälschung erlaubt und seinen Helden am 9. November 1989 als Ersten durch die Mauer gehen lassen. Als Robert uns nach Drehschluss in einer gesponserten Limousine nach Berlin kutschierte, konnten wir auf einem kleinen Bordbildschirm in den Abendnachrichten einen Bericht über unseren Drehbeginn bestaunen. Die Nation nahm offensichtlich teil an unserem Wagnis! Oder wollte sich das Fernsehen als Mitproduzent nur das passende Narrativ verschaffen?

In Berlin erfuhr ich schon bald, dass die zeitliche Nähe der Filmerzählung zu den historischen Geschehnissen ein Problem enthält, an das niemand gedacht hatte. Der Mauerfall lag gerade einmal zwölf Jahre zurück. Bei Drehbeginn stand die Berliner Mauer noch in allen Hirnen. Zunächst empfand ich es als einen Vorteil, dass die Erinnerungen noch so frisch waren und wir bis in kleinste Ausstattungsdetails ein authentisches Bild herstellen konnten. Aber es fehlte doch der Abstand zwischen der Realität und den Metaphern der Zeit. Ich erinnere mich zum Beispiel an die Eröffnungsszene, in der Hermann den Künstlerausgang der Philharmonie verlässt und laut Drehbuch ein «seltsames Vibrieren der Geschichte» in der Berliner Luft spürt. Dieses «Vibrieren» war für uns beim Schreiben der Szene noch eine konkrete Empfindung. Dass sie eine Sprachmetapher war, die man natürlich nicht inszenieren konnte und die auch nicht mit einem Objektiv abbildbar war, bemerkte ich erst bei der ersten Mustervorführung. Hermann reckt den Kopf in die Höhe, als könne er den «Atem des historischen Momentes» tatsächlich vernehmen. Eine glatte Lüge in Schauspiel und Bild, die ich erst Tage nach der Aufnahme bemerkte. Trotzdem versuchte ich mit meinen Schauspielern im Laufe der Monate immer wieder, unsere fiktive Geschichte mit der Bedeutung der «Wende» aufzuladen. Natürlich ist auch die «Wende» eine Metapher, ebenso wie das «glückliche Volk» oder der «Goldene Westen». All diese Metaphern und die vielen Deutungen und Bewertungen, die wir der Geschichte im realen Leben verpassen, gehören für die Kamera und damit für die gesamte Filmkunst in die Welt der Täuschungen. Es hat gute Gründe, dass Filme und literarische Werke, die eine bestimmte historische Zeit behandeln, erst im Abstand, oft von mehr als dreißig Jahren, gelingen.

Auch ich verfertigte in den folgenden Monaten ein «Narrativ», das man bis heute in Tourismusprospekten und auf Hinweistafeln der Mittelrheinregion zu lesen bekommt. Einer der wichtigsten Schauplätze der

HEIMAT 3 ist das «Günderrode-Haus». Es soll, so lautet die Behauptung des Tourismusverbandes, am Ende des 18. Jahrhunderts erbaut worden sein und der romantischen Dichterin Karoline von Günderrode und ihrem Geliebten, dem Heidelberger Geschichtsprofessor Friedrich Creuzer, als Liebesnest gedient haben. Nach dem Tod der jungen Dichterin in den Fluten des Rheins soll das Haus als Geisterhaus hundert Jahre lang unbewohnt gewesen sein – bis der Film es angeblich neu entdeckte. Diese touristische Darstellung des Hauses und seiner Geschichte ist jedoch pure Fiktion. In Wahrheit wurde das Haus für die Dreharbeiten als realistische Kulisse unter Verwendung alter Fachwerkbalken und der historischen Bauweise von unserem Filmteam zu Beginn des Jahres 2002 erbaut.

Beim Drehbuchschreiben hatte ich mir ein hübsches altes Fachwerkhaus vorgestellt, das kein Bauernhaus war, sondern ein altes Bürgerhaus, das es im Hunsrück kaum hätte geben können. Höchstens ein kleines Nebengebäude sollte dazugehören, in dem die früheren Besitzer vielleicht ihr Pferd untergebracht hatten, was im 18. Jahrhundert ein Pendant zu den heutigen Garagen gewesen wäre. Aber wem hätte ein solches Haus einst gehört? Sicher nicht einem reichen Winzer oder einem der Honoratioren der Rheinstädte, denn die wohnten früher mitten in der Stadt und betrieben dort ihre Geschäfte. In Karlsruhe, wo die unglückliche Dichterin Günderrode geboren worden war, war ich Jahre zuvor auf die Legende von ihrer Liebesgeschichte und ihrem Tod in den Fluten des Rheins gestoßen. Ohne die Geschichte zu recherchieren, brachte ich Clarissas Haus am Rhein im Drehbuch einfach mit der Günderrode-Legende in Verbindung. Ich fand Gefallen an dieser Fiktion, denn sie gab dem Film-Schauplatz eine Urgeschichte und wurde zum Gleichnis für den Liebestraum meiner beiden Helden. Als ich mir dann aber doch noch Material über die Dichterin besorgt hatte, wurde mir klar, dass meine Geschichte vom Traumhaus eine gewagte Fälschung war, denn die Günderrode hatte auf der anderen Seite des Rheins im Hause der Brentanos im Ort Winkel gelebt, und dort hatte sie sich aus Liebeskummer mit einem Dolch im Herzen und einem Stein beschwert in die Fluten des Rheins gestürzt. Eine Lösung war, den Fehler im Film offenzulegen und eine Szene zu planen, mit der wir den Günderrode-Mythos widerlegen wollten. Ich erfand einen Vorbesitzer des Hauses, Herrn Wallauer, der die Günderrode-Story ausdrücklich als Fälschung ausweist. Aber wie das bei Mythen und Legenden ist: Sie sind unausrottbar, erst recht, wenn man behauptet, dass sie nicht auf Tatsachen beruhen. So ist das Haus für alle Zeiten ein «Günderrode-Haus» geworden, obwohl es keine realen Bezüge zur historischen Dichterin gibt.

Der Standort, den wir gewählt hatten, lag, wie sich herausstellte, mitten in einem Naturschutzgebiet. Hier galten besonders strenge Regeln und ein absolutes Bauverbot. An dieser Stelle will ich nicht unerwähnt lassen, dass wir von den örtlichen Behörden und Gemeindeverwaltungen Unterstützung erfuhren, denn unser Filmprojekt war inzwischen als «kreativwirtschaftliches Förderungsprojekt» ein Nutzen für die ganze Region. Die Regionalpolitiker sahen in HEIMAT 3 ein Profitversprechen für Tourismus und Gewerbe. Der Grund: Das Narrativ stimmte! Die Ausnahmegenehmigung wurde deswegen innerhalb weniger Tage erteilt. Sie galt für einen sogenannten «fliegenden Bau», der nach Vollendung der Dreharbeiten wieder abzubauen war. Wie es in den Papieren hieß, sollte jeder Busch registriert und später fachgerecht «renaturiert» werden. Wir schafften es mit Beteiligung örtlicher Baufirmen und unseres Filmbauteams, das Haus in weniger als drei Monaten als romantische Ruine zu errichten, die in allen Details so glaubwürdig aussah, dass selbst die Einheimischen sich fragten, ob das Haus nicht immer schon an dieser Stelle gestanden hatte.

Während ich mich mit dieser Entstehungsgeschichte erneut beschäftige, steht unser Filmbau nach zwanzig Jahren immer noch hoch über dem Ort Oberwesel und wird als Gaststätte für Wanderer und Ausflügler betrieben. Die Günderrode-Legende spielt dabei eine wichtige Rolle, als Narrativ, mit dem das Besuchserlebnis einschließlich romantischer Aussicht emotional aufgeladen wird. Inzwischen wird das Gebäude von der Unesco zum Weltkulturerbe des Rheintals gerechnet, wie die nahen Raubritterburgen des Mittelalters. Wie alle Gaststätten musste auch das Günderrode-Haus im Frühjahr 2020 schließen und wartete auf das Ende der Pandemie. Wie man hört, hat die Betreiberin begonnen, ein kleines Hotel daneben zu bauen. So wird die Günderrode-Legende als Geschäftsmodell weiterleben und wohl nie mehr getilgt werden können.

114 Dreharbeiten sind Glückssache

HEIMAT 3 erzählt von der Aufbruchsstimmung der Wendezeit und den Träumen, die in Ost und West geträumt wurden und mehr oder weniger in Erfüllung gingen. Der Satz, den der damalige Berliner Bürgermeister Walter Momper am 10. November 1989 vor dem Rathaus Schöneberg sprach, klingt zehn Jahre später nahezu exotisch: «Wir Deutschen sind jetzt das glücklichste Volk auf der Welt!» HEIMAT 3 zieht eine erzählerische Bilanz des Jahrhunderts in seinem letzten Jahrzehnt. Zwischen Maueröffnung und Wiedervereinigung waren für kurze Zeit alle Regeln außer Kraft gesetzt: Es entstanden Arbeitsverhältnisse ohne Lohnsteuerkarte, Freundschaften ohne Bildungsschranken, überraschende Begegnungen und Umarmungen zwischen Fremden, Öffnungen der Seelen und der Brieftaschen. Es kam eine unglaubliche Bewegung in jene Menschen, die spürten, dass die Geschichte sie plötzlich aus ihrem Würgegriff entlassen hatte.

Auch für die beiden Protagonisten Hermann und Clarissa beginnt mit der Wende eine neue Zeit, ein neues Lebensgefühl. Angesteckt von der Aufbruchseuphorie der Deutschen und ihres Wiedervereinigungstaumels entdecken sie ihre Liebe neu und machen sich auf den Weg in den Hunsrück. Ein romantisches Fachwerkhaus hoch über dem Rheintal hat es ihnen angetan und soll von nun an die Mitte ihres ruhelosen Lebens werden. Das Abenteuer des Hausbaus zieht eine Reihe von Menschen in seinen Sog: junge Bauhandwerker aus Leipzig und Dresden, Freunde aus Berlin oder München sowie Hermanns Verwandte aus dem Hunsrück. Hinzu kommen neu angesiedelte Russlanddeutsche aus dem fernen Kasachstan. Sie alle entdecken in den Monaten nach der Wende eine Welt von neuen Möglichkeiten und versuchen auf bewegende Weise, in den kommenden Jahren ihre Lebensentwürfe zu verwirklichen. Die Geschichten handeln von Liebe, Erfolg, Krankheit, Tod, Geburt und Familienbanden, die trotz aller Ungebundenheit der modernen Menschen nicht zerreißen wollen. HEIMAT 3 spiegelt so ein kleines Universum wider, mit wichtigen Veränderungen der Zeit: die neue Mobilität, der Siegeszug von Computer und Telekommunikation, die Veränderungen in den Jobs, den Familien und dem neuen Lebensstil. Das Fachwerkhaus, das Hermann und Clarissa liebevoll restauriert haben, wird zum Schnittpunkt der Geschichten. Von hier aus starten die Jungen ins Leben, und hierher kehren alle zurück, um in der Silvesternacht das neue Jahrtausend zu begrüßen.

In den ersten Wochen kämpften wir einen aussichtslosen Kampf gegen die Naturkräfte, denn wir versuchten, unsere Herbstgeschichte von der deutschen Wende im Frühling zu erzählen. Jeder weiß, dass der Mauerfall im November war und die ersten freien Reisen unserer Landsleute von Ost nach West im Winter möglich wurden. Der Drehbeginn hätte natürlich im folgenden Herbst sein müssen. Aber der Gedanke, nach dem mehrfach verhinderten Start ein weiteres Halbjahr zu verlieren, war uns unerträglich erschienen. Folglich kam es zu absurden Versuchen, die Szenen am Günderrode-Haus, die Besuche der ostdeutschen Handwerker im Hunsrück und das erste Weihnachtsfest nach der Wende in einer blühenden Landschaft zu drehen. Wir entlaubten Bäume, berieselten blühende Büsche mit Kunstschnee und beeilten uns, der Natur zuvorzukommen, wo immer das mit filmischen Tricks möglich erschien, bis uns das täglich wachsende Konzert der Vogelstimmen endgültig die Tonaufnahmen verdarb. Der Kampf gegen die falsche Jahreszeit dauerte noch mehrere Wochen an und trug zu allerlei Täuschungen bei.

Absurd erscheint mir in der Erinnerung auch, dass die Fernsehanstalten sich mit den regionalen Politikern geeinigt hatten, unsere Produktion immer wieder aufs Neue als Großereignis zu feiern. Im Mai wurde in Oberwesel eine Pressekonferenz auf dem eleganten Rheindampfer «Rhenus» veranstaltet, mit dem Ministerpräsidenten, Böllerschüssen, dem stolzen Intendanten des SWR und der Moderation meines verehrten Freundes, des Filmpublizisten Peter W. Jansen. Auf dem Schiff drängten sich Bürgermeister, der Landrat, der Regierungspräsident, dazu viele hohe Beamte der Ministerien, regionale Würdenträger, Funktionäre der Filmförderungsinstitute, Journalisten. Meine Probleme waren ganz andere als die Darstellung der «Sozialentwicklung der Mittelrheinregion» oder des «Strukturwandels im Hunsrück». Offenbar wurde von unserem Film erwartet, zu alldem Stellung zu beziehen. Die Redner waren sich sicher, dass unser Film zur Steigerung des Tourismus führen werde, andere erwarteten eine Dialektkomödie, die die Vorstellungswelt der Heimatvereine, Laienspielgruppen, Volksfeste und Stammtischrunden bedient. Vor allem aber waren sich alle einig, dass HEIMAT 3 gewaltige Quoten erzielen werde, dass die daran beteiligten Dörfer, Kleinstädte und Verbandsgemeinden einen wahren Dukatenregen erlebten. Es wimmelte von Kameras, und wir Filmleute waren Fremde auf unserer eigenen Party.

Drehtage bestehen aus einem Dickicht von zahllosen Einzelheiten, aus der Unübersichtlichkeit, den täglichen Kleinsiegen und kleinen Niederlagen. Wie daraus eines Tages eine Geschichte entstehen kann, die in ihrem eigenen Rhythmus pulsiert und sich gut erzählt, ist mir immer wieder ein Rätsel. Jeder, der an der Produktion beteiligt war, sah nur noch Einzelheiten. Jeden Tag mussten Szenen, die schon einmal in der Phantasie Gestalt angenommen hatten, in kleine und kleinste Stücke zerlegt werden, mussten aus ihrer inneren und äußeren Chronologie gerissen und in technische Funktionsteile aufgeteilt werden. Da kümmerten sich zwar die Assistenten um die Anschlüsse, Blickrichtungen, Requisiten und die Kontinuität im Ausdruck, aber das innere Gefühl für die Szene war oft weit weg. Wie sollte man es auch einen ganzen Tag lang aufrechterhalten, wenn der Kameramann alles in Frage stellte, wenn sich die Aufnahmeleiter und Organisatoren alle Viertelstunde erkundigten, wie viele Komparsen ich am übernächsten Tag brauchen werde, ob die Bäume im Hintergrund im Bild zu sehen sein würden, ob man die Mittagspause ausnahmsweise vorziehen oder verschieben könne. Schauspieler werden unzufrieden, wenn sie nicht wissen, was vorher und nachher geplant ist, und alle miteinander fragen sich, ob denn schon wieder Überstunden anfallen werden. Das Schlimmste am Filmemachen ist, dass man keine Chance hat, sich zu korrigieren. Man bekommt nur einmal, nur an einem Tag, zu einer bestimmten Stunde, alle Voraussetzungen für eine Szene. Nur an diesem Tag ist man an diesem Schauplatz, hat das Team, die Kostüme, die Darsteller, die freigeräumten Straßen, die ausgestattete Wohnung oder den Drehort zu Verfügung. Die Stunden sind gezählt, das Team ist teuer, die Schwierigkeiten sind unvorhersehbar, da geht es jedes Mal darum, irgendwie sein Glück zu versuchen. Abends, wenn alles vorbei ist, liegt man in seinem Bett und muss, um einschlafen zu können, von den nicht realisierten Ideen Abschied nehmen.

Die ursprünglich magischen Vorgaben, die ich vom Schreiben her noch in mir spürte, waren verflogen und ließen sich nicht mehr vermitteln. Das Drehbuch wurde als mechanische Anweisung zum Produzieren verstanden, dabei ging es doch ums Erzählen! Erzählen, das spürte ich deutlich, hat mit Ahnungen zu tun. Dafür muss bei einer beseelten Produktion der inspirierende Raum geschaffen werden. Aber wie? Was das Gefühl angekündigt hat, sollte etwas Magisches sein, etwas, das offenbar aus der Lebenserfahrung erwächst, aber dann das Übernatürliche einschließt. Ich kannte diese begriffs- und wortlose Erwartung, die wir Ahnungen nennen, seit meiner frühen Jugend, und suchte sie tagelang bis in die Träume.

Der dritte Teil unserer Erzählung handelt von der Vielgestalt der Liebe. Da ist die Geschichte der aus Kasachstan eingewanderten Deutschrussin Galina und ihrer von den Familien heftig bekämpften Affäre mit Hartmut, dem ältesten Sohn von Anton, dem Unternehmer und Gründer der Optischen Werke Simon. Durch einen tragischen Unfall, den Hartmut mit seinem Sportwagen verursacht, wird die Galina-Hartmut-Geschichte mit der Liebesgeschichte von Lulu und Lutz verknüpft. Diese Erzählung stellte mich vor die Aufgabe, den

Moment in Lulus Leben zu beschreiben, in dem sich zwischen ihr und Lutz das Mysterium der Liebe ereignet. Als ich während einer Motivsuche am Ufer des Rheins an einem Volksfest vorbeikam, faszinierte mich ein Bungee-Springen, das von todesmutigen jungen Männern vorgeführt wurde. Gefesselt an ein Gummiseil sprangen sie nach einer reißerischen Lautsprecherankündigung von einer mehr als dreißig Meter hohen Plattform in die Tiefe. Als einer der Schausteller einen Paarsprung mit seiner Partnerin vorführte, die er im Sturz eng umschlungen hielt, kam mir die Idee, auf diese Weise im Film den magischen Liebesmoment zwischen Lulu und Lutz darzustellen. Ich erzählte die Idee den beiden Darstellern Nicola Schößler und Frank Wünsche. Selbstverständlich kann man einen so waghalsigen Einsatz wie einen Bungee-Sprung von keinem Schauspieler verlangen. Das war mir klar, und die Doubles, mit denen ich schon gesprochen hatte, wurden von den Darstellern zunächst auch dankbar angenommen.

Am Drehtag kam Nicola Schößler zu mir und wünschte, den Sprung selbst zu wagen. Der Gedanke, dass sie diese außerordentliche Erfahrung ihrer Rolle einem fremden Double überlasse, habe sie nicht schlafen lassen. Mit ihrem Partner hatte sie auch schon gesprochen, und so kam es, dass wir diese Szene mit den Darstellern selbst drehten. Niemals werde ich den Schrei vergessen, den Nicola im Sturz ausstieß. Es war eine Mischung aus Todesangst und Triumph. Als die beiden unverletzt auf der Wiese landeten, blieben sie noch lange sprachlos liegen und sahen sich nur gegenseitig an. Besser hätte man den «Liebesmoment», um den es im Film ging, nicht darstellen können.

Die Frage, wo bei den Dreharbeiten «Wirklichkeit» abgebildet wird und wo man von «Fiktion» sprechen muss, war auch bei HEIMAT 3 nicht eindeutig zu beantworten. Unsere vielen Darsteller der Figuren aus der ehemaligen DDR kamen wirklich aus Sachsen und haben zu den Szenen und Situationen des Drehbuchs zahllose eigene Erfahrungen und Erinnerungen eingebracht. Der Anblick einer erleuchteten Tankstelle oder der Geruch eines Hundertmarkscheins konnten Gefühle auslösen, die wir «Wessis» nicht kannten und nie hätten beschreiben können. Der Darsteller Uwe Steimle konnte nicht aufhören, bei jeder Gelegenheit den ehemaligen DDR-Staatsratsvorsitzenden Erich Honecker zu imitieren, bis er erlebte, dass von seinen jüngeren Zuhörern keiner mehr wusste, wer Honecker war.

Als wir begannen, unter dem Titel DIE ERBEN zu erzählen, wie Ernst Simon sein Privatmuseum eröffnet, gelang es uns ohne größere Umstände, den «Landesvater» Kurt Beck und seine Kultusministerin als Darsteller zu gewinnen. Da die Situation, in der sie auftreten, frei erfunden ist und auch nicht auf reale Vorgänge in ihrem politischen Leben anspielt, konnte ich sie als Schauspieler ihrer selbst auftreten lassen. Kurt Beck gab den Ministerpräsidenten wunderbar und ließ sich einen Drehtag lang von mir willig führen und korrigieren, wenn er im Film weniger glaubwürdig wirkte als im Leben. Ich war erstaunt, wie viel Schauspieltalent in einem Politiker schlummern kann.

Nach über hundertfünfzig Drehtagen war endlich der echte Herbst gekommen, den wir in den Filmbildern feiern durften. Wir drehten den vierten Teil, der als Höhepunkt den Tod des Patriarchen Anton erzählt, als Herbstgeschichte. Diese Geschichte, die im Titel das Versprechen «Allen geht's gut» enthält, ist die melancholischste und beste Episode von HEIMAT 3. Es ist sicher ein purer Zufall, dass mein siebzigster Geburtstag in diese Zeit fiel. In der Kreisstadt Simmern hat man aus diesem Tag ein Hunsrücker Großereignis gemacht: Nach einer Hommage-Veranstaltung im «Pro-Winzkino» – so der bescheidene Name des verdienstvollen Programmkinos in Simmern – hielt mein Freund Peter W. Jansen eine zu Herzen gehende Rede. Danach zog man mit Tschingderassabumm-Musik der Freiwilligen Feuerwehr durchs Städtchen zum Simmerner Schloss, wo man für mich und hundertfünfzig geladene Gäste ein üppiges Abendessen bot. Auch hier gab es ein Programm mit Sketchen und Gesangseinlagen, vorgetragen von meinen Schauspielern. Schließlich bot Salome mir als «Vorpremiere» ihr gesamtes Kabarettprogramm, das sie mit Peter Ludwig für die Münchener «Lach- und Schießgesellschaft» vorbereitet hatte. Als wir gegen ein Uhr nachts zum gemütlichen Teil übergingen, waren wir alle erschöpft vom Genuss der Darbietungen und des guten Naheweins.

Der Simmerner Bürgermeister kündigte an, mich zum Ehrenbürger zu machen, und ich erhielt Gratulationsbriefe von Größen der Politik und den Intendanten der Fernsehsender, die mich jahrelang gequält hatten. Am nächsten Tag bin ich prompt krank geworden, bekam hohes Fieber und lag tagelang arbeitsunfähig in meinem Hunsrücker Quartier.

115 Schnittmengen

Vier von sechs Filmen waren abgedreht. Meine Schnittmannschaft unter Führung von Susanne Hartmann war den Dreharbeiten gefolgt und hatte die Schneideräume im Hunsrück eingerichtet. So konnte ich täglich nach Drehschluss die neuen Muster durchsehen und den Rohschnitt planen. Die Methode bewährte sich, denn sie ermöglichte mir, während der vielen Wochen die Übersicht über die Bilder und das Spiel der Schauspieler zu behalten oder Korrekturen einzuplanen, wenn etwas nicht gelungen war. Dennoch wurde der eigentliche Filmschnitt, mit dem ich im Januar 2003 begonnen hatte, eine völlig andere Erfahrung als das Drehen und Inszenieren am Set. Ich erlebte den radikalen Perspektivwechsel, der eintritt, wenn man von der monatelangen Schlammschlacht der Dreharbeiten zurückkehrt und in die Enge eines abgedunkelten Schneideraums mit Hunderten von Filmbüchsen eintaucht. Es sind nun nicht mehr die Drehorte, die Menschen, die Darsteller, das Licht und all die aufregenden persönlichen Erfahrungen, mit denen man sich auseinandersetzt, sondern es geht um eine geduldige Versenkung in ein Chaos von kleinen, nach Klebstoff riechenden Filmröllchen oder das Meditieren über Hunderten am sogenannten Filmgalgen baumelnden 35-mm-Streifen.

Um mit diesem spröden Material arbeiten zu können, muss man sich die Bilder, die darauf gebannt wurden, fremd machen, muss versuchen, alles zu vergessen, was man sich beim Drehen an Bedeutungen und Gefühlen zurechtgelegt hat. Nur so kann man vermeiden, sich in Täuschungen zu verstricken. Bilder sind immer vieldeutig, sind eben keine Illustrationen von Gedanken oder Absichten, sondern eigenständige, meist schillernde Erscheinungen, deren Geheimnis man oft erst am Schneidetisch entdeckt. Filmschnitt bedeutet, mit ambivalent erscheinenden Bildern zu hantieren, sie tausendmal vor- und zurückzuspulen und auf den magischen Moment zu warten, in dem sie zu sprechen beginnen. Man stellt ein Gebilde her, das sich als ein auf einer Spule aufgewickeltes Band darstellt. Filmzeit ist nichts anderes als dieses Band, das auf- oder abgewickelt werden kann. Das Band schnurrt mit vierundzwanzig Bildchen pro Sekunde durch unsere Hände, und in seinem mechanischen Lauf erzeugt es durch sein Vorandrängen neue, oft gänzlich unbekannte Gefühle und Eindrücke. Manchmal beginnt das Material, eine neue Melodie zu singen. Indem ich mich an diesen Zauber des mechanischen Zeitalters erinnere, nehme ich Abschied vom klassischen Filmhandwerk. HEIMAT 3 war mein letzter nicht-digitaler Film.

Als ich beschloss, mich bei der weiteren Arbeit von meinem Kameramann Thomas Mauch zu trennen, kam ich nicht sofort auf den Gedanken, meinen begabten Sohn Christian zu fragen, ob er die Aufgabe übernehmen könne. Dabei hatte er seine Lehrjahre als Kameramann an der Seite von Gernot Roll verbracht und immerhin die letzten fünf Teile der ZWEITEN HEIMAT mit großem Erfolg selbständig fotografiert. Natürlich war er deswegen der Kameramann der Wahl. Aber ich brauchte Impulse und Rat von außen, um auf die naheliegende Lösung zu kommen. Christian erwarb sich schnell Respekt im Team. Seine Vorschläge, die er im Laufe der Drehtage für Kamerapositionen, Lichtwirkungen oder die Schnittabläufe machte, waren spontan und voller Enthusiasmus. Ich spürte bei ihm bald auch die Verwandtschaft des Denkens, ein Gefühl, das Mauch und ich füreinander verloren hatten, obwohl wir in frühen Jahren so prägende Erfahrungen in der gemeinsamen Arbeit gesammelt hatten. Christian war mein Sohn, die Zusammenarbeit vereinfachte das nicht automatisch. Was mir aber sofort ein Gefühl der Vertrautheit gab, war, dass er mit den Händen «denkt». Er ist einer, der, wie ich, seine Ideen aus dem Machen heraus entwickelt. Damit hatte ich endlich einen Verbündeten gewonnen beim täglichen Kampf gegen den «Professionalismus», mit dem sich das Team aufgebläht hatte. Die Entscheidung für Christian brachte Bewegung in das Projekt.

Nach zweihundertsechsundvierzig erfüllten Drehtagen drehten wir am 11. Oktober 2003 um 18.14 Uhr in «Schabbach-Mitte» die letzte Klappe. Die letzte Szene sollte ein Teil von Hermanns Traumsequenz im Abschlussteil werden. Sie zeigt den Sarg der Mutter, der im Gewitterregen mitten auf der Dorfstraße abgestellt wird. Das Bild war ein Zitat aus HEIMAT 1 und zugleich eine kleine Hommage an Stanley Kubrick.

Nach den beiden Jahren der Dreharbeiten und der Erschließung des überbordenden Materials in der Montage traf ich mich zum Jahresbeginn mit Robert Busch, um einen Plan für die bevorstehende Veröffentlichung zu entwickeln. Wir stellten fest, dass unser Filmepos als Werkgattung einen Sonderfall darstellte. Trotz der Beteiligung der Fernsehanstalten hatten wir keinen Fernsehfilm gemacht. Auch ein Kinofilm war unser Werk nicht, denn es überschritt alle im Kinoprogramm üblichen Dimensionen. In diesen Punkten folgte HEIMAT 3 im Jahre 2004 ihren beiden Vorgängerinnen von 1984 und 1992. Die Trilogie hatte sowohl dem Umfang nach (dreißig Filme mit einer Gesamtspieldauer von fast vierundfünfzig Stunden) wie auch als erzählerisches Filmwerk ohne literarische Vorlage keine Vorläufer in der Film- und Fernsehgeschichte.

In unserem Plan für die Premieren spielte das Festival von Venedig eine besondere Rolle, denn am Lido hatten alle meine Filme ihren Weg in die Welt gefunden. Zum Glück war in diesem Jahr Marco Muller, den ich von den Festivals in Rotterdam und Locarno kannte, zum künstlerischen Leiter der Mostra berufen worden. Ich schrieb ihm einen Brief und erhielt sofort die Einladung, auch die CHRONIK EINER ZEITENWENDE, wie ich HEIMAT 3 nun im Untertitel nannte, in Venedig zu zeigen. Die Freude war groß, bedeutete aber, dass wir neben umfangreichem Pressematerial in mehreren Sprachen auch mehrsprachige Untertitelungen aller sechs Filme herstellen mussten. Während dieser

Arbeiten war noch ein gewichtiger Gestaltungsschritt zu bewältigen, die Tonmischung. Es gibt bei jedem Film den Augenblick, den man «Picture Lock» nennt. Das bedeutet, dass man den Bildschnitt definitiv abgeschlossen und auf das «Frame», das einzelne Bild auf dem Filmstreifen, genau festgelegt hat. Diese Entscheidung sollte dem Regisseur allein zustehen. Doch an dieser Stelle zeigten sich die Fernsehfunktionäre ein letztes Mal als die Zerstörer und Rechthaber, die sie seit Beginn des Projektes waren. Die sechs Filme waren jeweils etwa zwei Stunden lang geworden und folgten damit ihrem inneren Erzählrhythmus, der diese Zeit brauchte, um sich zu entfalten. Aber da meldete sich der Redakteur des SWR mit einem Verweis auf den Koproduktionsvertrag, in dem von einer bestimmten Länge der einzelnen Filme die Rede war, nämlich von genau 87,5 Minuten, keine Sekunde mehr oder weniger. Das Fernsehen präsentierte sich noch einmal als bürokratische Unterhaltungsmaschine. Die Formatlängen mussten mit der Gewalt des Stärkeren rigoros durchgesetzt werden, ohne Rücksicht auf die Erzählung. Ich weigerte mich, solange es ging, denn ich hatte die richtigen Längen der Filme über Monate getestet und war mir sicher, die optimale Form und den richtigen Rhythmus gefunden zu haben. Mit 675 Minuten Spiellänge war HEIMAT 3 in den Augen der Fernsehleute zweieinhalb Stunden zu lang.

Ich lehnte es ab, die verlangte Kürzung des Werkes vorzunehmen. Da aber die Zahlung der letzten Rate in Höhe von über einer Million Euro von der Schlussabnahme abhing, konnte der Redakteur uns mit der Längenfrage terrorisieren. Ich durfte wieder einmal die Verzweiflung kosten, die mich bei diesem Projekt von Anfang an zyklisch verfolgte, und unternahm einen letzten Versuch bei dem Zyniker der ARD-Direktion. Er allein hätte die Macht gehabt, die Sendelängen zu modifizieren. Die Begegnung in der obersten Etage des Münchener Funkhauses endete allerdings mit neuen Kränkungen. Es blieb keine andere Möglichkeit, als eine gekürzte Fassung für das Fernsehen herzustellen, damit die Abnahme erteilt und die Schlusszahlung bewilligt wurde.

Die Kürzung war ein brutaler Eingriff in die Gestalt des Werkes, die einer Verstümmelung gleichkam. Ich weigerte mich, an dieser Zerstörung selbst teilzunehmen und ließ den Redakteur mit der Cutterin allein, bis sie die Amputation vollzogen hatten. Wichtige und liebevoll gespielte Figuren wurden komplett herausgeschnitten, und ganze Handlungslinien wurden geopfert. Jeder Schnitt wurde auf Tempo getrimmt und der fließende Erzählrhythmus, der für meine Arbeit so typisch war, zerstört. Das Ergebnis nannte sich «Fernsehfassung», die von der Redaktion selbstgefällig abgenommen und zur Sendung freigegeben wurde. Mit der Zahlung der letzten Rate wurde das Drama meiner Zusammenarbeit mit dem deutschen Fernsehen für immer beendet. Es gab noch eine Unterschriftenaktion der Fans im Internet, mit der Tausende von Zuschauern versuchten, die Rundfunkanstalten umzustimmen. Doch auch diese Initiative rannte erfolglos gegen die Betonwand bürokratischer Starre.

Ich tröstete mich mit der Originalfassung, die ich für die vorgesehenen Premieren, die Kinoauswertung, eine besonders schöne DVD-Edition und auch für den Export in andere Länder einsetzen konnte. Ich konzentrierte mich auf die Pressearbeit und freute mich, dass uns neben Venedig wieder das Münchener Prinzregententheater als festlicher Premierenort zur Verfügung stand. Wir hatten diesmal eine besonders gute Projektionsanlage mit einer imponierenden Großleinwand installieren lassen. Die Tonwiedergabe erfolgte erstmals in der neuen Surround-Technik, die das Theater Mitte September für zwei Tage zum schönsten Premierenkino der Stadt machte. Wieder bewirteten wir unsere tausend Gäste in den Pausen mit Speisen und Getränken im Gartensaal, den wir mit Bildern aus dem Film dekoriert hatten. Erst nach Mitternacht endete die Filmpremiere mit einer Feier, auf der sich die dem Günderrode-Haus benachbarten Winzer mit ihren besten Rheinweinen präsentierten. Die unmittelbar folgende Premiere in Mainz hatte ähnliche Dimensionen. Auch das große Haus des Staatstheaters war in ein Kino verwandelt worden, und unsere Gäste blieben die zwei Tage der Filmvorführungen in vibrierender Spannung. Natürlich war die Mainzer Premiere vor allem eine Gelegenheit, all denen, die an den Dreharbeiten beteiligt gewesen waren oder uns dabei unterstützt hatten, den Film in der Originalfassung zu zeigen. Die Geschichten, die der Film erzählt, wurden mit großer Emotion aufgenommen. Der Abschied von den besonders geliebten Figuren, zum Beispiel der Tod von Anton oder von Rudi Molz, waren mit tränenreichen Erinnerungen verbunden, und ich erlebte mit meinen Hunsrücker Landsleuten noch einmal die Verbundenheit der frühen Jahre.

Erfüllt von den Begegnungen mit den Premierengästen, den Freunden und dem herzlichen Applaus an vielen Spielorten, die bis zum Jahresende noch folgten, beschlossen Salome und ich, die Weihnachtszeit nicht in Deutschland zu verbringen. Wir wollten uns die Reaktionen und Seelenschmerzen ersparen, die mit der für diese Tage geplanten Ausstrahlung der fatalen Fernsehfassung auf uns zukamen. Wir buchten einen Flug nach Lanzarote, wo unsere Freunde Gretl Brand und Rainer Ostendorf lebten. Mit ihnen gelang es uns tatsächlich, dem Fernsehdesaster zu entkommen. Die Ausstrahlung von HEIMAT 3 fand übrigens während der schrecklichen Tsunami-Katastrophe statt, die in den Ländern am Indischen Ozean Hunderttausende von Menschenleben forderte. Zu jeder Sendung unseres Films liefen die neuesten Katastrophenmeldungen als Textzeilen über das Bild. Welcher Film könnte sich gegen ein solches Unglück behaupten?

Am Neujahrsmorgen schrieb ich – meinem mit Salome begründeten Ritual gemäß – in unserem Ferienappartement einen spontanen Rückblick auf das Jahr, der unsere Stimmung besser beschreibt, als ich es hier könnte. Ich hatte im Jahr 2004 eigentlich alles richtig gemacht. Der Film selbst war so gut fertiggestellt worden, wie es nach der Vorgeschichte und mit dem Material überhaupt möglich war. Die Kritiken waren nach den Premieren wohlwollend, nach der Fernsehausstrahlung aber oft vernichtend. Kritiker wie Peter W. Jansen oder Wolfram Schütte hatten den Film erkannt und in schönen Analysen gewürdigt. Vermutlich war die Nähe zu den zeitgeschichtlichen Hintergründen für viele bei der Premiere noch zu groß, was dazu führte, dass Fiktion nicht gleichberechtigt neben historischen Fakten akzeptiert wurde. Vermutlich waren auch die vielen Kampfjahre nicht ohne Folgen auf die Stimmung der Filmerzählung geblieben. HEIMAT 3 kann bis heute als unverstanden gewertet werden. Mir gefällt das Werk trotz kleiner Schwächen heute besser als noch bei der Uraufführung. Die Quoten der Fernsehfassung waren mäßig. Aber das bestätigte nur, dass man mit bürokratischen Maßnahmen wie der Durchsetzung der Längendoktrin keine Herzen erobert.

116 Bilder und Sprache

Das Drehbuchschreiben war für mich seit meinen frühen Jahren ein selbstverständlicher Teil des Filmemachens. Selbst wenn ich mich mit Koautoren verband, wie bei STUNDE NULL, DER SCHNEIDER VON ULM oder HEIMAT, sah ich im Verfassen der Drehbücher eine Annäherung an die Sprache des Films, die anderen Gesetzen folgt als die Literatur. Dennoch, wenn ich ein Drehbuch schrieb, bediente ich mich der Sprache als Mittel des Ausdrucks, und wenn ich es gut machen wollte, stand ich unvermeidlich vor literarischen Aufgaben. Jeder, der schreibt, und erst recht jeder, der schreibend erzählt, weiß, wie einen die Worte selbst, wie einen die Gesetze der Sprache packen können und wie die Geschichte sich in den Worten zu entwickeln beginnt. Bald ist eine Erzählung dann von den Worten untrennbar und damit meilenweit entfernt von dem, was eigentlich entstehen soll: der Film. Aus diesem Widerspruch gab es in all den vielen Jahren kein Entrinnen. Die beiden folgenden Schritte der Filmherstellung, die Dreharbeiten und die Montage, waren widerspruchsfrei, weil sie es mit ganz und gar filmspezifischen Aufgaben zu tun haben. Nur das Drehbuch blieb ein Rätsel. War es ein selbständiges Werk wie eine musikalische Partitur oder nur eine technische Werkzeichnung ohne Eigenständigkeit? Und was geschieht mit den Drehbüchern, wenn ein Film fertig ist?

Wenn ich als Regisseur mit dem Drehbuch in der Hand das Set betrat, habe ich mir immer wieder vor Augen führen müssen, dass es keine «Umsetzung» des geschriebenen Textes in Bilder und auch keine «Übersetzung» der gesprochenen Worte in Schnittabläufe und ihren

Rhythmus geben kann. Ich ging deswegen dazu über, die Drehtage mit «geschlossenen Augen», das heißt mit einem Moment der meditativen Versenkung zu beginnen und dabei Abschied vom Drehbuchtext zu nehmen. Die filmische Szene sollte eine Neuerfindung der Erzählung werden, nur dann konnte sie das Eigenleben gewinnen, das dem Film seine innere Notwendigkeit gab. Wenn ich auf diese Weise eine Szene «abgedreht» hatte, riss ich die betreffenden Seiten aus dem Drehbuch heraus und warf sie weg. Ich musste das Buch, das ich als Grundlage für meinen Film selbst geschrieben hatte, bei den Dreharbeiten Seite für Seite zerstören, bis nichts zurückblieb außer Papierfetzen – und das gewonnene Filmmaterial. Ich musste mir selbst das antun, worunter viele Literaten leiden, wenn sie erleben, dass ihre Bücher verfilmt werden: Das Buch wurde als Materiallager ausgebeutet, ich musste es verfälschen, in seine Details zerlegen und benutzen, wie man Requisiten oder Schauplätze benutzt. Wenn der Film fertig war, blieb vom Drehbuch nichts übrig. Oder doch?

Film und Literatur unterliegen als Erzählmedien grundsätzlich verschiedenen Gesetzen. Der Zauber der Filmbilder geht von der Oberfläche der Dinge und der Menschen aus: Das Licht, die Bewegung von Personen und Kameras, das Zusammenspiel von Schauspiel, Musik, Dialog und Schnittrhythmus sind eine eigene Welt des Ausdrucks und können durch kein anderes Medium ersetzt werden. Es heißt immer, ein Film entstünde letztlich erst im Kopf des Zuschauers. Das ist wahr, wenn wir von den Geheimnissen eines Films sprechen, von den Gedanken und Gefühlen der Personen, die man beim Ansehen der Bilder eigentlich nur ahnen kann. In der Literatur verhalten sich die Dinge umgekehrt: Sie kann Gedanken, Zusammenhänge, innere Zustände der Figuren und ihre Beziehungen zu Ort und Zeit mit größerer Genauigkeit beschreiben, während sie sich mit allen konkreten Bildern und Ansichten der Dinge schwerer tut als der Film. Die Faszination der Literatur geht von der Sprache aus. Die Phantasie des Lesers erhält zwar Anstöße, muss sich aber die Bilder, die Gesichter der Figuren, ihre Körper selbst erschaffen. Das Bild der Schauplätze und die Oberflächen der Dinge, die ein Film in Sekundenschnelle beschreiben kann, vermag der Leser eines Buchs nur mit seinem inneren Auge zu sehen. Film und Literatur bleiben in verschiedenen Bereichen «unscharf» und die Zuschauer und Leser werden auf ganz verschiedene Weise gefordert. Als Grenzgänger zwischen diesen beiden Welten habe ich es genossen, eine Geschichte, die ich verfilmt hatte, mit Worten noch einmal zu erzählen. Und ich war sicher, den Lesern des Buchs – auch denen, die den Film schon gesehen haben – etwas von dieser Freude weiterreichen zu können.

Nach der Fertigstellung der ZWEITEN HEIMAT habe ich dieses Verfahren zum ersten Mal angewendet. Dabei entstand ein Buch von mehr als tausend Seiten, was im Jahr 1991, als ich damit begann, noch bedeutete, dass ich den riesigen Text in den Nächten mit Schwielen an den Fingern von Hand schrieb, weil ich noch keinen Computer besaß. Das Buch erschien wenige Monate nach der Premiere und wurde tatsächlich gelesen, auch von Lesern, die den Film nicht gesehen hatten.

Als die Schnittarbeiten von HEIMAT 3 im Januar 2004 beendet wurden, beschloss ich, wieder ein Buch zum Film zu schreiben, das noch vor der Premiere erscheinen sollte. Wer das Verlagswesen kennt, weiß, dass es fast undenkbar ist, im Januar mit dem Schreiben eines Buches von sechshundert Seiten zu beginnen und dieses schon sieben Monate später in die Buchhandlungen liefern zu wollen. Ich brachte tatsächlich innerhalb kürzester Zeit einen Vertragsabschluss zustande und begann sofort mit der Arbeit. Wie schon das Buch zu DIE ZWEITE HEIMAT sollte auch das neue eine gewisse Eigenständigkeit haben und auf keinen Fall einfach nur ein angepasstes Drehbuch sein. Ich schrieb Tag und Nacht. So entstand ein Text, der die Geschichte nicht nur dem fertigen Film nacherzählt, sondern die innere Dimension der Figuren vertieft. Mit Hilfe der Sprache wollte ich den Blick der Leser noch einmal in die Herzen und Gedanken der Filmfiguren lenken. Da die Dialoge durch die Darstellung der Schauspieler oft bewusst eine trügerische Oberfläche erzeugen, wollte ich mit dem Buch auch die gesprochenen Worte tiefer ins Bewusstsein rücken. Die Sprache bildet andere Schwerpunkte als der Film und bietet damit dem Leser einen erweiterten Zugang zur Geschichte, die der Film nicht oder anders erzählt. Ich war begeistert von der Vorstellung, dass die Leser das Buch mit den Bildern des Films im Gedächtnis lesen, oder umgekehrt, dass die Zuschauer des Films mit den Worten und Gedanken des Buchs im Herzen das Geschehen auf der Leinwand betrachten. Das Kino als Universalmedium: eine Utopie.

Ein zweites Buchprojekt sollte zur Premiere von HEIMAT 3 folgen. Mit einem üppig gestalteten Bildband wollte ich die Vollendung der HEIMAT als Trilogie dokumentieren. Ein solches Buch war nach Einschätzung unserer Berater das geeignetste Medium, die auf zwanzig Produktionsjahre verteilten Einzelwerke in einem einzigen Objekt zusammenzufassen. Es gelang mir, die Verlegerin Anja Heyne zu gewinnen. Die Zusammenarbeit war vom ersten Tag an ein Fest der Ideen und Begeisterung. Meine Aufgabe bestand darin, aus Tausenden von Szenenfotos und Film-Stills eine Auswahl zu treffen, die einen weiteren Zugang zur Bilderwelt der HEIMAT-Chroniken schafft. Die Sichtung und das Ordnen der Bilder erforderten allerdings eine Logistik, die ich erst langsam einzuschätzen lernte. Zum Glück fand ich eine wundervolle junge Mitarbeiterin, die gerade ihr Abitur abgeschlossen hatte und sich bei uns bewarb. So kam Anna-Malike Eigl zu mir. Sie kannte die erste und zweite HEIMAT gut, da die Filme zu den Favoriten ihrer Eltern zählten und Anna die Figuren der Handlung überblickte. Unsere Büroräume in der Agnesstraße füllten sich bald mit Reihen von Tischplatten, auf denen sich die Papierabzüge aus zwanzig Produktionsjahren stapelten. Ich schrieb Texte, und Anna baute einen Scanner auf, mit dem sie alles digitalisierte. Anna arbeitete von Jahr zu Jahr weiter an meiner Seite und ist inzwischen die Assistentin meines Lebens geworden; ihre Kompetenz in allen Fragen des Films muss universell und überragend genannt werden. Welches Glück!

Der Bildband wurde ein unvergleichliches Prachtstück von fünf Kilogramm Gewicht, gebunden in Seide mit Schuber und gut zweitausend Fotos. Ich werde nie den stolzen Moment vergessen, als Anja Heyne während der Premiere von HEIMAT 3 im Prinzregententheater erschien und das erste druckfrische Exemplar zum Bestaunen in das Theaterfoyer trug.

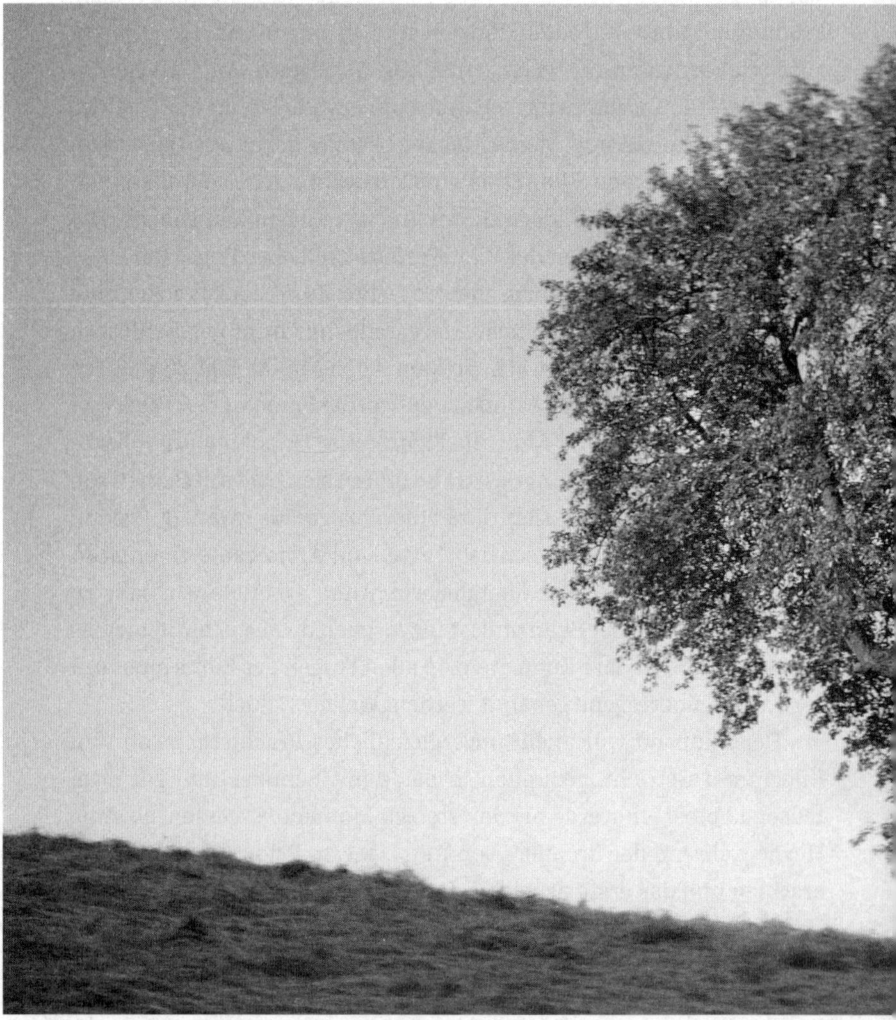

ELFTER TEIL

Chronik einer Sehnsucht

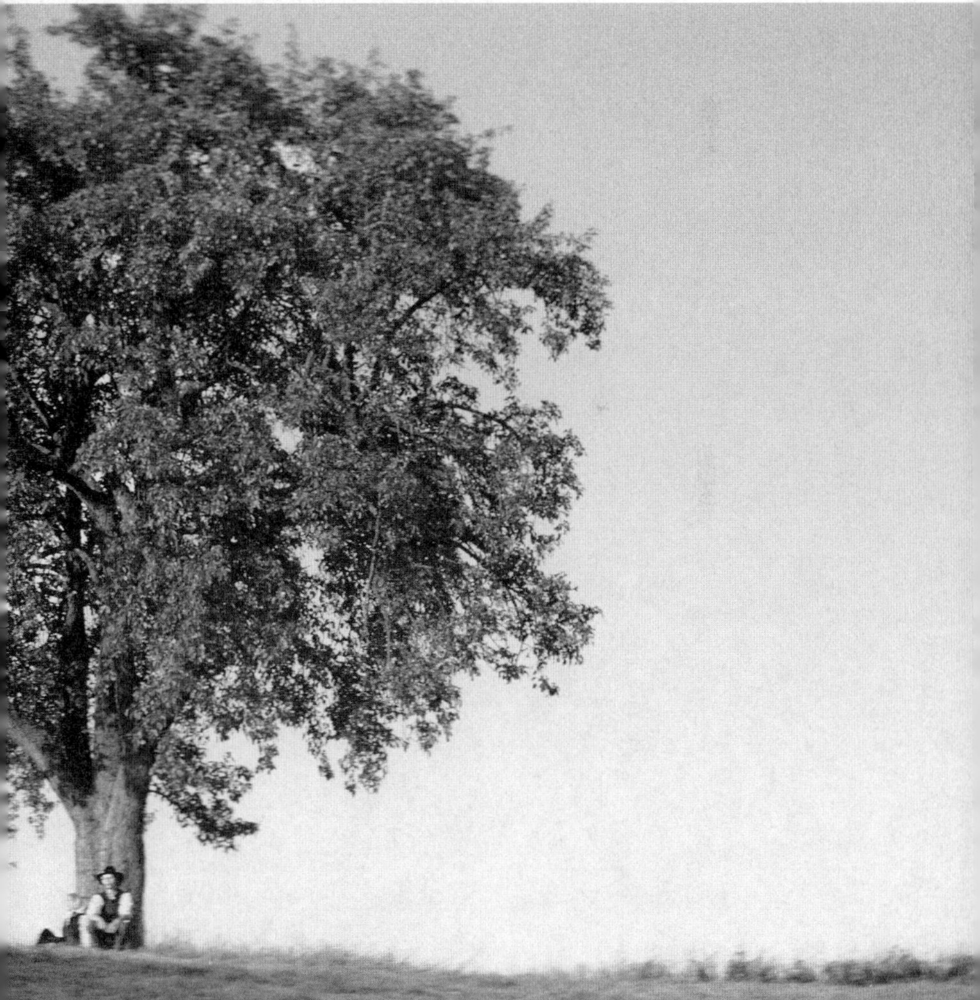

117 Rückkehr der Zeit

Das Jahr 2005 brachte immer wieder absurde kleine Verluste mit sich, die mir symbolisch vorkamen. So verlor ich im März nach einer Lesung mein Autorenhonorar, das mir in bar ausgezahlt worden war, während eines Waldspaziergangs. Im September wurde mein Portemonnaie mit allen Dokumenten, Scheckkarten, Führerschein, Ausweis und Geld im eigenen Haus gestohlen, als Handwerker dort Renovierungsarbeiten durchführten. Im November verlor ich in einem Mailänder Taxi mein Handy mit Hunderten darin gespeicherter Adressen. Etwas war ins Rutschen geraten, und ich fragte mich vergeblich, was daran kein Zufall war.

Ich bin viel gereist in diesem Jahr. Das war zu erwarten, da ja der Verkauf von HEIMAT 3 durch den Weltvertrieb angelaufen war und ich überall Auftritte zu absolvieren hatte. Eine Italien-Tournee führte mich nach Rom, Neapel, Bologna, Reggio Emilia, Mailand, Turin. Ich betreute die Premiere meines Films bei der BBC in London, reiste zu einem Festival in Lecce (Süditalien) und gab ein Seminar in der Europäischen Filmschule von Ebeltoft in Dänemark. Ich hielt Symposien und Vorträge in Hannover, Bremen, Berlin, Wolfsburg, Köln, auf dem Literaturschiff Bingen, las in Zürich, sprach in Rüsselsheim, wo ich gegen eine Glasscheibe rannte und mir das Hirn erschütterte. Im Sommer berief mich Marco Muller in die Jury der Internationalen Filmfestspiele von Venedig, wo ich im Kreis wunderbarer Filmemacher aus aller Welt Ehrengast war.

Nach fünf Tagen unterbrach ich die Juryarbeit für einen Kurzbesuch in Berlin, wo man mir den Geisendörfer-Preis überreichte, bevor ich am selben Abend die Premiere von Isabel Mundrys Oper «Odyssee» erlebte, in der Salome die Hauptpartie sang. Zurück in Venedig, überreichte ich mit den Jurykollegen den Goldenen Löwen für BROKEBACK MOUNTAIN an den taiwanischen Regisseur Ang Lee. Nach dem Festival ging es nach Weinsberg, um den Justinus-Kerner-Preis entgegenzunehmen, und nach Potsdam, wo ich den Festvortrag zum Tag der Deutschen Einheit hielt. Nach dem anschließenden Besuch der Musiktage in Donaueschingen fuhr ich nach Norden, um in einem kleinen Ort in Niedersachsen zu erleben, wie Salome die Menschen auf einem Festival mit ihrer Interpretation von Schönbergs «Pierrot Lunaire» bezauberte. Nach einem Vortrag, den ich danach am katholischen Forum von Hannover hielt, flog ich noch einmal nach Italien, um nach siebzehn Aufführungen der HEIMAT-Trilogie vor dem italienischen Publikum zu sprechen und Fragen zu beantworten. Über Milano, Pavia, Bellinzona ging es in die Schweiz und von dort zurück nach Deutschland, um gemeinsam mit Salome unserem Freund Helmut Lachenmann bei einem Festakt zum siebzigsten Geburtstag zu gratulieren. Schon einen Tag später flogen wir zusammen nach Boston, Massachusetts, wo uns weitere Gesamtaufführungen der HEIMAT-Trilogie erwarteten.

So kann ein Filmemacher-Jahr aussehen, obwohl es auf eine von widersprüchlichen Kritiken begleitete, mäßig erfolgreiche Veröffentlichung eines neuen Werkes folgte. So sehr die vielen Reisen mich erschöpften, so oft fand ich sogar ein wenig Trost in dem Trubel. Neben den Preisen freute ich mich vor allem über Begegnungen mit jungen Freunden meiner Filme, die sich mit den Filmfiguren identifizierten und mich mit Fragen über Themen wie Heimatverlust, Kunst-und-Leben- oder Generationskonflikte bedrängten. In Boston überraschten mich Film- und Kulturwissenschaftler von der Harvard University mit Büchern, die sie gerade über den deutschen Heimatbegriff schrieben. Das alles erschien mir unfassbar, aber befähigte mich, die erlittenen Verluste und Schmähungen der vergangenen Jahre zu vergessen. Die Frage nach Erfolg oder Misserfolg meiner Arbeit schien sich aufzulösen, und ich sagte mir insgeheim, dass es besser sei, mit seinem Werk einzelne Menschen tief zu berühren, als Tausende nur zu unterhalten.

Ich gehöre zu den Menschen, die Krisen mit Aktionismus beantworten. Wie soll ich es anders erklären, dass ich in diesem Jahr der Rastlosigkeit mit Salome ein privates Projekt in Angriff nahm, das allein geeignet war, das Nervensystem zu überlasten. Ich meine den Einbau einer neuen Heizung und die komplette Erneuerung der Elektroinstallation in unserem Haus. Vieles, das 1990 beim ersten Umbau mit billigen Mitteln improvisiert worden war, sollte jetzt professionell und dauerhaft gestaltet werden. Bei dieser Gelegenheit stießen wir auf bis dahin unbekannte Relikte der Vorgeschichte unseres Hauses, Dokumente, die von Kriegsschäden berichteten, auf Lebensläufe, Krankheiten und Tod der Erbauer hinwiesen. In Hohlräumen hinter Stützwänden und verborgenen Nischen fanden sich ganze Jahrgänge des «Völkischen Beobachters» als Isolations- und Füllmaterial. Die Stimmen der Vorbesitzer schienen wie Geister aus der Nazizeit in den Mauern weiterzuleben. Ich wollte, dass diese Vergangenheit des Hauses gründlich wegsaniert wurde. Schließlich konnten wir Ende September die Einweihung unseres neugestalteten Heims feiern. Das Fest fiel auf unseren zehnten Hochzeitstag, die Sonne schien, und wir empfingen die Freunde am schönen neuen Zaun mit weit geöffneter Einfahrt.

Wenn ich aus meinem Badezimmerfenster sehe, blicke ich beim täglichen Zähneputzen auf unseren Apfelbaum. Wir haben ihn während des ersten Umbaus vor über dreißig Jahren in unserem Vorgarten gepflanzt. Wenn er will, beschenkt uns der Baum im Oktober mit herzhaften Boskop-Äpfeln. Es gibt aber Apfeljahre und Jahre, in denen der Baum keinen einzigen Apfel tragen will. Den Grund für diese Launen haben wir nie herausgefunden. Inzwischen ist er ein knorriger Veteran aus frühen HEIMAT-Jahren geworden. Nach der verregneten Blüte Ende April sah es fast so aus, als wollte der Baum auch dieses Mal die Äpfel verweigern. Aber im Mai waren da auf einmal kleine Kügelchen neben den Blättern. Inzwischen sind es tausend Bällchen, von denen einige schon rote Wangen bekommen. Es ist ein rasendes Wachsen im Gange. Ich will nicht behaupten, dass die Pandemie die Äpfel zum Wachsen bringt, aber sie hat mein Zeitgefühl verändert. Plötzlich sehen meine Augen zu, wie die Äpfel wachsen. Es ist, als ob der Baum im gleichen Rhythmus mit mir atmet und mich mitnimmt auf seine Zeitreise in den Herbst.

Die Zeit scheint mein Lebensthema zu sein. Oft habe ich schon als Kind darüber geklagt, dass alles so schnell vergeht, der Geburtstag, Weihnachten und der Blumenstrauß zum Muttertag. Und später? Kaum war die Geliebte von ihrer Reise zurück, schon verwandelte sich die heiße Sehnsucht in Alltagswärme. Und heute: Kaum blüht der Garten, schon welkt er dahin und schickt die Schönheit der Frühlingstage in das Kurzzeitgedächtnis.

118 Das Ende der U.L.M.

Das Büro in der Schwabinger Agnesstraße war einmal für mich und den Freundeskreis eine Startrampe in ein selbständiges Leben als Filmemacher. Unsere Vorbilder waren die weltweiten Aufbruchsbewegungen der 1960er Jahre, der Nouvelle Vague, des Free Cinema in England oder des Cinema Novo Lateinamerikas. Seit 1972 hatten wir uns in München eine Heimstatt geschaffen, die Treffpunkt für den Freundeskreis und die Filmemacher war, technischer Geräteservice, Schneideraum, Kino, Organisationsbüro und Schauplatz für viele unserer Produktionen. Unser einfaches Modell der kollektiven Investition in Geräte und Mieten funktionierte erstaunlich gut, vermutlich weil die «U.L.M.» genannte Filmwerkstatt frei von ideologischen Standpunkten war, die in diesen Jahren bekanntlich zum Bild unserer Generation gehörten und zu unlösbaren Konflikten geführt hatten. Natürlich blieb der Zusammenhalt der Gründer von 1972 nicht über all die Jahre bestehen, die beruflichen Wege drifteten auseinander. Am Ende hielt ich mit meiner HEIMAT-Produktion noch allein die Stellung. Die technische Ausstattung war immer weiter gewachsen. Es gab drei voll ausgestattete Filmschneideräume, eigene Studiokameras im 35-mm-Kinofilmformat, Ton- und Licht-Equipment für kleinere

Spielfilmproduktionen und einen Studioraum, der wahlweise als Kino oder als Tonstudio genutzt werden konnte.

Nach der Veröffentlichung der HEIMAT 3 verwandelte sich diese Operationsbasis in eine wirtschaftliche Gefahrenquelle. Die ursprünglichen Hauseigentümer hatten sich der allgemeinen Spekulationsgier ergeben und das Gebäude an einen stadtbekannten Immobilienhai verkauft, der die Miete für unsere Räume prompt verdoppelte. Ein weiteres Problem, das uns bedrohte, waren die Berge von Filmmaterialien, Korrespondenzen, Entwürfen und Werbematerialien, die sich im Laufe der gut drei Jahrzehnte, die wir hier residierten, angesammelt hatten und die Kellerräume zweier Nachbargebäude füllten. Es war in all den Jahren versäumt worden, diese Materialien – einmalige Zeugnisse einer Epoche des «Neuen Deutschen Films» – in sinnvoller Weise zu archivieren. Robert sah die einzige realistische Lösung in der möglichst raschen Entsorgung dieses Erbes. Sicher spielte bei der Entscheidung auch eine Rolle, dass wir in einer Zeit lebten, die sich nicht erinnern wollte. Man glaubte allzu gern, im Neuen allein läge die Zukunft. Also entschlossen wir uns, eine Müllverwertungsfirma zu beauftragen, unser Lagerproblem auf ihre Art zu lösen. Bald landeten Tausende von Aktenordnern, Manuskripten, Tonbändern und Filmbüchsen, die sich aus den Schneideräumen und den Kopierwerken bei uns angesammelt hatten, in großen Containern, die tagelang vor dem Haus aufgestellt waren. Keiner dachte darüber nach, welchen dokumentarischen Wert die Filmstreifen darstellten, die täglich auf den Sattelschleppern der Entsorgungsfirma verschwanden. Auf Roberts Veranlassung wurde sogar ein professioneller Schredder bestellt, der zahllose Aktenordner, Drehberichte, Korrespondenzen, Abrechnungen, Drehbücher, Plakate, Prospekte und Aushangfotos in wenigen Stunden zerkleinerte.

Der Anblick der Zerstörung erinnerte mich an Krieg und hielt mich in diesen Tagen vom Büro fern, bis ich eines Tages im Vorübergehen doch noch einen Blick in einen der Müllcontainer warf, der gerade auf den Abtransport wartete und die Hauseinfahrt versperrte. Da leuchtete mir eine Filmdose entgegen, auf der ein Lassoband klebte mit der Beschriftung: «Schöne, nie verwendete Szenen». Sofort durchstöberte ich den Container und stieß auf mehrere Büchsen mit ähnlich vielversprechenden Beschriftungen, die meine Cutterinnen in der Vergangenheit angebracht hatten. Ich startete eine Rettungsaktion, denn ich begriff, dass bei dieser Entrümpelung auch Schätze verlorengingen, mit denen wir vielleicht ein interessantes neues Projekt starten konnten. Für viele Dokumente war es allerdings zu spät. Das meiste war unwiederbringlich in den städtischen Müllverbrennungsanlagen verschwunden.

Die Phase der Demontage hatte allerdings erst begonnen: Robert rechnete mir vor, dass der Zeitpunkt gekommen sei, auch unser prächtiges Büro aufzugeben. Er präsentierte mir die neuen Mietforderungen der Hausverwalter, die uns innerhalb weniger Monate in die Pleite treiben würden, wenn wir nicht sofort handelten und kündigten. Aber wohin mit uns und dem ganzen Inventar? Was sollten wir mit den Schneidetischen, den professionellen Bandspielern, der Mischanlage und den Filmprojektoren machen? Auch die Büromöbel, Einbauten und Beleuchtungen mussten untergebracht werden. Oder sollte das alles nur noch Müll sein? Ich hoffte, dass wir wenigstens die besten Geräte verkaufen und gute Preise dafür erzielen könnten. Wir schalteten Annoncen in Fachzeitschriften, verschickten Angebote an Studiofirmen und telefonierten wochenlang auf der Suche nach Käufern.

Es folgte die bittere Erkenntnis, dass analoge Filmbearbeitungsgeräte nicht mehr zu verkaufen waren. Weder für die edlen Steenbeck-Schneidetische noch für die Mischanlage, die Projektion, das Fotolabor oder die mobilen Aufnahmegeräte waren noch Interessenten zu finden. Niemand wollte mehr in eine Technik investieren, die aus Geräten des mechanischen Zeitalters bestand. Die Filmwelt war vollends digital geworden. Damit verschwand eine Technik aus unserem Leben, die wir noch komplett verstehen, selbst bedienen und notfalls reparieren konnten. Wir gehörten mit unserer Ausrüstung der HEIMAT-Trilogie zu den letzten Verfechtern der klassischen 35-Millimeter-Technik. Ich hatte mit voller Überzeugung auf die seit über hundert Jahren vertraute internationale Filmaufnahmetechnik und die unerreichte Qualität der Präzisionsmechanik gesetzt. Lange hatte ich auf Fachmessen und bei öffentlichen Diskussionen den Standpunkt vertreten, dass die neue Digitaltechnik sich nur im Bereich der Spezialeffekte und der Distribution durchsetzen werde, während der 35-mm-Film im Produktionsbereich allen Digitalsystemen überlegen und deswegen unverzichtbar sei. Wie auch immer, bei der Abwicklung der Agnesstraße traf uns der digitale «Paradigmenwechsel» mit voller Wucht. Die in dreiunddreißig hoffnungsvollen Jahren liebevoll eingerichtete Operationsbasis war schlagartig wertlos geworden und musste schleunigst verlassen werden, damit die Immobilienhaie nicht auch noch unsere fertigen Filme und deren Verwertungsrechte fraßen. Der Einbruch erinnerte mich schmerzlich an die Pleite meines Vaters, der sich in den Wirtschaftswunderjahren um 1960 in seinem Handwerkerstolz getroffen fühlte. Damals war es die elektronische Zeitmessung durch die Quarzuhrentechnik, die Vaters Handarbeit in wenigen Jahren zur Wegwerfware degradiert hatte.

Ich vermute, dass der Verlust des alten Qualitätsgefühls eine Rolle spielte, als Robert mir eröffnete, er wolle sich aus dem «Filmgeschäft» definitiv zurückziehen. Ich wollte Roberts Entschluss nur als vorübergehende Krise sehen. Ich verstand, dass es für ihn nicht leicht war, sich mit dem geringen wirtschaftlichen Erfolg unseres jahrelangen Kampfes abzufinden. Während ich mich mit Ehrungen und Anerkennung trösten konnte, war seine Bilanz von zwanzig Jahren, dass wir unsere Miete nicht bezahlen konnten. Das bedrückte auch mich, aber ich verlor die Hoffnung nicht, und ich dachte, Robert würde sich bald besinnen. Wenn er schon nicht mehr an eine erfolgreiche Zusammenarbeit mit mir glaubte, hätte er doch als hervorragender Produktionsmanager, der er war, mühelos einen gutbezahlten Job in der Medienbranche finden können. Seit STUNDE NULL arbeiteten wir schon zusammen, und Roberts Leidenschaft für die Filmarbeit war eine kreative Kraft geworden, die mich mehr und mehr geprägt hatte. In der ZWEITEN HEIMAT war er zu meinem wichtigsten Partner in allen künstlerischen Belangen herangewachsen, und ich bezeichnete ihn im Abspann als «Co-Regisseur». Auch deswegen und weil ich seine

Gedanken nicht nachvollziehen konnte, wollte ich mich mit Roberts Entschluss keinesfalls abfinden. Über mehrere Monate versuchte ich, mitunter mit Salomes Hilfe, ihn umzustimmen. Ich suchte nach Vorfällen, die er mir vielleicht nicht vergeben konnte, fand aber in unserer Freundschaft kein Vorkommnis, das mir sein Verhalten plausibel machte. Vielleicht war es während der Kämpfe um HEIMAT 3 ein Fehler gewesen, ihm die wirtschaftliche Kontrolle über die letzte Produktion aufzubürden und ihn zum Wechsel ins Management zu drängen, während doch sein Herz für die Kunst schlug? Aber auch mit dieser Vermutung kam ich nicht weiter. Robert war von seinem Entschluss, sich komplett von jeglicher Filmarbeit zurückzuziehen, nicht mehr abzubringen. Unsere Trennung wurde für beide, mit all den Folgen, die das Ausscheiden eines Gesellschafters aus einer Firma mit sich bringt, zu einer schmerzlichen Niederlage. Roberts Ausstieg und Entscheidung, seinen weiteren Lebensweg nicht mehr dem Film zu widmen, war vielleicht ein Befreiungsschlag für ihn, für mich aber ein Sturz zurück ins Außenseitertum der frühen Jahre.

119 Heimat-Fragmente

In der folgenden Zeit versuchte ich, mit meinem Sohn Christian einen Neubeginn zustande zu bringen. Mit den aus der Agnesstraße geborgenen Filmausschnitten bezogen wir als Untermieter der Firma ARRI ein kleines Büro in Schwabing. Auf dem ebenfalls geretteten mechanischen Schneidetisch konnten wir das vorgefundene Filmmaterial ansehen und ordnen. Der erste Eindruck war vielversprechend. Die Bilder waren dynamisch und erzählten vom prallen Leben der geliebten Figuren aus der HEIMAT-Trilogie, die uns in eindrucksvollen, völlig vergessenen Szenen gegenübertraten. Wir erlebten die Leute von Schabbach, Hermanns Münchener Freundeskreis und die neuen Freunde aus dem Osten in Konflikten, Leidenschaften, Freuden und Schmerzen, die großen Eindruck auf uns machten.

Umso erstaunlicher war, dass alle diese Szenen einst dem Filmschnitt zum Opfer gefallen waren. Offensichtlich hat die Entscheidung, eine einmal produzierte Filmszene beim Schnitt «auszumustern», tiefgreifende Folgen für unser Gedächtnis. Was wir in den Formgebungsprozessen der Montage aussortieren, geben wir einem besonders gründlichen Vergessen anheim, ein Vorgang, mit dem wir offenbar um Selbstsicherheit ringen. Anders konnte ich mir nicht erklären, warum das wiedergefundene Filmmaterial so fremd erschien und dennoch vertraut war. Es fiel auf, dass die interessantesten Szenen von den Frauen des HEIMAT-Clans handelten. Damit bestätigte sich, was wir in den dreißig Jahren der Produktion geahnt und immer wieder in den Mittelpunkt zu rücken versucht hatten: dass unser Filmepos ein Jahrhundert der Frauen beschreibt. HEIMAT 3 endet zum Beispiel mit einem Bild, das die Frage nach der Zukunft des Frauenlebens besonders intensiv hervorhebt. Es zeigt Hermanns Tochter Lulu, die am Neujahrsmorgen am Fenster steht und mit Tränen der Hoffnung in das beginnende 21. Jahrhundert blickt. Dieser Blick Lulus schien eine Frage zu stellen, mit der wir den vorgefundenen Bilderschatz zum Sprechen bringen konnten.

Wir ließen das gesamte Material scannen, sodass Christian auf seinem neuen Computer und dem AVID-Schnittprogramm damit arbeiten konnte. Ich staunte über die neue Arbeitsweise, die es erlaubte, Szenen viel spontaner zu montieren als früher. Oft haben wir uns mit Montageversuchen tagelang treiben lassen und genossen, dass uns das System erlaubte, alles ohne Verluste wieder rückgängig zu machen. Erst als uns Nicola Schößler, die Darstellerin der Lulu in HEIMAT 3, eines Tages besuchte, fanden wir eine erzählerische Lösung. Auf Nicola wirkten die Filmszenen wie ein Einblick in ihre eigene Familienchronik. Sie hatte einen doppelten Zugang zum Schabbach-Kosmos: zum einen als Schauspielerin, indem sie ihr reales Ich während der Dreharbeiten von HEIMAT 3 dem fiktiven Ich der Lulu schenkte, und zum anderen, weil ihre Eltern tatsächlich aus dem Hunsrück stammten, unseren Film kannten, mochten und Nicola deswegen mit den Bildern des Films aufgewachsen war. Bevor sie die Figur als Erwachsene verkörperte, hatte sie Lulu schon als Kind gekannt. Nicola erlebte sich selbst als Fiktion oder, umgekehrt, ihr Spiel als Wirklichkeit. Dieses verzwickte Wechselspiel zwischen Fiktion und realem Leben kam in den neuen Montageversuchen, die wir mit ihr anstellten, zum Vorschein. Wir entdeckten, dass die Filmszenen aus dem Müllcontainer die Kraft hatten, der jungen Schauspielerin ihre eigene künstlerische Herkunft zu erzählen und darüber hinaus eine Gedankenreise durch ein ganzes HEIMAT-Jahrhundert anzutreten.

Wir zogen mit Nicola Schößler zu den Schauplätzen der Trilogie. Wir drehten mit ihr Szenen der Vergangenheitssuche. Auch in München, wo wir mit ihr die Drehorte der ZWEITEN HEIMAT erkundeten, fand Nicola als Hermanns Tochter Lulu ihre Wurzeln, die in den Film-Fragmenten auftauchten. Christian filmte die Rahmenhandlung mit seiner neuen Digitalkamera, und wir erlebten zum ersten Mal eine lange entbehrte Freiheit der Improvisation. Wie in den frühen Jahren waren wir wieder ein kleines handliches Team, das sich wie ein Wind durch die Welt bewegte. Der Bann war gebrochen.

Das Beste an dem Film, den wir schließlich unter dem Titel HEIMAT FRAGMENTE: DIE FRAUEN fertigstellten, waren die poetischen Texte, mit denen Lulu ihre Traumwelt kommentierte. Ich schrieb diese Texte am Bildschirm, während Nicola mit dem Mikrofon neben mir saß und die soeben entstandenen Worte für den Soundtrack einsprach. Wir liebten unsere neue Arbeitsweise von Anfang an und fragten uns, ob wir damit ein neues professionelles Terrain betreten hatten oder ob wir nun ganz in der experimentellen Subkultur gelandet waren. Am Ende war der improvisierte Film ein Abschied von den Simons, den Schabbachern und ihren Kindern. Alle durften noch einmal auftreten, bevor wir sie endgültig loslassen konnten. Ich gab die HEIMAT-Trilogie dem Großvaterprinzip, dem sie ihre Entstehung fast dreißig Jahre lang verdankt hatte, erleichtert zurück.

Als Marco Muller, der künstlerische Leiter der Filmfestspiele von Venedig, das Münchener Filmfest besuchte, lud ich ihn zu einer Spontanvorführung der HEIMAT-FRAGMENTE ins ARRI-Studio ein. Marco war begeistert und zögerte nicht, den Film zur Mostra del Cinema einzuladen. So wurde das Jahr 2006 zum Geburtsjahr eines weiteren Films des HEIMAT-Kosmos mit allem, was dazugehört. Getreu der Maxime, dass ein Film nicht fertig ist, bevor er von den Menschen mit ihren eigenen Augen gesehen wurde und ein Abbild in ihren Köpfen entstanden ist, unternahm ich alles, was mir zu Gebote stand, um die FRAGMENTE bekanntzumachen. Es folgten Premieren in Mainz, Frankfurt, Berlin und in Filmkunsttheatern anderer Städte, die ich alle persönlich besuchte und dort in langen Gesprächen mit dem Publikum versuchte, Verständnis für die neue Sprache der HEIMAT-FRAGMENTE zu vermitteln. Natürlich hatten diese Veranstaltungen nicht den Glanz der früheren Premieren, denn der Film war gegenüber den «Schlachtschiffen» wie der HEIMAT-Trilogie nur noch ein nettes «Bötchen», das unter der Flagge eines Arthouse-Programms segelte.

Ende August fuhr ich mit meiner Assistentin Anna, Christian und der Protagonistin Nicola Schößler nach Venedig. Wir genossen die üblichen Rituale mit Fotoshootings und Interviews auf der Terrasse des Excelsior-Hotels, aber vieles war anders als bei den spektakulären Serienscreenings früherer Jahre, die das Festivalpublikum über Tage in Atem gehalten hatten. Was wir zu präsentieren hatten, war ein 146 Minuten langer Filmessay über das Erinnern, über Fiktion und Wirklichkeit und über das Abschiednehmen, damit auch ein zutiefst melancholischer Film. Während eines Interviews mit einer italienischen Fernsehstation kämpfte ich mit einem Handicap, das durch eine größere Zahnbehandlung verursacht wurde, die ich gerade durchzustehen hatte. Eine vom Münchener Zahnlabor kunstvoll hergestellte Brücke löste sich während des Interviews und fiel mir beim Sprechen aus dem Mund. Ich fühlte mich der Lächerlichkeit preisgegeben, unterbrach das Interview und verließ die mondäne Excelsior-Terrasse in Panik. In meinem Hotelzimmer versuchte ich, den Zahnersatz mit Hilfe eines Kaugummis festzukleben, was aber misslang. Verzweifelt rief ich meinen Münchener Zahnarzt an, der mir riet, einen venezianischen Kollegen aufzusuchen. Zugleich war mir aber bewusst, dass die Interviews und Pressetermine nicht nachzuholen waren, denn so ist das nun einmal auf den von Hysterien und Geltungssucht getriebenen Festivals: Man hat seine Chance nur einmal, nur zur bestimmten Stunde, die der Ereignisplan des Festivals festgelegt hat. Kaum sind die Momente des Scheinwerferlichts vorüber, springt das Interesse der Journalisten auf den nächsten Film und seine Macher über. So kam es, dass ich ohne weitere Erklärung einfach abreiste.

Die Heimfahrt, die anschließende Reise mit Salome, die in dieser Zeit von einem Konzertauftritt zum nächsten gereicht wurde, und einige unerwartete Ehrungen wie zum Beispiel die Verleihung des Großen Bundesverdienstkreuzes im Berliner Schloss Bellevue sind aus meinen Erinnerungssynapsen fast verschwunden. Ich war gleich mit neuen Dingen befasst. Das bekannte Festival für Neue Musik in Donaueschingen bot Gelegenheit, ein sogenanntes Multimediaprojekt auszuprobieren. Ich entwickelte mit dem Komponisten und Dirigenten Johannes Kalitzke ein Stück für Film, Live-Video, Gesang, Schauspiel und Orchester, das sich dem Wahrnehmungsraum widmet. Ein Unternehmen, das trotz seines theoretischen Überbaus eine Reihe faszinierender Bilder enthielt und an dem Christian besonderen Gefallen fand. So entstand das Projekt ORTSWECHSEL, das uns noch ein weiteres Jahr beschäftigte.

In dieser Zeit meldete sich unerwartet der alte Streitgenosse Joachim von Mengershausen bei mir. Offenbar wollte er den unheilvollen Konflikt der 1990er Jahre und unsere Kränkungen beiseiteräumen. Er erklärte mir am Telefon, dass die Personenkonstellation Reitz-Steinbach-Mengershausen für ihn immer noch ein unausgeschöpftes Potential des deutschen Films sei. Mengershausen war längst als WDR-Redakteur in den Ruhestand gegangen und sprach endlich als Privatperson, wie er hinzufügte. Nach den vielen Wandlungen des Fernsehsystems suche er jetzt eine Antwort auf die Frage, welches die Höhepunkte des deutschen Fernsehens gewesen seien, an denen er beteiligt war. Wie er mir am Telefon erklärte, sah er im Lebensrückblick den Beginn des HEIMAT-Projekts im Jahr 1980 als seine Sternstunde, die er als Verpflichtung für die Zukunft empfand. Offenbar litt auch er nach all den Jahren unter dem Wandel der Medienlandschaft und suchte nach sinnvollen Aufgaben. So kam es zu einem seltsamen Treffen in Würzburg. Der Ort war von Mengershausen vorgeschlagen worden, weil er für jeden der Teilnehmer gleich schlecht erreichbar war. Mengershausen, Steinbach und ich wohnten drei Tage in einem mittelmäßigen Hotel und unternahmen Tageswanderungen in die Umgebung. Unsere Gespräche waren abtastend, auf Versöhnung ausgerichtet, aber ohne tieferes Verständnis füreinander. Noch monatelang schickten wir uns danach gegenseitig Notizen, Filmideen und nie realisierte Spielfilmentwürfe der vergangenen Jahre, ohne dass der Funke sprang. Steinbach steckte in einer permanenten Empörung über Gesellschaft, Politik und Kultur, die man heute als Querdenker-Aktionismus bezeichnen würde. Mengershausen wiederum spürte immer deutlicher, was es heißt, Filme zu produzieren ohne die Macht einer reichen Sendeanstalt, über die er früher verfügte. So verließen wir Würzburg wie drei alte Herren nach einem Klassentreffen.

120 Die Augen

Der Graue Star war ein Familienerbe. Ich sehe noch das Gesicht meines Großvaters vor mir, der eine entstellende Starbrille mit schweren Vergrößerungsgläsern tragen musste, die ihm beim Lesen immerzu von der Nase rutschte, bis er sie mit einer Schnur an der Eisenbahnermütze festband. Mein Augenarzt hatte in seinem Ordinationszimmer eine Urkunde aufgehängt, die ihm über zwanzigtausend gelungene Implantationen von Kunststofflinsen in die Augen von Katarakt-Patienten bescheinigte. Ich war also in besten Händen und lebte in einer Zeit, die den Großvater erstaunt hätte. Im Frühjahr 2003 hatte ich die Drehpausen genutzt, um beide Augen operieren zu lassen. Danach sah ich so gut, dass ich zum Schärfen-Fanatiker wurde. Ohne Brille saß ich begeistert bei den Mustervorführungen in der vorderen Reihe des Kinos und ermahnte den Vorführer, wenn ich das Filmkorn nicht als die Molekularstruktur des photochemischen Bildes knochenscharf erkennen konnte. So waren sogar meine Augenlinsen zu allerbesten Werkzeugen der Filmtechnik geworden.

Ohne Zweifel waren für mich die Augen immer die Organe, mit denen ich in Erfahrung brachte, was real ist. Wenn ich die Lider aufschlug, war das, was ich sah, die Welt. Sie befand sich außerhalb von mir und meinem Empfinden. Oft habe ich als Kind beim Aufwachen ein Experiment gemacht. Ich öffnete die Augen nicht eher, als bis ich mich in Gedanken meiner Lage vergewissert hatte und sicher zu wissen glaubte, wo ich bin. Diese Übung ist gar nicht so einfach, wie man annehmen könnte, denn oft genug weiß man nach lebhaften Träumen oder intensivem Nachdenken nicht sogleich, wo man sich befindet. Vorstellung und Wirklichkeit sind nicht aneinander gefesselt. Wir Menschen haben neben den organischen Sinnen noch einen Möglichkeitssinn, der uns befähigt, mit Dingen zu rechnen, die es nicht oder noch nicht gibt. Also, da liege ich, neun oder zehn Jahre alt, in meinem Bett und habe Bilder in mir, von denen ich weiß, dass sie sofort verschwinden, wenn ich die Augen öffne, denn dann erst erkenne ich die Welt, in der ich mich wirklich befinde. Ich sehe die Oberflächen mit allen Schrunden, Flecken, Krümmungen und Reflexen, mit ihren reizenden Farben und ihren Beleuchtungseffekten, ihrer Wärme oder Fremdheit. Das alles ist nicht Teil von mir, so viel ist mir klar. Das Ich und die Außenwelt scheiden sich in meinen Augen.

Oft hört man, die Welt zeige sich in Bildern. Ich möchte aber aus gutem Grund den Begriff «Bilder» nicht für den Inhalt des direkten Sehens verwenden. Stattdessen nenne ich das, was die Augen wahrnehmen, «Blick» oder «Blicke». Blicke sind immer aktuell und gegenwärtig. Sie zeigen uns die Undurchdringlichkeit der Oberflächen. Sie verlöschen, sobald wir wegsehen oder die Augen schließen. Wenn wir die Lider öffnen, vergewissern wir uns der Gegenwart. Das Blicken ist ein Innehalten des Denkens und ein Einschalten des Seins. Jeden Morgen fühlte sich der kleine Edgar in diesem blickenden Sein neu geboren. Wenn er die Augen öffnete, wusste er, dass seine Augen Gegenwart aufnehmen und sehend erkennen, was es gibt und gestern noch nicht gab. Da alles in Bewegung ist, gleicht kein Aufwachen dem anderen. Ich sah – und fühlte mich fremd in der Welt der Tatsachen und erkannte, dass ich auf sie keinen Einfluss habe, dass die Welt deshalb nie ganz vertraut werden kann und die Tatsachen unsicher bleiben.

Merkwürdig war die Beobachtung, dass die akustische Wahrnehmung von Geräuschen und Sprache alles verändert. Verbunden mit dem Hören, entspannen sich die Augen. Eine innere Stimme sagt: «Aha, da sind doch die Schritte der Schwester auf der Treppe, oder die Stimme der Mutter im anderen Zimmer, oder das Vorbeirattern eines Fahrzeugs unten auf der Straße!» Auch die Augen kennen das, was wir im Film das «Off» nennen, eine Welt, die sich über die Ränder des Blickfeldes ausdehnt. Erst wenn wir das Off kennen, verlieren die Blicke den Schrecken der Fremdheit. Die bloßen Augen registrieren die Welt, können sie aber nicht deuten. Töne hingegen sind deutbar. Sie haben eine Geschichte, eine Herkunft, eine Ausdehnung in der Zeit. Erst mit den Tönen entsteht Vertrautheit in den Bildern. Beim ganz genauen Hinsehen wird alles Vertraute wieder fremd. Beim genauen Hinhören schwindet das Fremdheitsgefühl, und es entsteht das Wiedererkennen. Blicke können immer nur Gegenwart zeigen; Töne wollen wiedererkannt werden und erzählen uns von den Räumen hinter den Blicken. Mit den Augen ist alles schwierig, denn nichts täuscht leichter als der Anblick. Ich behaupte, dass wir die Eiseskälte der angeblickten Welt oft nur ertragen, weil sie vom Hören angewärmt wird. Schon ein Wort tröstet uns, schon ein wenig Musik macht die Blicke menschlich. Dies ist übrigens eine der frühesten Erkenntnisse der Filmemacher, denn auch zu Zeiten des Stummfilms war immer das Hören beteiligt. Nie wurde zu Filmen mehr Musik geboten als damals.

Man sagt, die Augen seien das Betriebskapital eines Filmemachers. Das mag insofern stimmen, als man lernt, den Augen zu misstrauen. Beim Filmemachen müssen wir Blicke in Bilder verwandeln, was sehr anspruchsvoll ist, denn die bewegten Bilder auf der Leinwand haben einen langen Prozess des bewussten Sehens, der Erinnerung und der Reinszenierung und Umwandlung von Blicken in Bilder hinter sich. Bei dieser für die Filmkunst typischen Arbeitsweise wird ein Film regelrecht zur Schule des Sehens. In einem guten Film steckt die Erkenntnis, dass nichts so ist, wie es aussieht.

Also stimmt es nicht immer, dass die Augen das Betriebskapital eines Filmemachers sind. Es gehört auch der Zweifel dazu, der Zweifel an den Oberflächen und ihrer Verführung der Sinne. Dennoch besitzen Filmbilder eine besondere Magie. Sie liegt im ewigen Präsens. Es gibt in der Grammatik des Films nicht das erzählerische Präteritum, dessen sich die Literatur bedienen kann. Die Kamera produziert ununterbrochen Gegenwart, wiederholbare Gegenwart. Damit vermag sie aber ein Wunder zu vollbringen: das Wunder, erzähltes Leben als gegenwärtiges Geschehen abzubilden.

Beim Filmemachen bin ich der Junge geblieben, der lange wachliegt und es nicht wagt, die Augen zu öffnen. Augen-Öffnen, das ist wie Kamera-Einschalten. So fängt jeder Drehtag an. Und ist das nicht die Erkenntnis, die Stanley Kubrick mit seinem Titel EYES WIDE SHUT gemeint hat? Die inneren Bilder treffen auf den nackten Anblick der Dinge und erschrecken uns. So aber entsteht jene zweite Gegenwart, die wir Filmkunst nennen.

Ich hätte über die inneren Gesetze der Filmkunst nicht so intensiv nachgedacht, wenn es nicht eines Tages geschehen wäre, dass meine Augen sich von mir und meinem Willen unabhängig machten. An einem Sonntag im Juli 2008 sah ich Blitze. Bei jeder Kopfbewegung schossen grelle Lichteffekte durch mein Sehfeld und erschreckten mich. Schon seit Tagen hatte ich unter Kopfschmerzen gelitten, jetzt beunruhigte mich der Anblick der sommerlichen Straßen Münchens. Überall zuckten Blitze durch die Straßen, die nicht an ein Gewitter erinnerten, sondern an Leuchtgeschosse. Ich hatte eine Konzertaufführung von Salome besucht und sollte hinterher zu ihrer Premierenfeier gehen. Als die Lichtblitze vor meinen Augen nicht aufhören wollten, ließ ich mich nach Hause bringen. Am folgenden Morgen sah ich die Blitze auch mit geschlossenen Augen, sodass ich das alte Experiment noch einmal ausprobierte. Ich hielt die Augen so lange wie möglich geschlossen. Als ich sie aber schließlich öffnete, war da ein schwarzer Balken im Zimmer. Mitten durch das Bild des Schlafzimmers ging ein schwarzer Balken, als hätte man Teile des Zimmers mit dem Farbstrahl einer Spraydose auslöschen wollen. Als ich abwechselnd das linke und dann das rechte Auge schloss, sah ich, dass der Balken im Blickfeld des linken Auges stand, während es im rechten Auge nur blitzte. In Panik kleidete ich mich so schnell wie möglich an und bat Salome, mich zum Augenarzt zu bringen.

Ich hatte das Glück, sofort untersucht zu werden. Die Diagnose hieß «Netzhautablösung». Man gab mir ein Mittel gegen den hohen Blutdruck und teilte mir mit, dass ich sofort operiert werden müsse, um das Augenlicht zu retten. Dies sei ein Notfall. Zwei Stunden später wurde ich in die Klinik eingewiesen. Die Operation dauerte vier Stunden. Als der junge Assistenzarzt mir zur Vorbereitung des Eingriffs eine Betäubungsspritze in die Schläfe setzte, meinte er: «Ich wünsche Ihnen viel Glück, denn die Augen sind doch Ihr Betriebskapital.» Damit wollte er zum Ausdruck bringen, dass er meine Filme kannte, was mich ein bisschen tröstete – in diesem Moment.

In den folgenden Tagen erlebte ich eine Art Delirium, meine Augen produzierten selbst Bilder. Unter einem dicken Verband war ich ja eigentlich in völliger Finsternis. Aber da war es alles andere als finster. Ich sah Strukturen, die aussahen wie direkte Abbildungen der Nervenbahnen und Synapsen. Ich sah sozusagen das Innere meines Gehirns. Die Blitze zuckten durch abstrakte Landschaften von enormen Ausmaßen. Ich befand mich auf einem fremden Planeten und sah aufleuchtende Sonnen und schwarze Nacht. Als man den Verband nach einem Tag wechselte, war ich blind. Erst nach mehreren Tagen drang Tageslicht zu mir.

Der Arzt, der mich operiert hatte, war mit seiner Arbeit zufrieden. Ich dürfe allerdings zwei Wochen lang nur im Sitzen schlafen, da im Liegen die Gefahr bestand, dass sich die Netzhaut aufgrund der Schwerkraft wieder ablöse. Nach zehn Tagen konnte ich mit einem Auge wieder sehen, das andere blieb Milchsuppe. Man erklärte mir, dass bei der Operation die Augenlinse samt Kapsel «verlorengegangen» sei und die Iris gerissen. Beides sei aber durch eine weitere Operation in einem halben Jahr wiederherstellbar.

Der Vorfall blieb natürlich nicht ohne Auswirkung auf meine Lebensplanung und hat die Ideen vom Sehen und filmischen Erzählen, vielleicht auch vom Blicken und vom Bildermachen, noch einmal neu justiert.

121 Mein Bruder Guido

Während ich mit meinem beschädigten Auge und schmerzendem Rücken sitzend versuchte, die Zeit hinter mich zu bringen, erreichte mich ein Anruf aus dem Hunsrück. Der Mann am Telefon stellte sich als Nachbar meines Bruders vor. Er fühle sich verpflichtet, mich auf die schwere Erkrankung von Guido aufmerksam zu machen. Der Anrufer berichtete, dass Guidos Uhrengeschäft seit Tagen geschlossen gewesen sei. Da sich auf Klopfen und Läuten niemand an der Haustüre gezeigt habe, hätten die Nachbarn den Notarzt verständigt. Man habe sich Zutritt ins Haus verschaffen können und Guido völlig entkräftet mit Darmblutungen hilflos in seinem Bett gefunden. Er sei in ein Krankenhaus im Hunsrück gebracht worden, wo man ihn sofort operiert habe. Der Anrufer fügte hinzu, dass man sich große Sorgen um Guido machen müsse, und nannte mir die Telefonnummer der Krankenhausstation.

Einige Tage später gelang es mir, mit dem kranken Bruder direkt verbunden zu werden. Trotz der fatalen Krebsdiagnose war Guido guter Dinge und interessierte sich ausführlich für mein Augenleiden. Über seine eigene Krankheit und die Heilungschancen wollte er nicht sprechen. Dieses Verhalten war mir nicht neu, Guido sprach nie über sich selbst. Stattdessen hatte er immer liebevolles Interesse an meinen Projekten gezeigt. Erst bei meinem letzten Besuch vor einem Jahr hatte er mich auf eine Geschichte aufmerksam gemacht, die er für einen Film geeignet hielt. Es ging um die Auswanderungswellen im 19. Jahrhundert, die bekanntlich gerade im Hunsrück zu Massenaufbrüchen nach Brasilien geführt hatten. Guido hatte einen Fall aus unserer eigenen Familie recherchiert, der sich in einem Ort namens Hirschfeld abgespielt hatte. Die beiden Söhne des dortigen Dorfschmieds, der unseren Familiennamen trug, hatten sich im Jahr 1843 über die Frage zerstritten, wer von beiden sich einem Auswanderertreck nach Brasilien anschließen dürfe und wer zu Hause bleiben und den väterlichen Betrieb fortzuführen habe. Guido meinte, da sei doch ein Konflikt sichtbar geworden, der in unserer Familie immer noch nachwirke. Es war also mein Bruder, der mir einen wichtigen Impuls für das Filmprojekt über die Brasilien-Migration gegeben hat.

Guido war ein wortkarger Mensch, der sich nie an einer unverbindlichen Konversation beteiligte. Er hörte zu und schwieg. Dabei besaß er ein erstaunliches Wissen über geisteswissenschaftliche und historische Zusammenhänge, deren Einzelheiten wie Jahreszahlen oder Namen er aus seinem grenzenlosen Gedächtnis jederzeit abrufen konnte. Er gab sein Wissen aber nur auf Anfrage preis. Wenn man ihm genaue Fragen stellte, gab er genaue Antworten, wie ein Lexikon, um dann einfach wieder zu schweigen. Schon als Kind hatte er seine Eltern und uns ältere Geschwister verblüfft, als er die lateinischen Namen und Ordnungsbegriffe eines Pflanzenbestimmungsbuches ebenso schnell auswendig lernte wie die Namen der Tiere in Vaters naturkundlichen Bilderbüchern, die sich der Vierjährige immer wieder vorlesen ließ. Guido war als Vorschulkind schon ein kleiner Naturforscher, lesen konnte er, lange bevor er in die Schule kam.

So blieb er auch in seinen Gymnasialjahren und später beim ungeliebten Jurastudium, das er in München begonnen hatte und nach dem Tod unseres Vaters 1970 abrupt und für immer abbrach. Darüber, was diesen hochbegabten Bruder in den vielen Jahren beschäftigte und geistig am Leben erhielt, habe ich mir viel zu selten und vor allem viel zu spät Gedanken gemacht. Jetzt, als Guido so schwer erkrankt war, dass wir Angst um sein Leben haben mussten, wurde mir klar, wie wenig ich über das Leben des Bruders wusste.

Sobald die Augenärzte mir das Reisen erlaubten, machte ich mich in Begleitung von Salome auf den Weg zu ihm. Wir fanden den Kranken bleich und kraftlos in seinem Krankenhauszimmerchen. Sein Anblick erinnerte mich an unsere todkranke Schwester, die ich im Jahr 2000 kurz vor ihrem Ende in der Frankfurter Klinik noch einmal sehen durfte. Die Ärzte des kleinen Provinzkrankenhauses, bei denen ich mich nach Guidos Lage erkundigte, machten mir keine Hoffnung auf Besserung. So kam es, dass ich die Antwort auf meine Frage, was Guidos wacher Geist in all den Jahren getrieben hatte, erst nach seinem Tod herausfinden konnte.

Am frühen Morgen des 2. Oktober 2008 ist Guido gestorben. Ich erfuhr es durch eine Nachtschwester, die mich bei Beendigung ihres Dienstes in München anrief. Ich war Guidos einziger Angehöriger, denn er hatte nie eine eigene Familie gegründet und auch keinen Menschen gefunden, der die Einsamkeit mit ihm geteilt hätte. Wie ein zarter Schatten hatte er an diesem Herbsttag die Erde verlassen. Ich kehrte am selben Tag in den Hunsrück zurück, um die letzten Pflichten zu übernehmen: Auftrag an die Bestattungsfirma, Meldung bei den Behörden, Gespräche mit den Nachbarn und den wenigen Verwandten, die es im Hunsrück noch gab. Und dann kam noch die Vorbereitung einer Trauerfeier, denn ich wollte, dass der Ort den Toten, den kaum einer der Bewohner zu Lebzeiten richtig wahrgenommen hatte, würdig verabschiedet. Selbst der Pfarrer, der für das Ritual zuständig war, tat sich schwer; er hatte Guido zu Lebzeiten kein einziges Mal zu Gesicht bekommen. Mit Hilfe der Nachbarn gelang es schließlich, eine Totenmesse mit anschließendem Trauerzug zum Friedhof zu organisieren.

Die eigentliche Überraschung erwartete mich, als ich das verwaiste Haus betrat. Guido hatte seit dem Tod unserer Mutter allein im Elternhaus gelebt. Wenn ich ihn in diesen Jahren hin und wieder besuchte, fand ich ihn in der Küche oder in seinem Schlafzimmer verkrochen. Um ihn aus seiner Einsamkeit zu befreien, lud ich ihn bei solchen Gelegenheiten regelmäßig zu Spazierfahrten oder zum Essen in Gaststätten ein. So war mir entgangen, dass sich hinter den verschlossenen Türen der vielen unbewohnten Zimmer in wandhohen Regalen, aber auch auf dem Fußboden, in den Schränken und unter Treppenabsätzen Tausende von Büchern stapelten. Bei näherer Betrachtung zeigte sich, dass wir eine umfangreiche Bibliothek linguistischer Fachliteratur vor uns hatten. Es fanden sich sorgfältig geordnete Texte über Besonderheiten von Dialekten und der Aussprache indigener Sprachen, des Chinesischen, afrikanischer Sprachen – und des Hunsrücker Platt. Das also war Guidos geistiges Überlebensmittel!

Ich war sprachlos. Was sollte ich mit dieser Bibliothek machen, was mit den Stapeln von handschriftlichen Aufzeichnungen eines einsamen Gelehrten? Ich fragte bei der Universität Mainz, die mich an das sprachwissenschaftliche Institut der Universität Marburg verwies. Dort fand sich ein Professor Jürgen Erich Schmidt, der mich mit dem Satz empfing: «Wir kennen Ihren Bruder als einen der erstaunlichsten Dialektforscher.» So erfuhr ich, dass Guido über viele Jahre seine Beobachtungen und Analysen mit den akademischen Fachkollegen verschiedener Universitäten ausgetauscht hatte und als Entdecker der «Tonhöhenakzente» in deutschen Dialekten galt. Guidos Forschungen erstreckten sich auf die entlegensten Sprachen Asiens und Südamerikas. Professor Schmidt, der Guido in der Vergangenheit mehrmals besucht hatte, machte mich darauf aufmerksam, dass der schweigsame Guido mehr als fünfzig Sprachen studiert hatte und einige davon, wie die indigenen Sprachen Quechua oder Guaraní, sehr gut sprach. Immer wenn Guido in den Gesprächen linguistische Kenntnisse zu erkennen gab, hatte ich das seiner Allgemeinbildung zugerechnet und nicht weiter gefragt. So kam es, dass ich meinen Bruder erst nach seinem Tod als ernstzunehmenden Wissenschaftler kennenlernte. Sein gesamtes Leben erschien schlagartig in neuem Licht. Er war, wie sich immer eindrucksvoller herausstellte, sogar ein anerkannter Sprachwissenschaftler, der in der Fachwelt einen exzellenten Ruf genoss. Seine linguistische Bibliothek mit über zwanzigtausend Bänden sowie alle seine hinterlassenen Schriften übergab ich der Universität Marburg, die mit Hilfe meiner Schenkung im Jahr darauf eine linguistische Fachbibliothek unter Guidos Namen errichtete.

Was mich am meisten erstaunte, war der Kontrast zwischen der

Grenzenlosigkeit von Guidos Gedankenwelt und der Enge seines einsamen Lebens im winzigen Radius seines Hauses und der angrenzenden Dorfstraßen. Nie hat er diesen Miniaturkosmos je verlassen. Sein Forschungsfeld waren die Bücher und, wie ich erfuhr, seine Kunden im Uhrenladen. Für sie hatte er ein System von Fragen entwickelt, die er den Leuten vorlegte; mit phonetischen Schriftzeichen fertigte er dazu Aufzeichnungen und Analysen an. So waren Jahrzehnte unauffälliger Feldforschung im Uhrenladen vergangen, die ihn zum Dialektexperten machten.

Guido war ein Sehnsuchtskranker wie viele Menschen der Region zwischen den Flüssen Mosel, Rhein und Nahe, aus der vor hundertfünfzig Jahren ganze Scharen von Fernweh Getriebener ausgewandert sind. Seine Gedanken bewegten sich in unbekannten Regionen aller Erdteile, und seine vielen Bücher ersetzten ihm die tatsächlichen Reisen und Abenteuer. So war es gekommen, dass der schweigsamste Mensch, den ich je kannte, der erstaunliche Sprachforscher Guido Reitz wurde. Sein Leben hat er damit ein wenig über den Tod hinaus erweitert. Mein Bruder war zweiundsechzig Jahre alt, als er starb. Er wurde, wie seine Schwester und seine beiden Eltern, auf dem Friedhof unseres Heimatortes Morbach bestattet.

122 Die Auswanderer

Guidos Berichte über die Brasilien-Auswanderungen des 19. Jahrhunderts hatten die Erinnerung an frühe Begegnungen mit dem Thema mobilisiert. In meiner Jugend faszinierte mich besonders, dass für bestimmte Gelände geheimnisvolle Ortsnamen benutzt wurden. Die Leute erzählten von Dörfern, die längst zerfallen seien, weil alle Bewohner nach Brasilien ausgewandert waren. Oft stand noch ein einsames Kirchlein, oder es fand sich ein alter Friedhof, umgeben von geheimnisvollen Erdhügeln. Man erzählte auch vom plötzlichen Reichtum der weggezogenen Familien, die angeblich auf der anderen

Seite der Weltkugel in Schlössern wohnten. In manchen Familien wurden noch nach über hundert Jahren Briefe von ausgewanderten Angehörigen aufbewahrt. Einen dieser Briefe hat meine Mutter immer wieder vorgelesen. Vermutlich war der Verfasser ein Verwandter ihrer Großmutter, also meiner Urgroßmutter, der nicht zu den Glücksrittern gehörte und in der Fremde ein armer Teufel geblieben war. Er beschreibt sein Heimweh in so herzbewegenden Worten, dass die Mutter beim Vorlesen jedes Mal weinte, wenn es am Schluss des Briefes aus dem fernen Brasilien hieß, er sehne sich danach, einmal noch das Wasser der Heimat trinken zu dürfen, bevor er in der fremden Erde begraben werde.

Die Geschichte der Auswanderungen des 19. Jahrhunderts waren mir also schon früh begegnet, und ich hatte oft daran gedacht, ihr einen Film zu widmen. Die Geschichte, die Guido mir erzählt hatte, deckte sich mit einer Nachricht, die ich Jahre vorher, im September 1992, mitten im Premierentrubel der ZWEITEN HEIMAT erhalten hatte und jetzt wieder nachlas. Es war ein Luftpostbrief aus Brasilien, Absenderin war eine Frau Maria Schwabe, die mich in einer Fernsehsendung gesehen hatte und sich meldete, weil sie glaubte, eine «frappierende Ähnlichkeit vor allem der Mundpartie» mit einem gewissen Joao Adao Reitz festzustellen. Frau Schwabe hatte jahrelang in einem Ordenshospital im Staate Santa Catarina an der Seite dieses Mannes gearbeitet, den sie in ihrem Brief meinen Verwandten nannte. Dem Brief von Frau Schwabe war auch ein Buch beigefügt, das ein katholischer Ordensgeistlicher namens Raulino Reitz Anfang der 1960er Jahre unter dem Titel «Frutos da Imigracao» herausgegeben hatte. Das Buch enthält eine ausführliche Genealogie der Familie Reitz in Brasilien. Die Herkunft aus Hirschfeld im Hunsrück wird in einem Stammbaum dargestellt. Hier tauchten alle die Namen auf, die mir auch mein Bruder zusammengestellt hatte. Ich sah die Namen der Reitz-Brüder, von denen der eine 1843 auswanderte, während der andere im Hunsrück bleiben musste. Dann verzweigen sich die Lebensläufe und finden Fortsetzung bis heute mit über zweitausend Brasilianern, die unseren Namen tragen. Das Buch von Raulino Reitz widmet sich vor allem der Frage, wie die deutschen Siedler es geschafft haben, die unendlichen Nöte, Entbehrungen und die Heimwehanfälle in der Fremde zu überstehen.

Als ich nach der Beerdigung meines Bruders auf dem Heimweg durch das Hunsrückdorf Hirschfeld fuhr, wurde mir auf einmal ein Zusammenhang klar: Mein Bruder war, ebenso wie ich, ein Nachkomme des in der Hunsrück-Heimat zurückgebliebenen Bruders. Offenbar lebte die unerfüllte Sehnsucht dieses jungen Mannes auch hundertfünfundsechzig Jahre später immer noch weiter in uns. In dieser engen, hoffnungslosen Heimat, der man nur entrinnen konnte, indem man sich durch das Lesen zahlloser Bücher und das Erlernen exotischer Sprachen – oder, wie ich, durch das Filmemachen – rettete. Während meiner Fahrt auf den Straßen zum Rhein hinab, auf denen vermutlich auch schon die Auswanderertrecks entlangzogen, wurde mir klar, dass die Zeit gekommen war, den seit zwei Jahrzehnten unbewusst vorbereiteten Film über die Auswanderer endlich zu realisieren.

Für viele Hunsrücker, mit denen ich in den folgenden Monaten über die Auswanderungsgeschichte sprach, war das ferne Brasilien ein neuer Sehnsuchtsort geworden. Allein oder in Reisegruppen reiste man begeistert in den Süden Brasiliens, um die Nachkommen der Auswanderer des 19. Jahrhunderts zu besuchen. Das Sensationserlebnis war dabei immer wieder die Begegnung mit dem eigenen Dialekt, dem «Hunsrücker Platt», das im Süden Brasiliens gesprochen wurde. Man konnte es einfach nicht fassen, dass man nach einer Flugreise um den halben Erdball auf Menschen traf, die den Heimatdialekt sprachen, und zwar in einer so unverfälscht rauen Form, wie man ihn im Hunsrück nur noch selten zu hören bekommt, was erstaunt, wenn man bedenkt, dass sechs bis sieben Generationen seit damals vergangen waren. Man erlebte den Beweis für kollektives Erinnern, das über die eigene Lebenszeit hinaus in der Sprache gespeichert ist.

Es hatten sich verschiedene Initiativen im Hunsrück gebildet, die regelmäßige Brasilien-Besuche planten und Begegnungen mit den fernen Verwandten organisierten. Zu den Organisatoren der Reisen gehörten Leute, mit denen ich schon bei den Dreharbeiten der ersten

HEIMAT zusammengearbeitet hatte, wie Helma und Ernst Hammen, die als Leiter einer Theatergruppe Dialektstücke in Rio Grande do Sul zur Aufführung brachten. Ich traf den Direktor der Simmerner Volksbank, Otto Mayer, der mutig behauptete, Hunsrücker Platt sei die heimliche Weltsprache.

Nach einigen Monaten hatte ich umfangreiche Materialsammlungen über die Zeit zusammengetragen. Ich wollte den wahren Grund für die Migrationsbewegung des 19. Jahrhunderts herausfinden. Etwas daran schien anders zu sein, als es in den Schulbüchern stand. Mir war aufgefallen, dass es die erste Generation nach Einführung der allgemeinen Schulpflicht in Deutschland war, die massenhaft auswanderte. Es gehörte also das Wissen dazu, das sich die Menschen erst erwarben, als sie lesen und schreiben konnten. Damit verfügten sie über ein Bild der Welt, das die hungernden und geknechteten Generationen vor ihnen nicht besitzen konnten. Es war nicht allein das soziale Elend der deutschen Landbevölkerung, das die Leute zum Auswandern motivierte, sondern auch ein ganz neuer Traum, das Verlangen nach Freiheit und persönlicher Entfaltung. Man war informiert, man las das Blatt, das in Simmern gedruckt wurde, man tauschte untereinander Bücher mit Reisebeschreibungen, Berichten über das Leben auf anderen Kontinenten, und in Lesevereinen las man sich gegenseitig die beliebten Abenteuerromane vor. Die Bücher erzählten den armen Hunsrückbauern, dass die Welt für jeden von ihnen weites Ackerland und reiche Ernte bereithielt und dass man die Gefahren der Fremde überleben konnte. Mit diesem Wissen verwandelte sich der Blick auf das Heimatland fundamental. Die Frage hieß jetzt: Was soll aus unseren Talenten werden, aus den Fähigkeiten und Kräften, die wir in uns spüren, wenn in unserem eigenen Land, der elenden Heimat, die besten Eigenschaften der Bewohner nicht gebraucht werden? Auswandern! So klang der Ruf der Zeit. Es waren die Energien, die man in sich spürte, der Ideenreichtum, die Tatkraft, die Heiterkeit, die Arbeitslust, die mit aller Macht eine andere, eine freie Heimat suchten. Konnte es ein schöneres Thema für einen neuen Film geben?

Ich war, wie man sieht, durch Guidos Forschungen mitten in einer neuen Geschichte für einen großen Film gelandet. Auch unter meinen treuen Mitarbeitern der HEIMAT-Saga regte sich bald lebhaftes Interesse an dem neuen Projekt. Alle wollten wieder dabei sein, wenn es um DIE ANDERE HEIMAT ging. Wir stellten erste Förderanträge und erhielten von der Kulturstiftung des Landes Rheinland-Pfalz bald Hilfe für die Entwicklung. Die Drehbucharbeit und die Ausarbeitung eines filmischen Konzepts für die schwierige Bilderzählung in historischer Zeit konnte beginnen. Ich wollte diesmal aus schmerzlich gemachter Erfahrung nicht mit dem Fernsehen arbeiten, zumal sich abzeichnete, dass nur die große Kinoleinwand der Schauplatz sein konnte für die Weite, die der Film beschwört, und das Verlangen nach Freiheit, von dem die Protagonisten erfüllt sind.

Ich nahm erste Kontakte zu Kinoverleihfirmen auf und suchte nach geeigneten Koautoren, die bereit waren, sich an meiner Seite in eine Zeit zu versetzen, über deren Alltagsrealität so wenig bekannt ist, dass wir die Welt, in der die Geschichte spielt, zugleich erforschen und erfinden mussten. Nach mehreren Gesprächen mit bekannten Drehbuchautoren, die aber alle mit fertigen dramaturgischen Rezepten daherkamen, entschied ich mich für eine Zusammenarbeit mit dem Schriftsteller Gert Heidenreich. Ich hatte Heidenreich durch meine Arbeit für die Bayerische Akademie der Schönen Künste kennen und schätzen gelernt. Seine Neugier und auch sein Verlangen nach Wissen und neuen Erfahrungen führte uns vom ersten Tag an in eine produktive Stimmung, die das ganze Jahr anhielt. In den Gesprächen mit Heidenreich hatte das Projekt bald eine Dynamik angenommen, die unseren gesamten Tageslauf veränderte.

123 Alte Liebe Kino

Die Entstehung des Films, von dem ich hier berichten will, liegt nun kaum zehn Jahre zurück, und die Erinnerungen daran sind noch so übervoll von Details, dass ich mich mit aller Kraft gegen ihre

Fülle stemmen muss, um nicht ins Schwärmen zu geraten. Wenn ich die Monate und Wochen der Jahre 2010 bis 2012 an mir vorüberziehen lasse, fällt mir so vieles ein. Das Problem bei den jüngsten Erlebnissen ist aber, dass wir noch nicht wissen, was an ihnen die Kraft hat, sich gegen das Vergessen durchzusetzen. Es ist das ewige «Verweile doch!», das uns beim Erinnern erregt. Wie beim Filmemachen scheint es auch hier eines meiner Motive zu sein, Schmerz und Lust dem Rachen der Zeitlichkeit zu entreißen. In diesem Punkt hat man es bei den Kindheitserzählungen leichter, denn sie haben ihren Kampf gegen das Vergessen schon gewonnen. Ich habe an dieser Stelle meines Lebensberichts mehrere Tage innegehalten, um die wichtigsten Motive dieser Zeit vor meinem inneren Auge abzubilden, bevor ich weiterschreibe.

Also, da steht an erster Stelle die Erfindung der Figuren. Das ist eine Arbeit, die umso weniger gelingen wollte, je absichtsvoller wir sie angingen. Es gab intensive Beratungen mit Gert Heidenreich, wir besuchten gemeinsam den Hunsrück, den ich ihm nicht als reale Landschaft vorführte, sondern als einen Schauplatz der fiktiven HEIMAT-Saga. Wir entwickelten in langen Gesprächen mehrere Systeme von Personen-Beziehungen und Konflikten, wir fertigten Protokolle unserer Denkspiele an, aber der richtige Erzählton wollte sich nicht einstellen. Das Hindernis war, was paradox klingen mag, unser entschlossener Wille, eine Kinoerzählung von großer Dramatik zustande zu bringen.

Als Figuren gab es die an Tuberkulose erkrankte Mutter und ihren Mann, der ein Dorfschmied war wie viele meiner Vorfahren. Wie in Guidos Erzählung gab es die beiden Brüder, die wir Gustav und Jakob nannten, und den armen «Unkel», der sein Gnadenbrot in der Familie isst und Jakobs Bücher versteckt. Auch die beiden Freundinnen Jettchen und Florinchen gab es schon in den ersten Entwürfen, und wir erfreuten uns an ihrem aufblühenden Leben. Fernweh, Konkurrenzkämpfe unter den Brüdern und die Beschreibung der Armut waren unsere Themen – und natürlich die Sehnsucht der Protagonisten nach einem fernen Paradies, von dem alle träumten: Brasilien. Lange bemerkten wir nicht, dass wir die Figuren allzu sehr in den Dienst der

Spannungsdramaturgie stellten. Auch eine novellistische Variante des Stoffes, die Heidenreich aus seinem Refugium in der Normandie schickte, brachte keine Lösung. Der Text hatte einen schönen, aber ganz und gar literarischen Ton, der nicht verfilmbar war. Im Grunde hatten wir alle Elemente der Geschichte erkannt, die Personen, ihre Beziehungen zueinander, die Stimmung der Zeit und das Bild der Not und Existenzkämpfe, aber dennoch wollte sich das Tor zu einer eigentümlichen Innenwelt der Geschichte nicht öffnen. Erst während eines Aufenthaltes in Berlin gelang der Durchbruch.

Ich hatte Salome besucht, die seit Wochen an der Berliner Staatsoper den Solopart eines schwierigen Stückes von Brice Pauset probte. Es war Dezember, Weihnachten und der Jahreswechsel standen bevor; während Salome tagsüber ihre Uraufführung probte, saß ich in dem angemieteten Apartment mit meinem Laptop, in Decken gehüllt, von einem Elektroöfchen getröstet, über meiner Auswanderergeschichte. Da sah ich beim Nachdenken mit geschlossenen Augen auf einmal meinen jungen Protagonisten, Jakob Simon, vor mir, wie er all seine Träume und Sehnsüchte einem Tagebuch anvertraut. Ich hörte förmlich seine Stimme, er murmelte beim Schreiben. Mit der imaginierten Stimme des Jungen im Ohr machte ich mich in einer Art Trance daran, diese Texte aufzuschreiben. In der Berliner Bude, auf Salome wartend, war ich Jakob geworden und schrieb mit seinen Worten und seiner Stimme sein seit hundertsiebzig Jahren verschollenes Tagebuch. Ich hatte endlich den Erzählton gefunden, der den Film möglich machte. Das endgültige Drehbuch entstand, unterstützt von Gert Heidenreich, danach in wenigen Wochen und konnte schon im Februar 2011 den verschiedenen Förderungsinstitutionen, Koproduzenten und Finanzierungspartnern vorgelegt werden.

Mit dem Filmprojekt DIE ANDERE HEIMAT kehrte das Filmemacherglück in mein Leben zurück. Ich erlebte, dass es so etwas wie einen geheimen Synchronismus gibt, der ein Projekt und die gesellschaftlichen Stimmungen verbindet. Alle Türen öffneten sich für diesen Film, obwohl er in jeder Hinsicht anders war als das übliche Erfolgsmodell. Alle Förderanträge wurden bewilligt, es fanden sich

Koproduzenten, Verleiher, Weltvertriebsfirmen, und innerhalb weniger Monate konnte mein Sohn Christian, der die Rolle des Produzenten übernommen hatte, die Finanzierung schließen. Als dann auch noch Gernot Roll zusagte, nach über zwanzig Jahren wieder mit mir und an meiner Seite zu arbeiten und die Bildgestaltung zu übernehmen, öffnete sich der Horizont noch einmal wie in den glücklichsten Zeiten.

Aber da war eine Angst, die sich immer morgens im Halbschlaf in mir rührte: Ich rechnete mir vor, dass ich die Strapazen einer großen Produktion mit historischer Ausstattung, Dutzenden von Mitarbeitern und sehr langer Drehzeit in meinem achtzigsten Lebensjahr bewältigen sollte, eine physische und emotionale Anstrengung, die auch einen viel Jüngeren erschrecken konnte. Als Salome sah, was mich beunruhigte, machte sie mir das Angebot, als meine persönliche Assistentin während der gesamten Drehzeit dabei zu sein, mich zu unterstützen und dafür ihre sämtlichen Konzerte, Bühnenauftritte und musikalischen Verpflichtungen für das Jahr 2012 abzusagen. Ihr Angebot überwältigte mich, denn es war nicht nur ein Ausdruck unserer großen Liebe, sondern auch ein Gewinn an professioneller Kompetenz. Salome hatte als Hauptdarstellerin in DIE ZWEITE HEIMAT und bei HEIMAT 3 Hunderte von Drehtagen miterlebt und wusste sehr genau, welchen Belastungen man bei Dreharbeiten standzuhalten hat und worauf es bei der Planung ankommt. Sie kannte meine Arbeitsweise wie kein anderer Mensch und hatte aus ihren Jahren als Theaterschauspielerin große Erfahrung mit den Regeln und Grenzen der Schauspielerei. Ich nahm Salomes Angebot dankbar an und überwand schon bald meine morgendlichen Angstattacken.

Umgeben von so wunderbaren Mitarbeitern wie Gernot und Salome gelang es mir und Christian bald, ein Team zusammenzustellen, das den Aufgaben gewachsen war. Neben meiner Assistentin Anna-Malike Eigl fanden sich großartige Leute für die künstlerischen Departements, Esther Amuser für die Kostüme, Helma Hammen für das Komparsencasting und vor allem Toni Gerg, der die gesamte Ausstattung übernahm und damit eine unvergängliche Spur in unserem Film hinterlassen hat. Mit Toni Gerg hatten wir einen leidenschaftlichen

Praktiker gewonnen, der nach zahllosen Beratungen und Motivsuche-Reisen dazu überging, das Dorf Schabbach komplett zu bauen. Er vertraute dabei auf seine Kenntnisse traditioneller Handwerksmethoden, die ein besserer Ratgeber waren als alle stilkundlichen Vorgaben der spezialisierten Szenenbildner. Toni baute das Dorf in das heutige Hunsrückdorf Gehlweiler hinein, indem er die vorhandenen Grundrisse, Straßenverläufe übernahm und mit den Materialien des 19. Jahrhunderts und den Werkzeugen von damals die Fassaden und Dächer über die Gebäude der Gegenwart baute. So entstand die Rekonstruktion eines Hunsrückdorfes aus der Logik des Handwerks, verwendet wurden die in der Landschaft vorhandenen Baustoffe. Die Arbeit von Toni Gerg hat dem Film seine Glaubwürdigkeit und oft auch seine Schönheit gegeben. Toni und seine Leute hatten mit ihrer Arbeit ein halbes Jahr vor Drehbeginn begonnen. Zuletzt wurden noch Dutzende Lkw-Ladungen von Lehm und Schutt auf den Dorfstraßen verteilt und mit den Furchen der Pferde- und Kuhgespanne durchzogen. Das Dorf war ein so lebendiger und glaubwürdiger Ort außerhalb der Zeit geworden, dass man sich mit dem Betreten des Sets bereits komplett in die fiktive Welt des Films versetzt fühlte.

Der 17. April 2012, unser erster Drehtag, wurde allerdings ein Opfer des digitalen Zeitalters. Meinem Wunsch nach chronologischer Drehweise folgend, hatten wir mit der ersten Szene des Drehbuchs begonnen: Jakob wird von seinem wütenden Vater mitsamt dem Buch, das er liest, buchstäblich aus dem Haus geworfen. Ich erinnere mich noch genau an das Gefühl, endlich wieder mit Gernot zu drehen und seine aufgeregten Kommandos bei den Proben der Kamerabewegungen zu hören. Aber es geschah das Unfassbare: Durch ein Versehen des Kameraassistenten wurden die gesamten Daten von Bild und Ton dieses Tages gelöscht. Die Früchte des ersten Drehtags existierten nicht mehr, sie waren dem Albtraum des spurlosen digitalen Verschwindens erlegen. DIE ANDERE HEIMAT, mein erster voll digital produzierter Film, erinnerte mich am ersten Tag daran, wie leicht sich unsere schöne neue Welt in eine Illusion verwandeln kann.

Am dritten Tag übergab mir Toni Gerg die fertige Innenausstattung des Simon-Hauses, die ein Zeugnis des körperlich-realen Lebens unserer Vorfahren abgeben sollte. Schweigend und ganz von der Atmosphäre der Räume ergriffen, folgten Gernot und ich Tonis Führung. Ein magischer Augenblick entstand, als Toni uns die blaue Wand am oberen Treppenabsatz des Simon-Hauses zeigte, deren abblätternde Farbschichten der Jahrhunderte er mit eigenen Händen gestaltet hatte. Gernot und ich machten zur Erinnerung an dieses kleine Kunstwerk ein Foto mit dem Schöpfer. Es wurde das letzte Bild von Toni Gerg. In der folgenden Nacht ereignete sich das Mysterium des endgültigen Verschwindens zum zweiten Mal, diesmal allerdings als realer Schicksalsschlag: Toni Gerg war in seinem Quartier gestorben. Sein Herz hatte mitten in der Nacht einfach aufgehört zu schlagen. Die Nachricht erreichte mich in aller Frühe in unserer Wohnung in Bad Sobernheim. Salome war von der Produktionsleitung verständigt worden. Der Drehtag löste sich in Tränen und Sprachlosigkeit auf. Tage vergingen, bis wir wieder fähig waren, die Arbeiten normal fortzusetzen.

So begann diese Produktion, die ich heute trotz allem als eine Erfahrung von Glück und Freiheit bezeichne, mit einem großen Memento mori. Das mit einem Trauerflor geschmückte Bild von Toni Gerg stand während der ganzen Drehzeit am Eingang zu unserem Filmdorf. Ich bin mir sicher, dass uns allen damit ein Leitbild und eine Mahnung zur Wahrhaftigkeit vor Augen trat. Die siebzig Tage der Dreharbeiten sind oft und ausgiebig dokumentiert worden. In einem Dokumentarfilm von Jörg Adolph und Anja Pohl kann man vor allem sehen, mit welchen Kämpfen, Zweifeln und Glücksmomenten die Besetzung der Hauptrolle mit Jan Schneider verbunden waren. Man kann nacherleben, wie ich mit Salomes Hilfe die Entscheidung traf und die anderen Rollen besetzte. Mit besonderem Vergnügen denke ich auch an die jungen Hunsrückerinnen Jettchen und Florinchen, die von den hinreißenden Nachwuchsschauspielerinnen Antonia Bill und Philine Lembeck gespielt wurden.

Meine wichtigste Entscheidung war, dass ich mit DIE ANDERE HEIMAT – CHRONIK EINER SEHNSUCHT konsequent zum Kino zurückkehrte. Wie ich schon mit dem Titel meines ersten Filmbuchs im Jahr 1984 feststellte, war die LIEBE ZUM KINO für mich über Jahrzehnte sowohl Programm als auch Bekenntnis gewesen. Allerdings hatte ich die Freiheiten des Kinos für die HEIMAT-Saga nicht immer nutzen können. Zum ersten Mal sollte das Kinogefühl jeden Drehtag bestimmen. Dafür hatten wir im Hunsrück sogar ein Arbeitskino eingerichtet, in dem wir die Schnittarbeiten und die täglichen Muster auf einer großen Scope-Leinwand vorführten. Ja, was dank der Digitaltechnik nun möglich geworden war: Wir sahen unsere Filmbilder schon während der Schnittarbeiten auf einer vier Meter breiten Kinoleinwand statt auf den sonst üblichen Arbeitsbildschirmen der Schneidetische. So wuchs das Kinogefühl mit jeder Filmminute, die unser hingebungsvoller Editor Uwe Klimmek montierte und mir in den täglichen Sichtungen im Licht der Großprojektion vorführte.

124 Zeitkreise

Im Frühjahr 2012 hatte sich ein Kreis geschlossen: Der fünfzigste Jahrestag des Oberhausener Manifests wurde in München gefeiert, und ich traf während eines Festakts in der Filmhochschule alle noch lebenden Mitstreiter von 1962, darunter Haro Senft, Alexander Kluge, Bernhard Dörries und Ronald Martini. Viele von den ehemals sechsundzwanzig Unterzeichnern lebten nicht mehr, und ich sah, dass ich der Einzige von ihnen war, der noch einen Kinofilm produzierte.

Auch Werner Herzog, der kein «Oberhausener» war, begegnete mir nach vielen Jahren wieder. Ich hatte ihn bei seinem ersten Spielfilm mit meinem damals kaum nennenswerten Erfahrungsvorsprung unterstützen können. Für die Dreharbeiten seines Debütfilms LEBENSZEICHEN vermittelte ich ihm meinen Kameramann Thomas Mauch, meine Cutterin Beate Mainka und gab ihm eine komplette technische Ausrüstung mit nach Griechenland. In den 1970er Jahren war Herzog sogar einer meiner Darsteller. Er spielte die makabre Rolle eines

Frauenmörders in einer der Episoden der KÜBELKIND-Geschichten. Jetzt, vierzig Jahre danach, kam er als Freund in den Hunsrück, um für mich die Rolle des Alexander von Humboldt zu verkörpern. Auch Herzog sprach bei dieser Gelegenheit von einem Kreis, der sich schließt. Die neue Szene entwickelte sich zu einer symbolischen Vermischung unserer beiden Filmwelten. Humboldt, so erzählte es unser Film, kommt mit seiner Equipage auf der Fahrt von Berlin nach Paris durch den Hunsrück. Er lässt anhalten, um sich zu orientieren. Die Wege und Orte, die man sieht, sind in seinen Landkarten nicht verzeichnet. Während seine Leute die geographische Lage ermitteln, fragt Humboldt/Herzog einen alten Bauern, der am Feldrand sitzt und – eine Allegorie des Todes – seine Sense schärft, nach dem Namen des Ortes, dessen Kirchturmspitze gerade über die Horizontlinie lugt. «Schabbach», sagt der Bauer, den ich selbst spielte. «Dat loo iss Schabbach» sage ich auf Hunsrückisch. Einen Moment lang sehen wir beiden alten Kollegen uns an, dann kehrt Herzog alias Humboldt zu seiner Kutsche zurück und fährt, was im Leben nicht möglich wäre, jetzt als Filmhandlung aber doch möglich wird, in mein Schabbach, um dort den ebenso fiktiven jungen Gelehrten Jakob Simon zu besuchen. Kreise können sich auch außerhalb des Lebens schließen.

Der ehemals mächtige Beweger des deutschen Fernsehens, Günter Rohrbach, der in den 1970er Jahren aus dem Fernsehspiel des WDR eine Talentschmiede des Neuen Deutschen Films gemacht hatte, war nun, fast vierzig Jahre danach, als freier Produzent ein später Freund geworden. Er hatte mich und das Projekt unter seine Fittiche genommen und kam als freundschaftlicher Ratgeber zu uns in den Hunsrück. Er erlebte das Wiedersehen von Herzog und mir am Drehtag mit.

Ein ähnliches Gefühl der sich schließenden Lebenskreise hatte ich, als Marita Breuer die Rolle der todkranken Mutter übernahm. Zum zweiten Mal spielte sie in einem Film von mir eine Rolle, in der sie das Lebensende der Figur darstellen musste. Das fiktive Sterben deutete Marita als ein Versprechen für ein langes Leben. Vielleicht lag es auch an dem bevorstehenden runden Geburtstag, dass ich für das Wiedersehen mit diesen Menschen nach vielen Jahren in meiner

Vorstellung das Symbol des Kreises sah. Ich vermute, dass ich die Zeitsymbolik des Kreises als Kind in der Werkstatt des Vaters vom Blick auf das Ziffernblatt der Uhren übernommen habe. Der Zeitkreis kommt einer Erklärung des Lebens offenbar näher als die endlose Gerade der wissenschaftlichen Zeit-Geometrie.

Mein achtzigster Geburtstag wurde einen ganzen Monat lang gefeiert. Am Vorabend, also am 31. Oktober, erlebte ich das Alter, als wäre ich ein Baum, der sich durch eine dicke Schicht von Jahresringen geschützt fühlt. Zusammen mit Salome lud ich zum ersten Mal meine drei Kinder gemeinsam zu einem Essen im noblen Königshof ein. Susanne und Christian trafen Julia, die zu dieser Zeit gerade in Wien ihr Theaterwissenschaftsstudium abgeschlossen hatte und ein wenig scheu, aber glücklich zwischen ihren Stiefgeschwistern saß. Alle genossen es, der engste Ring zu sein, der mich umschloss. Uns allen wurde bewusst, wie selten wir uns in unserem Leben als Familie so nah gefühlt haben.

Den eigentlichen Geburtstag feierten wir pünktlich zum 1. November mit etwa fünfzig Gästen bei uns zu Hause. Unter ihnen waren dann die Lebenspartner meiner Kinder, die Enkel und deren Angehörige. Es kamen Freunde und Mitarbeiter aus unserem aktuellen Film. Salome übernahm die Abendregie, und unser Haus verwandelte sich abwechselnd in einen Konzertsaal, ein Restaurant, eine Kleinkunstbühne, eine Bar und in ein Hotel für die auswärtigen Gäste.

Zwei Wochen später sah ich eine Reihe der Gäste und viele andere Weggefährten in Berlin wieder, als ich zu einem Ehrenempfang beim Bundespräsidenten Gauck ins Schloss Bellevue eingeladen wurde. Es war ein bewegender Abend, an dem ich viele Freunde der vergangenen Jahre begrüßen durfte. Den Schlusspunkt hinter den endlosen Geburtstagsreigen setzte Kurt Beck am 30. November mit einer Gala des Landes Rheinland-Pfalz. Wieder gab es Reden, musikalische Zugaben, die Salome organisiert hatte, Auftritte von Gönnern, Verehrern und Freunden und die Übergabe einer in Bronze gegossenen Porträtbüste. Ein Saal voller Menschen gab mir das Gefühl, auf einer Wolke zu schweben. Ich war geehrt, gefördert, und mein Bronzekopf stand auf einem Sockel. Mir wurde schwindlig, wenn ich auf die Realität meines Lebens hinunterblickte.

Als die Veranstaltung zu Ende war und ich mit Salome zum Hotel ging, überkam mich eine unbestimmte Angst. Es war wieder die Weihnachts-Phantasmagorie, die mich in der Kindheit oft mit hohem Fieber überfiel. Plötzlich bangte ich um unseren unfertigen Film, von dem alle schon gesprochen hatten, als wäre er längst in die Annalen der Filmgeschichte eingegangen. Ich spürte die Zerbrechlichkeit des Künstlerglücks, und meine Angstphantasie türmte eine Vision von Schimpf und Schande über mir auf. Hatte ich nicht schon erlebt, dass am Ende alles noch schiefgehen kann und dass ein Film wie der Ulmer Schneider zum Absturz gebracht wird?

125 Zurück im Kinoglück

In meiner Erinnerung ist das Jahr 2013 ein «großes Jahr». Nach der Tonmischung, die fünf Wochen lang in Paris stattfand, kam es zu einer ersten Komplettvorführung des fast vierstündigen Films in einem Abnahmestudio unserer französischen Mitproduzentin Margaret Ménégoz. Alle waren zu Tränen gerührt und lobten den Film. Eine Ausnahme war nur unser Komponist, der den Film bis zum Schluss nicht verstand und uns mit dem Einwand quälte, seine Musik käme nicht genügend zur Geltung.

Unsere Koproduzentin bemühte sich wochenlang um eine Einladung auf das Festival von Cannes und sah an der Reaktion des Leiters, wie leicht unser Film wegen seiner Länge, aber auch wegen der Verwendung von Dialekten und volkstümlichen Szenen missverstanden werden kann. Durch die Ablehnung des Festivaldirektors wurde mir klar, dass auch dieser Film in den Köpfen der Zuschauer seinen Platz finden muss, bevor er gezeigt wird. Es war ein widersprüchlicher Zustand: Während wir uns bemühten, dem Film zu öffentlicher Aufmerksamkeit zu verhelfen, verhinderte ich wochenlang Vorführungen und hielt den Film eifersüchtig unter Verschluss. Zum ersten Mal spielten auch die Eigenheiten des digitalen Zeitalters eine Rolle, denn bei jeder Vorführung lauerte die Gefahr, dass illegale Kopien gemacht und in Umlauf gebracht wurden. Wir achteten darauf, dass die unvermeidlichen Screenings nur unter der persönlichen Kontrolle von Christian oder mir stattfanden.

Ich hatte mir vorgenommen, das ganze Programm der Begleitmedien für den Film in Gang zu setzen: Die Schönheit von Gernots Bildgestaltung sollte in einem hochwertig gedruckten Bildband vorgestellt und erklärt werden. Es gelang mir, für dieses Anliegen den Verleger Lothar Schirmer zu gewinnen. Mit ihm, der sich persönlich um die Bild- und Textauswahl kümmerte, entstand einer der schönsten Film-Bildbände des Jahres. Wie schon bei den anderen HEIMAT-Zyklen schrieb ich in den Nächten obendrein das «Buch zum Film»: Es beginnt mit einer Nacherzählung der Filmhandlung unter Verwendung aller Dialoge im Wortlaut. Ich wollte, dass die Filmfreunde den Aufbau und die Genauigkeit des Films in Schrift und Bild nachvollziehen können.

Nach einem halben Jahr ängstlichen Vorantastens und entschlossener Offensiven bei den Verleihfirmen, den Festivals und der Kritik erfüllte sich schließlich mein Wunsch, die ANDERE HEIMAT auf dem Festival von Venedig zur Welturaufführung zu bringen. Als ich am Tag vor der Premiere mit Salome auf dem Fährschiff vom Piazzale Roma zum Lido fuhr, läuteten alle Kirchenglocken Venedigs. Es war wie ein gewaltiger Jubel des Wiedersehens. Salome und ich hielten uns aneinander fest, weil uns schwindlig wurde bei dem Gefühl, am Ende aller Träume angekommen zu sein.

Der Film lief außerhalb des Wettbewerbs im ausverkauften Saal des Casino-Gebäudes. Nach den vier Stunden wurden wir mit «Standing Ovations» gefeiert. Der Applaus dauerte ganze fünfundzwanzig Minuten. Wir lachten und weinten und winkten und schwiegen und hielten uns an den Händen und wussten, dass unser Film in diesen Minuten geboren worden war. Alles, was wir an diesem und den folgenden Tagen erlebten, konnte diesen Augenblick nicht übertreffen. Venedig war wieder einmal HEIMAT geworden.

Es folgte die Premiere in Simmern, wo man die Hunsrückhalle in ein beachtliches Großkino für achthundert Gäste verwandelt hatte. Vor der haushohen Leinwand trafen sich die vielen Mitwirkenden aus der Region mit den eigens angereisten Freunden und Fans der HEIMAT und ließen sich in eine Geschichte entführen, die aus der Vergangenheit des Hunsrücks in seine Gegenwart leuchtete. Kurze Zeit darauf durften wir eine Großstadtpremiere mit über tausend Gästen im Münchener Prinzregententheater erleben. Man kann also sagen, dass sich der ganze Reigen der HEIMAT-Zyklen noch einmal wiederholte und den Glanz der früheren Premieren erreichte.

Als unser Film nach Toronto, zum wichtigsten Festival des amerikanischen Kontinents, eingeladen wurde, ließen wir es uns nicht nehmen, für ein paar Tage nach Kanada zu fliegen. Salome und ich waren noch im Jetlag, wie Gespenster standen wir mit unserem verschobenen Zeitgefühl vor den Zuschauern des Festivalkinos, als der Film nach unserer Zeitrechnung um vier Uhr früh mit dem obligaten «Q&A» zu Ende ging. Ich weiß beim besten Willen nicht mehr, welche Fragen gestellt wurden und welche Antworten wir gaben. Die Niagarafälle, zu denen uns die Festspielleitung später brachte, haben, trotz aller touristischen Banalitäten, die stärkeren Eindrücke hinterlassen.

In besonders schöner Erinnerung sind mir dagegen die Premieren in Paris. Nach der Pressekonferenz promenierte ich mit Salome auf den Champs Élysées, und wir bestaunten die mannshohen Plakate, die der französische Verleih großzügig einsetzte, um unseren Film zum Ereignis des Tages zu machen. Margaret Ménégoz, unsere Koproduzentin, hatte sich wegen der Überlänge entschlossen, den Film in zwei Teilen zu terminieren. Zu meinem Erstaunen funktionierte das gut, das französische Publikum ließ sich darauf ein, für einen Film zwei Tickets zu kaufen. Wie man später erfuhr, erreichte der Film auf diese Weise innerhalb eines Jahres in Frankreich mehr Zuschauer als in Deutschland.

Nach und nach waren wir alle, die dieses Werk zustande gebracht hatten, Salome und ich, Christian und seine Produktionsmannschaft, die Darsteller und die Mitarbeiter, die Förderer und Autoren, zur

Tagesordnung zurückgekehrt, aber wir spürten auch, dass wir miteinander eine große Zeit erlebt und ein bleibendes Werk geschaffen hatten. Kann es ein größeres Glück geben?

126 Heimat als Begriff

Ich möchte einige Gedanken zu dem Begriff «Heimat» anfügen, der in meinem Leben eine so große Rolle gespielt hat. Seit der Veröffentlichung des ersten HEIMAT-Zyklus verging keines der vierzig Jahre, ohne dass ich mehrmals zu Symposien, Seminaren oder Veranstaltungsreihen über das Thema eingeladen wurde. Wegen der Wiederkehr des Wortes in den Titeln meiner Filme galt ich jahrelang als Heimat-Experte. Das Thema war ein Modethema geworden und hatte in den meisten Fällen auch nichts mit meinen Filmen zu tun. Immer wieder betonte ich in den Gesprächen, dass ich meine Filme nicht gemacht habe, um den Begriff Heimat zu definieren oder gar mittels der Filmhandlung zu illustrieren. «Heimat» war für mich lediglich ein Filmtitel, dazu bestimmt, ein emotional aufgeladenes Wort als Signal zu setzen. Es waren andere Titel im Gespräch, wie MADE IN GERMANY oder SCHABBACH, die vielleicht sogar besser den Inhalt des Filmepos bezeichnet hätten. Lange hatte ich das Hunsrücker Dialektwort GEHEISCHNIS favorisiert, das Geborgenheit, Vertrautheit oder familiäre Wärme bedeutet. Der Begriff stammt aus der Lebenserfahrung der Bauern, die in einem gemeinsamen «Gehege» mit den Tieren Schutz fanden. Ich habe schon berichtet, welche Fragwürdigkeit dem Begriff Heimat zu Beginn meiner Schabbach-Erzählung um 1980 noch anhaftete und dass es der Fernsehredaktion damals noch unmöglich schien, ihn von der Blut-und-Boden-Ideologie der Nazis oder dem süßlichen Geschmack der Pseudofolklore, der Schlagerproduktion und der Kitschidyllen des deutschen Heimatfilms der Nachkriegszeit zu befreien. Tatsächlich kann uns auch heute niemand garantieren, dass die Beschwörungen einer realitätsfernen heilen Welt nicht immer noch in einer «Heimat» gesucht oder ersehnt werden. Insofern habe ich im Laufe der Jahre nicht selten große Zweifel gehegt, ob es richtig war, dieses geschundene und zahllosen Missbräuchen ausgelieferte Wort als Filmtitel gewählt zu haben.

Der Begriff war offenbar, was 1984 noch niemand wissen konnte, reif, neu entdeckt zu werden. In den zahlreichen öffentlichen Diskussionen über Heimat spielte damals als Gegenbegriff die «Globalisierung» eine Rolle, die nicht nur als Allheilmittel der Märkte und des Handels gepriesen wurde, sondern auch als der neue Kulturraum der Menschheit. Zum Bild einer modernen Menschheit gehöre die Aufhebung aller Grenzen, hieß es, und es kam nach und nach zu Vereinheitlichungen der Kleidung, der Supermärkte und der Speisepläne, der Filme, der Musik und des Plastikspielzeugs. Was sollte das Wort Heimat in der globalisierten Welt noch bedeuten? Waren nicht alle Dialekte, mit denen sich Menschen in Regionen wie dem Hunsrück verständigten, lächerliche Versuche der Abgrenzung geworden? War das Beharren auf Brauchtum, Dorfgemeinschaft oder Handarbeit nicht ein Zeugnis von mentaler Starrheit und vielleicht sogar ein Rückzugsgebiet der Ewiggestrigen und unverbesserlicher Nationalisten? Enthielt das deutsche Wort Heimat nicht diese Rückzugsmentalität, die sich jedem Fortschritt in den Weg stellt? Die Verteidigung fiel mir schwer, denn auch ich hatte die Heimat in meiner Jugend wegen eben dieser Enge des Denkens verlassen. Alles, was Nähe forderte, erschien mir lange noch als Bedrohung. Heimat, das fühlte sich nach einer Umklammerung an, die einen erstickt. Und es bestätigte mich in meinem Freiheitsdrang, dass ich schon bald in einem Freundeskreis landete, der aus lauter Nestflüchtern bestand. Unter den Freunden, Kollegen, Mitstreitern und Geliebten war niemand, der sich nicht wie ich aus irgendeinem Nest befreit hatte, das man Heimat nennen konnte.

Natürlich musste dann der Tag kommen, an dem ich Bilanz ziehe und darüber nachdenke, was ich mit meinem Weggehen gewonnen und was ich verloren hatte. Es war diese Frage, mit der ich mich in den Jahren nach der ersten HEIMAT-Staffel in den öffentlichen Diskussionen konfrontiert sah. Was haben wir bei der Globalisierung der

Märkte und unserer Lebensweise verloren? Ist es nicht gerade die Vielfalt der Lebensweisen, des Wissens, der Traditionen oder der Künste, die den Umgang der Menschen miteinander interessant machen? Ist also Heimat nicht doch eine Quelle der Schaffenskraft und eine Garantie für die vielgeliebte Individualität? Natürlich erinnerte mich dieser Ansatz der Heimatdiskussion an meine berufliche Krise nach dem SCHNEIDER VON ULM und meine Rettung durch die Entdeckung der Kindheit und ihrer Bilder.

Es waren die Erfolge im Ausland, durch die ich gezwungen wurde, intensiv über das deutsche Wort «Heimat» und seine spezielle Bedeutungsaura nachzudenken. Es stellte sich nämlich schon bei der Premiere von HEIMAT 1 in Venedig heraus, dass es in keiner Sprache ein Äquivalent gibt. Plötzlich sah ich mich vor Journalisten und Filmfreunden aus aller Welt vor die Aufgabe gestellt, das deutsche Wort zu erklären und Synonyme anzubieten. Was also meinte das Wort? Die geläufigen Übersetzungen in romanische Sprachen verwenden das vom Lateinischen hergeleitete Wort «Patria». Das aber entspricht eher dem deutschen «Vaterland», das in meinen Ohren nach Krieg und Nation klang. In «Heimat» schwang hingegen etwas Mütterliches mit, und ich erinnerte mich an das kindliche Gefühl der Heimkehr am Abend, wenn die Mutter mich schützend in die Arme nahm und fand, es sei nun höchste Zeit, zu Bett zu gehen. Wenn ich mich krank fühlte, wollte ich zur Mutter und nicht zum Vater. Heimat war also vor allem in der Kindheit zu finden, dort, wo man noch nicht fragt, wo man sonst sein könnte. Welches Kind denkt schon an Heimat? Es erfährt erst viel später, was das ist, erst dann, wenn es weglaufen kann und merkt, dass es sich selbst beschützen muss, weil da keine Mutter mehr wartet – oder noch später, wenn wir uns wehmütig erinnern.

Heimat ist umgeben von anderen deutschen Wörtern, die man ebenso wenig übersetzen kann. Denken wir an Worte wie Sehnsucht, Heimweh, Fernweh, Wehmut. In allem schwingt ein Schmerz mit, ein stilles Gefühl von Trauer. Bei Diskussionen vernahm ich oft die Frage, ob es denn nicht trotzdem das reine Glück des Daheimseins gebe. Vielleicht für Momente, sagte ich, aber im nächsten Augenblick sähen wir, dass wir die Heimat nicht besitzen können, da seien immer die anderen, die uns den Platz streitig machten oder ihre Regeln und Auffassungen gegen uns durchsetzten. Es wäre eine fromme Lüge, zu sagen, Heimat sei ein Ort des Friedens. Auch der leidenschaftliche Romantiker muss zugeben, dass die Heimat oft ein Saustall von Intrigen, Missgunst oder gegenseitiger Dominanz ist. Die schönen Lieder der Heimat werden nicht dauernd gesungen, dennoch kennt jeder sie mit allen ihren Strophen. Heimat ist ein Widerspruch in sich. Aber das hat sie mit dem täglichen Leben gemein, das auch ohne Logik funktioniert.

Es gibt auf Dauer keinen Rückzug in die Heimat. Man kann sie nicht einzäunen. Sie endet nicht am Gartenzaun des Nachbarn, Heimat ist überall und nirgends, je nachdem, wie wir uns bewegen. Gehen wir von ihr fort, fühlen wir einen Schmerz des Verlusts; kehren wir zurück, wird die Heimat immer kleiner, bis sie ganz in sich zusammenschrumpft. Als mich vor vielen Jahren während meiner Reisen durch Lateinamerika jemand fragte, wo ich herkäme, antwortete ich: aus Europa; als ich auf der Rückfahrt gefragt wurde, sagte ich, Deutschland sei meine Heimat. Als ich in Deutschland ankam, nannte ich den Hunsrück meine Heimat, als ich in den Hunsrück fuhr, war Morbach meine Heimat, als ich in Morbach ankam, erkannte ich die Heimat nicht mehr wieder. Ich stand vor dem Anfang, und der hieß Fernweh. Ich war wieder ein Kind, das über die Felder läuft und wissen will, was hinter dem Horizont ist. Ich sehnte mich Tag und Nacht nach der eigentlichen Welt, die in den Geschichten und Abenteuern beschrieben wird und die hinter den Hügeln und Wäldern beginnt, dort wo endlich keine Heimat mehr ist. Die Sehnsucht will weg von der Heimat, und die Wehmut will zurück zu ihr. Sind diese Gefühle, für die wir Deutschen allein die Namen haben, nicht in jedem Menschen?

Es war ein Ausdruck der Sprachlosigkeit, aber auch der Faszination, dass man den Titel HEIMAT im Ausland nicht übersetzte, sondern auf Plakaten und Ankündigungen im Original übernommen hat. Trotz seiner für viele Zungen schwierigen Phonation wurde Heimat an manchen Orten der Welt sogar zum Lehnwort. Ich erinnere mich, dass ich das Wort in Paris bei Restaurantbesuchen oft vom Nebentisch aufschnappte und mich fragen musste, ob von meinem Film die Rede war oder von einem Gefühl, das man neuerdings auch hier Heimat nannte.

In einer Zeit weltweiter Migrationsbewegungen müssen wir uns fragen, wer denn überhaupt noch von Heimat sprechen kann. Was auch immer als Liebe zu ihr bezeichnet wird, ist oft ein Gefühl der Vergeblichkeit und des endgültigen Verlustes. Ein Großteil der Menschheit lebt in Heimatlosigkeit und muss mit blutender Seele hinnehmen, dass Kriege, religiöser Fanatismus oder Armut ihre Heimat verwüstet haben. Oft kann man beobachten, dass Geflüchtete und Vertriebene dem neuen Lebensraum, in den sie sich retten konnten, eine tiefere emotionale Bindung verweigern, als wäre es ein Verrat, die verlorene gegen eine neue Heimat auszutauschen. Standhaft pflegt man in der Fremde die Bräuche, die Sprache und die Küche der Heimat und erinnert sich ihrer bei jeder Begegnung mit den Landsleuten. Aber kann Erinnerung noch Trost geben, wenn sie keinen Zuwachs mehr erfährt? Wir beobachten sogar mitunter eine seltsame Gefühlsumkehr; Vertriebene und Flüchtende verhalten sich, als wäre es die Heimaterde selbst, die hinter ihnen herweint, weil sie verlassen wurde. Noch lange tragen sie, wenn Frieden eingekehrt ist, ihre Toten zurück, um sie der Heimaterde zurückzugeben.

In meiner Zeit am Karlsruher Filminstitut und als ich an den Drehbüchern zu HEIMAT 3 arbeitete, habe ich oft mit meinem Freund Gideon Bachmann über das Mysterium Heimat gesprochen. Ihm und seinen Eltern war während der Nazizeit die Flucht aus der deutschen Heimat gelungen, und er hatte seine Jugend als Heimatloser in den verschiedensten Gegenden der Welt verbracht. Viele unserer Gespräche drehten sich um die Frage, was wohl der stärkste soziale Antrieb der Menschen sei. Gideon war der Meinung, dass es nicht der Selbsterhaltungstrieb ist, auch nicht der Sexualtrieb oder der Besitztrieb. Es sei der Zusammengehörigkeitstrieb, erklärte er mir, der in seinem Leben die größte Rolle gespielt habe. Der Mensch, sagte Gideon, der es als säkularer Jude wissen musste, fürchte nichts mehr als das Alleinsein, das Gefühl, zu keinem anderen zu gehören. Aus diesem sozialen

Verlangen seien die meisten Biographien zu erklären, aber auch die meisten Konflikte und sogar die Kriege, wenn es darum gehe, dass verschiedene Zugehörigkeiten sich in die Quere kommen. Gideon bezog sich bei dieser These auf seine Erfahrungen in Israel, wo er seine frühen Jahre verbracht hatte. Zugehörigkeit sei eine tödliche Gefahr und ein Traum zugleich. Zugehörigkeit entsteht auf vielerlei Art: durch eine gemeinsame Sprache, durch gemeinsam erlittene Not, durch Verfolgung, aber auch durch Religion, Politik, Familie, Freundschaft. Aber immer ist sie nur Ersatz für die verlorene Heimaterde. Gideon Bachmann, der in Israel, den USA, in England und Italien gelebt hat, war sich bewusst, dass er seine letzte Ruhestätte nur fünfundsechzig Kilometer von seinem Geburtsort Heilbronn entfernt finden würde. Er starb in Karlsruhe am 18. November 2016. Heimat, sagte er, findet in den Köpfen statt. Seltsam, denn das Gleiche sagt man über das Kino.

Neuerdings entstehen Identitäten als sogenannte Communities in Internetblasen. Offenbar bedarf die durch Zugehörigkeitsrituale beschworene Ersatz-Heimat gar keines realen Ortes mehr. Sie funktioniert sogar allein in den armen Köpfen, als Zugehörigkeitsfanatismus, ohne sinnliche Bestätigung im sozialen Gefüge. Insofern entstehen vielleicht sogar mentale Heimaten im Internet, die einen Provinzialismus ohne Provinz zustande bringen, eine Horrorvorstellung, die ich nicht mehr für unmöglich halte.

Wenn der Philosoph Ernst Bloch sein Hauptwerk DAS PRINZIP HOFFNUNG mit dem Gedanken beschließt, dass die wirkliche Genesis nicht am Anfang sei, sondern am Ende, und sie erst beginne anzufangen, wenn Gesellschaft und Dasein ein produktives Zusammenleben werden, dann sieht er Heimat als eine in die Zukunft gerichtete Hoffnung. «So entsteht in der Welt etwas, das allen in die Kindheit scheint und worin noch niemand war: Heimat.» Heimat definiert als Verheißung.

127 Über das Vergessen

Einer der wenigen wahren Freunde in meinem Leben war Hinderk M. Emrich, der universale Überschreiter vieler Disziplinen wie Philosophie, Psychiatrie und Medienwissenschaften. Über zwanzig Jahre lang schrieben wir uns Briefe und suchten gemeinsam Rat in den Werken der Literatur, des internationalen Films und der Philosophie. Von Zeit zu Zeit trafen wir uns auf Festivals, bei Premieren oder zu tagelangen Gesprächen in Cafés oder auf Parkbänken. Als Hinderk im September 2018 starb, hatte unser Dialog, ausgelöst durch seine schwere Krankheit, monatelange Versuche durchmessen, Fragen nach der Natur der Zeit zu stellen. In seinem Abschiedsbrief, den er aus der Zwischenwelt seiner letzten Tage schrieb, heißt es: «Ich glaube nicht mehr daran, dass Philosophie geeignet ist, die *letzten Dinge* unseres Lebens wirklich zu thematisieren, geschweige zu lösen. Die Begriffe drehen sich im Kreis und das ohne Ergebnis. Die Fragen, was es heißt, dass es uns (doch offenbar) gibt, können nicht von der Philosophie, wohl aber von den Künsten bewegt werden. Dabei fange ich an, mich weniger für die dingliche und ‹reale› Realität zu interessieren, und sorge mich inzwischen fast mehr um Gott als um die Welt. Das Ganze des Daseins steht in seinem Kern in Frage und ist bedroht.» Seit dem Krieg in der Ukraine erscheint mir diese Sorge, die Hinderk ausgesprochen hat, uns alle zu betreffen.

In den Jahren unserer Freundschaft kreisten unsere Gedanken immer wieder um die Frage, wie Film mit dem Phänomen Zeit umgeht. Durch Zeitraffung, Zeitlupe und vor allem durch die Montage kann ein Filmemacher mit Zeit spielen. Sogar die Richtung kann er beliebig wählen, sodass Vergangenes als Perspektive und Zukunft als Herkunft dargestellt wird. Warum ist es möglich, dass ein Film seine Erzählweise völlig konträr zum Naturgesetz des Zeitkontinuums bewegen kann und von den Menschen dabei mühelos verstanden wird? Kann es sein, dass Zeit nur eine menschliche Erfindung ist, um Kausalitäten, Willen und Handeln, Entfernung und Nähe zu erklären? Ist es vielleicht so, dass es eine für alle verbindliche Zeit, die objektiv beschrieben werden kann, gar nicht gibt? Wir fanden in unseren Gesprächen viele Antworten und keine Erklärung. Eines Tages machte Hinderk den Vorschlag, Zeit als den Raum der Erinnerung zu beschreiben. Erst wenn wir uns erinnern, gibt es Zeit. Wir betreten den Raum unserer Lebenszeit mit dem Erinnern. Aber auch das Erinnern hat seine Gesetze: Es dürstet nach Welthaltigkeit. Was es nicht in der eigenen Erfahrung, in der eigenen Seele findet, sucht es im Kollektiven. Mit diesem Schritt entdecken wir, dass wir Teil der Erinnerung vieler sind, denn unsere Geschichte ist auch die unserer Zeitgenossen und lebt in ihnen wie in uns. Ist das, was vergangen ist, wirklich vergangen oder in der Erinnerung vieler für immer bewahrt? Wird es dort, sozusagen im Gedächtnis der Menschheit, unsterblich? Oder wird auch das eines Tages vergessen?

Erinnerungen können trügen, zugleich aber verschaffen sie uns das Gefühl von Kontinuität. So wie die vergehende Zeit unseren Körper verändert, so bekommt auch die Seele ihre Schwielen, Narben und Falten. Wir empfinden diese Spuren, die der Zeitfluss in uns hinterlässt, als Beweis, gelebt zu haben. Auch der Körper erinnert sich. An einem Ort wirklich gewesen zu sein oder einen geliebten Menschen wirklich berührt und umarmt zu haben, können wir uns nur als körperliche Erfahrung vorstellen. Ebenso verhält es sich mit Krankheiten und den Heilungsprozessen. Sie werden zu festen Bestandteilen unserer Wirklichkeitserfahrung, also des Wissens, dass wir nur ein einziges Leben haben und eine einzige Lebens-Geschichte, die es abbildet. Wie also kann das, was wir als Wirklichkeit erfahren, im Vergessen verlorengehen? Kann unsere Phantasie sie tatsächlich ersetzen oder zur «Story» umbauen? Oder bleibt nicht auch dies in Erinnerung: eben, dass wir die Erinnerungen umgebaut oder bei künstlerischer Arbeit fiktionalisiert haben? Das Ich, das wir meinen, wenn wir uns verlieben, wenn wir reisen oder wenn wir krank sind, ist ein anderes Ich als das Ich, das darüber schreibt, das Urteile über sich abgibt, das sich der Erinnerungen bedient, wenn es zum Beispiel ein Filmdrehbuch schreibt. In romantischen Gedichten taucht oft das Motiv des Doppelgängers auf, ein Selbstporträt, das seinem primären Ich begegnet. Dieser Vorgang wird als gespenstisch empfunden und ist doch so alltäglich.

Es ist geradezu ein Kennzeichen der menschlichen Natur, dass sie in zwei Welten leben kann: einer der wachen Sinne und des Daseins in der Zeit, einer zweiten der Subjektivität und der Weltschöpfung durch unsere Phantasie. Erinnerung ist aus beidem genährt. Das Vergessen entsteht durch die Umkehrung: Das irreale Subjekt begegnet der realen Person und kann sich nicht erinnern. Wie sollte es auch, da es ja schon selbst eine Fiktion ist! Beispiel: Die Fingerspitzen erinnern sich an ein intimes Stück Haut, die Nasenschleimhäute an einen Geruch und die Lust dabei – aber dem Subjekt-Ich fehlt der Name dazu, denn es hat damals anderes im Sinn gehabt als Liebe. Funktioniert das Vergessen so? Lassen wir bestimmte Inhalte unserer Erinnerung ins Unbewusste abgleiten, nur weil es nicht als Baumaterial für die fiktive Biographie taugt? Aus psychologischer Sicht spricht vieles dafür, dass wir so mit den unerwünschten Teilen unseres Lebens verfahren. Wenn es gelingt. Denn sicher gibt es auch Erlebnisse, die sich diesem Selbstdarstellungswunsch widersetzen und einfach nicht aus dem Gedächtnis verschwinden wollen. Sind das die Erinnerungen der Körperzellen, der Synapsen? Man sagt, der Körper vergisst nichts. Alles hinterlässt seine Spuren, in den Körperhaltungen, in den Ängsten, den Reflexen, den Gesichtszügen, den Gehirnzellen. Aber hinterlässt dann die Lüge auch ihre Spuren? Setzt sie sich an die Stelle der Gene? Verändert rege Kreativität die Körperfunktionen? Oder setzt hier das Vergessen an?

Das Vergessen hat in meinem Leben vor allem in den Bildern und Ereignissen gewütet, die ich in meinen Filmen benutzt habe. Im Herbst 1984, nach der Ausstrahlung von HEIMAT in der ARD, erreichte mich der Anruf einer Frau, deren Stimme und Sprechweise völlig fremd auf mich wirkten. Sie erklärte, Klärchen zu sein, und bedankte sich, dass ich sie nicht vergessen hätte in all den vielen Jahren. Mir war die Person am Telefon nicht nur gänzlich fremd, sie erschien mir auch als Fälschung. Ich misstraute ihr und beendete das Gespräch. Ich hatte nicht damit gerechnet, dass sich das reale Klärchen melden könnte. Ich hatte sie in Film verwandelt und dabei aus meiner Erinnerung verbannt.

Das Vergessen hat geheimnisvolle Regeln. Vom französischen Dokumentarfilmer Chris Marker stammt der Satz, er könne sich nicht vorstellen, wie sich die Menschheit früher erinnerte, bevor es den Film gab. Marker besuchte ferne Länder und filmte, oft ohne wissen zu können, was sich vor seinem Objektiv an Wirklichkeit zusammenbraute. Erst am Schneidetisch konnte er beim Betrachten seiner Aufnahmen das Geschehen enträtseln oder das Rätsel in den banalen Ereignissen entdecken. In seinem Film SANS SOLEIL berichtet er über den Animismus in Afrika und Japan, erzählt von Abschiedszeremonien, in denen Menschen auf eine würdigere Weise, als wir es tun, die Trennung von Dingen vollziehen, die nicht mehr gebraucht werden, Zeremonien für Pinsel, Rechenschieber, verrostete Nadeln. Am schönsten ist die Szene, in der Abschied von den zerbrochenen Puppen genommen wird. Die Puppen werden in einem der Göttin des Mitleids geweihten Tempel verbrannt. «Ich habe die an der Zeremonie Beteiligten betrachtet. Ich denke, dass diejenigen, die beim Abschied der Kamikaze dabei waren, keine anderen Gesichter hatten.» Chris Marker sagt das in der Vergangenheitsform zu seinen Bildern, die aktuell die Gesichter derer zeigen, die von den brennenden Puppen Abschied nehmen. Filmbilder werden als Bezeichnung von Vergangenem verstanden. Sobald sie die Kamera verlassen, sind sie selbst Abschied: hier Abschied von Abschiedsszenen. Es ist konkrete Erinnerungsarbeit, wenn Marker seine Aufnahmen montiert. Und er weiß sich verbunden mit einer ganzen Menschheit, die jeden Tag die Filmbilder als die eigentliche Realität erlebt, die man dann im Kopf zu neuen Erinnerungsgebilden zusammenfügt.

Eine neue Macht der Bilder hat die Herrschaft übernommen. Wirklichkeit und damit auch die primären Erinnerungen der Menschen werden durch ihre Abbilder ersetzt. An die Stelle der persönlichen Erfahrung setzt sich die medial vermittelte Sicht auf die Welt. Wenn man bedenkt, dass die Bilderwelt mit den kommerziellen Interessen von Unterhaltungs- oder Internetkonzernen hergestellt wird, muss man sich fragen, was von Chris Markers Satz über Film als die neue Erinnerungsquelle der Menschheit zu halten ist. Erinnerung ist inzwischen ein von Manipulation und kommerziellen Interessen überwuchertes Gelände. Das Vergessen hat eine neue Dimension angenommen. Wachstum und Vergessen sind eng miteinander verbunden. Solange Wachstum eine Gottheit der Industriegesellschaft ist, wird das Vergessen herrschen, denn es ist die Voraussetzung des Neuen. Der Wachstumswahn hat auch alle Kulturbereiche erfasst. Jedes Jahr gibt es mehr Künstler aller Sparten, und folglich werden jedes Jahr mehr Künstler vergessen. Ganz zu schweigen von den Großen vergangener Jahrzehnte, Menschenwachstum bedeutet Menschenvergessenheit.

Kann man diesem Teufelskreis überhaupt entkommen? Ich könnte mich mit dem Gedanken anfreunden, dass die große göttliche Natur, der wir alle entspringen, keinem erlaubt, auf seiner Reise durch die Zeit aus dem Raumschiff des Lebens auszusteigen. Das Vergessen bleibt ein Vorbote des Todes. Das Erinnern aber ist nicht sein Gegenteil. Erinnern heißt, die Bruchstücke unseres Gedächtnisses neu zusammenzusetzen und damit ein zweites Leben, unsere Biographie, zu schaffen. Erinnern ist ein kreativer Akt. Während wir unsere Erinnerungen aufschreiben und damit haltbar zu machen glauben, erleichtern wir das Gedächtnis und geben seinen Inhalt zum Vergessen frei. Das Vergessen lauert hinter jedem Erinnern. Nur dort, wo die Seele «keine Faxen macht», wie es bei Thomas Mann heißt, gibt es kurze Momente des unschuldigen Erinnerns, die weder in Sprache zu fassen noch in Bilder zu bannen sind. Das wahre Abbild unseres Lebens findet sich ganz nahe am Ufer des Lethe, des antiken Flusses des Vergessens. Erinnerungen, die mit ihren Koordinaten in Raum und Zeit einen Moment lang im Diesseits lokalisiert werden können, bevor sie auf das andere Ufer hinüberwechseln, sind die eigentlichen Boten der Wahrheit. An Lethes Ufer werden Vergessen und Erinnern eins.

Personen

Nachweis

Abbildungen im Text: S. 15: Edgar Reitz Filmstiftung (ERF); S. 97: Bayerisches Landesamt für Denkmalpflege, Foto: Lis Römmelt; S. 143: ERF; S. 223: ERF; S. 285: ERF; S. 367: Yachtbild Kai Greiser; S. 401: ERF; S. 463: ERF; S. 527: Chayanan Phomsukwisit/EyeEm/Getty Images; S. 571: Ali Majdfar/Getty Images; S. 614: ERF.

Tafelteil 1: S. 1: ERF; S. 2 oben: Hunsrück-Museum Simmern; unten: ERF; S. 3 oben: ERF; unten: IMAGO/Rolf Poss; S. 4 oben: Bayerische Staatsbibliothek München/Bildarchiv; unten: ERF; S. 5 oben: ERF; unten: Sammlung Dieter Hinrichs; S. 6–7: ERF; S. 8 oben: wikipedia.org [CC-PD-Mark]; unten: Archiv der Internationalen Kurzfilmtage Oberhausen.

Tafelteil 2: S. 1 oben: picture alliance/dpa; unten: ERF; S. 2 oben: Rudolf Dietrich/SZ Photo; unten: ERF; S. 3 oben: ERF; unten: Nachlass Hans Hillmann/Marlies Rosa-Hillmann, www.hanshillmann.de; S. 4: ERF; S. 5 oben: ERF; unten: Hunsrück-Museum Simmern/Willi Laschet; S. 6–7: ERF; S. 8 oben: bpk/Digne Meller Marcovicz; unten: ERF.

Tafelteil 3: S. 1 oben: Claus Düker; unten: Herlinde Koelbl; S. 2 oben: ERF; unten: picture alliance/Sammlung Richter; S. 3 oben: Gerard Fouet/AFP/Getty Images; unten: ERF; S. 4 oben: ERF; unten: akg-images/UIG/Alberto Ramella; S. 5: ERF; S. 6 oben: Rue des Archives/RDA/SZ Photo; unten: ERF; S. 7: ERF; S. 8 oben und Mitte: ERF; unten: Jim Rakete/photoselection.

Textnachweis S. 7: Max Frisch, Tagebuch 1946–1949, Berlin 2011, Eintrag «Portofino Monte».